李续宾史料二种

彭再新　梅国华　校注

岳麓書社

《李续宾史料三种》编委会

前　言

李续宾（1818—1858），字如九，又字克惠、迪庵，湖南湘乡（今涟源市荷塘镇）人。湘军统领，战区主帅。实授安庆知府、浙江布政使等职。从军七年，大小六百余战，克城四十余座，咸丰八年（1858）十月战殁安徽三河，谥忠武，后追封三等男爵。

李续宾是湘军最重要的缔造者之一。早在道光十九年（1839），他就在当地创办团练，开创了晚清湖南范围内办团的先河。咸丰二年（1852），太平军进入湖南，湘乡县令朱孙诒大办团练，团练元老李续宾率团丁赴县驻防，与罗泽南、王鑫“鼎足而峙”。是年底，曾国藩奉命帮办湖南团练时，李续宾的队伍已具一定规模。咸丰三年六月，李续宾与朱孙诒、罗泽南等率湘勇一千二百人赴援江西，在南昌城外，湘勇整编成玉字中营和右营，并首次号称“湘军”，李续宾统右营和未编入两营的“余勇”共约八百人。咸丰四年正月，罗泽南任湘军统领，李续宾为总营务，月俸皆为二百两银子，但全军“战守机宜，胥主于公（李续宾）”。咸丰六年三月，罗泽南战殁武昌，李续宾接统全军，所部迅速壮大，成为实力最强的部队。他的军事思想和实践，对曾国藩（也即对湘军）产生了深刻影响。咸丰八年六月，曾国藩向李续宾写信称“一切营务，俱立意以阁下为法”。其重要军事文献《初定营规二十二条》，就是与李续宾等商量整理出来的，也是李续宾部湘军作战经验的总结。

李续宾奠定了湘军战胜太平军的基础。李续宾自咸丰二年从军，至咸丰八年战殁三河，先后攻克四十余城。南京（天京）上游的四个战略性节点城市，岳州、荆州、武汉、九江，李续宾只有攻克荆州没有参与。咸丰四年夏攻打岳州时，“李续宾堵截要隘，首破贼营”，打出了“白旗无敌”的威风。咸丰六年二克武昌，胡林翼称之为“圣战”，称李续宾为“圣人”“伟人”。特别是咸丰六年十二月至咸丰八年四月，李续宾率部攻占九江，扭转了整个战争局势。史家研究，太平天国兴亡以天京事变为分水岭，清军胜败以九江易手为分水岭。湘军攻克九江后，实际胜局已定。对于李续宾的战绩，朝廷给予充分肯定：“一时诸将之中，无与伦比。”

李续宾培养了大批湘军将领。李续宾知人善任，所部一直人才济济，其用人思想为曾国藩所借鉴。同治元年（1862）十月，曾国藩向沈葆桢写信称“李迪庵兄弟之选营官，专取简默朴实，临阵不慌。弟不能于临阵观人，而取简默朴实，略仿李氏之意”。李续宾还向曾国藩、骆秉章、曾国荃等部输送了很多将领。总督杨昌濬，巡抚李续宜、刘蓉、蒋益澧、唐训方，布政使刘连捷、蒋凝学，按察使萧启江、金国琛，一等男爵、提督萧孚泗，尚书衔提督周达武，提督周宽世、胡中和及李存汉、萧庆高、萧庆衍、孙守信、胡裕发、何绍彩、朱品隆、唐义训、成大吉等湘军名将，都是李续宾军营中成长起来的。李续宾战殁三河后，这批人中绝大部分仍在驰骋疆场，浴血奋战。

李续宾不仅知兵善战，取得了“无与伦比”的战绩，而且是理学信徒，在晚清程朱理学的殿堂中占有一席之地。他被曾国藩引为同志，对湘军的文化建设与精神打造建树尤伟。但后人在谈及李续宾时，往往重视其军事作为，重视其“悍勇”的一面，而忽略了他身为“儒将之雄”的一面。实际上，李续宾既是“湘军精神”的突出代表，也是湘军“书生领兵”特色的重要范例。他不仅知兵善战，还是理学信徒，并于地理、医术等有所研究，一生中撰写的文字颇多。他早年曾自撰《孙子兵法易解》一书，并亲手绘制数百幅军事地图，还写过不少制文、诗词、对联；他领军时所写奏疏、书信及诗文的总数颇为可观，并有一些关于湘军营制规章、战略战术、选将练兵等方面的重要创见形诸文字。李续宾作为湘军历史无法绕开的人物，其文稿的史料价值自不待言。钱基博先生曾评价其文“公诚之心，形于文墨……足以匡时拂俗，有补于当世”。

可惜的是，李续宾的文稿及资料遗存较少，因曾有过四次大的毁失：一是咸丰四年（1854）李续宾曾“举旧稿尽毁之”；二是咸丰八年他在三河战死之前，曾烧毁重要文件，且其随军幕僚鲜有幸免，致使其存于军中的手稿损毁殆尽；三是李续宾的家人曾因故将其四百多封家书交给李续禋，后全部散佚；四是李续宾后人曾将三河之战前后清方军政要员、将领写给李续宾、李续宜兄弟的书信分裱成册，总数不少于二十一卷，现存仅九卷。即使遗存下来的少数资料，也未编成文集。

涟源市委、市政府高度重视地域文化挖掘，不仅斥资维修“锡三堂”“师善堂”等湘军名将故居，而且决定整理、出版李续宾等湘军将领的文集资料。应涟源市地域文化研究室之约，我们将《李忠武公遗书》《李忠武公年谱》以及《致李忠武公书牍》予以校注，合为一书，名为《李续宾史料三种》。受恩于李续宾的王必达编有《李忠武公事实》一卷，因内容与《李忠武公遗书·褒节录》大多重复，故未收录。

《李忠武公遗书》三卷，由李续宾之子李光久编印，成书于清光绪十七年（1891），内容包括《褒节录》《奏疏》《书牍》以及《附录》。《褒节录》包括咸丰皇帝与同治皇帝颁发的圣旨、诰命及御赐祭文、碑文，还有官文、都兴阿、胡林翼、曾国藩的奏章，加上国史列传、序言，总计 15 篇。《奏疏》包括谢恩疏、攻占各城疏、遗疏及序、跋，总计 12 篇。《书牍》主要是李续宾写给湘军将帅等的信件，分卷上、卷下，总计48封。《附录》包括李续宾所写诗歌、对联、书序以及李光久和李前普（李续宾之孙）的书跋，总计6篇。我们采用了台湾成文出版社1968年版本作为底本。

《李忠武公年谱》三卷，李续宾的侄子李光辰撰，傅耀琳编著，成书于光绪三十年（1904），卷一内容为李续宾嘉庆二十三年（1818）至咸丰五年的事迹，卷二内容为其咸丰六年至咸丰七年的事迹，卷三为其咸丰八年的事迹。

《致李忠武公书牍》之资料，我们搜集了大量的湘军将领著作，如《曾国藩全集》《胡林翼集》《左宗棠全集》《彭玉麟集》以及《三河之役——致李续宾兄弟函札》等书，汇集了湘军将领与李续宾的通信。附录则选择了部分湘军将领与李续宜的通信，以及《清史稿》中的《李续宾传》，胡林翼的《祭李续宾文》、随征安徽阵亡将士清单，曾国藩的《李忠武公神道碑铭》，左宗棠的《李忠武公墓志铭》，刘蓉的《祭李忠武公文》等。

关于本书校注，作如下说明：一、为了使本书有一定的史学价值，对书中出现的有姓名的湘军将领做了较详细的注解，只有姓或只有名的湘军将领尽可能考证出他们的姓名，没有把握的人名则不注；二、为了使本书更适合普通读者的需要，不少湘军将领的名字、书信套语以及专用术语，我们在不同的篇章里面有重复注释；三、人名的注释，本应在先出现的文章里详注，后面的文章里简注，但由于时间仓促，没有完全做到这一点，有待日后再版的时候修改。

时间仓促，水平有限，错误在所难免，敬请读者指正！

彭再新　梅国华

2018年7月

目　录

李忠武公遗书

褒节录

奏疏

李忠武公书牍卷上

李忠武公书牍卷下

李忠武公年谱

致李忠武公书牍

附录　书牍

附录　文

李忠武公遗书

褒节录

褒节录序

自昔明君不以死报责其臣，而人臣之所以报君者，必死而已[1]。我朝自咸丰改元[2]，军兴浸广[3]，文武死事者多矣。其中情形各殊，有泰山鸿毛之重轻，有慷慨从容之难易焉。

[1] 从前圣明的君主不要求他的臣子用死来报答自己，那么臣子用来报答君主的，一定就只有死了。自昔，从前。报责，责报，求取报答。

[2] 咸丰改元，1851 年。改元，君主改用新年号纪年。

[3] 战争开始渗透漫延。军兴，战争开始。

湘乡李忠武公起自草茅[1]，为国同仇敌忾，固早办一死矣[2]。驰驱江楚之地，每战必先，又屡濒于死矣[3]，乃[4]幸而不至于死。咸丰八年戊午冬，安徽三河[5]之役似可不死，而竟死之。此公得以予谥[6]忠武，名实相副而无愧也。

[1] 李忠武公，即李续宾（1818—1858），字如九、克惠、迪庵，湖南娄底涟源人，晚清湘军著名将领，谥号忠武。草茅，在野未出仕的人，平民。

[2] 固，本来。办，打算。

[3] 屡，多次。濒，接近。

[4] 乃，竟然。

[5] 三河，安徽三河镇。咸丰八年（1858）十一月，李续宾在三河镇之战败亡。

[6] 予谥，赐予谥号。谥，古代帝王或大臣死后评给的称号。

《传》曰："见可而进，知难而退，军之善政。"[1]三河一市镇，贼所踞而我攻之，非贼攻而我守之。如唐张巡[2]之于睢阳，明史可法之于维扬[3]，保障一方断不可委而去之也[4]。我军初至，一鼓破其九营，凶锋已挫。既闻陈玉成等援贼麕集[5]，自度众寡不敌，振旅还就舒、桐[6]，与留防各军厚集[7]以待诱贼来追，而我反客为主，一网聚歼，未始非策[8]。不然，则于我迎击失利之时，精锐尚未大损，简甲厉兵[9]，决围而出，贼素惮[10]公声威，必不敢于相逼，而后纠合散亡，再图大举，尚可收效桑榆[11]。或谓将军死，绥死于法，盍死于战[12]？不思秦三败而用孟明，卒成霸业[13]；楚一败而杀子玉，取快晋人[14]。得失具在简编[15]。

[1]《左传》说："见到形势有利就进军，知道形势困难就退军，是用兵的妥善法则。"善政，妥善法则。

[2] 张巡（709—757），今山西永济人，唐代中期名臣，安史之乱时，张巡与许远等数千人，在内无粮草、外无援兵的情况下死守睢阳，终因粮草耗尽、士卒死伤殆尽而被俘遇害。

[3] 史可法（1602—1645），字宪之，号道邻，明末抗清名将，河南省开封府祥符县人，北京城被攻陷后，史可法拥立福王朱由崧（弘光帝）为帝，继续与清军作战。1645 年，清军攻破扬州城，史可法拒降遇害。维扬，扬州的别称。

[4] 保障，保卫。断，绝对。委，舍弃。去，离开。

[5] 陈玉成（1837—1862），原名陈丕成，洪秀全赐名玉成，广西藤县客家人，太平天国后期重要将领，骁勇善战，被封英王，1862 年被太平天国叛徒奏王苗沛霖诱骗中计，解送清营被杀，终年 26 岁。麕集，聚集，群集。

[6] 振旅，整队班师。舒，安徽舒城。桐，安徽桐城。

[7] 厚集，密集。

[8] 未始，未尝。策，方法。

[9] 简甲厉兵，修理铠甲，磨砺武器，指作好军事准备。厉，磨砺。兵，武器。

[10] 素，一向。惮，害怕。

[11] 尚，还。桑榆，日落时光照桑榆树端，因以指日暮，比喻事之后阶段。

[12] 有人说将军死亡，与其临阵退却被治罪而死，何不在战场上战死？绥，临阵退却。盍，何不。

[13] 孟明，孟明视，春秋虞国人，秦穆公的主要将领，曾率领秦军与晋国决战，屡战屡败，但最终战胜晋军，威震西戎，使秦国扩地千里，成为霸主。卒，最终。

[14] 子玉，楚令尹成得臣，字子玉，成王三十九年，与救宋之晋、齐、秦联军战于城濮，军败被迫自杀。取快，取得别人的欢心。

[15] 具，都。简编，书籍。

我文宗显皇帝[1]爱惜将才，从古罕有。如江忠烈公[2]之守庐州，屡有密谕饬令相机去留[3]，不必拘城亡与亡之义[4]，盖亦公所熟闻者。今公非城守[5]，以五千人当十余万之寇，连朝苦斗，胜负相当，拔众引归，操纵在我。为将要有怯时[6]，有何可议？而公所以死之者，顾不计此也[7]。观其告将佐之言，曰：“退兵则损威重[8]，长盗风，惟多杀一贼，即多除一害。”盖愤贼势披猖[9]，不与共戴天日，方啮齿穿龈[10]，握拳透爪，以灭此朝食[11]，而安肯避之[12]？及其力不能支，先焚朱批奏折，而后策马驰入贼中以殉，其慷慨为何如者[13]！其从容为何如者！

[1] 文宗显皇帝，指咸丰帝，文宗为其庙号，显皇帝为其谥号。

[2] 江忠烈公，江忠源（1812—1854），号岷樵，湖南新宁（今属邵阳）人。太平天国起义后，江忠源组建楚勇，到广西参战，并在蓑衣渡之战中击毙冯云山。此后，江忠源转战湖南、湖北、江西，累升至安徽巡抚。1853 年，江忠源到达庐州，陷入太平军的包围。1854 年 1 月，庐州城破，江忠源投水自杀，年四十二岁，追赠总督，

谥忠烈。

[3] 密谕，私密谕旨。饬令，命令。相机，查看机会。

[4] 不必受与城共亡的大义拘束。拘，拘束。

[5] 城守，据城而守。

[6] 作为将军也要有胆怯的时候。

[7] 顾，只是。计，考虑。

[8] 威重，威势。

[9] 披猖，猖獗，猖狂。

[10] 啮齿穿龈，谓咬牙切齿，形容极端愤怒的样子。

[11] 灭此朝食，先把敌人消灭掉再吃早饭，形容斗志坚决，要立即消灭敌人。

[12] 哪里肯避死呢？安，哪里。

[13] 何如，如何，怎样。慷慨，情绪激昂。

公之临难不苟，亦由德性定于平时，是以毁誉荣辱不介于怀，造次颠沛不移其志[1]，惟视夫义之所在，以行其心之所安。《记》曰："谋人之军，师败则死之。"[2]此公之所以视死如归而无悔也。大抵好大言者不顾行，嗜名利者必贪生[3]。曾文正公陈公事迹[4]，谓稠人广坐[5]，人竞谈忠孝，公独默然。历年省积饷需，尽以分济他军[6]，并无丝毫入己。是其渊深之度[7]，人莫能窥。廉正之操，物莫能动[8]。讵畏刀锯而延视息哉[9]？文正公闻三河之变，决[10]公必死，知之深、信之笃[11]也。

[1] 是以，所以。介于怀，在意。造次颠沛，流离失所，生活困顿。移，改变。

[2]《礼记》上说："统率一国的军队，如果战败，就该战死或自杀。"《记》，《礼记》。

[3]（世情）大都是喜欢讲大话的人言行不一，喜欢名利的人一定贪生怕死。大抵，大都。

[4] 曾文正公说起李（续宾）公的事迹（曾国藩原文见《褒节

录》中《曾奏折》)。陈，陈述，述说。曾文正公，曾国藩（1811—1872)，湖南双峰人。汉族，字伯涵，号涤生，宗圣曾子七十世孙，中国近代政治家，湘军的创立者和统帅，官至两江总督、直隶总督、武英殿大学士，封一等毅勇侯，谥曰文正。

［5］稠人广坐，指人很多的地方，即公共场合。坐，同“座”。

［6］分济，拿出财物救济他人。

［7］渊深之度，深度，此指品德之高。

［8］廉正，廉洁正直。动，改变。

［9］讵，岂，怎。畏刀锯，怕死。视息，仅存视觉、呼吸等，谓苟全活命。

［10］决，断定。

［11］笃，深。

公死后，部下相继死者且五六千人。公以一死报国，诸将士亦以一死报公。夫人孰无死，死而轰轰烈烈，与日月争光，是亦人生难得之会。伏波临老，犹愿马革裹尸，而智计之士辄图幸免，谓留其身以有待[1]。即使果有是心，而以后遭逢莫必寿命难期[2]，倘终无可借手[3]以表见[4]于世，或先犬马填沟壑[5]，与草木同腐，其何以雪前此不死之耻？以李陵[6]之才，一蹶不起，论史者莫不怜之，至其得当报汉之语，千载下未之敢信[7]。曷若[8]公之临阵捐躯，致命遂志[9]，精忠[10]大节，照耀汗青？迄今数十年，犹令人欷歔感慕不已也。

［1］伏波将军将老的时候，还愿意战死沙场，但是所谓的聪明人士则打算幸免一死，说留着身体有待将来有所作为。伏波，指伏波将军马援。马革裹尸，用马皮把尸体包裹起来，指军人战死于沙场，借以形容为国作战，决心为国捐躯的意志。马革，马皮。

［2］期，料想。

［3］借手，借助。

［4］表见，显扬。

[5] 填沟壑，死亡的代称。

[6] 李陵（前134—前74），字少卿，今甘肃天水市秦安县人，西汉名将李广之孙。前99年，率五千步兵与八万匈奴作战，因寡不敌众兵败投降，汉武帝夷灭李陵三族，致使他彻底与汉朝断绝关系。

[7] 至于他报答汉王朝的话，千年以来没人相信。李陵曾在《答苏武书》中说："然陵不死，有所为也，故欲如前书之言，报恩于国主耳。"

[8] 曷若，怎么比得上。

[9] 致命遂志，舍弃生命来实现理想。

[10] 精忠，纯洁忠贞。

余治军晚，不获与公同袍[1]。今读是录[2]，凡公植品之端方[3]，接物之仁恕，治军严而有恩，临事谋而能断，论功则居人后，赴敌则在人先，其见之碑铭志传及诸奏牍者，尚可得其梗概。至公殉节后，文宗轸恤[4]之诏，海内传颂至今，谓凡死事诸臣无不恩施优渥[5]，而未尝有此宸眷以结来生遇合之缘[6]，盖公平日积诚格天[7]，而非徒以死塞责者[8]。噫！公一日千古，其可谓之不死也夫！

光绪十有二年岁在丙戌新宁刘坤一[9]撰

[1] 不获，不能。同袍，战友。

[2] 是录，此录，指褒节录。

[3] 植品，树立人品。端方，端正，正派。

[4] 轸恤，深切顾念和怜悯。

[5] 恩施，施恩。优渥，优裕，丰厚。

[6] 但是还没有谁这样得到皇上的关怀，要在来生再结缘的。文宗朱批原文"尚冀其忠灵不昧，他年生申甫以佐予也"。宸眷，帝王的恩宠、关怀。

[7] 格天，感通上天。

[8] 塞责，敷衍。

[9] 刘坤一（1830—1902），字岘庄，湖南新宁人。1855年参加湘军楚勇与太平军作战，曾任两广总督、两江总督。中日甲午战争时，支持对日作战，并任湘军统帅指挥湘军出关与日军交战。有《刘坤一集》传世。

文宗朱批

咸丰八年十二月二十五日准兵部火票[1]递到奉朱批[2]：另有旨。详览奏牍，不觉陨涕[3]。惜我良将，不克令终[4]。尚冀其忠灵不昧[5]，他年生申甫以佐予也[6]。钦此![7]

[1] 火票，清代递送紧急公文的凭证。

[2] 清代官员呈递奏折，均要由清帝亲阅，阅后在奏折末尾留下批示，谓之朱批。

[3] 陨涕，落泪。

[4] 克，能够。令终，尽天年而寿终。

[5] 尚冀，仍然希望。忠灵，忠魂。不昧，不湮灭。

[6] 将来转世成为申伯和仲山甫来辅佐我。他年，将来。申甫，申伯与仲山甫并称。

[7] 钦此，皇帝诏书结尾的套语，意为恭敬地引文至此。

文宗谕旨一

咸丰八年十一月十八日内阁奉上谕：官文[1]等奏查明统兵藩司[2]阵亡实迹、恳请优恤[3]一折，览奏不觉陨涕。巡抚衔浙江布政使李续宾，当贼匪围扑长沙之时，首倡团练，屡建奇功。嗣后[4]赴援江西，调回湖南，旋随曾国藩东下，克复[5]武汉。凡江西、湖北、湖南等省攻克巨垒坚城，该藩司无不亲历行间[6]，身先将士。通计七年之间，先后克复四十余城，大小六百余战，以少胜众，所向无前，一时诸将之中，无与伦比。本年七月，赴援安徽。甫逾匝月[7]，连克潜、太、舒、桐[8]。朕以其谋勇素优，威望众著[9]，特命帮办安徽军务，方冀肃清皖北，净扫狂氛，特膺懋赏[10]。乃因进图[11]庐郡，先剿三河，苦战旬余，杀贼逾万。江浦[12]、六合[13]、庐江[14]逆党大股来援，以五千兵勇当十余万之贼，将士伤亡，从容赴义。其忠勇义烈之气虽死犹生，实深悼惜。

[1] 官文（1798—1871），又名僖，字秀峰，又字揆伯，满洲正白旗人，道光初担任荆州将军、湖广总督，咸丰十年为文渊阁大学士。同治三年，升入满洲正白旗，封一等果威伯，后历任直隶总督、内阁大臣。

[2] 藩司，明清时布政使的别称，主管一省民政与财务。

[3] 优恤，从优抚恤。

[4] 嗣后，随后。

[5] 克复，攻克收复。

[6] 行间，军中。

[7] 才过了一个月。

[8] 潜，潜山。太，太湖。舒，舒城。桐，桐城。

[9] 众著，众所周知。

[10] 膺，接受。懋赏，褒美奖赏。

[11] 因，乘机。进图，进取，谋取。

[12] 江浦，江浦县，位于南京市西部、长江以北。

[13] 六合，六合县，地处苏皖两省以及南京、扬州、滁州三市交会地。

[14] 庐江，庐江县，县名。在安徽省中部偏南、巢湖西南岸。汉置舒县，为庐江郡治。

李续宾，着[1]加恩追赠总督，即照总督阵亡例赐恤[2]，入祀昭忠祠[3]，任内一切处分，悉予开复[4]，应得恤典[5]，该衙门察例具奏[6]。伊父李登胜，着赏给光禄大夫封典[7]，并赏银五百两，由湖南藩库[8]给发。伊子李光久、李光令，均着赏给举人，一体会试[9]，仍于服阕[10]后，交吏部带领引见。并着于湖北、江西、安徽及湖南湘乡本籍[11]各建专祠，以示朕褒恤荩臣至意[12]。钦此！

[1] 着，公文术语，表示命令。

[2] 赐恤，指官吏死后，根据其生前的功劳大小，追赠官爵，褒封谥号，并给其家属抚恤金。

[3] 入祀，进入祭神的地方。昭忠祠，我国古代为纪念战争中阵亡的将士而建的庙宇或祠堂，以昭示忠良将士之意而起名。

[4] 开复，是指对那些已受到罚俸、降级或革职等处分的封建官僚，在符合特定条件下，根据相应程序，取消原来处分，一定程度上恢复其俸禄级别或者官职的制度。

[5] 恤典，帝王对臣属规定的丧葬善后礼式。

[6] 察例，调查相关条例。具奏，备文上奏。

[7] 光禄大夫，官名，为加官及褒赠之官，唐、宋以后作散官文阶之号。封典，皇帝给予官员本身及其妻室、父母和祖先的荣典。

[8] 藩库，清代布政司所属的粮钱储库。

[9] 一体，一同。会试，明清科举制度，每三年会集各省举人于京城的考试。

[10] 服阕，指守丧期满除服。

[11] 本籍，祖籍，老家。

[12] 褒恤，褒奖，抚恤。荩臣，忠臣。至意，极诚挚的情意。

文宗谕旨二

咸丰九年[1]正月二十六日内阁奉上谕：巡抚衔浙江布政使李续宾[2]，前在三河镇剿贼阵亡，业经[3]降旨，优加褒恤。兹据曾国藩胪陈该员功绩具奏[4]，览之益深悼惜。李续宾从军数载，所向成功，及其见危授命，麾下[5]将士无一偷生，实有古名将之风。允宜垂诸信史[6]，百世流芳。着将曾国藩此奏交国史馆采入列传[7]，以示褒嘉[8]。钦此！

[1] 咸丰九年，1859 年。

[2] 巡抚，明清地方军政大员之一，又称抚台，清代巡抚主管一省军政、民政，以“巡行天下，抚军按民”而名。布政使，即承宣布政使，官名，清朝省里三司之一，从二品，掌管一省的财政、民政。

[3] 业经，已经。

[4] 胪陈，逐一陈述。具奏，备文上奏。

[5] 麾下，部下。

[6] 允宜，合宜。垂，流传。诸，之于。信史，可信的史书。

[7] 国史馆，编纂国史的机构。采，采编。

[8] 褒嘉，褒扬嘉奖。

文宗谕旨三

咸丰九年十二月十六日内阁奉上谕：骆秉章[1]奏建立专祠、书院表扬忠义一折，湖南省自李续宾等先后募勇[2]，训练兵丁，百战粤、黔、江、鄂之间，悉成劲旅。其部曲[3]疆场效命者尤不乏人，忠义之风照耀区宇[4]。业经优加恤典，备予褒荣，并建立专祠，用彰荩节[5]。此次着照骆秉章所请，准其于长沙省城内再行建祠。其部下员弁[6]兵勇曾经赐恤者，一律附祀[7]，以慰忠魂。并准其建立求忠书院，令阵亡各员后嗣[8]入院读书。所需经费，除地方绅富捐助外，即由该抚率属捐办[9]，以昭激劝[10]而励忠贞。钦此！

[1] 骆秉章（1793—1867），原名骆俊，字籲门，号儒斋，广东花县人，进士，历任湖南巡抚、四川总督，谥号文忠。

[2] 勇，清代称战争时期临时招募的兵士。

[3] 部曲，部下。

[4] 区宇，天下。

[5] 荩节，忠节，忠贞的节操。

[6] 员弁，低级文武官员。

[7] 附祀，从祀，古代宗庙祭祀中常设的、次于主要祭祀对象但与其密切关联的祭祀对象。

[8] 后嗣，后代子孙。

[9] 捐办，捐助办理。

[10] 激劝，激发鼓励。

穆宗谕旨一

同治元年[1]二月初十日内阁奉上谕：朕奉母后、皇太后、圣母皇太后懿旨[2]，前因从征将士兵勇历次[3]阵亡者，其子孙甚可悯念[4]，谕令各原籍地方官妥为抚恤。因思军兴以来，封疆将帅之臣或懋著[5]勋劳、运筹规画[6]，或转战数省、保障[7]名城，虽尽瘁捐躯，所遇不同，要皆[8]誓志灭贼，终始不渝。前已叠经赠官荫袭[9]、赐谥建祠，饰终[10]之典备极优隆。缅维[11]先帝在日，论及诸臣精忠壮节，时时挥泪。今新政颁行，事事仰体[12]先帝之心，诸臣以死勤事[13]，九原[14]不作，遗徽[15]犹在，能勿怆怀[16]？因谕议政王、军机大臣查明诸臣死事情形，择其战功卓著、忠绩懋昭[17]、足以表式[18]人伦者，开单呈览。兹据查开进呈，详加披览[19]，实皆勋绩卓然，为我国家忠良死节[20]之臣。允宜再沛恩施[21]，以示轸念[22]。浙江布政使李续宾，着赐祭[23]一坛，用副笃念忠节至意[24]。钦此！

[1] 同治元年，1862 年。

[2] 懿旨，古时皇太后或皇后的诏令。

[3] 历次，过去各次。

[4] 悯念，怜悯。

［5］懋著，显著。

［6］规画，筹划，谋划。

［7］保障，保卫。

［8］要皆，总之都是。

［9］荫袭，封建时代，因祖先有勋劳或官职而循例受封、得官。

［10］饰终，指人死时给予尊荣。

［11］缅维，缅怀，遥想。

［12］仰体，体察上情。

［13］勤事，尽心尽力于职事。

［14］九原，墓地。

［15］遗徽，死者生前的美好德行。

［16］怆怀，悲伤。

［17］懋昭，褒美显扬。

［18］表式，表率，楷模。

［19］披览，翻阅，展读。

［20］死节，为保全名节而死。

［21］允宜，合宜。沛，多。恩施，施恩。

［22］轸念，悲痛地思念。

［23］赐祭，大臣身故，皇帝敕使往祭。

［24］笃念，深切怀念。忠节，忠贞有节操的人。至意，极诚挚的情意。

穆宗[1]谕旨二

同治三年[2]七月二十五日内阁奉上谕：军兴以来，所有忠良死事[3]诸臣，业经赠官荫恤[4]、赐谥建祠，饰终[5]之典备极优隆。朕建元[6]初年，复奉两宫皇太后懿旨，将战功卓著、忠节懋昭[7]、足以表式人伦者，赐祭一坛，并加恩一律予谥[8]，以示轸念[9]。

[1] 穆宗，同治皇帝。

[2] 同治三年，1864 年。

[3] 死事，为国事而死。

[4] 业经，已经。荫恤，因前代功德而得到官职或抚恤。

[5] 饰终，是指人死时给予尊荣。

[6] 建元，开国后第一次建立年号。

[7] 懋昭，褒美显扬。

[8] 予谥，赐予谥号。

[9] 轸念，悲痛地思念。

本年江宁克复，已将在事有功之臣渥沛恩纶[1]，酬庸锡爵[2]。因思从前有功死事诸臣，或临阵捐躯，赍志以殁[3]，或鞠躬尽瘁，未竟全功[4]，虽业经分别加恩，优予恤典，亦足稍慰忠魂，而其间封疆将帅功绩尤为昭著者，追念前劳，尤堪悯恻[5]。

[1] 在事，参与其事。渥沛，丰厚隆盛。恩纶，恩诏，帝王降恩的诏书。

[2] 酬庸，酬功。锡爵，赐爵，赐予爵位。锡，通赐。

[3] 赍志以殁，怀抱着未遂的志愿死去。

[4] 未竟全功，没有完成功业。

[5] 悯恻，哀怜。

兹据议政王军机大臣遵旨查明，开单进呈，详加批阅，类能规画[1]远大，勋绩卓然，允宜再沛恩施，用光泉壤[2]。前任浙江布政使李续宾，着加恩赏给二等轻车都尉[3]世职。前任安徽巡抚李续宜，着加恩赏给伊子[4]直隶州知州，照例补用，用示笃念忠荩有加无已至意[5]。钦此！

[1] 类，都。规画，筹划，谋划。

[2] 用，用来。光，使……光荣。泉壤，犹泉下，指墓穴。

[3] 轻车都尉，清代勋官名，是外姓功臣与外戚的爵位称号，

而不是实职，居于公侯伯子男爵之下。

[4] 伊子，他的儿子。

[5] 笃念，深切怀念。忠荩，忠诚。有加无已，形容程度不断增加，越发展越厉害。至意，极诚挚的情意。

谕赐祭文

朕惟纯臣仗节[1]，荩怀彰笃棐之忱[2]；盛典[3]褒忠，追荐重苾芬之祀[4]。盖委质克全乎义烈[5]，斯推恩愈示以优隆[6]。尔巡抚衔、原任浙江布政使、追赠总督、予谥忠武李续宾，伟绩丕昭[7]，贤声卓著。当国步艰难之日，誓扫欃枪[8]。正妖氛猖獗之年，亲临矢石[9]。以文臣而精武略，兵[10]已攻心。率劲旅而捣偏师[11]，贼尤寒胆。量沙退敌[12]，纾朝廷南服[13]之忧。扼险筹防，任锁钥北门之寄[14]。惟望成功迅速，树保障于苍生。讵期赴难[15]，仓皇标姓名于青史。而乃凶锋益肆[16]，壮志弥坚。勋未集夫鹰扬[17]，势偏惊夫豕突[18]。烟漫雾涨，横行之逆焰方张。月黑风凄，深入之孤军莫救。遂至身先陷阵，心余葵藿[19]之丹；力尽捐躯，血化蘅芜[20]之碧。

[1] 纯臣，忠纯笃实之臣。仗节，手执符节，古代大臣出使或大将出师，皇帝授予符节，作为凭证及权力的象征，借指坚守节操。

[2] 荩怀，忠心。彰，彰显。笃棐（dǔfěi），忠诚辅助。忱，真诚的心意。

[3] 盛典，隆重的恩典。

[4] 追荐，追悼、祭奠。苾芬，犹芬芳，本指祭品的馨香，指代祭品。

[5] 委质，向君主献礼，表示献身。克，能够。义烈，忠义节烈。

[6] 推恩，帝王对臣属推广封赠，以示恩典。优隆，优待尊崇。

[7] 丕昭，非常显著。

[8] 国步，国家的命运。欃枪（chánchēng），彗星的别名，喻邪恶势力。

[9] 妖氛，不祥的云气，多喻指凶灾、祸乱。矢石，指箭和垒石，古时守城的武器。

[10] 兵，用兵。

[11] 劲旅，精锐部队。偏师，本指主力军以外的部分军队或低级军官名，这里义同弱旅，指代太平天国军队。

[12] 量沙退敌，南北朝时期，宋朝将军檀道济北伐北魏，在历城被围，粮草难继，檀道济命令军士用河沙充当大米称量，既迷惑了自己的军队，得以稳定军心，又迷惑魏军，得以安全撤军。

[13] 南服，指古代王畿以外南部地区，泛指南方。

[14] 扼险，控制要害。筹防，筹备防守。锁钥北门，即北门锁钥，原指北城门上的锁和钥匙，借指军事重地。

[15] 讵，怎。期，料想。赴难，就义。

[16] 凶锋，凶焰。肆，放纵。

[17] 勋，功业。集，完成，成功。鹰扬，指军事。

[18] 豕突，像野猪一样奔突窜扰，比喻敌人奔逃时的惊慌状态。

[19] 葵藿，葵与藿，均为菜名，单指葵，葵性向日，古人多用以比喻下对上赤心趋向。

[20] 蘅芜，一种香草。

饰终逾格，备极殊荣[1]。既荷先皇宠锡之恩[2]，允宜后世馨香之报[3]。用陈酒醴，以慰精诚[4]。於戏[5]！垂竹帛[6]而如新，遗徽[7]未远。睹旂常而恤旧[8]，轸恻[9]殊深。尔灵有知，尚其歆格[10]。

[1] 饰终，是指人死时给予尊荣。逾格，超过了规格。备极，犹言十二分，形容程度极深。

[2] 荷，承受，特指承受恩德。先皇，指咸丰帝。宠锡，指皇

帝的恩赐。

[3] 允宜，合宜。馨香，散布很远的芳香、香气，比喻可流传后代的好名声。

[4] 酒醴，酒和醴，泛指各种酒。精诚，至诚。

[5] 於戏，呜呼。

[6] 竹帛，指书籍、史书。

[7] 遗徽，死者生前的美好德行。

[8] 旂常，旗帜。恤旧，顾念旧人。

[9] 轸恻，怜惜关心。

[10] 你的灵魂如果有知觉，希望你来享受祭品的香气。尚，希望。歆，祭祀时神灵享用祭品的香气。格，来，至。

谕赐祭文

朕惟狼貙[1]昔聚于桂阳，烽连岭北；蛇豕[2]上行于楚泽，垒接江东。乃有首奋义戈[3]，誓耻生同日月；躬仍儒服，令颁肃若雷霆[4]。竟甘马革[5]以忘躯，宜贲象筵而锡命[6]。尔巡抚衔、原任浙江布政使、晋赠总督、予谥忠武、三等男爵李续宾，诣高黉舍，名冠军锋[7]；一旅初提，万人屡敌[8]。屯[9]因水草，每当死地而生；险出山椒[10]，顿若从天而下。挟纩作三军之气[11]，转弱为强；扬旗御八路之冲[12]，用少击众。收荆江而风利，直指浔阳；扫梅岭而云平，远逾灊岳[13]。奏绩则战经六百，枹鼓勋隆[14]；分兵而人仅五千，靴刀节壮[15]。见危授命，鼎钟合纪其武功[16]；能仕教忠，纶綍特彰其家诫[17]。是用两朝[18]垂恻，百世流芳。既标烈于价藩，复晋阶于总制[19]。奖勋劳而绵世爵，永若河山；考行谊以锡嘉名[20]，谥为忠武。贞珉永勒，雕俎俾陈[21]。於戏[22]！旌厥始谋，策告例同于羊祜[23]；轸兹皇眷[24]，史书荣过于马周[25]。灵感来歆，世承遗烈[26]。

[1] 狼貙，喻奸恶之人。貙（chū），古书上说的一种似狸而大

的猛兽。

[2] 蛇豕，长蛇封豕，比喻贪残害人者。

[3] 义戈，义师，正义的军队。

[4] 躬，自己。仍，沿袭，继承。儒服，儒者的服饰，借指儒生。颁，颁布命令。两句大意是，虽然是一介书生，为政、治军却雷厉风行。

[5] 马革，马革裹尸。

[6] 贲（bēn），通“奔”，奔走。象筵，本指象牙制的席子，喻冰雪之地。锡命，天子赐予诏命。

[7] 黉舍，校舍，借指学校。军锋，先锋。

[8] 旅，军队。提，率领。万人屡敌，屡敌万人。

[9] 屯，驻军防守。

[10] 山椒，山顶。

[11] 挟纩，披着绵衣，亦以喻受人抚慰而感到温暖。气，士气。

[12] 冲，交通要道。

[13] 灊岳，潜岳，潜山，属于安徽省。

[14] 枹鼓，鼓槌和鼓，喻指军旅。勋隆，功劳大。

[15] 靴刀，靴刀誓死，语出《旧唐书·李光弼传》，唐代的李光弼打仗时在靴子里面藏着短刀，随时准备危险时自杀而不死于敌人之手。后因以“靴刀誓死”谓战死沙场的决心。节壮，节操壮烈。

[16] 鼎钟，鼎与钟，古代钟鼎上刻铭文，以表扬有功之人。纪，记录。武功，军事方面的功绩。

[17] 能仕，亦作“能士”，有才能之士。教忠，教以忠诚之道理。纶綍（fú），皇帝的诏令。彰，表彰。家诫，家训。

[18] 是用，因此。两朝，咸丰和同治两朝。

[19] 标，突出，显扬。烈，功业。价藩，谓大德之人是国家安全的屏藩。晋阶，升级。总制，总督，李续宾死后被追赠总督。

[20] 考，考察。行谊，品行，道义。锡，赐。

[21] 贞珉永勒，墓碑上永远刻着他的美名。贞珉，石刻碑铭的美称。勒，刻。雕俎，一种雕绘的木制礼器，祭享时以盛牺牲。陈，陈列。

[22] 於戏，呜呼。

[23] 值得赞扬的是，他一开始出谋划策，就可以和羊祜媲美。策告，以简策相告。羊祜（221—278），字叔子，泰山南城人，著名战略家、政治家和文学家，博学能文，清廉正直，治军能以德怀柔，深得军民之心。

[24] 轸，伤痛。皇眷，皇帝的眷顾。

[25] 他在史书上的荣耀胜过马周。马周（601—648），唐初宰相，字宾王，山东省茌平县人，曾担任监察御史、中书令，多次向太宗谏言，意见多被采纳，为贞观年间的政治改良乃至“贞观之治”的形成和延续发挥了积极作用。生病时，唐太宗曾送御膳，并亲自为其调药。

[26] 灵感，神灵感应。来歆，鬼神前来接受祭祀。遗烈，前人遗留的节烈、风操。

御制碑文

朕惟当东南之蹂躏，天戈[1]奋起于先朝，倚俊杰之驰驱，露布频闻于曩日[2]，方幸连城递克[3]，忽惊严鼓[4]兴悲。汉帝思贾复[5]，有言失吾良将。唐臣与浑瑊[6]，共谥得汝亢宗[7]。书勋既炳于太常[8]，读诔尚稽于小史[9]。

[1] 天戈，帝王的军队。

[2] 露布，军事捷报。曩日，往日。

[3] 方，刚好。克，攻克。

[4] 严鼓，战鼓。

[5] 汉帝，指光武帝刘秀。贾复（9—55），字君文，今河南省邓州市西北人，东汉名将，云台二十八将排名第三，儒生出身，曾加

入绿林军，归顺刘秀后，立下赫赫战功。

[6] 唐臣，指唐代与浑瑊有共同谥号忠武的大臣郭子仪、尉迟恭、李晟、韦皋等人。浑瑊（736—800），唐朝名将，早年累官中郎将，后成为郭子仪部将，参与平定安史之乱，曾任左金吾卫大将军、检校司徒、中书令，封咸宁王，谥号“忠武”。

[7] 共谥，共同的谥号，即忠武。亢宗，庇护宗族，光耀门庭。

[8] 书勋，写下功绩。太常，中国古代朝廷掌宗庙礼仪之官。

[9] 诔，悼念死者的文章。稽，查核。小史，某一方面简单的历史书或资料书。

尔巡抚衔原任浙江布政使、晋赠总督、予谥忠武、世袭三等男爵李续宾，蜚英鼓箧[1]，贾勇执羁[2]，平萧铣[3]而定湖湘，擒苗璘而清江沔[4]。始策名于赞府，继践列于端僚[5]。遂领一麾[6]，每传三捷。拒西塞八军之垒，赋感袁宏[7]。凌东湖万顷之涛，谋资陶侃[8]。属以渚宫有警，因从幕阜回攻[9]。重收黄鹄之矶，仍戍赤乌之镇[10]。浔阳九派，卢循[11]作乱而竟平；庐郡三河，韦叡[12]持危而不退。黄金饰体，俨承宠命于赐衣[13]；红籥宣威，弥奋致身于握节[14]。寿殊郭令[15]，拟其宝应之功[16]；号溯蕲王[17]，例以建阳之绩[18]。易名忠武，媲美勋贤[19]。

[1] 蜚英，扬名，驰名。鼓箧，谓击鼓开箧，古代入学仪式，借指经业、学术等。

[2] 贾勇，余勇可贾，尚有未用尽的勇力可以使出来，形容极度的勇敢。执羁，执羁靮，谓为国君效力。执，拿着。羁靮，马络头和缰绳。

[3] 萧铣（583—621），隋末唐初地方割据势力首领，曾在岳阳称帝，国号梁，后兵败降唐，被押往长安斩首。

[4] 苗璘，五代十国时期南吴将军。江沔，江沔地区，在中国陕西省，是汉水的上流。

[5] 策名，策名委质，因仕官而献身于朝廷。赞府，古代对县

丞的别称。践列，整齐地排列。端僚，旧称幕僚之居首位者。

［6］一麾，一军。

［7］袁宏（328—376），字彦伯，东晋玄学家、文学家、史学家，河南太康人，曾编《后汉纪》，并写《东征赋》《北征赋》等名篇。袁宏眼界甚高，写《东征赋》时，竟然不提及自己的顶头上司桓温的父亲桓彝以及名将陶侃。此句是说李续宾可以写入袁宏之赋，赞扬其战功之大。

［8］谋资，谋略资历。陶侃（259—334），字士行，湖北人，东晋名将，为稳定东晋政权立下赫赫战功，精勤于吏职，不喜饮酒、赌博，有文集二卷，其曾孙为著名田园诗人陶渊明。

［9］属，通“嘱”，嘱咐，告诉。渚宫，春秋时楚国的宫名，故址在今湖北省江陵县，代指江陵。幕阜，幕阜山脉，在江西境内，此借代江西。

［10］黄鹄之矶，黄鹄矶，位于武昌城区西部，此借指武昌。戍，守卫。赤乌之镇，赤乌镇，又名瑞昌镇，今江西瑞昌市。

［11］卢循（？—411），字于先，小名元龙，河北涿县人，晋末群雄之一，后被刘裕打败而自杀。

［12］韦叡（442—520），字怀文，南朝梁武帝时名将，备受士兵的尊敬，北魏人怕他，称为“韦虎”，一生廉洁，家无余财。历左卫将军、南郡太守、江州刺史、中护军、平北将军、雍州刺史等官。

［13］赐衣，指的是咸丰帝赐黄马褂之事。

［14］红籀，代指圣旨。籀，一种字体。弥，更加。致身，献身。握节，持守符节，谓不辱君命。

［15］寿殊郭令，寿命和郭令公不同。郭令，即郭令公，郭子仪（697—781），华州郑县（今陕西华州区）人，唐代政治家、军事家，先后平定安史之乱，单骑说退回纥，并击溃吐蕃，被尊为“尚父”，谥号忠武。

［16］拟，比拟。宝应，唐代宗年号。

［17］（李续宾的）谥号（忠武）上溯到蕲王韩世忠。蕲王，指

韩世忠。韩世忠（1089—1151），字良臣，陕西省绥德县人，与岳飞、张俊、刘光世合称“中兴四将”，谥号忠武。

［18］建阳，地名，属现在福建地区，韩世忠曾在此平定过农民起义。这两句是说，李续宾和韩世忠谥号都是忠武，功劳也可以相提并论。

［19］易名，赐名，“易”通“赐”。勋贤，有功勋有才能的人。

呜呼！述丹诏而生嗟[1]，有怀崧岳[2]。勒翠碑而纪烈[3]，不蚀风霜。惟万里之兵气常销[4]，庶九原[5]之英灵永慰。恩覃[6]后裔，光照崇祠。

［1］丹诏，帝王用朱笔写的诏。生嗟，发出感叹。

［2］崧岳，指《诗·大雅·崧高》，旧说为周卿士尹吉甫赞美周宣王之作，诗中有“崧高维岳，骏极于天”之句，后因用“崧岳”褒美别人的文词。崧高，嵩山。岳，中岳。

［3］刻碑记录他的忠烈。勒，刻。纪，记。

［4］兵气，战争的气氛。销，通“消”，消散。

［5］九原，犹九泉。

［6］覃，遍及。

诰命[1]

皇帝制曰：枢府崇班，锁匙膺河山之寄[2]；岩疆重镇，旂常垂奕禩之勋[3]。笃眷忠贞，爰施宠奖[4]。尔钦差帮办安徽军务、巡抚衔浙江布政使、挚勇巴图鲁[5]、追赠总督、予谥忠武三等男爵李续宾，英毅挺生，荩忠懋著[6]。释青衿而招徕爪士，麾白旗而建树肤功[7]。经六百余战之勤劳，书驰露布[8]。媲二十八将之威望，绩灿云台[9]。膺专阃[10]则胆略兼优，克名城则指挥若定。音徽未沫，典礼宜崇[11]。兹以尔于咸丰八年在安徽三河镇剿贼阵亡，追赠尔为光禄大夫[12]，锡之诰命。於戏！闻鼓鼙[13]而思将帅，茅土[14]先分。颁纶綍以示恩荣，芝泥叠贲[15]。九原可作，三命其承[16]。

［1］诰命，诰和命，皇帝的命令，明、清时特指皇帝赐爵或授官的诏令。

［2］制，皇帝的命令。枢府，主管军政大权的中枢机构，清雍正以后指军机处。崇班，高位。锁匙，钥匙。膺，承当。河山之寄，国家的寄托。

［3］岩疆，指边远险要之地。重镇，指军事要地。旂常，王侯。垂，流传。奕禩，世代。

［4］笃眷，眷爱深厚。爰，于是。施，给予。

［5］巴图鲁，蒙语，意为勇士。清初，满族、蒙古族有战功者多赐此称，在巴图鲁称号之前，复冠他字为"勇号"，冠以满文如搏奇、乌能伊之类者，谓之清字勇号，后来也用于汉族武官，冠以汉文英勇、刚勇之类者，谓之汉字勇号。

［6］英毅，勇敢坚毅。挺生，挺拔生长，谓杰出。荩忠，忠诚。懋著，显著。

［7］青衿，古代学子和明清秀才的常服，借指读书人。招徕，招揽。爪士，士兵。麾，挥动。白旗，为李续宾军旗。肤功，大功。

［8］露布，军事捷报。

［9］二十八将，云台二十八将，指助汉光武帝刘秀一统天下、重兴汉室江山的功劳最大、能力最强的二十八员大将，汉明帝刘庄曾在南宫云台阁命人画其像，称为云台二十八将。云台，云台阁。

［10］膺，承当。专阃，专主京城以外的权事。

［11］音徽，美音。未沬，不曾休止。崇，盛大隆重。

［12］光禄大夫，官名，为加官及褒赠之官，唐、宋以后作散官文阶之号。

［13］鼓鼙，古代军中常用的大鼓和小鼓，借指征战。

［14］古天子分封王、侯时，用代表方位的五色土筑坛，按封地所在方向取一色土，包以白茅而授之，作为受封者得以有国建社的表

征，后遂以“茅土”指王、侯的封爵。

[15] 纶綍（fú），皇帝的诏令。芝泥，指古人缄封书札物件用的封泥。叠，多次。贲，通“奔”。

[16] 如果你能死而复生，可以荣封公侯伯之爵位。九原，犹九泉。作，兴起。三命，公侯伯之爵位。命，爵命。

制曰：持纲秉宪[1]，良臣奏节钺之勋[2]；履顺思庄[3]，淑女著珩璜之范[4]。徽音无忝，茂典有加[5]。尔钦差帮办安徽军务、巡抚衔浙江布政使、挚勇巴图鲁、追赠总督、予谥忠武、三等男爵李续宾之妻谢氏，节玉征祥[6]，施鞶敬训[7]，采蘋蘩而承祀[8]，佩兰芷以修容[9]，懿行夙著[10]，璇闺芬扬[11]。彤管渥典[12]，待封石窌恩贲[13]。紫泥式奖[14]，阃仪洊加天宠[15]。兹以尔夫于咸丰八年在安徽三河镇剿贼阵亡，晋封尔为一品夫人。於戏！光生象服[16]，曾调琴瑟之徽[17]；宠沛鸾章，载焕丝纶之色[18]。聿昭淑慎，祗受恩施[19]。

[1] 持纲，执持政纲。秉宪，执掌法令。

[2] 良臣（李续宾）上奏伟大的战功。节钺，符节和斧钺，将帅权力的标志。

[3] 履，行。顺，和顺。庄，端庄。

[4] 淑女（李续宾之妻）显出她的美好风范。著，显出。珩璜，连缀在一起的各种佩玉，形容美好。范，风范。

[5] 徽音，犹德音，令闻美誉。无忝，无愧。茂典，盛典，隆重的恩典。加，通“嘉”，嘉奖，褒奖。

[6] 节玉，节操如玉。征祥，征兆吉祥。

[7] 父母亲教育她恭敬顺从。施鞶，父母对子女的教训。敬训，恭敬顺从。训，通“顺”，顺从。

[8] 蘋，同“蘋”。蘋蘩，蘋和蘩，两种可供食用的水草，古代常用于祭祀。承祀，主持祭祀。

[9] 兰芷，兰草与白芷，皆香草。修容，修饰仪表。

[10] 懿行，善行。夙，一向。著，显明。

[11] 闺中之美名芬芳远扬。璇闺，闺房的美称。

[12] 彤管，赤管笔，古代皇宫内的女史以此记录后妃的事迹，以红色表赤心公正。渥典，丰厚的恩典。

[13] 石窌（jiào），古代城市名，属于春秋时候齐国领地。据《左传》记载，齐军在鞍与晋、卫、鲁联军作战失败后，齐顷公在返回齐国的路上遇到一女子，女子只问齐顷公和他的父亲锐司徒是否遇难，得知其安全后就立刻离开，齐顷公认为她很知礼，于是赏赐石窌作为她的封邑。后遂用石窌泛指封地。贲，大。此句意在赞美谢氏之知礼。

[14] 紫泥，皇帝诏书用紫泥盖印，此借指诏书。式奖，嘉奖。

[15] 阃仪，妇女的容止。天宠，皇帝的恩宠。洊，通“荐”，再，屡次。

[16] 光生象服，即象服生光。象服，古代后妃、贵夫人所穿的礼服，上面绘有各种物象作为装饰。

[17] 琴瑟，指琴与瑟，常合奏，比喻夫妻感情和谐或兄弟、朋友的融洽情谊。徽，美好。

[18] 鸾，传说凤凰一类的鸟。章，花纹。丝纶，即丝，粗于丝者为纶，亦指帝王诏书。

[19] 聿，助词，无义。昭，显扬。淑慎，贤良谨慎。祗，恭敬。恩施，施恩。

官、都、胡奏折

荆州将军霍钦巴图鲁臣都兴阿[1]、协办大学士湖广总督臣官文、太子少保署湖北巡抚臣胡林翼[2]，跪奏为查明巡抚衔浙江布政使李续宾三河镇阵亡实迹，仰恳天恩加等优恤[3]，以奖忠勤而励军心事。窃臣等前因援皖之师在三河挫失，变起仓卒，传闻异词[4]，仅将大概情形先行驰奏[5]。李续宾素性刚烈，固知其必无生理[6]，惟念该员功绩冠时[7]，为东南数省仰望之人，若不查明确切事迹，恐传闻失实，不足以宣昭[8]忠烈，垂示[9]后来。

［1］都兴阿（1818—1875），字直夫，郭贝尔氏，祖籍黑龙江讷河，达斡尔族，满洲正白旗，曾随僧格林沁、官文镇压太平天国运动。三河之战时，李续宾战死，都兴阿弃围安庆败逃。曾任盛京将军等职。

［2］胡林翼（1812—1861），字贶生，号润芝（又作润之、咏芝），汉族，湖南益阳县泉交河人，进士。历任安顺、镇远、黎平知府，咸丰四年迁四川按察使，次年调湖北按察使，升湖北布政使、署巡抚。曾多次推荐左宗棠、李鸿章、阎敬铭等，为时人所称道。

［3］天恩，皇恩。优恤，从优抚恤。

［4］异词，不同的言论和意见。

［5］驰奏，迅速上奏。

［6］生理，生存的希望。

［7］冠时，盖过时人，为当代第一。

［8］宣昭，宣扬，显扬。

［9］垂示，留传以示后人。

兹据李续宾胞弟道员李续宜[1]收集三河、桐城员弁勇丁七千余人逐一查询，又据舒城、桐城、潜山、霍山等县绅民合词禀称，已于三河战场将李续宾忠骨收殓，由间道[2]送至霍山。经李续宜遣员前往，验视属实。

［1］李续宜（1822—1863），字克让，号希庵，湖南涟源人，清末湘军将领，李续宾之弟，咸丰初以文童从李续宾与太平军作战，转战江西、湖北、安徽，官至安徽巡抚，谥号勇毅。

［2］间道，小路。

臣等查，李续宾提兵入皖，一月之内连克四城，声威甚振。克舒城之后，急欲进剿庐州。贼于三河镇设立伪城一座，砖垒九座，凭河设险，负固有年。该处为水陆冲途[1]，实扼[2]庐州之总要，其屯聚米粮军火，即以接济庐州、金陵贼营也。必先得三河，乃能进兵庐州。然合计兵勇，一分于九江、湖口、彭泽，再分于蕲州、黄州，又分于桐城、舒城，所带不过五千人。九月二十八日抵扎[3]三河，审视形势，以[4]攻城必先破垒，遂派义中营运同丁锐义、义左营参将张嵩龄、义右营都司张养吾、护右营参将彭友胜、利中营副将李存汉、毅中营副将彭祥瑞攻河南大街及老鼠夹一带之垒；派左仁营副将黄胜日、凯左营副将杨得武、湘后营副将周宽世攻东北面迎水庵、水晶庵一带之垒；派副右营总兵李续焘、后仁营游击李运络攻西面储家越之垒；而亲督同知直隶州金国琛、府经历县丞刘运会、毛有铭，率湘中、右营，副将刘人和率亲兵营马队为各路策应，于十月初二日黎明出队，进攻贼垒。该逆以大股迎敌，我军分途并进，首毙冲锋悍贼百余名。该逆稍却[5]，我军乘势猛进，斩馘[6]益众。贼始败奔入垒，凭墙死拒，炮如雨点。诸勇奋迅而进，纵火焚烧，烈焰突起，贼众乃乱。我军乘机夺栅而入，一鼓缘登，九垒俱下，垒中之贼均经殪尽[7]。其时城贼与白石山之贼分途救援，复为我马步队击退。是日，共计毙贼七千余名，而我军伤亡参将萧意文、都司胡在位以下一千余人。经此血战痛剿，该逆已成孤注。

[1] 冲途，犹通衢，大路。

[2] 扼，把守，控制。

[3] 抵扎，抵达驻扎。

[4] 以，认为。

[5] 却，退。

[6] 斩馘，斩敌首割下左耳计功，泛指战场杀敌。

[7] 殪尽，杀尽。

旋[1]据探报，并搜获伪书，知首逆陈玉成率大股自江浦、六合、庐江来援。首逆李世贤[2]、捻逆张乐行[3]自庐郡率大股来援，号称十余万，连夜窜至三河三十里之金牛镇、白石山一带，连营数十里，包抄大军后路。因念众寡悬殊，而我军血战数月，伤损精锐已多，必须添调以厚[4]兵力，当即飞催换防浔军，并调留防陈德园之昌营星夜赴潜山接应，又抽调防守桐城之元中、贞右等营赴舒城接应，未及到防。

[1] 旋，不久。

[2] 李世贤（1834—1865），广西藤县大黎乡人，太平天国后期重要将领，忠王李秀成的堂弟，被洪秀全封为“侍王”。

[3] 捻，捻军。张乐行（1811—1863），字洛行，别名老乐，安徽涡阳人，出身于清末豪绅地主家庭，后成为清末中原地区农民起义军首领，被封为捻军盟主。

[4] 厚，增强。

初九日，援贼逼近，势颇猖獗。是夜，李续宾派湘中、右四哨[1]交同知[2]金国琛、府经毛有铭督带[3]，并派凯左杨得武、护右彭友胜、义中丁锐义、义左张嵩龄、义右张养吾[4]、亲兵马队刘人和各出六成队，于初十日五鼓前往金牛镇击剿，其余各营留防城贼。我军行十五里，黎明至樊家渡王家祠堂地方，突遇大股来扑，金国琛、毛有铭、刘人和等马步[5]分进。该逆以数枝包抄，以数枝搦战[6]。湘军齐进，连环轰击，贼乃大奔。追逼贼垒，杀贼约逾二千。忽大雾迷漫，咫尺莫辨。该逆由左路抄出，数大股直前冲突。时我军之在左路者后仁营先溃，义中、义左、义右等营相继而走，致中、右两路各营均为贼抄袭。返戈冲杀，而前后皆贼。参将彭友胜、游击胡廷槐、饶万福等力战阵亡，其余员弁勇丁伤亡过半，队伍星散[7]，归路已为贼阻截矣。李续宾自领亲兵，并飞调毅中、左仁、湘后、利中等营接应，冲荡[8]数十次，杀贼最多。伪城之贼复分股冲出，合之援贼，绵亘二三十里，环绕来扑。游击邹玉堂、杜廷光、守备赵国幹等力战阵亡，各弁勇伤亡愈众。李续宾一面奋战，一面传令军中严守墙垒。是时，贼已逼近，而后仁营、义右营于败后飚去[9]，护右、凯左及亲兵马队等营被贼阻截，不能回营，义中、义左均无守志，此七营墙垒已被贼攻破。惟运同丁锐义冲入李续宾营盘，期与统将共命。其余各营，惟副右尚是全队在营，其湘后、中右、毅中、利中、左仁等营仅皆四成队守垒，余皆随从李续宾苦战。战至二更，杀贼已近二千，李续焘、彭祥瑞率勇越垒冲出。于是贼踞其垒，挖断河堤以绝我军去路。李续宾勇气百倍，怒马当先，往来奋击，毙贼又数百人，我军伤亡亦多。战至三更，李续宾身面均受矛伤，力竭阵亡。候选同知曾国华、何裕，知府衔湖北候补同知何忠骏，湖南候补知县王揆一，候选县丞李续艺，候选训导吴立蓉、万斛源等，均同时力战阵亡。

[1] 哨，古代军队的编制单位，历代标准不一。

[2] 同知，明清时期的官名，为知府的副职。

[3] 督带，监管、带领。

[4] 凯左、护右、义中、义左、义右，皆军营名称。

[5] 马步，骑兵和步兵。

[6] 搦（nuò）战，挑战。

[7] 星散，分散，四散。

[8] 冲荡，冲杀。

[9] 飚去，迅速逃去。

随从员弁退守营墙，以俟[1]舒、桐两处援兵，期保全中军[2]，为李续宾复仇。惟该处地势平衍，河港纷歧，圍田沟浍逶迤相属。我围贼，则贼无所施其技。贼围我，则我军亦难为功。维时该逆之众百倍于官军，四面围攻，炮石如雨，更番叠进，昼夜不息。我军守志虽坚，无如[3]众寡大相悬殊。是夜四更，利右营被贼攻破，而该营带兵官李存汉犹冲入中、右营，图为李续宾保全士卒。

[1] 俟，等待。

[2] 期，希望。中军，清代总督、巡抚以下，凡有兵权者，其标下的统领官，皆称为中军。

[3] 无如，无奈。

十二夜，湘后、左仁两营被贼攻破。惟李续宾自带之中、右营恪守军令，感恩畏法，士无去志。又经丁锐义、李存汉与湖北候补道孙守信、候选府经历县丞刘运会、守备萧廷玉、从九李肇用、尹耀莘等晓以忠义，督守孤垒。至十三日夜静，铅药[1]、水、米俱尽，援兵隔绝不前，势遂万不能支矣，孙守信、丁锐义、刘运会、萧廷玉、李肇用等先后力战死之。是夜四更，李存汉督率勇夫向东北伪城杀开血路，越濠浮水，奋力冲出，得脱免者仅什之二三。

[1] 铅药，铅弹与火药。

此李续宾率五千人进剿三河，旬日苦战，破贼九垒，前后杀贼万二三千人，卒因贼众勇单，援兵不至，以致捐躯殉节之实在情形也。

凡三河先后所溃员弁勇丁，惟副将杨得武径赴潜山，其余皆并归桐城。当初十日，三河吃重[1]，守舒城之信前营副将谢永祜一闻警信，遽从小路绕赴桐城。贼遂分两股，一由杭铺绕舒城，一由梅心驿窜桐城。先是李续宾以桐城为安庆、舒城后路，派总兵赵克彰统带六营及巴图隆阿、保庆马队等营，又檄调九江防兵参将赵友材、副将沈俊德、萧庆衍并归赵克彰节制，镇守桐城，为后路声援。

[1] 吃重，吃紧。

十九日，贼出数大股来扑，漫山遍野，约七八万人。赵克彰令原在桐城各营及谢永祜之信前营均以四成队守濠，六成队迎敌。自午至酉，鏖战[1]四时，彼此均多伤亡。李存汉、赵友材、候选知县谢嗣湘、府经历县丞李景均，各怀义愤，力竭战殁[2]。前仁营朱希广先败，退至长濠。该营墙垒被贼焚毁，各营守濠之勇遂渐溃乱，赵克彰即收队回营，而贼已从后路冲入长濠，包裹营盘。各营见势不敌，遂于是夜先后冲出重围，李长林、彭祥瑞、刘人和等被贼追杀。其时，城中无营护守，唯三河之溃卒聚于城内，见贼逼近，遂与各营同溃。此十月十九日赵克彰桐城溃失之实在情形也。

[1] 鏖战，激战。

[2] 战殁，战死。

臣等查，李续宾自咸丰二年贼围长沙，奉其父李登胜之命，首倡团练。讲求束伍[1]选士之法，湘勇军律[2]惟所部独精，其选士以知耻近勇[3]、朴诚敢战为尚。以少击众，屡建奇功。遂以平定湖南、湖北、江西，规复[4]安徽等省，大小六百余战，克复城池四十，战无不胜，未曾少挫。臣胡林翼四年在蒲圻遇塔齐布，即语臣曰："李续宾忠勇沉毅，用兵如神，异日必为国家栋梁。"其时[5]，方[6]以县丞升知县也。前在武昌、九江统驭一二万人，号令严肃，秋毫无犯，湖南、湖北、江西、浙江、安徽官民无不争思倚重。其临阵安闲肃穆、厚重强固[7]。凡遇事之难为而他人所畏怯者，无不毅然引为己任。其驻营处所，百姓欢忭，耕种不辍[8]，万幕无哗[9]，一尘不惊。非其法令之足以禁制诸军，实其明足以察情伪[10]。而一本至诚，勇冠三军，屡救弁勇于危难。处事接人，和平正直，不矜不伐[11]也。即于三河失利之始，武昌父老均至臣舆前[12]，询问李续宾存亡，痛哭而去。又如一月之内，克复四城，纵横扫荡，本无暇施恩泽于百姓，而舒城难民犹复不远千里负送尸骸。李续宾初十血战捐躯，各营亦陆续失陷，其本营士卒疮痍满目，犹能孤垒独守，历四昼夜而效死不去。其得兵民之心若此。当抚标[13]义营、后仁营接仗失利之时，或劝之敛兵[14]退守，突出重围。李续宾则曰："军兴九年，均以退走损国威，长寇志，吾当血战纵横，多杀一贼，即为地方多除一害。"遂焚香，九叩首，取所奉廷旨、朱批、奏折焚之，曰："不可使宸翰[15]落于贼手。"带队出营，血战竟日[16]，力竭而亡。其临难坚定、从容就义如此。

[1] 束伍，约束部队，治军。

[2] 军律，军纪。

[3] 知耻近勇，知道羞耻，勇于改过。

[4] 规复，恢复。

[5] 其时，这时。

[6] 方，才，刚。

[7] 强固，坚毅，坚强。

[8] 不辍，不停止。

[9] 万幕无哗，各个军营都没有喧哗。幕，指军营。

[10] 不是因为他的法令足以约束各军，实在是他的精明足以辨别事情的真伪。

[11] 不矜不伐，不自以为了不起，不为自己吹嘘。矜、伐，夸耀。

[12] 舆前，轿前。

[13] 抚标，明清时巡抚直辖的军队。

[14] 敛兵，收缩兵力。

[15] 宸翰，帝王的墨迹，借指皇帝亲笔手诏、御札之类。

[16] 竟日，整天。

臣胡林翼在本籍[1]闻变，寓书[2]湘乡，慰其父母，并以其时尚未得尸骸为愧恨。其父诰封荣禄大夫李登胜复书[3]，言遣子讨贼，志在成仁，本不望其生还，昔人以马革裹尸为壮烈，以今视之，与身膏[4]原野等耳。其一门忠义，志节[5]过人。李登胜平日寄书教子，勉以忠良，嘱无以亲老分心。李续宾所得藩司养廉[6]，均施于军中义士，于本籍设祠以祀阵亡将士，于九江设祠以祀塔齐布，私家田宅不长尺寸。臣每过其营，读其家书，亦未尝不感动流涕也。

[1] 本籍，祖籍，老家。

[2] 寓书，寄信。

[3] 复书，回信。

[4] 膏，滋润。

[5] 志节，志向气节。

[6] 养廉，即养廉银，清制，官吏于常俸之外，规定按职务等级每年另给银钱，曰“养廉银”。

所有巡抚衔浙江布政使李续宾，应请鸿施逾格[1]，照巡抚衔加等追赠，从优议恤[2]，并请于湖北、江西、安徽及本籍湘乡设立专祠，以昭功烈而妥[3]忠魂。其父母年逾七十，忠厚积累，矜式[4]乡里，恳请天恩逾格奖赏，以为教忠者劝[5]。李续宾之子李光久、李光令，均读书应童试[6]，恳请恩施逾格，出自圣裁[7]。所有李续宾历年战迹，另列清单，恭呈御览。谨合词[8]恭折具奏，伏乞皇上圣鉴，训示施行。谨奏。

[1] 请求施恩超过一般规格。

[2] 议恤，对立功殉难人员评议其功绩，给予褒赠抚恤。

[3] 妥，安定。

[4] 矜式，楷模。

[5] 劝，勉励。

[6] 童试，童子试的简称，科举制度中的低级考试。童生应试合格者始为生员。

[7] 圣裁，皇上裁决。

[8] 合词，联名上书。

事实清单

谨将巡抚衔浙江布政使李续宾家世、出身、战功事迹开单[1]，恭呈御览。

[1] 开单，开出清单。

计开[1]巡抚衔浙江布政使、挚勇巴图鲁李续宾，籍隶湖南湘乡县，曾祖李本桂，祖李白诗，父李登胜，均赠荣禄大夫，世传忠厚，耕读相承。李续宾自幼读书，端凝沉毅[2]，器识[3]过人。

[1] 计开，逐项开列。

[2] 端凝，庄重。沉毅，沉着坚毅。

[3] 器识，器量与见识。

咸丰二年，贼围长沙。罗泽南[1]倡办团练，李续宾奉父命应之，能以兵法约束子弟，明耻教战，训练尤精。

[1] 罗泽南（1808—1856），字仲岳，号罗山，湖南省双峰县石牛乡人，湘军将领、理学家、文学家。协助曾国藩编练湘军，并率湘军参战，历任知县、同知、道员。咸丰六年在武昌之战中中弹伤重而死，谥号忠节。

三年，奉曾国藩、骆秉章檄援江西，战胜，改赴吉安，克复太和、安福县城。十二月，克复湖南永兴县城。

四年，肃清湘潭土匪，随曾国藩东征。七月，克复岳州府城。破城外贼垒，追至临湘县之长安驿、湖北蒲圻之羊楼峒、崇阳之虎爪石、桂口，大胜，克复崇阳、咸宁两县城。战于横沟桥、官步桥，获胜。追贼至湖北省城，破花园贼垒三座，复破八步街、鲇鱼套等处贼垒，克复湖北省城。九月，追贼至兴国州之盐埠头，大胜，克复兴国州城。剿贼至田家镇，战于半壁山。时贼众百倍，弁勇[1]怯退，李续宾手斩三人以殉[2]，遂大胜，破贼众十余万。渡江追贼至栗木桥、双城驿，大胜，克复黄梅、广济两县城。追贼至濯港、孔陇，大胜。复渡江攻九江城，攻湖口援贼至梅家洲，大小十余仗。

[1] 弁勇，弁兵，清代低级武官及兵丁的总称。

[2] 殉，通“徇”，对众宣示。

五年，调剿江西贼匪，克复弋阳县、广信府城，克复兴安、德兴、浮梁三县城，攻剿义宁州之三都、梁口、棋盘岭，连获大胜，克复义宁州城。奉曾国藩檄回援湖北，克复通城县城。进剿桂口，大胜，克复崇阳县城。搜剿壕头堡、羊楼峒之贼，三战皆胜，克复蒲圻、咸宁两县城。追至山坡，大胜。驻军湖北省城东门洪山，复与罗泽南分兵，独扼窑湾，断贼接济。大小七八十战，均大胜。

六年三月，罗泽南攻城，炮伤殒命，由窑湾带营回驻洪山，统领军事。三月，攻破保安门、中和门新垒三座，平濠六道，毁长虹桥西贼垒长濠。四月，攻城贼，大胜。贼乘我兵分援江西，分股劫粮，迎击之，大胜。攻保安门、望山门、青山、窑湾各处出城之贼，助水师攻汉阳贼舰，均大胜。五月，计诱城贼出战，大胜。击败援贼于后路豹子澥，追贼至八角岭，击城贼大股于东岳庙、南湖坪、小龟山，又遏城贼之窜逸[1]者，均大胜。六月，追贼至武昌县之葛店、樊口，克复武昌县城，渡江会水师，攻黄州城，均胜。适翼贼石达开[2]由金陵会湖口、临江各路贼党，共七八万人上犯，分十三股并进，授各军以应敌之策，分剿城外援贼。旬日[3]之内，大小二十八仗，均大胜。七月，破援贼九垒。八月，破援贼十九垒，增勇开濠，遂为长围[4]，断贼接济。十月、十一月，贼屡乘夜冲突，均经击退。十一月二十二日，攻克武昌省城，当夜分三路追剿，克复武昌县城。会水师克复黄州府城，克复大冶县、兴国州、蕲州、瑞昌县城。十二月，追贼至九江，会水师更番[5]攻城，击败梅家洲、湖口援贼，分兵攻九江城，大胜。

［1］窜逸，逃窜。

［2］石达开（1831—1863），广西贵港客家人，太平天国主要将领之一，被封为翼王。

［3］旬日，十天。

［4］长围，环绕一城一地的较长工事，用于围攻或防守。

［5］更番，轮番。

七年正月，定计浚[1]长濠三十余里。二月，贼出毁濠，迭次[2]歼败之，击贼于八里坡、西坝，复引兵击伏贼于下八里坡，败湖口援贼于茶庵，败安庆援贼于新坝。三月，长濠工竣。四月，皖贼犯蕲州，分兵陆家嘴，又分兵援蕲州，均大胜。五月，悍贼出城逾[3]濠，击败之。六月，督军渡江助臣都兴阿战于童司牌，大胜，破贼十九垒。八月，会水师攻破小池口伪城。九月，定计密约杨载福[4]、彭玉麟[5]水陆会攻湖口，克梅家洲伪城，克复彭泽县城，遂拔[6]彭泽小姑洑两岸伪城及贼垒，克复湖口县城。十月，分兵会合水师，击退图援九江之贼于湖口、彭泽，大胜，歼除万余人。十二月，临江逸贼窜近兴国，拨兵剿洗净尽。

［1］浚，疏通，挖深。

［2］迭次，多次。

［3］逾，越过。

［4］杨载福（1822—1890），即杨岳斌，晚清湘军水师统帅，字厚庵。湖南善化（今长沙）人，行伍出身。为避同治（载淳）、光绪（载湉）皇帝讳，由曾国藩建议改名岳斌，取文武兼备之意。累官湖北提督、福建陆师和水师提督、陕甘总督。中法战争中，率湘西苗兵协助左宗棠作战。死后，追赐太子太保。

[5] 彭玉麟（1816—1890），字雪琴，号退省庵主人，今衡阳市衡阳县渣江人，湘军水师创建者、中国近代海军奠基人。官至两江总督兼南洋通商大臣，兵部尚书，封一等轻车都尉。死后赐太子太保，谥刚直。以画梅名世。有《彭刚直诗集》，收录诗作500余首。

[6] 拔，攻取。

八年二月，分三道开挖地道，轰陷九江城两次。四月，东南隅地道工竣，地雷轰塌百余丈，克复九江府城，万余逆贼无一脱逃者。时皖逆陈玉成陷麻城、黄安，移军进攻。五月，克麻城、黄安县城。七月，遵旨征皖。八月，攻破枫香铺、小池驿贼垒，克复太湖并潜山县城。九月，攻破桐城四面贼垒，克复桐城县城，进攻梅心驿及舒城城外贼垒，破之，克复舒城。

李续宾以书生慕义从戎[1]，所得廉俸[2]悉充军饷，身殁[3]之后，家无余财。在军中无时不以爱民下士[4]为念，湖北、江西士民争赴营捐输助饷，歌颂载道。并为德化县定章[5]，除历年漕粮浮勒之弊[6]，吏胥敛手[7]，士民颂德。阵亡后，湖北、湖南、江西、安徽士民巷哭[8]，如失所依。桐、舒之人从贼中密求其尸，冒险卫送。每出阵，则怒马当先，亲冒炮石，故士卒莫不奋勇向前，以少破众。九江、湖口、小池口等处，从前官军力攻，阅[9]五年不能下。锐志图之，水陆弁勇中伤已逾数千人，而忠毅之气百折不回，竟以成功。奉旨援庐，提军深入，已成破竹之势，而竟以贼众兵单，救援不至，力竭捐躯。当三河血战时，顾诸僚佐[10]曰："我义当死战以报国，诸人可自图生也。"僚佐皆言："公义不负国，我等岂可负公?"文武员弁同时殉难尤烈，盖其廉洁公忠[11]，宽仁敦大[12]，实本天性，推诚及人，无间远近[13]云。李续宾从军七年，未尝省亲。臣等拟于六月代为乞假，其父李登胜闻其奉旨援皖，作函[14]止之，谕以尽心戎行[15]，为国出力，胜于侍养庭帏[16]矣。李续宾感念勖励[17]之言，毅然加奋，慷慨赴义。

[1] 从戎，从军。

[2] 廉俸，清代官吏正俸和“养廉银”的合称。

[3] 殁，死亡。

[4] 下士，屈身交接贤士。

[5] 定章，规定法令、章程。

[6] 革除多年以来漕粮遭勒索的弊端。漕粮，我国封建时代通过河运和海运由东南地区漕运至京师的税粮，因其运输方式而得名。勒，勒索。

[7] 敛手，缩手，表示不敢妄动。

[8] 巷哭，在里巷中聚哭，旧时常用作称颂官吏生前有善政者。

[9] 阅，经历。

[10] 顾，回头看。僚佐，部下。

[11] 公忠，公正忠诚。

[12] 敦大，敦厚宽大。

[13] 无间远近，不分关系的亲疏远近。无间，不分。

[14] 作函，写信。

[15] 戎行，军队。

[16] 庭帏，庭闱，指父母居住处。

[17] 勖励，勉励。

迹[1]其七年之中，克复四十余城，大小六百余战，实军兴以来功绩最盛、威名尤著之员，理合[2]声明。

[1] 迹，据实迹考知。

[2] 理合，理应，理当。

曾奏折

督办浙江军务前兵部右侍郎臣曾国藩，跪奏为巡抚衔浙江藩司李续宾，死事甚烈，功绩最多，恭折仰祈圣鉴事[1]。

[1] 仰祈，旧时向上呈奏的公文，即在“请”“祈”等字前用“仰”字，表示恭敬。祈，请求。圣鉴，指帝王或临朝太后的鉴察。

窃臣于上年十月间，闻皖北三河镇官军失利，比念李续宾刚烈性成[1]，必已见危授命[2]。惟相距过远，未悉其死事情形，兹据其胞弟李续宜禀称。

[1] 性成，成性。

[2] 见危授命，在危急关头勇于献出自己的生命。

李续宾自攻克潜、太、舒、桐[1]四县后，遵旨进攻庐州。因三河镇为舒、庐冲要[2]，贼筑伪城一座，坚垒九座。九月二十八日，进扎[3]三河。十月初二日，亲攻九垒，下之。适粤逆陈玉成率大股贼自六合、庐江来援，捻逆张乐行率大股贼自庐州来援，众十余万，昼夜兼程，直趋金牛镇，连营数十里，抄大军后路。李续宾所部除留防九江及舒、桐外，随征不过五千人，又攻垒血战，锐卒损伤过多，遂飞调防兵策应。未及至，而贼已来逼。初十日，派队迎击金牛镇，战樊家渡，已获全胜。忽左路出贼数万，乘雾来抄我军。回戈返斗，前后受敌。参将彭友胜、游击胡廷槐、饶万福等力战死之，余皆阻截不能归营。李续宾自领亲兵救应，而伪城之贼复出，与援贼相合，我军四面受围。初更时，最后两营李续焘、彭祥瑞越垒冲出。于是贼踞其垒，断我军去路。或劝以突围退保，无难再振。李续宾曰：“某在军前后数百战，每出队即不望生还。今日固必死，有不愿从死者，请各自为计[4]。”各员弁皆跪曰：“某等愿从公以死报国。”不愿去。李续宾具衣冠[5]，望阙[6]叩首。二鼓向尽，怒马直出，赴悍贼林立[7]处死之。臣胞弟曾国华[8]及何忠骏、何裕、王揆一、李续艺、吴立蓉、万斛源等皆死之，而副将李存汉[9]、道员孙守信、运同丁锐义等犹督守孤垒，以俟[10]桐城援兵。至十三日亥刻[11]，子药[12]、水、米俱尽，孙守信等死之。十九日，贼攻桐城，李存汉、赵友材、谢嗣湘、李景均等死之，桐城复陷，凡湘军员弁兵役随李续宾死者近六千人。十一月，三河附近绅民从贼中觅得李续宾尸骸，潜送[13]霍山，迎至黄州，即将返葬湘乡各等情[14]，禀报到臣。

[1] 潜、太、舒、桐，指潜山、太湖、舒城、桐城。

[2] 冲要，军事上或交通上重要的地方。

[3] 进扎，进驻。

[4] 为计，做打算。

[5] 衣冠，衣和冠，这里特指古代官员的礼服，在庄重的场合或举行仪式时穿的服装。

[6] 望阙，仰望宫阙，喻怀念天子。

[7] 林立，像树林一样密集地竖立着，形容众多。

[8] 曾国华（1821—1858），字温甫，曾国藩胞弟，清太学生，李续宾部下，与续宾为姻亲，死于三河镇之战，赐谥愍烈。

[9] 李存汉，湖南湘乡人。以乡勇随剿广西、江西、湖北等省，累官至副将。死于桐城之战，诏赠总兵，谥果愍。

[10] 俟，等待。

[11] 亥刻，晚上九点至十一点。

[12] 子药，铅弹与火药。

[13] 潜送，秘密运送。

[14] 各等情，旧时公文、文契用语，常用于叙述下级机关的来文终结处，意思是各种情况。

伏查李续宾战绩，自咸丰三年赴援江西，克复太和、安福、永兴，有江西、湖南奏报；四、五两年攻克岳州、武汉、广信等处，有臣国藩奏报；六、七、八等年，攻克武昌、九江、皖北各处，有官文、胡林翼等奏报；各在案[1]。此次死事之烈，官文等必详奏请恤。惟臣与李续宾从事较久，相知颇深，有不得不渎陈[2]于圣主之前者。

[1] 在案，指已经录入案卷，可资备查。

[2] 渎，轻慢，对人不恭敬，臣子向皇帝启奏时用的谦辞。陈，陈述。

李续宾初援江西，为谢邦翰营中帮办，嗣[1]随罗泽南征剿各处。循循[2]弟子，退然[3]若无所知，不自表异[4]，人亦未有以异之[5]。逮[6]岳州大桥之战，塔齐布独称湘勇白旗为无敌，贼亦深畏白旗。白旗者，李续宾所部右营也。既而田家镇之役，以少胜众。九江之败，士卒多逃散，独右营勇丁依依不去。然后众称其贤，得士心矣，犹复粥粥[7]无能。转战江西、岳、鄂之间，经过州县，不见一客。稠人广坐[8]，不发一语。自楚军之兴，人人皆以节烈相高[9]，或涅臂[10]自盟，或歃血[11]共誓，慷慨陈词，预相要约[12]。李续宾独默然深藏，初不预作激烈自许之言，然忠果[13]之色见于眉间，远近上下皆有以信其大节之不苟。

[1] 嗣，随后。

[2] 循循，遵循规矩的样子。

[3] 退然，谦卑，恬退。

[4] 不自表异，不特意表现自己优异。

[5] 也没有人认为他优异。

[6] 逮，等到。

[7] 粥粥，柔弱无能的样子。

[8] 稠人广坐，指人很多的地方，即公共场合。

[9] 节烈，性格贞烈、刚正。相高，比高下。

[10] 涅臂，刺手臂涂墨。涅，以黑色染物，以墨涂物。

[11] 歃血，古代举行盟会时，微饮牲血，或含于口中，或涂于口旁，以示信守誓言的诚意的行为。

[12] 要约，立盟，立约。

[13] 忠果，忠诚而果敢。

臣所立湘勇营制，编队立哨，略[1]仿古法，计事授糈[2]，皆有定程[3]。行之既久，各营时有变更，惟李续宾守法五年，始终不变。尝谓臣曰：“立法者但求大段安善，行法者当于小处弥缝[4]。”臣初定湘营饷项，稍示优裕，原冀月有赢余，以养将领之廉，而作[5]军士之气。李续宾统营既多，历年已久，节省赢余及廉俸[6]至数万金，不寄家以自肥，概[7]留备军中非常之需。咸丰六年冬，曾寄银五千两于南昌，济臣粮台之急[8]。七年冬，又寄银万两至吉安，济臣弟曾国荃[9]一军。又寄银三千两至贵溪，济李元度[10]一军。此外赢余银两，亦皆量力济人，不忍他军饥而己军独饱。

[1] 略，大致。

[2] 计事，官吏考核。授糈，发放军粮。糈，粮饷。

[3] 定程，固定的程序。

[4] 立法者只求大体安好就行，而执法者应当在小地方弥补(缺陷)。

[5] 作，振作。

[6] 廉俸，清代官吏正俸和“养廉银”的合称。

[7] 概，一律，一概。

[8] 济，救。粮台，清代行军时沿途所设经理军粮的机构。

[9] 曾国荃（1824—1890），曾国藩九弟，湘军主要将领之一，曾任两江总督，赏“伟勇巴图鲁”名号，谥号忠襄，与郭嵩焘等修纂《湖南通志》。

[10] 李元度（1821—1887），湖南平江县人，字次青，又字笏庭，自号天岳山樵，晚年更号超然老人，湘军将领，学者。著有《国朝先正事略》《天岳山馆文钞》《天岳山馆诗集》《四书广义》《国朝彤史略》《名贤遗事录》《南岳志》等，主纂同治《平江县志》《湖南通志》。

往者，故抚臣江忠源[1]尝论兵勇利病。勇则畛域不分[2]，而患其踪迹无定，此之所革，彼之所收。兵则尺籍[3]有定，而患其界限太分，胜不相让，败不相救。兵则规矩较肃，而患无陷阵刚猛之风。勇则锐气较新，而患无上下等威之辨。故用兵以和为贵，用勇以严为贵。李续宾驭下极宽，终年不见愠色，而弁勇有罪，往往挥涕而手刃之。甲寅十月，在田家镇斩怯退之勇，臣奏牍称其有名将之风。故刑人无多，而岁久无敢弛慢。至于临阵之际，专以救败为务，以顾全大局为先。遇贼则让人御其弱者，而自当其悍者。分兵则以强者予人，而携弱者以自随[4]。或携随数次，弱者渐强矣，则又另带新营以自随。江楚诸军，每言肯携带弱兵、临阵救人者，前惟塔齐布，后惟李续宾。此次三河之败，亦由所部强兵分留湖北，分拨臣处，分防九江，分驻桐城，而多携弱者以自随。其仁厚在此，其致败亦未始不由乎此，此军中所尤感泣不忘者也。

[1] 江忠源（1812—1854），号岷樵，湖南新宁（今属邵阳）人。太平天国起义后，江忠源组建楚勇到广西参战，并在蓑衣渡之战中击毙冯云山，曾任安徽巡抚，后在庐州之战中投水自杀，谥忠烈。

[2] 畛域不分，不分界限、范围，比喻不分彼此。畛域，界限。

[3] 尺籍，书写军令、军功等的簿籍，这里指的是军令、军功等的原则。

[4] 自随，跟随自己。

臣昔观李续宾，厚重少文[1]，百战无挫，私心慰幸，以为可跻[2]中兴福将之列，不意大难未夷[3]，长城[4]遽陨。督臣官文等具奏请恤，想蒙圣慈矜鉴[5]。臣与李续宾同县姻戚[6]，不敢饰辞溢美，亦不敢没其忠勋[7]，谨就夙昔所知渎陈宸听[8]。伏乞皇上圣鉴，饬付国史馆查照施行。谨奏。

[1] 厚重少文，形容人稳重敦厚，质朴平实。厚重，敦厚稳重。文，文采。

[2] 跻，登，上升。

[3] 夷，平定。

[4] 长城，比喻能捍卫国家安全的人物，国家之栋梁。

[5] 矜鉴，怜悯体察。

[6] 姻戚，姻亲，以婚姻关系为中介而产生的亲属。李续宾曾与曾国藩弟弟曾国华结为亲家。

[7] 没，埋没。忠勋，尽忠的勋绩。

[8] 夙昔，往日。渎，亵渎，轻慢，谦辞。陈，陈述。宸听，帝王听闻。

国史列传

李续宾，湖南湘乡人，廪贡生[1]。咸丰二年，粤匪洪秀泉[2]等窜扰湖南长沙，同郡贡生罗泽南创办团练，续宾以父登胜[3]命往应之。续宾能以兵法约束团勇，所练悉[4]精锐。

[1] 廪贡生，以廪生的资格而被选拔为贡生者。

[2] 洪秀泉，即洪秀全。

[3] 登胜，李登胜，曾封为光禄大夫。

[4] 悉，都。

三年，贼围江西省城，前礼部右侍郎曾国藩、湖南巡抚骆秉章檄续宾随罗泽南赴援。会土匪围吉安府，陷泰和、安福二县，续宾随同解吉安之围，克复泰和、安福。事平[1]，以从九品用[2]。未几[3]，土匪陷永兴县。续宾复随同往剿，战于油榨墟，复其城。寻[4]复败湘潭之贼。叙功[5]，以县丞用。先是续宾所部仅三百六十人，至是骆秉章檄[6]增为五百人。驻军衡州，平常宁土匪。

[1] 事平，事情平定。

[2] 以从九品的官衔被任用。

[3] 未几，没有多久。

[4] 寻，不久。

[5] 叙功，评议功勋的大小。

[6] 檄，传文书。

四年七月，曾国藩统水陆军东下，续宾随泽南及提督塔齐布[1]等赴剿。抵岳州驻大桥时，湘军才千人，分防八路。贼日夜来犯。续宾鏖战，连旬[2]破贼垒数十，岳州平。遂追至临湘县之长安驿，湖北蒲圻之羊楼峒，崇阳之虎爪石、桂口，克复崇阳、咸宁等城，又击贼于横沟桥、官步桥，败之。叙功，擢[3]知县，赏戴蓝翎[4]。八月，进剿武昌，叠破[5]花园及鲇鱼套贼垒，遂复武昌、汉阳，语均在《罗泽南传》、曾国藩奏。续宾自岳州拔营东下，常为军锋[6]，沿途七战皆捷，攻克花园坚垒，尤足制贼之命。得旨，以直隶州知州用，赏换花翎。九月，随同克复兴国州，擒伪进士胡万智[7]，斩之。十月，进攻半壁山贼巢，随罗泽南扎营山下，距提督塔齐布之营十余里，中隔小河。塔齐布正督兵搭造浮桥，以通两营之路。贼突出多人阻遏渡处，沿江贼船及由田家镇渡江之贼各出数千，分扼半壁山左右，其占踞旧垒之贼二万余复空壁来扑。时塔齐布之师无桥可渡，泽南所统湘勇又众寡不敌，军士多失色，逃者三人。续宾怒马入阵，手斩三人以徇[8]，麾军[9]血战。贼大溃，歼贼万计，断贼横江铁锁，遂破田家镇。捷入，记名以知府用，赏挚勇巴图鲁名号。十一月，授安徽安庆府知府。时贼以黄梅为湖北、安徽、江西三省总汇之区，悉众踞守，势张[10]甚。湖广总督杨霈方[11]驻军北岸，不能前[12]。续宾乃随塔齐布、罗泽南渡江北剿，力攻坚城，身先士卒，克复黄梅及广济县。贼复纠安庆窜贼踞孔垅驿、小池口一带，续宾等由对岸督兵进攻，遇贼于濯港，痛歼之，寻剿湖口援贼至梅家洲，大小十余战皆捷。十二月，水师陷入彭蠡湖，外江失利，小池口贼势复张，湘军退回九江。续宾愤甚，自率千余人渡江，攻小池口伪城，因众寡不敌，战不克。

[1] 塔齐布（1817—1855），字智亭，满洲镶黄旗人，出身清军火器营，后为湖南绿营都司，累升至副将，并辅佐曾国藩创建湘军。1854年，塔齐布收复湘潭，被越级擢升为提督，赐号喀屯巴图鲁。此后，他转战湘鄂，屡为军锋，收复岳州、武昌、田家镇等地，被授予骑都尉世职，与各路清军围攻九江。1855年8月，塔齐布久攻九江不下，愤恨呕血而死，赐谥忠武，后追赠三等轻车都尉，入祀昭忠祠。

[2] 连旬，接连数旬，接连数十天。

[3] 擢，提升官职。

[4] 蓝翎，清官员冠饰，为六品以下官员所戴的染成蓝色的鹖鸟羽毛。

[5] 叠破，多次攻下。

[6] 军锋，先锋。

[7] 胡万智，籍贯不详，为太平天国定都南京后开科取士的第一批进士，曾担任监军一职。

[8] 徇，对众宣示。

[9] 麾军，指挥军队。

[10] 势张，气势嚣张。

[11] 方，刚好，正好。

[12] 前，前往。

五年二月，武昌复陷。适江西之饶州、广信告急，曾国藩督兵至江西，檄续宾等往援。三月，偕罗泽南赴剿，连复弋阳、兴安、德兴、浮梁各城，会义宁州陷。七月，进攻义宁，拔其城，语均详《罗泽南传》。得旨，记名以道员[1]用。八月，随罗泽南回援武汉，克复通城县。会崇阳复陷，九月，督兵移剿，克之。贼旋窜蒲圻之羊楼峒为负嵎计，贼酋石达开率众大至。续宾督队迎击，毙贼九百余，生擒七十余。十月，石达开等复合[2]悍贼六百余人自蒲圻来扑。续宾等又败之，追杀十余里，歼擒贼二千余，遂复蒲圻。捷闻，加盐运使[3]衔，并赏续宾父母三品封典[4]。时贼自蒲圻败窜后，复约兴国、大冶之贼麕聚[5]咸宁县。续宾攻克之，遂同罗泽南会合湖北巡抚胡林翼之师，进规[6]武昌省城，驻军洪山。十二月，破塘角贼垒，旋与知县刘腾鸿扼贼窑湾，斩馘数千，屡战皆捷。

[1] 道员，又称道台，清代官名，是省（巡抚、总督）与府（知府）之间的地方长官。

[2] 复合，再次聚集。

[3] 盐运使，官名，设于产盐各省区。

[4] 封典，皇帝给予官员本身及其妻室、父母和祖先的荣典。

[5] 麕聚，谓似獐那样依类相聚。

[6] 进规，谓进军并有所图谋。

六年二月，宁绍台道罗泽南以乘胜攻城，中炮卒[1]。所部皆精锐，胡林翼奏请以续宾统其军。三月，进攻省城，平壕道六，扫平保安门、中和门贼垒三，并毁长虹桥西一带壕垒。四月，贼乘我兵分援江西，屡出城来犯。续宾败之于赛湖堤，又败之于小龟山、双凤山。七月，石达开由金陵会湖口、临江各路贼七八万人上犯，分十三股并进，城贼将应之。续宾分兵由鲁家巷进剿，旬日之内，大小二十八战，解散胁从[2]万余人，毁[3]援贼营垒二十八座。八月，赏布政使[4]衔。时城贼坚闭不敢出，续宾遂增勇开壕，掘江水入湖为长围[5]，断贼接济，贼益困。十一月，克复武昌省城。得旨，记名以按察使[6]用。武昌既复，即分三路进剿。贼由鲁家巷绕出葛店，续宾以马队迎击，杀贼千余，追至樊口。贼争先渡水，断浮桥以遏我军，复纠武昌县之贼，意图抗拒。续宾督各营造桥进攻，由西门杀入，武昌县城亦复。即渡江进取黄州，于江边设伏。贼突出二千余扑我水师，遇伏尽溃。我军乘胜薄[7]城克之，并下兴国、大冶、蕲州、瑞昌各城，遂帅师[8]直捣九江。悍酋林启荣[9]率众死守。

[1] 卒，死。

[2] 胁从，被迫相从者。

[3] 毁，毁坏，破坏。

[4] 布政使，即承宣布政使，官名，掌管一省的财政、民政。

[5] 长围，环绕一城一地的较长工事，用于围攻或防守。

[6] 按察使，官名，主要任务是赴各道巡察，考核吏治。

[7] 薄，接近，逼近。

[8] 帅师，率领军队。

[9] 林启荣（1821—1858），也作林启容，广西人，太平天国勤王，隶属杨秀清部，在九江之战中战死。

七年正月，浚[1]长壕三十余里以困之。二月，贼出毁壕，迭[2]经我军击败。先后击贼于八里坡、西坝，并下八里坡，败湖口援贼于茶庵、安庆援贼于新坝。三月，长壕成。四月，皖贼犯蕲州及黄梅、罗田。续宾分兵攻陆家嘴，进援蕲州，皆大胜。五月，城中悍贼突出逾壕，又击败之。六月，贼倾巢上犯，蕲、黄告急。续宾督军渡江，大战于广济之童司牌，破贼垒十九座。八月，会水师攻破小池口伪城，仍回攻九江。续宾以九江贼恃湖口相犄角[3]，不拔湖口，九江不可得也，乃定计水陆夹攻湖口。九月，续宾遣弟知府续宜率马步军[4]攻梅家洲伪城，而自率师扬言剿宿松，迂道[5]八里江，伏湖口后山，士卒皆扪萝[6]上。时彭玉麟以舟师攻湖口东，游击黄翼升以舟师攻梅家洲，提督杨岳斌夹击石钟山，贼方悉锐抗拒。续宾率师从山椒[7]破空下，贼大惊，遂尽歼其众，湖口县城立复，梅家洲贼亦弃城遁。乘胜复彭泽县，平小姑洑伪城。捷闻，授浙江布政使。十二月，剿平临江逸[8]贼。

[1] 浚，疏通，挖深。

[2] 迭，多次。

[3] 犄角，牛、羊等头上的角，比喻作战时分兵占据的遥相呼应以便牵制敌人的两个不同地方。

[4] 马步军，骑兵和步兵。

[5] 迂道，绕道。

[6] 扪萝，攀援葛藤。

[7] 山椒，山顶。

[8] 逸，逃跑。

八年二月，会水陆各军攻九江，添募劲旅，挖壕合围，水师十余营驻守北面江岸，贼援遂绝。四月，分三道开挖地道，督饬[1]水师各军分攻北门及东南一带。东南隅地雷暴发，轰塌城垣[2]百余丈。我军梯而登，殄[3]贼万六七千，遂克坚城，擒林启荣及伪元戎[4]李兴隆等，磔[5]之。捷入，加巡抚衔，赏穿黄马褂[6]。会贼首陈玉成自安庆陷麻城、黄安，续宾移兵进攻。五月，克之。七月，奉命征安徽。时贼据庐州，钦差大臣胜保[7]及巡抚翁同书[8]之师在北。续宾定计南北合剿，互为声援，遂率师由太湖前进。自八月至九月，攻破枫香铺、小池驿、梅心驿及桐城、舒城城外各贼垒，先后克复太湖、潜山、桐城、舒城各县城，声威大振，乘胜进剿庐州。

[1] 督饬，督促命令。

[2] 城垣，城墙。

[3] 殄，消灭。

[4] 元戎，主将。

[5] 磔，古代一种酷刑，把肢体分裂。

[6] 黄马褂，清代官服，清代的巡行扈从大臣以及有功大臣才可以穿。

[7] 胜保，字克斋，满洲镶白旗人，举人。咸丰三年（1853）以内阁学士身份会办军务。与太平军、捻军作战，屡战屡败，被称为“败保”。十年在通州八里桥率军抵抗英法联军，遭失败。后因淫贪

被劾，并加以“讳败为胜”等罪名，被责令自杀。

［8］翁同书（1810—1865），字祖庚，又字药房。江苏常熟人，进士，历任庶吉士、编修、学政。咸丰三、四年，随琦善在江北大营委用。六年，随德兴阿在江北大营帮办军务，曾数次率军与太平军作战。次年，授安徽巡抚，督办军务，继续同太平军作战。后因在寿州惨败，被革职。

先是贼于庐州府属之三河镇筑伪城一、砖垒九，凭河设险，负嵎[1]久。其地为水陆之冲[2]，扼庐州要害，屯聚米粮军火以接济庐州及金陵贼营。我军非先得三河，不能进攻庐州也。而是时兵勇一分于九江、湖口、彭泽，再分于蕲州、黄州，又分于桐城、舒城，续宾所统仅五千人。九月，驻军三河，规度[3]形势，以攻城必先破垒，遂以一军攻河南大街及老鼠夹一带贼垒，一军攻东北面迎水庵、水晶庵一带贼垒，一军攻西面储家越贼垒，亲督马队为各路策应。

［1］负嵎，负隅。

［2］冲，交通要道。

［3］规度，规划测度。

十月初二日，整队[1]出击，贼以大股迎拒我军，分途进毙冲锋悍贼百余。贼势稍却，狂奔入垒死拒，炮石雨下[2]。我军鼓勇而进，乘风纵火，烈焰蔽天，贼营大乱。我军夺栅入，九垒俱下。寻[3]城中贼与白石山之贼分途来援，复为我军马步队击退，毙贼七千余，贼势穷蹙[4]。贼目陈玉成旋[5]率大股自江浦、六合、庐江来援，粤匪李世贤、捻首张落刑[6]自庐州率大股来援。贼十余万乘夜窜至三河三十里之金牛镇白石山一带，连营十余里，抄我军后路。

［1］整队，整顿队伍。

［2］雨下，像雨一样落下。

[3] 寻，不久。

[4] 穷蹙，窘迫、困厄。

[5] 旋，不久。

[6] 张落刑，即张乐行。

续宾以血战数月，精锐伤亡甚众，须添调劲旅以厚兵力，飞檄各路防兵接应。援师未至，而贼锋已逼。初九日，续宾部勒各营夜半直逼金牛镇，追击十五里，晨抵樊家渡王家祠堂，突遇大股贼分数队与我军搦战[1]，复分数队包抄我军。我军连环轰击，杀贼二千，贼败退。会大雾，咫尺莫辨。贼突由左路抄出，数大股直前冲突。我军惊溃，弁勇伤亡过半，归路悉为贼断。续宾督领亲兵，并飞调他营接应，冲荡[2]数十次，犹杀贼无算[3]。伪城之贼复联络外援，分股冲突，绵亘二三十里，环绕来扑，弁勇伤亡益众。续宾一面死战，一面传令军中严守墙垒。时贼势悉集，各军被贼阻截，不能回营，墙垒多被攻破，仅余四五营从续宾苦战。运同丁锐义冲入续宾营盘，与主帅共命。续宾顾谓僚佐曰："我义当死战以报国，诸君可自图生也。"僚佐皆言："公义不负国，我等岂可负公?"或劝以敛兵退守桐城，突出重围。续宾曰："军兴九年，均以退走损国威，长寇志。吾当血战纵横，多杀一贼，即为地方多除一害。"遂焚香，九叩首，取所奉廷旨及批折焚之，曰："不可使宸翰[4]落于贼手也。"会贼挖断河堤，绝我军去路。续宾怒马驰入贼阵，往来奋击，毙贼数百，鏖战至夜半，死之。随从员弁数百人、兵勇数千，同时战殁[5]。

[1] 搦战，交战。

[2] 冲荡，冲杀。

[3] 无算，无数。

[4] 宸翰，皇帝亲笔手诏、御札之类。

[5] 战殁，战死。

初，续宾既克舒、桐，即留兵守之，以顾后路。迨[1]初十日，续宾既殁，随从员弁退守营墙以俟[2]舒、桐之援。无如三河地势平衍[3]，河港纷歧，待援不至，犹更番[4]迭战，昼夜不息。延至四更，利右营被贼攻破，带兵官李存汉[5]犹冲入中、右营，为续宾保全士卒。十二日夜，湘后、左仁两营俱破，惟续宾自带之中、右营恪守军令，感恩畏法，士无去志。又经丁锐义、李存汉与道员孙守信、县丞刘运会、守备萧廷玉、从九品李肇用、尹耀莘等晓以忠义，直至十三日夜，铅药[6]、水、米俱尽，乃越壕浮水冲出，得免者仅十之二三。湖北、湖南、江西、安徽士民巷哭，如失所依。桐、舒绅民从贼中密求其尸，由间道[7]卫送，交其弟道员李续宜返葬湘乡。

［1］迨，到。

［2］俟，等待。

［3］无如，无奈。平衍，平坦宽广。

［4］更番，轮流替换。

［5］李存汉，湘军将领。湖南湘乡人，以乡勇身份随剿广西、江西、湖北等省，官至副将，三河之战愿跟从李续宾以死报国，后在桐城死于巷战，诏赠总兵，谥果愍。

［6］铅药，铅弹和火药。

［7］间道，小路。

湖北巡抚胡林翼奏言："续宾在军选士，以知耻近勇、朴诚敢战为尚。臣前在蒲圻遇塔齐布，称其忠勇、果毅[1]，异日必为栋梁。其临阵安闲肃穆[2]，厚重强固[3]，凡遇事之难为而他人所畏怯者，无不毅然引为己任。其驻营之处，百姓耕种不辍，万幕无哗，非其法令足以禁制诸军，实其明足以察情伪，而一本于至诚也[4]。其处事接人，和平正直，不矜不伐[5]，其质直、厚重与汉之周勃[6]相似。即如三河之败，续宾于初十日战殁，各营亦陆续失陷，其本营士卒犹历四昼夜死守不去，其得人心又如此。从军七年，未尝省亲。臣每过其营，读其父登胜家书，屡以尽心戎行[7]、为国出力胜于侍养庭闱[8]勉之。”

[1] 果毅，行事果断，性情刚毅。

[2] 安闲，安静，悠闲。肃穆，严肃而安静。

[3] 厚重，温厚稳重。强固，坚毅，坚强。

[4] 完全本着一片至诚之心。

[5] 不矜不伐，不自以为了不起，不为自己吹嘘。矜、伐，夸耀。

[6] 周勃（？—前169），西汉开国将领、太尉，封绛侯，吕后死后，与陈平等合谋灭吕氏诸王，拥立文帝，赐谥武侯。

[7] 戎行，军队。

[8] 庭闱，指父母居住处。

先是胜保奏请添派带兵大员帮办安徽军务，续宾方奉帮办胜保军务之命，旋经钦差大臣、大学士、湖广总督官文等以续宾殉难状闻，上手敕[1]曰：“详览奏牍，不觉陨涕[2]。惜我良将，不克令终[3]。尚冀其忠灵不昧[4]，他年生申甫以佐予也[5]。”复谕曰：“巡抚衔浙江布政使李续宾，当贼匪围扑长沙之时，首倡团练，屡建奇功，嗣后赴援江西，调回湖南，旋随曾国藩东下，克复武汉。凡江西、湖南、湖北等省，攻克巨垒坚城，该藩司无不亲历行间，身先将士。通计七年之间，先后克复四十余城，大小六百余战，以少胜众，所向无前，一时诸将之中，无与伦比。本年七月，赴援安徽。甫逾匝月，连克潜、太、舒、桐。朕以其谋勇素优，威望众著，特命帮办安徽军务，方冀肃清皖北，净扫狂氛，特膺懋赏。乃因进图庐郡，先剿三河，苦战旬余，杀贼逾万。江浦、六合、庐江逆党大股来援，以五千兵勇当十余万之贼，将士伤亡，从容赴义。其忠勇义烈之气虽死犹生，实深悼惜。李续宾着加恩追赠总督，即照总督阵亡例赐恤，入祀昭忠祠。任内一切处分，悉予开复。应得恤典，该衙门察例具奏。伊父李登胜，着赏给光禄大夫封典，并赏银五百两。伊子李光久、李光令，均着赏给举人，一体会试，仍于服阕后，交吏部带领引见。并着于湖北、江西、安徽及湖南湘乡本籍各建专祠，以示朕褒恤荩臣至意。”寻，赐恤如例，予谥忠武，赏骑都尉兼一云骑尉世职[6]，袭次[7]完时，以恩骑尉[8]世袭罔替。

[1] 手敕，手诏，皇帝亲手写的命令。

[2] 陨涕，落泪。

[3] 克，能够。令终，尽天年而寿终。

[4] 仍然希望他的忠魂不湮灭。不昧，不湮灭。

[5] 将来转世成为申伯和仲山甫来辅佐我。他年，将来。申甫，申伯与仲山甫并称。

[6] 骑都尉与云骑尉，官名，汉武帝始置，清代为世爵名。

[7] 袭次，清代制度，世袭官爵，除八旗外，都限定世数，一世为一次，谓之“袭次”。

[8] 恩骑尉，清代爵名，正七品。凡阵亡者子孙，袭爵次数已尽，授以恩骑尉，令其世袭。

九年正月，曾国藩奏：“李续宾初随罗泽南征剿，循循不自表异。迨岳州大桥之战，塔齐布独称湘勇白旗为无敌，贼亦深畏白旗。白旗者，李续宾所部右营也。既而田家镇之役，以少胜众。九江之败，士卒多逃散，独右营勇丁依依不去。然后众称其贤，得士心矣，犹复粥粥无能。转战江西、岳、鄂之间，经过州县，不见一客。稠人广座，不发一语。自楚军之兴，人人皆以节烈相高，或啮臂自盟，或歃血共誓，慷慨陈词，豫相要约。李续宾独默然深藏，初不豫作激烈自许之言，然忠果之色见于眉间，远近上下皆有以信其大节之不苟。臣所立湘勇营制，编队立哨，略仿古法，计事授糈，皆有定程。行之既久，各营时有变更，惟李续宾守法五年，始终不变。尝谓臣曰：‘立法者但求大段妥善，行法者当于小处弥缝。’臣初定湘勇饷项，稍示优裕，原冀月有赢余，以养将领之廉而作军士之气。李续宾统营既多，历年已久，节省赢余及廉俸至数万金，不寄家以自肥，概留备军中非常之需。咸丰六年冬，曾寄银五千两于南昌，济臣粮台之急。七年冬，又寄银一万两至吉安，济臣弟曾国荃一军。又寄银三千两至贵溪，济李元度一军。此外赢余银两，亦皆量力济人，不忍他军饥而己军独饱。李续宾驭下极宽，终年不见愠色，而弁勇有罪，往往挥涕而手刃之。甲寅十月，在田家镇斩怯退之勇，臣奏牍称其有古名将之风。故刑人[1]无多，而岁久无敢弛慢。至于临阵之际，专以救败为务，以顾全大局为先。遇贼则让人御其弱者，而自当其锐者。分兵则以强者予人，而携弱者以自随。或携随数次，弱者渐强矣，则又另带新营以自随。江楚诸军，每言肯携带弱兵、肯临阵救人者，前惟塔齐布，后惟李续宾。此次三河之败，亦由所部强兵分留湖北，分拨臣处，分防九江，分驻桐城，而多携弱者以自随。其仁厚在此，其致败亦未始不由乎此。此军民所尤感泣不忘者也。”

[1] 刑人，指加刑于人。

谕曰：“巡抚衔浙江布政使李续宾，前在三河镇剿贼阵亡，业经降旨，优加褒恤。兹据曾国藩胪陈该员功绩具奏，益深悼惜。李续宾从军数载，所向成功，及其见危授命，麾下将士无一偷生，实有古名将之风。允宜垂诸信史，百世流芳，着将曾国藩此奏付国史馆采入列传，以示褒嘉。”

十二月，湖南巡抚骆秉章奏称：“湖南省自江忠源、罗泽南、王鑫、塔齐布、李续宾先后募勇，训练兵丁，百战粤、黔、江、鄂之间，悉成劲旅，其部曲[1]疆场效命者尤不乏人，忠义之风照耀区宇[2]。请于长沙省城内再行建祠，其部下员弁兵勇曾经赐恤者，一律附祀。并建立求忠书院，令阵亡各员后嗣[3]入院读书。”从之。

[1] 部曲，部下，部属。

[2] 区宇，境域，天下。

[3] 后嗣，后代子孙。

同治元年[1]，穆宗毅皇帝御极[2]，嘉予军兴以来忠良死事诸臣，各赐祭一坛，续宾与焉。三年，复以江宁克复，轸念[3]前劳，赏二等轻车都尉世职。八年，并封三等男爵，子光久浙江候补道袭。

[1] 同治元年，1862 年。

[2] 穆宗毅皇帝，指同治皇帝。御极，即位。

[3] 轸念，悲痛地思念。

奏疏

李忠武公遗书序

瑞安孙衣言撰

咸丰元二[1]，粤寇弃巢穴北轶[2]，躏楚拶[3]吴，遂窟金陵[4]。湘乡曾文正公以大儒治兵乡里[5]，一时所拔用[6]，多庠校端行之士[7]，相与勠力[8]驰驱。后先[9]十年，卒除大憝[10]，东南万里，复登衽席[11]，而湘军战功常为天下第一。湘乡非壮县[12]，将才之多甲海内，盖汉唐中兴时所未见也。

［1］咸丰元二，咸丰元年、二年。

［2］北轶，北逃。

［3］拶，逼，挤，压。

［4］窟，以……为窟。金陵，今南京。

［5］湘乡的曾文正公以大儒的身份在家乡练兵。曾文正公，指曾国藩。乡里，家乡。

［6］拔用，选拔、任用。

［7］大都是品行端正的读书人。庠校，古代学校。

［8］勠力，勉力，尽力。

［9］后先，先后。

［10］卒，最终。大憝，大恶。

［11］复登衽席，再次恢复太平。衽席，本指床褥与莞簟，借指太平安居的生活。

［12］壮县，富庶繁盛的县。

巡抚衔浙江布政使忠武李公与其弟勇毅公[1]，与文正同里闬[2]，皆以名诸生异军特起[3]，卒从文正转战大江南北。忠武殉节于庐州之三河镇，而勇毅积官至安徽巡抚。忠武殁后十有[4]七年，公子健斋观察以道员需次我浙[5]。又十有七年，来治瓯栝兵备[6]，搜取公军中文字及所奉上谕制诰[7]，与《国史列传》都[8]为一书，为《褒节录》[9]一卷、《书牍》[10]二卷、《奏疏》一卷，刻之以示后世，属衣言叙发其大指[11]。

[1] 勇毅公，李续宾弟弟李续宜，谥号为勇毅。

[2] 里闬，乡里。

[3] 都作为（当地）有名的生员而独树一帜。诸生，明清时期经考试录取而进入府、州、县各级学校学习的生员。生员有增生、附生、廪生、例生等，统称诸生。

[4] 有，通“又”。

[5] 健斋，李续宾的次子李光久，字健斋。需次，指官吏授职后，按照资历依次补缺。

[6] 瓯，古地名，在今浙江省温州一带。栝，当作“括”，古县名，括苍县，以境内有括苍山得名，在今浙江丽水一带。瓯括，此代指浙江，1899 年，李光久曾担任浙江按察使，统领马步三十六营。兵备，军事措施和武器装备。

[7] 上谕，诏书。制诰，皇帝的诏令。

[8] 都，聚，合。

[9] 褒节，褒扬气节。《褒节录》内容为咸丰、同治皇帝的谕旨、祭文、碑文、奏折以及《国史列传》，内容皆为褒扬或记载李续宾的事迹，故名为“褒节录”。

[10] 书牍，书信。

[11] 属，通“嘱”，叮嘱。大指，大旨，尊称别人的旨意。

衣言窃[1]谓忠武大节，显皇帝诏旨备矣[2]。文正公疏陈事实，详列公御将行军方略[3]，并及为人识度、志趣，千载而下[4]，如见公之声音笑貌。今国史即据文正疏立传，则公固不待书而传也。特以先人手泽弗可失坠[5]，仁人孝子用心当如是耳。

[1] 窃，谦辞，私自。

[2] 显皇帝，指咸丰帝。备，完备。

[3] 方略，方针和策略。

[4] 千载而下，千年以后。

[5] 特，只是。手泽，先人或前辈的遗墨、遗物等。

衣言幸从文正公游[1]，得以时接[2]湘中人士，喜其朴诚劲直[3]，无软媚夸毗[4]之习。历官[5]皖、鄂，往往与其贤豪长者聊事，大抵志在为国为民，不以便文自营[6]。而文正公亦屡为言湘乡风气笃厚，士多敦尚志节[7]，不逐逐声利[8]，以是知将才固自有本，独恨不能人人有纪载可考[9]。岂从事戎行，遂不复治铅椠耶[10]？亦其子弟慢弛不敏，不能网罗于放轶之余也[11]。

[1] 游，交游。

[2] 接，接触。

[3] 劲直，刚强正直。

[4] 夸毗，指以谄谀、卑屈取媚于人。

[5] 历官，先后连任官职。

[6] 便文自营，完全依照法令条文（不知变动）而为自己打算。便文，完全依照法令条文而不加更动。

[7] 敦尚，崇尚。志节，志向和节操。

[8] 逐逐，急于得利的样子。声利，名利。

[9] 恨，遗憾。纪载，记载。

[10] 铅椠，古人书写文字的工具，此指写作记载。铅，铅粉笔。椠，木板片。

[11] 子弟，指从军者，兵丁。慢弛，怠忽松弛。敏，勤敏。放轶，缺遗，散失。

自文正公薨[1]于位，元从宿将[2]，相继沦丧，至衡阳彭大司马[3]之亡，而东阁奇士[4]存者寥寥矣。今天下幸无事，而意外之虑常有未能释然[5]者，将才殆未可忽[6]。湘乡风气，固当无异于昔，而世臣乔木与国家休戚相关[7]。然则此书之传，又岂徒网罗放轶而已哉[8]？

光绪辛卯七月资政大夫太仆卿瑞安孙衣言谨序[9]。

[1] 薨，死。

[2] 元从，自始相随的人。宿将，老将。

[3] 彭大司马，指彭玉麟。

[4] 东阁，明清两代大学士殿阁之一。奇士，德行或才智出众的人。

[5] 释然，疑虑消除貌。

[6] 殆，大概。忽，忽略。

[7] 世臣，历代有功勋的旧臣。乔木，高大的树木。休戚相关，忧喜、福祸彼此相关联。

[8] 岂，哪里。徒，只是。

[9] 光绪辛卯，1891 年。孙衣言（1814—1894），字劭闻，一字克绳，号琴西，又号逊斋，浙江瑞安人，进士，历任翰林院编修、侍讲学士、安庆知府、署江宁布政使、太仆寺卿，著有《逊学斋诗文钞》《瓯海轶闻》等，另辑有《永嘉学案》《永嘉集内外编》。

补浙江布政使谢恩疏

奏为恭谢天恩[1]，仰祈圣鉴事[2]。案准[3]湖广督臣官文、湖北抚臣胡林翼，行知[4]咸丰七年十月二十二日内阁奉上谕：“浙江布政使着李续宾补授[5]。该员现在军营，所有布政使印务[6]，着晏端书[7]派员署理[8]。钦此!”

[1] 天恩，指皇帝的恩德。

[2] 仰，旧时公文用语，上行文表示恭敬，下行文中表示命令。祈，请求。

[3] 案准，根据。旧式公文中引述平行官署来文的起头用语，简称准。

[4] 行知，行文通知。

[5] 补授，补任官职。

[6] 印务，官署的印信和职务。

[7] 着，令。晏端书（1803—1882），历任浙江巡抚、督办江北团练大臣、左副都御史、两广总督。

[8] 署理，代理。

窃臣秉资[1]愚拙，晦迹[2]山林。自咸丰二年，臣父命臣治军梓里[3]。三年，佐罗泽南进剿豫章[4]。四年，随曾国藩回征湘岳[5]。五年，自广、饶以援鄂渚[6]。六年，由武汉而至浔阳[7]。未效涓埃[8]，恒深悚惕[9]。前以攻克湖口及梅家洲伪城，钦奉上谕：“遇有布政使缺出，由军机处题奏。”

[1] 秉资，资质。

[2] 晦迹，隐藏踪迹。

[3] 梓里，家乡。

[4] 豫章，南昌的别称。

[5] 湘岳，湖南岳阳。

[6] 广，广信。饶，饶州。鄂渚，鄂州。

[7] 浔阳，今江西九江市。

[8] 涓埃，细流与微尘，比喻微小。

[9] 恒，经常。悚惕，恐惧。

兹复仰荷温纶[1]，钦承宠命[2]，畀臣维藩之寄[3]，待旬宣而勉赞皇猷[4]，宽[5]臣赴任之期，俾奋发而克伸天讨[6]。如臣梼昧[7]，深惧弗胜，惟有选将厉兵[8]，安民和众[9]，宣扬圣主之威德，殚竭[10]愚臣之血诚，以期[11]尽扫贼氛，仰报高厚鸿慈[12]于万一。所有微臣感激下忱[13]，理合恭折[14]叩谢天恩，伏乞皇上圣鉴[15]。

再，此折系借用湖北臬司印信[16]拜发，合并陈明。谨奏。

［1］仰荷，敬领。温纶，皇帝诏令的敬称。

［2］钦承，恭敬承受。宠命，加恩特赐的任命。

［3］给我保卫疆土的重任。畀，给与。

［4］旬宣，周遍宣示。皇猷，帝王的谋略或教化。

［5］宽，宽限。

［6］俾，使。克，能。天讨，帝王秉承天意惩罚罪人。

［7］梼昧，愚昧无知。

［8］厉兵，磨利兵器，指做好战斗准备。

［9］安民和众，安抚百姓，和协民众。

［10］殚竭，穷尽。

［11］期，期望。

［12］鸿慈，大恩。

［13］下忱，谦辞，指本人的想法、心思。

［14］理合，理当，理应。恭折，恭敬上折。

［15］伏乞，谦恭地请求。圣鉴，指帝王或临朝太后的鉴察。

［16］臬司，元代肃政廉访使司、明清提刑按察使司的别称，主管一省司法。印信，公私印章的总称。

赏黄马褂巡抚衔谢恩疏

奏为恭谢天恩，仰祈圣鉴事。四月十七日内阁奉上谕："官文等奏克复九江、逆匪尽数歼除一折，浙江布政使李续宾，此次战功尤著，着赏加巡抚衔，并赏穿黄马褂。"同日又奉上谕："李续宾已加巡抚衔，出境后准其专折奏事[1]。各等因[2]。钦此！”

[1] 专折奏事，清代奏事制度之一，指使用奏折向皇帝奏陈公私事务的制度。

[2] 等因，等等因由。旧时公文用语，常用于叙述上级官署的公文结束时。

伏念臣猥以菲质[1]，迭荷酴恩[2]。历戎行而勉效驰驱[3]，由韦布而遽司方岳[4]。身经百战，方惭奏绩綦迟[5]；幸复一城，敢冀殊施叠沛[6]？乃蒙异数[7]，特晋崇衔[8]。备荷宠荣[9]，章服映乘黄之色[10]；重膺巽命[11]，谟猷许简白之陈[12]。凡兹懋赏[13]之频加，洵[14]属梦想所不到。臣惟有力图荡扫，勉矢薪劳[15]。俟麻城[16]一带肃清，应于何路进剿，与督抚臣妥商办理，以期迅扫欃枪[17]，用答高厚鸿慈于万一[18]。所有微臣感激下忱，理合恭折叩谢天恩，伏祈皇上圣鉴。再，此次发折，系借用湖北臬司印信，合并陈明。谨奏。

[1] 伏、猥，谦辞。菲质，材质低劣。

[2] 迭，多次。酴恩，大恩。

[3] 戎行，军队。驰驱，奔走，效力。

[4] 韦布，韦带布衣，古指未仕者或平民的寒素服装，借指寒素之士或平民。遽，急，仓猝。司，主管。方岳，任专一方之重臣。

[5] 奏绩，建立功绩。綦迟，极迟。綦，通“极”。

[6] 幸，侥幸。冀，希望。殊，特别。施，施恩。叠沛，丰厚。

[7] 异数，特殊的礼遇。

[8] 特别晋升极高的官衔。

[9] 接受了过分的尊荣。

[10] 章服，以纹饰为等级标志的礼服，此处指黄马褂。乘黄，传说中的神马名，泛指良马。

[11] 膺，接受。巽（xùn）命，皇命的诏令。

[12] 谟猷许简白之陈，谓许简白陈谟猷，准许简明陈述谋略。

此指允许李续宾专折奏事。

［13］懋赏，奖赏以示勉励。

［14］洵，实在。

［15］勉，努力。矢，施行。薪劳，当为辛劳。

［16］俟，等。麻城，湖北省县级市名。

［17］欃枪，彗星的别名，喻邪恶势力，亦喻指叛乱、动乱。

［18］鸿慈，大恩。万一，万分之一。

筹度援庐情形疏

奏为筹度[1]援庐大概情形，先行驰奏，以慰宸廑[2]，恭折仰祈圣鉴事。

［1］筹度，谋划。

［2］宸廑，帝王的殷切关注。

窃臣接到湖广督臣官文文开准兵部火票[1]递到军机大臣字寄[2]咸丰八年七月二十三日奉上谕："本日据李孟群[3]奏，庐郡危急，请饬[4]楚军改道援剿，并据翁同书奏行抵定远[5]，据报庐州失守各一折。现在楚军水陆马步数万，悉由太湖、安庆进攻，贼必北窜，着官文即行知照李续宾、都兴阿等先其所急[6]，改道赴援庐州。俾[7]李孟群亦得收集溃兵，会图克复，兼扼贼匪北趋[8]。如或不能全数赴援，亦当酌拨劲旅，前往助攻，毋稍延误。至沿江一带，亦关紧要。杨载福师船尚在黄石矶驻扎，亟盼[9]李续宾等陆路马步到后，会捣芜湖。并着官文知照李续宾等，酌留兵勇，会同廓清江面，毋致顾此失彼。将此由六百里加紧谕令知之。钦此！"遵旨寄信前来等因。承准此恭录知会[10]，嘱臣酌度情形，妥筹援剿事宜，先行驰奏，仍即迅覆[11]，以凭复命等因。

［1］火票，传递紧急文书的凭证。

［2］清代皇帝授命内廷寄发谕旨，凡军机大臣行经略大将军、

钦差大臣、总督、巡抚、学政、督办军务大员等，用“军机大臣字寄”字样。

[3] 李孟群（1830—1859），字少樵，号鹤人，今河南省固始县人，进士。咸丰年间先在广西镇压太平军，后投效湘军，转战湘、鄂、皖，官至安徽巡抚，旋为陈玉成部俘获处死，赠谥武愍。

[4] 饬，命令。

[5] 定远，地名，隶属今安徽省滁州市，地处安徽省东部。

[6] 行知，行文通知。先其所急，先做最紧要的事。

[7] 俾，使。

[8] 北趋，北往。

[9] 亟盼，急切盼望。

[10] 知会，通知对方的文书。

[11] 迅覆，迅速回复。

臣伏查大江以北、淮河以南，其间东面一带尽为贼薮[1]，其西面楚、皖交界之处，犬牙相错，门径分歧。该逆以[2]湖北势居上游，日思侵犯。忆自咸丰三年以迄于今，无岁不扰。刻下[3]太湖、潜山、石牌不复，则蕲、黄各属，处处皆危；舒城、桐城不复，则皖之六安、英、霍[4]难保，楚之罗田、麻城一带均属可虞[5]。臣所将马步各军仅八千余人，都兴阿一军兵力亦不甚厚，但可扼剿沿江一带。臣前探闻舒城兵溃、庐州失守，即虞舒、桐之贼乘虚上犯，兵勇不敷[6]分布，曾调九江防兵来皖，犹恐缓不济急。现在攻剿太湖县城正当吃紧，若遽行分兵庐州，该逆或分股窜越，不特[7]顾此失彼，两无裨益，且恐因此偾事[8]，贻祸将来。查滁州全椒、巢县等处皆有兵勇驻扎，似可先行就近调取，以防庐郡北路。臣会商[9]都兴阿，迅图克复太湖，分击潜山、石牌，赶紧酌量分兵，一以联络水师以图安庆，一以横出舒、桐力规庐州，庶楚圉日固[10]，而皖疆亦可渐次规复[11]。臣与都兴阿往返函商[12]，意见相同。除报明翁同书、李孟群，并复知督臣官文详细奏覆[13]外，合将筹议进剿大概情形先行陈明。谨会同江宁将军臣都兴阿恭折具奏，伏乞皇上圣鉴。

再，此次发折，系借用太湖县印信，合并陈明。谨奏。

[1] 薮，人或物聚集的地方。

[2] 以，因为。

[3] 刻下，目前。

[4] 英，英山县。霍，霍山县。

[5] 可虞，可忧。

[6] 敷，足。

[7] 不特，不仅。

[8] 偾事，败事。

[9] 会商，双方或多方共同商量。

[10] 庶，但愿。围，防御。

[11] 规复，恢复。

[12] 函商，通过书信商量。

[13] 奏覆，回答帝王的问话。

湘乡建忠义祠疏

奏为湘乡县城建立忠义祠，汇祀阵亡员弁勇丁等，恭折具奏，仰祈圣鉴事。

窃臣国藩于咸丰二年十二月奉旨帮办湖南团防，时长沙解围未久，抚臣张亮基[1]札调[2]湘勇千人，臣国藩率同罗泽南、王鑫[3]、刘蓉[4]、罗信南[5]数人，督带湘勇赴省，仿照前明戚继光之法，编束队伍，练习胆技，当经缕晰[6]奏明在案。三年二月，衡山土匪曹戭、李跃构乱[7]于草市，派刘长佑[8]、王鑫前往剿灭，是为湘勇杀贼立功之始。五月十八日，江西省城被围，前安徽抚臣江忠源由九江入守，登陴堵御[9]，飞书请援。臣国藩会商湖南抚臣，招募湘勇二千，楚勇一千，配以三厅兵八百人赴江救援。

其监护军行[10]者，则有夏廷樾[11]、郭嵩焘[12]、朱孙诒[13]、罗泽南；其管带湘勇之员，则有谢邦翰、易良幹、罗信南、康景辉、杨虎臣等，而罗泽南亦自带一军。七月二十日军至南昌，二十四日因进兵太锐[14]，先胜后挫，谢邦翰、易良幹及罗信南之弟罗信东等同时阵亡，此湘勇出境剿贼、带勇绅士力战捐躯之始也。臣续宾时在谢邦翰营中帮办营务，谢邦翰没后[15]，遂接带斯营。

[1] 张亮基（1807—1871），字采臣，号石卿，江苏徐州人，1852年任湖南巡抚，赶赴长沙镇压太平军。次年，署湖广总督，镇压通城、崇阳、嘉鱼、广济等地人民起事，并在黄安、麻城夹击太平军，败于田家镇。1861年底开始，在昭通、东川府境内对抗太平军石达开部。有《张惠肃公奏议》。

[2] 札调，用公文调动。

[3] 王鑫（1825—1857），字璞山，又名开作，字家宾，谥号壮武，罗泽南门生。曾国藩以罗泽南和王鑫所部湘勇为班底，创建了早期湘军。不久，王鑫与曾国藩发生龃龉，改投骆秉章麾下，领军转战湖南。有《王壮武公遗集》存世。

[4] 刘蓉（1816—1873），字孟容，号霞仙，今娄底娄星区茶园人，是桐城派古文家，曾任湘军副中营营官，佐骆秉章督四川军务，后任陕西巡抚。著有《思辨录疑义》《养晦堂文集》等书。

[5] 罗信南（1812—1871），字云浦，号陶龛居士。清咸丰初年与曾国藩、罗泽南办团练，与其弟罗信东转战江西。1853年，罗信东阵亡后，即告归奉母，隐居白鹭庵。著有《陶龛诗集》《陶龛诗抄》《陶龛语录》等。

[6] 缕晰，详尽而清楚。

[7] 构乱，作乱。

[8] 刘长佑（1818—1887），字子默，号荫渠，湖南新宁人，湘军重要统帅。初在湖南办团练，1852年随江忠源率乡勇赴广西与太平军作战。历任两广总督、直隶总督、广东巡抚、云贵总督等职。谥武慎。著有《刘武慎公遗书》。

［9］登陴，登城。堵御，阻挡抵御。

［10］军行，行军。

［11］夏廷樾（？—1857），字憩亭，一字春岩，江西新建人。曾任通山知县，代理咸宁知县。

［12］郭嵩焘（1818—1891），号筠仙、云仙、筠轩，别号玉池山农、玉池老人，湖南湘阴人，中国首位驻外使节。

［13］朱孙诒（1807—1866），字石翘，一作石樵，江西清江人。咸丰初期，任湘乡县知县、宝庆知府，1860 年加按察使衔，1862 年任浙江盐运使。

［14］锐，急。

［15］没后，死后。

臣国藩时在衡州，闻援军挫衄[1]之信，倡议于湘乡建立祠宇，祀谢邦翰、易良幹及在江殉难之人。此后如有死事员弁，以次附祀，名曰忠义祠。四年冬间，祠工告竣[2]。数载以来，湘勇援鄂，援江，援广东，援广西，几无虚日。今臣国藩奉命援剿闽、浙，臣续宾奉命援剿皖、豫，统计出境征伐者，不下六七万人，员弁勇丁之阵亡伤亡者，亦不下五千余人。其间死事最著者：罗泽南殉节于武昌，王鑫尽瘁于乐安，刘腾鸿效命于瑞州[3]。罗泽南奉旨于三省建立专祠，王鑫奉命于两省建立专祠，亦应推广皇仁，建祠本县。此外殉难各员如李杏春，宣勤[4]最久，而勋名未彰[5]；钟近衡死绥[6]最先，而恤典尚薄。及其他营官、帮办、哨弁[7]死难之人，或慷慨以赴敌，或力穷而就义，均应汇入总祠。上以体盛世褒忠之意，下以励湘人观感[8]之诚。

［1］挫衄（nǜ），挫败。

［2］告竣，宣告完成。

［3］尽瘁，竭尽心力。效命，舍命报效。此皆指死亡。

［4］宣勤，为国效劳。

［5］彰，显扬。

[6] 死绥，战死沙场。

[7] 哨弁，哨官。

[8] 观感，观看而引起感动。

本年六月臣国藩于役[1]浙省，经过县城，周览[2]旧立祠宇，规模狭小，附祀之主无可安设，思欲稍加廓大。行次[3]黄州，晤臣续宾商议，意见相同。臣等拟即倡捐银两，择交[4]邑绅，就四年所修之祠，添购基地，重加修葺[5]。凡阵亡将领、弁勇，分别正祀、附祀，刊刻木主[6]，依次列入。合无[7]吁恳天恩，敕下部议[8]，湘乡县所建忠义祠，准照各府昭忠祠之例，饬地方官春秋致祭，于圣朝褒忠励节之道，或亦不无小补。

所有湘乡县捐建忠义祠缘由，谨会同湖南抚臣骆秉章，恭折附驿[9]具奏，伏乞皇上圣鉴，训示施行。谨奏。

[1] 于役，行役。谓因兵役、劳役或公务奔走在外。

[2] 周览，遍览。

[3] 行次，行旅到达。

[4] 择交，选择交给。

[5] 修葺，修筑整治。

[6] 木主，木制的神位。上书死者姓名以供祭祀，又称神主，俗称牌位。

[7] 合无，犹何不。

[8] 敕，皇帝下命令。部议，指中央各部门内的决定。

[9] 附驿，交付驿使。

克复太湖县城疏

奏为会师克复太湖县城，进攻石牌、潜山股匪，恭折由驿具奏，仰祈圣鉴事。

窃皖贼麕聚太湖，臣等会同调勇进剿，所有进兵情形，均经湖广督臣官文奏明在案。查太湖地当[1]吴头楚尾，县城居万山中，溪河绕城，该逆屡年据为要害。现在安庆、舒、桐之贼，恐我兵乘势东下，犹思借图抵拒。逆首伪受天福叶芸来[2]，系粤西狡悍老贼，纠众不下三万，婴城[3]固守，加增城墙。城外浚[4]沟筑垒，于河中搭造浮桥以通潜山、安庆来路。桥头两岸皆筑坚垒，垒外筑卡十余座，拆民房砖石于东山头造大垒三座，相为犄角。又于东北路二十里之枫香铺、四十里之小池驿，各筑垒三座。于东路五十余里之黄泥港地方修筑大垒，铸炮聚粮。层层设立险隘，不轨之谋极为诡密。

[1] 地当，地处。

[2] 叶芸来，太平天国将领，广西人。参加太平军之初隶陈玉成部，封受天福，后升受天安，死于安庆之战。

[3] 婴城，环城而守。

[4] 浚，疏通，挖深。

臣等再四筹商，欲攻城必先破垒。七月二十八日，臣都兴阿派多隆阿[1]于八里岗出队，牵制城贼。臣续宾饬奇右营副将赵克彰、正仁营副将何绍彩[2]、副右营总兵李续焘[3]、护左营都司胡紫云、湘后营副将周宽世[4]、凯左营副将杨得武、智营游击余云龙、后仁营都司李运络、前仁营副将朱希广，分五路出攻东岸卡垒。臣亲督湘中、湘右营及亲兵营，候选同知直隶州萧积仰、左仁营参将黄胜日、信前营参将谢永祜、利中营副将李存汉、利右营副将李长林、毅中营副将彭祥瑞，分五路攻城。

[1] 多隆阿（1818—1864），字礼堂，呼尔拉特氏，达斡尔族，清代隶属满洲正白旗。1853 年开始与太平军作战，1864 年与陕西回军作战时战死，赠太子太保，予一等轻车都尉世职，入祀京师昭忠祠，谥忠勇。

[2] 何绍彩（1829—1892），字星庭、子文，清道州（今湖南道县）人。行伍出身。湖北抚标，领仁字营。后隶于李续宾，升为统

领。官至湖北宜昌总兵，赐号利勇巴图鲁。

[3] 李续焘（1826—1879），字以翼，号璞陔，湖南涟源人。湘军将领，隶李续宾。咸丰六年三月，任副右营营官，后升为统领。赏戴花翎，赐图萨泰巴图鲁名号。实授湖北宜昌镇总兵，加提督衔。咸丰八年十月初十的三河之役，李续焘守卫湘军后路，李续宾正在艰难鏖战时，李续焘却率营先行撤退。后撤职，免死。

[4] 周宽世（1827—1886），字厚斋，湖南涟源人，清朝将领。咸丰三年，从湘军，隶李续宾部下。官至湖南提督。

该逆先于垒中出七八千人，朱希广迎头冲击，赵克彰、何绍彩自山内突出横抄，贼遂败溃，约毙千余名，生擒五六十名。其时[1]李续焘、胡紫云、周宽世、杨得武、余云龙、李运络均乘势攻毁各卡，毙贼约七八百名。复逼攻[2]大垒，该逆枪炮互[3]发，我兵带伤甚多。而湘中各营，进逼城下，诸弁勇登陴数次，多被伤覆坠[4]。自巳至申[5]，乃各收队，此二十八日进攻城卡之实在[6]情形也。

[1] 其时，此时。

[2] 逼攻，强攻。

[3] 互，交替。

[4] 被伤，受伤。覆坠，翻倒坠落。

[5] 从巳时到申时。巳时，上午九点至十一点。申时，下午三点至五点。

[6] 实在，真实。

八月初一、二等日，臣都兴阿饬参将石清吉[1]飞虎三营，游击雷正绾[2]、杨朝林等精选四营，都司赵既发胜勇营进扎[3]城南。贼乘营垒未成，即以大队攻扑。石清吉等整队迎击，该逆贼败退。追至河边，毙贼数百名。

[1] 石清吉（？—1864），字祥瑞，直隶沙河人，清军将领。道

光二十一年武进士，与太平军作战，以勇著称，所统率军队被称飞虎军，死于蕲水之战，谥号威毅。

［2］雷正绾（？—1897），字伟堂，四川中江人，由把总从军湖北，积功至游击，赐号直勇巴图鲁。咸丰八年，跟从多隆阿援安徽，升为副将，后曾任陕安镇总兵。

［3］进扎，进驻。

臣续宾各营逼城之东面及西北面驻扎。初六日，饬李续焘、赵克彰、何绍彩、朱希广、胡紫云、李运络等于五更出队，卷旗疾趋，攻毁枫香铺之贼垒。初九日，仍饬李续焘等，同委营总保庆、巴图隆阿各起马队，击破小池驿贼垒，前后约杀贼七八百名。此初一至初九日连日攻战之实在情形也。

其东山头南首[1]，该逆乘夜复修新垒，欲阻南面进攻之路。初十日黎明，臣等调石清吉、雷正绾、杨朝林、赵既发、游击姜玉顺，分路并进，马队亦随后策应；并饬黄胜日、谢永祜等协力进攻。共毙贼约二百余名，将其新垒平毁[2]。该逆迭经惩创，负嵎固守。十二、三等日，各营迭次出队，诱贼出战，贼匿迹不出。十五日，臣饬多隆阿、鲍超[3]将大炮密运山头。十六日黎明，饬谢永祜等由西北面攻城，饬李续焘等营分攻东岸卡垒，即率多隆阿、雷正绾、游击王可升等营，先袭东山迤南[4]贼垒。该逆专防前面，不料大队由山后抄袭，纷纷坠壕。我军前后兜杀[5]殆尽，精选各营遂乘势攻东岸浮桥贼垒，开化、胜勇[6]绕道凫水攻河西贼垒。鏖战逾时，飞虎三营及各起马队由西南两路上下夹攻，贼遂溃败。东门城贼出援，亦经石清吉等截击。合计杀贼三千余人。鲍超、张万禄与赵克彰等，复合兵攻围东山头第一大垒。该逆四面固守，枪炮抵御，子[7]如雨下。我军搬运柴薪、木板，堆积垒边。诸勇奋身肩累而上[8]，尽殪垒贼，无一得脱，尸骸枕藉[9]，发皆二尺有余。中有黄袍贼目[10]十余人，伪印累累[11]。所获枪炮等件无算[12]。

[1] 南首，南端。

[2] 平毁，铲平摧毁。

[3] 鲍超（1828—1886），湘军将领，字春霆，四川奉节（今属重庆）人。初从广西提督向荣，后隶湘军水师，累擢至参将。咸丰六年后，改领陆军，所部称“霆军”。转战湖北、江西、安徽、江苏、浙江、广东等省，官至提督，封子爵，后与淮军镇压捻军，卒谥忠壮。

[4] 迤南，往南。

[5] 兜杀，围杀。兜，包围。

[6] 开化、胜勇，开化营，胜勇营。

[7] 子，炮子。

[8] 肩累而上，叠着踩肩爬上去。

[9] 枕藉，纵横交错地躺卧在一起。

[10] 贼目，贼首。

[11] 累累，多的样子。

[12] 无算，无法计算。

臣等知贼胆已寒，急饬各营并力攻击。鲍超、杨朝林、李续焘等进攻第二垒，周宽世、李运络、胡紫云、余云龙等进攻第三垒，臣等复亲督石清吉、姜玉顺、李存汉、谢永祐等分段攻城，署[1]太湖县知县蔡锷亦率团勇随后接应，各营轮番迭攻。二更时，火箭射入城中，然烧积药[2]，烟焰喷烈，西北二面守贼骇散。各勇奋呼登城，贼纷纷由东南两门突围逃窜，二垒之贼亦拼命冲出。各路齐集围杀，余匪乱窜，乘夜四处翻越。各营弁勇与多隆阿、营总巴彦都楞、西林布、喀尔库、保庆、巴图隆阿并各营马队，分途追杀二十余里，以大雨收队。计共毙贼五六千名。此十六日夜克复太湖县城，攻破贼垒之实在情形也。

[1] 署，代理。

[2] 然烧，燃烧。积药，积存的弹药。

十八日派赵克彰等五营进扎小池驿，复派保庆、巴图隆阿、李续焘等马步十四营进攻黄泥港。我军分路猛进力扑，该逆惊魂掉栗[1]，越墙逃逸。约杀毙千余人，烧其聚粮，夺获大炮二十七尊，骡马军械无算。查此次力攻城垒，歼贼甚多，我兵阵亡受伤亦复不少。该逆尚屯集[2]石牌及潜山县。臣等共商，乘势力捣二处之贼，节节扫荡，然后分兵下趋舒、桐，赴援庐州。

[1] 掉栗，颤抖。

[2] 屯集，聚集。

所有此次出力之记名副都统多隆阿，胆识优裕[1]，拟请加恩交部从优议叙[2]；总兵衔副将鲍超，领队奋勇，拟请免补副将，以总兵记名简放[3]；已保尽先都司加游击衔吴明亮，拟请免补都司、游击，以参将遇缺尽先即补[4]；尽先游击杨朝林、姜玉顺，均拟请免补游击，以参将尽先补用，并请赏加副将衔；首先登城、力破贼垒之尽先参将朱升开，拟请免补参将，以副将尽先补用；游击衔都司邓光成，拟请免补都司，以游击留于湖北，尽先补用，并请赏加参将衔；都司衔蓝翎守备易德荣、王俊秀，均拟请免补守备，以都司尽先补用，并请赏换花翎；把总何成清，拟请免补把总，以千总尽先拔补，并请赏加守备衔。其余在事[5]出力文武员弁兵勇，可否由臣等核实，另行奏奖，出自皇上天恩。至[6]此次阵亡之吉林伯都讷镶蓝旗庆安佐领下马甲[7]奖赏五品花翎[8]德贵，请从优照骁骑校例议恤；守备唐先举，请从优照都司例议恤；把总聂秀峰、杨泗海、唐嗣忠、易计扶、江上云、李洪胜，均请从优照千总例议恤；外委陈国洪、向述谋、何秀黄、萧盛财、江登汉，均请从优照把总例议恤；吉林满洲正红旗隆福佐领下披甲[9]奖赏蓝翎德贵，请从优照骁骑校例议恤；游击邹祥杰，请从优照参将例议恤；都司胡镇南，请从优照游击例议恤；都司衔守备萧新胜、张朝武，守备李发益、黄星辉、李得胜、雷红贵，均请从优照都司例议恤；已保千总周广林，千总吴延春、曹先泰、吴正明、周海清，均请从优照守备例议恤；把总冯允祥、邹本发、余万友、庞安仁、陈复胜、许东亮，均请从优照千总例议恤；外委王中海、蒋得顺、陈春元、萧文刚、熊得胜、黄占春、谢维翰、曾和贵，均请从优照把总例议恤。其余阵亡受伤兵勇，容再详查，分别奏咨请恤。

［1］优裕，充足。

［2］议叙，清制对考绩优异的官员，交部核议，奏请给予加级、记录等奖励。

［3］简放，清代谓经过审查官员的资历，确定级别、职位，派任道府以上外官。

［4］遇缺尽先即补，遇到官职空缺，尽量优先补缺。

［5］在事，参与其事。

［6］至，至于。

［7］马甲，即八旗骁骑营之士兵。

［8］花翎，清官员、贵族冠饰。清制，武职五品以上，文职巡抚兼提督衔及派往西北两路大臣，以孔雀翎为冠饰，缀于冠后，称花翎，除因军功赏戴者外，其他离职即摘除。

［9］披甲，清代八旗兵的别称。

臣等忝任戎行[1]，惟有督率将弁，奋勉自矢[2]，以期仰答高厚于万一。谨将克复太湖县城及现拟进兵石牌、潜山情形，合词恭折由驿六百里驰奏，伏乞皇上圣鉴训示。再，臣等现次[3]太湖，即借用太湖县印信，合并陈明。谨奏。

［1］戎行，军队。

［2］自矢，犹自誓，立志不移。

［3］次，驻留，驻扎。

克复潜山县城疏

奏为分兵克复安徽潜山县城，攻破石牌贼垒，并筹度进剿情形，恭折由驿驰奏，仰祈圣鉴事。

窃臣等克复太湖县城，业经据实恭折具奏在案。臣等与臣官文往返函商，以该逆分股屯聚潜山县城及怀宁所属之石牌镇地方，急须乘势分兵攻剿，以便下攻安庆、桐城。臣都兴阿率师南向石牌，臣续宾率师东出潜山。十八日，臣续宾饬副将赵克彰等九营，并委营总保庆、巴图隆阿马队暨亲兵马队，进驻小池驿；又派总兵李续焘等四营移扎黄泥港，以为各路接应。二十一日巳刻，赵克彰等进至潜山县城北门外三里许之彰法山驻营。该逆乘我兵甫[1]至，即出大队六七千人蜂拥来扑。各营修筑营垒，若不见贼[2]，待其至近，赵克彰及参将黄胜日、谢永祜等突出击之，殪其先锋悍贼数十人，该逆稍却[3]，仍列阵山冈不动。副将何绍彩、李长林、彭祥瑞由左路抄[4]出；副将李存汉、朱希广、胡裕发由右路抄出；保庆等各起马队由山谷绕出贼后，四围[5]掩袭，贼大惊溃。署潜山县知县胡履坦亦率团练相助，各营乘势攻垒。把总熊士正、外委周兴文、张得金、已保外委刘宝贤，首先登垒，登时阵亡。各勇益奋，猛力齐扑。计[6]破贼垒七座，垒中之贼歼毙无遗[7]，约共二千余名。随即进逼城根，缘登数次，均为炮石所阻。至申刻收队，赶备云梯、挡牌及一切攻城之具。该逆狡志顿挫，于是夜四更时，由东门遁走。马步跟踪追击三十余里，约毙贼二三千名，生擒三百余名，夺获大炮十三尊，骡马二十余匹，刀矛旗帜等件无算。臣续宾随率各营驻扎城外，督饬知县胡履坦招集难民，料理善后事宜。此克复潜山县城及踏平贼垒之实在情形也。

[1] 甫，才。

［2］若不见贼，好像没看到贼寇一样。

［3］却，后退，退却。

［4］抄，走简捷的路。

［5］四围，四面包围。

［6］计，总计。

［7］无遗，没有遗漏。

臣都兴阿派翼长[1]多隆阿进驻蠛树柯，又派副将鲍超进驻李家店，自率各营进驻茶铺岭，以图[2]石牌。

［1］翼长，官名。清代禁卫军有火器、健锐、神机、善扑四营，于掌印总统大臣（神机营为掌印管理大臣）下均置翼长。

［2］图，谋取。

查石牌上下两镇，为安庆门户，与潜山、太湖、宿松、望江等县交壤，水陆扼要[1]。该逆恃其地险，自咸丰三年以来，盘踞于河之西北岸及雷公埠等处，用砖石修垒十一座，于河东岸修垒五座，高似城垣[2]，深壕密桩，枪炮排列。河中搭造浮桥，并设炮船，麕集悍贼七八千名，猖獗异常。

［1］扼要，控制要冲。

［2］城垣，城墙。

二十三、四等日，我军营盘[1]未定，贼屡次来扑，均经击退。二十五日，鲍超及巴彦都楞、禄昌马队进攻下石牌雷公埠等处之贼垒，多隆阿率精选四营、开化、胜勇营，及喀尔库、富平阿、西林布马队，进攻上石牌西北岸贼垒。臣都兴阿率亲兵及张万禄、川勇巴依尔呼兰马队，出中路策应。该逆见大兵纷至，各于垒内施放枪炮，力图抵御。鲍超力攻雷公埠贼垒，拔桩越壕，抛掷火罐[2]，垒中火起。各勇奋呼腾跳而入，围杀垒贼，尽毙。时多隆阿率精选、开化、胜勇等营，攻上石牌西北贼垒，亦歼贼殆尽，余垒之贼皆惊窜觅渡。各勇分途截杀，并凫水[3]夺获炮船，截断浮桥，贼溺毙者不少，其镇中屋内之贼先逃过东岸者，又经马队绕渡抄击。步队各营遂乘势过河，分攻东岸各垒，贼胆已寒，纷纷奔窜。马队追杀四十余里，尸骸遍地。计平垒十六座，杀毙、溺毙之贼约六千余名，所杀骑马贼目甚多，搜获伪印、伪照多件，生擒四百余名，夺获大炮六十余尊，骡马七十余匹，米二千余石，火药、铅子[4]各二万余斤，炮船、划船共四十余只，军械旗帜无算。此踏平上下两镇贼垒之实在情形也。

[1] 营盘，军营。

[2] 火罐，火器名，即装有火药的小铁罐或小陶罐，掷以烧敌。

[3] 凫水，泅水，游水。

[4] 铅子，铅丸，指枪炮的弹丸。

其生擒之贼七百余名，经臣等委员讯明从贼久暂[1]，将多年悍贼五百余人即于军前就地正法，其被掳未久、尚非甘心从贼者从宽释放，以广皇仁。

[1] 委员，委派人员。久暂，时间长短。

所有阵亡外委周兴文、张得金，已保外委刘宝贤，拟请从优照把总例议恤。已保把总熊士正，拟请从优照千总例议恤。此外伤亡勇丁，容俟查明请恤。其在事出力文武员弁，可否由臣等查明核实，汇奏请奖，出自皇上天恩。

臣等查潜山东至安庆一百里，东北至桐城一百二十里，皖北之贼屡年四处分窜，皆以安庆为老巢，而恃桐城为犄角。二处各屯逆众数万，几成不拔之祸基[1]，而桐城毗连舒城，尤我军北行必由之路。臣等再四筹商，拟以一军联络水师，进攻安庆，以一军力捣桐城，俟安庆、桐城克复之后，即督师北上，相机堵剿。

所有臣等分兵克复潜山县城，攻破石牌贼垒情形，及现在会商进剿各缘由，谨合词恭折，由驿六百里加紧驰奏。是否有当，伏乞皇上圣鉴训示。再，折封系借用潜山县印信，合并陈明。谨奏。

［1］拔，攻下。祸基，祸根。

克复桐城县城疏

奏为督师克复安徽桐城县城并攻破城外各贼垒，恭折具奏，仰祈圣鉴事。

窃臣等收复潜山，并攻破石簰贼垒，业经具折会奏在案。臣查皖北一带以桐城为枢纽，贼以悍酋[1]守之，颇能以术笼络愚人，是以胁从[2]甚众；城外多修坚垒，与城贼相为犄角，根深蒂固，负嵎[3]有年。若不赶速攻拔，则援庐要道既不能通，而楚皖交界之区尤为可虑。

［1］酋，首领。

［2］胁从，被迫相从者。

［3］负嵎，负隅。

臣审察形势，揣度贼情，即令奇右营副将赵克彰，凯左营副将杨得武，利中营副将李存汉，信前营参将谢永祐，护右营参将彭友胜，护左营都司胡紫云等，作为中路；令正仁营副将何绍彩，率所部前仁营副将朱希广[1]、左仁营参将黄胜日、后仁营都司李运络等，作为右路；令义中营运同丁锐义[2]，率所部义左营参将张嵩龄，义右营都司张养吾，并益[3]以利右营副将李长林、毅中营副将彭祥瑞等，作为右路，于九月初一日望[4]桐城进发。臣亲率中、右营道员孙守信[5]、同知直隶州金国琛[6]、亲兵马队副将刘人和、副右营总兵李续焘、后营副将周宽世、副左营副将胡裕发、智营游击余云龙、马队委营总保庆、巴图隆阿等，于初二日五鼓[7]起程前进。

[1] 朱希广（？—1863），字子明，湖南道州人，湘军将领，曾任总兵。后入陕镇压西北回民起义，中炮而死。

[2] 丁锐义，字伯冕，湖南长沙人，清朝将领，死于三河之战，恤赠盐运使，加太常寺卿、骑都尉世职。

[3] 益，加上。

[4] 望，向，朝着。

[5] 孙守信（？—1858），字篠石，湖南长沙人，由内阁供事叙从九品，官湖北，从江忠源、罗泽南、李续宾征战，升为道员，与丁锐义为友，三河之战临危不去，同及于难，赠按察使，加太常寺卿、骑都尉世职。

[6] 金国琛，字逸亭，江苏江阴人。累功擢知县、知府、道员、广东督粮道、按察使。咸丰初，从李续宾征战鄂皖。三河之战，金国琛从乱军中力战突围。后复从李续宜。

[7] 五鼓，五更。

初三日，贼探我军将至，驱大股出城五里布阵以拒。赵克彰、杨得武、李存汉、谢永祜、彭友胜、胡紫云等，列阵接战；何绍彩、朱希广、黄胜日、李运络等，从左路绕击；丁锐义、张嵩龄、李长林、彭祥瑞等，从右路绕击。三路会剿，鏖战半日之久，贼始败退。追至西门城外，该逆筑有坚垒四座，李存汉、杨得武等攻破第一垒，赵克彰、谢永祜等攻破第二垒，李长林、彭祥瑞等攻破第三垒，丁锐义、张嵩龄、张养吾等攻破第四垒，杀贼约二千余名，我军受伤者数百人。比天将晚，乃收队安营。

初四日，贼出大队来扑。赵克彰、丁锐义、何绍彩等率勇奋力抵敌，鏖战逾时，贼势将败。忽东北城中、垒中各贼由山后绕出，抄赴各营之后，欲图前后夹攻。适[1]臣率各营已到，即饬孙守信、金国琛、刘人和、李续焘等击其抄后之贼，而令周宽世、胡裕发、余云龙等截断此贼归路。臣亲率保庆、巴图隆阿等冲赴贼前，策应各路。未几[2]，抄后之贼即已败奔，经周宽世、胡裕发、余云龙等截杀殆尽。

[1] 适，刚巧。

[2] 未几，不久。

该逆见抄后一路为臣军所歼，相顾惊愕，不知其所从来，又不能测其众寡，业已丧胆亡魂，而我军接战之士，锐气百倍。该逆抵敌不住，遂乃大溃。臣督率各营追至城边，毙贼无算，生擒百余名，比即正法。时城上及各垒枪炮互发，并以大桶火药燃烧，难以急攻，遂令收队，并饬诸将逼[1]城为营，与贼垒错杂相处。

[1] 逼，靠近。

初五日，贼因连日大败，不敢出战，但严守城垒以防我军攻击。臣于是日[1]遍阅地势，察该逆西门四大垒虽破，尚余小垒数座，颇极坚固；而北门外山上连修二大垒，及东北面大垒三座，小垒四座，均坚与城等[2]，贼之精锐尽萃[3]其中。必先破城外之强兵，则城中失所倚靠，然后攻城，较易为力[4]。

[1] 于是日，在这天。

[2] 等，等同。

[3] 萃，聚集。

[4] 为力，奏效。

初六日黎明，臣令丁锐义、张嵩龄、李运络、谢永祜、余云龙等营列于城之西面，令李长林、黄胜日、张养吾、彭友胜、胡紫云等营列于城之南面，均作攻城之状。臣亲率大军由南门绕赴东北面，令何绍彩、杨得武等攻北门外山上第一垒，令李存汉、朱希广等攻北门外山上第二垒，令李续焘、胡裕发等攻东北面第一大垒，令周宽世、赵克彰等攻东北面第二大垒，臣自督中、右营及保庆、巴图隆阿马队等攻东北面第三大垒，兼以策应各路，而令刘人和、彭祥瑞等防各小垒之贼冲出。时各垒之贼均踞守不动，我军稍近，则施放枪炮，子如雨下，或以火药燃烧，或以木石滚下，急切难近。而各营锐气愈增，前者伤亡，后者继进。周宽世、赵克彰等首先攻破一垒，李续焘、胡裕发及巴图隆阿等随[1]将两垒攻破，而北门外山上两大垒亦经何绍彩、李存汉等奋力攻入。其余小垒及西门各小垒之贼，均弃垒而逃，经刘人和、彭祥瑞及各营围而歼之，靡有孑遗[2]。

[1] 随，接着，随即。

[2] 靡有孑遗，没有一个剩下。

臣思连日猛战，我师大胜，杀贼近万，此际贼计已穷，则胆已落，孤城决不能守，然急于攻城，则困兽犹斗，恐不免再有伤亡。随定计纵[1]之使逃，而以奇兵邀击[2]之。因派三千人于黄昏时潜赴[3]城之东南一带，离城四五里，相视要隘[4]暗地埋伏，而令各营预备云梯、火器之类，声言将于五更出队攻城。比及三更，该逆开东南二门，分三路逃窜。臣即饬孙守信、金国琛、丁锐义等督队入城，而亲率各营跟踪追剿。该逆行四五里许，突遇伏兵，张惶失措。我军以逸待劳，异常奋勇。该逆不能抵敌，即时[5]回窜。经臣等马步大军追至，灯烛照耀，无异白昼，前后夹攻，将逆贼大股聚而歼旃[6]，其混入民居得逃脱者，不及十分之一。臣等整旅[7]入城，天已微明。

[1] 纵，放任。

[2] 奇兵，出乎敌人意料而突然袭击的军队。邀击，拦击；截击。

[3] 潜赴，偷偷前往。

[4] 要隘，险要之地。

[5] 即时，立刻。

[6] 旃，之焉。

[7] 整旅，整顿军旅。

总计是役[1]共杀贼万四千余名，生擒之贼除已正法外，计六百余名。即督员讯明[2]，将被掳未久者从宽释放，其长发老贼，均正典刑[3]。内有伪都统、丞相、总制、指挥、进士等多名，均已就戮[4]。共计夺获大炮百余尊，马三百余匹，驴百余头，米粮千七百余石，银千余两，钱二千余串，伪印三十余颗，军械、旗帜、号衣[5]等件，不计其数。

[1] 是役，此役。

[2] 督员，督促人员。讯明，审讯明白。

[3] 正典刑，正法。

[4] 就戮，被杀。

[5] 号衣，指兵卒、差役等所穿的制服。

臣忝握兵符，愧无韬略[1]，仰赖皇上威福，将士用命[2]，乃得复此坚城。惟[3]此地遭贼蹂躏过久，庐舍毁坏，田地荒芜，凄凉之况，令人恻然[4]。日来[5]招集百姓，会同官绅等商议，设法抚恤，妥筹一切善后事宜。臣拟俟部署粗定，酌[6]派大枝兵勇驻守，以防逆贼回窜，即当率师进剿舒城，以纾宸廑[5]。

[1] 韬略，谋略。

[2] 用命，效命，奋不顾身地工作或战斗。

[3] 惟，只是。

[4] 恻然，哀怜貌，悲伤貌。

[5] 日来，近来。

[6] 酌，酌情。

[7] 纾，解除。宸廑，帝王的殷切关注，这里指帝王的担忧。

所有此次阵亡、伤亡各员及弁勇等，人数较多，谨开具清单，请旨饬部照例议恤，以慰忠魂。其在事[1]尤为出力之副将何绍彩、李存汉、周宽世、赵克彰、李集贤，拟请交军机处记名以总兵简用[2]。何绍彩、赵克彰，并请与总兵李续焘均赏加提督衔。参将彭友胜、萧意文，拟请免补参将，以副将尽先补用，彭友胜并请赏加总兵衔。游击余云龙、杜廷光、朱恢三、饶万福，均拟请免补游击，以参将尽先补用；余云龙、饶万福，并请赏加副将衔。都司胡紫云、张养吾、李运络、叶九畴、胡在位、娄国见，拟请免补都司，以游击尽先推补；胡紫云、李运络、叶九畴，均请赏加副将衔。守备萧廷玉、罗泽镜、刘祥胜、刘仁光、袁清华、彭称陶、胡来孚、邱光明、赵国幹、颜得禄，均拟请免补守备，以都司尽先补用，并赏加游击衔。其余出力人员，可否由臣核实奏奖[3]，出自天恩。

所有克复桐城县缘由，谨缮折由驿六百里驰奏，伏乞皇上圣鉴。再，折封借用潜山县印信，合并声明。谨奏。

[1] 在事，参与其事。

[2] 简用，简选任用。

[3] 奏奖，报请皇帝奖赏。

克复舒城县城疏

奏为克复安徽舒城县城，即拟进攻三河伪城，力复庐州，恭折由驿具奏，仰祈圣鉴事。

窃太湖、潜山、桐城等处相继克复，业经臣会同都兴阿迭次奏报在案。臣以桐城地系皖北各路之枢[1]，最为要害，虽经我军克复，其东南毗连州县，皆贼积巢。据探，无为州庐江县等处日来[2]贼众加多，号称数万，耽耽[3]桐城。臣因派总兵衔副将赵克彰、胡裕发[4]，副将何绍彩、朱希广、李长林，参将赵友才，游击余云龙七营，并委营总保庆、巴图隆阿等马队，驻守桐城，以防上窜；而亲率马步十四营，于十五日拔营[5]进攻舒城。探知该逆于距舒城三十余里地方跨山修垒一座，两旁随山高低缭绕修墙，高五六尺，以千余人屯守[6]。十六日卯刻，我军行抵是处，分队缘山包袭。贼众惊走，约杀毙百余名，平其墙垒，获米六百余石。十七日，我军至城外之西南隅，方度地扎营，城贼蜂拥出扑。总兵李续焘、副将杨得武、李存汉、彭祥瑞率勇迎击，贼即列阵。鏖战良久，总兵衔副将周宽世，副将衔参将黄胜日、谢永祜，游击衔都司李运络，率军抄袭其后。贼势披靡，被我军截作数段，纷纷回窜，余党四散，尽被追杀约四千五百名。

［1］系，是。枢，中心。

［2］日来，近来。

［3］眈眈，威严注视貌。

［4］胡裕发（1825—1890），湖南湘潭县（今韶山）人。湘军将领。隶于李续宾。咸丰六年任副左营营官。咸丰七年因以克复江西湖口县城，赏巴图鲁名号。咸丰十年任镇筸镇总兵。后官湖南提督。

［5］拔营，拔除营寨，指部队全部人马迁离原驻地。

［6］屯守，驻守。

臣周历城垣[1]，察看地势。其城之西北有大坚垒二座，高似城垣，壕沟层叠，水深四五尺，城上刀矛旗帜密布，枪炮声不绝。贼意力图抗拒，若非乘势急攻，不能破其狡志[2]。

［1］周历，遍游。城垣，城墙。

［2］狡志，狡猾的意图。

十八日，派李续焘、杨得武、黄胜日、谢永祜、周宽世等五营攻西北面贼垒；派李存汉、彭祥瑞、李运络、彭友胜等攻东南城门；以湘中、湘右及运同丁锐义[1]，游击张养吾，副将衔参将张嵩龄，副将刘人和等营为各路策应，均于五更出队，卷旗息鼓，分阵布列。李续焘等先扑贼垒，以柴草填塞壕沟，该逆凭墙守御，枪炮环施。自寅至巳，鏖战四时之久，伤勇颇多，传令稍息[2]。李续焘、杨得武、谢永祜、黄胜日等不胜愤激，谓垒不破，则城贼恃为依护，城亦不能进攻，愈严督各勇奋呼齐进。前阵伤亡，即以后队弥缝其阙[3]，无敢稍却。枪炮仰攻，火球[4]、火罐乱抛入垒，垒中火起，贼众大乱。各勇逾[5]墙直入，塞其垒门，丁锐义亦率勇协围[6]。悍贼七八百名逃死无路，犹拼命死斗，尽为我勇杀毙，复乘胜转攻第一垒。忽城中之贼突开西门出战，欲挠我军以援垒贼。周宽世急督勇截击，刘人和率马队横冲，贼不能出。其第二垒之贼皆弃垒还窜[7]入城，约追毙二三百人。时安徽藩司李孟群、委员候补知府袁怀忠，亦带勇接应。贼断城外壕桥[8]，我军不能薄[9]城。而李存汉等攻东南城门，奋力攻击，俱为枪炮所阻。申刻始饬各营收队回营。臣恐贼夜遁[10]，即派各营分路埋伏。是夜初更后，贼果开大、小东门遁走三河伪城。各营伏兵齐起截杀，并分路追剿三十余里。贼尸坌积[11]。舒城县城当经克复。

[1] 丁锐义（？—1857），字伯冕，湖南长沙人。咸丰四年，投胡林翼部，募团勇千人，号义字营，征战武汉。咸丰八年，曾谏李续宾缓攻三河，谓“孤军深入，将成强弩之末，若粮道被截，将陷绝境”，建议退保桐城待援。李续宾以怯战责备他，驰书请援。后死于三河之战，追赠盐运使，加太常寺卿。

[2] 稍息，稍作休息。

[3] 弥缝，补上缺口。阙，同“缺”，缺口。

[4] 火球，古代用火药制成用于火攻的一种球形武器。

[5] 逾，越过。

[6] 协围，协助围困。

[7] 还窜，回逃。

[8] 壕桥，攻城军队为了通过城外的壕沟或护城河等障碍而制造的机动性的便桥。

[9] 薄，逼近，接近。

[10] 夜遁，乘夜逃走。

[11] 坌（bèn）积，聚积。

是役以急进猛攻得力[1]，而我军阵亡不少，带伤约五百人以外。计夺获大炮三十余尊，军械旗帜无算，马八十余匹，驴二百余头，生擒二百余名，内有伪指挥石其祥及伪卒长、师旅帅[2]等三十余名，均讯明分别正法。查舒城地方残破已久，人烟寥落，田在草间，殊可矜悯。现尚无官，臣即多出告示，遍谕[3]城乡，招集流亡[4]，加以抚恤[5]。

[1] 得力，得益。

[2] 师旅帅，师帅和旅帅，和卒长，皆为太平天国官名。太平天国按《周礼》“五人为伍，五伍为两，四两为卒，五卒为旅，五旅为师，五师为军”的制度编组军队，师与旅的主将称师帅、旅帅。以一百人为一卒，设卒长。

[3] 谕，发告示告知。

[4] 流亡，逃亡流落在外的人。

[5] 抚恤，抚慰救助。

所有此次最为出力之总兵李续焘，拟请交部从优议叙。副将衔候补参将黄胜日、谢永祜，均拟请免补[1]参将，以副将交军机处记名简放，并请赏加勇号[2]；游击眭金城，拟请免补游击参将，以副将尽先补用；游击王永章，拟请免补游击，以参将尽先推补[3]，以示鼓励。其余出力文武员弁，可否由臣核实奏奖[4]，出自皇上天恩。至阵亡之外委邓益胜，记名外委杨熊均，请从优照把总例议恤。文童[5]蒋益深，请从优照从九品例议恤。其余伤亡勇丁，俟查明分别奏咨[6]请恤。

[1] 免补，免于候补。

[2] 勇号，清朝朝廷授予有功武官以资奖励的称号。

[3] 推补，荐举补缺官员。

[4] 奏奖，报请皇帝奖赏。

[5] 文童，科举时代童生的别称，即应秀才考试的士子，也称

儒童。

[6] 奏咨，商议后再上奏。

查舒城距庐州一百二十里，距庐江县九十里，庐州之贼恃庐江、舒城为犄角。舒城已复，而庐江之贼犹负嵎麕聚，其距舒城五十里之三河地方，贼筑有伪城一座，坚垒九座，逆众屡年盘踞，以为庐州捍蔽[1]。臣拟即进兵攻剿三河，直捣庐州，以冀稍舒圣廑[2]。惟舒城系皖北要道，必须留兵防守。其庐州贼股，亦须乘势急剿，以遏上窜之路。而臣所部八千人，因克复潜山、太湖、桐城及此间[3]，留兵防守，分去三千余人。数月以来，时常苦战，未尝得一日之休止[4]，伤损精锐，疮痍[5]满目，现已不满五千人，皆系疲乏之卒。三河一带悍贼虽多，自揣犹足以制之。若遇大股援贼，则兵力亦恐难支。要当[6]尽其所能，以报皇上之恩遇[7]而已。成败利钝[8]，非所计[9]也。

所有克复舒城县城情形，及现拟进兵攻剿三河、庐州缘由，谨合词恭折由驿六百里具奏，伏乞皇上圣鉴。再，折封借用潜山县印信，合并陈明。谨奏。

[1] 捍蔽，犹屏藩。

[2] 舒，缓解。圣廑，即宸廑，帝王的殷切关注，此指帝王之担忧。

[3] 此间，此地。

[4] 休止，停息，中止。

[5] 疮痍，创伤。

[6] 要当，自当，应当。

[7] 恩遇，指天子的知遇。

[8] 利钝，胜败，吉凶。

[9] 计，考虑。

遗疏

奏为群丑来援，孤军无救，君恩未报，臣命先雕[1]，恭折具奏，仰祈圣鉴事。

[1] 雕，通“凋”，这里指死。

窃臣遵旨率勇援庐，沿途克复各城，业将大概情形陆续奏明在案。臣自克复舒城后，酌留四营防守，即率同诸将整旅[1]前进，以[2]前月二十八日行抵三河。该逆出大股漫山遍野前来拒战，臣督各营列阵接战，冲荡十余番，贼始大败，奔入城垒，我军随后追剿。该逆极力抵御，我勇近者被其火药所焚，远者遭其枪炮所轰，难以近其城垒，比即[3]收队。次日该逆不敢出战。臣周历[4]巡视，该逆于此间筑有伪城一座，坚垒九座，小垒十余座，声势联络，负嵎固守，自应先破其垒，乃可踏平伪城。臣即于初二日令丁锐义、李存汉等五营攻自南至东一带贼垒；令周宽世等二营攻自东至北一带贼垒；臣亲督刘人和等策应各路。我军分途猛进，该逆凭墙死拒，枪炮齐放，子下如雨，而伪城中又出大股贼来援。诸弁勇等奋不顾身，努力攻入，遂将九垒次第[5]踏破，随破各小垒，并击退援贼，共计毙贼数千名，我军受伤阵亡者亦属不少。次日，派队往攻伪城，忽拿获贼谍[6]。逆酋陈玉成、李世贤等纠合捻逆大股共十余万，连夜窜来包抄，数十里围困我军。

[1] 整旅，整顿队伍。

[2] 以，在。

[3] 比即，立即。

[4] 周历，遍历，遍游。

[5] 次第，依次。

[6] 拿获，捕获，捉获。贼谍，敌方间谍。

臣伏思我军自入皖以来，千里赴援则力疲矣，连月战胜则气[1]散矣，沿途分兵则势孤矣，屡拔坚城则伤亡众矣，虽经飞檄[2]调营策应，然道路迢遥，缓难济急[3]。而该逆死守孤城，急难攻破，援贼又日日逼近，势甚猖獗。我劳而贼顾逸[4]，我客而贼反主，我寡而贼甚多，我饥而贼固[5]饱，胜负之机，殊[6]难预料。惟念[7]该逆乌合之众，焉能敌圣朝仁义之师？贼虽多亦不足深惧。臣即传谕各营，整队出战。弁勇等无不鼓勇争先，一以当百，接战多时，十荡十决[8]，该逆大败而走，杀毙又数千名。

[1] 气，士气。

[2] 飞檄，速递檄文。

[3] 缓慢的行动难以救助紧急的需要。缓，慢。济，救助。

[4] 顾，却。逸，闲适，安乐。

[5] 固，本来。

[6] 殊，特别。

[7] 惟念，只是考虑到。

[8] 荡，冲杀。决，较量。

此时贼党势衰气馁，本可乘胜痛剿，忽天降大雾，数尺之外，一望茫然[1]。我军之临阵者皆迷失归路，垒中往馌[2]之人不知战场所在，鼓角[3]之声与贼相混，前后左右无处非贼。连战竟日[4]，诸勇饥疲过甚，死亡相枕藉。至今日而雾气更大，对面不能相识，虽[5]智勇兼备者，亦无所用其长，况臣之才识凡庸[6]乎？此殆天之所以覆我军[7]。臣之死事，盖天数[8]也。臣幕中僚佐有劝臣暂且退兵，招集大军灭此朝食[9]以雪斯愤者；又有谓军事方殷[10]，人才难得，不如且忍一死，以图将来削灭诸凶，弼成盛治[11]，是此时不拘小节，而他日克集大勋也[12]。嗟嗟[13]！此皆贪生畏死者之巧为解说，非知臣之心者也。

[1] 茫然，模糊不清的样子。

[2] 馌，馈食，送饭。

［3］鼓角，战鼓和号角，军队用以报时、警众或发出号令。

［4］竟日，整天。

［5］虽，即使。

［6］凡庸，平庸。

［7］殆，大概。覆，灭亡，覆灭。

［8］前人把一切不可解的事、不能抗御的灾难都归于上天安排的命运，称为天数。

［9］灭此朝食，把敌人消灭掉再吃早饭。形容斗志坚决，要立即消灭敌人。

［10］方，正好。殷，盛。

［11］弼，辅佐。盛治，昌明的政治。

［12］克，能够。集，成就，完成。勋，功业。

［13］嗟嗟，叹词，表示感慨。

臣起自草茅[1]，受皇上破格之恩，委以军旅，寄以腹心[2]，自应临难不苟，见危授命，方为不辱君命。况臣少时饫闻庭训[3]，颇知节义[4]。昔年粤逆初起，各省官军不敢接战，望风而逃，以至沦陷数省，臣实耻之。维时[5]臣父命臣治军，即勉以致身[6]事君之道，数年来幸无悖理[7]之行，岂至今日反舍当前之大义，而冀将来之利乎？且天时人事[8]，相为转移[9]。方今凶焰甚炽，虽将略十倍于臣者，未能刻期诛灭[10]。而皇上宵旰忧勤[11]，励精图治，自当感格[12]天心，潜移默化，数年之后，该逆之气日衰，虽才不如臣者，亦可剿平。况皇上培养将才，不惜重赏，海内英豪蔚起[13]，俊彦云屯[14]乎？是臣之死于国事，实无所损也。且臣此时退兵，则各营皆退，该逆随后赶追，必至桐城，兵力稍厚，方能抵敌。舒、桐百姓甫出水火而登衽席[15]，一旦退兵，则复受荼毒[16]矣。岂若臣苦战数日，致命遂志[17]？臣死后，舒、桐救兵渐次[18]可到，江宁将军臣都兴阿闻臣军失利，亦必星夜来援，庶该逆不能前窜，而舒、桐已复之土地数十万之生灵可免再遭蹂躏。是臣之死且贤[19]于生也。

[1] 草茅，在野未出仕的人，平民。

[2] 寄，委托，托付。腹心，比喻贤智策谋之臣或亲信。

[3] 饫闻，饱闻。庭训，指家庭教育。

[4] 节义，节操与义行。

[5] 维时，当时。

[6] 致身，奉献自己。

[7] 悖理，违背事理或情理。

[8] 天时，天道运行的规律，犹天命。人事，人之所为，人力所能及的事。

[9] 相为，相互代替。转移，转换。

[10] 将略，用兵的谋略。刻期，限定日期。

[11] 宵旰，宵衣旰食，即天不亮就穿衣起床，天晚了才吃饭歇息。忧勤，多指帝王或朝廷为国事而忧虑勤劳。

[12] 感格，感动到。

[13] 蔚起，蓬勃兴起。

[14] 俊彦，才智过人之士。云屯，如云之聚集，形容盛多。

[15] 甫，才。衽席，床席，借指太平安居的生活。

[16] 荼毒，毒害，残害。

[17] 致命遂志，舍弃生命来实现理想。

[18] 渐次，逐渐，次第。

[19] 贤，胜过，超过。

臣所难安者，朝廷信任恩深，未能报于万一；父母衰颓年老，何堪[1]遭此惨伤？忠孝多亏，君亲两负，此则臣毕生之大恨[2]，所为椎心泣血[3]、死不瞑目者也。伏愿皇上万幾余暇[4]，珍卫圣躬[5]，优礼亲贤[6]，推诚[7]将帅。毋以[8]臣军一覆，辄谓巨乱之难平；毋以臣命已终，或谓人才之可惜。君臣同德，文武和衷[9]，则大难芟夷[10]，复成郅治[11]，直可计日而待。臣虽不获躬逢际会[12]，然死而有知，当率从死弁勇咸为厉鬼以杀贼，借[13]抒生前之诚愤而已。谨具遗折[14]，语无伦次，伏乞皇上圣鉴。谨奏。

[1] 何堪，怎能忍受。

[2] 恨，遗憾。

[3] 椎心泣血，捶拍胸膛，哭泣出血，形容非常悲痛。

[4] 万幾，指帝王日常处理的纷繁的政务。余暇，空闲。

[5] 珍卫，珍重，保重。圣躬，犹圣体。

[6] 优礼，优待礼遇。亲贤，亲近贤臣。

[7] 推诚，以诚心相待。

[8] 毋以，不要因为。

[9] 和衷，和睦同心。

[10] 芟夷，铲除。

[11] 郅治，大治，指政治修明、局势安定的社会环境。

[12] 获，能够，得以。躬，亲自。际会，机遇，时机。

[13] 借，借以。

[14] 遗折，古代大臣临终前所写、死后才上奏的奏折。

按：公在三河剿贼，因天雾失利，驰回营中，令各营严守壁垒，即口授遗折，命幕友[1]缮稿[2]，亲自更正，交部将周公宽世，曰："尔不必从死，可由某处间道径回鄂省，将此稿交吾弟缮写进呈。"公复出营督战，捐躯尽节[3]。周公怀稿潜行，因越壕浮水，尽弃其衣履，而折稿亦遂遗失。厥后金君国琛回黄州营次见勇毅公[4]，为述其大略[5]如此。其时恩旨已到，遂未缮进[6]矣。兄子光表泣志[7]。

[1] 幕友，明清时地方军政官署中协助办理文案、刑名、钱谷等事务的人员，相当于古之幕僚、幕宾。因无官职，且由长官私人延聘，视之如友，故称"幕友"，俗称"师爷"。

[2] 缮稿，抄写文稿。

[3] 尽节，赴义捐生。

[4] 厥后，从那以后。营次，军队驻扎地。勇毅公，指李续宜。

[5] 大略，大要。

[6] 缮进，抄写进呈。

[7] 兄子，侄子。光表，李光表，李续宾之侄。志，叙述，述说。

李忠武公奏疏后序[1]

江都郭钟岳撰[2]

钟岳伏读忠武公奏疏，瞿然以兴[3]，毅然以感[4]，敬慕乎公之生有自来也[5]。公之奉特恩准其专折奏事，至死事[6]之日才半载耳。所奏克城及攻剿方略[7]，一则曰奋勇进剿以报君恩，再则曰成败利钝非所计[8]也。呜呼！公之忠可知矣。其请建湘乡忠义祠也，念切维桑[9]，以辅圣朝褒忠励节[10]之道。呜呼！公之义可知矣。及读其三河阵亡遗疏[11]之稿，不禁痛哭失声，伏地而拜，盖其忠义之感人深矣。人之有心，谁不如我？顽懦[12]如钟岳，且知如此，况贤且智者哉？蚍蚁之于泰山，岂能知其轻重？恭读文庙手敕[13]，予谥忠武，信乎！知臣莫若君也。

[1] 后序，刊于卷末的序文。

[2] 郭钟岳，生卒不详，字叔吾，又字叔藩，号外峰，扬州人，官浙江同知。工诗词，能鼓琴及刻印，书法各体皆妙。江都，今扬州。

[3] 惊惧得站起来。兴，起来。

[4] 情不自禁地发出感慨。

[5] 公之生有自来，李忠武公（伟大的）一生是有由来的。自来，由来。

[6] 死事，死于国事。

[7] 方略，方针和策略。

[8] 计，考虑。

［9］念切，非常思念。维桑，故乡。

［10］褒忠励节，褒奖忠义，勉励志节。

［11］遗疏，犹遗表，古代大臣死前所写、死后上奏的奏折。

［12］顽懦，愚蠢懦弱。

［13］文庙，当为文宗，即清文宗，咸丰皇帝。手敕，手诏，帝王亲写的诏书。

考[1]忠武之谥，古之最著者莫若蜀汉之诸葛忠武[2]，宋之岳忠武[3]。公之起[4]于书生，以天下为任，诚如诸葛忠武焉；身经六百战，军法严明，诚如岳忠武焉。此文庙之予公与两忠武并千古[5]也。公子观察公于去年来巡温处[6]，刊公遗书[7]，出奏疏授钟岳读。顿首稽首[8]，拜而序[9]之。

光绪十七年[10]夏五月江都郭钟岳。

［1］考，考察。

［2］诸葛忠武，诸葛亮，谥号忠武。

［3］岳忠武，岳飞，谥号忠武。

［4］起，出身。

［5］千古，谓千古留名。

［6］观察公，李光久。观察，官职名，即观察使，清代作为对道员的尊称。温处，温处道，清代中国浙江省行政区划之一，辖温州、处州两府，治所温州。

［7］遗书，遗著。

［8］顿首与稽首，古时一种跪拜礼，顿首是以头叩地而不停留，稽首是叩头至地而停留一段时间，是九拜中最恭敬者。二词皆属于书简表奏用语，表示致敬。

［9］序，写序，作序。

［10］光绪十七年，1891 年。

跋

藩臬奏事[1]，定制也[2]，历年久而寖废[3]，于是始有特恩准奏之典[4]。先公自咸丰八年四月奉命专奏[5]，逮尽节[6]之时，才半年耳。其间奏议本属无多，临难时又取所奉廷旨及御批奏折付之焚如，灰烬之余，几无从掇拾[7]矣。光久时年十四，遽遭大故，茕茕在疚，孤露茫然[8]。及稍长，广求遗稿，渺不可得。心之忧伤，惄焉若丧[9]。

[1] 藩臬，指藩司和臬司，明清两代的布政使和按察使的并称。奏事，向皇帝陈述事情。

[2] 定制，确定的制度、原则。

[3] 寖废，废弃。

[4] 特恩，皇帝所给予的特殊的恩典。准奏，准许上奏，这里特指准许专折上奏。典，恩典。

[5] 先公，亡父的尊称。专奏，专折奏事。

[6] 逮，到。尽节，为保全节操而牺牲生命。

[7] 掇拾，拾取。

[8] 光久，李光久。故，变故。茕茕，孤独无依的样子。在疚，居丧。孤露，孤单无所荫庇，指幼年丧父、丧母或父母双亡。茫然，失意的样子。

[9] 惄，忧郁，伤痛。若丧，若有所失。

同治初元[1]，先叔父勇毅公奉讳归里[2]，次年乞假养疴山中[3]。光久侍疾[4]之时，敬以先公奏草[5]为询。叔父泫然曰："余箧[6]中所存，仅数篇。有拜发[7]之后录出，邮达于余者。有甫经脱稿，就急足[8]之便，先行寄示，及进呈时则又细加笔削，与原稿不相符合者。其改定之稿已无所稽[9]，不得不仍存原文，借以知当日军事之实迹耳。若遗疏，则未果缮进[10]者也，而其慷慨从容之概，犹得于此仰窥一二，故亦存之。今举[11]以授汝，尚其什袭[12]珍藏。至此外散佚之篇，俟余病可出山，当更网而罗之。”

[1] 同治初元，同治元年。皇帝登极改元，元年称“初元”。

[2] 勇毅公，指李续宜。奉讳，居丧，守孝。归里，回故乡。

[3] 乞假，请假。养疴，养病。

[4] 侍疾，陪伴、护理患者。

[5] 奏草，奏章的草稿。

[6] 箧，指书箧，书箱。

[7] 拜发，誊好奏疏，供在案上，焚香叩拜后发出。

[8] 急足，急行送信的人。

[9] 稽，查核。

[10] 缮进，抄写进呈。

[11] 举，全。

[12] 尚，表示希望。什袭，把物品一层又一层地包裹起来，以示珍贵。

乃遭家不造[1]，灾祸频来，叔父忽捐馆舍[2]，竟不克果偿斯愿。呜呼！昊天不惠，降此鞠凶[3]。闵予小子[4]，适罹其厄[5]。而数十年来悠悠忽忽[6]，终未能搜集散亡，俾成全璧[7]，不孝之罪，抱憾终天矣。兹将此卷付剞劂氏[8]，以存手泽[9]，且亦使天下后世知先公谋国之谟、治军之略、立身行己之道[10]。其孤忠[11]大节有不得尽泯者，盖不必定观全文而始能瞭然也。伏读终篇，哀慕曷已[12]。

光绪十七年岁在辛卯春莫孤光久泣血谨志[13]。

[1] 乃，竟然。遭家不造，原是周成王居父丧时自哀之辞，谓遭武王崩，家道未成，后指遭遇家中不幸的事。

[2] 捐馆舍，抛弃馆舍，死亡的婉辞。

[3] 昊天，上天。鞠凶，大祸。

[4] 闵，同“悯”，怜恤，哀伤。予小子，常人对先辈、长者的自称。

[5] 适，刚好。罹，遭受。厄，困厄，困窘。

[6] 悠悠忽忽，神志恍惚或懒散的样子。

[7] 俾，使。全璧，完整的璧玉，比喻完整而无缺损的东西，这里指完整的文集。

[8] 剞劂氏，指刻板印书的经营者。

[9] 手泽，称先人或前辈的遗墨、遗物等。

[10] 谋国，为国家利益谋划。谟，计谋、策略。略，谋略。立身行己，修养自身，行为有度。

[11] 孤忠，忠贞自持、不求人体察的节操。

[12] 哀慕，谓因父母、君上之死而哀伤思慕。曷，怎么。已，停止。

[13] 春莫，即暮春，农历三月。孤，幼年丧父。泣血，无声痛哭，泪如血涌，一说，泪尽血出，形容极度悲伤。谨志，碑志结束用语，谓恭谨记述。

李忠武公书牍卷上

李忠武公书牍序

李忠武公书牍二卷[1]，凡四十七首[2]，皆军中启事[3]之作。公之殉节也，遗稾[4]悉毁，嗣爵健斋观察竭搜辑之力[5]，所得而存者止于此。公以书生练乡兵[6]，出境剿贼，转战江西、鄂、皖之间，大小六百余战，克复四十余城。功在社稷，祀在旂常[7]，事迹在皇史宬[8]，延世[9]之赏，与国咸休[10]。於戏[11]！盛已！公之治军，明耻教战[12]，一本于诚，其临阵专以救人之败为急，而不自以为功。廉俸所余，尽以资他军之匮于饷者[13]。扶掖忠良[14]，日恐不及。于是编反覆寻绎当时情事[15]，犹可窥见一二也。

[1] 书牍，书信。二卷，分为上下卷，上卷25篇，下卷22篇。

[2] 首，这里是封、篇的意思。

[3] 启事，函件，信件。

[4] 稾，同“稿”。

[5] 嗣爵，承袭爵位。健斋，指李光久，字健斋，李续宾之子。搜辑，搜集。

[6] 乡兵，指团练。

[7] 旂常，指王侯。

[8] 皇史宬，中国明、清两代皇家收藏历代帝王实录的地方。

[9] 延世，延及后世。

[10] 与国咸休，和国家共同美好。休，吉庆，美善。

[11] 於戏，呜呼。

[12] 明耻教战，谓申明军法，严惩怯懦退缩，使士卒知耻辱之所在，作战时能奋勇向前，杀敌立功。

[13] 廉俸，清代官吏正俸和“养廉银”的合称。资，资助。匮，缺少。饷，军饷。

[14] 扶掖，扶持，提携。忠良，忠诚正直的人。

[15] 在这些编辑的书信里面，反复推求当时的情况。寻绎，抽引推求。情事，情况。

公尝曰：“今世岂无济变之才？只坐救民之心不挚。[1]”盖公之功出于德也，公之勇发于仁也[2]。先圣[3]有言：“仁者必有勇。”又曰：“有德者必有言。[4]”知此，则可以读公之遗书矣。

[1] 济变，机变，机智权变。坐，因为。挚，真诚。

[2] 忠武公的功劳出自于他的品德，他的勇敢来自于他的仁义。

[3] 先圣，指孔子。

[4] 有德行的人一定有好的言论。

曩先伯兄实从公襄军事[1]，与三河之难[2]。今编辑公之遗书，濬万任校雠[3]之役义也。刊既成，敬缀数言于简端[4]。

光绪十七年夏六月后学[5]长沙张濬万[6]谨序。

[1] 曩，从前。伯兄，长兄。从公，跟从忠武公。襄，相助，辅佐。

[2] 难，罹难，死亡。

[3] 校雠，校勘。

[4] 缀，写。简端，书的开头或结尾。

[5] 光绪十七年，1891 年。后学，对前辈学者的自谦之辞。

[6] 张濬万，字川如，清长沙人，著有《思退补斋诗存》以及《恤蒿庐文初稿》。

上官秀峰宫保[1]

去腊抵九江，与水师会攻城池，及今春，督率[2]勇夫周围掘壕情形，均经报明在案。旋因三月以后，皖逆大股肆扰于蕲、黄[3]等境，某分拨陆师数千人渡江助剿，又拨兵防陆家嘴以扼小池口之冲[4]，杨厚庵[5]分拨水师驻防上游，亦经迭次[6]报明在案。

[1] 上，进呈。官秀峰，即官文，字秀峰。宫保，太子太保、少保的通称，是明、清各级官员的虚衔。

[2] 督率，督促率领。

[3] 旋，不久。肆扰，肆意扰乱。蕲、黄，蕲州，黄州。

[4] 冲，交通要道。

[5] 杨厚庵，即杨载福，后改名岳斌。

[6] 迭次，多次。

七月杪[1]，某与厚庵筹商，九江、小池口两城夹立，非先夺小池口，无以图[2]九江上游之计，业经叠胜[3]，势有可乘，遂饬陆家嘴各营预备稻草、沙囊等项为填壕登城之具。适润帅督饬[4]上游各军乘胜进剿，及于龙坪都，将军亦遂克黄梅县城。某随与厚庵计商，于八月初八日移陆家嘴水陆各营进逼小池口，昼夜以水师炮船轰攻，并饬陆军以稻草填城壕进攻。该逆百计防御，我军日夜环攻[5]，片刻不停。所有伪城内房屋、器皿、炊具、爨具[6]、食具概被大炮击碎，炊烟不起，已历数日。而守城各贼血肉狼籍，应声而倒，不敢复于女墙[7]内站立。十三、十四日，某同厚庵亲至小池口城外审察形势，见贼势已衰。十五日，风雨大至，遂饬陆师各负稻草、沙囊而进，水师亦将划船载草搬于岸上。赵克彰率湘奇右营攻北门，蒋凝学[8]率湘左营攻东门，沈俊德率湘元右营、彭友胜率护军右营攻西门。其南门临江，则厚庵率水师十四营环攻之。该逆有从城上暗施枪炮，我军以稻草堆地，障身而进。风雨益甚，火蛋亦不能焚。各船炮勇亦登岸，负稻草纷纷而进。须臾[9]之间，壕已填满，堆近城边，该逆大乱。忽城内失火，烟焰迷天，各勇乘势四面俱上，该逆无路可奔，屠杀殆尽。即夺门以出者，复经营总巴克坦布等率马队截而杀之。查看城内死尸，其被炮船先期击死者，尸积如山，实足以彰天讨[10]而快人心。尤赖我公先机指示，得以拔此伪城，使浔贼势孤。凡在军营，同声欢感。所有出力员弁，另备公牍，恳准择尤请保。伏候复示。

[1] 月杪，月底。

[2] 图，谋划。

[3] 业经，已经。叠胜，多次胜利。

[4] 润帅，指胡林翼。督饬，督促命令。

[5] 环攻，围攻。

[6] 爨具，炊具。

[7] 女墙，城墙上呈凹凸形的小墙。

[8] 蒋凝学（1810—1878），字先民，号之纯，湘乡人。咸丰二年，从罗泽南办团练。五年，从罗泽南克武昌，叙从九品，国子监典籍。六年，罗死，从李续宾，攻占武昌、九江，擢知府。三河战败，驻守太湖。九年，从多隆阿攻占潜山、太湖，擢盐运使衔。十一年，回援湖北，以道员记名。十月，创立淮河水师。同治元年，授安肃道。二年，加布政使衔。八年，署按察使。九年，擢山西按察使。光绪元年，迁陕西布政使。四年，以病解官，未行而卒。赐恤，赠内阁学士。

[9] 须臾，片刻。

[10] 天讨，上天的惩治。

又上官宫保[1]

兹者上游倾动[2]，下游谋援。据某鄙见，似非不援之援所能振其挫而解其急[3]，其宜移师趋援，亦势然耳。而议者以为下游之师移动，则贼乘吾动而蹑吾后，非安全之道，是亦宜虑。究之天下本无难事，心以为难，斯乃真难[4]！岂退兵竟无术哉？苟不存一难之见于心，则运用之术自出，虽万难中未必不可筹安全之方也。

[1] 官宫保，官文。

[2] 倾动，震动。

[3] 不援之援，不援助的援助，指按兵不动。振，挽救。

[4] 如果心里认为难了，这才是真难。斯，这。

又有谓南岸之师渡援北岸，北岸之贼或渡扰南岸，辗转变乱，为患滋甚[1]，是亦不可不虑。究之北岸之祸，其急切已在目前，南岸之虑，其拟议尚在将来，缓急固自有间[2]，安[3]可舍目前勿救，预为将来之忧，以缓所急而急所缓也[4]？夫救兵如救火，今日议之而不决，明日议之而不行，于祸变，奚以救[5]？于时事，奚以补耶[6]？今之时岂无济变[7]之才？而其心不挚。即有济变之心，而其计不决，所以难耳。

[1] 滋甚，更加严重。

[2] 间，区别，距离。

[3] 安，哪里。

[4] 缓所急，把危急的事情当成不危急的事情。急所缓，把不危急的事情当成危急的事情。

[5] 奚以，拿什么，凭什么。

[6] 时事，局势。补，补救。耶，呢。

[7] 济变，机智权变。

军事之成败，其所争则在利钝，成与败显然易解。所谓利钝者，大约先一着[1]为利，后一着为钝。窃见军兴以来，逆贼每走先一着，官军每走后一着，以致坐失良机，贻患数省。曩年[2]，论援武汉，某议之甚早，惟润公与罗师以为然，而不能决计以行，故以后多费岁月，多縻[3]钱粮，始得克复。惟其走后一着，故钝也。试问后来有一事能出某之议哉？今之情形亦犹是耳。某以为不可不早决援议，若犹曰不援之援，则将期期不奉诏[4]耳。

[1] 着，招。

[2] 曩年，往年。

[3] 縻，浪费。

[4] 期期不奉诏，语出《史记·张丞相列传》，周昌反对刘邦废太子，语曰“臣口不能言，然臣期期知其不可，陛下虽欲废太子，臣期期不奉诏”，后用“期期不奉诏”表示不接受命令。期期，口吃结巴貌。

又复官宫保

日前奉到惠书[1]，并抄示上谕[2]一纸，仰见圣意精明。先生公忠体国[3]，筹画周详，钦佩无似[4]。

[1] 惠书，敬称对方来信。

[2] 上谕，诏书。

[3] 公忠体国，尽忠为国。

[4] 无似，无比。

惟皖中贼情势甚猖獗，我军与皖省毗连一带形势，久在洞鉴之中。刻下留楚防兵不过数千，某所带进剿马、步兵勇仅八千余人，都将军兵力亦不甚厚，只能防剿沿江一带。前于途次连日得舒城兵溃、庐州被陷之信，深虑逆匪回窜，是以奉商调取九江兵勇，非敢稍涉张皇，盖势使之然，不得已也。即如此时，尚未分兵援皖，若舒、桐之贼乘我军进剿东路，由六安、英、霍虚空之处极意西驰，则大局必为震动，此某所日夜隐忧者也。

夫以皖、楚大势而论，必克太、潜、石簰而后蕲、黄可保无虞[1]；必绕过舒、桐，进规[2]庐州，而后罗田、麻城可保无虞。然犹恐迁延时日[3]，终至防不及防。某当即与都将军会商进攻之策，赶急施行。如仗威福得以迅速告捷，方期周匝[4]。此时而欲分兵他往，诚属势处万难。现查吉镇驻扎巢县之柘皋，鲍副将[5]驻扎全椒之大树街，塔镇驻扎滁州之关山，均距庐百余里，可以就近咨调[6]，以防北窜。庶防楚救皖，或可不至两失矣。

［1］无虞，无忧。

［2］进规，进军并有所图谋。

［3］迁延时日，拖延时间。

［4］还有待周密部署。周匝，周到，周密。

［5］鲍副将，鲍超。

［6］咨调，商量调动。

不揣愚昧，谨抒下忱[1]，并遵来谕，将大概情形先行驰奏。其一切详细事宜，另备公牍，专丁赍呈[2]。伏乞酌度采择，飞章入告，是所至祷[3]。特此奉复[4]。

［1］下忱，谦词，指本人的心思、想法。

［2］专丁，专使。赍呈，呈送。

［3］酌度，酌量。采择，选用。飞章，指报告急变或急事的奏章。至祷，最大的盼望，多用于书信结尾，表示恳切地请求或希望。

［4］奉复，敬复，答复。

又上官宫保

前潜山、石簰之事，谨会台衔入告[1]，会回稿由都将军[2]递呈，谅邀钧览[3]。

［1］台衔，对他人姓名与官衔的敬称。入告，谓以事上闻。

［2］都将军，都兴阿。

[3] 钧览，对尊长阅览的敬称。

某率勇进攻桐城，于初一日派奇右等十一营前行，初二日亲率各营继进。桐城之贼颇多老悍，城外四门皆修坚垒。初三日，贼知我军将至，于五里外拒战。奇右等营奋力冲击，追至西门城外二里许，破其四垒，杀贼约千余名。义营阵亡哨官一员，各营皆有带伤。初四日，贼出大队扑先至之营，鏖战逾时，其东北城中、垒中之贼由山后绕出抄各营之后，欲图前后夹攻。适某率各营甫至[1]，恰遇抄后之贼前来，贼反疑我军伏兵在后，相顾惊愕。我军迎头冲击，贼满山奔窜，杀毙约二千余名。其大队扑营之贼见抄后之贼败溃，不敢恋战，奔绕东北门，退入城中。某率先后各营追至城下，毙贼无数。而城上及各垒枪炮互发，急不能攻，遂收队，饬各营逼城之西、南二门扎营。初五日，各营加修营垒。某带亲兵遍察地势，查该逆西门外四垒已破，而北门跨山，于山上联修二垒，其东北面大垒三座，小垒四座，贼之精锐尽萃[2]其中，必先破其所恃，然后可以攻城。初六日黎明，派正、仁等五营于西、南二面攻城，某率各营由南门绕至东、北门。各勇锐气百倍，自辰至未，连破其三大垒，其小垒皆不战而逃，围而歼之，靡有孑遗[3]，计杀毙约四五千。酉刻后，至北门山上破其二大垒，贼亦尽毙。该逆胆丧，于三更时开东、南二门分三路逃走。我军已预备埋伏，沿途追杀，尚未收队。杀贼之多寡，俟收队后，备公牍奉达[4]。坚城克复，实仗威力，拟具折入告，仍以首列大衔[5]为主。谨将大略情形先行飞渎[6]。

[1] 适，刚好。甫，才。

[2] 萃，集中，聚集。

[3] 靡有孑遗，没有剩余。

[4] 奉达，敬辞，告诉、表达，多用于书信。

[5] 大衔，犹台衔，对他人姓名与官衔的敬称，此处尊称官文。

[6] 飞渎，迅速告诉。渎，渎陈。渎，轻慢，谦辞。

上曾涤笙侍郎[1]

不见手书[2]已久，近况究莫深知。翘首云山，时切驰系[3]。前月初接竹庄[4]、峙衡[5]来函，云援军克复上高、新昌之后已抵瑞州。闻先生有意率师夹击，未审已经到否。湘军久驻鄂城，恢复稽迟[6]。老师縻饷[7]之罪，某实无可逭[8]。然自罗师[9]沦谢，支持危局，惟苦润公[10]。他无济变之才分其仔肩[11]，如厚庵[12]水师亦极得力。此外，如某之识浅才劣，且以之总领[13]陆师，乏人概可知矣。

[1] 曾涤笙侍郎，即曾国藩。

[2] 手书，亲笔信。

[3] 谓相隔遥远，时刻想念。翘首，抬头望。云山，云和山，谓相隔遥远。时，时刻。切，急切。驰系，向往，系念。

[4] 竹庄，吴坤修（1816—1872），字竹庄，江西永修县吴城吉山村人，咸丰间为湘军水师司军械，官至安徽布政使、署巡抚，曾刊《半亩园丛书》，著《三耻斋诗集》。

[5] 峙衡，刘腾鸿（1819—1857），字峙衡，湖南省涟源市人，1855年夏，率湘勇赴岳州镇压李日逢领导的农民暴动，旋随罗泽南部进入湖北，与太平军作战，连下通城、崇阳、蒲圻、咸宁等地，重创太平军于鲇鱼套，叙从九品。罗泽南令其增募兵勇500人，从洪山之东西两面夹击太平军获胜，擢知县。1856年夏，率部会同曾国华驰援江西，由咸宁、通山转战蒲圻、通城，进入江西，占领万载等地，参与攻打瑞州（今高安）南城，屡战屡捷，擢直隶州知州，留江西补用。1857年，主持江西南路军事，连下袁州（今宜春）等，后攻瑞州北城，亲自上阵督战时中炮身亡，谥号武烈。

[6] 稽迟，迟延。

[7] 老师，军队出征日久而疲惫。縻饷，浪费军饷。

[8] 逭，逃。

[9] 罗师，指罗泽南。

[10] 润公，指胡林翼。

[11] 仔肩，所担负的任务，责任。

[12] 厚庵，杨载福。

[13] 总领，统领。

五月中旬，伪检点古隆贤[1]率丑类六千余人窜抵茶盘岭，以作城贼之援。比[2]派勇击败，追至葛店。六月初，古逆复聚四千余人窜至葛店。时以芗泉[3]总带三千余人往剿，篠石[4]副之，又约厚庵带水师夹击，歼贼颇多。乘胜追至樊口，破其卡，复收武邑。因渡江攻黄州未下，探援贼又将大至，二十后即行撤回。月底，伪翼王石达开、伪卫天侯曾景谦[5]、伪春官正丞相张遂谋[6]由皖省来援，又招致兴、冶、崇、通等州县股匪，扬言七八万，实亦不下三万余人，注意则在洪山，却分聚于兴国、保安、金牛等处。因与润公熟商[7]，七月初四，分四千余人驻扎纸坊。贼始归并一路，由武邑进窜葛店、豹子海地方。初九日，将分师移扎鲁家巷，以防洪山后路。十一日辰刻，援贼遂至，揉及四时之久。俟其逼近营盘，始与接战。已击败，追至四五里，适狂风暴雨从东北方来，我师面受难堪，前锋收队，策应先却[8]，反被贼追至营前，始整队击退。盖天时、人事不免两有遗憾也。润公因调北岸马队百名来南岸助战，是时，城贼犹疑而不出。先是五月初十间，某派勇扮作贼兵，持前日抢获之贼旗，在鲁家巷、卓刀泉一带恍惚[9]贼中来援之状，与官军交战，诱贼出城打仗数次，伤毙数千。此际援贼果至，而城贼反疑其假也。十五日，在小龟山掳去百姓二人，询实消息。十六早，各门洞开，鏖战终日，经我师杀戮亦多。十八日，某派队出营往会鲁巷之师，共剿援贼。润公亦派千余人助之，冀图一鼓成功。讵[10]将勇多不齐整，始而左路奋进，继而右路先败，中路继之，仍如十一故事[11]。某自此每日至鲁巷一回，激励将士。润公又调北岸马队二百余名来南岸，以资策应。往者[12]贼于青山港搭浮桥，计与城贼相通，屡经厚庵率水师焚毁。至是日夜苦打，因无陆师护卫。二十日，浮桥终成，并筑垒于两岸。二十八日黎明，援贼与两城之贼并力攻扑洪山。幸托福荫，分路迎剿，首伤曾景谦伪公子一名、伪协理一名、伪指挥一名、先锋数十名，败走、追杀尤多。厚庵又率水师焚烧青山港贼垒，伤古隆贤，凶锋始挫。

[1] 古隆贤（1826—1875），广东惠州惠东县安墩镇人，太平天国将领，封奉王。

[2] 比，屡次，接连。

[3] 芗泉，即蒋益澧。

[4] 篠石，即孙守信。

[5] 曾景谦，曾锦谦，广西桂平人，韦昌辉乡邻，翼王石达开部下，赐爵卫天侯。

[6] 张遂谋，广西平南人，翼王石达开部下，地位仅在参天侯黄玉琨、卫天侯曾锦谦之下。

[7] 熟商，仔细商量。

[8] 却，后退。

[9] 恍惚，假装。

[10] 讵，当为“讵料”，岂料。

[11] 故事，先例。

[12] 往者，从前。

本月初一日，援贼皆出城。初二日，距鲁家巷我师营盘不上一里，筑大垒三座，安大炮九尊，筑小垒三座，尚未成绪[1]。初三早，复出大队。某恐仍蹈前辙，即带本营勇两哨、亲兵三十名前去，适到其地，新垒已经我师踏破，炮位夺获，并获抬枪数十架。随同赶追四五里，幸得收队平安。初六日，复率亲兵二十余名督鲁巷各营出队，贼不敢出壁垒半步，惟施放枪炮以御之，是夜即遁。初七日黎明，出队追之，马队较快于步兵，至土桥，已获其后队，直杀至葛店下十余里，始行收队。据生擒扬州被掳文生胡光汉供称，石逆与林启荣均已调赴南京，近日报探亦然。其余党有留据武邑者，有分窜麻城及兴国属之换韬桥者，所以不遽远去，盖犹有收集残丑复援武汉之意也。

[1] 成绪，完成。

现在鄂城兵勇合强弱止万一千余人。城池未复，恐援贼乍至，复通青山港接济之路，已分二千余人驻扎，是以不能分兵出剿。自初八以至十四，无分昼夜，苦攻坚城，计图[1]得手，即便迅赴尊处以供调遣，争奈无机可乘，心力枉费。六月饷项幸已敷给，此后尚属悬空。然有润公之善于筹画，要亦无劳廑注[2]也。左营自援鄂以来，本有得力[3]之处，罗师在日，因其屡次恳求，允准添作千人。近因战事不如从前，自请裁减勇丁，月初已沙汰[4]其半，止留五百名，俟其立功，再行酌添。中营精锐老勇五百，现尚系某兼管，以其为罗师旧部，难以轻派管带之人，将来仍恳委良将管领也。诸事均关荩廑，谨以上闻。临颖依依[5]，不罄什一[6]。

[1] 计图，图谋，谋取。

[2] 廑注，犹廑念，殷切关注。

[3] 得力，得其助力。

[4] 沙汰，淘汰，拣选。

[5] 临颖，临笔，常用于书信。依依，想念思慕。

[6] 罄，尽，这里是说尽的意思。什一，十分之一。

又复曾侍郎

再者，前信作就[1]已久，因润公[2]、厚庵[3]均欲寄函，故迟延至今。昨日奉到十九日书，敬悉壹是[4]。

[1] 作就，写完。

[2] 润公，指胡林翼。

[3] 厚庵，指杨载福。

[4] 敬悉壹是，恭敬地知道一切。

河口镇又被陷，殊足闷人。湘军久顿[1]鄂渚，省城尚未克复而剿退石逆[2]，润公径[3]为某请升衔，固辞不获[4]。二十九日，奉到上谕，加布政使衔，是实益[5]某之罪耳。

[1] 顿，停留。

[2] 石逆，指石达开。

[3] 径，直接。

[4] 固辞，坚决推辞。不获，不能。

[5] 益，增加。

现在城贼死守如故，攻城苦无良策。七月满日[1]，与润公计商，令哨长周宽世、胡裕发回湘募勇千名，约本月二十间可以到营。俟渠等来[2]，拟以厚兵围城，自率三千余人或四千巡剿各府、州、县股匪，免致滋蔓于湖南、江西，且绝城贼之望，城应可克。克城后，如江省尚未肃清，当由何路赴援，望为酌示。

[1] 满日，整天。

[2] 俟，等待。渠等，他们。

昨陕西来文，近日有银三万两解[1]来，已承润公允拨万两，并釐[2]金钱万串，济[3]湘、训等营。是此间[4]饷项又能支持半月矣。

[1] 解，押送。

[2] 釐，通“赉”，赏赐。

[3] 济，救助。

[4] 是，这样。此间，此地。

又复曾侍郎

前此三次迎剿援贼并攻城情形，月之初三，肃具[1]一函，专使赍呈，计已邀台览[2]矣。本日奉到十八日钧谕[3]，借谂[4]一切近状。惟江西抚、建、瑞、袁[5]未经克复，而广昌、南丰、新城等处复被蹂躏，饷项又益形支绌[6]。先生硕画[7]之劳，经营之苦，某固无时不念之也。

[1] 肃具，恭敬地备好。

[2] 台览，请对方阅读的敬辞。

[3] 钧谕，对帝王或尊长的指示、命令的敬称。

[4] 借谂（shěn），借此知悉。谂，知悉。

[5] 抚、建、瑞、袁，江西的抚州、建昌、瑞州、袁州。

[6] 益形支绌，更加显得支配不够。

[7] 硕画，远大的谋划。

某顿兵鄂渚，糜饷周年[1]，省城未复，有负委任，罪实难逭[2]。城贼自石逆败退，不敢出战已阅[3]月余。近据逃贼供称，惟长发广匪尚为足食[4]，先锋三千人日给米半斤，其余已有四两、二两之分。我兵四面长围，想不出今冬此城应可收复矣。收城后，如江右[5]尚未肃清，浅见拟即由间道径赴尊处，听候分拨，似为较速。若直捣浔阳，转[6]觉太缓，望再为酌示。右营于九月间，提添老宝勇中之长沙勇四百，十月又添霞仙[7]之副右营勇六百，共集至千六百人。今春三月，因中营老勇五百无人领带，不得不兼为统辖，遂于右营中分拨六百与李续焘将之。时并开奇右营计勇五百，以都司赵克彰将之；前月底又以游击周宽世回湘募勇五百，名曰后营；都司胡裕发募勇五百，名曰副左营，于昨二十二日抵鄂。此三人者，皆右营结实善战之哨长也。合芗泉[8]之右营勇五百，朱品隆之前营勇五百，湘军共四千六百人矣。训营已增至八百，训营帮办唐协和又带四百为副训营，此两营二十间已差往襄阳。原该处于前月杪土匪数百勾通长发贼，仓猝起事。本月初三，团勇官兵共数千人一战皆溃，时北岸发勇千余前去剿办，亦已奔北。半月间，竟陷樊城，北岸又续拨步兵数百、马队二百去矣。

[1] 糜饷，浪费军饷。周年，一年。

[2] 逭，逃。

[3] 阅，经历。

[4] 足食，吃饱。

[5] 江右，江西。

[6] 转，反而，反倒。

[7] 霞仙，指刘蓉。

[8] 芗泉，指蒋益澧。

近闻贼将围逼襄阳，计北兵与义渠[1]力尚能制，拟再添兵助之，更为可靠。彼处若不速清，则秦晋饷道皆阻，文报[2]亦将不通，为患殊非浅鲜[3]耳。惟此间自援贼远去，攻城又非急切所能得手。十八日，派勇三千，以孙篠石督剿咸、蒲[4]各属余孽。昨闻王璞山[5]奉委防岳，业抵[6]该处。某与润公[7]均已函请巡剿通、崇、蒲等县，润公并咨明骆中丞[8]，现拟将篠石[9]之师撤回，分援襄阳。而粤患未消，黔患复萌，靖州吃紧，恐璞山亦不能久居于此耳。

[1] 义渠，唐训方（1809—1876），字义渠，今衡阳常宁市兰江乡人。咸丰四年，随曾国藩、彭玉麟出征征。咸丰五年，随罗泽南镇压太平军，因功得知府衔。咸丰十年，升按察使，再擢湖北布政使。同治元年，授安徽巡抚，后被僧格林沁亲王弹劾降职。同治七年乞假归故里。

[2] 文报，公文函件。

[3] 浅鲜，轻微，微薄。

[4] 咸，咸宁。蒲，蒲圻。

[5] 王璞山，王鑫。

[6] 业，已经。抵，到达。

[7] 润公，胡林翼。

[8] 骆中丞，骆秉章。

[9] 篠石，孙守信。

杨秀青经韦昌辉杀戮，此事传说已有月余，似是确耗[1]。迩来[2]并闻石逆与韦逆不睦，石往张家祥[3]处投诚，以三十检点[4]为质，收复九江、安庆为进见之阶[5]。如果属实，巨祸[6]不难平矣。惜罗师满腔忠愤，不获目睹承平之象也[7]。芗泉因三月母死未葬，乞假四十天，本月初四已起程归去矣。某本庸才，猥荷重任，惟冀时赐教言，俾有遵循，是为切祷。临颖依依，不尽欲言，肃此奉复。

[1] 确耗，确切消息。

[2] 迩来，近来。

[3] 张家祥（1823—1860），字殿臣，后改名张国樑，广东肇庆人，曾参加天地会，加入拜上帝教，但忍受不了教会约束，于1849年背叛拜上帝教，接受清军的招抚，其部下之兵称之为“捷勇”。1853年，随向荣建立江南大营，为其主要战将，常与太平军作战，曾任总兵。1860年，在率领溃兵东撤时溺死于河中。

[4] 检点，太平天国前期第七等官阶，为朝内官。后期封赏转滥，降为卑官。

[5] 阶，途径。

[6] 巨祸，大祸。

[7] 罗师，罗泽南。不获，不能。承平，太平。

又上曾侍郎

拜违钧教[1]，倏已数月。辰维德躬休畅[2]，勋祉鳌延[3]，至以为祝。

[1] 错过了您的教诲。

[2] 德躬休畅，犹言万事如意。

[3] 勋祉鳌延，犹言幸福永远。

某自随罗师[1]克复弋阳、广信两城后，以前月二十二日由景德镇拔营，初五日抵江西省，驻扎章江对岸之嬴下地方。日来天气酷暑，诸勇染病者几[2]于十之四五，殊可怜也。客岁承惠，马匹深稳清高[3]诚为神骏[4]，理应亲赴行辕，面伸谢悃[5]。惟自去冬以来，攻湖口，薄九江，尚未如志[6]，今逆贼逞其凶焰，又图上窜直犯武汉，对此駉駉[7]，未尝不愧愤交并也。近虽弋阳、广信等处十余战稍为顺手，然金陵逆渠未即就禽[8]，而坐使[9]鄂渚以下从前艰难困苦、寸寸节节[10]收复之地，一旦复为逆贼所陷，乃徒株守[11]一隅，不能策其骥足，以灭此而朝食，吾恐马而有知，亦当窃笑于枥下。

[1] 罗师，指罗泽南。

[2] 几，几乎，差不多。

[3] 去年承蒙您的恩惠。客岁，去年。深稳，深沉稳健。

[4] 神骏，宝马。

[5] 面伸，当面表达。谢悃，感谢的诚意。

[6] 如志，如愿。

[7] 駉駉，马肥壮的样子，此指曾国藩所赠之骏马。

[8] 逆渠，称反叛者的首领。就禽，就擒，被捉。

[9] 坐使，致使。

[10] 寸寸节节，形容相隔极短，紧相连接。

［11］株守，死守。

此区区之心所以迟之又久，欲拜嘉[1]而未敢遽也。炎威日盛，伏望顺时珍卫，为国自爱[2]。

［1］拜嘉，拜谢嘉惠。

［2］希望您能顺应时令，为了国家爱护自己。

又复曾侍郎

午刻奉到大谕，祗悉壹是[1]，实深欣慰。某初九日抵浔阳，安营孙家垅，距城不上三里。贼未出城半步，可见其图守抗拒之意矣。昨日厚庵[2]率水师至此会合，攻打二时，尚未用十成工夫。察看城贼不上万人，已与厚庵商定，乘其力单，以[3]三十日起，会攻五昼夜，或可得手，然亦在难知之数。现正派兵攻剿德安。先生来营一谈，盼甚！慰甚！容俟[4]十八以后，派员奉迓[5]。一切军情，拟续具公牍，想高明亦必以浅见为然[6]也。书不尽言[7]。

［1］恭敬地知道您的一切。祗，恭敬。

［2］厚庵，指杨载福。

［3］以，在。

［4］容，容许。俟，等待。

［5］奉迓，迎接，敬辞。

［6］然，正确。

［7］书信结尾常用套语，意思是信不能完全表达自己心里的想法。

又复曾侍郎

正发槭候[1]，奉到手谕[2]，庄诵再三，何啻先生之耳提而面命也[3]？爱之深，斯情益挚。望之厚，斯诲愈切[4]。某也终身佩[5]之矣。

[1] 正发完信等候（回信）。发椷，发信，发函。

[2] 手谕，对尊长亲笔信的敬称。

[3] 何啻，何异于。耳提而面命，提着耳朵当面告诉他，形容长辈的教导热心恳切。

[4] 切，恳切。

[5] 佩，铭佩，感念钦佩，牢记不忘。

沅浦[1]与某信息常通，即弁勇往来，必反复详问。均言吉安壕沟宽深，巡察严密，而水东接济业已断绝，洵[2]属万无可虑，请释荩怀[3]。

[1] 沅浦，指曾国荃。

[2] 洵，确实。

[3] 释荩怀，放心。荩怀，忠心。

所示派哨长数人赴吉[1]，以备将领之选，本应遵办，惟此辈只知奉令承教[2]，非有过人之才识，派去未必遂能奏效，且恐有偾事之虞[3]。容俟书达沅浦，商酌行之。

[1] 吉，吉安。

[2] 奉令承教，遵从命令，接受教令。

[3] 偾事，坏事。虞，担忧。

又复曾侍郎

月初九日，奉到前月三日赐书，敬悉老大人佳城尚未卜就[1]，方广求形家遍为采择[2]，实人子慎终[3]之道。伏念有盛德者必得福宅，是为自然之理，应不俟多求而得之矣。某身羁戎旅[4]，不获执绋道左[5]，区区薄仪[6]，聊表犹子之忱[7]。乃先生犹复却之[8]，某更深为抱愧。

［1］佳城，指墓地。卜，选择。

［2］形家，旧时以相度地形吉凶，为人选择宅基、墓地为业的人，也称堪舆家。采择，选择。

［3］慎终，指居丧能尽礼。

［4］戎旅，军旅，兵事。

［5］不获，不能。执绋，送葬。道左，道路旁边。

［6］薄仪，薄礼。

［7］犹子，谓如同儿子，晚辈自称。忱，真诚的情意。

［8］乃，竟然。却，退还，不受。

浔阳长壕，至三月内乃毕役[1]。中间贼出阻掘，屡经接仗，颇有斩馘，容另行详报。北路因桐城师溃，皖逆大股分犯，一由宿松窜黄梅之渡河桥，一绕河南境界窜蕲州之张家塝，都、多、鲍、孔、王诸军均赴黄梅堵剿。而陆家嘴当小池口之冲，水师之所泊也。某因都将军[2]函来，须由南岸拨兵往援，随分湘军正左、副右、前仁三营千五百人于前月廿二日北渡。邢星槎[3]太守拨兴国州防兵福营、武营、宝营渡江，堵张家塝之贼，又拨恭营继渡。福、武、宝与贼战失利，幸恭营接应，以炮轰御，得以保守营垒，福营管带官李景湖阵亡。随后邢太守自率其安营、凤营渡江，润公令守省城之虎营、荣营、义营、宝营陆续往援。然均因前挫，立足不定，退回蕲城。

［1］毕役，完工，竣工。

［2］都将军，都兴阿。

［3］邢星槎，邢高魁（1798—1862），慈利县人，举人，咸丰六年，入胡林翼鄂抚幕，参赞军事。七年，受命屯守兴国、大冶，以治绩保升知府，记名道员。八年，署安陆知府，颇有成效，荐升安襄荆郧道。同治元年，病卒于乡。

某深虑逆帜扬及武汉，势必牵动浔江南岸全军返行北顾，仍成曩年故事[1]。且我军一动，斯贼南足以援临、瑞，西足以犯兴国，大局又将震动。随令何绍彩等率正仁、右仁、左仁三营千八百人，于月初二日渡江，疾驰蕲城，会合各军同进，力堵此贼。何绍彩，骁将也，其勇皆健，为湖北各军所推仰，故遣之。均于初九日进抵刘公山驻堵，距逆二十里，而官秀帅[2]亦由汉拨马队数百往会之。时都、多诸军大捷于渡河桥，踏平逆垒二十一座，惟隔水数里，相持未下，而张家塝之贼纷纷赴下助战。该处逆党之势既分，则邢、何之军到彼，宜可期其必胜。倘得奋击而下，追抵黄梅，以与都、多军合力并击，斯渡河桥之贼亦必势不能支。迨[3]此股肃清，然后以其师合围浔城，庶大局乃有转机耳。

[1] 曩年，往年。故事，先例。

[2] 官秀帅，指官文。

[3] 迨，等到。

水师李成谋、易景照两营分驻官牌夹港内，于月初二日出队湖口，因风色不顺，稍失利，易景照阵亡，实足悯伤。厚庵[1]巡查武穴，因便赴蕲会诸将，筹商进剿一切机宜。初三日，归营，大恨此挫，出队径指[2]下游，战而胜之，夺其船。水师大队雪琴[3]在内湖苦于无饷，某于端午前分致[4]饷银二千两，现在润公又准接济四千金，由某处给领，计[5]日内可发去，当可稍苏涸鲋也[6]。

[1] 厚庵，即杨载福（杨岳斌）。

[2] 径指，直指。

[3] 雪琴，指彭玉麟。

[4] 致，送给。

[5] 计，估计。

[6] 苏，缓解。涸鲋，涸辙之鲋，指在干涸了的车辙沟里的鲫鱼，喻处境艰难或无益之助。

浔军欠饷已成积习，勉强敷衍，军心尚安。自分军去后，该逆日日出战，我军示弱诱敌，斩擒颇多。某前分出右营之正、副、前哨，以参将沈俊德带之，名元右营。又分正、副、后哨，以副将成大吉带之，名贞右营。令各添成五百人，分驻赛旗岭之左右。某自率中、右两营千人，移驻于赛旗岭，以是处足以俯视四顾，能防东门大路与湖口贼来路故也。现在声势尚属壮旺可恃，不劳廑虑[1]。

[1] 廑虑，挂念，忧虑。

至与罗师[1]联姻之议，尊示以罗师生前之约不可背，先生与某浔阳之约亦不可背，定以为罗、李联姻。某以为此特主于其常者言之耳，而揆[2]之处变之道，则又不然。盖其初某与罗师之约，原无背不背之可议，继以老大人与罗封君复有约[3]，乃虑前约之背，是以先生与某有浔阳之约。其时以老大人在生之日，克以婉转道达以明前约有不忍背之义，即老大人亦必许其不背也。不意情未达而老大人遂已作古[4]，则又宜斟酌厥中[5]，以期归于至善，庶某与先生及罗师均得以无疚于其心。故由前之约，则某之不背罗师，其心可证鬼神，足以见谅于先生之心，即足见谅于罗师地下之心。心可谅，斯无疚矣。由后之约，则老大人之命为尊命，又为遗命。若但守我三人之约，而背老大人之命，非惟先生之心不安，某之心不安，即罗师地下之心亦必不安。心不安，斯有疚矣。以有疚之心而行不安之事，谅先生之所以自处者必不出此。若以某与罗师之约不容背，而先生遂宁委折[6]以自处于有疚，则先生之所以处某与罗师者，亦非相爱之道。然而，某必不出此，即起罗师于九原[7]而问之，亦必不出此也。夫事有常变，姻缘有天定，安知非故生其变以成曾、罗作合[8]之缘？此故非先生与某及罗师所得而主[9]，原夫[10]暗中自有操线索者。愿先生决行[11]

之，无疑[12]焉。至其中间之波折，所以致先生与某有两难处之情者，其咎别有攸归[13]。俟会面时，为先生详述之也。

[1] 罗师，即罗泽南，李续宾之师。

[2] 揆，测度。

[3] 老大人，指曾国藩的父亲曾麟书。罗封君，指罗泽南父亲罗嘉旦。封君，因子孙显贵而受封典者。

[4] 作古，死亡的婉称。

[5] 厥中，允执厥中，谓言行符合不偏不倚的中正之道。

[6] 委折，周旋，斡旋。

[7] 九原，犹九泉，阴间。

[8] 作合，男女结为夫妻。

[9] 故，本来。所得，所能。主，主宰。

[10] 原，原来。夫，语气词。

[11] 决行，决定实行。

[12] 无疑，不要迟疑。

[13] 咎，过失。攸归，所归。

又复曾侍郎

去腊初四日，接奉赐复，教以善始善终，谨当书绅[1]，不敢有负明训[2]。

[1] 赐复，对回信的尊称。书绅，把要牢记的话写在绅带上，后来称牢记他人的话为书绅。

[2] 明训，尊称对方的意见。

某与杨、彭[1]两人共事一方，水陆士卒幸皆联成一心，和衷共济，赖润公[2]维持其间，积饷渐次清晰，足释廑虑[3]。去秋接沅浦[4]来函，言及饷项支绌，某比[5]于所存之项内提拨银万两，解赴吉安。前奉手书，以次青[6]匮饷为虑。现又提银五千两，解赴贵溪。虽属涓滴[7]，亦以聊济一时之急需，而略尽同袍[8]之义耳。

[1] 杨，指杨载福。彭，指彭玉麟。

[2] 润公，指胡林翼。

[3] 廑虑，挂念，忧虑。

[4] 沅浦，指曾国荃。

[5] 比，立即。

[6] 次青，指李元度。

[7] 涓滴，极少量的水，借指极少量的钱或物。

[8] 同袍，战友。

前者议求奏请台驾[1]出山，匪独[2]某等三人之意，即军士亦莫不日夕悬望，以星轺复临[3]为快。既荷圣恩准其终制[4]，以遂先生孝思[5]，某等复何敢强？惟虑九江克复，进剿他省，或与人不无龃龉[6]，斯筹办匪易[7]，此先生不出之所以难也。

[1] 台驾，敬辞，尊称对方。

[2] 匪独，不只是。

[3] 星轺，使者所乘的车，借指使者。复临，再次来临。

[4] 终制，父母去世服满三年之丧。

[5] 遂，顺应。孝思，孝亲之思。

[6] 龃龉，不相投合，抵触。

[7] 匪易，不容易。

江西内地，临江既克，吉安已围，石逆援贼叠经张凯章等击败[1]，次青[2]复于贵溪等处屡获胜仗，将可渐望肃清。去腊因临江逸贼窜扰建昌、德安、瑞昌间，某拨兵三千人剿办，直至兴国州，始将此股歼灭，于昨初八日返浔。旋因黄州许太守告警，称李鹤人退扎[3]商城，距麻城界仅九十里，润公飞札调浔军赴麻城防剿，某随派三千人于十三日拔营启行矣。现据浔城逃贼供称，城中已减粮而食，每人日发米十两，大约再两三月，必不能支。某拟[4]俟此城克复，希庵[5]来营，暂将军务交与管理，即请假归里两三月省亲。盖后事方长，苟得乘便归省，则亦稍遂人子之心耳。希庵归时，想已趋谒左右、备述军行一切矣[6]。承不弃，令与温甫[7]联姻，谨当惟命是从。某已函禀家严慈[8]，谅此时已定订庚[9]吉期矣。闻温甫将赴京都，收检先生书籍，某拟请其迂道[10]来浔，小住数月，筹商大局，略缓京都之行。未审先生以为何如。

[1] 石逆，石达开。张凯章，湘军将领张运兰。

[2] 次青，李元度。

[3] 李鹤人，李孟群。退扎，退驻。

[4] 拟，打算。

[5] 希庵，指李续宜。

[6] 趋谒，前往进见。备述，详尽叙述。

[7] 温甫，曾国华。

[8] 家严慈，家严、家慈，在别人面前对自己父亲、母亲的谦称。

[9] 订庚，订婚。

[10] 迂道，绕道。

复胡润芝宫保

申刻奉到手示，敬悉一切。麻城之行，某已嘱赵国香等必奉督抚札调[1]，方可以动，不可听他人调拨，尊谕[2]所虑诚然。俟希庵[3]至，乃图进剿更妥。日来据探卒报称，距湖口界不远之马壋桥、张家岭等处有贼窥伺，湖口县令与湘帆[4]禀报所示均如是。随已函告湘帆，若果有警，便拨利右营往助守城。又据建昌县拿获奸细口供，录呈钧览[5]。其中所供走兴国、九江、犯湖北等语，似不足虑。内江上下，业经雪琴派舟师[6]巡防，该逆自无从飞渡。

惟虑其窜犯湖口，不可不预为之备。九江各营均于壕墙上分段驻守，惟利右一营可动，亦仅能与湘帆协守，未足以战。如果十分紧急，该绅民必至纷纷请救，不应之不可也。目下湘中来勇甚多，意欲添募千余人，又念筹饷实难，俟示后乃敢行耳[7]。克城之期难定，变端又难逆料。昨有逃出者，形色枯悴[8]，供已减米至半斤，仍令送过壕斩之。岂无良民？何忍竟杀？然不得不杀也。

[1] 赵国香，即赵克彰。督抚，总督和巡抚。

[2] 尊谕，对别人来信的敬称。

[3] 希庵，指李续宜。

[4] 湘帆，即梁作楫，湖南邵阳人，时任凯右营营官，后官至道员。

[5] 钧览，对尊长阅览的敬称。

[6] 雪琴，指彭玉麟。舟师，水军。

[7] 俟，等。示，批示。行，实行。

[8] 枯悴，憔悴。

某承请三世封典[1]，感谢之极。兹谨开列三代，求咨南抚行知原籍[2]，伏乞俯允，槐轩[3]不待将来方是好官。于今办军务，就是活百姓之事。先生乃谋于开复[4]，后欲夺之去，某恐不免方命[5]耳。龙马[6]竟化去，可惜！现在到处采访，如得其良，当即奉上。然欲补龙马之缺，甚不易易，且从容以求之也。

[1] 封典，皇帝给予官员本身及其妻室、父母和祖先的荣典。

[2] 南抚，湖南巡抚。行知，行文通知。

[3] 槐轩，即王揆一（1812—1858），字圣田，号槐轩，河南新乡人。道光间进士，湖南道州知州，城破撤职。其时在李续宾军任幕僚。咸丰八年战殁三河，赠知府。

[4] 开复，清代指官吏被降革后恢复其原官或原衔。

[5] 方命，违命，抗命，常作难于应命的婉辞。

[6] 龙马，这里比喻人才。

又复胡宫保[1]

前奉手谕，敬悉已饬希庵[2]于湘中招募千人。但据敝乡人来言，芗泉[3]在县城募勇，应者寥寥。而此间[4]来勇甚众，不如就便招收，则千余人不难遽[5]集，且营官、哨官、什长即由老营挑选，斯规模易立也。湘营饷项改照湘平[6]，实为至当[7]。某曾与诸公议及，特未经报闻[8]耳。今奉来示[[9]，即遵于二月初一日起照湘平支领。另备公牍奉复[10]，并行知总粮台矣[11]。

[1] 胡宫保，胡林翼。

[2] 希庵，李续宜。

[3] 芗泉，蒋益澧。

[4] 此间，此地。

[5] 遽，立刻。

[6] 湘平，清代及民国前期湖南湘潭所用的银两衡量标准，每两约合库平八钱一分一厘七毫，合市制九钱六分八厘九毫。

[7] 至当，最恰当。

[8] 特，只。报闻，天子批答。

[9] 来示，来信。

[10] 奉复，敬复，答复。

[11] 行知，行文通知。粮台，清代行军时沿途所设经理军粮的机构。

据探报，都、湖等处贼股忽又退往建德、东流，未审[1]何意。城中昨又逃出一贼，枯悴[2]已甚，供称每日发米，牌头四两，牌尾[3]二两，和草为饼以食。审讯时，犹以袖中余饼欲啖[4]。细视，其饼内实无多米，因怜而生之[5]，留于营以俟认识城中诸贼头。随大书“若要救性命，早献林启荣”十字旗帜，饬亲兵持去，竖于近城之所。又书四旗，令各营四处竖立。幸生内变，克复宜速，犹可释其胁从，弗至玉石俱焚。即不然，亦应克在一月以内，然克城时，必不免屠戮殆尽，亦数然[6]也。

[1] 未审，未知。

[2] 枯悴，憔悴。

[3] 牌尾，太平天国对军中或城中老弱残疾者的称呼。一般指年龄不足十五岁或超过五十岁的男子。

[4] 啖，吃。

[5] 生之，让他活下来。

[6] 数然，谓数命使然，命运使其如此。

闻兴国州筑碉防九江窜贼，似可无庸[1]，或防江西一面可耳。篠石[2]昨日来函，言于二十八日抵麻城，拟将进次[3]距麻城八十五里之界岭地方。今复接一函，似麻城东路吃重[4]，防不可疏，而胜帅[5]公然以令箭飞调。来函与胜札[6]，均抄呈览。凡人之不顾情理，不论事势，而徒恃一己之势分[7]，欲以驱[8]率人者，苟不如其命[9]，则所为必不可测。篠石所云如法泡制一语，未必非彼之所优为[10]，在我亦只好听之而已。

[1] 无庸，无须，不必。

[2] 篠石，即孙守信。

[3] 进次，进驻。

[4] 吃重，吃紧。

[5] 胜帅，指胜保。

[6] 胜札，胜保的公文。

[7] 势分，权势，地位。

[8] 驱，差遣。

[9] 不如其命，不听从他的命令。

[10] 优为，擅长做。

奉上净纯羊毫[1]二十枝，乞查收为荷。再，九江克复不远，如得生擒林逆，或就在浔正法，或解赴省垣[2]，乞先示知。

[1] 羊毫，指用羊毛做笔头的笔。

[2] 省垣，省城。

又上胡宫保

黄州已于今早克复，夺获炮位[1]百余尊、大小枪数千杆，一切情形，另具公牍奉闻[2]。

[1] 炮位，火炮。

[2] 公牍，公文。奉闻，告知，敬辞。

惜北岸无兵，不及追剿。南岸一路，今日仅马队追杀。若北岸有兵，南岸马步[1]同进，可远追，可多杀贼。此贼之不灭，天也！奈何[2]？现在令龚继勋率开化勇暂守黄州，防贼回窜，恳急催北岸各军趁早发兵，或可乘胜攻克九江。不然，专恃敝军渡南、渡北，窃恐鞭长不及。如明日无雨，即率各营进剿大冶。

[1] 马步，骑兵与步兵。

[2] 奈何，怎么办。

博白勇已令回青山，听候鸿裁[1]。仁勇等营，未知能许随行否。倘蒙许行[2]，祈每棚添夫一名[3]。台驾何日可到武邑，乞示知。水师丁泗滨昨夜已往黄石港，厚庵[4]拟于明早起行往田镇。此次追剿，富新之力甚大，可否于克复黄州、武昌案内随折保奖[5]，出自鸿恩。巴营总率马队百余名已到，明日不雨，亦可随征。此间[6]各营夺贼之米足供十天之食，尊处运解可勿急急。

[1] 鸿裁，对对方决定的敬称。

[2] 许行，允许随行。

[3] 棚，清末陆军编制，兵士十四人为一棚。夫，长夫，军队中长期征用的民夫。

[4] 厚庵，指杨载福。

[5] 保奖，官员向上荐举有功之人，使得到奖励擢用。

[6] 此间，此地。

又复胡宫保

敬肃者[1]：二十八日奉到钧谕，并接希庵[2]书，祗悉[3]二十三日大胜，进兵蕲水，何神速乃尔[4]！此次伟绩，非公亲履戎行[5]、统驭大众，讵克指挥如意、人尽用命[6]？

[1] 敬肃者，对尊长的陈述。

[2] 希庵，指李续宜。

[3] 祗悉，敬悉。

[4] 乃尔，如此。

[5] 戎行，军队。

[6] 讵，怎么。克，能够。用命，效命，奋不顾身地工作或战斗。

希庵何能，谬蒙奖许，殆为过当[1]。仁勇能补过，洵足嘉尚[2]，乃益征整饬[3]之力多矣。奸足坏事，昧不谙事，此两种人汰而去之，免致縻饷以误军国，实属良图[4]。

[1] 过当，过分，失当。

[2] 洵，确实。足，值得。嘉尚，赞许。

[3] 益，更加。征，证明，验证。整饬，整治使有条理。

[4] 縻饷，浪费军饷。良图，妥善的谋划。

峙衡[1]真可哀，即令事机颇快意，而念良将之不复活，虽乐亦不足畅。其军总以来浔为宜，不惟目前有益于攻浔，欲图得此劲旅之用。而峙衡之勇[2]，宜以爱峙衡之心爱之，方为不负。若使其仰息[3]于江西，必致不得其所。惟来浔，斯于公事、私情两有裨益。江西大吏不肯爱惜劲旅，而又未必不争劲旅，则来浔尚属难必[4]，此在公力图[5]之也。

[1] 峙衡，指刘腾鸿。

[2] 勇，兵勇。

[3] 仰息，仰人鼻息，依靠别人而求得生存。

[4] 难必，难以确定。

[5] 力图，极力谋求，竭力打算。

江西穷极，知贵万金，不贵雪琴[1]。浅丈夫干大事，古今同慨，何堪当[2]我公一骂？寄黼堂[3]与雪琴书，均专弁送去矣。

[1] 贵，爱惜。雪琴，指彭玉麟。

[2] 堪当，可以配得上。

[3] 黼堂，指李桓。

闻公近益康健，有盛德人自有高寿、有大福，况公忠君爱国之忱足以格天[1]，则天之佑之者自无不至。涤帅再请终制[2]，想朝廷必不允其所请。若复出，万不可向江西，似以来浔为上。非独公与某私愿如是，即为涤帅计，亦必如是，方足以为所欲为，而于大局，乃更有益。

[1] 格天，感通上天。

[2] 涤帅，指曾国藩。终制，即丁忧。

又上胡宫保

初三日奉到二十八日钧谕，仰悉忧勤[1]之念无微不到。

[1] 仰悉，犹敬悉。忧勤，为国事而忧虑勤劳。

时事大艰：有兵勇无将领，难；有裨将[1]无统将，难；饷不济[2]，养兵难；积欠多，裁兵难。此数难者，固属目今著见之端[3]。某以为兵勇即得将领，裨将即得统将，而不得一大帅上足以[4]契圣主之心，中足以通各省大尹[5]之气，下足以固结[6]将领、士勇之志者，以主持于行间[7]，将至有兵勇而无人敢将，有裨将而无人敢统。近如江西各大尹之于雪琴[8]，已令人闻之而悚然矣。湖北、浔江之事，非公撑持其间以固诸军之心，在去腊已属难支，讵克[9]至于今日？若或仰息江省，固已早经溃散。故某意中所难，不仅在于得统将，而在于此也。

［1］裨将，副将。

［2］济，充足。

［3］著见，显而易见。端，事。

［4］契，契合。

［5］大尹，春秋、战国时宋官名，明清专称知府。

［6］固结，团结。

［7］行间，行伍之间，指军中。

［8］雪琴，指彭玉麟。

［9］讵，哪里，怎么。克，能够。

北岸欲裁兵六千人而易[1]以湘军，其意以湘军颇强之故。裁弱兵足以省糜费[2]，益[3]强兵足以期实效，固为一定不移之理。恃公以经营而筹画之，则兵在鄂、浔之地，何忧其饥？况某所率各勇均知感公深厚之恩，不论有饷无饷，皆能安分守命而无他志，所虑者或出境剿贼耳。某揣度人情，窃计天下大尹亦与江西同辙，苟出鄂、浔一步，便有万难之势。夫以从某百战剿贼之勇，蒙公多方爱养[4]之师，若一旦驱于他境，终有溃败之日。此将来之大难，某所以深用隐忧者也。

［1］易，替代。

［2］糜费，浪费。

［3］益，增加。

［4］爱养，爱护养育。

涤公[1]复请终制一折，及历陈办事艰难一折，已奉上谕，准其在籍守制[2]，自难遽尔[3]出山。然际[4]兹多事之秋，朝廷所倚重者，能有几人？涤公果能安处山林乎？吾恐夺情[5]之诏已在道矣。惟目前涤公未出，湘楚诸军如婴儿之离慈母。而在公，少此同志之人，亦于全局有难兼顾之处。若某草野一匹夫耳，始以罗师[6]情谊之笃相从以出。罗师既殁，逆焰正盛，自顾[7]才疏，何堪任重？其不敢推诿以继斯重任者，诚以涤公推爱之厚、我公知遇之恩感激于中，不得不勉效驰驱，以图报于万一。若以今日论之，涤公守制于家，既不得冒礼[8]以出，我公抚治于鄂，复不可越境以行。假使浔城克复，鄂疆肃清，有可以长驱东下之机，而军中无操大柄[9]者以主持之，孰敢乘机而冒昧以进？即明知不进为失机，亦为纵寇，然轻进则吾军无凭依，诚恐贼未灭而士勇心离，其必至偾事[10]，不待智者而后知也，尚能望其立功杀贼哉？某窃以为，东南大势转移之所关系，将领士勇心志之所依赖，皆在公与涤公两人之身。有涤公在军，前路乃可无掣肘[11]之虑。有公在鄂，后路乃可资接济之需。此不待智者而后喻之也。若枢臣[12]之议，不付涤公以重柄，则涤公亦决不可出，而公独力之强支，某亦私忧焉。

[1] 涤公，指曾国藩。

[2] 守制，指守孝，遵行居丧的制度。在守制期内谢绝应酬，不得应考、婚嫁，现任官则须离职。

[3] 遽尔，突然。

[4] 际，当。

[5] 夺情，谓丧期未满，官员应诏除去丧服，出任官职。

[6] 罗师，指罗泽南。

[7] 自顾，自念，自视。

[8] 冒礼，违礼，越礼。

[9] 大柄，握以治事的大权。

[10] 偾事，坏事。

[11] 掣肘，从旁牵制。

[12] 枢臣，宰辅重臣。

四年，湖南接济东征之师，非仅兵有多寡、时有久暂不同，即地方之贫富，捐输之盈绌[1]，昔日与今日，其难易亦判若天渊。食之者多且久，入之者寡且难，此中艰辛，骆公[2]与左先生[3]尚不能谅，则自某而外，能深知我公用心之苦者殆亦鲜矣[4]。

[1] 盈绌，有余或不足。

[2] 骆公，骆秉章。

[3] 左先生，指左宗棠。

[4] 殆，大概。鲜，少。

湘后一军，勇心均已归浔，而江西犹苦留之。某氏致雪琴书，以现赴北岸之湘后、宝后为言，假作殷勤之意以欺雪琴，可耻孰甚！彼处以金易药[1]，某意俟其万金来，便交雪琴，且不必明言。盖恐明言之，仍致欺骗，而雪琴不得实惠。故留公所致渠书[2]未发，昨乃同所致耆中丞[3]函，均交雪琴处转递矣。

[1] 药，指火药。

[2] 渠书，他的书信。渠，他。

[3] 耆中丞，指耆龄。

某自六月初一日出队湖口，冒雨终日，致病二十余天，尚未全愈。又出队童司牌，而旧病复作，病中得峙衡凶耗[1]，伤悼不已，转以益甚。虽日服药，稍就痊可，而心怀郁结[2]，胸中如有万语，非笔所能罄宣[3]。今大军乘胜直下，不日当可趋候左右，面罄[4]一切也。

[1] 峙衡，刘腾鸿。凶耗，死讯。

[2] 郁结，指忧思烦冤纠结不解。

[3] 罄宣，写得完整。

[4] 面罄，当面详谈。

又复胡宫保

二十二日奉到十五日赐谕，敬悉十一、十七两次大捷，想见长毛血流尸横景象，不胜忭舞[1]。我公一出，遂使士卒用命[2]，气吞群丑，乃益信军中之不可无范老[3]也。四眼狗[4]魂魄已失，复何能为？从兹[5]乘势追蹑，则狗目狗党[6]皆在歼擒之中，北岸肃清之功可拭目以俟[7]。某早已心倾，愿拜下风而预道大喜也。

[1] 忭舞，高兴得手舞足蹈。

[2] 用命，效命，奋不顾身地工作或战斗。

[3] 范老，可作模范而老谋深算的人。

[4] 四眼狗，指的是陈玉成，他两眼下面有痣，远望如四眼，故被蔑称“四眼狗”。

[5] 从兹，从此。

[6] 狗目狗党，蔑称陈玉成以及部众。

[7] 拭目以俟，拭目以待。

惟承尊示，欲以舍弟希庵[1]领北岸之军，微论用之不当其才[2]，且非曲谅[3]人情之本意。当此多事之秋，苟其才足以有济于军国，固当勉效驰驱[4]。然兄弟分驰，实乖高堂[5]之命，无以安其心。父母之心不安，某兄弟之心亦何能安？强使为之，方寸必乱，乱则两无所济[6]。况希庵不领军，使之与某相依，亦能有所禆益，未必遂置于闲散之地。且某兄弟蒙公垂爱之厚，其感激图报之隐衷，原非可以言喻。即希庵之趋侍[7]左右，亦皆本诸[8]此意，非明知有虎背而敢于骑。抑[9]以公深知某兄弟之情并无隔碍，可使之骑，亦可使之下，故无所疑虑奔走以应命。不然希庵尚在局外，犹可趋避[10]，讵[11]愿投身局中而违父母之命？所恃者，操纵在公，出入可以自由耳。若竟束缚之，则使某兄弟不能一刻安于其心，亦复何所用之？仰恳我公裁度而矜全[12]之，俾某兄弟不致伤于高堂之心，则感恩益无涯也。

[1] 希庵，指李续宜。

[2] 微论，不用说。用之不当其才，任用他不符合他的才能。

[3] 曲谅，垂谅，特加原谅。

[4] 效驰驱，效劳。

[5] 乖，违背。高堂，对父母亲的敬称。

[6] 济，帮助。

[7] 趋侍，侍奉。

[8] 诸，之于。

[9] 抑，或者。

[10] 趋避，疾走回避。

[11] 讵，怎。

[12] 矜全，怜惜而予以保全。

某初拟赴瑞州佥议[1]，以往返须半月，恐浔师未可久离。且内外水师或有约会之机，须借此为枢纽通消息，亦不可远行，使其无所主持，是以中止，而令篠石[2]于二十一日起程代往，以抚摩[3]之矣。昨日接到江西总局来函，及某复总局函，均抄稿呈览[4]。恳赐复示[5]。

[1] 佥议，共同商议。

[2] 篠石，指孙守信。

[3] 抚摩，安抚。

[4] 呈览，呈阅。

[5] 复示，对别人回信的敬称。

又复胡宫保

尊伻同敝勇来营[1]，接到监照[2]及寄彭家银两，祗聆大谕[3]。字字从肺腑中流出，语语从性情上说透；其忧之也深，故其言之也切[4]；其虑之也远，故其说之也详。稍有知觉之萌者，罔弗感激而刻铭心骨[5]，而谓贱兄弟敢不惟命是从乎？但愿劳逸自节[6]，以裕澄清之本也[7]。

[1] 尊伻，尊使，对对方使者的尊称。敝勇，对己方兵勇的谦称。

[2] 监照，国子监发给监生的凭证。

[3] 祇聆，恭敬听取。大谕，同钧谕，对上司和尊长的来信的尊称。

[4] 切，恳切，率直。

[5] 罔弗，无不。刻铭心骨，刻骨铭心。

[6] 劳逸自节，劳逸结合，自我节制。

[7] 裕，增强，增加。澄清，使浑浊变为清明，比喻肃清混乱局面。本，根本，这里指身体。

秋门解项[1]收到，拟于近日备公文归正款[2]报销，不以民间膏脂作为杂费。现副中营虽多亏欠，中、右营羡余[3]约堪填补。厚意体恤过当，决不敢以为然矣。

[1] 秋门，指陈光亨（1797—1877），字衡书，号秋门，湖北阳新人。1826 年进士。历任武英殿协修道纂修官、编修、山东道监察御史、户科掌印给事中等职。人称“铁御史”。1846 年 4 月告老还乡。1853 年奉命帮办兴国州团练，1855 年入曾国藩幕，1857 年应湖北巡抚胡林翼之请总办团捐事务，并为过境清军筹饷。解项，送来的款项。解，押送。项，经费，款项。

[2] 正款，赋税中的正税。

[3] 羡余，清代州县在正赋外还增征附加额，这部分收入除去实际耗费和归州县官吏支配的以外，其余的解送上司，名为羡余。

鄂省前后左右，三面皆为贼薮[1]。而鄂中兵力又多越境，萃[2]于浔阳。困此孤城，岂须许多兵力哉？以五千人备剿，理与势均应如此。惟出征以二百里为度，不可再远，庶[3]呼应便灵，不致顾此失彼，某前书所陈浅见大率[4]如此。兹大谕[5]谓一月半月即仍回营，亦此意也。浔城规复[6]之迟速，冥冥中原有主持者，自此当敬体德意[7]，不为无谓之攻矣。宿、太[8]现无贼踪，无庸[9]剿办。鄙意暂停兵不动，日以长壕为事，苟鄂省边界一有变迁，始发兵以剿为防，似觉便宜[10]。未审尊见何如。

[1] 薮，人或物聚集的地方。

[2] 萃，聚集。

[3] 庶，差不多，以便。

[4] 大率，大致。

[5] 大谕，对上司和尊长来信的尊称。

[6] 规复，恢复。

[7] 敬体，恭敬地体会。德意，布施恩德的心意。

[8] 宿，宿州。太，太湖。

[9] 无庸，不用。

[10] 便宜，方便。

涤帅[1]能强之早出，则于时事大有裨益，敬恳早为想方。子白见重[2]于涤帅，而秋公薄[3]之。祈公勿以他人之爱憎为定论，而自加明察也。

[1] 涤帅，指曾国藩。

[2] 子白，指方翊元，湖南长沙人。见重，被看重。

[3] 秋公，即文俊，字秋山，满洲镶红旗人，生卒不详，时任江西巡抚。薄，看不起。

昨日都直夫[1]到营，称多礼堂[2]已率数百人往宿松弹压游勇[3]，意欲贱兄弟以一人带勇偕往，某尚未曾定见[4]。如此行必不可少，某固不敢惮劳[5]，待再看情形，以定行止[6]。惟团练首事[7]，则请属之罗澹村也[8]。

[1] 都直夫，指都兴阿。

[2] 多礼堂，指多隆阿。

[3] 弹压，镇压。游勇，指失去统属而流散的兵卒。

[4] 定见，打定主意。

[5] 惮劳，害怕劳苦。

[6] 行止，行动。

[7] 首事，首要之事。

[8] 属，通“嘱”，叮嘱，嘱咐。罗澹村，罗遵殿（1798—1860），字有光，号澹村，安徽宿松人，清末大臣，道光十五年进士，历任知县、知府、道员、盐运使，咸丰六年任湖北按察使，八年升布政使。

又上胡宫保

日昨接秀帅[1]来函，并[2]公牍、恭录廷旨，以庐郡失守，饬分兵赴援。因与都直夫将军往返商函[3]，以援庐固目前急务[4]，而固楚[5]亦各军根本。现当攻剿太湖吃紧之时，若遽行分兵，不特顾此失彼，深虑两无裨益[6]。直夫意见相同。已据实定议，将大略情形先行入告，并加函复秀帅。兹谨钞稿[7]，寄呈赐览。此件，秀帅当据议复奏，其中词意恐多未能透澈[8]，尚求先生详阅。如应更改，即求斧削[9]，就近送交秀帅，仍祈饬舍弟将底稿寄下。

[1] 日昨，昨天。秀帅，指官文。

[2] 并，连同。

[3] 都直夫，指都兴阿。商函，商量的信件。

[4] 以，认为。急务，紧急重要的事务。

[5] 固楚，巩固楚地。

[6] 遽，仓猝。不特，不只是。裨益，益处。

[7] 钞稿，抄稿。

[8] 透澈，透彻。

[9] 斧削，请人修改文字的谦辞。

此时奉渎[1]，实抱不安。然蒙挚爱甚深，此事所关甚重，或不见责[2]也。

[1] 奉渎，冒昧打扰。

[2] 见责，被责备。

复耆九峰中丞[1]

二十三日午刻，接奉钧谕。捧读之余，敬谂武库罗胸[2]，智珠[3]在握，调度必权其缓急，运筹悉协夫机宜[4]，挹雅量之谦冲[5]，实寸私之铭感[6]。

[1] 耆九峰，指耆龄（1804—1863），姓伊尔根觉罗，字九峰，一字寿民，号蠖斋，无闷居士，谥号恪慎，满洲正黄旗人，道光十七年举人，历任江西袁州等知府，咸丰七年升为巡抚，支持曾国藩部在赣作战，官至福州将军。中丞，明清用作对巡抚的称呼。

[2] 敬谂，敬悉。武库，本指储藏兵器的仓库，后来用来称誉人的学识渊博、干练多能。罗胸，包罗于胸。

[3] 智珠，形容才性聪敏的人，智慧如珠般圆融。

[4] 机宜，时宜，当时的需要。

[5] 谦冲，谦虚。

[6] 寸私，犹方寸，心中。铭感，铭记在心，感戴不忘。

某得瑞州克复之报，甚为喜慰。而得刘牧[1]阵亡之惨，则又甚为痛惜。旬日来每一念及，即流涕伤怀。幸我公怜其忠勇，奏请厚恤立祠，足以稍慰其忠魂。刘牧有知，虽死犹生矣。惟念天下方多事，得将甚难，其军新失主将，苟领之不得其人，恐不足以效命而失健锐之卒，深为可惜。复接到刘牧从兄[2]刘岳曙来函，称其勇丁均有愿归舍弟续宜统率之意。时舍弟进剿北岸之贼正在吃紧，其势不能赴瑞。某因胡中丞[3]前经咨调斯军援鄂，是以飞函驰商。其宜如何调拨、另择领将之处，恳即咨明尊处酌定，庶使士卒得所依附，以固其气[4]。

［1］刘牧，即刘腾鸿。

［2］从兄，堂兄。

［3］胡中丞，胡林翼。

［4］固，巩固。气，士气。

昨二十二日，接善后局[1]来函，云已议将是军调赴浔阳，驻扎白水湖，以断贼之接济，某深以为至计[2]。盖某自率所部八千人抵浔以来，原思掘壕长围[3]，绝其粮运，则浔城可以坐困。迄至三月壕成，不料大股逆贼扰犯北岸，都将军[4]率所部驻江岸之马步数千人均赴黄梅堵剿，咨商某由南岸分拨一千七百人，驻防北岸之陆家嘴。复因另股窜扰蕲州，某又分拨一千八百人往援。南岸留驻之勇惟兹四千余人，力堵西南各路，制贼不敢他窜，势不足以绝其接济，睹此愁城急莫能克。上月间，约会水师昼夜环攻[5]半月，未能得手，实为闷极。方今秋熟丰登，遍地皆粮，正虑搬运入城，资其厚积，以益其死守之势，则克复正不易言。某日夜隐忧，不释于怀。若得添调湘后全军驻白水湖，则可会商杨军门[6]，分拨水师，依傍陆军，扼浔江之下游，斯接济可断，实方今之要着[7]也。

［1］善后局，清代后期在有军事的省份中设立的处理特殊事务的机构，督、抚可以不按常规支款办事。

［2］至计，极好的计策。

［3］长围，环绕一城一地的较长工事，用于围攻或防守。

［4］都将军，都兴阿。

［5］环攻，围攻。

［6］杨军门，杨载福。

［7］要着，首要之事。

兹奉钧示[1]，计将湘后营交刘牧从兄刘岳曙管带赴鄂。又因北省军声复振，无须调往，函商胡中丞，俟接到回信再定。其余湘勇各营，派刘牧胞弟刘腾鹄管领，拟以舍弟赴瑞统辖各军等因。某窃念北岸于十一、十八日两次大捷于孙家嘴、白杨山地方，破逆垒四十余座，湘宝勇之力居多，方今整旅直下，倘湘宝勇遽换他人管领指挥，难期如意。且润芝[2]中丞以得将为重，似舍弟亦有不能脱身之势。北岸剿办既经得手，当不再须援兵，总局司道[3]所议，实为要策。惟欲断浔城接济，非一二营所能为功，必益以湘后营全军，方可资其得力[4]。伏揣尊意，就使鄂须援兵，亦仅以湘后营往，而各营尚留。其于益浔[5]之议当否，尚未可知。鄙意湘后全军无论留瑞、赴鄂、益浔，均宜勿使之分，乃足以固其志、一其心、壮其气。分之则志懈，心歧而气馁，难期得力。盖风虎云龙[6]，各以类从，其势然也。是否有当，伏乞裁示。所寄润芝中丞函，已专丁递送。俟得复书，即行奉呈。

［1］钧示，称上司或尊长之书信。

［2］润芝，指胡林翼。

［3］司道，清朝时期隶属于巡抚的专设机构。

［4］得力，有效力。

［5］益浔，增援浔阳。

［6］风虎云龙，出自《周易·乾》："云从龙，风从虎"，比喻圣主得贤臣，贤臣遇明君。

复杨厚庵军门[1]

日前，某与老弟两议均已呈诸[2]中丞。今日，接奉中丞来函，似以某赴上援为定，因某与上游诸将相习[3]故耳。即某意亦以亲赴上援乃如心愿，盖因黄梅各营久战于酷暑之中，劳苦已甚，某不可自图安逸也。吾弟致中丞书，其中所虑诚是。

[1] 杨厚庵，杨载福。军门，清代为提督或总兵加提督衔者的尊称。

[2] 呈诸，呈之于，把它呈送给。

[3] 习，熟习。

然揆[1]之轻重缓急之间，则贼绕南岸尚属未然之患，而北岸已有燃眉之急，似宜以援北岸为先。且援师至黄州整顿十日，便须进剿，以乘贼谋之未定而急击之。迨[2]其变计，窜南岸以犯兴国，则我师又可南渡击剿。况瑞城克[3]在旦夕，其军必可以固南岸。某计不可不救北岸已然之祸，且不必预忧南岸未然之患，庶[4]不至缓其所急，急其所缓也。且此股贼利在速击，若至秋间，新粮充溢，诸逆饱腾[5]，则难击矣，此某所日夜思维而未能释然者也。

[1] 揆，揣测。

[2] 迨，等。

[3] 克，被攻克。

[4] 庶，或许。

[5] 饱腾，士饱马腾，形容军需充足，士气高。

黄梅之师与贼逼[1]处，本难移动，未知于某处派队护卫，从容以图，慎重以退，可保无虞否？伏乞吾弟与直夫[2]将军筹商，务求详妥，以决一是[3]，可否？惟命是从。某因中丞书中有救人如救火之语，其情意急切，乃思于无可如何之中而商不得已之策，知吾弟与直夫自有同心，必不嫌其琐渎[4]也。诸希原谅，统候复示。

[1] 逼，逼近，靠近。

[2] 直夫，都直夫。

[3] 一是，一切。

[4] 琐渎，琐琐絮聒而渎犯对方，常作书信套语。渎，冒犯。

复福将军[1]

日前接奉钧谕，敬悉将军手握元机[2]，胸罗成算[3]，急临郡之援，使军挫者赖以复振。念浔师之苦，俾[4]兵单者可勿再分，遂使临、浔借[5]瑞为雄峙，瑞资[6]临、浔为屏障，小阵既合，大阵复包，瑞、临固可期其速克，抚、建亦无难于徐图。仰见算策无遗[7]，调度悉当，苍生社稷实胥[8]赖焉。惟桐城兵溃，逆焰复张，经湖北督、抚札饬[9]，李臬司孟群率勇二千五百人赴皖援剿，闻于上月下浣始得启行[10]。日据探报，皖贼大股号称数万，已抵太湖，将及宿松，意在谋我北路，图窜武汉，牵我南路，思解浔围。曩年故智[11]，仍欲施于今日矣。

[1] 福将军，福兴（？—1878），穆尔察氏，满洲正白旗人，清朝将领，赐号刚安巴图鲁。历任广东高州镇总兵、广西提督、江宁将军。咸丰六年，授西安将军，帮办向荣军务。江宁大营溃，福兴革职留任，后赴江西会办军务。咸丰十一年，署镶红旗汉军都统。同治四年署盛京将军。同治五年授察哈尔都统，调绥远城将军。光绪四年，卒，赐恤，谥庄悫。

[2] 元机，玄机，神妙的机宜、计策。

[3] 成算，已定的计划、打算。

[4] 俾，使。

[5] 借，借助。

[6] 资，凭借。

[7] 算策无遗，想的方法没有遗漏，筹划周全、严密。

[8] 社稷，国家。胥，全，都。

[9] 札饬，旧时官府上级对下级发文训示。

[10] 下浣，农历每月的下旬。启行，出发，动身。

[11] 曩年故智，往年的老办法。

昨都将军[1]驰函来云，贼将大至，已分军守住黄梅，而孔垅空虚，须由南岸分拨得力步军二千人渡江助防。某随复请于就近驻防陆家嘴之鲍军[2]内酌派，以防孔垅。某于湘军内分拨渡江，以驻陆家嘴。庶南北两岸缓急之需，檄调[3]较为灵便。惟行止尚在未定，又闻该逆别分大股绕出河南境地、谋窜北省之说，虽不必据为确耗[4]，亦未必非意中事。盖长江之险，贼所必争。浔阳又系腰膂[5]，尤所必援。彼之有浔，实江左[6]老巢之命脉所关，而江右[7]诸股之咽喉所通也。我必得此，斯足以下规建业[8]，上固荆、鄂，通西南之门户，为澄清之本根[9]。计自水陆诸军萃[10]浔以来，彼逆各路梗塞，则其所日夜谋之者，固舍乘虚上犯，别无解救之策。是将来北岸必有数场痛战，实为大局安危倚伏[11]之机，鄂省各界便有在在宜防刻刻可虑之势[12]，则南驻一军不能不相机分渡，以为江北援应。

[1] 都将军，都兴阿。

[2] 鲍军，鲍超之军。

[3] 檄调，行檄调动。

[4] 确耗，确切消息。

[5] 腰膂，腰背，比喻要冲之地。

[6] 江左，江东。

[7] 江右，江西。

[8] 规，规划并占有。建业，南京的别称。

[9] 本根，根本。

[10] 萃，集中，聚集。

[11] 倚伏，语出《老子》："祸兮福之所倚，福兮祸之所伏。"倚，依托；伏，隐藏。意为祸与福互相依存，互相转化。

[12] 在在，处处。刻刻，时时。

而某所领之湘勇并仁、凯、护军各营合计八千人，既分九百人越湖而营，若复分一二千人渡江驻防，则所留者仅五千余人，益形[1]单薄。旷野辽阔，战守皆难，且逼近湖口、姑塘一带，该逆可一发而即至。使城贼与之约会，两面夹逼，不免左支右绌之虞[2]。设有蹉跌[3]，不独非浔阳之福，且别有隐忧也。现在他无可调之兵，而饷项亏欠已久，又不能为添募之举，所望者，瑞城早克，即可调回湘中营及元字营来浔，稍资厚集耳。湘军之正中、副中两营，皆系罗忠节公泽南亲带之兵，素称劲旅。某伤忠节之阵殁，睹时事之艰危，不忍撤此勇，因兼领之，以明不敢忘本，而供指挥之用。

[1] 益，更加。形，显露。

[2] 虞，忧虑。

[3] 蹉跌，失足跌倒，比喻失误。

去夏江右告警，议分军赴援，酌以曾涤帅之弟国华分带副中营、统领元字营等军援江，惨淡经营，亦出于势不容已。今年二月，曾公丁忧，其弟奔丧回籍，定议俟攻克瑞城后，以副中、元字营回浔，仍归某调遣。其时，某因瑞军掘壕长围，遣舍弟驰往审视。适至，而曾公将自瑞归，遂嘱舍弟留瑞，以俟城复，即率斯两营归浔。

原以事势之变动无常，未可胶以一成之见[1]也。今将军以瑞城将次克复，移师抚、建，仍宜留舍弟率兵驻守，且不必调其赴浔，而其厚视[2]舍弟之意，尤出自格外垂青。不惟舍弟感激之私，宜力图报效于万一，即区区愚忱亦实深为铭佩[3]。讵[4]有为国出力而怀彼此之分？惟念围瑞之兵，力量已较厚于浔，克瑞以后，事机[5]又较顺于浔。衡于二者之间，似留瑞不若归浔，于大局实为便益[6]。且瑞克而抚、建受剿，而近瑞之临江复有重兵厚集，似守瑞亦易为力[7]。倘瑞城尚需弹压，分拨有所不敷[8]，则留元字营守瑞，仍饬舍弟率副中营归浔，庶两无所损。是否有当，仰候裁夺。而浔江南北两岸事势情形，其宜如何筹画战守之处，并恳时赐教言为幸。

［1］一成之见，一成不变的看法。

［2］厚视，看重。

［3］铭佩，感念钦佩，铭记不忘。

［4］讵，怎么，哪里。

［5］事机，行事的时机。

［6］便益，方便，便利。

［7］为力，成功，奏效。

［8］不敷，不够。

复湖北总局

初六日，接奉初三日惠书[1]，具悉廑虑[2]大局之至意，钦佩至甚。

［1］惠书，称对方来信的敬词。

［2］廑虑，挂念，忧虑。

某于前月二十九日，奉到中丞飞檄[1]，云蕲军于廿七日大挫[2]，军器全失，须退转黄州，力图收集[3]，已飞咨[4]湖南、江西部院调拨王璞山[5]、刘峙衡[6]迅速赴援。某念瑞城久围，功在垂成[7]，峙衡势不能动；璞山由临援吉[8]，驰剿已远，亦属鞭长莫及。计自黄梅直达黄州，中间既无兵御，已为该逆纵横往来之区，而我以马、步万余人牵滞于黄梅弹丸之地，不若调往黄州，俾[9]溃卒有所依倚，以资振作，则可合全力而成建瓴[10]之势，其为力[11]较多。即不然，或以黄梅之师移六七千人驻南岸，以扼城贼而固江楚门户；移一二千人驻北岸之陆家嘴，以护水师而固转运之道；则某即率湘、凯各营渡江驰援。盖此两着均较远道请援为便而捷。

[1] 飞檄，速递檄文。

[2] 大挫，大败。

[3] 收集，招收聚集（士兵）。

[4] 飞咨，迅速通知。

[5] 王璞山，王鑫。

[6] 刘峙衡，刘腾鸿。

[7] 功在垂成，事情接近成功的时候。垂成，将要成功。

[8] 由临援吉，从临浔出发援助吉安。

[9] 俾，使。

[10] 建瓴，把瓶子里的水从高层顶上倾倒，形容居高临下、难以阻挡的形势。

[11] 为力，奏效，成功。

某比复知中丞，旋复访厚庵[1]军门面商可否，且函商于直夫[2]将军，而意均未合。某意自赴上游援助，移黄梅之师驻南岸与陆家嘴。厚庵意主黄梅之师上援，湘、凯诸营宜勿动。直夫意以两动皆难，迟疑莫断。于以[3]叹天下事，议论多则成功少，大抵[4]皆然也。

[1] 厚庵，指杨载福。

[2] 直夫，指都兴阿。

[3] 于以，因此，所以。

[4] 大抵，大概，大都。

昨得中丞檄，云溃卒已渐集，恃城坚而凭巴河之水，尚堪[1]设防置守，下游援师且宜勿动。则此时只得如此办法，专主于守，以俟浔、瑞两处有一得手，可得一枝生力军之助，而后可以言战。

浔城本未易克，某拟移官牌夹与陆家嘴之勇共五营，逼小池口之伪新城驻扎，会水师日夕轰攻之。该城狭小，难避炮子，或可攻破。且浔阳之供给，多由该城以小划[2]潜运，先破该城，则浔城势孤难守，定可攻破。但祈多解子药[3]，以济水师之用耳。兴国州关系最重，诚恐土匪乘间窃发[4]，勾引江干[5]窜贼偷渡，则贻南岸之忧。某已飞调舍弟希庵率湘副中营，由瑞疾赴兴国驻防，以资弹压矣。

[1] 堪，可以。

[2] 小划，小船。

[3] 子药，弹药。

[4] 乘间，乘机。窃发，暗中发动。

[5] 江干，江岸。

复江西总局

奉到惠函，领悉壹是。瑞郡克复，遗孽无留，洵[1]足以大快人心。调其得胜之师以剿各贼，贵省肃清之机，自可拭目以俟[2]。惟峙衡忠勇骁果[3]，所率士卒约束严明，与民无扰，允推[4]节制之师。于其死也，尚有余威，使诸勇不敢退缩，战气益奋，立克斯城，虽古名将不是过[5]。乃天之夺之，竟如是之毒！在峙衡忠烈之灵，固自耿耿天壤[6]，而干戈未靖[7]，失此得力之人。每一念及，肠为之裂，呼天浩叹，泪如泉涌，为峙衡悲，亦为天下悲也。

[1] 洵，实在。

[2] 拭目以俟，拭目以待。

[3] 峙衡，刘腾鸿。骁果，勇猛刚毅。

[4] 允，确实。推，推许。

[5] 虽，即使。不是过，不过是，没有超过他。过，超过。是，

指刘峙衡。

[6] 刘峙衡忠烈的灵魂仍然在天地之间闪耀着光芒。固自，仍然。耿耿，明亮貌。天壤，天地之间。

[7] 干戈，指战争。靖，平定。

其军既失主将，无所统属，中丞酌派其胞弟腾鹤管带[1]，腾鹄帮办，以诸勇必有思恋主将之心，得亲属以统辖之，斯诸勇乐于依附而无他志。但峙衡堂上双亲具在，其胞弟伤兄之阵殁，天伦之情自笃[2]，意其必请舆榇[3]以归而安父母之心，然后再出而从王事[4]，中丞亦不能不俯允所请。如或其胞弟遂能挺然自任[5]，斯此军仍可资得力，亦属甚幸。

[1] 腾鹤，刘腾鹤（1832—1859），字杰人，湖南省涟源市杨市镇人，刘腾鸿之弟。少时随兄转战湘赣各地；1857 年率中营围攻瑞州，炮伤左臂，仍坚持指挥；其兄腾鸿战死后，接统其军，继续攻城，当夜城破，守军尽歼，乘胜夺取峡江，会攻吉安，累官至知府；次年秋，调防九江，屯驻彭泽；1859 年春，与太平军激战牯牛岭，后在攻打建德的作战中战死，赠骑都尉世职。管带，管理带领。

[2] 天伦，天然伦次，这里指兄弟。笃，深厚。

[3] 舆榇（chèn），载棺以随，用车载着棺材跟随。

[4] 王事，王命差遣的公事，特指朝聘、会盟、征伐等王朝大事，此指战争。

[5] 挺然，挺拔特立的样子。自任，自觉承担，当作自身的职责。

昨接来示[1]，以其军归浔阳，扎驻白水湖，断贼接济，实为方今要着[2]。伏恳即于日内调遣湘后一军速到此间[3]，能将新粮截住，斯克复自宜易为力[4]耳。至其士卒愤主将之殁，殊拼死苦战，以故屠戮，城贼无一幸脱者，其功已伟，其志可嘉，其情可哀。尊局怜念[5]斯勇，计于措给[6]以前口粮外，而犹虑及归浔以后或致饥乏，示以德化县钱粮济之，益见惠爱斯勇之诚心蔑以复加[7]，即斯勇必无不知感奋以图报称[8]者矣。

[1] 来示，来信。

[2] 要着，重要之事，首要之事。

[3] 此间，此地。

[4] 为力，成功，奏效。

[5] 怜念，爱惜，眷念。

[6] 计，打算。措给，安排发给。

[7] 益，越来。见，显示。蔑以复加，犹无以复加，不可能再增加，谓已至极限。

[8] 感奋，感动奋激。报称，报答。

李忠武公书牍卷下

复朱石樵[1]太守

数载违教[2]，顷于二十二日午刻奉到琅函[3]。展诵之余，不啻侍立左右、面聆麈谈也[4]。

[1] 朱石樵，朱孙诒（1807—1866），字石翘，一作石樵，江西清江人（今属江西樟树市），咸丰初期，任湘乡县知县，随任宝庆知府，1860年加按察使衔，1862年任浙江盐运使，之后得病归乡。

[2] 违教，谦词，意谓没有机缘相见从而不能听到有教益的话。

[3] 顷，不久以前。琅函，尊称他人的书信。

[4] 不啻，不异于，如同。面聆，当面聆听。麈（zhǔ）谈，执麈尾而谈，泛指闲居谈论。麈，拂尘。

忆自军兴以来，夫子[1]筹办团练，保荐人才，吾乡之膺艰巨、享大名者，大半皆出门墙[2]。桃李[3]之盛，罕与伦比，虽酂侯[4]之功人[5]不过如此。而夫子犹不自计其勋业之懋[6]，此天下所以莫与争能争功也。按户团练，诚为今日当务。以夫子之才力[7]为之，不特[8]可以保卫乡里，即御大寇，想亦绰有余裕[9]矣。

[1] 夫子，古代对男子的敬称。

[2] 膺，接受，承当。门墙，指师长之门。

[3] 桃李，桃花和李花，比喻栽培的后辈和所教的门生。

[4] 酂（cuó）侯，汉高祖刘邦赐给萧何的诸侯封号。

[5] 汉高祖刘邦平定天下后，论功行赏，以萧何居第一，群臣

以萧何无战功不服。刘邦说："夫猎，追杀兽兔者，狗也，而发踪指示兽处者，人也。今诸君徒能得走兽耳，功狗也。至如萧何，发踪指示，功人也。"后以"功人"泛指起关键作用、有特殊贡献的功勋之人。

[6] 自计，犹自忖，自己估量。勋业，功业。懋，通"茂"，盛大。

[7] 才力，才能，能力。

[8] 不特，不仅。

[9] 余裕，宽绰有余，宽裕。

江西贼势日形穷蹙[1]，洵快人心。曾[2]、石[3]逆扬言欲窜瑞州，某恐官军难支，飞达骆中丞[4]，并函致季高[5]、璞山[6]，欲璞山速援。而石逆突因数败，损伤逃散甚多，又以江西兵力甚厚，潜赴[7]金陵。而守九江之林启荣闻，亦同去，其余党分据于武邑、黄郡、保安、换韬桥等处。二十间，曾窜北岸，已经我军击败。

[1] 穷蹙，窘迫，困厄。

[2] 曾，指曾景谦。

[3] 石，指石达开。

[4] 骆中丞，指骆秉章。

[5] 季高，指左宗棠。

[6] 璞山，指王鑫。

[7] 潜赴，偷偷前往。

某已与胡中丞[1]计商，周宽世、胡裕发所募湘勇千人，出月中旬必可到鄂，将以厚兵围城，自率四千人巡剿各处股匪，免窜湖南、江西，并绝城贼之望，城必可克。克城后，如江西尚未肃清，即督勇赴援。惟才识兼劣，凡百诸欠谙[2]，谏望夫子时锡[3]教言，俾有遵循，不至偾事[4]，则感激者当不特某一人已耳。

[1] 胡中丞，指胡林翼。

[2] 欠谙，不熟悉。

[3] 锡，赐予。

[4] 偾事，坏事，败事。

复刘霞仙[1]司马

日昨[2]连接十九、二十六两次手教[3]，读罢铭感[4]，曷可言宣[5]？计自勉承罗师巨艰[6]以来，外间音耗日不暇阅[7]，徒见颂扬之工，而不见有相爱之诚[8]。求如老兄之诱掖奖劝[9]，痛切针砭，可以终身诵[10]者，殊寥寥焉。聊可偷闲，望惠然[11]肯来。住营久暂，惟老兄自便。但求一晤，面聆训诲，俾有遵循，不至偾事，则愿望足矣。

[1] 刘霞仙，指刘蓉。

[2] 日昨，昨日。

[3] 手教，对来信的敬称。

[4] 铭感，铭记在心，感戴不忘。

[5] 曷，哪里。言宣，表达。

[6] 罗师，指罗泽南。巨艰，艰巨的任务。

[7] 外间，外地。音耗，音信，消息。不暇，无暇。

[8] 只见到颂扬（功绩的语言）之精巧，而看不到有爱的诚意。徒，只。工，精巧。

[9] 诱掖奖劝，引导扶持，奖励劝勉。

[10] 诵，通“颂”，颂扬。

[11] 惠然，顺心的样子。

承荐星槎[1]，谢谢！更望留心广为搜罗。人才虽不易得，然老兄知交甚广，自不等[2]某之浅见寡闻，或有俟诚求而后动者，亦祈示知[3]。某当敬具束帛[4]聘请，以冀匡我不逮[5]。刻下营中谙练戎务、可托心膂者[6]，亮在洞鉴[7]之中，念之实深战栗[8]。

新拔营官五人，亦明知除忠勇、公平而外，他无技能，然实由于乏才之故。

[1] 星槎，即刘运会，字星槎，湖南湘乡人。府经历、县丞。经刘蓉推荐，咸丰六年入李续宾幕僚，负责综理文案、支应军火粮饷等事，亦随李续宾攻坚陷阵，殁于三河之役。

[2] 等，等同。

[3] 或者有等着我诚心求贤才肯出动的人才，也希望您告知。俟，等。动，出动。

[4] 束帛，捆为一束的五匹帛，后泛指用为聘问、馈赠的礼物。

[5] 冀，希望。匡，匡正。不逮，不足之处。

[6] 刻下，目前。谙练，熟练。戎务，军务。心膂，心与脊骨，喻亲信得力之人。

[7] 洞鉴，明察。

[8] 战栗，颤抖。

春间随营[1]多精锐，罗师因于中营增至千六百人，并以赵克彰募带一营。三月，罗师沦谢[2]，大寇逼处于此，而中营勇心摇摇不定，规模气象殊不足观，抚摩[3]旬日，始镇定之。然合右营，则已三千二百之众，一人管辖，势必废弛。除将怯弱裁汰外，分五百人为副中营，以曾温甫[4]将之；又分五百人为新中营，以朱品隆[5]将之；又分六百人为副右营，以李续焘将之。

[1] 春间，春天期间。随营，随行军营者。

[2] 沦谢，去世。

[3] 抚摩，安抚。

[4] 曾温甫，指曾国华。

[5] 朱品隆（？—1875），湘乡人，1854 年投湘军，入李续宾部。1856 年，任营官，叙游击。九江破后，李续宾命朱品隆率军从曾国藩。同年，从曾国荃攻打江西吉安。1858 年，攻陷吉安后，曾国荃移军江西建昌，留为亲军，称“护卫军”。1859 年 11 月，拔营

入皖，进驻太湖。1860年4月，随曾国藩攻陷徽州。安庆战役期间，1861年夏，曾国藩命其分兵数营前往安庆，为曾国荃助守壕墙。1863—1864年，战于皖南。官至衢州镇总兵。

七月杪，石逆[1]尚未败退，势且凶悍。回视我师情形，亦殊不佳。故即派胡裕发、周宽世转湘，各募勇五百名。是时，此人[2]总师鲁家巷，本极认真，而七月十一、十八两战，咸[3]以此营为不可靠。群言沸腾，无复有为此人原[4]者。此人亦饫闻[5]外间议论，自言士不可战，由于缺出，而无健卒投补，轻收外处人勉充所致，且以两战阵亡勇丁五百余名为耻，已拟禀稿，请照张和甫例，摘翎顶[6]，并请裁减勇丁。某念湘勇较他军为亲切，置之无以服公[7]，过抑益令丧气。再三思维，勇[8]虽不尽齐整，此人尚属振作，到鄂以来，艰苦备尝，战功尚著[9]，此次摘去翎顶，克城仅能开复[10]，殊不足以酬其劳。公文若发，碍难[11]批复，因止其发禀[12]，而令拣留精锐五百，其余暂且汰之，俟其立功，仍当酌添。在此人，或不见谅[13]，而某实已煞费苦心。某书不能述及什一，请老兄细询此人，彼必不至欺而掩之。

[1] 石逆，指石达开。

[2] 此人，指蒋益澧。

[3] 咸，全，都。

[4] 原，请求原谅，求情。

[5] 饫闻，饱闻。

[6] 翎顶，清代官帽上的翎子和顶子的并称，亦为官爵的代称。

[7] 赦免他，不能让大家心服。置，赦免。

[8] 勇，兵勇。

[9] 著，显著。

[10] 开复，清代指官吏被降革后恢复其原官或原衔。

[11] 碍难，难于。

[12] 发禀，发公文。

[13] 见谅，请对方原谅自己。

前月沅浦[1]来函，意欲挟此人赴江，以纾涤帅[2]之忧，议论非不正大。某所以不敢应允者，非恝然[3]，亦非专为鄂军起见，诚以未得此人只字片纸[4]，不知其心际[5]何如。苟志不愿隶其戏下[6]，而强之使去，于人未必有益，于我徒[7]见有损。兹得老兄书，始知其已诺之，所云还其旧部、添募五百，庶乐来从事，而无丝毫之不慊[8]，具见垂念某处至意[9]，理合惟命是从。然某窃惑之：共事数载，性情行事，谅所深知，诚之一字虽未做到，窃有志焉，诚既不能动人，何事可以动人？又，老兄与老师及某，素以厚道待此人，而思有以成之。往者接带是营，某实怂恿以成其事。罗师犹谓如此儿偾事[10]，惟尔是问。此老兄所亲见，亦众人所共知也。今恐其去，而诱之来，似与待人以诚之意相左[11]，一转移间，于初衷亦矛盾矣。且盗贼蜂起[12]，戎事似非数月可了[13]，一事一人可以苟就，尤而效者伊于胡底[14]？始则人或以某有裨时艰[15]，继必至于大误天下。反复沉思，此人之去就，凭其自使可也。

[1] 沅浦，指曾国荃。

[2] 纾，解除，排除。涤帅，指曾国藩。

[3] 恝然，漠不关心的样子。

[4] 只字片纸，指零碎的文字材料或简短的书信。

[5] 心际，心中。

[6] 隶，隶属于。戏下，麾下，部下。

[7] 徒，只。

[8] 慊，快意，满足。

[9] 垂念，指上对下挂念，也用做敬辞，指别人对自己挂念。至意，极诚挚的情意。

[10] 偾事，坏事。

[11] 相左，抵触，不一致。

[12] 蜂起，如群蜂飞舞，纷然并起。

[13] 戎事，战争。了，结束。

[14] 尤而效者，明知道其为错误而有意仿效之。伊于胡底，谓不知将弄到什么地步为止，不堪设想的意思。伊，助词。于，到。胡，何，哪。底，尽头。

[15] 有裨，有益。时艰，时局的艰难困苦。

武汉水陆长围，接济不通，实非虚语。叠[1]据投诚贼供及围内捕获伪文书，均称音息亦断，每日或发米四两、六两、半斤不等，以人之强弱定米之多寡，行之实已久矣。前此未至饥疲，缘有私粮济之。迩来公储将尽，私积已空，逃者多菜色[2]，应在月内可望恢复。襄、樊股匪出没无常，克樊以后，打仗又数次。妙在义渠[3]尚力能制之。璞山[4]防堵岳州，出境剿办崇、通等县，甚是得手[5]。安徽巢县已复，庐州属内闻已肃清。杨逆[6]伏诛之后，韦逆[7]又死于洪[8]手，石逆已入金陵城。日昨[9]初二，袁州业已克复。此皆近来佳音或确耗[10]也。

[1] 叠，多次。

[2] 菜色，指营养不良的脸色。

[3] 义渠，指唐训方。

[4] 璞山，指王鑫。

[5] 得手，顺利、成功。

[6] 杨逆，指杨秀清。

[7] 韦逆，指韦昌辉。

[8] 洪，指洪秀全。

[9] 日昨，昨日。

[10] 确耗，确切消息。

惟饷项支绌[1]，吴楚同之。鄂师八月望后，全无着落[2]，而湘军济以公积，可敷九月。闻江右水师因久不得饷，有相约而逃之议，平江勇、凤字勇有闹至文秋山中丞署中之事[3]。大吏多与涤帅相乖忤[4]，又广东、浙江均不肯为接济，何涤帅遭际若此其屯[5]耶？某与润公[6]商定，近日勉凑八千金解送，以济燃眉[7]。前次涤帅书来，令鄂城克后率师由兴国以捣浔阳。某比复函，谓克城后，江西业已肃清，当如此行，如尚吃紧，须由间道赴援。今得渠书，云吴兵已不为薄，我师仍应下征，朝到浔阳，彼即夕至矣。

[1] 支绌，支配不够。

[2] 着落，可靠的来源。

[3] 平江勇，属李元度管带。凤字勇，属周得魁管带。文秋山，文俊，时任江西巡抚。

[4] 乖忤，抵触、违逆。

[5] 屯，艰难。

[6] 润公，即胡林翼。

[7] 济，救助。燃眉，燃眉之急。

诸事均关廑注[1]，谨以上闻。所嘱希庵[2]二事，渠[3]常念之。季霞[4]弟部复已到，另纸抄寄。润公曾又咨明骆抚军[5]，想已转行[6]到县。城中所逃小孩无当意[7]者，以少之故，到得克城，必有报命[8]也。遇便望时锡[9]教言，并恳偷二三月之闲，偕赴浔阳，可与涤公一会。某兄弟幸托平安，差堪告慰[10]。惟祈珍摄[11]为祷。

[1] 廑注，殷切关注。

[2] 希庵，指李续宜。

[3] 渠，他。

[4] 季霞，即刘蕃，字子衍，号季霞，刘蓉之弟，咸丰五年十月，战殁于蒲圻。

[5] 骆抚军，指骆秉章。

[6] 转行，辗转而行。

[7] 当意，合意。

[8] 报命，复命。

[9] 锡，赐。

[10] 差，勉强。堪，可以。告慰，感到安慰。

[11] 珍摄，保重身体。

复蒋芗泉[1]太守

十一日使[2]至，接诵琅函，领悉壹是。过蒙藻饰[3]，愧甚！

[1] 蒋芗泉，蒋益澧。

[2] 使，使者。

[3] 藻饰，修饰，这里指夸奖。

人生至重之事，事亲、致君[1]而已。贤弟千里假归以安厝令堂太恭人[2]，且拟于月底入营从公[3]，真如古所云"未有孝子而不能为忠臣者矣"。九、十月时，某家惟伯仲两兄在家。伯兄年老窎居[4]，仲兄[5]依堂前不能远离，曾否造府奠唁[6]，尚未可知。然相厚以诚，或不以私际之阙如见责也[7]。

[1] 事亲，侍奉双亲。致君，辅佐国君，使其成为圣明之主。

[2] 假归，请假归家。安厝，安葬。令堂，对别人母亲的尊称。太恭人，明清时四品官之母或祖母的封号。

[3] 从公，办理公务。

[4] 伯兄，大哥。窎居，深居。

[5] 仲兄，二哥。

[6] 造府，到府上。奠唁，祭奠吊唁。

[7] 私际，私人交际。阙如，欠缺。见责，被责备。

武汉贼甚穷蹙，不久应可规复[1]。襄、樊事，义渠尚可了之[2]。袁州已于初一克城。安徽近况甚佳，杨、韦[3]两逆相继伏诛，均确耗[4]也。饷项支绌，吴、楚同状，闻之金陵[5]尚属充足。知关绮注[6]，谨以附闻。

[1] 穷蹙，窘迫，困厄。规复，恢复。

[2] 义渠，即唐训方。了，了结。

[3] 杨、韦，指杨秀清和韦昌辉。

[4] 确耗，确切消息。

[5] 金陵，南京。

[6] 绮注，犹锦注，称别人对己关注之敬辞。

复曾沅浦[1]司马

前月底，沈君来营，承颁惠书。昨十三日，又奉到九月十九日琅函，祇悉阁下募勇援江。又据璞山[2]来函，及面晤铁桥[3]，均盛称[4]阁下诚笃、谦虚，于戎行[5]阅历之人，罔不[6]倾心收留。侧闻[7]之余，无任[8]快慰钦佩。沈君来，适营中人浮于事，未能位置[9]，已归去矣。某才识谫劣[10]，因罗师沦谢[11]，勉强承事[12]，数月来所以未至偾事者，诸将、诸勇之力也。然顿兵[13]此地，不能早援江右以舒涤公之忧[14]，负疚实深。来谕不我责[15]，反过为藻饰，益令人愧悚无地[16]。

[1] 曾沅浦，即曾国荃。

[2] 璞山，指王鑫。

[3] 铁桥，朱宗程（1824—1894），原名吉，字呈祥，一字净堂，号铁桥，又号铁樵，今双峰县蛇形山镇人，罗泽南的学生。咸丰初，他随罗泽南、刘蓉及同门学友王鑫、李续宾、李续宜、康景晖等创办团练，后从罗泽南防堵永明、江华，并襄办湖北、安徽、陕西等处军务，积功为江苏补用知县、即选同知，加知府衔，赏戴花翎，诰授朝议大夫（从四品），晋封通奉大夫（从二品）。

[4] 盛称，盛赞。

[5] 戎行，军队。

[6] 罔不，无不。

[7] 侧闻，传闻。

[8] 无任，犹不胜，敬词。

[9] 位置，安排。

[10] 谫劣，浅薄低劣。

[11] 罗师，指罗泽南。沦谢，去世。

[12] 承事，治事，受事。

[13] 顿兵，驻军。

[14] 江右，江西。舒，通"纾"，解除。涤公，曾国藩。

[15] 不我责，不责我，不责备我。

[16] 益，更加。愧悚，愧疚、悚惧。无地，无地自容。

现在鄂城之贼粮将告匮[1]，近则本月，远则出月，应可克复。然犹日事操演，出队窥伺，真所谓困兽犹斗之时也。设防范疏虞[2]，不惟[3]前功尽废，即大局亦将为之震动矣。去岁[4]援鄂，各营惟某与芗泉、义渠[5]尚留鄂省。义渠因襄、樊起事，前月杪拨往剿办，刻下未能遽回[6]，此所以日盼芗泉来营，借资臂助[7]。尊意欲芗泉率所部同援江西，以助涤公，具见友于[8]至情，理合遵循。盖江右当援，涤公当助，不独阁下为然，某身虽在鄂，心实无时不依依于涤公麾下，特为时务所迫，事与愿违。前此援贼乍至，义渠、芗泉俱在此间，几至莫支。今义渠远去，而阁下又欲挟芗泉以行，设贼援复来，将以何人御之？且援鄂亦涤公命也。伏读手书，筹思再四，只好待武汉克复，迅即遄[9]往，以供涤公驱遣，聊补从前远离之过。目下势难应命，希为原宥[10]。尊处所收弁勇，如姚、张、陈辈，均朴诚、勇敢，堪胜营官之任者也。肃此奉复[11]。

[1] 告匮，宣告匮乏。

[2] 设，假设，如果。疏虞，疏忽，失误。

[3] 不惟，不只是。

[4] 去岁，去年。

[5] 芗泉，即蒋益澧。义渠，即唐训方。

[6] 刻下，目前。遽，立刻。

[7] 借资臂助，借以助我一臂之力。借资，借以。

[8] 《尚书·君陈》："惟孝友于兄弟。"后割裂用典，以"友于"代兄弟或兄弟友爱。

[9] 遄，迅速。

[10] 原宥，原谅。

[11] 奉复，答复。

复王璞山观察[1]

二十二日午刻，奉到手书，如亲觌面承[2]。复希庵[3]函，并嘱察庵[4]致书，均未得到。

[1] 王璞山，王鑫。观察，观察使，清代对道员的尊称。

[2] 午刻，正午。亲觌，亲见。面承，当面承教。

[3] 希庵，指李续宜。

[4] 察庵，指李续禋。

某自三年随罗师出征江右[1]，旋[2]返本省，不及一载，仍即出境剿贼。桑梓得保无虞[3]者，贤弟之功伟矣，不然，尚堪[4]设想哉？至其中之艰苦备尝，某亦粗知[5]。然非保摄其躬[6]，何以曲成[7]其志？惟贤弟耐之。方今贼焰日炽，良将多折[8]，而饷项又益形支绌[9]，大局颇不易支。然主上英明，大吏平正[10]，民情思治[11]，年岁丰稔[12]，将官果得其人，兵勇又未有不用命[13]者，看来天下事尚大可为。

[1] 罗师，指罗泽南。江右，江西。

[2] 旋，不久。

[3] 桑梓，家乡。无虞，无忧。

[4] 尚，还。堪，可以。

[5] 备尝，尝尽。粗，大致。

[6] 保摄，保重。躬，身体。

[7] 曲成，多方设法使有成就。

[8] 折，损失。

[9] 支绌，支配不够。

[10] 平正，公平正直。

[11] 治，安定，太平。

[12] 丰稔，丰熟。

[13] 用命，效命，奋不顾身地工作或战斗。

贤弟才识兼备，忠勇素裕[1]，见信当途[2]，由来渐矣[3]。继罗师之志，澄清海内，其所优为[4]。倘得与子同袍[5]，何幸如之！奈各拘一隅，事与愿违。湖南空虚，当道[6]以此为虑，贵军固宜留防。或防堵已得其人，而仍囿[7]于一隅，则非良策也。

[1] 素，一向。裕，充足。

[2] 见信，被信任。当途，指掌握政权的人。

[3] 由来渐矣，由来已久。

[4] 其所优为，是你所擅长的事情。

[5] 同袍，战友。

[6] 当道，执政者，掌权者。

[7] 囿，局限。

季高[1]来函，瑞郡已有湘勇二千六百、宝勇二千，涤帅[2]又调攻建之勇三千数百，合计约有八千兵力，已不为薄[3]。闻周梧冈拟[4]募道勇千五百，又沅浦[5]湘勇千人，或往吉安，或赴瑞州，尚未定见。如瑞郡犹嫌单薄，益[6]以此军，想亦足矣。曾、石[7]逆扬言欲窜瑞州，以屡败，伤亡逃散极多。又因瑞州兵力甚厚，欲改赴金陵，林启荣亦同去。其余党分据于武邑、黄州、保安、换韬桥等处，二十间[8]，由黄州上犯北岸，已经击败。此贼未去，瑞州更可无虞[9]。然盘踞于此，可以坚城贼之志，且恐终为我省与江西之患。已与中丞计商，令周宽世、胡裕发募湘勇千名，出月中旬必可到鄂。留七八千人围城，自率四千人巡剿各州县股匪，庶[8]不至窜我省与江西，且以绝城贼之望，城必可克。其时，江西业已廓清，固属万幸。如尚未也，即当迅援。

[1] 季高，即左宗棠。

[2] 涤帅，即曾国藩。

[3] 薄，少。

[4] 拟，打算。

[5] 沅浦，即曾国荃。

[6] 益，增加。

[7] 曾，曾景谦。石，石达开。

[8] 二十间，二十日期间。

[9] 无虞，无忧。

[10] 庶，或许。

某以樗材[1]猥荷重任，时深战栗，然罗师沦谢，无可奈何以承其事。数月来，小捷亦不下数十次，而省城未复，于大局究无裨益。望贤弟不我遐弃[2]，时锡教言，俾有遵循，感激曷极[3]！昨接朱芳浦[4]信，云去岁茶陵事竣[5]，所开保举单内，尚遗[6]应保者数名。朱素朴实，谅无徇私[7]之弊。今渠既归麾下，必能竭力报效[8]。此后如遇有机会，尚祈补保，以昭奖励。

[1] 樗（chū）材，无用之材，多用为谦词。

[2] 不我遐弃，不遐弃我，不要远远离弃我。

[3] 曷极，曷其有极，什么时候到尽头。

[4] 朱芳浦，即朱南桂（？—1879），字芳浦，湖南长沙人，湘军将领，初从罗泽南，后从曾国荃，官河南归德镇总兵，谥勤勇。

[5] 事竣，完事。

[6] 遗，遗漏。

[7] 徇私，为了私情放弃原则，而做不合法的事。

[8] 报效，报恩效力。

又致王观察

二十一日，铁桥同家三兄督新勇到营[1]，询悉[2]老弟近况甚佳，为慰。并闻将启行扼守岳郡，意欲搜捕通、崇等县土匪，计此际[3]早已行抵岳州矣。与其坐视，诚不若巡剿之为愈也[4]。惟通、崇等县系乌合之众，兵去[5]则聚，兵到则散。而士绅又殊诡谲[6]，徇私受贿，舞弊多端。其地又系吴楚咽喉之路，大股往来，恒[7]有之事。望小心谨慎，无稍疏虞[8]。

[1] 铁桥，朱宗程。家三兄，我家三哥，即李续宽，字北冈。督，监管。

[2] 询悉，询问后得知。

[3] 计，估计。此际，此时。

[4] 坐视，坐着观看，谓袖手旁观。愈，较好，胜过。

[5] 去，离开。

[6] 殊，特别。诡谲，狡猾。

[7] 恒，经常。

[8] 疏虞，疏忽，失误。

某与润公[1]共发兵二千八百，派孙篠石[2]督之往剿，已于二十一日抵咸宁矣。顷[3]接篠石书，称蒲属之石坑渡等处屯贼二千余人，踞蒲城者亦不下千余。闻蒲绅孝廉贺云杭系笃实君子[4]，前赴尊处禀请往剿，已蒙允行。即该邑李令亦于十八日具禀[5]前去，想已投袂而起[6]矣。敝处所派[7]勇丁，尚属可恃[8]。惟该处素为贼薮[9]，不为痛剿，终觉无益。现已函商润公，一面咨知南抚[10]，一面檄调麾下飞抵该处，尽数歼旃[11]。该贼既灭，非惟可以靖南省之边患[12]，亦即所以剪北寇之羽翼也。鄂贼已有遁意，而洪山后路尚须驻营防之。拟于崇、通事竣[13]，即将敝处勇丁由嘉鱼一路撤回，仍驻鲁家巷，以断该逆出窜之路。某本庸才，用兵一载，縻饷[14]甚多，区区一城尚未克复，计必欲一举歼之，乃觉于心稍快[15]耳。

[1] 润公，指胡林翼。

[2] 孙篠石，孙守信。

[3] 顷，不久以前。

[4] 孝廉，明清时期对举人的雅称。笃实，纯厚朴实，忠诚老实。

[5] 具禀，备办上报的文件。

[6] 投袂而起，挥动袖子站起来，形容精神振作，立即行动起来的神态。

[7] 泒，"派"的讹字，派遣。

[8] 可恃，可靠。

[9] 薮，人或物聚集的地方。

[10] 咨知，用咨文告知。南抚，湖南巡抚。

[11] 檄调，行檄调动。旃，之焉。

[12] 靖，平定。边患，边境遭到侵犯的祸患。

[13] 事竣，完事。

[14] 縻饷，浪费军饷。

[15] 快，痛快，快意。

七月二十八日，杨秀青[1]经韦昌辉杀戮，想已得闻。近据下游士民报称，石达开与韦昌辉不睦，往涤帅处投诚[2]，以三十检点[3]为质，收复九江、安庆为进见之阶[4]。如果属实，大祸不难了[5]矣。惜老师满腔热血，孤诣苦心，不获目睹，洵可痛也[6]。襄、樊土匪三百余名，勾通长发[7]数千，于前月底起事[8]。月之初三，官兵、团勇共数千人，一战皆溃。初十间，竟陷樊城。该处系文报通衢[9]，且系秦、晋饷项必由之道，被贼盘踞，甚是可虞[10]。妙在北岸已发勇二千，南岸又以唐义渠[11]带勇千一百余名前去剿办，想大兵齐到，或亦易于蒇事[12]。知关廑念[13]，谨以附闻。

[1] 杨秀青，即杨秀清。

[2] 涤帅，即曾国藩。投诚，归附，归顺。

[3] 检点，太平天国前期第七等官阶，为朝内官，后期封赏转滥，降为卑官。

[4] 进见，上前会见尊长者。阶，途径。

[5] 了，结束。

[6] 不获，不能。洵，实在，确实。

[7] 长发，长毛，清代统治者侮辱太平军的称呼。

[8] 起事，起兵，发动武装斗争。

[9] 文报，公文函件。通衢，四通八达的道路。

[10] 可虞，可忧。

[11] 唐义渠，即唐训方。

[12] 蒇（chǎn）事，事情办理完成。蒇，完成，解决。

[13] 廑念，殷切关注。

又复王观察

九月杪敝营假勇便带尊函[1]，十月初三敝勇所领还云[2]，均次第[3]收读矣。日昨初四，奉到前月十九日惠书，伏读之下，且慰且感。

[1] 月杪，月底。假，借助，利用。

[2] 还云，回信。

[3] 次第，依次。

通、崇等县既得大军荡平之后，即办善后事宜。当鄂城未复[1]，敝军可免后顾之患。鄂城既复，敝军可免征剿之劳。且湖南、江右[2]均托庇荫[3]，不事边防，可谓一举而三善备焉[4]。惜无循吏[5]可继办其事者，润公[6]每言之，辄以为恨[7]。惟冀皇天默佑，一二月之内，我省上游无警，吾弟得久驻于斯[8]，待省会克复，派员续理[9]，始返旆[10]还湘，庶[11]诸事周密，可免后患耳。

[1] 复，收复。

[2] 江右，江西。

[3] 庇荫，庇护。

[4] 可以说是一次行动就有三个好处具备了。

[5] 循吏，守法循理的官吏。

[6] 润公，指胡林翼。

[7] 恨，遗憾。

[8] 吾弟，这里指王璞山。斯，这。

[9] 续理，继续治理。

[10] 返旆，回师。

[11] 庶，差不多。

武、汉两城，自经官军围困，叠据[1]投诚贼供及捕获伪文书，均称接济、音息皆不能通，每日每人发米四两、六两、半斤不等，以人之强弱定米之多寡，行之实已久矣。前此[2]未至饥疲，以其皆有私粮济之。迩来公储[3]将尽，私积已空，逃者菜色，应日内可望恢复。

[1] 叠据，多次根据。

[2] 前此，在此以前。

[3] 迩来，近来。公储，公家的储备。

惟我师窘迫亦至十分，八月望前，勉强可支，此后尚无着落，为之奈何[1]？襄、樊股匪出没无常，克樊以后，打仗又数次，妙在义渠[2]尚能支持。江省景况甚是可忧，前者次青[3]失利，昨闻周梧冈[4]又至受挫，并闻水师因久不得饷，有相约而逃之议，平江凤字勇有闹至文秋山中丞署中之事，大吏又多与涤帅相乖忤[5]，即广东、浙江亦不肯为接济。涤帅之遭际，可谓屯蹇[6]之至矣！

［1］为之奈何，对此怎么办。

［2］义渠，唐训方。

［3］次青，李元度。

［4］周梧冈，周凤山（1809—1876），字梧冈，湖南道州人，行武出身，官至副将。原为绿营千总，咸丰三年入湘军。为曾国藩最初的十位营官之一。

［5］文秋山，文俊。涤帅，曾国藩。乖忤，抵触、违逆。

［6］屯蹇，《易经》中屯卦和蹇卦的并称，意谓艰难困苦，不顺利。

所幸者，安徽消息甚佳。巢县已复，庐州属内亦已肃清，杨逆伏诛[1]，韦又死于洪逆之手[2]，石逆[3]已入南京，此耗甚的[4]。至洪被杀、石被围此等传说，尚未见确[5]也。安得该逆自出内乱，使官军得所借手哉[6]？蒙雄师出境剿办，犒赏菲薄，心甚歉然。润公拟俟稍舒，即当以重金犒之，未知能如愿否耳。

［1］杨逆，杨秀清。伏诛，被处死。

［2］韦，韦昌辉。洪逆，洪秀全。

［3］石逆，石达开。

［4］耗，消息。的，真实，确切。

［5］确，确切。

［6］安得，怎样才能求得。借手，借助，借人之手以为己助。

又复王观察

奉到钧函及大稿，敬悉雄师由临援吉，冒暑行师[1]，力疾督阵[2]，四战大捷，斩魁歼巨，斯行良苦[3]，厥功最伟[4]。老虎威声，洵[5]不虚传矣。前月石逆至彭泽[6]，仍又折回，殆[7]畏老虎之威，遂因循远避与[8]！

[1] 行师，行军。

[2] 力疾，勉强支撑病体。督阵，监督作战。

[3] 良苦，很辛苦。

[4] 厥功，其功。

[5] 洵，实在。

[6] 石逆，石达开。彭泽，县名，属今江西九江市。

[7] 殆，大概。

[8] 与，通“欤”，语气词。

据本地探卒[1]报称，客商有自下游回者，言金陵各伪王忌石逆之能交结人心，石逆每论事，则党类环绕而听，各伪王论事，无肯听者，故忌之，有阴图戕害[2]之意；石逆逃至东梁山地方，是处[3]贼皆石党，劝令皆散去，其党不肯散，仍从[4]石逆；在安庆，石逆不愿横行，故无动作；又胜克斋[5]之师及红单船[6]蹑石逆之尾而上，现扼金陵以上、安庆以下居中之地驻扎，该逆上下消息俱隔绝焉等语。

[1] 探卒，军中的侦察兵。

[2] 阴图，暗中图谋。戕害，杀害无辜。

[3] 是处，此地。

[4] 从，跟从。

[5] 胜克斋，胜保，字克斋，满洲镶白旗人，举人出身，清军统帅。

[6] 红单船，清军的一种战船，体大坚实，行驶快速，可安炮二三十门，因为造船需禀报海关，给予红单以备稽查，故名“红单船”。

蕲境贼于前月内退下数十里之望天畈地方，我军逼近攻击，已经数捷。后因有贼窜广济，既分兵赴防，又因有贼窜蕲属之狮子口，复分兵往堵。其前驱之义营、宝营突遇贼，失利，炉幄[1]俱弃，幸后驱训勇两营至，始抵住。然贼势甚大，立足不住，而狮子口又为抄望天畈各营后路，于是全军均退至刘公河，渐又进驻胡家坝，扼贼上窜之总路。某念蕲军万余，如仁勇、训勇、虎勇、武勇等均历多战，而素倚为劲旅者亦不下四五千人，而此役竟难得手，皆因军无所统、力不能齐之故。但凡兵力数分而致挫者，若总归一处，并力堵剿，则亦有功也。黄梅贼依山倚险，负固[2]不出，以牵我师，而暗分股上犯，其窜广济与狮子口者，皆系此股。故蕲境之贼愈多，致劳[3]我黄梅之师亦分兵剿广济。

[1] 炉幄，指行军时携带的炉子、帐篷之类的用具。

[2] 负固，倚靠险固地势。

[3] 致，致使，导致。劳，烦劳。

某于十四日起，会同厚庵[1]水师，环攻[2]九江及小池口之新伪城，已十四昼夜，炮不停轰，贼之逃者甚多。据称城贼被轰死约四五百人，屋宇、炉锅皆被击坏，无柴无菜，米粮、子药[3]亦皆不足，甚属慌乱。伪新城益逼窄[4]，无以避炮，死者尤多，尸骸堆积，臭不可闻。虽调黄梅贼千余来助，皆畏炮甚。再攻几天，可以得手。奈火药告匮，水师暂且停攻，随饬火器所飞速催取。旋议约会彭雪琴[5]于初一日率内湖水师合外江水师夹攻湖口，以图尽焚其船而绝接济之源，然后并力轰击两城。其能克复与否，虽未可逆料[6]，而要[7]足以撼北路贼势，而壮北路军声。如或侥幸克城，其有助于大局不少也。

[1] 厚庵，杨载福，杨岳斌。

[2] 环攻，围攻。

[3] 子药，弹药。

[4] 逼窄，狭隘。

[5] 约会，相约会同。彭雪琴，彭玉麟。

[6] 逆料，预料，预测。

[7] 而，但是。要，应当。

惟某尝思之，该逆往往飘忽变动，俱是活着[1]，我军往往为贼牵制，总是滞着[2]。若不思所变，计终无平贼之日，为其未得操制贼之算也。某以为图城堵隘[3]之兵，固可静不可动。但贼每善于乘虚，长于攻瑕[4]，百计牵动，使入彼之术中。我亦明知其术，而不能不入焉者，则以我军别无一枝[5]足以流动活泼，电掣风行，以预先扼击而制彼之术也。然则非别立常动之兵不为功，而兵常动，其苦于静驻[6]之兵多矣。方今之甘于任苦者，盖惟老弟，外此[7]，则某亦不敢辞。若使弟与某各率四千劲旅，分为南北两岸游军[8]，专击窜贼，援贼乍至，便迎头速剿，既败，则猛追，夺彼魂魄，务使虚无可乘，瑕无可攻。夫静驻之兵既得以制贼死守之命，而常动之军又得制贼飞扬[9]之患，庶可以定澄清之局矣。但常动之军是因贼乃动，动之以机[10]者也，有时无事而闲暇，则较静驻之军而更静。不知者或以其无事而纷纷调拨，则足滞吾行止[11]，转致有应行之机而失之，反不足以济事[12]。是必得持大柄[13]，顺众心如涤公、润公[14]者一人为一军主帅，人不得以节制我，我得以节制人，乃克[15]以相机而动，惟吾所欲为而无掣肘之虞。此某近来想象之私，未敢以告于人，不知老弟以为然否。现惟老弟一军幸能游行[16]驰剿，足使临、吉、瑞三郡不受援贼之祸，他境亦免窜扰之害，其功已显然可见，最为快心之事。若某则困于城下，万不能动，中心怏怏。伏望老弟务能以动为主，勿为他人牵掣[17]，滞于一处，则幸甚矣。书不什一，统希心照。信既就，以有初一日之举，拟俟捷报乃发。

[1] 活着，活招，灵活的方法。

[2] 滞着，滞招，笨拙的方法。

[3] 堵隘，堵住关隘，守关。

[4] 攻瑕，利用对方的弱点进行攻击。

[5] 以，因为。一枝，一支，这里是一种的意思。

[6] 静驻，死守。

[7] 外此，此外。

[8] 游军，机动部队。

[9] 飞扬，放纵。

[10] 动之以机，根据时机行动。

[11] 行止，行动，活动。

[12] 济事，成事。

[13] 持大柄，掌握大权。

[14] 涤公，曾国藩。润公，胡林翼。

[15] 克，能够。

[16] 游行，指作战时迂回运动。

[17] 牵掣，牵制。

今日辰后[1]，接到润公飞檄，云蕲境之师大败，锅帐器械全失，败卒或退蕲水，或退蕲州，其势不能复战，次退黄州，再行整顿。已飞咨[2]湖南、江西两抚，欲调吾弟与刘峙衡[3]之师疾驰赴援。某念峙衡围瑞之军恐不能动，而吾弟行止又必俟南抚[4]之札，则文报[5]往返之间，即使星夜飞驰，亦必出半月以外，定有鞭长莫及之势。某随以书复中丞，言浔江若非重兵防驻，则南之瑞、临，西之兴国，失其门户，而蕲师一败至此，非重兵不足以援，且援之不可以不速，似远水不能救近火，计[6]须就近调动。现黄梅贼匪由上窜者多，如调黄梅军援蕲，则尤属便捷。或调黄梅之军移驻南岸以扼浔城，则某即率所部渡江，疾驰赴援。此当俟中丞复信，乃可定耳。今闻吾弟已抵东安，且与弟约，若某渡江援剿，亦必能顾桑梓[7]，不许贼入湖南，吾弟可无内顾之忧。

即或南抚有调回之札，亦宜禀明斯意，按兵勿动，而视浔、临、瑞何处有警，即行援助。此则某动而老弟不宜动之说也。若某仍驻浔阳，而黄梅之师援剿，则湖南必恃老弟之返顾以为中流砥柱。然使南抚有调回之札，某以为亦宜禀明情形，与其直回南省堵剿，不若间道横出于湖北境地，助而击之，则事速而功多。此则某不动而老弟宜动之说也。伏望明示，以为何如[8]？至于某之动与不动，俟中丞复信，到日即飞函告弟也。

[1] 辰后，辰刻以后。辰刻，上午七点到九点。

[2] 飞咨，迅速通知。

[3] 刘峙衡，刘腾鸿。

[4] 南抚，湖南巡抚。

[5] 文报，公文函件。

[6] 计，决计，必定。

[7] 桑梓，家乡。

[8] 何如，如何。

致族人

前初十日，由邹吉庚等带回一音[1]，计日内[2]可以递到。

[1] 一音，一信。

[2] 计，估计。日内，最近几天里。

某于十一日由黄梅县拔营，行二十里，至白湖渡驻扎，离孔陇贼垒仅数里许。十二日午刻[1]，督率队伍分三路前进，力攻贼垒。该逆出垒接战，我军锐气百倍，交锋逾时，贼即败溃。我军乘势踏破贼营，纵火焚烧，穷追近十里，逼贼溺于湖套及杀毙、烧毙共千余人，生擒数十名。夺获军器辎重甚多，以挑运维艰，饬令悉数焚毁。晡间[2]，始收队回营。

[1] 午刻，正午。

[2] 晡间，晡时之内，下午三时至五时。

逆贼罗大光[1]者，性最狡悍，在贼中甚有威望。该逆愤伪燕王秦日纲[2]田家镇之败，乃从安庆率劲卒数万，挟全力以图上犯。自遇我师，连日接战，一败之于浊港，再败之于孔陇，杀毙过半，其气[3]遂不复振。

[1] 罗大光，罗大纲（1804—1855），原名亚旺，今广东梅州市丰顺县人。1849年，岭南大饥荒，罗大纲以“三合会”首领率饥民暴动。参加反清秘密组织“天地会”，1851年初率部投入太平军，为太平军水师骨干，在攻破全州、镇江以及九江之战中立下了汗马功劳，1855年，在芜湖战役中受伤，因伤势恶化，病逝于天京，死后被洪秀全追封为“奋王”。

[2] 秦日纲（约1821—1856），广西桂平人。原名日昌，避“韦昌辉”讳，改名秦日纲。曾任天官正丞相，封顶天侯、燕王，1855年败湖广总督杨霈所部清兵，攻克武昌、汉口、汉阳。1856年，在击破江北大营、江南大营之战中立下大功劳，解天京之围。在杨韦事变中，与韦昌辉合谋杀杨秀清及杨部太平军，被处死，并革除封号。

[3] 气，士气。

某于十四日由白湖渡拔队[1]，进逼孔陇坿近之塘斯月地方驻营。是夜[2]，该逆拥众前来扑袭，离我营三里许，察知我军布置齐整，巡逻严密，无隙可乘，遂悄悄遁回[3]九江之小池口地方。至五更时，又同小池口之贼焚其营垒，全数下奔三十里之段窑地方。旋[4]又下窜三十里之八里江地方，筑垒三座，与湖口贼船相照应。

[1] 拔队，队伍出发。

[2] 是夜，当夜。

[3] 遁回，逃回。

[4] 旋，不久。

今日，我军已拨水师前往，下泊湖口，堵塞口内[1]贼舟，使之不得出江。我军陆师定于明日寅刻拔营，进驻段窑，庶水师得所依护，即可会同击破湖口。而林逆[2]踞守九江，势日孤，则气日馁，将来攻剿亦易为力[3]。顷[4]闻九江城中之贼昨夜逃去四五百，今日该逆驰马往追，无肯还者。虽慑[5]之以威，亦终不能挽也。现在吾乡人来此投效者甚多，拟选募数百人，足成一二千之数，庶可独当一路，而无单薄之虞[6]。惟筹饷甚难，非万不得已，不敢轻有增益。

我境[7]在营者，均平善[8]无恙。倘各家有询及者，望为告知。

[1] 口内，入口内。

[2] 林逆，林启荣。

[3] 为力，奏效。

[4] 顷，不久。

[5] 慑，威胁。

[6] 没有军力薄弱的担忧。

[7] 我境，我们那个地方，指老家。

[8] 平善，平安。

复普钦堂游戎吴竹庄刘峙衡两司马[1]

月前接诵诸君惠书，缘军情旁午[2]，久稽裁畣[3]，甚以为歉。顷又得峙弟手教，备悉雄师所向克捷[4]，现攻瑞郡，不日即可拔城，深慰无量。

[1] 普钦堂，即普承尧，彝族，云南新平人，武进士；由绿营入湘军，初隶塔齐布，后隶罗泽南、李续宾；咸丰六年，奉胡林翼、李续宾命，与刘腾鸿等援助江西，此时正在攻打瑞州；后授官提督，封号扎萨克阁巴图鲁，为江西九江镇总兵。游戎，游击将军。吴竹庄，吴坤修。刘峙衡，刘腾鸿。

[2] 缘，因为。旁午，繁多。

[3] 久稽，长期拖延。裁，才。畣，同“答”，答复。

[4] 克捷，克敌制胜。

某扼守鄂城，未能得手。惟五、六月之交[1]，两次分军拦剿下游上援之贼，前后攻破茶棚、官频、樊口等处贼垒十余座，克复武昌县城。省城之贼亦时出大股来扑，我军迭次[2]俱获大捷。据逃出各贼供称，城内能战者日给米十二两，余者六两，似此情形，佥[3]谓省城垂手可得。讵意[4]本月初，伪翼王石达开及伪春官丞相张逆[5]、伪卫天侯曾逆[6]，自安庆、江南等处率匪徒数万，益以崇、蒲、咸、通、兴、冶[7]各州县土匪，分股上窜山坡纸坊一带，而实注意洪山。之后，当即面商中丞，分军四千，令芗泉总之[8]，先扎[9]纸坊，俟贼聚于后路，即迁道转扎鲁家巷。十一日，贼众大至，我军拦剿，擒斩不下数百，嗣后[10]，迭次出战，破贼垒四座，伤毙亦多。然其垒随破随筑，现在可瞭见者尚有九座，不得见者约十余座，且日日增筑，尚无定数。而东南两湖，秋水泛溢，贼于大江抬入舢板[11]二十余艘，不时夹击鲁家巷营盘。时青山港贼搭造浮桥，意图联络。虽经水师屡次击断，然无陆师驻防，恐不免偷渡之虞。值此贼援大至，某与中丞两处合计兵勇不过万人，战则腹背受敌，首尾难全，守亦瞻前虑后，顾此失彼。而饷项万分支绌，五月分[12]尚属勉强敷衍，此后来源，尚未知所在。奈何？奈何？

[1] 五、六月之交，五月底六月初。

[2] 迭次，多次。

[3] 佥，都，皆。

[4] 讵意，不料。

[5] 春官丞相，太平天国前期职官，朝内官以丞相为最高，分天、地、春、夏、秋、冬六官，各有正、又正、副、又副四人，共二十四人。张逆，张遂谋，广西平南人，生而近视，人呼为张瞎子，从

翼王石达开征战，升春官正丞相，曾随翼王自江西援天京，大破清江南大营于城外，被翼王倚为心腹，位仅在参天侯黄玉琨、卫天侯曾锦谦之下。

[6] 曾逆，曾锦谦，广西桂平人，一作博白人，韦昌辉乡邻，翼王石达开部下，赐爵卫天侯。

[7] 益，加上。崇，崇阳。蒲，蒲圻。咸，咸宁。通，通城。兴，兴国。冶，大冶县。

[8] 芗泉，蒋益澧。总，统领，统管。

[9] 扎，驻扎。

[10] 嗣后，随后。

[11] 舢板，清代内河战船之一种。

[12] 五月分，五月份。

保举札因道途绵远，未敢轻寄[1]，是以迟迟，兹特托左季高[2]转达。到乞察收[3]，诸维原鉴[4]。

[1] 轻寄，轻率寄出。

[2] 左季高，即左宗棠。

[3] 察收，查收。

[4] 原鉴，原谅、鉴察。

致刘峙衡[1]司马

今日辰后[2]，接润芝中丞飞檄[3]，云蕲军大挫，器械俱失，欲调贤弟与璞山[4]之师赴援。

[1] 刘峙衡，刘腾鸿。

[2] 辰后，辰刻以后。

[3] 润芝，胡林翼。飞檄，速递公文。

[4] 璞山，王鑫。

某思瑞城久围，功在旦夕，贤弟一军势不可动。璞山驰援吉安，道途既遥，而彼处事机顺手与否，尚未可知。中丞虽已咨明南抚，然湘中他无劲旅，实倚璞山为保障，势必将璞山亟亟[1]调回，乌[2]肯令其赴湖北之援？即使南抚肯以璞山援鄂，而文报[3]往还，动需时日。璞山又不肯专擅[4]而行，则亦鞭长莫及之势也。某于答中丞书中已备言，两军恐难应命而至，惟有就近调动，较为便捷。现在黄梅之贼上窜者多，不如将黄梅空之，而调其军疾速上援。若虑是军脆弱，不足以当大敌，则调黄梅之师移驻南岸，以扼浔城。某即于所部各营内酌拨劲旅，潜行渡江，疾救蕲军之危。俟浔贼知之，则吾已回营矣。此两着已飞达中丞，俟其覆音[5]，乃可定夺。尊处既奉中丞之檄，不能不速备公牍覆之。某已代为陈说其难处，中丞亦决不见咎[6]。惟某移师赴援，则舍弟宜率副中营同往，谅贤弟或不强留也。中丞舟次黄石港，盖因月之中旬蕲军有狮子口之挫，退至刘公河，中丞乃奋然以兴，欲亲往督战以厉[7]军心。不意尚未至，军又复大挫，殊堪愤激。至蕲军万余人，如仁勇、训勇、虎勇已历多战，素称劲旅，乃此次大挫至于难振夫[8]！乃叹强兵虽多，而心力不齐，终足以偾事，诚可慨也[9]。

[1] 亟亟，急迫、急忙。

[2] 乌，哪里，怎么。

[3] 文报，公文函件。

[4] 专擅，不请示或不经上级批准而擅自行动。

[5] 覆音，回信。

[6] 咎，责怪。

[7] 厉，同“励”，振奋。

[8] 乃，竟然。振，振作。夫，语气词。

[9] 偾事，坏事。慨，叹。

瑞城之贼近日情形何如？其粮已罄[1]，万无可生[2]之理。况以雄师临之，如摧枯拉朽，是城克复之机指日可卜[3]。某已翘首以听捷音[4]矣。

［1］罄，完。

［2］可生，可以活下去。

［3］指日可卜，指日可待。

［4］捷音，胜利的消息。

又致刘司马[1]

北岸蕲州于上月二十七日全军挫溃[2]，日昨匆匆函告，并寄示舍弟矣。胡中丞[3]在黄石港闻得蕲军警报，即返旆[4]黄州，现驻节[5]城中，敢合余烬[6]，整顿抚摩[7]，以图复振。惟自鄂中启节[8]时，随带张副将一营仅五百人，且系新募之勇，此外则皆挫衄[9]之余，若非训练一二月，未必即能以之御敌。现在该逆虽未敢遽然上犯而窜扰渐近，江边已派水师上下梭巡[10]，并移原驻兴国之安勇一营驻扎富池口，以防偷渡。惟兴国州城无人防守，深虑土匪乘机窃发[11]，则事愈棘手矣。

［1］刘司马，刘腾鸿。

［2］挫溃，溃败。

［3］胡中丞，胡林翼。

［4］返旆，回师。

［5］驻节，旧指高级官员驻在外地执行公务。

［6］敢，正，正好。合，集合。余烬，灰烬，比喻残兵。

［7］抚摩，安抚。

［8］启节，高级官吏起程。

［9］挫衄，战败。

［10］梭巡，往来如穿梭般巡逻，形容巡逻频繁。

［11］窃发，偷偷发难。

日前胡中丞调取贵军回援，计瑞城当功亏一篑之时，必难松劲，然大局所关，纵不能全力赴援，未审可为分兵之计否。瑞郡之师，润公亦煞费苦心，运筹接济。今润公有急，公义私情，亦应于无可如何之中谋为援助，庶心安而理得。倘贵处万分吃紧，必不可动，则舍弟宜率副中营暂赴兴国驻扎以资弹压，使百姓有所恃而不至惊恐，土匪有所惮而不敢窃发。此防患于未然之意，想贤弟必不强留。盖瑞城兵力尚厚，无此营，未必于围城有损。兴国当空虚之时，有此营，实于大局有益。若贵军援蕲，则舍弟在瑞难以脱身，兴国不能不另行设法，事势有轻重缓急之殊，谅智者必能洞悉而通筹[1]之也。

[1] 通筹，全面筹划。

又复刘司马

二十日午刻，专伻[1]至，接诵鱼函[2]，聆悉一切。

[1] 专伻，专使。

[2] 鱼函，古时所用的鱼形信函、信封，代称书信。

东路援贼，经雄师合萧[1]军屡次惩创，其胆寒，其势孤，赖逆[2]已成釜鱼阱兽[3]。诚如来书，必饿死此贼，规复[4]此地。虽稍迟旬日，于事机究亦无损，而少此一股之贼，则实大局之利也。欣慰之至！韦逆转窜吉安，系我军屡次击败之余党，不在凶悍之列。沅浦[5]虽归，诸将当可自立[6]以御此贼，想可得手。王、江各军又可陆续开入江西境内，兵力益厚，尤可无虞[7]。此时惟望贵军攻瑞，早日拔城，则临江之贼失其犄角，难以肆[8]其负隅之毒，而我军即可分兵以助吉安。何幸如之！

[1] 萧，萧启江。

[2] 赖逆，赖汉英（1813—1909），广东花县人，洪秀全妻赖莲英之弟，初于广西行商并行医，与堂弟赖文鸿、赖文光五人共同参与1851年金田起义，1852年底率领太平军水师自武昌攻占南京，授官夏官副丞相，率曾天养与林启荣同任西征先锋，攻占江西全境。后回天京，授予删去儒经、改革文化工作。

[3] 釜鱼阱兽，锅中的鱼、陷阱中野兽，比喻陷入困境的敌人。

[4] 规复，恢复。

[5] 沅浦，曾国荃。

[6] 自立，独立。

[7] 无虞，无忧。

[8] 肆，放纵，任意行事。

此间一切平善[1]，北岸于十四日大获胜仗，二郎河等处贼垒已全数踏平。马、步诸军追往宿松，此处贼踪远飏[2]，则鲍[3]军即当渐次[4]下移。某现与厚庵[5]商定，俟天色晴霁[6]，约会内外水师夹攻湖口，务在一鼓得之。盖湖口不破，九江决难得手。必得湖口，通江西之门户，则浔城外无援兵，内无粮草，不过半年，九江必能克复，而东南大局其转移皆在是矣。

[1] 此间，此地。平善，平安，安康。

[2] 远飏，远扬，远走。

[3] 鲍，鲍超。

[4] 渐次，逐渐，次第。

[5] 厚庵，杨载福。

[6] 晴霁，雨后天晴。

润芝中丞筹解[1]尊处万金，连日两次书来，知已由湖南转运。又于晋中协饷[2]内分拨七竿，于十五日起解[3]，日内计[4]可运到。贵营两次来人，均令其回瑞[5]。中丞处公牍，容日专人代送。

[1] 筹解，筹集押送。

[2] 清代对地方贫瘠、收支不能平衡的省份，规定由税收富裕的省份拨款协助，叫做协饷。

[3] 起解，押送。

[4] 日内，最近几天里。计，估计。

[5] 瑞，瑞州，今江西高安。

又复刘司马

六月二十七日，由舍弟寄到来函，展诵之余，为之愤郁。时有赴北岸童司牌助友剿贼之役，未遑[1]肃复，聊达鄙意。顷舍弟又寄来手教及致黼堂[2]信稿，知贤弟业已揭出。时事艰难，同志者少，而一种郁结无聊之气直透纸背，读之令人扼腕[3]而叹。

[1] 未遑，无暇，没有空闲。

[2] 黼堂，指李桓。

[3] 扼腕，一只手握住另一只手的手腕，表示振奋、惋惜、激愤的情绪。

惟瑞城既无克复之期，临江又增外贼之警，未识贤弟与省中当道[1]诸公作何补救之方，能使临期无虑而收桑榆[2]之效否。刻下[3]老营已全行否？普[4]军前往何处？彪勇各营是否仍往瑞州？均祈详细示我为荷。

[1] 当道，掌权者。

[2] 桑榆，喻事之后阶段。

[3] 刻下，目前。

[4] 普，普承尧。

浔阳南岸近无战事。六月十九日接都直夫来咨[1]，以蕲、黄之贼绕窜广济所属之童司牌，此处与武穴、龙坪相近，恐其由此而截黄梅马步各军运粮要道，因兵力尚单，特请相助共击此贼。

某因于南岸抽调两营来陆家嘴，而率陆家嘴三营前往，于二十日赶到。始悉贼已先期搭成浮桥，分党渡河于童司牌之南岸，结垒数座。即于二十一日进攻，甫[2]逼贼垒，忽大雨倾盆，只得收队。是时贼众约二十倍于我，且极强悍，似宜以守为主。而该处又系旷野，兵力过单，久则恐生他变。适厚庵[3]来营，谓连日探得小港形势，旋[4]又亲往察看，尚可驻兵，因派舢板二十艘抬入其中等语。有此水军，则我三营可无后路之虞。若此处不守，则龙坪、武穴江岸难固，而黄梅诸军将无生全[5]之路。贤哉！厚庵与我同心，其裨益于大局非浅鲜[6]也。

［1］都直夫，指都兴阿。来咨，寄来公文。

［2］甫，才。

［3］厚庵，杨载福。

［4］旋，不久。

［5］生全，保全生命。

［6］裨益，益处。浅鲜，微薄。

二十四日，王锦堂[1]营中失火，一时满营皆焚，锦堂亦与其难，其余七营遂皆溃走。虽贼于次早[2]始来，而所失炮位[3]已属不少。当此贼势方张之时，忽焉[4]有此一变，若不先将童司牌之贼力图剿灭，则我之偏师亦为其所牵制，将来大江南北殊不易于扫清矣。

［1］王锦堂，即王国才（？—1857），字锦堂，原姓罗氏，云南昆明人。以武举效力督标，隶于胡林翼，分统六营克武汉，授贵州安义镇总兵，赐号胜勇巴图鲁。咸丰七年六月，与陈玉成部战于童司牌，因营中失火遇难。赠提督，谥刚介。

［2］次早，第二天早晨。

［3］炮位，火炮。

［4］忽焉，忽然。

因于二十八日率亲兵百余人，并派湘前、湘后、护右等营队伍，卷旗疾趋，行九十余里，是夜抵该处。二十九日，亲勘形势，即派人造桥填港，饬令分路进兵。该逆亦于河北岸招取党类前来，抵死抗拒。幸士卒用命[1]，踊跃直前，勇猛攻扑，始得破贼一垒，即乘势焚毁其七垒，该逆遂纷纷遁回河之北岸。时探得距此七八里尚有贼营六座，适[2]日已过午，诸勇饥疲特甚，因令收队少憩[3]，即便[4]午餐，饭后复出队往攻。该逆虽心寒胆落，犹能施放枪炮，以抗我师。迨[5]我弁勇奋力直扑，踏平贼垒六座，贼乃四处逃窜。追杀十余里，共计杀毙、淹毙在三千以外，其中贼目[6]甚多，实足以快人心。直夫因拨石参将率千余人凭河扼守，与水师相依，益以马队往来巡护，足可无虞。遂将各营均令振旅[7]，仍回原扎[8]地方，某亦于三十日二更后归营。

[1] 用命，效命，奋不顾身地工作或战斗。

[2] 适，刚好，刚刚。

[3] 少憩，稍作休息。

[4] 即便，立即。

[5] 迨，等到。

[6] 贼目，贼人的头目。

[7] 振旅，整队班师。

[8] 扎，驻扎。

初一日，湖口贼船多艘上驶，水师出队击之，我师亦出队用炮轰击，追逐直至湖口。水师夺获大舢板炮船一艘，我师于裴家湖边烧毁贼划船四十余艘，黄梅马步诸军亦于初一、二等日连获大胜，先后毁贼垒四十余座。贼退窜后山深林密箐[1]之中，距官军营盘已十余里。北岸有此数捷，军气益扬，人心大定。胡中丞[2]于六月二十五日自黄州城内移驻营中，回翔[3]审视，稳步进剿。七月初一日，获胜于傅家岭地方，杀贼三百。（下阙。）

[1] 密箐，茂密的竹林。

[2] 胡中丞，指胡林翼。

[3] 回翔，反复。

复刘玉田明府[1]

今日申刻[2]，奉到廿日惠函及禀稿二件，仰悉贤昆仲[3]于伤悼之余，仍能将令弟峙衡身后事宜酌办妥洽[4]，申告详明，足以显著[5]其勋劳，昭彰[6]其忠烈。人虽已往，须眉犹活，足为不死矣[7]。惟念峙衡与某同事一体，心志相孚[8]，干戈未靖，中道遽弃[9]，旬日以来，使我行坐不安，涕泪无已[10]。为峙衡哭，为天下哭，此怀何以释耶[11]？初得凶耗[12]时，恨不插翅飞来，凭峙衡之灵一哭[13]，且为贤昆仲分忧，而慰诸勇相爱之心。

[1] 刘玉田，刘岳曙（1820—1881），字光甫，又字玉田，湖南涟源市杨家滩镇人，时任后营军佐，后入刘岳昭军，统带果后军四营，同治八年六月，“因会克云南寻甸州城，赏道员刘岳曙巴图鲁名号”，族谱记载其“诰授资政大夫，赏戴花翎，二品顶戴，布政使衔”。明府，汉魏以来对郡守牧尹的尊称，又称明府君，汉代亦用以称县令，唐以后多用以专称县令。

[2] 申刻，申时。

[3] 昆仲，此指刘岳曙、刘腾鹤、刘腾鹄。

[4] 峙衡，刘腾鸿。妥洽，稳妥合适。

[5] 显著，显扬昭著。

[6] 昭彰，昭著，使彰明。

[7] 往，去，指死。须眉，胡须眉毛，借指男子。足为，够得上。

[8] 相孚，相符。

[9] 中道，中途。弃，弃世，去世。

[10] 无已，不停止。

[11] 这份牵挂怎么能够放下？怀，想念，牵挂。

[12] 凶耗，死讯。

[13] 凭，靠。灵，灵柩。

既而佥议以浔师未可久离，由浔赴瑞，往返须半月，而军事变迁，每难逆料[1]，于是群止吾行。杨军门[2]亦于十九日亲来敝营，言江水方涨，湖口将有可乘之机，或近日内欲约会内湖水师，以图夹攻，必须某在南岸居中主持，以为之枢纽，斯事机[3]方便，亦止某宜勿行。是以请篠石[4]代赴尊处，以达鄙衷。篠石学养[5]优裕，才识老练，每定大议，往往高人一筹。贤昆仲若与之筹画[6]时局，参议军机，必有确论，以臻[7]妥善。仰祈推诚共商，无异于爱某之心。斯即某之亲来，不过是[8]也。鄙意以尊处全军能赴浔阳，自是要着[9]。不惟资其厚集，目前有益于围浔，且将与将相习，勇与勇相得[10]，将来实有益于大局，可以共事功[11]。但可否来浔，均听诸江抚与北抚[12]之调遣。

[1] 逆料，预料。

[2] 杨军门，杨载福。

[3] 事机，行事的时机。

[4] 篠石，孙守信。

[5] 学养，学问和修养。

[6] 筹画，谋划。

[7] 臻，达到。

[8] 是，如此。

[9] 要着，首要之事。

[10] 相习，互相熟悉。相得，彼此投合。

[11] 事功，为国建功立业。

[12] 诸，之于。江抚，江西巡抚。北抚，湖北巡抚。

兹将敝处所接江抚及总局函，并某所发函，均抄稿呈览。复奉润公[1]檄，由某调拨尊军来浔一件，兹亦另备公牍递投尊处。

合观两抚文牍，其中异同之见自分，而孰得孰失，贤昆仲必可以参观而决。乞即速行酌商，稳立定见，缕禀[2]两抚，以决所趋向，不可迟误。诸勇苦战克城之功，其应保举员弁，宜即开单禀请。其伤亡之勇，宜即禀请养恤[3]。其积欠饷项，宜即禀请给发。均不可稍为迟缓，想必已一一料理之矣。关山间隔，悬念实切，琐渎左右，诸惟惠照[4]。

[1] 润公，胡林翼。

[2] 缕禀，逐条禀告。

[3] 养恤，供养，接济。

[4] 悬念，挂念。琐渎，谓琐琐絮聒而渎犯对方。诸惟，谓诸多事宜中希望注意某一件事。惠照，好好照顾自己。

致孙筱石观察[1]

违教将十日矣，何时不在念中？十三篇[2]，谁能领略？我是以不能离武子[3]也。润公于廿三日击贼至蕲水，破垒四十余座，毙贼数千人。快哉！快哉！峙衡[4]不复活，可哀也。虽有乐事，亦使我不能畅，奈何[5]？

[1] 孙筱石，孙守信。观察，即观察使，清代对道员的尊称。

[2] 十三篇，《孙子兵法》共十三篇，因以“十三篇”借指该书。

[3] 武子，孙武。

[4] 峙衡，刘腾鸿。

[5] 奈何，怎么办。

已札调其军来浔，未知何日能拔营以行耳。吾见峙衡之勇[1]，便如见峙衡，润公亦此心也。知江省必欲争留之，恐其不能爱惜之。若求其如润公，能以爱峙衡之心，推其爱于峙衡之勇，必不可得。即如某者，亦不可得[2]。某与润公之心，非欲与江西争此劲旅之用，诚恐此起勇丁仰息于江西，不足以托命，终至不得其所[3]，遂使忠勇之卒枉弃于庸人之手，无以慰峙衡之心，为可惜耳。玉田昆仲主见定否？阁下将何以为之画策[4]也？王璞山[5]到底转吉安否？临江近事何如？进贤县闻已克复矣，抚、建各属贼势若何？想阁下在彼，于各处情形必有所闻。乞一一示知为荷。

[1] 勇，兵勇。

[2] 不可得，不可能。

[3] 不得其所，得不到适当的安顿。

[4] 画策，制订计划、策略。

[5] 王璞山，王鑫，字璞山。

又致孙观察

前初六日接厚庵、直夫两公函，知黄梅之贼尽逃，北岸一律肃清。都军留石游击[1]守黄梅城，其余马步一同追剿，诚快意事也。石游击探报称，都公仅追至渡河桥而返，外人有疑其畏葸[2]者。此公一团英气，勇往直前，从不退缩，盖别有所见也[3]。唐君[4]防堵张家塝，得彭太守应鲤[5]率团勇助之，声威已壮，谅可无虞[6]。

[1] 石游击，石清吉。

[2] 畏葸，畏惧，胆怯。

[3] 大概是另外看到了意外的情况。盖，大概。

[4] 唐君，唐训方。

[5] 彭太守应鲤，彭应鲤，字伯龙，号禹门，广东化州新安曲径村人，四十四岁中道光壬辰恩科举人，授官湖北罗田知县，曾和太平军、捻军交战，晋升知府。

[6] 无虞，无忧。

某于昨日来北岸，与都、杨两公筹商战事，今早由陆家嘴率水陆俱下，攻小池口。又函商润公，令希庵[1]率勇三千驻小池口之下，俾[2]水师下泊有所依傍。日夜专攻伪城，幸而踏破，足以孤九江城贼之势。即不然，亦可断其接济。或遇有顺机，则会雪琴[3]内湖水师以攻湖口，亦较便捷。南岸已备稻草数万担，又派人在武穴买布万丈，作沙囊，逼攻浔城。南北两岸一时并举，其得手与否，仍未敢知也。

[1] 希庵，指李续宜。

[2] 俾，使。

[3] 雪琴，彭玉麟。

昨日晡间，接耆九峰[1]、胡润芝两中丞各一函，俱抄寄。以余观之[2]，耆之留湘后一军，则出于事势之不容已，全赖之以出力也；胡之调湘后一军，则出于情义之难恝[3]，非借之以集事[4]也；以事势论，宜留原处；以情义论，宜赴九江。二者不可得兼，应舍应取，何去何从，乞足下与玉田[5]、霞浦、杰人[6]诸君商酌行之。江西欠饷，自宜着力[7]催取。润公函中官话一节，大有深意，可领略也。书不什一。

[1] 耆九峰，指耆龄。

[2] 以余观之，依我看来。

[3] 恝，无动于衷，淡然。

[4] 集事，成事。

[5] 玉田，刘岳曙。

[6] 杰人，刘腾鹤。

[7] 着力，尽力，用力。

复李黼堂观察[1]

昨日黄昏，尊伻[2]到，接奉惠书。今晨适厚庵[3]至敝营会商军情，相与展诵，领悉尊处军火不敷[4]。

[1] 李黼堂，李桓（1827—1891），字叔虎，号黼堂，一号辅堂，湖南汨罗人。系道光间两江总督李星沅之三子。咸丰五年以道员拣发江西，署广饶九南兵备道。后历任按察使、督粮道、布政使。同治元年任江西布政使、巡抚，大力办理省城防务，并为镇压太平军筹措粮饷。

[2] 尊伻，尊使。

[3] 适，刚好。厚庵，杨载福。

[4] 敷，足够。

江省既非产硝[1]之区，虽经采办邻省，亦缓不济急，难应各军浩繁[2]之需。欲以万金易[3]火药于鄂省，由九江解运，而尤以水师所保全者甚大，虑其因此致有贻误。急应于敝处先拨五万斤，交给雪琴[4]水营领取。仰见筹画周详、办理劳瘁之至意[5]，而词旨肫挚[6]，委屈详尽，益见雅量雍容，谦光可风[[8]，实足沁人心脾。钦佩！钦佩！

[1] 硝，指硝药，火药。

[2] 浩繁，浩大，繁多。

[3] 易，交换，这里是购买的意思。

[4] 雪琴，指彭玉麟。

[5] 劳瘁，辛苦劳累。至意，极诚挚的情意。

[6] 词旨，言辞意旨。肫挚，真挚诚恳。

[7] 谦光，谦尊而光，谓尊者谦虚而显示其光明美德。可风，可为风范。

吴楚三省原是一家，况当用兵之际，尤属情切。辅车[1]义宜兼顾，通有无，以全大局，乃分所应尔，火药其微焉者耳。润公[2]为人，以天下为量，矧在唇齿[3]，讵有畛域之分[4]？固无不如命以应者[5]。某比即饬弁送呈尊禀，且为道达盛意[6]，恳其尽万金之数以办之，断未有不允之理。但一蹴之间欲得数万斤，其势不能，惟源源筹济则可耳。鄂中硝药，多由湖南办来。去岁某等在洪山所办，每万金可得药十万斤，今岁价值大约不相上下。是否照办之处，仰恳吾兄酌定。雪琴处所需火药，即由敝处陆续筹应，无虑其不济矣。

[1] 辅车，颊骨与牙床。一说车夹木与车舆。比喻事物互为依存的利害关系。

[2] 润公，胡林翼。

[3] 矧，况且。唇齿，嘴唇和牙齿，借喻互相接近且有共同利害的两方。

[4] 讵，难道。畛域，范围，界限。

[5] 如命，依照命令、指示行事。应，照应。

[6] 盛意，浓厚的情意。

浔城贼负嵎不出，多方攻击，未能得手，了无善状[1]可为吾兄告。前月，都将军[2]以该逆窜踞童司牌，关系黄梅转运[3]，后路告急请援。某于廿八日派队渡江，行百余里，抵其处。二十九日进剿，破逆垒十九座，杀毙、淹毙之贼以三千计。初一日，黄梅各军乘势进攻，连破贼垒四十余座，毙贼二千余人。水师于初间[4]轰蕲州，克其城，下游贼势顿衰。希庵[5]至兴国，停止四日，时润公已进驻傅家岭，希庵遂渡江往会焉。初一日获胜，进扎桃花寨。于十一日出队剿孙家嘴之贼，破逆垒十余座，毙贼二千余人，上游军威亦渐壮，但贼数尚众，未审遂能了结否也。知关绮注[6]，并以布闻[7]。临江、吉安等处，现在情形若何？乞便示知为祷。

[1] 了无，全无。善状，好情况。

[2] 都将军，都兴阿。

[3] 转运，运输。

[4] 初间，初旬，每个月的前十天。

[5] 希庵，指李续宜。

[6] 绮注，犹锦注，称别人对己关注之敬辞。

[7] 布闻，向上传报。

复彭雪琴[1]观察

月初九日，接奉惠书。捧读之余，殊深浩叹。以吾兄忠愤之志出济时艰[2]，其勋劳已炳人耳目[3]。而方今所恃以制贼，使不能逞志于江湖[4]之会，横行吴楚之间，而快其私者，实赖水师之足以扼其冲[5]耳。藉无水师，其祸讵止此哉[6]？然则当路有力者宜如何多方护惜之，以收其折冲之用，乃至故为掣肘以相困[7]。此佞人头，所当挥剑以斩者，抑亦古今英雄之所同慨也[8]。惟幸润公多方筹济[9]，涤公[10]亦必即来，决不肯负此雄军，是天下尚有爱英雄之君子，讵至终受困于庸人之手乎？吾兄只宜激励士卒以固其志，毋忧郁愤懑以伤其躯。天下事所寄托者尚重且远，此身不可不爱惜，保其身即所以保国也。事到不可为处，惟有静以待时而显其盘根错节之用，乌得因若辈之龃龉[11]，遂为无聊之戚戚[12]，以伤厥[13]有用之身哉？某实深为吾兄虑，而不得不为吾兄劝。伏祈采而纳之。幸甚[14]！幸甚！

[1] 彭雪琴，即彭玉麟。

[2] 济，拯救，救济。时艰，时局的艰难困苦。

[3] 勋劳，功劳，功勋。炳人耳目，谓大家都耳闻目睹。

[4] 江湖，江西，湖北。

[5] 扼其冲，把守它的交通要道。

[6] 藉，假设，假使。讵，哪里。

[7] 当路有力者，掌大权者。折冲，克敌制胜。乃，竟然。故，故意。掣肘，从旁牵制。

[8] 佞人，善于花言巧语，阿谀奉承的人。同慨，同样的感慨。

[9] 润公，指胡林翼。筹济，筹划救助。

[10] 涤公，曾国藩。

[11] 乌得，哪里能够。龃龉，抵触。

[12] 戚戚，忧伤貌。

[13] 厥，其。

[14] 幸甚，书信中习用语，有表示殷切希望之意。

敝军以分而单，诚如尊虑，然亦势使之然，他无可拨[1]之军耳。贼之窜犯蕲、黄等处，各号数万，官军骤不及支。苟非援师速集，以壮军威而夺贼气，则浸浸乎又成往年故事[2]。某虑逆党再扰武汉，必至牵我全军皆北渡以返救，而浔江无军，吴楚失其藩篱[3]，该逆得以长驱四窜，南援瑞、临，西犯兴国，大局将不堪问。故分兵疾援，庶其机乃可速转耳。

[1] 拨，调拨。

[2] 浸浸，渐渐。故事，旧例。

[3] 藩篱，边界，屏障。

五月来，两处俱获数捷，特未知其遂能击走之以清我北路否[1]。城贼及湖口、小池口之贼，见敝军之分而北也，日出队以相乘[2]。我军示弱诱战，叠[3]获大胜，斩擒颇多，迩来[4]寂不作声矣。

[1] 特，只是。击走，打跑。

[2] 相乘，交互侵袭。乘，侵袭。

[3] 叠，多次。

[4] 迩来，近来。

日前探报石逆[1]大股来援，某饬各勇预为戒备，既于环城壕坑加挖而益以宽深，复于山脊掘壕数道，以断援贼来路，惟留小道以便我军出入。斯有长壕足以自守，有小道足以出战。若石逆果来，则视其众寡强弱之势，以决我战守之机宜[2]。纵或力薄于战，而守备[3]则已坚固，且陆续加勇添营，亦复得数百人，合计之，尚有四千之众，军心帖然[4]，克恃以无恐，堪慰吾兄悬念[5]。瑞军不齐[6]之说，亦颇有所闻。但幸有调停于其中者，尚可无虑耳。书不什一，诸希心照。

[1] 石逆，指石达开。

[2] 机宜，依据客观情势所采取的对策。

[3] 守备，用于防御的设施、器物。

[4] 帖然，安定顺从的样子。

[5] 悬念，挂念。

[6] 不齐，人心不齐。

致黄子春明府[1]

日来接到家书，得悉蘋洲公祖[2]将交卸赴澧。其未去吾湘也，人思挽留；则其既去吾湘也，人之怀思[3]益可知。而台旌戾止，将接篆莅任[4]。其未治吾湘也，人钦德誉素望洽于舆情[5]；则其既治吾湘也，人之爱戴益可知。吾湘何福？好官踵至[6]，逖听下风[7]，欣叨庇荫[8]，庆何如之[9]？意四年之夏于新墙营次[10]，幸睹雅范[11]，获聆高论，别后怀思犹切[12]。

[1] 黄子春，黄淳熙（1817—1861），江西鄱阳人。道光二十七年进士，湖南即用知县，累功擢知府，以道员记名，所部曰果毅营，从骆秉章入四川与太平军交战，战殁，诏赠布政使，加赠内阁学士，谥忠壮。明府，“明府君”的略称，汉人用为对太守的尊称，唐代别称县令为明府，称县尉为少府，后世相沿不改。

[2] 蘋洲，即唐逢辰（1793—1862），字芳行，号蘋洲，江西万载鹅峰人。咸丰四年任湘乡知县，咸丰七年任澧州知州，后升任衡州府知府，卒于任。公祖，旧时士绅对知府以上地方官的尊称，对地位较高者，亦称老公祖、大公祖和公祖父母，流行于明清。

[3] 怀思，怀念，思念。

[4] 台旌，犹“大驾”，尊称对方。戾止，到来。接篆，官员接

任。莅任，上任。

[5] 德誉，美好的声誉。素望，平素的声望。洽，融洽，和谐。舆情，民情。

[6] 踵至，接踵而来。

[7] 逖听，犹逖闻，在远处听到。下风，当作遐风，影响深远之教化，指仁义道德之类。

[8] 庇荫，庇护。

[9] 值得庆祝的事情，什么比得上它呢?

[10] 意，通“忆”，回忆。营次，军队驻扎地。

[11] 雅范，指脱俗的风度，高尚的品格。

[12] 切，深切。

溯洄是岁初冬，闻台驾已抵九江[1]。适某师行及于黄梅，因战事方忙，未便趋谒[2]左右，随饬弁径造水营恭迎芳躅[3]。冀或不弃，俯赐辱临，惠予指教，以匡不逮[4]。不意[5]阁下已扬帆南归，高人出处，正未易测，实深佩服。而人生会合亦自有缘，未可强也。兹幸履任[6]敝邑，俾[7]湘中父老子弟皆沐仁人之恩泽，使某他日得归梓里[8]，托庇宇下，以仰观政教之施，而共乐风化之盛，乃其缘之大者，则某与阖邑[9]绅民所宜共祷祝以求之者也。惟乞训诲，时赐指授[10]韬略为幸。鄂北、江右及下游皖江等处近日军情，因董厚庵[11]归湘，于晋谒[12]时，必能道其详，故未赘及。

[1] 溯洄，回忆。台驾，尊称对方。

[2] 趋谒，前往进见。

[3] 径，直接。造，到。芳躅，尊称别人的到来。

[4] 匡，纠正。不逮，不足之处。

[5] 不意，不料。

[6] 履任，就任。

[7] 俾，使。

［8］梓里，家乡。

［9］阖邑，全城或全县。

［10］指授，指导，传授。

［11］董厚庵，董容方，字厚庵，湖南湘乡人。候选同知、直隶州知州。是跟随李续宾较久的幕僚之一，曾为李续宾绘制地图。以主帅出战未归，鼓励军士坚守营垒，随李续宾殁于三河之役。

［12］晋谒，拜见。

又致黄明府[1]

日前寄函，谅呈钧览[2]。下游一切军情，想董厚庵能备述以达尊听矣[3]。润公中丞之师及舍弟希庵由瑞赴援之湘、宝各勇[4]，自初一日及十一日获胜于傅家岭、孙家嘴后，士气益奋，乘势前进。时黄冈县所属之马家河、火石港、马家团、四方仓、柳家湾、印马地、土树林等处，绵亘数十里，无非[5]逆垒，贼号数万。经十八日之战，踏破贼垒五十二座。二十三日，复大进，鏖战终日，贼始败走。竭力追杀，直薄[6]其垒，而垒外之贼不能入，垒中之贼不能出，纵火焚烧，毙贼数千。据生擒贼供，乃由安徽新添来悍贼万余，故敢于终日死战。酉刻收队，逆垒四十余座均平，遂乘势进剿至蕲水矣。计此两役，破垒九十余座，杀贼近万。北岸肃清之效，宜可拭目以俟[7]。又接李镇军[8]函，贵省之进贤县亦经克复，并闻吉安军威复大振，此皆近日之佳报也，谨以布闻[9]。

［1］黄明府，黄淳熙。

［2］钧览，对尊长阅览的敬称。

［3］董厚庵，董容方。备述，详尽叙述。

［4］润公，胡林翼。希庵，李续宜。

［5］无非，无一不是。

［6］薄，逼近。

［7］拭目以俟，拭目以待。

[8] 镇军，清代总兵的俗称。

[9] 布闻，向上传报。

兹有恳[1]者，敝军自出征以来，所经保举文武员弁未有补实缺者，而干戈不靖，人亦无上进之心，且请补一切办法亦非军中之所谙悉[2]，故文则教谕、训导[3]，武则千把、守备[4]，应于本省补缺之员，拟烦清神为行文牍[5]。其应如何酌行之处，均乞代为照料。现有克复武汉案内所保，不论单双月，遇缺尽先即选。训导吴立蓉在营有年，著有劳绩[6]，因办事勤干，尚强留军中，未许归里[7]，而其志无意于功名，不愿加保官阶。某念其得力多，而所以酬之者不克[8]以偿其功，未免有负[9]，拟为请补实缺，庶足以答厥勤劳。伏维执事[10]爱才若渴，成人之美，祈即为申详[11]，以俾选缺。一切琐事，均乞妥为料理为荷。

[1] 恳，请求。

[2] 谙悉，熟悉。

[3] 教谕、训导，皆学官名。

[4] 千把，清代对武官千总、把总的并称。守备，明清两朝的官职名，管理军队总务、军饷，正五品官，受各省提督、巡抚或总兵管辖。

[5] 打算麻烦您费心思写好公文。清神，对人神思的敬称。

[6] 劳绩，功劳和成绩。

[7] 归里，回故乡。

[8] 不克，不能。

[9] 负，辜负。

[10] 执事，对对方的敬称。

[11] 申详，向上级官府详细呈报。

复沈克垣参戎[1]

接到来书，具悉童司牌接战情形，足下所虑二端甚确[2]。目下南岸既无可分之兵，而陆家嘴又为保护水师且以固南岸之饷道[3]，又系上游两楚咽喉要地，亦不可稍疏[4]。若为童司牌之故而弃陆家嘴不守，其非良策，固夫人而知之也。余初意[5]但欲足下往察形势，如其地可以一营扼要[6]而守，则移左营往守，而另拨彭都司之护军右营驻左营之原垒，贵营与奇右亦仍返原垒，是为一举两得之策。若其地非一营所能驻守，则兼顾为难。而以两地之轻重衡之，宜以保守陆家嘴为要着[7]，是为弃轻就重之法。

[1] 沈克垣，沈俊德，字克垣，湘军将领，隶于李续宾，咸丰七年任元右营营官，后任福建汀州镇总兵。参戎，明清武官参将。

[2] 甚确，很对。

[3] 饷道，运送军粮的道路。

[4] 疏，疏忽。

[5] 初意，本意。

[6] 扼要，扼据要冲。

[7] 要着，重要之事。

今贼党既众，其势汹汹，似亦未能遽[1]灭，而陆家嘴守兵尚少，洵[2]属两难。顷令云崖[3]于明日驰往，审看形势。若有一营可以扼守之区，斯添派队伍往助，定将该逆一股击退，仍以左营驻要守之，贵营与奇右营便可撤回。若无要害之处，则不添派队伍。盖由南岸拔队赴该处，水陆百余里，往返须数日，颇形劳顿[4]。苟以多兵破之，可以少兵守之，斯劳而有益，不敢惮也。若以多兵破之，仍须多兵守之，不守，则仍为贼有，斯劳而无功，不如且为士卒惜此劳苦耳。今该处有无要隘可守，已在足下洞察之中。如无可守，则尔等三营宜弃该处，仍回陆家嘴，是为上计。而军事瞬息万变，难以预知。倘尔等三营已为贼所牵制，有万不可撤退之势，则宜深沟高垒，暂图自守。某当于南岸万无可分之中勉拨二三营往陆家嘴驻扎，以成犄角之势。际此[5]仓猝之时，该逆决不知我南岸单薄至于此极，乘虚来犯一节，或者可免。无米之炊，不能不行此险计。仰赖朝廷之福泽、将士之声威，自当履险如夷，逢凶化吉。若徒拥兵自卫，退缩不前，第为自全之谋[6]，不顾时事之急，殊非我辈以身许国之道也。一切情形，望与之纯[7]、国香[8]通盘筹商之。

[1] 遽，立刻。

[2] 洵，确实。

[3] 云崖，指朱品隆，字云崖。

[4] 形，显露。劳顿，劳累疲倦。

[5] 际此，当此。

[6] 第，只是。自全，保全自己。

[7] 之纯，蒋凝学（1810—1878），字之纯，监生，湖南湘乡人。咸丰五年从军。经儿子蒋泽沄推荐，咸丰六年出任左营营官。咸丰八年，李续宾出征安徽，蒋凝学随李续宜统兵镇守武汉。后历任兰州道、山西按察使、陕西布政使等职。光绪四年卒，赐恤，赠内阁学士。

[8] 国香，赵克彰，字国香，湖南湘乡人。咸丰六年任奇右营营官。官至副将，从二品。咸丰八年随李续宾征皖，攻克桐城后，李续宾奏请“记名以总兵简用，并赏加提督衔”。李续宾三河遇险时，驻守桐城的赵克彰违抗指令，不予救援。后撤职，免死。

附录

元旦试笔步谢生原韵[1]

频年戎马效勤劳[2]，任重谁云小试刀[3]？匝地新春添淑景[4]，大江何日挽狂涛？九天叠宠恩难报[5]，千里长驱气倍豪。欲拯斯民[6]离水火，且将椒酒劝同袍[7]。

[1] 试笔，练习写文章，这里指写诗歌。步，按照。谢生，谢景乾。原韵，和他人诗词时，称所和诗词的韵为原韵。

[2] 频年，多年。戎马，战争。效，献出。

[3] 小试刀，小试牛刀，喻有大本领的人先在小事上略施本领。刀，牛刀，宰牛刀。

[4] 匝地，遍地。淑景，美景。

[5] 九天，天之中央与八方，借指帝王。叠，多。

[6] 斯民，老百姓。

[7] 椒酒，是用椒浸制的酒。同袍，战友。

昔年献岁侍高堂[1]，棣萼翩联舞彩觞[2]。此日捷书陈魏阙[3]，望云归思动衡阳。如兹旧好胸无滓[4]，赠到新诗墨有光。惟祝妖氛[5]都扫净，普天荒服尽来王[6]。

[1] 献岁，进入新的一年。高堂，对父母的敬称。

[2] 棣萼，常棣的花萼，比喻兄弟。翩联，共飞貌。

[3] 捷书，军事捷报。魏阙，宫门上巍然高出的观楼，其下常悬挂法令，后用作朝廷的代称。

[4] 旧好，旧友。滓，污秽，污浊。

[5] 妖氛，不祥的云气，喻凶灾、祸乱。

[6] 荒服，边远地区。来王，古代诸侯定期朝觐天子。

附记　谢景乾健庵[1]诗

好将元日[2]慰辛劳，十万王师[3]解佩刀。楚国连年勤伐挞[4]，浔阳今岁静波涛。介眉春酒[5]人都醉，拔剑高歌我最豪。说与擎天双柱石[6]，楼前花萼[7]映征袍。

[1] 谢景乾健庵，谢景乾，字健庵。生卒不详，与刘典、罗泽南同学于长沙城南书院。

[2] 元日，农历正月初一。

[3] 王师，天子的军队。

[4] 伐挞，用武力大规模征讨。

[5] 介眉春酒，语出《诗·豳风·七月》“为此春酒，以介眉寿”，后以此为祝寿之词。介眉，介眉寿，求长寿。春酒，冬酿春熟之酒。

[6] 擎天，托天。柱石，顶梁的柱子和垫柱的础石，比喻担当重任的人。

[7] 花萼，花与萼，萼和花同生一枝，且有保护花瓣的作用，故后常以“花萼”比喻兄弟或兄弟间和睦友爱的情谊。

楚师东下阵堂堂[1]，元日欢传柏叶觞[2]。战士直须趋建业[3]，将军先欲拔浔阳。鼓鼙[4]应壮山河色，旌旆[5]同增日月光。第一元戎丰度好[6]，笙歌围绕颂汾王[7]。

[1] 堂堂，盛大貌。

[2] 柏叶，即柏叶酒，以柏树叶浸泡的酒。觞，盛酒器。

[3] 直须，还要。建业，南京。

[4] 鼓鼙，亦作“鼓鞞”，古代军中常用的乐器，指大鼓和小鼓，后借指征战。

[5] 旌旆，旗帜。

[6] 元戎，主将，统帅。丰度，优美的举止神态。

[7] 笙歌，吹笙唱歌或奏乐唱歌。汾王，大王。

联语[1]

一生只为国家苦，两字兼全忠孝难。

咸丰七年，忠武公督师围攻九江，战事稍暇[2]，辄读书习字不辍[3]。每晨起，必书“国家”字各百余。一日长叹，曰：“此二字实难如意。”因感慨唏嘘，泣[4]数行下，盖忠孝之念发于至情，不自觉其流露也。随撰是联，命续禋[5]书之，悬诸[6]座右。

[1] 联语，对联。

[2] 稍暇，稍有空闲。

[3] 不辍，不停。

[4] 泣，眼泪。

[5] 续禋，李续禋，李续宾堂弟。

[6] 诸，之于。

明年冬，公尽节[1]于三河。噫！荻花枫叶，鹃血猿啼，此景此情，历历如昨。曾日月之几何，是联遽成谶语矣[2]。痛哉！谨泣志其缘起，俾[3]观者知公学术、性情之所发，勋名、节义[4]之所由，其平日一片苦心固有拳拳不能自释者[5]，如此尔。咸丰十一年辛酉冬仲[6]，再从弟续禋察安甫谨识[7]。

[1] 尽节，为保全节操而牺牲生命。

[2] 是联，此联。遽，就。谶语，迷信的人指事后应验的话。

[3] 俾，让。

[4] 节义，节操与义行。

[5] 拳拳，诚挚貌。自释，自行宽解。

[6] 冬仲，仲冬，十一月。

[7] 续禋，李续禋（1819—1874），湖南涟源市人，字权复，号来复，又字于儒，别号察庵，邑庠生，李续宾幕僚，以军功升任直隶州知州，赏戴花翎，授通政大夫。察安，当作察庵。甫，古代在男子名字后面加的美称。从弟，堂弟。谨识，谨记，郑重记叙。

又：君子淡交[1]，且向淡中交君子。好人难学，须从难处学好人。

[1] 淡交，淡泊交往。

《读〈易〉管窥离句串义》叙[1]

六经皆圣人之书，《易》则六经之权舆也[2]。他书据事敷陈[3]，其义显。《易》则依象寓意，其义微[4]。孔子系《易》，作《十翼》以赞之[5]，于洁静[6]精微之旨，详且尽矣。汉唐以来，注《易》者数百家，或专言象，或专言理。虽各得其宗，然舍理言象，则卦德[7]未尽；舍象言理，则卦体[8]未详。即有象、理合阐者，又多拾象数之绪余[9]，陈事理之糟粕，瑕瑜互见，终不足以发明圣人作《易》垂教之精义[10]。

[1] 叙，序，序言。

[2]《易》，《易经》。权舆，起始。

[3] 敷陈，铺叙，详尽陈述。

[4] 象，卦象。意，卦理。微，精微。

[5]《十翼》，即《易传》，是解释《周易》的著作，包括《上彖》《下彖》《上象》《下象》《上系》《下系》《文言》《说卦》《序卦》《杂卦》，共十篇，故称《十翼》。赞，阐明。

[6] 洁静，清静。

[7] 卦德，卦理，卦体所具有的代表性的性能、性情以及特点等因素。

[8] 卦体，卦象，卦的形体。

[9] 绪余，抽丝后留在蚕茧上的残丝，借指事物之残余或主体

之外所剩余者。

[10] 发明，启发、阐明。垂教，垂训，赐教。

余往岁从吾师罗忠节公[1]会剿粤逆于豫章、湘、鄂间，罗公善言《易》，攻战之暇，日相与讲习讨论，于屈伸消长之机、进退存亡之道，颇能默契于心。顾军务倥偬，终未得从容涵泳，以探先圣之奥旨，心窃恨焉[2]。今年师次浔阳，李蔚森成均，出其父致和茂才所著《读〈易〉管窥离句串义》，乞序于余，并云其祖孝廉公标亦著有《读〈易〉管窥》，茂才言《易》，盖庭训也[3]。夫卦爻彖象，圣人所以顺性命之理、尽变化之道者，莫备[4]于《易》。此书之作，逐句训义，错综参互，条分缕晰，而又脉络贯通，实能于邵子之数[5]、程子之理[6]，玩索[7]有得，非私智穿凿[8]者比也。余乌[9]足以知《易》？顾窃喜是书随读随解、便于学者，因书数语，以弁简端云[10]。

咸丰八年春正月　湘乡李续宾撰。

[1] 罗忠节公，罗泽南。

[2] 顾，但是。倥偬，事情纷繁迫促。涵泳，深入领会。奥旨，奥义，要旨。恨，遗憾。

[3] 次，驻扎。成均，当作贡成均，即成为监生。茂才，秀才。孝廉，明朝、清朝对举人的雅称。庭训，父亲的教诲，泛指家教。

[4] 完，完备。

[5] 邵子之数，即《邵子神数》，由宋朝时代的著名卜士邵康节所著，又叫《邵夫子神数》，史称《邵氏易学神数》，是中国五大数术之一。

[6] 程子，宋代理学家程颢、程颐。理，理学。

[7] 玩索，体味探求。

[8] 穿凿，牵强附会。

[9] 乌，哪里。

[10] 弁，放在前面。简端，书的开头或结尾，这里指开头。

跋

先公奏疏业已校刊就绪，乃复及于书牍[1]，大率得之先叔父旧簏中者[2]。溯自咸丰壬子，以讫戊午[3]. 贼氛炽甚，蹂躏东南，先公率湘中子弟转战数行省，规画经营，夜以继日，音书裁答[4]，羽檄[5]纷驰，盖不知几千万言也。尽节[6]以后，图籍[7]散佚，先叔父所存各稿尚不及百千之一二。曾手录成帙[8]，常置行囊，原欲俟收集粗备，始行开镌[9]。乃周谘博访[10]，仅得数篇。此外则天壤茫茫，搜罗计拙。洵[11]可痛已！犹幸此稿独存，不至尽归消灭。

[1] 书牍，书信。

[2] 大率，大都。簏，书簏，藏书用的竹箱子。

[3] 咸丰壬子，1852 年。戊午，1858 年。

[4] 裁答，作书答复。

[5] 羽檄，古代插鸟羽以示紧急、必须迅速传递的军事文书。

[6] 尽节，为保全节操而牺牲生命。

[7] 图籍，文籍图书。

[8] 曾经手抄成册。手录，手抄。

[9] 俟，等。镌，镌刻。

[10] 周、博，到处。谘、访，询问。

[11] 洵，确实。

一展读之，如随侍行间[1]，身供奔走后先[2]之役；如相从壁[3]上，亲见运筹决战之劳；如聚米[4]量沙[5]，绘图满纸；如趋庭[6]问寝，训诫躬承[7]。虽草檄[8]有人，而立辞[9]由己。或远虑深谋，煌煌万语。或微词要旨，落落[10]数言。质诸当道，则实事直陈[11]。咨及同袍，则虚衷商榷[12]。督偏裨而树伟绩，必借奖以温词[13]。冒矢石[14]而克坚城，必归功于将士。他若审揆形势，酌度贼情，调将遣兵，解衣推食[15]，率疲师以御强寇，驱饥卒以救邻封[16]，出生入死之危，沐雨栉风[17]之苦，皆得于此中稽其大要[18]。呜呼！是亦幸矣！

［1］随侍，跟随侍奉。行间，军中。

［2］后先，先后。

［3］壁，军营。

［4］聚米，典出《后汉书·马援传》，马援在刘秀面前把米堆成山谷模型，分析地形与军情，后把聚米比喻指划形势，运筹决策。

［5］量沙，量沙退敌，指安定军心、迷惑敌人之典。南北朝宋朝将军檀道济北伐北魏，在历城不幸被围，粮草难继，军心涣散，他命令军士用河沙充当大米称量，既迷惑了自己的军队，得以稳定军心，又迷惑魏军，得以安全撤军。

［6］趋庭，典出《论语》，谓子承父教。

［7］躬承，亲自接受。

［8］草檄，草拟檄文，泛指撰写官方文书。

［9］立辞，确立文辞。

［10］落落，稀疏貌。

［11］询问掌权者，就实事求是，直接陈述。当道，掌权者。

［12］同袍，战友。虚衷，虚心。

［13］偏裨，副将。奖借，勉励推许。温词，温和的言辞。

［14］矢石，指箭和垒石，古时守城的武器。

［15］解衣推食，把穿着的衣服脱下给别人穿，把正在吃的食物让给别人吃，谓施惠于人。

［16］邻封，本为相邻的封地，泛指邻县、邻地。

［17］沐雨栉风，风梳发，雨洗头，形容饱经风雨，劳苦奔波。

［18］稽，稽查。大要，大概。

每欲寿诸梨枣而迄难集事[1]，或旷[2]于异地之奔驰，或阻于门庭之变故，欲行未果[3]，有愿莫偿。日居月诸[4]，云飞电掣，忽忽三十余年，若复因循不举[5]，则沧桑万变，恐久而就湮[6]矣。迩者权巡温处[7]，退食[8]之暇，乃[9]出所存各稿，敬谨编次，分为上下二卷，付之梓人[10]。非敢谓传世行后发潜德[11]于篇章，亦欲以守缺抱残，垂丹诚[12]于久远，俾后世子孙口诵心维[13]，洞洞属属[14]，油然生追慕之忱[15]，不至数典[16]而尽忘，是则不孝区区[17]之意尔。

[1] 每次想要付之于印刷，但最后难以成事。寿，通“铸”，镌刻。梨枣，古代印书的木刻板。

[2] 旷，耽误。

[3] 欲行未果，想要实行而没有结果。

[4] 日居月诸，指光阴的流逝。

[5] 如果再这样照旧没有行动。因循，照旧。

[6] 湮，淹没，埋没。

[7] 迩，近来。权，暂且。温处，温处道，清代中国浙江省行政区划之一，辖温州、处州两府，治所温州。

[8] 退食，退朝就食于家，公余休息。

[9] 乃，于是。

[10] 梓人，印刷业的刻版工人。

[11] 潜德，不为人知的美德。

[12] 垂，流传。丹诚，赤诚。

[13] 口诵心维，口里念诵，心里思考。

[14] 洞洞属属，恭敬谨慎貌。

[15] 忱，真诚的情意。

[16] 数典，历举典故。

[17] 区区，谦辞，我。

光绪十七年[1]岁在辛卯夏五孤[2]光久[3]泣血谨志。

[1] 光绪十七年，1891 年。

[2] 孤，孤儿，幼年丧父的人。

[3] 光久，李光久（1845—1900），李续宾之子，字健斋，承袭三等男爵，同治年从军，湘军后期统领。转战湖南、直隶、浙江、山东、辽宁等地，历官知县、知府、道员、盐运使、浙江按察使。1858 年，以父李续宾殉难，恩赏举人。1859 年，在籍募勇，整饬团练，以卫乡里。1868 年，钦差大臣都兴阿以李光久知兵，奏请襄办军务。1871 年，帮曾国藩办理营务，受其赞许。1883 年，督办江南水利事宜，开河百余里，引淮水入海。1884 年，中法战争爆发，驻扎登州海岸，严为防御，敌船不敢靠岸。1890 年，浙江大饥，筹办赈务，救活无数百姓。1894 年，中日甲午战争爆发，率老湘军五营与日军激战，重挫日军，日军悬重赏害李光久。1899 年，任浙江按察使，统领马步三十六营驻防宁波，防御意大利海军入侵。由于布置严密，海疆得以安宁。次年病卒，赠内阁学士。

跋

辛卯冬[1]，家君裒集先大父忠武公遗书告成[2]，前普[3]伏而读之，不禁凄然以悲也。

[1] 辛卯冬，辛卯年（1891）冬天。

[2] 家君，家父。大父，祖父。裒（póu）集，辑集。

[3] 前普，李前普，李续宾之孙，李光久之子。

公之尽节[1]也，敬举宸翰火之[2]，曰："毋使辱于贼手。"而族伯逸斋千戎[3]常从公军中，情同父子，亦与于难。当就义时，取公平日所为草稿，悉付焚如[4]，故公手泽[5]罕有存者。

[1] 尽节，为保全节操而牺牲生命。

[2] 宸翰，皇帝亲笔手诏、御札之类。火，烧。

[3] 逸斋，李光甲，字逸斋，李续宾族侄，在三河之战中战死。千戎，即千总，官名。

[4] 悉，全部。付焚如，烧掉。

[5] 手泽，称先人或前辈的遗墨、遗物等。

今所搜辑大率家君受之勇毅公者[1]，亦有访求世交姻好而获者。致刘武烈书，则仲弟前晋得之于武烈从子者也[2]。此外，有家书数百篇，皆公手作。家君装潢成十余册，什袭[3]藏之。同治初，族叔祖察安司马为公撰次行述[4]，尽取以去。展转十年，司马物化[5]，其子携之外出，遂至散佚。今所存仅数十篇，尚待续刊。

[1] 搜辑，搜集。勇毅公，指李续宜。

[2] 写给刘武烈（刘腾鸿）的书信，就是我的弟弟李前晋从刘

武烈的侄子手里得到的。刘武烈，刘腾鸿，字峙衡，谥号武烈。

[3] 什袭，把物品一层一层包裹起来，以示珍贵。

[4] 察安，当为察庵，李续禋。撰次，编集，编纂。行述，行状，叙述死者世系、生平、生卒年月、籍贯、事迹的文章，常由死者门生故吏或亲友撰述，留作撰写墓志或史官提供立传的依据。

[5] 物化，死亡。

往余稚年，见诸从父悬有公书帖大字[1]。又公每克城隘，必绘图详说，以闻于先曾祖光禄公[2]，今亦付之无何有之乡[3]。呜呼！吉光片羽[4]，精神所托。虽钧天广乐[5]不可得而备闻，而《广陵散》[6]尚在人间也。尝闻之长老云："公立品敦朴[7]，不事华饰，故流露于楮墨[8]者，多质直简劲[9]，绝无铺张浮词。"吁，此后世子孙，所当永以为法，而不容或谖[10]者矣。敬书数语，以志永慕[11]。

光绪十七年十二月祀灶日长孙前普谨识[12]。

[1] 稚年，幼年。从父，堂伯父。

[2] 光禄公，李续宾的父亲李登胜，曾封为光禄大夫。

[3] 无何有之乡，什么都没有的地方。

[4] 吉光片羽，神兽吉光身上的一片毛，比喻残存的艺术珍品。

[5] 钧天广乐，指天上的音乐。

[6]《广陵散》，中国古代古琴曲。

[7] 立品，培养品德。敦朴，敦厚朴实。

[8] 楮墨，纸与墨，借指诗文或书画。

[9] 质直，言辞质朴平实。简劲，简练有力。

[10] 谖，忘。

[11] 以志永慕，以表达我永远的敬慕。志，叙述，表述。

[12] 光绪十七年，1891 年。祀灶日，农历十二月二十三日。谨识，谨记。

李忠武公年谱

卷一

公姓李氏，讳[1]续宾，字如九，一字克惠，号迪庵，唐郑孝王亮[2]之裔。孝王后十七世曰茂隆，宋盛时官评事[3]，晚岁始迁居湘乡桥头[4]。茂隆九世孙曰如清，兄弟三人，皆膺上寿[5]。如清孙添宗，明洪武中以乡举征为祭酒[6]，自是代有闻达[7]。〇《湘乡县志》宋元乡贡选举[8]有李居体、李应桢、李再匀、李添荣、李文辅，明李仕贵、李思章、李元伦，国朝[9]李笃本等，皆公族之先正[10]。考公《家谱》：自添宗至公之曾孙，十有七世，凡乡榜征辟[11]共五人，贡成均[12]二人，诸生[13]五十余人。

[1] 讳，对已故帝王和尊长之名的称呼。

[2] 唐郑孝王亮，李亮，唐太祖李虎第八子，唐高祖李渊的叔父，仕隋为海州刺史，唐高祖武德年间追封为郑孝王。生子淮安靖王李神通、襄邑恭王李神符。

[3] 官评事，担任评事官一职。评事，隋炀帝时，所置的官职名，属大理寺属员。

[4] 湘乡桥头，今湖南涟源市荷塘镇桥头村。

[5] 上寿，三寿中之上者，《庄子·盗跖》："人上寿百岁，中寿八十，下寿六十。"

[6] 乡举，由乡里选拔人才。祭酒，古代主管国子监或太学的教育行政长官。

[7] 闻达，有名望、显达之人。

[8] 乡贡，乡试。选举，选拔举用。

[9] 国朝，本朝，此指清朝。

[10] 先正，前代的贤人。

[11] 乡榜，科举乡试的录取名单，代指乡试中式者，即举人。征辟，谓征召布衣出仕，朝廷召之称征，三公以下召之称辟。

[12] 贡，进。成均，古之大学，泛称官设的最高学府。

[13] 诸生，明清两代称已入学的生员。

添宗八世孙志荣当明季[1]，使九子析处九宅，部勒[2]乡农捍流寇，井里[3]以安。志荣孙仁明，是为公之高祖，邃[4]于经学，孝友[5]，著闻闾里[6]。知县会稽[7]张公天如，以事莅乡，屏驺从造访其家[8]，乾隆中所修《县志》有传。

[1] 当，在。明季，明朝末年。

[2] 部勒，部署、约束。

[3] 井里，乡里。

[4] 邃，精通。

[5] 孝友，事父母孝顺，对兄弟友爱。

[6] 闾里，乡里，民间。

[7] 会稽，旧县名，隋开皇九年置，治今绍兴市，唐以后至清与山阴县合为越州、绍兴府，1912 年与山阴县合并为绍兴县。

[8] 莅，到。造访，到访。驺从，古代贵族、官员出行时的骑马侍从。

曾祖本桂，字步蟾，一字温泉，绍承[1]父学，家甚富，人告贷者非百金不著于籍[2]，《县志》附于父传；妣张氏、贺氏、王氏。祖白诗，字书作，一字楚峰，有让德[3]，济人利物[4]，如恐弗及；〇同邑谢玉堂、广文琇《李楚峰先生家传》曰："人或犯之，先生不校[5]。或询其故，先生答曰：'吾方怜其愚。'"又曰："生平捐资修桥、路及庙宇数百金。"妣戴氏。父登胜，字振庭，一字南轩，岁贡生[6]，工近体诗，精书法，〇谨案：里中关帝庙"浩气凌霄"大匾，先生手笔也。家中资而好施予，喜文燕[7]。〇胡文忠[8]《李振庭先生寿序》曰："先生敦[9]孝友，让财产，爱人才，岁荒多所赈活。”尤重有道安贫之士，亦教授门徒以为乐；○同邑邓汪寅皆先生琼[10]《李光禄公佚事》曰：“公家颇自裕，而族里俊秀之士乐为教授[11]，而不受其贽[12]，至廉隅整饬[13]如李君东台、杨君石泉[14]、翁君筠窗，则聘以教子孙，而厚其馆谷[15]。”妣萧氏。三代皆以公贵，赠封为荣禄大夫[16]；复以公殁于国事[17]，特加光禄大夫封典，并赐公父内帑[18]人参，命地方官以时存问[19]。妣皆赠封一品夫人。

[1] 绍承，继承。

[2] 向他借钱的人借钱不超过百金，就不做登记。

[3] 让德，谦让的品德。

[4] 济人利物，救助别人，对世事有益。

[5] 校，计较。

[6] 岁贡生，即岁贡，科举时代贡入国子监的生员的一种。明清两代，每年或两三年从府、州、县学中选送廪生升入国子监肄业，故称。

[7] 文燕，赋诗论文的宴会。

[8] 胡文忠，胡林翼。

[9] 敦，崇尚，注重。

[10] 邓汪寅皆先生琼，邓汪琼，字寅皆，东皋书院山长，曾国藩儿子曾纪泽、曾纪鸿的老师。

[11] 教授，传授。

[12] 贽，谓贽具，拜见师长时所送的礼物。

[13] 廉隅，端方不苟的行为、品性。整饬，端庄，严谨。

[14] 李君东台，李白适。杨君石泉，指杨昌濬。

[15] 馆谷，指塾师的束脩或幕宾的酬金。

[16] 荣禄大夫，文散官名。

[17] 又因为（李续宾）公为国事而死。殁，死。

[18] 内帑，皇帝、皇室的私财、私产。

[19] 以时，按时。存问，慰问，慰劳，多指尊对卑，上对下。

公兄弟五人：长续宦，字克宣，候选从九品，以公贵貤封[1]荣禄大夫。次续家，字毅庵，国学生，以道光庚子乡试不中，遂绝意进取，隐于商，貤赠通奉大夫[2]、建威将军[3]。次续宽，字北冈，以团练功授主事分部补用，貤封资政大夫[4]、建威将军。次公。次续宜，字希庵，以诸生从公讨贼，赐号伊勒达蒙额巴图鲁，官至湖北巡抚，累迁[5]安徽巡抚兼提督，赏黄马褂，授为钦差大臣，卒赠尚书，谥勇毅。

[1] 貤（yì）封，旧时官员以自身所受的封爵名号呈请朝廷移授给亲族尊长。貤，转移。

[2] 貤赠，谓将本身和妻室封诰呈请朝廷移赠给先人。通奉大夫，文散官（有官名而无固定职事之官）名，清代为从二品。

[3] 建威将军，武官名，始见于西汉，明清两代为从一品。

[4] 资政大夫，文散官名，清为正二品。

[5] 累迁，多次迁升官职。

嘉庆二十三年戊寅，公一岁。

五月十八日乙卯卯正[1]，公生于湘乡崇信都岩溪里第[2]。○李君续远曰："吾闻于祖父曰：宅前温江井，公生前三日，井底忽涌水一线，色正赤，至水面，顺流而下，百丈不乱。汲取[3]视之，仍清水也。及公生，乃已[4]，乡人莫不以为异。公生之辰，萧太夫人室中忽有异光，虽日出已逾三刻，平日未有如是之精采也。宅后林间鸟鹊千百，和鸣自为节奏。"公从弟续榁为[5]公《行略》、公兄子光辰为公《年谱》初稿，记公生时与此相同。

[1] 卯正，卯時的正中，大约早上六点钟。

[2] 湘乡崇信都岩溪，现在的涟源市荷塘镇田心村。里第，里中宅第。

[3] 汲取，指取水。

[4] 乃已，才停止。

[5] 为，编写。

嘉庆二十四年己卯，公二岁。

萧君积仰曰："吾闻诸父[1]言，公未周岁，即能下地行走，已有龙行虎步之概[2]。"

[1] 诸父，指伯父和叔父。

[2] 概，气概。

嘉庆二十五年庚辰，公三岁。

振庭先生移居敦行都老干冲[1]，乃书作先生别业[2]也。七月辛丑，仁宗睿皇帝[3]崩，皇太子即位。

[1] 敦行都老干冲，今涟源市荷塘镇古楼村。

[2] 别业，与"旧业"或"宅第"相对而言，往往原有一处住宅，而后另营别墅，称为别业。

[3] 仁宗睿皇帝，嘉庆皇帝。

道光元年辛巳，公四岁。

振庭先生筑家塾曰"将就书屋"，以教子弟。旧日门人仍从之受学。

道光二年壬午，公五岁。

从诸兄入学。振庭先生授以《孝经》及四子书[1]，教以洒扫应对[2]。始学书。

[1]《孝经》，儒家经典之一，十八章，论述封建孝道，宣传宗法思想，汉代列为七经之一。四子书，即四书，指《论语》《大学》《中庸》《孟子》四部儒家经典，古代教学用书，此四书是孔子、曾子、子思、孟子的言行录，故合称"四子书"。

[2] 洒扫应对，洒水扫地，酬答宾客。儒家教育、学习的基本内容之一。

道光三年癸未，公六岁。

三月，弟续宜生。

道光四年甲申，公七岁。

始学，数受《毛诗》[1]。十二月九日，为书作先生[2]忌日，振庭先生率家人行礼毕，隅坐正寝[3]，哀戚竟日[4]，公亦肃立左右竟日。自是及[5]戴太夫人忌日皆如之。

[1]《毛诗》，即今本《诗经》，相传为汉初学者毛亨和毛苌所传，据称其学出于孔子弟子子夏。

[2] 先生，先祖，此指李续宾祖父李白诗。

[3] 隅坐，坐于席角旁。正寝，摆正身体卧下。

[4] 竟日，整天。

[5] 自是，从此。及，到。

道光五年乙酉，公八岁。

始受《尚书》，辨别百谷、蔬果种类。

道光六年丙戌，公九岁。

受《周易》，始听讲章，于“食无求饱”章深有体会。〇曹君春典曰：“曾文正撰公神道碑[1]曰：‘稠人广座，终日不发一言。’又曰：‘胸劈众流[2]，曾[3]不出口。’胡文忠祭公文曰：‘言简意重，渊默雷声[4]。山不言高，海不言深。’吾于咸丰元年四月，始见公于南关外，正色而简言，一望而知为有道之士。”遂受《戴记》[5]，以春秋佳日从振庭先生游山，问卉木昆虫名。

[1] 神道碑，墓碑上记载死者事迹的文字，为文体的一种。

[2] 胸，心中。劈，剖析，分辨。众流，学术上的各个流派。

[3] 曾，竟然。

[4] 渊默，深沉静默。雷声，此形容李续宾言少而有分量。

[5]《戴记》，《大戴礼记》和《小戴礼记》的简称。

道光七年丁亥，公十岁。

读《戴记》毕，肄习仪文[1]。弟勇毅公续宜始入学。

[1] 肄习，学习，演习。仪文，礼仪形式。

道光八年戊子，公十一岁。

身量已逾四尺，有奇力，胜百斤重任。读《春秋左氏传》，恒[1]有妙悟大得。振庭先生欢，遂授以《大学衍义》[2]，日为之讲明治乱[3]安危之故、忠奸邪正之辨。八月，长嫂邓夫人卒，公治其丧葬如礼。〇兄子光辰为公《年谱》初稿注曰："大父[4]精于地理，公饫闻[5]其论。是年伯母邓夫人卒，卜兆营葬[6]，皆公以礼治[7]之也。"

[1] 恒，经常。

[2]《大学衍义》，宋真德秀撰，此书因《大学》之义而推衍之，故名。

[3] 治乱，安定与动乱。

[4] 大父，祖父。

[5] 饫闻，饱闻。

[6] 营葬，办丧事。

[7] 治，处理。

道光九年己丑，公十二岁。

振庭先生有疾，乃聘李公白适教公昆弟。〇白适字东台，公族人诚旃孝廉笃本之子，邑优增生[1]。始读制义[2]。二月，振庭先生命公独造县治纳赋[3]，始识王公勋。生齐年[4]，遂定交[5]，约岁时往还，互证所学。〇萧君积仰曰："公天表[6]亭亭，自十岁身度已与成人等。发言简重，左目内眦一赤痣，两足心各一旋螺文，见者知为异人。己丑春，光禄公命之赴县，业师[7]东台先生以为年幼未可独远行，光禄公曰：'吾策[8]其能，且试之。'公竟百六十里五日往反[9]，事已办，而吏胥不能用其弊[10]。及归，述与王人树方伯[11]订交，光禄公以为能取友，大悦。"

[1] 增生，科举制度中生员名目之一，明清生员皆有月米，额内者为廪膳生员，增额者为增广生员，简称增生。

[2] 制义，即八股文。

[3] 造，到。

[4] 齐年，年龄相同的人。

[5] 定交，结为朋友。

[6] 天表，天生美好的仪容。

[7] 业师，授业的老师。

[8] 策，试探，探测。

[9] 往反，往返。

[10] 用其弊，挑他的毛病。

[11] 王人树，即王勋。方伯，汉以来之刺史，唐之采访使、观察使，明清之布政使均称"方伯"。

道光十年庚寅，公十三岁。

仍从李公白适受学，事亲行己益谨益严。九月，王公勋来视公，并谒[1]公父母，留二日乃去[2]。始学骑。○萧君积仰曰："光禄公常畜二马，公既学骑，亦考求畜马之法，遂善相马。后在军中，胡文忠、曾文正[3]得马，常乞公相之。"

[1] 谒，拜见。

[2] 去，离开。

[3] 胡文忠，胡林翼。曾文正，曾国藩。

道光十一年辛卯，公十四岁。

仍从李公白适受学，始学为文辞[1]。振庭先生疾甚，公昆弟[2]左右无方事之，服槠山老医刘君岜药，有功[3]。六月乙酉，皇太子生。

[1] 为文辞，写文章。文辞，文章。

[2] 昆弟，兄弟。

[3] 有功，有功效。

道光十二年壬辰，公十五岁。

仍从李公白适受学。振庭先生疾少间[1]。先生门人彭君昌侃与公共砚[2]四年，精射法，公始从之学射。○李君续禋为公《行略》曰："公大勇，由于天授[3]，未舞刀，能举三百斤。目有神光，以羽拂之，不眨。初习射，能挽强弓，百步外矢无虚发。"

[1] 少间，病稍好。

[2] 共砚，共同学习。

[3] 天授，上天所授，指与生俱来的禀赋。

道光十三年癸巳，公十六岁。

振庭先生之疾，以早岁攻制义过劳得之，先生本守身立教，疾不为害，然讫[1]以不愈，医药大有所费。又以好客及施予，家乃日贫。公诸兄乃发愤服贾[2]，而公专持家政。○谨案：癸丑冬振庭先生寄公书曰："家中事务，从前一概是续宾经手。"以此知公二十年经营家政之甚劳也。侍疾之余，料量[3]米薪，畜鱼豢豕，莫不躬[4]之。暇则匡坐[5]，温故自课[6]，取家藏米芾[7]帖，日临写[8]，手抄《尔雅》[9]。○李君续禋为公《行略》曰："公及诸昆弟作书[10]，虽小字亦右腕高悬，盖伯父所教如是。公癸巳年侍伯父疾，曾手抄《尔雅》数过[11]，克宣先生尝出所藏米芾帖十余纸，示座客曰：'此吾四弟所日常临写者也。'"

[1] 讫，最终。

[2] 服贾，经商。

[3] 料量，称量。

[4] 躬，亲为。

[5] 匡坐，正坐。

[6] 自课，自己完成规定的工作或学业。

[7] 米芾（1052—1108），北宋书画家，初名黻，字元章，举止

怪异，人称“米颠”，书法与苏轼、黄庭坚、蔡襄并称“宋四家”，用笔爽劲豪迈，画山水有“米家山”之称，亦工诗文。

［8］临写，摹写，依样描写。

［9］《尔雅》，我国最早解释词义的专著，由秦汉间学者缀辑周汉诸书旧文，递相增益而成，为考证词义和古代名物的重要资料。

［10］作书，写字。

［11］数过，数遍。

道光十四年甲午，公十七岁。

二月，夫人谢氏来归。〇公子健斋节帅[1]《显妣[2]谢太夫人行述》曰：“考[3]讳邦铠，皇赠中宪大夫[4]。谢为湘乡甲族[5]，擢甲科[6]，登贤书者数十人。乾隆中，官御史弹劾和珅名振定者，太夫人同居服属[7]尊长也。咸丰中，以诸生督师讨贼、官知县死难桐城、赠道员名嗣湘者，太夫人胞弟也。忠武公昆季五人，伯母邓夫人蚤卒[8]，诸母惟太夫人先至，是时家事一责[9]于太夫人。逮伯母、仲母、世母、季母以次来归[10]，比肩[11]而事大父母，成仍[12]太夫人之旧，门庭之内，惟有肃静之容、欢乐之声，不知有所谓倦怠傲慢之态、诟历[13]嬉笑之事。”益辟[14]绕宅闲地，广植果木，种茶数百本[15]，棉二十亩。

［1］健斋，指李光久。节帅，节度使。

［2］显妣，对亡母的美称。

［3］考，称已故父亲。

［4］中宪大夫，清为封赠文职正四品的荣誉称号。

［5］甲族，世家大族。

［6］甲科，明清通称进士为甲科。

［7］同居，同住一处。服属，五服内的亲族。

［8］蚤卒，早逝。

［9］一，全部。责，责求。

［10］逮，到。以次，依次。

[11] 比肩，并肩，同时。

[12] 成仍，沿袭。

[13] 诟历，当为诟詈，辱骂，责骂。

[14] 益，增加。辟，开辟。

[15] 本，量词，用语草木，相当于“棵”“株”。

道光十五年乙未，公十八岁。

春，振庭先生疾渐差[1]，公始治经汉儒郑氏注[2]。○周君受祜曰：“吾见先师在军中，日必看注疏二三十页，必用朱墨笔圈点，战事之暇，亦分召勇丁听讲，尝语受祜曰：‘吾十八岁始读此书，今已二十年，未能穷其义蕴也。’”罗君嘉衡曰：“公尝语余曰：‘道理愈穷究愈不能尽，吾性不耽[3]文字，而于注疏颇有心得。近年为兵事所累，诸友亦多潜伏远隔，讲求[4]无人，获理遂少。欲俟江汉稍平，与君还里[5]，就龙泉寺僧舍静养，用功数年，或可寡过。’”曾文正诫弟书曰：“迪庵在军中读书写字，日有常课[6]，当以为法。”遗义存制义一篇，当是是时作。

[1] 差，通“瘥”，病愈。

[2] 治，研究。郑氏注，郑玄注释经书的著作，有《三礼注》《毛诗传笺》《周易注》《古文尚书注》《孝经注》《论语注》等。

[3] 耽，爱好，迷恋。

[4] 讲求，修习研究。

[5] 还里，返回家乡。

[6] 常课，定额。

道光十六年丙申，公十九岁。

二月，至县纳赋，因视王公勋，登堂谒其父母。适邑宰考录武童[1]，王公曰：“君固善射，盍[2]偶为之一试而冠群？”而公不竞试，归曰：“吾不欲以此求名也。”

[1] 邑宰，县邑之长，即县令。武童，明清时应武科生员之试

者，称“武童生”，亦省称“武童”。

[2] 盍，何不。

道光十七年丁酉，公二十岁。

四月，王公勋来视公。是时，罗忠节公泽南独以一寒儒讲学里中[1]，人皆怪为迂。公既与王公约为昆弟，以道义性情相孚[2]，通财物，共患难，遂相约执贽[3]其门，而皆以家事纠缠未克竟学。

[1] 里中，乡里。

[2] 相孚，犹相符。

[3] 执贽，古代交际礼仪，谒见人时携礼物相赠，始于周代。贽，见面礼。

道光十八年戊戌，公二十一岁。

湘、邵间盗贼横行，白昼聚众劫夺，事后相率[1]逃匿邻县，避官役捕捉。振庭先生忧天下将乱，欲立团[2]湘、邵界，以靖井里[3]。命公启两邑宰[4]，皆有难色。冬，始出猎，有获。

[1] 相率，一个接一个。

[2] 团，团练。

[3] 靖，平定。井里，乡里，古代同井而成里，故称。

[4] 启，陈述，上报。邑宰，县邑之长，即县令。

道光十九年己亥，公二十二岁。

自春徂[1]夏，公以经营团事往返湘、邵两县治[2]，凡十余[3]，始定约，毅庵先生及萧君启定、李君登墀主其事。○登墀，邑诸生，白适子也。举邵阳团长三人、湘乡团长六人副之。始令众擒杀诸强不法者，一乡以安。诸兄以经商他适[4]，公恒任团事，湘乡练团自保始此。两广总督林文忠公则徐，焚毁鸦片，洋寇自广东犯浙江，已而仍侵广东。十二月，公出猎有获。

[1] 徂，及，至。

[2] 团事，团练之事。县治，县政府所在地。

[3] 凡十余，总共十多次。

[4] 他适，适他，去其他地方。

道光二十年庚子，公二十三岁。

三月，至县视王公勋归。而振庭先生有疾，公事之，累年不他宿[1]。○周君训才曰："吾母，公从姊[2]也。光禄公尝命公省吾父母，公以光禄公有疾，比日必反[3]。或以庆吊[4]往诸姻戚家，亦如是。光禄公疾甚，公与诸昆季以次侍宿其室。苦夜不成寐，则起坐，公必先起，燃灯瀹茗[5]，冬则热火，光禄公乃兴[6]，公侍坐陪语，恒至天曙。"朝廷严谴林公则徐，以琦善[7]为两广总督，始割地与寇以求和，海防尽弛。冬，公以亲有疾，罢猎。

[1] 累年不他宿，多年不去其他地方住宿（只在家里住）。

[2] 从姊，堂姐。

[3] 比日，当天。反，返回。

[4] 庆吊，庆贺与吊慰，指喜事与丧事。

[5] 瀹茗，煮茶，泡茶。

[6] 兴，起来。

[7] 琦善，鸦片战争时期的弛禁派和投降派，满洲正黄旗人，字静安，博尔吉特氏，历任郎中、通政司副使、按察使、布政使、巡抚、总督，直至大学士。1840 年鸦片战争爆发，他力主求和，并诬陷林则徐，不久任钦差大臣赴广东，裁撤战备，擅自议订《穿鼻草约》，允许割地赔款，为广东巡抚怡良所揭发，被革职。1853 年初，在扬州建立江北大营，堵击太平军，屡战不胜。次年，病死于军中。

道光二十一年辛丑，公二十四岁。

振庭先生疾少间，公日招里老二三人陪坐，情话[1]消忧，而躬自馈食[2]。终岁[3]，留医者刘君岿于家，公遂讲求[4]医学。○曾君广星曰："余蚤岁[5]尝见公为乡人治疾，多以古方为主，药味少而分量则重。又尝戒[6]病者曰：‘中病即止。’公在军中，士卒有疾往往亲为诊治。统兵八年，军中无患役患温[7]者，实公保持之也。”冬，以亲有疾罢猎。

［1］情话，知心话。

［2］躬，亲自。馈食，献熟食，这里是做饭招待的意思。

［3］终岁，终年，整年。

［4］讲求，修习研究。

［5］蚤岁，早年。

［6］戒，通“诫”，告诫。

［7］役，通“疫”。温，通“瘟”。

道光二十二年壬寅，公二十五岁。

是时洋寇再犯浙江，进逼江宁，大学士耆英以五口通商与之和[1]，公大以为忧。秋，振庭先生疾愈，改筑家塾曰“面壁书屋”，诸门人复来，公兄弟皆入学，始从事方舆家言[2]。○李君续禋为公《行略》曰：“公以甲寅正月自里第[3]还军中，将平日所写文字毁弃，乃就道[4]。惟壬寅以后所摩绘[5]地图九百余纸，则置行箧[6]中。又自谓未惬[7]，属[8]刘君克庵、董君厚庵、吴君浣溪及余与石仙侄增改重绘，共图一千四百五十一幅。曾涤帅见之，自谓所藏皆不能及也。”《曾文正日记》戊午七月廿四记曰：“安徽省全图借李迪庵本。”是时，长嫂萧夫人持内政，公饮食所需，必敬立请许。十一月庚辰，出猎，癸未还，大获。

［1］耆英（1790—1858），满洲正蓝旗人，爱新觉罗氏，字介春，历任侍郎、尚书、盛京将军等，1842年3月署杭州将军，不久后任钦差大臣，向英军求和，8月代表清政府签订《中英南京条约》，1843年10月在虎门与英国签订《中英五口通商章程》，1844年与美国签订《望厦条约》，与法国签订《黄埔条约》。1858年第二次鸦片战争期间，受命赴天津与英法联军办理议和事宜，因擅自回京获罪赐死。五口通商，指《中英五口通商章程》。

[2] 方舆家言，关于地理、地图方面的知识。

[3] 里第，里中宅第。

[4] 就道，上路，动身。

[5] 摩绘，摹绘，描绘。

[6] 行箧，旅行用的箱子。

[7] 惬，惬意，快意。

[8] 属，通“嘱”，嘱咐。

道光二十三年癸卯，公二十六岁。

正月，长子光大生。振庭先生手记曰：“正月二十日丑时生，适十九日学者开课作文，予因又名之曰课一，字曰从实，号曰辉斋。”冬，与乡人会猎于桃林山，大获。

道光二十四年甲辰，公二十七岁。

振庭先生喜为人排难解纷而周[1]贫乏，又近以立团守望事皆重有所费，乡望日崇[2]，则客日多，家用愈不给[3]，货其田且强半矣[4]。食指[5]既繁，乃举先儒士人当治生产语，自定田十四亩以自给，而命公兄弟析爨[6]，各予田三亩，债负亦共任[7]之，俾[8]经历艰苦。公自授长子光大文字，所识已逾千[9]，振庭先生特爱之。冬，以事繁罢猎。

[1] 周，周济，接济，救助。

[2] 在乡里的威望一天天崇高。

[3] 给，充足。

[4] 卖掉自家的田一半多。

[5] 食指，指家庭或家族人口。

[6] 析爨，分立炉灶，指分家。

[7] 任，分担。

[8] 俾，使。

[9] 逾千，超过一千。

道光二十五年乙巳，公二十八岁。

秋将熟而天雨，禾尽萌芽，邑大饥。公与诸兄咸称贷而运谷他乡以资食[1]。八月，公督农夫刈坏稼，沤之而种麦。冬，以岁饥罢猎。

十一月，次子光久生。

[1] 咸，都。称贷，举债，借钱。资食，维持生计。

道光二十六年丙午，公二十九岁。

长子光大受书[1]，公自教之。二月，往县纳赋，因视王公勋。公以诸兄服贾[2]他郡邑，而自任家政，不克专治铅椠[3]，王公亦因父母年高，以家政自累，乃皆以弟学于罗忠节公[4]，而北冈先生与公及王公时过从[5]问学。四月，公所种麦大熟，视[6]常所种收倍之，与诸兄尽偿去年所贷。十一月，出猎，七日乃还，大获。

[1] 受书，谓接受文化教育。

[2] 服贾，经商。

[3] 铅椠，这里是读书习字的意思。

[4] 于是都让自己的弟弟去罗泽南那里学习。罗忠节公，指罗泽南。

[5] 过从，来往，交往。

[6] 视，比照。

道光二十七年丁未，公三十岁。

是时，他邑莫不患盗，广西边劫杀甚尤。公邻里以练团自固，独无累。惟深忧天下将乱，益研精兵事[1]，恒以巨幅纸绘图，累数百。王公勋来，因相与商订。〇王公勋与公子健斋节帅书曰："余与尊公实总角[2]贫贱之交，胸怀无不吐露。尊公深于兵法，曾独以所绘图数百纸示余，相与商订，余两人极相亲厚。丁未年，在尊庭夜话，恍如昨日事也。"

[1] 研精，精研。兵事，军事。

[2] 总角，古时儿童束发为两结，向上分开，形状如角，故称总角，借指童年。

乡人有共贾[1]而争财者，五月丁亥，公召之于团所而解之。十月，诣[2]罗忠节公问学，且视勇毅公。○李君续梩为公《行略》曰："丁未年十月，公复至罗山先生塾中视余及勇毅公，听讲五日，每有问难[3]，罗山先生深许[4]之。"

[1] 共贾，共同经商。

[2] 诣，到。

[3] 问难，诘问驳辩。

[4] 许，赞许。

十一月，猎于龙山，大获。○萧君积仰曰："公尝以隆冬讲武[1]，丁未年十一月，余从公约猎户陈南七等同猎于龙山，入山日遇雨，南七愆期[2]后至，公责其失信，南七唯唯听命。又四日及返，共得獐麂雉兔甚多。"

[1] 讲武，讲习武事。

[2] 愆期，误期。

道光二十八年戊申，公三十一岁。

二月，至县纳赋，因就有司试[1]，居涟滨书院，杨勇悫公岳斌以戎事[2]至于县，公访之，遂定交。试毕不售[3]。

[1] 因就有司试，乘此机会参加了政府相关部门的考试。

[2] 杨勇悫公岳斌，杨载福，谥号勇悫。戎事，军事，战事。

[3] 售，实现。

五月，至宝庆省[1]毅庵先生，遂晤[2]邵阳教谕彭公洋中[3]，毅庵先生旧交也。讨论十日，皆证所得失，以相切磋。

[1] 省，看望。

[2] 晤，见面。

[3] 彭洋中（1803—1864），字彦深，号晓杭。今湖南双峰梓门桥镇人。道光八年（1828）举人，七赴会试不第，任官宝庆府邵阳县训导17年，与邓显鹤倡导诗文之学，又办团练，助宝庆知府魁联抗拒石达开部。后入四川总督骆秉章幕，在成都筹办盐货厘金以充军饷。同治三年（1864），升潼川知府，不久卒于任。善诗文，工书法，著有《古香山馆文存》16卷，另有诗集4卷，编《沅湘耆旧录》。

八月九日，振庭先生六旬寿辰，罗忠节公率其门人钟公近衡、王公勋及其弟壮武公鑫、刘果敏公典、杨公昌濬、朱公宗程、康公景晖、翁公笏登来称觞[1]；公诸戚友则谢公琇、萧壮果公启江、刘武烈公腾鸿、刘公蓉、谢公嗣湘、彭公忠信、曾公广星；族人则李公登墀、李公续艺、李公集贤、李公肇用、李公肇奎、李公杏春及公从弟续禋，皆当世俊乂[2]。诸族人姻娅[3]会者数十人，备极人材。忠节公为叙[4]，壮武书之。武烈父刘公象观及谢公琇、杨公昌濬、康公景晖、李公登墀、李公续禋、李公杏春与钟公皆赋诗。师济[5]雍容，先生顾而大乐。刘公蓉及钟公遂与公约为婚姻[6]。〇李君续禋为公《行略》曰："此次群贤毕至，实为罕见之盛会。罗山师及钟君苕洲曰：'孝友雍睦[7]，家道必昌。'刘君霞仙以其女许字[8]公长子辉斋，钟君以其女许字公次子健斋。"

[1] 称觞，举杯祝酒。

[2] 俊乂，亦作"俊艾"，才德出众的人。

[3] 姻娅，亲家和连襟，泛指姻亲。

[4] 为叙，写序言。

[5] 师济，盛大的样子。

[6] 婚姻，亲家。

[7] 雍睦，和睦。

[8] 许字，许配。

诸兄经营商贾，岁更有益[1]。公独任家政，竭力节用，旧债遂尽偿矣。振庭先生所鬻[2]之田四十亩，地曰鸠鸡塘，其田者因负债匮[3]甚，亦欲货[4]其田，索价止[5]五百千，视去时稍有增[6]。公思复故业，请于父兄，皆许之，已立券矣。岁暮，徒步往宝庆取其直[7]。毅庵先生所设肆[8]曰“青松”，以贾事不利未应[9]，且言其田硗瘠[10]，岁收不过三四十石，既已弃之，可弗受也。公曰：“农之惰也，田奚过焉？[11]”再往，仅得钱百千以归。公素见信[12]于里人，恐事中止伤义[13]，颇以郁结，辄深坐悲叹。乃私贷于李君聚星虎责，得三百千，并摒挡[14]己所有以付之。因事繁罢猎。

[1] 有益，有增加，这里是获利增多的意思。

[2] 鬻，卖。

[3] 匮，穷尽，缺乏。

[4] 货，卖。

[5] 止，只。

[6] 视去时稍有增，比卖出去的时候价格上稍有增加。

[7] 直，通“值”，价钱，这里指买田的本金。

[8] 肆，店铺。

[9] 以经商不善的原因，没有答应。

[10] 硗瘠，土地坚硬瘠薄。

[11] 农民懒惰的原因，田哪里有过错呢？

[12] 见信，被信任。

[13] 伤义，伤害情义。

[14] 摒挡，筹措。

是年六月，长女生。〇兄子光辰为公《年谱》初稿注曰：“许字同邑举人景山官学[1]教习朱公富春之子式晖。”

[1] 官学，宗室诸王子弟学校。

道光二十九年己酉，公三十二岁。

正月，次子光久入学受书。二月，自筑室于鸠鸡塘，田所佣三人，畜两犊牛，而躬率之耕。考五谷所宜土，辨三田所宜粪。浚池之壅者而培其防[1]，以储水养鱼。治隙地，遍艺[2]蔬果茶麻，且携二子自教之。田所距家可三里，公间日一省[3]父母，风雨无违。

[1] 浚，疏通。壅，堵塞。培，垒土修建。防，堤坝。

[2] 艺，种植。

[3] 省，看望。

夏大水，奸民李沅发倡乱新宁，戕官踞城，贼势蔓延，将犯宝庆。彭公洋中寄书请办贼，公不欲行。毅庵先生复以书敦促，乃往，语彭公曰："贼乌合，其志未固，破之不难，特营兵[1]无用耳。无已[2]，姑[3]召募农家丁壮，彼身家妻子念重[4]，当为尽力。"三日得二百余人，教之击刺。会新宁乡兵起，官民声言提督以大兵至，贼焰少挫，其徒稍叛去。公曰："可矣！"约新宁兵夜捣其巢，沅发走死[5]。既破贼，公委[6]兵遽归。太常孙公守信，为公所深知，实自兹役始。彭公以为当上功[7]，公复书[8]言："志在安乡里，一人保单[9]，此心何以自白？且趋而争之者，正如鹜也，其若始愿何[10]？"故力辞之。○谨案：此次往来诸书，皆已不存。往岁彭公子延弼言其大略[11]，谓土匪不过千人，实协标兵怯战酿成之。公所领百余人，皆湘人寄居宝庆者也。自贼起至灭，不过两月，而保单至五六十人之多，往往奖以武帙[12]。逾二年，尤闻兵部下檄相诘难[13]。

[1] 特，只是。营兵，绿营兵。

[2] 无已，不得已。

[3] 姑，姑且，暂且。

[4] 妻子，妻子儿女。念重，看重。

[5] 沅发，李沅发，一作元发，新宁人，年轻时加入天地会，并参加雷再浩起义。1849 年，新宁水灾，地主豪绅趁机抬高粮价，他成立“把子会”，组织汉瑶农民300余人攻占新宁县城，杀死县官，队伍很快就扩大到2000人，抗击围城清军达40余日，次年1月突围后转战湘、桂、黔三省20余州县，多次打败清军，引起清廷的震惊，调集鄂湘桂黔四省的营兵前来镇压，在新宁金峰岭战败被俘，解往北京英勇就义。走，逃亡。

[6] 委，丢弃，抛弃，此处指解散。

[7] 上功，向上呈报功劳。

[8] 复书，回信。

[9] 保单，保举单。

[10] 若……何，拿……怎么办。始愿，初愿，最初的愿望。

[11] 往岁，往年。大略，大概，大致情形。

[12] 武帙，武官的俸禄。帙，通“秩”，古代官吏的俸禄。

[13] 还听说兵部下公文来责问。

八月，获鸠鸡塘稻，得谷百六十余石，视往岁所收数倍，瓜蔬诸物亦丰，公皆上于父母。二子皆向学[1]能读，振庭先生大说[2]。〇李君续禋为公《行略》曰：“此田素称枯瘠，自公治之一年，变为肥腴。余尝省公于别业，耕耘播获，公亦自乐其乐。是时辉斋读五经已毕，方读《公羊传》[3]；健斋初入学，读《论》《孟》，书声琅琅，更有一种兴旺气象。是年，稍受水患，而公治此田，竟得谷百六十余石。信乎！人力可代天公也。故伯父母大悦。”十二月己卯，出猎，壬午还，大获。公聘请杨公昌濬明年教诸子。

[1] 向学，好学。

[2] 说，悦。

[3]《公羊传》，春秋三传之一，作者为战国时齐人公羊高，亦

称《春秋公羊传》《公羊春秋》，是专门解释《春秋》的一部典籍，释史十分简略，而着重阐释《春秋》所谓的“微言大义”，用问答的方式解经。

道光三十年庚戌，公三十三岁。

正月丁未，宣宗成皇帝[1]崩，皇太子[2]即位。

[1] 宣宗成皇帝，指道光皇帝。

[2] 皇太子，指咸丰皇帝。

是时家道隆盛，公治田园，综出入，诸兄懋迁[1]益丰，丁口蕃庶[2]。而振庭先生所作之室犹嫌其隘[3]，乃以克宣先生移居鸠鸡塘。公兄弟皆守父母在不有私财之义，咸以分爨[4]为耻。公请于父母，遂以是岁仍合爨[5]。惟人众而室不加广，克宣先生因迁别业，盖亦异居而同财也。〇兄子光辰为公《年谱》初稿注曰：“道光甲辰年，分析[6]，季父方十有二岁，犹侍食[7]于大父母，而公与吾父及仲父则虽分而同炊，至是家道益隆，宿负[8]皆清，乃大合之。伯父移居后，经商武冈，亦颇自裕。”公间日必往省兄，于是[9]仲嫂姚夫人持内政，公有需，必请许如礼。

[1] 懋迁，贸易。

[2] 丁口蕃庶，人口繁多。

[3] 隘，狭窄。

[4] 分爨，分开来做饭，借指分家。

[5] 合爨，合起来做饭，借指合为一家。

[6] 分析，分家。

[7] 侍食，陪侍尊长进食。

[8] 宿负，旧欠的债务。

[9] 于是，在此时。

三月，燕来，巢为五，巢相栉比[1]，比四巢更为一垣环之[2]，出由一户，人以为合爨休征[3]。杨公昌濬为诗纪[4]其事。秋，公所治田获谷二百石有奇，他物尤茂，皆上于父母。

[1] 栉比，像梳子齿那样密密地排着。

[2] 比，相邻。垣，墙。

[3] 休征，吉祥的征兆。

[4] 纪，记录。

广西贼起，九月，朝廷起用林公则徐督广西军，林公道卒[1]。复命李文恭公星沅[2]继之，授钦差大臣印。

[1] 道卒，在路上去世。卒，去世，死亡。

[2] 李文恭公星沅，李星沅，字子湘，号石梧，湖南湘阴人，进士，累官至云贵总督。1847 年兼署云南巡抚，镇压回民起事。旋调两江总督，兼管河务。1849 年因病解职回籍。1850 年 12 月被命为钦差大臣，前往广西镇压农民起义。1851 年 1 月最早将洪秀全金田起义事上奏，并派军进攻。5 月 4 日到武宣督师，12 日病死。

十二月，公猎于桃林山七日，大获。

咸丰元年辛亥，公三十四岁。

寇警日迫，乡人惧，公益治团以镇之[1]。撰《孙子兵法易解》，以《孙子》为主，以《左传》《国策》《通鉴》[2]证其义，而出之以俗语[3]，俾团长及乡人讲习[4]。〇周君宽世曰："公于丙辰年以辛亥所著兵法俗语解授，吾读之。诸将读者敏悟以蒋香泉中丞为最。书未付梓[5]，予传抄本三河之役失去。"

[1] 益，更加。镇，安定。

[2]《通鉴》，指《资治通鉴》。

[3] 出之以俗语，用通俗的语言写出来。

[4] 让团练长官和同乡之人研讨学习。

[5] 付梓，古时雕版刻书以梓木为上，后因称书籍刊印为付梓。

三月，以县试受知[1]于朱公孙诒[2]。四月，朝廷以赛尚阿[3]监李公星沅军，李公将受贼降，赛尚阿谗之。李公薨，巡抚周天爵[4]等军溃，贼遂恣睢[5]。公至长沙，请用火器[6]。闻萧太夫人有疾，遂归。五月，太夫人疾愈。

[1] 受知，受人知遇。

[2] 朱孙诒（1807—1866），字石翘，一作石樵，江西清江人。咸丰初期，任湘乡县知县、宝庆知府，1860 年加按察使衔，1862 年任浙江盐运使。

[3] 赛尚阿，阿鲁特氏，蒙古正蓝旗人，举人。咸丰初，受命为钦差大臣，赴湖南、广西统率各军防堵太平军，因屡遭败仗被夺职，发往军台效力。后释放，训练察哈尔蒙古官兵，累官至正红旗满洲都统。

[4] 周天爵，山东东阿人，字敬修，进士。历任知州、布政使、漕运总督、湖广总督等职。咸丰元年（1851）率军镇压太平军。钦差大臣李星沅卒后，暂署钦差大臣。由于堵截太平军失败，褫总督衔，解军务，不久回京。后以兵部侍郎衔督师皖北镇压捻军，卒于军。

[5] 恣睢，放纵暴戾。

[6] 火器，用火药爆炸性能来发挥杀伤和破坏威力的武器，如枪、炮、手榴弹等。

十月，王公勋来视公，益讲求练团事。公曰："以正人心为主，以固人心为先。"〇曾君广星《与宗甫山书》曰："练团之法，乡人三丁出一报名，团长将姓名、年貌、箕斗[1]、户邻皆注于册，各备一械，守望相助。有事则鸣锣以集之，无事则各自执[2]其业。凡事毕，则父老公议其赏罚，其名册则团长收之。所捐之费，以供行事伙食及刀矛炮火之用。此事吾里[3]始于李光禄公，而忠武公成之者也。"十二月，捐纳[4]从九品衔。猎于桃林山，大获。

[1] 年貌，年龄容貌。箕斗，人手上的指纹，簸箕形的叫箕，螺旋形的叫斗。

[2] 执，从事。

[3] 吾里，我们家乡。

[4] 捐纳，捐资纳粟换取官职、官衔。此制起于秦汉，称纳粟。清中叶后大盛，称为捐纳。

是年九月，季子[1]光令生。○萧君积仰，太夫人侄也，以太夫人命，即以其女许字。

[1] 季子，年龄最小的儿子。

咸丰二年壬子，公三十五岁。

赛尚阿顿兵[1]衡州，不敢进。湖广总督程矞采奉命巡边，居衡州，贼围广西省城，进剿军皆败退。程矞采、赛尚阿闻警遁走[2]。

[1] 顿兵，驻屯军队。

[2] 遁走，逃走。

二月，族人有争山者，己酉，公以大义喻[1]之，而息其争。

[1] 喻，晓谕，开导。

四月，邑宰朱公孙诒檄[1]公领团丁捕搜土匪。○萧君积仰曰："是年四月，邑尊朱石桥先生以事至茯苓桥[2]，招公往晤，欲观团练，以为已有成局矣。其实只立团规及章程，并无一兵也，公以实告。数日又以印文来，公乃招募二百人以行。官中又不名一钱[3]，皆公取于私家以食[4]之。至朱清渡[5]闻铳声，以为贼至，而逃者过半。李三复、刘十五、彭桂二，平日皆称胆大有力，亦径走[6]归家矣，乃又增募数十人以补之。初相从最有名者：胡中和、周宽世、蒋益澧、萧庆衍、李登辟、李续焘诸君；增募有名者：周达武、朱品隆、胡裕发、刘神山、李存汉等诸君。”贼解广西围，犯湖南，所陷州县十。是时，骆文忠公秉章为巡抚，坐[7]罢官，代者张公亮基[8]。

[1] 檄，用檄文征召。

[2] 朱石桥，朱孙诒。茯苓桥，当为富田桥。

[3] 不名一钱，一文钱也没有，这里指不给任何钱。

[4] 食，供养，供给。

[5] 朱清渡，当为朱津渡。

[6] 径走，直接逃跑。

[7] 坐，因此。

[8] 张亮基，字采臣，号石卿，江苏铜山（今徐州）人，道光举人。1852 年由云贵总督调任湖南巡抚，镇压太平军和浏阳征义堂起义。初步提出改革办团练勇营制方案。次年署湖广总督，继续镇压人民反抗斗争和太平军，兵败于田家镇，降四级留任。后历任山东、云南巡抚，云贵总督，贵州巡抚兼署提督，1865 年革职。

七月，贼围长沙省城，公领团丁驻宁乡。〇周君达武与公子健斋节帅书曰：“弟少时为私贩与人争道，负气伤人，被捕下狱。壬子七月蒙忠武公拔诸囹圄[1]，携至军中，加以教训，始得自见。”

[1] 诸，之于。囹圄，监狱。

八月，公率团丁还县，合邑团丁不满三百人，无所统属，闻警则逃。又民家往往不欲团丁驻宿，公乃与罗忠节公及王公鑫买河干屋为治事之所[1]，忠节公命之曰养暇处，而屯[2]团丁于涟滨书院，日教以坐作进退，少长有礼。公又请朱公节制之，严为法令，〇曾君广星曰：“是时余亦在县。九月初七日，忠武公请邑尊朱石樵先生出告示曰：‘如有不遵号令约束，造谣惑众，奸淫虏掠，泄露军情，损坏人民房屋、坟墓及身体，犯此者死。如有聚饮赌博，吸食鸦片，遗失器械，喧呼斗殴，犯此者杖革。如有点名无故不到，操练不勤，出入不告，吹弹歌唱，争先落后，犯此者责罚。'" 方君翊元曰："咸丰二年，团勇皆起。田农朴野少知识，公一以兵法约束之，明耻教战，训练独精。"稍已改观。贼穴地[3]三轰长沙城，不拔[4]。城内有二卒私发南门城上大炮，击妙高峰贼，殪其酋萧朝贵[5]。提督鲍起豹[6]怒，将以违令诛之，匿乃免。提督向荣[7]恒避贼，故屯湘水西，贼分屯桔洲，荣觇[8]其少，与之战而败。赛尚阿、程矞采皆罢[9]，以徐广缙[10]并代之，拥重兵，居湘潭。

[1] 河干，河边，河岸。

[2] 屯，驻扎，驻守。

[3] 穴地，挖地洞。

[4] 拔，攻下。

[5] 殪，打死。酋，首领。萧朝贵，太平天国西王。

[6] 鲍起豹，安徽六安人，时任湖南提督，负隅死守长沙。1853 年曾国藩在长沙编练湘军，所部绿营兵恃防守长沙功，骄纵不法，操练废弛。妒嫉湘军勤于训练，借故起哄，冲入曾国藩公馆，刃伤曾国藩亲兵。曾国藩移军衡州（今衡阳）。1854 年春，太平军进击湖南，全仗湘军抵御。5 月，被清廷革职。

[7] 向荣，清末将领，字欣然，四川大宁（今巫溪）人，1847 年调任四川提督，1850 年调至湖南，镇压李沅发起义，同年秋调任广西提督，对太平军作战，屡被击败。1853 年任钦差大臣，率军尾随太平军至南京城郊，在孝陵卫建立清军江南大营，与清军江北大营相呼应，围困南京。1856 年 6 月，太平军击破江南大营，他兵败逃走，在丹阳自缢而死。

[8] 觇，看见。

[9] 罢，被罢免。

[10] 徐广缙，河南鹿邑人，字仲升，进士。曾任按察使、布政

使。1848 年由广东巡抚擢两广总督兼通商大臣。次年在民众压力下，拒阻英人入广州城。1851 年率军镇压广西农民起义。次年授钦差大臣、署湖广总督，移师湖南追剿太平军。1853 年初以丢失汉阳、武昌被革职拿问。不久获释，参与镇压河南捻军。1858 年，协同蒙古都统胜保办理军务，不久病死。

江忠烈公忠源与和春[1]屯金盘岭。贼众不及四万，城内外一督师总督、两巡抚、三提督、十总兵，援师五万余人，城中守兵八千人，莫敢言战。兵与贼杂屯，屯外往来无讥。公语朱公曰："自贼起，未有以大创之，其心未固而气已骄，今及其聚，当以督师令合围而破之，上策也。"朱公具牍上闻[2]，不报。

[1] 和春，清代将领。赫舍里氏，字雨亭，满洲正黄旗人。由前锋、蓝翎长授整仪尉，升副护军参领、参将、副将。1857 年出兵夺溧水、句容，陷镇江。1860 年太平军摧毁江南大营，他逃至浒墅关（今江苏苏州吴中区）自缢。

[2] 具牍，备办公文。上闻，报告上级。

十月，长沙围解。贼沿流下趋，团丁还农，诸邑土匪多因贼势蜂起[1]，湘乡赖团练力独全[2]。

[1] 蜂起，像群蜂飞舞，纷然并起。

[2] 独全，独自保全。

十一月丁未朔，湖北提督博勒恭武[1]弃岳州城走。又二日，贼始至，闻者莫不愤怒。乙亥晦，公归，为联语自书于斋[2]壁曰："君子淡交，且向淡中交君子；好人难学，须从难处学好人。"从弟续祺属书箴言[3]，即录以示之。○从弟续种为公《行略》曰："壬子冬日，予三弟续祺乞公写箴言，公录已斋壁联语示之。"谨案：联语何时作，姑据《行略》书之。

[1] 博勒恭武，清朝将领，满洲正白旗人，阎佳氏，1848 年升

甘肃提督，调湖北提督，咸丰二年（1852），奉命领兵于岳州防堵洪秀全太平军入湖南攻长沙，太平军占领岳州城后，他潜逃至京外黄村，被抓获处死。

[2] 斋，书斋，书房。

[3] 属，通“嘱”，叮嘱。书，写。箴言，规谏劝诫之言。

十二月己卯，贼陷武昌省城，巡抚常文节公大淳[1]死之。初，朝廷命罗文僖公绕典[2]佐巡抚治湖南军居围城中，贼退，以督云贵。左公宗植[3]在中书省力言于祁文端公寯藻[4]，以曾文正公国藩、江公忠源为可大用，祁公以奏。至是，诏曾公以侍郎帮办湖南团练，〇江公忠源前已奉旨交赛尚阿差遣委用，皆祁公寯藻奏请者也。事实详细见于郭公嵩焘《养知书屋文集》及《湘阴县志》、陈康祺[5]《郎潜纪闻》。并命诸行省皆以缙绅助大府，如江西黄公赞汤[6]、安徽吕公贤基[7]、河南毛公昶熙[8]。辛丑，诏罪徐广缙，以张公亮基代为总督。

[1] 常文节公大淳，常大淳，湖南衡阳人，字正夫，号蓝陔，进士。曾任山东道监察御史，福建督粮道及安徽按察使，陕西、湖北布政使等职。道光二十年（1840）赴漳、泉筹防海务，抵御英国侵略者。三十年擢浙江巡抚，拨款赈灾，整顿盐政。咸丰三年太平军攻克武昌，他投井自杀（一说被击毙）。

[2] 罗文僖公绕典，罗绕典，湖南安化人，字兰陔，号苏溪，道光进士，历任山西平阳知府、陕西粮道、山西按察使、贵州布政使。1849年任湖北巡抚。1852年太平军入湘，奉命帮办湖南军务，守长沙。太平军弃长沙攻取岳州，罗受降三级留用处分。长沙围解，赴湖北，驻防襄阳。次年升云贵总督，镇压回民马二花起事。又镇压贵州杨隆喜红号起义军。旋中风死，赠太子少保，谥文僖。

[3] 左宗植，字仲基，一字景乔，号珠岭樵夫。湘阴人。左宗棠次兄。道光举人。曾任桂东县教谕、内阁中书等职。先后主讲澧州（今澧县）澧阳书院、衡阳石鼓书院。善诗文，兼治天文。著有《三

垣二十八宿中外官总图序》《慎庵诗文钞》等。与魏源、汤鹏、陈起诗并称"湖南四杰"。

[4] 祁文端公寯藻，祁寯藻，字春圃，山西寿阳人，进士。历官编修、学政、左都御史、兵部尚书。1841 年擢军机大臣、户部尚书、协办大学士。咸丰初年，罢斥穆彰阿，升体仁阁大学士，为首席军机大臣。在任中扼制曾国藩，使不得志者数年。1866 年病死，谥文端。

[5] 陈康祺，字钧堂，浙江鄞县（今宁波）人，进士，官刑部员外郎，改官江苏昭文知县，以忤权要罢官，寓居苏州。工诗文，著有《郎潜纪闻》《乡谚证古》《虞东文告》。

[6] 黄赞汤，江西庐陵（今吉安）人，字莘农。道光进士，由翰林院编修累迁至刑部右侍郎、福建学政。注意西方入侵对清朝统治的威胁，有"今日救时之要，首在防夷"之议。咸丰八年（1858）任通政使。次年出任东河总督。同治元年（1862）任广东巡抚，镇压当地会党起义，修复省垣及炮台。

[7] 吕贤基，字羲音，号鹤田，安徽旌德人，道光进士。咸丰三年（1853）春，奉命赴安徽督办团练，与帮办安徽团练周天爵会同安徽巡抚办理事务。复奏调兵科给事中袁甲三等赴皖帮同办理团练。八月，至舒城、桐城一带劝募团练，驻舒城，对抗太平军。十月二十九日，太平军攻克舒城，投水死。

[8] 毛昶熙，河南武陟人，字旭初，道光进士。咸丰年间在河南督办团练，配合清军镇压捻军。光绪初年官至兵部尚书。

自公治军事，遂罢猎。

咸丰三年癸丑，公三十六岁。

正月，贼弃武昌，下陷安庆。二月，陷江宁，踞为伪都。蹂躏江西，陷九江、湖口，踞之。山东捻匪因贼势大起。

三月，署巡抚潘忠毅公铎[1]檄湘乡团练捕诛土匪。朱公孙诒始令益[2]团丁为六百人，共推罗忠节公总[3]其事。公增募三百人，率之屯云门寺，将往衡、耒间御贼，既而，不果行[4]。曾公历年官京师，动用官书，王公鑫弗善，颇与龉龁[5]。公曰："师克在和，但于事有济，奚暇竞此豪末？且彼朝使，亦所以尊上也。"[6]九百人，日人畀[7]升米，薪菜二十钱，官中无，自出，皆资于振庭先生与王公宗麓。

[1] 署，代理。潘忠毅公铎，潘铎，江苏江宁（今南京）人，字木君，道光进士。历任湖北荆州知府、广东盐运使、山西布政使、署山西巡抚、河南巡抚、山西按察使、湖南布政使等职，1852 年太平军进军两湖，奉命署理湖北巡抚，1861 年署云贵总督，后为降清的回民义军首领马荣部下刺杀。

[2] 益，增加。

[3] 罗忠节公，罗泽南。总，总管。

[4] 既而，不久。不果行，最终没有成行。

[5] 善，友好。龉龁，意见不合，抵触。

[6] 军队能克敌制胜在于团结，只要对事情有好处（就行），哪有时间在小事上计较呢？况且他是朝廷的使者，也应该尊重他。

[7] 畀，给。

五月，贼围南昌省城，张公亮基方至湖北治军。骆公秉章复为巡抚。朱公孙诒、夏公廷樾[1]皆以援江西为言，曾公方主用舟师治斗舰[2]于衡州，以江公忠源曾立功蓑衣渡，则遣之，巡抚悉征湘乡团丁以行。

[1] 夏廷樾，字憩亭。1853 年协助曾国藩筹组湘军。同年 6 月，太平天国西征军围攻江西南昌，形势危急。8 月下旬，曾国藩、罗泽南、郭嵩焘率军赴援，28 日战于南昌城下，冲入城中助守。不久，出任湖北布政使。1855 年 3 月被革职。1856 年冬率新募湘勇，增援进犯江西吉安的曾国荃军。始终未被曾国藩重用。

[2] 舟师，水军。治，制造，建造。斗舰，战船。

六月丙子，发湘乡，人始日饩百钱廪于官[1]。戊寅，至长沙，屯城南书院。蓝缕朴野[2]，见者皆笑。骆公以孤军远行当增其众，且议给衣甲[3]。公曰："贼方以轻见锐[4]，吾卒皆起畎亩，与之驰骤，宜短衣葛屦[5]以争锋，未可束缚之而滋其怯念也。"自是湘军战士不用甲胄[6]，竞趋炮刃，实公倡之。王公鑫遽[7]募二千人，曾公怫然，故骆公留之湖南为游兵[8]，而增罗公兵三百人，共千二百人。辛卯，发长沙，号为湘勇，未有营名，亦未立哨队，而主之者，自罗公、朱公及公昆季，尚有夏公廷樾、郭公嵩焘、杨公虎臣、康公景晖、杨公昌濬、罗公信东、蒋公泽沄、易公良幹、罗公镇南、谢公邦翰、李公杏春十有五人。军士道中犹就[9]民舍止宿，公曰："所贵乎兵者，为其不扰民也。"始建议为帐幄，作壕垒。

[1] 饩，给养。廪，俸禄。

[2] 蓝缕，穿着破衣裳。朴野，朴质无华。

[3] 衣甲，铠甲。

[4] 以轻见锐，因为轻装上阵而显示威力。

[5] 葛屦，用葛草编成的鞋。

[6] 甲胄，铠甲和头盔。

[7] 遽，一下子。

[8] 游兵，指无固定防地，流动出击的军队。

[9] 就，到。

七月癸亥，屯南昌得胜门外七里街。丁卯，贼来攻，士惧皆走。罗信东、罗镇南、易良幹、谢邦翰死之，贼追且迫，军士八十一人亦遇害。公命李存汉等百六十人伏邀[1]贼尾，击斩三十七级，贼惊乃止。罗公匿于民舍以免。夜，公与勇毅公求其所在。戊辰，退三十里，收溃卒，贼遂解围走。己巳，江公忠源、刘武慎公长佑始至。刑部右侍郎黄公赞汤方在城佐巡抚治兵，深纳交[2]于公，具盛馔[3]宴公及罗、江、刘三公。既而语其乡人曰：“有此四君子，何忧乎贼！”○谨案：黄公，庐陵人，癸巳翰林，年长于公十七岁，是时独与一布衣深交，世以为异，亦以为难。可想见公之道德光辉，使人心折，纳交书今存公家，其语则黄公长嗣幼农方伯祖络所述。于是始析[4]千一百人为两营，罗公所将曰玉字中营，公所将曰右营，其留湖南者号之左营，实自成一军，不相属也。中、右营皆三百六十人，饷于官，余四百人号曰余勇，则公与罗公募饷以食之，而皆隶[5]于公。两营称为湘军，湘军名始此，本以异军特起[6]。时曾公国藩主用水师，江公忠源所部起于乌兰泰[7]麾下，累至四千人，号为众盛，自称楚军，以湘军新败为不可用言于巡抚，以剿泰和土贼。丁亥，公发南昌，泰和贼窜莲花厅。公率师追之，贼散走四掠，不为倚屯，罗公犹屯泰和未进。壬辰，公至莲花，而贼亦大至，乙未，一战破之，军气始振焉。他贼已陷安福，踞之。罗公移屯[8]吉安城中。

[1] 邀，阻拦，截击。

[2] 纳交，结交。

[3] 具，备办。盛馔，丰盛的饭食。

[4] 析，分出。

[5] 隶，隶属，附属。

[6] 异军特起，另组一支军队，自树一帜。

[7] 乌兰泰（1792—1852），索佳氏，字远芳，满洲正红旗人。1847年任广州副都统。1851年与向荣在永安（今广西蒙山）围攻太平军，被击败。次年，太平军进攻桂林，他在桂林城外将军桥阻击太平军，中炮毙命。

[8] 移屯，移营。

八月甲戌，公进军安福，贼走莲花。庚戌，公破莲花贼，留五日，搜捕伏莽[1]。逃贼合他土贼更聚安福，立三屯城外，沔洞、洋山诸贼应之，踞朱村桥以拒我军。永新贼亦起。

[1] 伏莽，军队埋伏在草莽中，亦指潜藏的寇盗。

九月乙卯，江公忠源败于田家镇，贼更增守设险。张公亮基坐免[1]，吴文节公文镕[2]代为总督。壬戌，公攻安福贼屯，下[3]其一，而二屯贼亦走，遂击败朱村桥之贼。沔洞、洋山贼合于永新，丁丑破之，追至莲花，烧其五屯，贼窜湖北。

[1] 坐免，因事或因罪免职。

[2] 吴文镕，江苏仪征人，字甄甫，号竹孙，进士出身，历任编修、学士、侍郎、福建巡抚、闽浙总督、云贵总督。为曾国藩之座师，曾识拔江忠源、胡林翼等。1853 年，调湖广总督。曾国藩、胡林翼等谋拥戴其为首领。吴文镕欲等待曾国藩、胡林翼所练水、陆师到达湖北之后，再对太平军发动进攻。湖北巡抚崇纶以闭城坐守参劾之，清廷促其出击黄州。吴不得已，于 1854 年督师出战，兵败于黄州之堵城，投水自尽。予骑都尉兼云骑尉世职，谥文节。有《吴文节公遗集》行世。

[3] 下，攻下。

十月壬午，安福贼走，收其城。衡、郴土贼大起，巡抚骆公檄军回援，益[1]军为五百人，实八百余人，定营名曰中营、右营，始刊发[2]木印二。是时，未定饷制，而粮价颇贱，士卒日得银一钱，则大乐。他营放给皆有缩[3]，公独按湘平[4]足给之。偶遇粮匮，士日授米四两，公亦四两，亲与贱卒均卧起。其家人有向公家询消息者，家书所及必召其人告之。公寄家书亦悉列其名，以告其父兄，故士皆愿效死[5]，罔敢犯禁[6]，右营以此独享盛名。○李君续禋为公《行略》曰："当时辰勇、楚勇相互仇杀，惟钦公德威，不犯公卒。"始定旗色，中营以红，右营以白。土贼已残[7]永兴，踞油榨墟。十一月，十有一战，平[8]之。驻军衡州。

[1] 益，增加。

[2] 刊发，刻发，雕刻并发下去。

[3] 缩，缩减。

[4] 湘平，指清末湖南省湘潭所用之平色。平，平色，旧时的一种衡量标准。

[5] 效死，舍命报效。

[6] 罔敢，不敢。犯禁，触犯禁令。

[7] 残，摧毁。

[8] 平，平定。

先是，家中出入皆总[1]于公，及匆卒[2]出而治军，未及筹检[3]，至是振庭先生寄书询之，公谨条数以对论。援江西功，得旨以府经历[4]补用。〇谨案：史传所载。援江西叙[5]从九品，回援湖南叙县丞，而曾文正奏疏及公兄子光辰作《年谱》初稿，据当时官书写入也，史传盖误，今依初稿写定。

[1] 总，总管。

[2] 匆卒，急促，匆忙。

[3] 筹检，筹划查看。

[4] 府经历，知府的属官，主管出纳文书事，又称府经厅。

[5] 叙，评议等级次第。

十二月既望[1]，命勇毅公治军事。丁亥，公归里第省亲[2]，创议建忠义祠于邑，治祀死绥[3]员弁及兵勇。是日，庐州陷，江公忠源死之。

[1] 既望，农历十六日。

[2] 归里第，回家。省亲，探望父母或其他尊亲。

[3] 死绥，战死沙场。

咸丰四年甲寅，公三十七岁。

正月乙卯，吴公文镕败死黄州，台涌[1]为总督。贼陷岳州。丙辰，公启行，举旧稿尽毁之，曰：“昔岁率尔[2]为之，不足存也。”己未，至于军。骆公秉章、曾公国藩以去年援江西湘军有功，始欲倚[3]以平贼，于是檄罗忠节公[4]为统领，而以公总营务。〇曾文正《与骆中丞书》[5]曰：“统带大员，历来军营皆有此席，或称翼长，或称统领，或称营务处。”又，《复夏憩亭[6]书》曰：“军中定例，如派何营出队，何路进兵，专攻何城，分剿何股，杀一人，赏一人，均由主帅定计，营务处发令。”增月俸皆为二百两。〇周君训才曰：“去年六月，皆支银五十两，十月，回援湖南，乃增为百两。”郴州、衡山土匪起。是时衡州已无贼，罗公屯衡州城。

[1] 台涌，满洲正白旗人，道光二十八年任荆州将军，咸丰四年任湖广总督。

[2] 率尔，轻率的样子。

[3] 倚，倚靠。

[4] 檄，用檄文征召。罗忠节公，罗泽南。

[5] 曾文正，曾国藩。骆中丞，骆秉章。

[6] 夏憩亭，夏廷樾。

二月既望，公率师进剿。

三月庚子朔至于丙辰，破梁园八古柴贼巢二，擒斩贼首黄荧法等十五人，讯释胁从[1]百余。郴州叉鱼池，唐贤韩子与张署贞元末居俟朝命地也[2]，倾圮[3]将半，公以暇日督士卒修葺。〇罗忠节公是年二月与公书曰：“叉鱼池未知已告竣否，如未，可托曾从龙办就。”且忧其椎鲁[4]，未识道义，日授以四子书，讲明大意，并使除易路途[5]，以劳其筋骨。戊午，还军衡州。上书骆公，举用萧启江、彭忠信。萧公为公母萧太夫人从弟[6]，是时为公军佐[7]。当道率[8]以饷事相诘难，公通告大府[9]，请委员核己军饷，果有赢余，愿以还诸库[10]，则皆逊辞谢复[11]。骆公檄防省城，济饷四千金，药丸二千斤。〇谨案：已上两书稿已不存，今据公家书叙录。岳州贼趋湘阴，省城戒严，公挈[12]军发衡州，于道破草市土匪，擒斩贼首王太熯、董浯名，遂平白果市土贼。出马迹桥，击辰山花市贼，平之。王公鑫兵败于羊楼，退屯岳州，敛兵[13]入守。贼围之，居人皆逃散，军士一日不食，众乱城陷。王公缒城走免[14]，营官钟公近衡及弟楚池与军士四百人战死。贼连大众日夜上陷湘潭。

［1］讯释，审讯、释放。胁从，被迫相从。

［2］郴州叉鱼池，是唐代贤人韩愈和张署在贞元末年居住等待朝廷诏命的地方。韩子，韩愈（768—824），字退之，洛阳人，文学家，德宗贞元末，韩愈贬阳山，旋因政局变化而待命郴州。张署，河间人，贞元中监察御史，曾贬官为郴州的临武令，担任过刑部员外郎，虔、澧二州刺史，终河南令。贞元，785年至805年，是唐德宗李适的年号。

［3］倾圮（pǐ），倒塌。

［4］椎鲁，愚钝，鲁钝。

［5］除易路途，清扫道路，芟治草木。易，芟治草木。

［6］从弟，堂弟。

［7］军佐，辅佐治理军务的官吏。

［8］当道，指执政者，掌权者。率，轻率，草率。

［9］大府，上级官府。

［10］还诸库，还之于库，把它还给国库。

［11］谢复，道歉，回复。

［12］挈，率领。

［13］敛兵，收缩兵力。

［14］缒城，由城上缘索而下。走免，逃脱。

曾公国藩舟师自衡州顺流下，泊铜官。四月己巳朔，贼攻之，遂败。曾公仗剑督奔者，不能止，愤自投水，章寿麟[1]援出之。壬申，彭刚直公玉麟烧湘潭市肆，贼北走[2]。公已屯炭荡，尽收民舟，贼不得渡，则道[3]靖港趋岳州。公屯军长沙防守，骆公始增士卒月饷银，人六钱。公与罗公议营用长夫[4]百八十人，日人支银一钱，骆公从之。

[1] 章寿麟（1832—1887），字价人，善化（今长沙）人，曾国藩府中幕客，后官滁州知州、泰州知州，史称“少孤贫”，民国名士章士钊族兄，是曾国藩投水自杀的救命恩人，湘军攻克天京之后，调军中管理营务数年，但一直未被曾国藩重用。

[2] 北走，战败而逃，败走。

[3] 道，取道。

[4] 长夫，旧时军队中长期征用的民夫。

六月己巳，贼复陷武昌、汉阳，湖北巡抚青麟[1]弃城走，诏斩之。免台涌，以杨霈[2]为总督。己卯，公与罗公援岳州。壬午，过湘阴，获贼谍。癸未，屯归宜铺。甲申，公至大金街，合提督塔公齐布军以进。丙申，岳州贼空城退。罗公、塔公以贼势盛，咸欲保大城以自固。公独不可，曰：“此误璞山之故智也[3]。”乃止。璞山，王公鑫字也。

[1] 青麟，图们氏，满洲正白旗人，进士。1849 年，累官内阁学士兼礼部侍郎衔，1852 年升户部右侍郎。1853 年 9 月，因太平军连陷湖北各州郡及武昌，调礼部右侍郎，仍留学政任，招集乡勇筹备防守。10 月，太平军攻占湖北、江西、安徽长江两岸，请敕各督抚合力并攻。1854 年 2 月，授湖北巡抚，太平军攻陷汉阳、汉口。6 月，武昌陷。疏言仿古人移师就饷之法，赴长沙休息三五日，再相机防剿。7 月，以越境偷生罪，在荆州被处死。

[2] 杨霈，清汉军镶黄旗人，字慰农。道光进士。历任长芦盐运使、直隶布政使、顺天府尹。咸丰四年（1854）授湖北巡抚。旋擢湖广总督。次年石达开率太平军西征，攻下武昌，以失地革职。

[3] 这是犯了王璞山（守岳州）所用老办法同样的错误。故智，曾经用过的计谋，老办法。

公屯军芭蕉湖，距罗公垒三里，与贼相错，贼八垒环之。塔公屯城东南，去贼稍远，贼恒深宵犯，公及罗公营夜夜戒备。七月乙卯，援贼数千至，塔公合军拒之，斩贼首曾天养[1]，而贼势不衰。丙辰，贼盛气攻公营，御之竟日，贼多死伤，乃退。丁巳，贼愈增，罗公仍主城守[2]，公不可，乃以夜合塔公军，阳[3]为南省援师至，贼惊，则以夜走。○李君续榭曰："七月廿日，忠武公军命士速备灯笼火把千数百，公以午后入塔提督营。未几[4]，而塔君已派人四处张贴湘省援兵告示矣。百姓亦纷纷传说，并有充前站预备柴草者。夜二更后，公命三百人绕道潜赴塔营。是夜阴黑，尽负火具摸索以往，既至，乃燃火而下，塔公以五百人益[5]之，抵营中，熄火复上，又燃火复下。四更，公命急筑新垒，以新到帐棚张之，贼营人声正喧，盖已走矣。公乃命军士饱食。天明，余贼见新垒皆骇，遂弃辎重而走，共赴大桥。"戊午，犹聚大桥，其酋踞高阜植旗以麾[6]。诸军追之，至，以众寡悬殊，皆惧。公下马席地坐，士心稍安。徐分军为五队，自起率十余人从容陟[7]高阜，贼方骇愕，从者斩其酋，夺贼旗而突之，贼大崩坏，军士五路逐之。塔公立马观战，大赞曰："白旗无敌！"于是罗公入城屯守。公以右营追北[8]，有石垒当道，败贼投焉，方纵炮燃火药以御我军，军稍却[9]，欲退。公曰："毋恐，雨降矣！"已而风雨骤至，乘雨大破之，擒斩二千有奇。方入垒，贼走，中营尽得其所积。明日，右营知之，颇恚，公抚慰之。已而塔公冠带[10]至公营贺捷，遍揖[11]军士，称之大勇，馈六品功牌[12]五百。辛酉，曾公自南阡港来，亦如之，皆不至中营，士乃服。

[1] 曾天养（1800—1854），广西浔州（桂平）人，参加金田起义时已年过五十，历任御林侍卫、指挥、检点、秋官又正丞相，1853年4月奉命随军西征，连克州县。1854年正月在黄州大败清湖广总督吴文镕部，又连克岳州等地，并镇守岳州。后撤退至城陵矶。7月

18 日，在城陵矶之战中，他单骑驰入敌阵，飞矛直刺塔齐布，不幸马蹶，被乱刀砍死。后追封天朝九门御林沁天义，又赠烈王。

[2] 城守，据城而守。

[3] 阳，通“佯”，假装。

[4] 未几，不久。

[5] 益，加入。

[6] 酋，首领。高阜，高的土山。麾，指挥。

[7] 陟，登。

[8] 追北，追击败兵。

[9] 却，后退。

[10] 冠带，穿衣戴冠。这里指的是穿戴官服官帽，表示郑重。

[11] 揖，向……拱手行礼。

[12] 功牌，封建时代赏给有功者的奖牌，清朝用以赏给八旗军功人员，清朝后期，功牌也会因为捐输钱粮、有功于朝廷的原因，象征性地颁发给汉人。原用银制，清代改用纸制。

塔公具牍陈[1]公战状，告于骆公。公谓军士曰：“巡抚且以功牌来，我所得多矣。盍先分三百畀诸中营以易谷[2]？”众唯命[3]，于是中营出粟二千石以馈[4]右营，众心乃和。〇时中、右营皆由忠节公具禀请饷，王公鑫独以五色布为旗，军士以战绩得列保单叙官者，惟公所部为盛。军中为之语曰：“中营银子，左营旗子，右营顶子。”

[1] 陈，陈述。

[2] 何不先分三百块功牌给中营，（让他们）用谷子交换呢？

[3] 唯命，唯命是从，服从命令。

[4] 馈，送。

乙丑，败贼于九唐岭，夷其两垒。

闰月戊辰朔，破贼小垒三。明日，逐之，至于城陵矶，更破其三垒，斩刈千余，俘百二十有八。骆公因告捷，使者反[1]，手书殷勤，馈功牌四百。塔、骆[2]疏岳州战状，○王闿运《湘军志》曰："是时，依故事[3]提督列衔例在巡抚前，曾国藩因事降黜，衔名又在后。"入告[4]，诏曰："李续宾堵截要隘，首破贼营，着以知县升用，并赏蓝翎。"甲申，败贼于长安驿，夏公廷樾书询岳州战状，公复书深自谦抑[5]，而归美[6]罗公。○萧君积仰曰："忠节公理学名家，然战事实非所长。岳州之役，吾亦以为不可入城，乃盛气诘我也[7]。"又曰："自江西回援，凡有战绩，忠武公常深自谦让，归功于忠节公及士卒，未尝有一役坦然引为己力，诸幕僚及军士或不平之。曾文正公作忠武公神道碑铭曰'大让无形[8]'，即指此也。"案：王闿运《湘军志》亦谓忠节[9]言战，在公下远甚。

[1] 反，通"返"，返回。

[2] 塔，塔齐布。骆，骆秉章。

[3] 故事，先例。

[4] 入告，以事上闻。

[5] 谦抑，谦逊。

[6] 归美，称许，赞美。

[7] 竟然生气地谴责我。乃，竟然。诘，谴责。

[8] 大让无形，最大的谦虚是不显露痕迹的。

[9] 忠节，指罗泽南。

己丑，攻羊楼司踞贼，破之。追至百花洲，贼多死。庚寅，平佛岭贼垒，公屯军枯田。日暮，暑热甚，士已食，皆裸而藉稿卧[1]。公散步归，乃命移屯高阜[2]，士不欲者，公挞[3]之，草草敷布[4]。夜半，风雨大至，平地水深三尺，众颂公，以为神。两日，水势杀[5]矣，更命移屯，而西三十里，泥滓没踝，众又不欲，公严督之，进，倚冈为屯。日暮，贼踵至[6]，众大怨咨[7]。公曰：

"贼距我旧垒二十里，今来跋涉泥途已五十里，必饥，且殆[8]。"遂两分军凭高驰下，更[9]击之。贼死无算，窜趋虎爪石。明日，追败之，诛斩三百，遂下桂口五垒。贼望公所载白旗，辄惊溃，多马前跪降者，皆赦之。

[1] 藉稿卧，垫着稻草睡觉。

[2] 高阜，高的土山。

[3] 挞，鞭打。

[4] 草草敷布，草草陈述，意即（由于时间仓促）没有详细说明转移到山坡上去的原因。敷布，陈述。

[5] 杀，收束。

[6] 踵至，接踵而来。

[7] 怨咨，亦作"怨訾"，怨恨嗟叹。

[8] 殆，疲倦。

[9] 更，轮流，交替。

八月己亥，克崇阳，擒斩伪丞相金之亨及伪军帅等酋四十余。己酉，克咸宁。得旨擢知州，加府同知衔。先是三月，岳州之失，振庭先生以为守者疏于防范，寄书戒[1]公，公益自兢惕[2]，故恒以数百人深屯贼丛，而贼不敢犯。崇、咸败贼悉聚横沟桥、官步桥，将伺隙上窜，公击之，贼遂破散。甲寅，进攻武昌省城，僚佐献议曰："当乘锐气，先复大城为有功，庶北岸之师依附我捷而我助[3]，则进兵无难。"公曰："贼屯城外者皆据险要，悉其悍党也。城中不过数千孱弱，将致我攻坚而困我，骤乘之，必弃城而出。我城守，则受贼困；不守，仍为贼有。而我兵已顿[4]岳州，其前事也。自寇乱起，皆我守而贼攻，以无犄角相救，致失省府县城百数。今江岸木城及花园、八步街、鲇鱼套贼屯，盖为此耳。急破之，城将不攻而自复。"〇萧君积仰《上光禄公书》述公当日言如是。乙卯，公破花园大贼垒二、小贼垒一。丙辰，合塔公军攻鲇鱼套诸垒，下之。丁巳，破八步街贼垒五。戊午，烧其木城。勇毅公为浮桥舁[5]大炮二击城。己未，武昌、汉阳贼皆走，两城复。文宗嘉公常为军锋[6]破城外贼，尤制贼死命，复两大城，特赐孔雀翎，以直隶州知州升用。

[1] 戒，告诫。

[2] 兢惕，戒惧。

[3] 我助，助我。

[4] 顿，停驻。

[5] 舁，抬。

[6] 军锋，先锋。

是时，罗公悉以军中战守事主[1]于公。○曾文正为公神道碑铭曰："其战守机宜，胥[2]公主之。"公以曾公得署湖北巡抚，始有权，与之书曰："今当遂乘势东下，若但[3]逐贼尾追，则我受贼制，贼恒得四扰以误我。宜亟[4]起两军，合万八千人，塔、罗各主其一，分南北岸相[5]其动静为防剿，使贼不能测我，则我常处于灵，而贼处于钝。"曾公虑饷无自出[6]，公复书曰："某非不知饷绌之艰，顾自乱起，讫今五年之间，所用三千万，而贼益横。肆扰于北，则南岸不足牵其行；扰于南，则北岸不能邀其归[7]。窃计兵祸非三五年所能蒇[8]，与其蔓延而所费愈多、劳民愈甚，曷若[9]奋以图之，俾竣事速而用可得节[10]？至筹饷一节，当奏请专使治之，非先生一人可胜任也。"○此二书稿已佚，周君受祜手记如是。李君元度为公《事略》曰："当贼从江北上窜，公知北岸官军不能敌，建言分南北两军夹江而剿。令塔公益募兵三千，合浔军五千专南岸；别选大将率浔军三千，益募五千专北岸。南北各自为战，一图安徽，一图金陵，庶大局有济[11]。曾公以饷绌不果[12]。"庚申，追武昌逃贼，及之，俘斩伪总制丁礼之、将军陈昌渍等百六十六名。

[1] 主，做主。

[2] 胥，全部，都。

[3] 若但，如果只是。

[4] 亟，赶快，紧急。

[5] 相，察看，观察。

[6] 自出，出自于。

[7] 邀其归，拦截他们的归路。

[8] 蒇，完成，解决。

[9] 曷若，哪里比得上。

[10] 俾，使。竣事，完事。得节，得以节约。

[11] 有济，有帮助。

[12] 不果，没有成为事实。

九月己卯，军于金牛堡。丙戌，兴国贼拒战，擒贼总制汪氈先等五十三人，斩四百余级，贼败退。丁亥，贼走，城复，获其伪知州胡万知。甲午，屯桃港，休士二日。公所部是时饷于官[1]者八百人，余勇八百，犹自募饷及出私财以食[2]之。〇李君续陞曰："公声威日隆，投效者愈众，余勇常多于正勇。余勇不在长夫之列，日给百文。是时正勇每月支饷银三两六钱，公募捐不能给，乃以己所得薪俸益[3]之，犹不足。至克城之际，他军皆争取财货，独公严禁之，每具[4]酒肉以赐将士。"乃分营为十一哨，曰亲兵、正中、副中、正前、副前、正左、副左、正右、副右、正后、副后。哨[5]皆百人，配以余勇，或三四十，或七八十，以备弥缝[6]。哨以一人主之，一人为之副，一出战，则一居守。公所举用奇士，视他帅为盛[7]。萧壮果公启江、蒋果敏公益澧、刘勇介公连捷、李果敏公存汉、雷威毅公风云、彭武烈公志德、刘忠壮公神山、张刚愍公文焕、杨刚敏公得武、赵果勇公友材、周敏烈公福高、萧刚勇公意文、李壮愍公集贤、萧武毅公庆高、黄刚敏公开榜、高勇烈公连陞、彭果毅公友胜、郭勇烈公鹏程、尚书衔提督周公达武、太常孙公守信、布政使蒋公凝学、金公国琛、一等男提督萧公孚泗、提督周公宽世、胡公中和、胡公裕发、何公绍彩、朱公品隆、唐公义训、成公大吉、丁公义方、萧公庆衍，道员梁公作楫、毛公有铭、族子光燎等，皆起于公军。〇谨案：据公从弟续䄍为公《行略》所谓骁锐[8]六十人，未悉载其名。而其尚可考见者，则为周福友、李光腾、胡孚武、赵克彰、彭炳武、王载驯、萧兴四、邹祥杰、李登辟、李登梗、李季昌、刘祥发、刘祥胜、刘锡文、周玉堂、沈俊德、李发一、李续焘、黄泽远、朱品文、成得升诸君。佐治军事者，则弟勇毅公及从弟续䄍、族子杏春、刘果敏公典、总督杨公昌濬、运使蒋公泽沄、太仆董公容方、杨公德闾。论荐者，沈文肃公葆桢、李勤恪公瀚章、多忠勇公隆阿、鲍忠壮公超、舒贞恪公保、刘武烈公腾鸿、巡抚唐公训方、布政使唐公际盛、按察使李公鸿裔，兵备王公必达、许公庆丰、方公翊元、叶公兆兰。又寓书延致[9]刘公蓉、郭公嵩焘、黄公醇熙、王公揆一、朱公宗程、吴公立蓉。犹患人材未出，虚怀延访[10]。闻兴国布衣万公斛泉隐居求志，就[11]其家见之。

[1] 饷于官，军饷来自于官方。

[2] 食，供养。

[3] 益，加上。

[4] 具，备办。

[5] 哨，古代军队的编制单位，历代标准不一。

[6] 弥缝，替补。

[7] 李公选拔任用的非常之士，比其他将帅要多。奇士，非常之士，德行或才智出众的人。视，比。盛，多。

[8] 骁锐，勇猛精锐之士。

[9] 延致，招来，邀请。

[10] 延访，广为访求。

[11] 就，到。

是时，群贼聚保田家镇，扼[1]隔岸半壁山，负隅固守，依山筑五垒，贼二万屯焉。山头多筑炮楼，可四面击。田镇屯贼四五万，为铁索缆筏横江通来往，以遏[2]水军。山面多石，而山北更斗绝，其险万夫莫开。东南距富池口数十里，阻一溪，贼七千守之。去年张公亮基、江公忠源败地也。

[1] 扼，把守，控制。

[2] 遏，阻止。

十月己亥，公已驻军山下，北风甚暴，水军未至。塔公军阻于富池口，正为浮桥济[1]师，贼毁桥，塔公军不得渡。田镇贼八千已自牛灌矶济袭我军，后山贼复空壁尽出，士皆有惧色。逃者三人，公命斩之以徇[2]，誓于众曰："今日固死地也，当万死中求生。"贼纵炮大噪，公与罗公约，分据高阜左右，使士偃息[3]，若弗闻。逾时，公起曰："可矣！"遂鼓以进，中营从之，三进。萧启江、朱品隆斩济江大旗贼将二。胡裕发、周宽世、成大吉等因纵火上风，焚贼舟筏。舟人股栗[4]，懵不知有维楫[5]，贼争舟，烧死、溺死万数。

[1] 为浮桥，建造浮桥。济，渡。

[2] 徇，对众宣示。

[3] 偃息，敛藏退息。

[4] 股栗，因紧张、害怕而两腿发抖。

[5] 维楫，系船之绳和船桨。

是时，我军在贼中，贼裹于外，山贼闻舟筏焚，知败，因反奔[1]，公从容麾[2]士举炮轰之，贼挤以登山颠，死过半。日中，塔公以其军至山头，贼途穷，多倒掷江中。收余贼，尽斩之，毁其炮楼，而收其军实[3]，因贼垒屯以休士[4]。塔公因命军士移公大纛[5]植山颠，鸣金鼓声炮以贺捷，公固逊让。〇胡文忠祭公文曰："公师跃入，十荡十决。岸赭[6]江红，飞毛洒血。采石顺昌，讵[7]足比此！湘军之雄，自公伊始。公乃不矜[8]，粥粥[9]无能。”田镇贼宵遁。庚子旦，杨公岳斌、彭公玉麟以水军至鼓洪炉，椎毁铁索，于是已大破贼，湘军威望益振。○方君翊元为公《行状》曰：“自军兴以来，一未有如是之大捷，于是人始知公，而湘军遂以劲旅名天下矣。”李君续禋为公《行略》曰：“三月岳州之失，人咸诮湘勇为相勇[10]，及半壁山大捷，则又曰相勇复为湘勇矣。军士笑曰：‘何怪乎一字直[11]千金，如此大战，仅赢得水旁三点。’”曾文正为公神道碑曰：“湘军之兴，威振海内。创之者，罗忠节公，大[12]之者，公也。”

[1] 反奔，回奔。

[2] 麾，指挥。

[3] 军实，军用器械和粮饷。

[4] 休士，让士兵休息。

[5] 大纛，大旗。

[6] 赭，红褐色，这里指血迹。

[7] 讵，岂，怎。

[8] 矜，夸耀。

[9] 粥粥，柔弱无能貌。

[10] 咸，都。诮，讥笑，嘲笑。相勇，徒有外表（而无本事）的兵勇。

[11] 直，通“值”。

[12] 大，发扬光大。

捷奏，上特记名以繁缺知府简放[1]，赐号挚勇巴图鲁。○黄公彭年曰：“曾公上疏言公临阵誓师，有古名将风。公受主知自此始。”罗公遗振庭先生书称公勋绩[2]。公思亲甚，而兵事方亟[3]，欲归不得，乃命勇毅公还里省亲。

[1] 繁缺，指政务繁忙的官职（繁缺的外任官员，其辖区广，收入丰，实为肥缺）。简放，清代谓经过审查官员的资历，确定级别、

职位，派任道府以上外官。

[2] 罗公，罗泽南。遗，送交。勋绩，功勋，功绩。

[3] 亟，急。

戊申，合水军复败贼于富池口。贼以黄梅为江鄂总汇之区，屯大众而积军需。总督杨霈领二万人匿北岸自保，贼轻[1]之不攻，诸军亦莫敢进。乙巳，公北渡蕲州，贼闻风遁走，收其城。率师而前，五日四战。庚申，大败贼于莲花及菩提坝。壬戌，破栗木桥贼巢。甲子，追败逸[2]贼于双城驿。

[1] 轻，轻视。

[2] 逸，逃跑。

十一月丙寅朔，破大河埠贼垒二。己巳，黄梅贼走，城复，收其药丸[1]五万斤，炮矛三千。壬申，大破贼于濯港，歼其伏，斩贼酋罗大官，追败逸贼于中露庵。丁丑，攻孔垅屯贼，破之，遂克广济。擒伪丞相余弗升及总制、先锋等九十六名，斩馘[2]千余。诸贼屡败，悉窜江西、安庆。杨公昌濬告归，公仍聘以明年教诸子。甲申，诏授公安徽安庆府知府。是时，名器[3]贵重，道府大员非臣下所能举，公记名及赐号皆出自特诏，又以未经实缺人员简授[4]首府，皆为异数[5]。

[1] 药丸，火药弹丸。

[2] 斩馘，斩敌首割下左耳计功，亦泛指战场杀敌。

[3] 名器，名号与车服仪制。奴隶社会与封建社会用以别尊卑贵贱的等级。

[4] 简授，审查官吏的资历和劳绩，确定其级别与职位，授予官职。

[5] 异数，特殊的礼遇。

乙酉，击败小池口贼，破白水港贼垒二，遂平老鹳矶之贼。

胡文忠公林翼自湖北以二千人来会师，屯九江城东南。丙戌，贼方攻邹寿璋、唐训方、王国才营，公南渡援之。未至，城贼半出扼渡口，公麾八百人抄贼而攻之，既济[1]，邹、唐方败。中营先进，公谓罗公曰："贼当败，追之勿过浮图城，与江相倚，背水不可仰攻，当先防败。"适水军亦溯江上，纵炮击贼，城贼忽自东薄[2]中营而迫之，渡口贼与为夹击。中营迫于贼，过浮图下而径益仄[3]，城贼据高俯击，我军死伤众。公命后哨蒋益澧以二百人护罗公退。把总周福友等援中营而出之，中营出，福友等十一人战死，皆右营精锐，公深为悯惜。方福友率二百人进，罗公已策马驰免。东城贼已败，中营已出，罗公犹责其攻渡口贼，薄浮图下，故皆死。贼沿岸踵至，公植纛独殿[4]，俟军士已集，整伍击之，贼乃败。

[1] 济，渡河。

[2] 薄，接近，靠近。

[3] 仄，狭窄。

[4] 殿，殿后，居后。

胡公深纳交[1]于公，合屯三日，以王国才进屯小池口。庚寅，公合于塔公屯，立营四里坡。骆、曾所征协饷[2]有应者，更增弁勇月饷银，人六钱。曾公自湖口至九江劳师，骆公以公荐萧启江，檄令募丁壮五百人防湖南边，萧军自此起。曾公将攻姑塘，姑塘贼内窜南康，已而还姑塘。○谨案：姑塘又作谷塘，非两地也。曾公还湖口。

[1] 纳交，结交。

[2] 协饷，中国古代朝廷用以调度财政的名目，即从有余省份的钱粮中指拨一部分解运于不足省份。

十二月己亥，公渡江屯恢山。○恢山一作盔山，又作灰山。

辛丑，破梅家洲贼，追败之于兜口湖及小湖坪。己酉，合王国才营败贼于小池口，遂屯官夹渡。彭公玉麟以舟师与贼战于姑塘，败绩，贼迫其军陷困内湖。戊午，贼破周凤山[1]军，公南渡援之，集其溃卒屯九江城东门外。己未，移屯官牌夹。是夜，贼袭曾公水军，烧其坐船，曾公乘舸走免[2]。庚申旦，至于军中，用刘公蓉言，乘贼度岁[3]攻湖口，以拔[4]内湖。水军以中营为不可用，则主用右营合塔公军以往。曾公不知贼无正朔[5]，军士咸非[6]刘蓉议，不乐战，故公不可，议三日。壬戌夕，公乃召百夫长戒战[7]，癸亥济江。甲子晦，与塔公皆以千人往，士出垒扬言曰："吾方治鸡黍息此一日，彼何人乃败吾兴？今日当特败以钤[8]其口。"遂曳兵四走[9]，〇《曾文正书札》卷五《与李次青书》曰："勿效霞仙在灰山时龂龂[10]不休，误以灰山为必争之地，而究非事实也。"胡文忠丁巳七月《与勇毅公书》曰："涤帅昔年之误，误于雪琴之躁，霞仙之狂。"公与塔公禁之不止。贼望见之则大至，公与塔公皆陷贼中，公薄于险[11]，幸良马跃水负公以出，夜宿民舍，居人尽逃，寂坐达旦。〇周君达武与公子健斋节帅书曰："甲寅除日，九江之败，弟等皆谓霞仙中丞不近人情，故忠武公传令四次，无一应者。末次[12]，公言曰：'议虽起于刘君，而行之者曾星使[13]，彼荷[14]君命而汝不从，是无朝廷也，将何有于我？'乃皆强诺[15]之。次日之走，实未见贼，贼见我军乱走，始出队来追，相隔已远，又纷纷走散，贼无可如何，亦止。往年曾读史传及李次青[16]方伯《事略》，不知何所据而为此谰语[17]，非实录也。"李君续榭曰："是日，出营门六七里即走，贼初尚不知我何所为，皆未追逐，后见我军四散奔走，乃起而狂追。究之是日我军未伤一人，亦未失器械一件。上灯[18]后，诸勇相继回营，惟公未归，人皆未得中餐，众欲与刘霞翁为难，而闻其上舢板[19]走避矣。"周君受祜手注《湘军志》曰："四年，援湖口之议，公与忠节公皆不以为然，而曾文正信之坚，中营不出，是以独免。

而此书言罗公攻湖口，苦战不能克，殆[20]即指此役，然实无所谓苦战也。”

［1］周凤山，1853 年以守备参加湘军，与塔齐布、罗泽南等同为营官，1854 年 4 月，与塔齐布等从湘北返攻，进犯太平天国副丞相林绍璋据守的湘潭。得水师助战，5 月 1 日，攻陷湘潭。以后隶塔齐布，随军作战。1855 年 8 月，塔齐布病死，曾国藩令其接统该军。同年冬，石达开军全面进攻江西，连下临江、瑞州，逼近南昌，曾国藩急令他撤围九江，回防南昌。1856 年 3 月，与石达开部大战于樟树镇，溃不成军。曾国藩命回湘募勇。后会同曾国荃军进攻江西吉安。然不为曾国藩所重视，官至广东罗定协副将。

［2］走免，逃脱。

［3］度岁，过年。

［4］拔，攻下。

［5］正朔，一年的第一天。太平天国另有一套历法，与清朝使用历法不同。

［6］非，以……为非，反对。

［7］戒战，告诫参战。

［8］钤，锁住。

［9］曳兵四走，拖着兵器四处逃跑。

［10］霞仙，刘蓉。龂龂，争辩貌。

［11］薄于险，陷入险境。

［12］末次，最后一次。

［13］星使，古时认为天节八星主使臣事，因称帝王的使者为星使。曾星使指曾国藩。

［14］荷，担任，承当。

［15］强诺，勉强答应。

［16］李次青，李元度。

［17］谰语，妄语。

［18］上灯，点灯，指入夜时。

[19] 舢板，清代内河战船的一种，首尾置炮，两旁具桨，用以作战，一般坐10人左右。

[20] 殆，大概。

是年夏，始取薪俸银三百两寄家，偿还李君聚星虎贲贷款及其称息[1]。

[1] 称息，借债的利息。称，称贷，借债。

八月，季女[1]生。〇兄子光辰为公《年谱》初稿注曰："许字同邑赠太常寺卿谥愍烈曾公国华之子纪寿[2]。"

[1] 季女，小女儿。

[2] 许字，许配。纪寿，曾纪寿（1855—1930），字岳松，湖南湘乡人，曾国华次子，曾国藩侄，钦加三品衔、二品顶戴，诰授昭武都尉、奉政大夫，晋封资政大夫。

咸丰五年乙卯，公三十八岁。

正月乙丑朔，日晡[1]，公独骑南渡还营。弁勇方围曾公国藩坐帐大噪，索主将，掌掴曾公前几[2]，几不可解[3]。一闻公归，众皆若婴儿之投慈母。公将惩其悍者，曾公请之乃止。塔公匿民舍三日，贼时过之，不得出，丙寅乃还营。〇罗君嘉衡曰："吾闻于族[4]泽湖曰四年廿九渡江，卅日败。五年元旦，李九大人回营云云。泽湖是时在营，目击其事，可以为据。而李次青《先正事略》乃言公以岁除前夕还，塔公以除夕三更还，皆信笔驾说[5]，不足征[6]也。"

[1] 日晡，申时，指下午三时至五时。

[2] 前几，前面的桌子。

[3] 几不可解，几乎不能分开。

[4] 族，指族人。

[5] 信笔，谓随手书写，不甚经意。驾说，托言，谎称。

[6] 征，证明。

曾公进屯南康，公移屯九江城东。癸未，塔公穴城遇石[1]，贼闻攻凿声，启[2]东门出其众，以攻塔公屯。罗公欲先击出城贼，公曰："贼气颇锐，塔公力自足以备御，不若我军扼[3]平岭左右，与塔公夹击之，当捷。"已而，川勇、宝勇阻贼出者败退，乃从公言，罗公出平岭南，公搜松林贼伏，败之，出平岭北。贼知其伏败则惊，塔公开壁纵击，川、宝勇得因势复振。有伪丞相建旗高陂[4]指挥，公命勇者舁炮轰之，毙。贼乱，遂败，俘斩七百七十。城贼更出援，又败之。

[1] 塔齐布在城墙下面挖地道挖到了石头。穴，挖地道。

[2] 启，打开。

[3] 扼，把守。

[4] 陂，山坡。

胡公林冀挈[1]所部还湖北，公寄书勇毅公增募数百人益己军，并以书延致[2]李公续艺。城贼跧伏[3]不出，公日以教战，余暇教军士学书习射，进者赏之。宋儒周子葬于城外石塘铺[4]，其墓及母妻冢遭贼损削，公督士卒葺治[5]，而市石以表[6]。又以禄入稍丰，而高伯祖仁朝仅一玄孙，贫不克[7]娶，乃以百金畀[8]之，使力田[9]聘妇。

[1] 挈，带领。

[2] 延致，招来，邀请到。

[3] 跧伏，即蜷伏，这里是隐伏的意思。

[4] 周子，周敦颐（1017—1073），字茂叔，湖南省道县人，世称濂溪先生，周敦颐墓位于江西省九江市濂溪区莲花镇周家湾之栗树岭，即本文的石塘铺。

[5] 葺治，修建，整治。

[6] 买石头做成石碑。表，石碑。

[7] 不克，不能。

[8] 畀，给予。

[9] 力田，努力耕田，泛指勤于农事。

二月，杨霈军闻贼尽溃，武昌、汉阳复陷。巡抚陶文节公恩培[1]殉城死。诏胡公[2]以布政使任巡抚，而以荆州将军官文为总督，夺西凌阿[3]钦差大臣印畀之，领万人保潜江、天门间。胡公屯金口，号令不出三十里，寄书请援。〇周君受祜曰："公在九江与胡文忠夜话，即力言肃清江、鄂，须起两军分南北岸为战守，使贼不能测我所向，则贼势常分而我力有余，庶江、皖贼亦有所忌惮，而不敢公然上犯。前此涤翁[4]犹以饷事为虑也，文忠力赞此议而权不专。"且服公先见。

[1] 陶文节公恩培，陶恩培（1802—1855），字益之，号问云，会稽（今绍兴）人，清代官吏。道光年间进士，授修撰，后外任州吏，咸丰年间官至湖北巡抚。咸丰五年（1855）太平军攻武昌，不久城破自杀，诏优恤予骑都尉兼云骑尉世职，谥文节。

[2] 胡公，胡林翼。

[3] 西凌阿，满洲正白旗人，郭贝尔氏。都兴阿弟。鸦片战争时，从奕经援浙江，由侍卫累擢至都统。咸丰三年（1853）率部随胜保、僧格林沁截击太平天国北伐军。五年授钦差大臣，督办湖北军务，为太平军击败，撤职。六年镇压捻军，屡败。同治元年（1862）因病回京。卒谥勇毅。

[4] 涤翁，曾国藩。

江西饶、广诸府县相继沦陷，南昌孤立贼中，我水军半困鄱阳。巡抚陈公启迈[1]欲倚湘军自壮，亦寄书求援，且言供饷。曾公以九江非旦夕可下，因益塔公军围之，而辅以水师；以李元度攻湖口不能克，欲公往助之。罗公以军中不可一日无公，固不可。公乃与书曾公曰："湖口，江鄂形便[2]，力取非不可得，然守者非人，终为贼有耳。武汉据长江上游，军实[3]所自出，故贼亦出其死力与我争，轻重何止十倍？武汉克，则塞川、陕之冲[4]，握东南之要，控制江湖而通其镃货[5]，高屋建瓴，灭贼之利也。今兵不满四千，分之则力弱，增召则饷穷，因于江西何为哉？当从胡公请援湖北。”〇书稿已佚，公兄子光辰所为《年谱》初稿经北冈先生手改如是。时协饷复不至，乃就饷江西，自南昌以进。辛酉，发九江。

[1] 陈启迈（1796—1862），湖南武陵（今常德）人，字子皋，号竹伯，进士。道光二十九年（1849）由江西左江道迁按察使，擢直隶布政使。咸丰三年（1853）调任江宁布政使。太平军攻占南京后，奉命赴徐州办理粮台事宜。次年升任江西巡抚。后因与曾国藩发生矛盾，被曾弹劾罢官。在乡主持朗江书院六年。病卒。

[2] 形便，有利的地理形势。湖口是长江与鄱阳湖唯一交汇口，地处湖北、安徽、江西三省交界，素有“江湖锁钥，三省通衢”之称。

[3] 军实，军队中的器械和粮食。

[4] 冲，冲要，交通要道。

[5] 镃货，赀货，资财货物。

三月丁卯，屯南昌城外。李公续艺以新募丁壮四百人至于军，分隶于中、右营，教之习战。续艺从容有识，公素重之。公念族谱数十年失修，上书振庭先生，择人任其事。饶州方请援，而弋阳告急。丙子，次[1]于乐平，弋阳贼五千踞大水桥以阻，我军击破之，烧其七屯。丁丑晨，公度地屯军城西黄土冈。戊寅，破詹家山贼垒，贼遁入城，又败之于北门桥，贼以夜尽走[2]广信。己卯，弋阳复，遂攻兴安，辛巳克之。

[1] 次，驻扎。

[2] 走，逃往。

壬午，薄[1]广信，公立营甫[2]定，贼悍者以大众来攻，公闭垒，度贼饥困，乃伐鼓出击，大破之，贼惊曰："果白旗也！"遂宵遁[3]。是时右营号无敌，每战，两营并列，贼常避白旗而攻红旗。董容方曰："盍互易之以试贼[4]？"公笑而许之。及战锋已交，贼乃舍红旗而趋[5]白旗。〇曾文正奏公死事最烈疏曰："塔齐布独以右营白旗为无敌，贼亦深畏白旗。白旗者，李续宾所部右营也。"癸未，收广信，德兴贼闻风走，遂收其城。

[1] 薄，逼近。

[2] 甫，才。

[3] 宵遁，乘夜逃跑。

[4] 何不把白旗和红旗互相交换来试探匪贼？盍，何不。易，交换。

[5] 趋，冲向。

四月丁未，克德安。戊申，大破乐平援贼，遂进兵克浮梁。

五月癸亥，移屯景德，遏安庆援贼。贼将犯南昌，城中人大惧。

六月丙申，公军[1]于章江门外，众心始定。丁酉，渡江，屯沙井。甲辰，合内湖水军大败援贼，遂移屯丰城。贼围义宁州，江西援军败溃，城陷，官民死者二千人。曾公犹以攻湖口为言，罗公未决所向，公曰："不克义宁，则我进兵武汉、崇、通，亦为荆棘[2]，而江西兵势脉络不灵。矧其民望我如望岁[3]，救焚拯溺，此其时矣！前已与书曾、陈[4]，今不当反汗[5]。"乃决攻义宁。

[1] 军，驻军。

[2] 荆棘，指山野丛生多刺的灌木，此指艰险。

[3] 矧，况且。望岁，盼望丰收。

[4] 曾，曾国藩。陈，陈启迈。

[5] 反汗，翻悔食言或收回成命。

七月丙寅，破梁口屯贼，遂平杭口贼垒。壬申，勇毅公自湘乡至于军，公闻父母安，心乃慰。甲戌，军于义宁州城西鳌岭。作垒未成，贼众骤至，张翼山下，噪以仰攻。士欲战，公不许。及莫[1]，贼疲而士气愈厉[2]，乃逾壕纵击，诛斩无数。公曰："我已据形便，明日，贼当复至以争山。"五更，分军潜藏岭北。乙亥，贼来，公俟伏兵起，首尾乘之，大败贼于鸡鸣峰下。丙子昧爽[3]，城贼强半[4]出，绕山噪嚣，公坚壁拒之。日中，炮丸及衣，士乃出，拥大纛[5]以前。贼慑公威，遽溃，逐之及城。败贼牵于我军，不得入，守贼出迎而败，遂大奔。丁丑，贼尽走，城复。己卯，塔公齐布卒于九江城下。

[1] 及，到。莫，通"暮"，黄昏。

[2] 厉，高涨。

[3] 昧爽，拂晓，黎明。

[4] 强半，大半，半多。

[5] 大纛，大旗。

陈公启迈饷不至，罗公三使请之，皆徒手反[1]，罗公对众诟詈[2]。公蹶而请曰："盍效捐局镌板印实收券售之[3]？他日请胡公咨取部照[4]易之，还，则我已信于人。胡公得位且厚[5]我，事固可权行[6]也。"罗公任[7]公为之。未逾月，而报捐九品外委监生者共入五千余金。〇周君受祜藏公所为实收文曰："钦命浙江宁绍台道、统领湘军叶普崇额巴图鲁罗，安徽安庆府正堂、总理湘军营务处挚勇巴图鲁李，为先给实收以示奖励事：顾得本道府准江西府部院札调剿贼，势如破竹，大军过境，严束士卒，不扰民间一草一木，凡在士民，皆以深信。惟查江西地境，并遭贼扰，以致府库空虚，军士饥困，所幸忠义之心，人所同具。各士民量力捐输，当即发给各项顶戴[8]实收，以示奖励，仍按季册报湖广总督部堂，江西、湖北巡府部院，咨明大部[9]，换给部照，由各原籍地方官发交，各凭实收斟换，切切勿误。须至实收者，计开捐生[10]某，某省、府、县人，年貌若何、三代某，咸丰年月日行右，仰捐生某人准此。”是年十二月，皆由胡文忠咨部换给执照[11]。丙戌，罗公以援鄂军少而饷绌，自赴南康，就曾公请之，军中事一[12]以委于公。陈公启迈遗公书，陈谢弋阳以来战绩，已具疏须[13]发。公复书归美[14]罗公及军士，而辞[15]其叙己名。

［1］空手而归。反，通“返”。

［2］诟詈，辱骂。

［3］何不模仿捐局刻雕版而实际上用纸券卖（监生资格）？盍，何不。捐局，清代专掌捐纳事务的机关，其在中央者为京捐局，在地方者为外捐局。板印，雕版印刷。

［4］部照，旧时中央各部发给的凭证。

［5］厚，重视。

［6］权行，审时度势，变通而行。

［7］任，委任，任用。

［8］顶戴，清代用以区别官员等级的帽饰。依顶珠品质、颜色的不同而区分官阶大小，也称“顶子”“顶带”。

［9］咨，发文通知。大部，中央官署中无隶属关系之较低级机关对较高级的主管部门的用语。

［10］计开，逐项开列，清单行头习惯用此二字。捐生，清代报名纳钱换取官职、官衔的人，亦称官生。

［11］执照，官府所发的文字凭证。

［12］一，全部。

［13］须，等待。

［14］归美，称许，赞美。

［15］辞，不接受。

八月戊戌，胡公林翼兵败于汉阳，请援益急。己亥，江西捷书至京师，上加公记名道[1]。广信败贼聚屯杭口，公选中营五百人立名副中营，以族子[2]杏春将之。选右营五百人，曰副右营，以刘蓉将之。刘蓉以去年除日[3]事不理众口，公以其勇违众举之，以勇毅公治中营事[4]。

[1] 上，皇上。记名道，记名道员。

[2] 族子，同族兄弟之子。

[3] 除日，除夕。

[4] 让勇毅公（李续宜）管理中营事宜。

振庭先生喜宋贤苏[1]、黄[2]书。辛丑，义宁民有持山谷帖[3]百三十二纸求售，公尽买之，寄之归。

[1] 苏，指苏东坡。

[2] 黄，指黄庭坚（1045—1105），字鲁直，号山谷道人，今江西省九江市修水县人，北宋著名文学家、书法家，与张耒、晁补之、秦观合称为“苏门四学士”。

[3] 山谷帖，黄庭坚的字帖。

庚戌，公军杭口，贼尽走。辛亥，罗公还营，曾公以普承尧等五营助征湖北。壬子，公寄书郭公嵩焘，讨论援鄂事。〇书稿佚，郭公复书仅存三纸，亦不完。丙辰公有疾，己未愈[1]，〇李君续禋为公《行略》曰：“公明于医理，守伯父保身之教，生平无病。偶有疾，亦善自调理，不轻服药。”乃挈军发[2]。

[1] 己未，己未那一天。愈，痊愈。

[2] 挈军，率领军队。发，出发。

九月乙丑，军于通城。丙寅，攻城外贼垒，斩贼首八十级，掷其垒中，贼丧气，遂平其大垒二。李杏春从公薄城，败贼欲入，而城贼迎出，军士夺门，门隘[1]不可战，死者三十余人。日暮，公命士少退，纵贼出，而为两伏[2]以待之。夜半，贼尽走，遇伏多死。丁卯旦，城复。贼走桂口，合于义宁败贼。桂口者，崇阳、通城互市[3]，伪丞相金逆方聚众踞守。庚午，公屯沙坪。辛未，贼闻公至，望风溃散，追斩千余。得其粮五千斛[4]，以赐遗民[5]而抚定之。

[1] 门隘，城门狭窄。

[2] 为，设。伏，伏兵。

[3] 互市，互通贸易之地。

[4] 斛，容量单位，一斛本为十斗，后来改为五斗。

[5] 遗民，劫后余留的人。

癸酉，驻乌龟石。甲戌未明，公及刘蓉以千八百人济江[1]攻崇阳，蒋益澧护辎重[2]后发，中营又在后。半渡，贼据岸遏阻，突相搏击，斩其悍者数百，乃济。日中，罗公以中营、李杏春以副中营至。公定议罗公攻城东，而自攻其西。贼筑巨垒西门外，出而逆战[3]。公命勇士斩骑贼一、大旗贼二。贼运火药入城而未得，遽保垒中。军士掷火，秋高风燥，其芦簟帷幕尽燃，药暴发，贼烧死大半。城贼自扰，开东、北两门走。崇阳既克，罗公以中营城守，公率师进羊楼峒。蒲圻贼大惧，自增其众。孙公守信时方以县丞在湖北候补，公以李沅发之役知其才，及是[4]以书举之于胡公署知县事，领蒲圻民兵。贼自武昌趋义宁。乙亥，江忠济败走岳州。武昌贼三千余，合土贼可五千，聚壕头堡，彭三元、李杏春以千五百人往攻之。公以饷事少裕[5]，选余勇之能战者立左营，罗公所委管带非材，斥去之，而举蒋益澧将，罗公不谓然，公固请之，强而后可。刘公腾鸿，公执友[6]也，前时客湘潭，遇土贼掠乡人舟中货，部勒[7]舟子击之而捷，以此重于骆公秉章[8]，檄领五百人防湖南边，自请合于公军。公与书胡公，赞其材略[9]。罗公命普承尧等悉听公指麾[10]，兵力稍厚矣。

[1] 济江，渡江。

[2] 辎重，行军时由运输部队携带和押送的军械、粮草、被服

等物资。

[3] 逆战，迎战。

[4] 及是，到这个时候。

[5] 少裕，稍微宽裕。

[6] 执友，十分亲密的朋友，知心好友，现在一般写成“挚友”。

[7] 部勒，部署、勒令。

[8] 因此被骆秉章重视。

[9] 材略，才能与谋略。

[10] 指麾，指挥。

己卯，三元等进兵壕头，频战皆捷，贼围其两垒攻之，日夜不得休止。壬午，公闻警，整旅[1]夜发。甲申旦，两垒皆破，三元、杏春及杏春弟光炽皆战死。日中，公至，贼走，逐斩九百，士气始振。集副中营溃卒，以勇毅公将之，命普承尧将[2]三元溃卒，休息而申警[3]之。杏春学养深醇[4]，光炽廉隅谨饬[5]，公深恸之。丙戌，大破贼于羊楼峒，败贼窜平江境。何公忠骏以乡兵守御，五日贼退，平江勇自是得用。刘腾鸿以其军至，名曰后营。

[1] 整旅，整治军旅。

[2] 将，统率。

[3] 申警，警戒，儆戒。

[4] 学养，学问和修养。深醇，深湛淳厚。

[5] 廉隅，本谓棱角，后以喻人品行端方，有志节。谨饬，谨慎。

十月癸巳，贼首石达开率其党万余，自蒲圻分两路以阻我军。达开自出枫树岭，屯羊楼北，而使韦俊[1]出千嶂岭，屯张古岭。公请于罗公曰：“韦逆声势甚张，是蛊[2]我也。其蓄念[3]必在枫树岭。”乃命蒋益澧伏小石山抄之，而自率右营出麦园。达开方战，益澧腰击之，刘腾鸿扼其西，遂败走，普承尧亦乘势攻败韦俊。癸卯，胡公自嘉鱼来迓[4]师。明日，率所部三千人先发，期会兵汀泗桥，命陈玉辉、何绍彩隶公军。兴国土贼三四千尾[5]胡公而行，谍者以告公。甲辰夜，公引军急进。乙巳，夹攻破之，石达开、韦俊聚保蒲圻。己亥，孙守信及蒲圻举人贺霱若谒[6]公，献策曰："由间道[7]出公安畈，进据铁山，临城西北隅，贼失其险，可破也。"公从[8]之。〇遗文《与王璞山观察书》曰："贺云杭孝廉系笃实君子。"即谓霱若也。

[1] 韦俊，广西桂平人，韦昌辉之弟。1851年1月参加金田村起义。1853年定都天京后受封为国宗，后随赖汉英攻取九江，援救扬州，因功受赏黄袍。转战湖南常德，镇守武昌，屡败清军，曾击毙罗泽南。1856年杨韦内讧事件后，退出武昌，转战抚州、吉安处，受封定天福。1859年秋，彭玉麟率兵围城，因援兵不至，举城降清，后不知所终。

[2] 蛊，迷惑。

[3] 蓄念，心中久有的念头。

[4] 迓，迎接。

[5] 尾，尾随。

[6] 谒，拜见。

[7] 间道，小路。

[8] 从，听从。

庚戌，进屯铁山，山高可二里，广袤十里。鸡冠山在西北，凤凰山在东南，势相鼎峙[1]，命何绍彩等屯凤凰山，蒋益澧屯鸡冠山。辛亥，命益澧攻五岳观贼垒，绍彩埤[2]山搜贼伏，以丰乐门贼垒独巨且坚，则自攻之。贼七出入而垒不拔，千总张九锡、易光荣、黄德荣中炮死。士益愤，皆忘死突入，纵火，垒破，而城贼气丧。夜，公命百人执火，鸡冠山如繁星，而自引诸军薄城。刘腾鸿驱军士以梯登，大军半登，纵火，中贼火药，火暴发，贼大乱，从城上颠死[3]无算，启门走者，皆迫而斩之。壬子，蒲圻复，士效首虏[4]，马四十匹，旗三百，遂毁城外贼卡垒。副右营军佐刘公蕃战死，其兄蓉以其丧归，公并其军自领之。〇刘公蓉祭公文曰："蒲首之捷，予季[5]殉焉。还君旧部，息影[6]寒檐。"胡公以捷奏，诏加公盐运使衔，封公父母三品。武勋得封始此。又以公军夷伤[7]甚众，疏请休养旬日。

[1] 鼎峙，鼎足并峙，犹鼎立。

[2] 埤，低下，低矮。

[3] 颠死，掉下来摔死。

[4] 效首虏，献上首级和俘虏。

[5] 予季，我弟弟。

[6] 息影，谓归隐闲居。

[7] 夷伤，杀伤，创伤。

十一月己巳，驻汀泗桥，合胡公军张寅恭、唐训方、陈玉辉等以攻咸宁。庚午，公与罗公传示唐训方、刘腾鸿趋城西北，何绍彩、陈玉辉逼城东南。雾大降，军行无声，贼不虞[1]大军至，雾散始望见旌旗，则大骇，自烧桥杠为阻守计。公度贼不朝食不自休止，策马径济[2]，命士填港以涉。贼不能自固，匆卒[3]开东门走，收其城。壬申，桃林埠谍告咸宁贼乞援，武昌八千人踞山坡驿，筑土垣四，姑脑立木城五，里街为两卡。癸酉，命孙守信督六百人搜林中贼伏，而公自当中路巨贼，刀矛三进，贼败。而搜伏军合逐之，至降仙桥，得贼炮二十，斩一伪将军，擒六十二名。

[1] 不虞，没有想到。

[2] 径济，直接渡河。

[3] 匆卒，仓促。

杨公岳斌水军大捷于六溪口，复涢口、蔡店，进逼汉阳。都清悫公兴阿督马军屯北岸，以护水军。乙亥，公驻纸坊。丙子，北冈先生至军中视公。乙酉，移屯鲁家巷。丙戌，罗公与公并辔登洪山，审攻守之要。贼三陷武汉，技益进而守益严，水陆贼众且十万，武胜门外檀角大垒二，鲇鱼套白沙洲大石垒二、土垒二，保安门外大垒三，八步街大垒二，十字街大垒一，大炮碉一，城东南大石垒一，小卡垒数十，错乎其间，江面贼舟数百，亦皆置炮。公曰："贼势异于昔，偏师岂能有功？非南北岸合水陆以图之不可！某前岁之议，盖为此矣。"日晡，引军驱走山下贼，立营洪山南冈。胡公以四千人屯五里墩。丁亥，垒成，贼攻胡公军，公闻之，命蒋益澧守垒，而自出贼后以援之，平其小垒二，乘风烧其十字街大垒。

戊子，公建议当先断贼粮，汉阳门一路任之杨公岳斌，而自任窑弯一路，且可制陆路援贼。遂定议罗公以三千人守洪山，公以三千人扼窑弯。己丑，方治窑弯壕垒，贼知扼其吭[1]，以万众争之，公以蒋益澧拒檀角贼，刘腾鸿、陈玉辉左右张翼，而自以八百人当贼冲。贼望公纛辄惊，趑趄[2]不进，奋击之，遂大奔，合两翼逐而歼之。

[1] 扼其吭，控制要害之处。吭，咽喉，比喻要害。

[2] 趑趄，想前进又不敢前进，形容疑惧不决，犹豫观望。

十二月辛卯，合勇毅公营造浮桥，破八步街贼垒。公思亲，既得三品诰命[1]，因北冈先生还里奉归，并手书以慰父母。振庭先生复书，以时局糜烂戒[2]公兄弟不得顾家。乙未，败贼于沙湖。己亥，贼运火药于檀角，公纵之过，而后以偏师逐之，使入垒，因射火而焚，震死贼无数，遂烧汉阳门贼垒一，驱败贼数百于江溺死。城贼启窦[3]出援，循沟蛇行[4]而前，城外贼皆起。公召陈玉辉、刘腾鸿据小龟山以待之，贼不敢进而走。公曰："贼不败是致我也，吾闻致人而不致于人[5]。"庚子，豫约[6]勇毅公日中出洪山军，命蒋益澧俟城贼出，截其归路。公率玉辉、腾鸿仍陈小龟山而三分军，令曰："闻鼓，则前队起战；再鼓，中队进而前队息；三鼓，后队如之。"贼初至，命后队驱走之。俄而[7]大至，公转与腾鸿山头坐语。有顷[8]，炮丸伤玉辉面，公曰："可矣！"鼓之，贼旅进旅退[9]，不得休，而军士更息，有余勇。勇毅公洪山军出，益澧亦尾[10]贼而来，贼大败，斩捕千余。胡公升高望之，赞曰："神妙乃至斯乎！"日暮，公立马檀角收军。败贼过周得魁、李景湖营而攻之，惊公至，遂遁。

[1] 三品诰命，指前文所言封李续宾父母为三品官员的诏令。

[2] 戒，告诫。

[3] 启窦，打开城门。

[4] 蛇行，像蛇一样前行。

[5] 致人而不致于人，出自《孙子兵法》"善战者，致人而不致于人"，意思是善于指挥作战的人，总是设法调动敌人，而自己不为敌人所动。

[6] 豫约，预先约定。

[7] 俄而，不久。

[8] 有顷，过了一会儿。

[9] 旅进旅退，屡进屡退，多次进退。

[10] 尾，尾随。

丁未，胡公破望山门贼垒一。己酉，公下其二垒。贼垒多毁，而旋[1]立其石垒，屯贼二千，城贼以众益之，纵火器，多伤军士。刘腾鸿等攻之，杀贼数百，腾鸿亦伤，垒乃破。壬子，贼自青山运米谷、火药入城，城贼逆[2]之，公引军据险击城贼，蒋益澧夺贼运大半。遗书杨公昌濬，请至军中襄[3]事。○兄子光辰为公《年谱》初稿注曰："常观王闿运《湘军志·营制篇》，曰湘军名将推塔齐布、刘腾鸿、李某、多隆阿。而郭嵩焘服罗泽南，左宗棠称王珍。泽南亡，有李某及珍。然则泽南殆可谓名帅，非但[4]

名将。要[5]其言战，在某[6]下远甚。初颇疑之，后闻杨石泉[7]宫保曰：‘忠节公[8]在军中，凡战守赏罚，皆一委于忠武公[9]，江、鄂之间，忠武谋略为多，而纪载[10]之书常有非事实者。如：曾文正奏陈[11]忠武勋烈，有曰李某守法五年，始终不变。究之营制不用文正法者，实惟忠武。初定三百六十人为营，王壮武[12]从之，忠武则用五百有奇，后或千数百人，或七八百人，亦有二三百人者，恒视将之能否而定其数[13]。如六年之增蒋香泉[14]六百人，七年之增萧九三四百人是也。又如：发给员弁夫银及出私囊以收留余勇，皆忠武妙算。王壬秋[15]游武汉，遍谒乡先生[16]，皆有馈遗[17]，独忠武不见。后数年，又以书干[18]勇毅公，亦置不答，遂肆[19]其妄诋。五年冬，忠武寄余书属襄事[20]军中领一营，即六年委朱云岩[21]所带之前营也。’后使从文正，卒为名将，以功名终。”

振庭先生仍留以授诸孙读。是年冬，季子光令入学受书。

[1] 旋，立即，马上。

[2] 逆，迎接。

[3] 襄，帮助，辅佐。

[4] 非但，不只是。

[5] 要，如果。

[6] 某，指李续宾，此为避讳。

[7] 杨石泉，杨昌濬。

[8] 忠节公，罗泽南。

[9] 一，全部。委，委托。忠武公，指李续宾。

[10] 纪载，记载。

[11] 曾文正，曾国藩。陈，陈述。

[12] 王壮武，王鑫。

[13] 经常看将领的能力而确定所带士兵的人数。

[14] 蒋香泉，蒋益澧。

[15] 王壬秋，王闿运。

[16] 谒，拜见。先生，称致仕者。

[17] 馈遗，馈赠。

[18] 干，追求，求取，旧指追求职位俸禄。

[19] 肆，任意。

[20] 襄事，帮助办事。

[21] 朱云岩，朱品隆。

卷二

咸丰六年丙辰，公三十九岁。

公思亲甚切，是岁二月二日为母萧太夫人七旬寿辰，既得振庭先生勖谕[1]勿归，辄南望兴怀[2]。正月壬戌，乃以勇毅公还里省觐[3]。

［1］勖谕，勉励，教导。

［2］兴怀，引起感触。

［3］还里，回家乡。省觐，指探望父母或其他尊长。

癸亥，命军士作长壕，自卓刀泉达城东南，壕在营后，罗公怪为迂。公曰："胡公独知某意。"诸将问诸[1]胡公，亦不言所以，但责工者速成之而已。辛未夜半，贼袭洪山，公闻，使军士六百人绕伏贼后，而自督八百人左右抄之。伏者举火，贼惊。罗公以其军驰击而下，贼进退失据[2]，大败而走，道遇伏，以口号不符斩杀无数。五更，公还屯[3]。壬申，率蒋益澧、何绍彩败贼于沙湖，戮贼八百，掷其首城下。刘腾鸿运大炮双凤山，击城。壬午，大雪，夜半，贼衣白[4]潜侵，我军奋击，败之。癸未，腾鸿纵炮双凤山，城贼多死。丙戌，贼烧赛湖民屋，命何绍彩击之，灭其火。蒋益澧御贼小龟山，斩金冠贼酋[5]一。

［1］问诸，问之于。

［2］失据，丧失依靠或力量，失去凭依。

［3］还屯，回到军营。

［4］衣白，穿着白色衣服。

［5］酋，首领。

江西贼祸愈亟，瑞州、临江、袁州、吉安、抚州、建昌、南康、饶州八府城相继沦陷，其县城陷者且四十余。曾公国藩自南康移屯省城，借彭公玉麟内湖水军自卫，居舟中。江西军不可战，民间所起田勇皆乌合，不可使贼见[1]，求援湖南，未来。始议分罗、李军，一攻鄂，一援江西。曾公书月三四至，○周君受祜曰："是时，江西音信多阻隔不通。罗、李及曾公通信，皆以商贾市语相问答，惟以亲笔为凭，非局中人观之，固茫然也。"罗公以武昌可克，固不可[2]。廷旨责战益急，公以副右营无将，遗书延访[3]黄公醇熙、王公揆一。罗公以中营属于公，公选其士二百，益以右勇、余勇之能者三百，命朱品隆为将，是曰前营。以蒋泽沄佐中营事。广西所募博白勇，胡公以益公军，公命秦冠镳将之。

[1] 不可使贼见，谓不能让匪贼和他们面对面战斗。

[2] 坚决不答应。可，许可，答应。

[3] 遗书，送信。延访，延请求教。

二月己丑朔[1]，贼塞湖桥瓮以水[2]我途，士逐之至城下。庚寅，萧太夫人寿辰，黎明，公正衣冠，南向以拜食。时城贼缒以出击，杀数十，虏其铜炮二。辛卯，城贼千余出毁赛湖堤，刘腾鸿自双凤山击之，公率六百人阵于鹰嘴阁，以为之殿[3]。城外贼度鲇鱼套，列阵长虹桥，张荣贵与贼战不支，公援之，贼败，斩俘二百。○胡文忠与公书曰："今日若非圣人亲征，则张荣贵之勇又一大笑话矣。一切详悉情形，孰优孰劣、孰稳孰否，难逃圣人之明。惟天下只一圣人，是以苦耳。"从弟续禋为公《行略》曰："胡公称公为圣人，恒言必曰'迪圣'。"窑弯距城可十里，在沙湖之尾，湖水由港中出，建石坝一通，江堤与下游青山皆为贼运粮要路。公立营后，恒以攻战事往来洪山、五里墩间，筹策经画[4]。贼日夜掩袭，或因以偷运，诸将士昕夕[5]防御，小有斩获，未足以大创之，公欲增其防。罗公亦以为忧，乙巳，与公率六百人并辔度其地。公策[6]贼有畏，则植纛[7]垒门，不旆而往[8]。方立江堤观贼舟往来，而武胜门内外贼二万遽起，将迫以相乘，其旗几蔽江。罗公徐退，公使人戒[9]何绍彩严以待，命三百人扬旗陈诸坝，二百人皆以炮伏堰下[10]，而自以百人前致[11]贼。贼止，公亦止，公退而贼进，陈者靡旗[12]，退以诱之。贼麕集[13]，伏炮代起[14]，一发皆贯十贼，贼亦发炮，伏者倚堰蔽，得不伤，贼死相藉，则退走。陈者反旗嫚骂[15]之，而贼复来，伏者纵炮，陈者刀矛护之，贼死愈众。日西，何绍彩扬旗鼓角以军出，贼遂乱而走。逐之五里，公还军已暮矣。

[1] 朔，农历每月初一。

[2] 水，淹没。

[3] 殿，殿后。

[4] 筹策，谋划。经画，经营筹划。

[5] 昕夕，日夜。

[6] 策，测度，猜测，揣度。

[7] 植纛，树立大旗。

[8] 不携带旗帜前往。

[9] 戒，告诫。

[10] 堰下，坝下。

[11] 致，引来，招引。

[12] 靡旗，倒下旗帜。

[13] 麕集，聚集，群集。

[14] 代起，交替而起。

[15] 嫚骂，辱骂。

别有贼千余攻刘腾鸿屯，千余贼据紫金山抄之，腾鸿御之力[1]，既昏，战未息。公率蒋益澧援之，月下搏击，贼乃遁。杨公岳斌水军大捷于鹦鹉洲，烧贼拖罟[2]二十。辛亥，贼烧小龟山左右民屋，腾鸿合绍彩军击走之。癸丑，腾鸿移屯窑弯。

[1] 御之力，力御之，极力抵御。

[2] 拖罟，拖罟船，是清末福建、广东水师战舰。

曾公寄书于公曰："请挈[1]多士二千人至南昌一行，二千人不能，则千人亦可，千人亦或不能，则无论多寡，必请阁下一行。前已奏上，请勿迟迟。"公以曾公义共患难，当急援之，而胡公、罗公虑功隳垂成[2]，大局不可复问。公乃推刘腾鸿于胡公。○谨案：公《上罗忠节公书》曰："今事机稍顺，未可改计，某思惟有峙衡加募千五百人，合所部为二千人以往。峙衡之才，本可独当一面，惟营哨官必须使之自选，方为合手[3]。某便中[4]谈及，峙尚不允，若重畀以威权，或可行也。乞老师与润公酌度，以便函复涤帅。"胡公以饷事为忧，而公意在增兵合围，曰："坐困縻饷与速克减饷，孰优孰绌[5]？"于是合围议乃决。增立奇右营，命赵克彰将之。

[1] 挈，带领，率领。

[2] 功隳垂成，功败垂成，事情在将要成功的时候遭到了失败。

[3] 合手，适用，合用。

[4] 便中，方便的时候。

[5] 坐着围困城市浪费军饷和迅速攻克城市减少军饷，谁好谁劣？縻饷，浪费军饷。

甲寅，公率腾鸿、克彰等自广兴洲攻塘角，自洲至城十里，旧为市廛[1]，号繁盛，贼以大众屯之。公知贼当伏草市要[2]我，以腾鸿循湖壖，使克彰由江岸以进，而自以右营行堤上。纵火烧草市茆屋[3]，而伏贼露，遽走。城贼五六千方出援，反为败贼所突[4]。公军三路迫而逐之，贼伤死五六百，平贼卡二。何绍彩、蒋益澧亦败小龟山之贼。乙卯，胡公合公与罗公三路薄城，贼纵火器抗拒，公乘马伤于炮，壮士死者十余人。丙辰，正白旗汉军生员李云麟上书求见，公答其书而不受其谒[5]。孙守信以为言，公曰："其辞气浮嚣，未足用也。"[6]萧启江报克萍乡。

[1] 市廛，店铺集中的市区。

[2] 要，拦截。

[3] 茆屋，茅屋。

[4] 突，冲突，冲撞。

[5] 谒，拜见。

[6] 孙守信因此有怨言，李公说："他的书信语气浮躁，不值得任用。"浮嚣，浮躁。

三月戊午朔，汉阳贼渡江而南，邢高魁所分壕工先成，公赞之于胡公。己未，城贼自汉阳门、武胜门出，沿小龟山而前，攻公窑弯营。一自望山门出，指五里墩，比[1]胡公军出，而贼退。一出大东门，往攻洪山营。贼愤我断其运道，故以弱兵尝试于东、南两路，而其悍党北来，半伏于塘角，黄州贼溯[2]江扬帆而来。公督千二百八十人先败其伏，分军击水贼之登岸者，掷火焚其舟。以八百人御城贼，刘腾鸿据小龟山抄之。贼四五千分三路来，诸军卷旗进，直逼贼前，遂陷阵，毙贼千余，俘五十一人。

[1] 比，等到。

[2] 溯，逆着水流的方向走。

罗公已尽起洪山军向小龟山，而贼已迫[1]，遂阵[2]洪山下以战。贼三千余环攻[3]之。日中，贼炮铅丸中罗公右额，血流自面及衣。士死八人，伤五十余，战者皆失色。武胜、汉阳两门贼已败走。公闻罗公伤，与刘腾鸿以军赴之，贼遁还城。公从容收军，众心始定。

[1] 迫，靠近，接近。

[2] 阵，列阵。

[3] 环攻，围攻。

公率医者诣[1]洪山请治伤，罗公不可[2]，医言铅丸遇血则液[3]，不急治且有变，公深以为忧，日数往视。壬戌，罗公伤大发，类寒疾，强语公曰："予殆[4]不可为矣，其与胡公勉[5]图之！"甲子，遂不复语，既夕益危，乙丑日加辰卒。公哭之恸，亲敛[6]之。丙寅，命诸军发丧送柩，石嘴泛舟，水陆军以八百人送之。有诏公兼领所部军，〇公家书丙辰三月十五书曰："罗山师之勇，现将老弱汰去，所存一千三百二十名。"曾文正甲寅春《与罗罗山书》曰："阁下带中营湘勇已逾一年，迪庵所带一营多有材艺[7]出众者，望挑以换中营羸弱[8]之缺。"可见当日中营所以不及右营也。并谕户部筹拨饷糈[9]，公辞之，不获[10]。

[1] 诣，到。

[2] 不可，不答应。

[3] 铅丸，弹丸。液，溶化。

[4] 殆，大概。

[5] 勉，努力。

[6] 敛，入殓。

[7] 材艺，才智艺能。

[8] 羸弱，当作"羸弱"，瘦弱。

[9] 饷糈，军粮给养。

[10] 不获，不成。

仍屯洪山，以刘腾鸿总窑弯事。贼愤民弗己从[1]，纵火焚檀家弯宾阳门外屋。公命刘锡文、赵克彰各率三百人灭火，蒋益澧、秦冠镳邀[2]贼东岳庙而击败之。丁卯，攻保安门外贼垒。公曰："三垒高几类城[3]，环沟六重，非阳败诱贼出追不及拔也[4]。"贼果大出，公使诸军迭[5]为进退，俘斩千三百有奇，虏大炮十一，台枪三十二，大黄旗百五十三，垒破而我士伤者无多。贼复筑垒长虹桥西，倚城以为险，乘夜为之。壬申，蒋益澧、赵克彰等进攻，阻雨而反[6]。自是，合胡公军攻城十昼夜，不克。庚辰，皇太子生。

[1] 弗己从，弗从己，不顺从自己。

[2] 邀，拦截。

[3] 三个营垒的高度几乎和城墙一样高。几，几乎。

[4] 阳，通“佯”，假装。拔，攻下。

[5] 迭，多次。

[6] 反，返回。

初，曾公请公援江西，而湖北官绅群恳留公。辛巳，诏公留治湖北军，胡公命所部五千余人胥[1]受公节制。丁锐义、唐训方、吴坤修、邢高魁、余际昌、张荣贵、李景湖、余云龙、萧廷黼、张寅恭、龚继勋，皆隶麾下。〇胡文忠祭公文曰：“以我卒伍，隶公麾幢[2]。军谋[3]巨细，一禀[4]于公。公贱[5]权谋，接[6]士以诚。公审赏罚，制事[7]惟明。”公念曾公艰危，江西糜烂，不可不援，故建议分军。增刘腾鸿后营为千人，立为统领，并立副后营，以刘连捷[8]将之，且以已围城军普承尧、吴坤修等从，而以曾愍烈公国华监护军行，以副中营畀之，号曰援江西军。〇谨案：公家书三月二十八日《上父母书》曰：“前涤翁不次[9]来函，请率师援江省，并已奏请矣。上谕酌量办理。男[10]前与罗师屡商分兵往援，后罗师死绥[11]，湖北官绅俱不许男赴江。胡中丞以大局所关，援江西之行乃决。已于今日分军，男分副中营六百人交温甫[12]自领之，后营刘峙衡兵勇一千、刘鼎四新勇五百，又宝勇、彪勇，共四千人。

[1] 胥，全，都。

[2] 麾幢，官员出行时仪仗中的旗帜，这里代指部下。

[3] 军谋，军事的谋略。

[4] 一禀，全部禀告。

[5] 贱，轻视。

[6] 接，接交。

[7] 制事，谓处理政治、军事等重大事件。

[8] 刘连捷（1833—1887），字南云，涟源市杨家滩人。以外委隶湘军刘腾鸿部，转战湖北，擢千总。咸丰六年（1856），从刘腾鸿援江西，战于瑞州，刘腾鸿中炮死，他率部攻拔之，以知县留江西补用。从曾国荃克吉安，擢同知。十年，大胜于小池驿，擢知府。十一年，克安庆，擢道员。同治元年（1862），渡江克太平府、金柱关、芜湖，进攻天京，屯兵颜行，败李秀成援兵，以按察使记名，加布政使衔。二年，克巢县、含山、和州。三年，会诸军攻入天京，以布政使记名。驻守舒城、桐城以防捻军。移防吉安、赣州，会攻太平军余部于嘉应州。后以伤病归，家居十载。光绪中，曾国荃奏起练军包头，移屯山海关，防备沙俄侵略，又从至江南治江防。十三年（1887）病死军中。著有《临阵心法》。

[9] 涤翁，曾国藩。不次，不依平常次序，不同寻常。

[10] 男，儿子对父母的自称。

[11] 死绥，战死沙场。

[12] 温甫，曾国华。

骆公秉章留黄醇熙勿遣，乃命李续焘将副右营。续焘初名燕，公改之。以周宽世、李登辟特勇，命为左右翼长。是时将弁以积功擢[1]至三四品者多，而月所食支有常数。公虑名器[2]轻则军心必懈，始视其位帙[3]之高卑而予之以夫[4]。凡保举至巡检、守备者，加夫一名。训导、县丞、都司，加夫二名。教谕、知县、游击，加夫三名。教授、同知直隶州知州、参将，加夫四名。知府、运同、副将，加夫五名。道员、总兵，加夫六名。有升衔者，四品以下加夫半名，三品以上加夫一名。有巴图鲁号者，加马一匹，夫一名。每夫一名月支银三两，马一匹予价银三十两，月支刍豆银[5]二两四钱。〇《曾文正日记》戊午十月记曰："初定哨官口粮每月九两，罗公加六钱，后李公因哨长官阶渐大，以次而加。

盖移营之际，哨官常私雇民夫助力，不移则不雇，此银稍资津贴。”丙戌，城贼出战，败之，斩俘四百十五。

[1] 擢，选拔、提升官职。

[2] 名器，名号与车服仪制。

[3] 位帙，地位俸禄。帙，通“秩”，俸禄。

[4] 夫，长夫，旧时军队中长期征用的民夫。

[5] 刍豆银，牛马的饲料费用。刍豆，草和豆，指牛马的饲料。

四月丁亥朔，未明，贼数百潜趋[1]洪山下以噪，而伏其重兵于坟坪东岳庙。公使人戒赵克彰、何庆先搜贼伏，命李续焘等七百人出洪山北，天曙，乃开壁[2]，命刘锡文、蒋益澧出，斩五十，贼走之。克彰、庆先败伏贼，续焘截而邀之，斩俘二百二十有奇，虏大旗六，贼遁入城，诸君逐而迫之。至城下，城贼纵炮以御，我游击刘锡文中炮死，公甚悼焉，命收军。戊子旦，有贼自沙湖过南义，命沈俊德以四百人驱之，贼迫溺湖中，死者三百，擒十二人还。庚寅，江忠济[3]败死通城。

[1] 潜趋，偷偷奔向。

[2] 开壁，打开军营门。

[3] 江忠济（1820—1856），字汝舟，湖南新宁人，江忠源之弟。从其兄入湘军镇压太平军，转战长沙、桂口、南昌、蓝山、通城，驻防岳州。历官候选知府、道员。咸丰六年，战死通城。封骑都尉世职，谥壮节。

辛丑，援江西军启行。蒋泽沄以三百人运粮湖坪、赛湖，长虹桥贼二千阻道，将夺之，甚危，公命赵克彰败贼，卫之以反[1]。以窑弯空虚，贼方自青山畅运，乃命李成谋率水军防之。余云龙、唐飞舞屯窑弯原垒，以辅水军。胡公以陆师攻战太苦，约休息十日。甲午，杨公岳斌败贼于沙口。乙未，杨公造[2]公屯，议水陆大举用火攻。甲寅，水军因南风大纵火，烧贼舟四五百。公命三千人陈江岸，自沌口至于窑弯、檀角，护水军捕斩逸贼。乙卯，获贼谍二，诸将搜其身，无文书，讯之，亦无要语，以为民也，启[3]公，将释之。公使走，已而召之还，命左右以佩刀破其履，履破而书见，因使人聒，得实而囚之[4]。更为书类贼书[5]，而窜易[6]其月日，命习为谍者二人代致诸贼[7]。刘腾鸿报大捷于羊楼峒，将进军新昌。萧启江报复万载，公上其功于督抚。贼恒夜运青山、窑弯，水陆军捕夺之。

[1] 反，通“返”。

[2] 造，到。

[3] 启，报告。

[4] 聒，当作“括”，耳括子，打耳光，这里指严刑拷打。得实，得到实际军情。

[5] 换成一封类似匪贼书信的信。更，更换。

[6] 窜易，改动。

[7] 致诸贼，致之于贼，把它送给匪贼。

五月丁巳朔，以孙守信总营务，驻窑弯。杨公岳斌烧黄石港贼舟六十，遂巡江至九江而反[1]。城贼妄度[2]援贼将至，壬戌开城四路出欲挠我军，以通其道。其自望山门出牵[3]胡公军者，皆孱弱，胡公出军御之，贼遥立不战，俄而遁还[4]。其自新南门、大小东门出者，可四五千，皆其骁悍，将薄洪山而毁我白杨桥卡垒。公命何绍彩、赵克彰以千五百人御赛湖堤，击新南门贼；蒋泽沄、萧孚泗、胡裕发各以三百人击大东门贼；朱品隆、李登辟军小龟山左，策应两路；蒋益澧、李续焘、何绍彩出小龟山右，以击小东门贼。贼倚城趑趄[5]，军士发炮激之，贼不动，遂进，稍施枪嫚骂[6]之，贼少却，仍不接战。公曰：“此无他，直畏我耳！”遂鼓之，克彰先陷阵，斩黄衣骑贼一。绍彩掊杀[7]百余贼，贼败则走，并大东门路合力以为抗。品隆、益澧悉力[8]战御，克彰胸左已被创，犹与孚泗合以攻之。贼大败，死以千计，皆反走[9]。江岸贼方来援，公命战兵归食，易[10]守兵出击，败之。

[1] 反，通“返”，返回。

[2] 妄度，胡乱猜测。

[3] 牵，牵制。

[4] 遁还，逃回。

[5] 趑趄，滞留，盘桓。

[6] 嫚骂，辱骂，乱骂。

[7] 掊杀，击杀。

[8] 悉力，全力。

[9] 反走，回逃。反，通“返”。

[10] 易，换成。

自公治军，恒[1]以战暇教士卒文字，人数愈众，乃营置教师一，按日讲习。癸亥，吴公立蓉至于军，俾总[2]其事。立左仁营，命黄胜日将之，前仁营朱希广将之。定何绍彩所领曰正仁营，剖[3]三百二十人，命何庆先领之，曰右仁营。甲子，获贼谍，知石达开以武、黄、兴、冶贼万余上援，其前锋古隆贤已屯茶盘岭。夜，公遣千三百人挟军中所获贼旗二百、贼衣千三百北下，蒋益澧以六百人趋洪山下十里，依高峰立三垒。

[1] 恒，经常。

[2] 俾，让，使。总，总管。

[3] 剖，分出。

乙丑日暮，益澧鸣炮如战状，城贼闻炮，登蛇山以望，既昏乃止[1]。丙寅，益澧举火阳[2]败还，千三百人者衣[3]贼衣，扬黄旗逐之，自卓刀泉而来。公知城贼将出迎也，命李登辟、周宽世各以六百人潜伏小龟山左右，命诸军掩旗闭垒，蓄其锐气，令之曰：“初鼓食，再鼓严，三鼓始出战。”城贼启三门迎出，千三百人两路以至。公三鼓，朱品隆、李续焘迎战，炮皆不以丸，中战，贼已近，千三百人骤易[4]旗及衣，贼大駴[5]。登辟、宽世抄之，品隆等列队角逐，贼死千余。公曰："贼当三四日至，姑效为之[6]。"以甲子所获贼谍书易[7]其辞，而纵前二谍使还城。

[1] 黄昏以后才停止。

[2] 阳，通"佯"，假装。

[3] 衣，穿上。

[4] 骤易，突然换上。

[5] 駴，同"骇"，害怕。

[6] 姑且尽力攻城。效，尽力。

[7] 易，改动。

丁卯，贼果出，又败之。公命诸将益修垒浚壕，戒勿浪战[1]。○曾文正《与刘峙衡书》曰："伪翼王石达开往援武昌，大为迪庵所败。闻我军先期修垒浚壕，该逆来扑，我军坚忍不出，待其气尽力乏，然后出而大战，屡以此法致胜。石逆日内必来瑞州，尊处亦当以此法御之。"戊辰，我谍反[2]，援贼三道并上，已达茶朋。公命李续焘、蒋益澧屯豹子澥。己巳，破其前锋，贼少却。其东路贼聚于官山高岭，甚喧嚣。续焘语益澧曰："贼虽众而不整，破其一路，则其两路之气亦夺[3]。"遂奋而先登，士之勇者从之，斩数十人，而贼乱，因以溃退，中路、西路皆走。益澧自麦门桥抄之，贼大败，追之至二虎井。癸酉又败之，逐之至于葛店。城贼屡以谍误，故深匿不敢出，败贼走武昌县及黄州，益澧等还。

[1] 浪战，轻率作战或无取胜可能的战斗。

[2] 反，通"返"，返回。

[3] 气，士气。夺，丧失。

朝旨督责克复[1]，胡公奏曰："李续宾廉正朴诚，凡事之难而他人所怯者，无不毅然自任。攻扑省城，乘马迭次[2]中炮倒地，幸赖天威，良将无损。兵易募而将难求，求勇敢之将易而求廉正之将难，盖廉洁、正直，则粮饷不欺，赏罚不滥，乃可固结[3]士心，历久长胜。臣前欲以力取，计亦良左[4]，若再袭[5]前策，贼已知而防我，当别行筹画。臣自领五千人扼南路，李续宾领六千三百人扼东路，并分剿北路，期于歼灭此贼而已。”诏答曰：“督军进剿，固不可稍存畏怯；然国体[6]具在，亦应寓慎重于其中。”

[1] 克复，攻克收复。

[2] 迭次，多次。

[3] 固结，牢固团结。

[4] 良，很。左，不合，违背。

[5] 袭，沿袭，照旧。

[6] 国体，国家或朝廷的体统、体面。

戊寅，城贼七千自东岳庙列阵至于杨家桥，将毁我壕。鹰嘴阁、南湖坪贼二千亦列阵应之，达于小龟山，并伏千人于雷家山，欲以抄我。公命朱品隆、蒋泽沄绕东岳庙趋贼后；赵克彰、何庆先趋南湖坪横冲贼阵，合胡公军抄之；蒋益澧出小龟山搜伏贼，李续焘助之；李登辟率六百人破杨家湾贼。诸军戮贼五百五十，贼遁入城。刘腾鸿报克新昌、上高，进围瑞州，公上[1]其功。

[1] 上，向上呈报。

我军长壕已成，城贼亟[1]出，图[2]所平毁，皆败之。乙酉夜半，贼复筑双凤山垒，毁我壕而自为壕。公俟贼饥疲，击之，贼死甚众，遂毁其垒而复我壕。哨长周玉堂中炮重伤，公命医治之，而赏金百。古隆贤败匿[3]樊口，纠湖口贼伪指挥郑添得、木八将军罗文元等七八千人上援，筑垒葛店。公以蒋益澧能战，命领二千五百人为统领，孙守信将五百人监护其军。守信学养甚邃[4]，坚毅善谋，军中无与为比。

[1] 亟，屡次，多次。

[2] 图，图谋，打算。

[3] 匿，躲藏。

[4] 学养，学问和修养。邃，深。

六月丁亥，益澧屯葛店。贼壕垒已成，刘祥胜首先破其二垒，益澧破其四垒，斩贼数百。戊子，平樊口贼卡一。杨公岳斌以水军进战，益澧从之，斩郑添得，擒罗文元，民兵助战，效首虏千余。戊子，守信率朱品隆、丁锐义屯德胜洲。己丑，合杨公水军攻武昌县，克之。辛卯，益澧等进屯黄州城下，攻二十日，不克。丁酉，城贼仍修其双凤山垒，城外贼多起而助之。公命李登辟以六百人埤沙子岭，李续焘出东岳庙，皆掩旗包抄，而自以八百人当中路进，奋击之，斩首五百，贼走入城，跧伏[1]二十日不出。

[1] 跧伏，隐伏。

己酉，勇毅公至自湘乡，公知父母安，则喜。朝廷未知战状，亟[1]下诏责收复。公速克减饷[2]之议已闻于上，乃决意增兵，命胡裕发、周宽世还湘，各募五百人，定营名曰副左营，裕发将之；曰后营，宽世将之。公寄书北冈先生，请主其事[3]。曾公国荃求将，公以萧孚泗[4]予之。

[1] 亟，急切。

[2] 速克减饷，迅速攻克城市，可以减少军饷。

[3] 北冈先生，指李续宽。主，主管，主持。其事，指增募湘勇之事。

[4] 萧孚泗（1828—1884），字信卿，湖南湘乡人。咸丰三年(1853)，入湘军罗泽南部，与太平军作战，擢守备。六年，从曾国荃援江西。次年，克峡江，升任游击。八年，从攻吉安，擢参将。十一年，克安庆，加提督衔，授归德镇总兵。同治元年（1862），从曾国荃攻天京，以提督记名。二年，袭占雨花台，擢福建陆路提督。三年，率部绝天京粮道。六月十六日，攻入天京。俘李秀成、洪仁达，

封一等男爵。不久，其父死，回籍守丧。光绪十年（1884），病死家中。

七月乙丑，蒋益澧效公岳州故事[1]攻黄州，自扰竟夕[2]，而贼寂然。及旦，贼奋出，而士已疲，遂溃，死者百八十四人。品隆不从[3]益澧议，故不败。丙寅，贼犯洪山，破走之，俘斩六百余。益澧请增兵，公命何绍彩助之，且益以副宝营七百人。贼在黄州诈为游民演花鼓，以蛊诱我军，入暮辄作[4]，恒四五更未休[5]。益澧不禁，且往观之，品隆、守信皆以为言[6]。癸酉夜半，兴国、大冶贼五千合踞贼攻之，益澧军十夜失眠，弗耐战，死者四百人，垒破，军实[7]尽丧。守信、品隆躬[8]拒战，品隆被三创，始得收军。益澧手书谢过[9]，且具牍请议[10]。公惜其有劳，还其牍，但削其统领，汰其军，使仍将五百人，撤之还，倚屯洪山。

[1] 故事，先例。

[2] 自扰，犹自乱。竟夕，整晚。

[3] 从，听从。

[4] 入暮辄作，到黄昏的时候就开始（唱花鼓戏）。

[5] 恒，经常。未休，不停止。

[6] 以为言，为此说了埋怨的话。

[7] 军实，军用器械和粮饷。

[8] 躬，亲自。

[9] 谢过，承认错误，表示歉意。

[10] 请议，请求议罪。议，议处，议罪。

武昌县复陷，城贼填我东岳庙壕，命蒋泽沄等合水军将李济清败之，擒斩七百有奇。石达开、古隆贤连江、皖群贼五万，八路以援武昌，日夜上窜，号十万。甲戌，其前锋已屯油坊，筑垒一，青山江岸垒一，油坊渡口垒一、浮桥五，鲁家巷垒三。公命何绍彩、蒋益澧、唐训方、李续焘等从勇毅公[1]毁其浮桥。续焘受贼攻，几败，益澧、绍彩援之，得合以攻贼，擒五十三人。杨公岳斌命水军增防江岸，城贼知有援，则大出，赵克彰败之于赛湖堤。续焘胁贼沙湖，贼溺死百余，烧贼舟六。益澧追贼至鲁家巷，烧其四舟。贼更以沙草塞青山港，以济[2]援贼。鲁家巷一夕而增贼垒十五，水陆警告日十余至，公内断于心。

[1] 勇毅公，李续宜。

[2] 济，帮助。

辛巳，自将五百人，与舒贞恪公保马军三百至鲁家巷，毁一垒以致贼而反[1]，贼垒转[2]增。癸未，援贼总至，公授诸将略[3]，命皆闭垒饱食，严以待命。又令之曰："不俟贼薄[4]营而敢先出者，虽有功亦斩。"贼格[5]于我后壕不可突，则嗷号大噪，狂若疯狗。〇胡文忠庚申《与曾沅浦[6]书》曰："李忠武在洪山豫议后壕[7]，乃各于后面十余里兴工[8]，人固笑其拙也。石逆到后，则后壕变为前壕，人又叹其巧。此议本出于李忠武，林翼至今思之，有余情焉。"谨按：掘壕之议，当在五年十二月。考公家书正月初五《上父母书》曰："男派人于营后卓刀泉挖壕一道，若下游之贼思扑我营后路，亦不能飞入，男自笑以蛮性行此蛮事，亦独胡咏翁[9]知男深意耳。"《胡文忠奏稿》六年八月《大破援贼疏》曰："水陆警报纷至，李续宾临大事则坚定，如不欲战，令于众曰：'不俟贼近而出者斩。'众军肃然。"又曰："李续宾朴诚坚毅，忠勤懋著[10]，每当大战，整暇[11]安详，尤见真实力量。"

[1] 反，通"返"。

[2] 转，反而。

[3] 略，计谋。

[4] 俟，等。薄，逼近，靠近。

[5] 格，阻隔。

[6] 曾沅浦，曾国荃。

[7] 豫议，预先讨论。后壕，在后面挖壕沟。

［8］兴工，动工。

［9］胡咏翁，胡林翼。

［10］忠勤，忠心勤劳。懋著，显著。

［11］整暇，形容既严谨而又从容不迫。

城贼二万开汉阳、武胜、望山、东南诸门出，倚城列阵。公升洪山绝顶观之，以援贼劳而城贼逸，杨公岳斌水军已夹江而阵[1]，援贼方蔽野以进，城贼炮丸已洞[2]朱品隆营壁，乃命辟[3]垒门建旗鼓出。城贼数百方缘山腰，公出而贼惊，惶遽却走[4]，颠死[5]甚众，自冲山下，贼多迫堕壕中死。壕外有黄衣骑贼驰骋指挥，公鞭注[6]之曰："取彼，当可败也！"刘神山策马前，斩其首以反[7]。贼退走，乃命赵克彰击赛湖堤群贼，以蒋益澧、秦冠镳左右抄之，李续焘攻沙子岭、小龟山之贼。贼殊死斗，舒保以马军五百三荡[8]之，克彰斩悍贼三，而赛湖贼亦败，死者四五百，小龟山贼亦相继而走。城贼败，而援贼前锋已及东岳庙，蒋泽沄、朱品隆及其逾壕而击之，贼死三百。马军适至，贼反走[9]，死愈众。是时，援贼分为三。趋赛湖者，克彰、益澧等坚御之，而向窑弯、小龟山者，势尤盛。

［1］阵，列阵。

［2］洞，打穿。

［3］辟，开。

［4］却走，退避，退走。

［5］颠死，摔死。

［6］鞭，用鞭子。注，当为"拄"，从旁边指着。

［7］反，返回。

［8］荡，冲荡，冲杀。

［9］反走，回逃。

公自将千二百人出洪山北，大纛前引，窑弯贼惶遽却走。军士六百人逾壕逐之，无不一以当百，复合马军而至小龟山，斩刈愈多，贼尸横塞路衢，贼大走。公立马收军，闻赛湖尚鸣炮，率三百人往。贼望大纛，遂惊以遁，丧气狂走，自迷所向，辄遭刺杀，过沙湖、东湖，自挤溺死数百，水军复迫之于江岸。战士归垒，动践[1]贼尸以过，烧贼舟七十有三，降者九千一百十四人，皆命剃发宥[2]之。余贼奔城，李登辟率三百人追之，贼于城上发炮，断登辟左腕，士伤十人乃止。何绍彩、张荣贵以公命扼援贼退路，水军及马军助之，逐斩数百，夷[3]其五垒，烧其舟二十。

[1] 动，常常。践，踏。

[2] 宥，原谅，宽恕。

[3] 夷，平。

八月丁亥，公自将攻鲁家巷败贼，破其垒六，诛斩六百，获铜炮五，洋炮四。古隆贤受炮丸伤，犹余大垒九、小垒八。夜半，贼皆弃垒遁，收其米千六百石，枪矛三千。张荣贵等追贼及土桥，贼方晨炊，弃食复走，士因食贼食。贼实殆[1]甚，辄痴立任追者掊杀[2]，或自投水。公还洪山。贼所虏扬州生员文光汉反正[3]，公试之，能文，佽[4]之使归。蒋益澧母丧归葬，公以蒋泽沄代将左营。泽沄举其父蒋公凝学，公以书征[5]之。至丙午，捷书至京师，诏加公布政使衔。

[1] 殆，困乏，疲惫。

[2] 掊杀，击杀。

[3] 反正，改邪归正。

[4] 佽，帮助，资助。

[5] 征，征召。

骆公秉章檄增萧启江军为千人，启江求将于公。以胡中和予之。○胡君中和召见奏对记曰：“上问出身，对曰：‘奴才初从李续宾，后从骆秉章。’”左文襄公宗棠当遣军防广西，寄书问将才，公复书荐蒋益澧堪[1]统领。〇左文襄光绪壬午语周君崇傅曰："余之知刘寿卿[2]，起于王贞介[3]。余之用蒋香泉，起于得李忠武复书[4]。"周君书其语以告公子健斋节帅公[5]，书稿已佚，集[6]中未载。石达开匿伏保安，已而窜换韬桥，纠其残众自黄州北渡。公将遣二千人进击，贼复东走江夏。武昌民避贼，荡析[7]离居，田亩荒芜。公命军士以战暇更耕之，种麦以裕[8]军储，可三千亩。广东土贼梁七合群盗侵轶[9]江西、福建边，恒[10]受惩创，乃降于英圭黎[11]，导之攻广东。公闻，以为大忧，与书刘典曰："寇有内间[12]，天下自此无宁岁矣。"〇是书稿已佚，刘果敏寄宗人蔚生书所述如此。

[1] 堪，胜任。

[2] 刘寿卿，刘松山（1833—1870），湘乡人，1853 年入老湘军王鑫部，历任哨长、千总、守备、都司等职。王死，隶张运兰部，转战鄂、豫、皖，升副将，以总兵记名。1865 年曾国藩北上攻捻，他统率老湘军随征，击败西捻军和陕西回民军，升为广东陆路提督。1868 年随左宗棠镇压回、捻，被赐二等轻车都尉世职。1869 年留驻陕北绥德，因所部在哥老会策动下哗变，受革职留任处分。1870 年率军进攻宁夏金积堡，在破马王寨时中飞弹而亡。赠太子少保，加骑都尉兼一云骑尉世职，谥忠壮。

[3] 王贞介，王友端，江西婺源人，道光进士，授户部主事，历官郎中、浙江粮道、署布政使，太平军进攻浙江，多次建议战备事，咸丰十年，杭州城破而死，封骑都尉世职，谥贞介。

[4] 蒋香泉，蒋益澧。复书，回信。

[5] 健斋节帅公，指李光久。

[6] 集，文集。

[7] 荡析，动荡离散。

[8] 裕，使……充裕，充实。

[9] 侵轶，侵犯袭击。

[10] 恒，经常。

[11] 英圭黎，即英国，当时把英国翻译成英吉利、英咭唎、英圭黎。

[12] 内间，自己内部产生的间谍。

九月癸亥，北冈先生率周宽世、胡裕发募勇千名、长夫[1]二百名至于军，萧太夫人寄公瓜菹盐饯[2]，公敬尝之，而遍赐将士。北冈先生饮酒无量，公从容陪坐，举其手书二语“戒懈怠，戒意气”，曰：“当敬佩[3]不忘。”北冈先生曰：“弟固有进矣，吾亦愿闻过。”公曰：“兄深造有得，奚俟弟言[4]？所愿贞[5]之以恒耳！”遂相与大欢。胡公欲留北冈先生自佐，以养亲[6]辞。己巳，遂南归，公与勇毅公送三十里，犹不忍别。襄、樊土匪陷樊城，军书至，乃还。金陵贼内乱，自相残杀，伪兵部鲁逆以其党三千踞咸宁，公遣军从杨公岳斌击走之。湘人业操舟者运煤、纸、豆、麦，贾于汉皋[7]，回空[8]多以舟轻遭风涛覆溺。公出廉俸买汉阳一山，卑[9]舟人共有之，使取土石以镇[10]回空舟。

[1] 长夫，旧时军队中长期征用的民夫。

[2] 瓜菹，腌制的酸瓜。盐饯，用盐浸渍的果品。

[3] 敬佩，尊敬地铭记。佩，铭记。

[4] 奚俟弟言，我哪里能说（得出）呢？奚，哪里。

[5] 贞，坚定不移，多指意志或操守。

[6] 养亲，奉养父母。

[7] 贾，做生意。汉皋，汉口的别称。

[8] 回空，回空舟。

[9] 卑，通“俾”，使。

[10] 镇，压住。

十月丁未，樊城贼目[1]史既测窜清和市，遣唐训方将千二百人往，两战，贼走。贼困甚，恒夜半自扰，或立洪山下企望趑趄，未明[2]辄退。诸将守公戒，严备弗与战。贼造舟将迎汉阳贼自救，庚戌，尽缆[3]而烧之。城中饥，日夜有逃出乞食者，公讯释胁从而稍戮其悍恶。壬子，命赵克彰领二千人屯鲁家巷，遏[4]援贼。江西贼围广信，知府沈文肃公葆桢方督饷河口，闻警还守，贼不得逞。公赞其才于胡公，并遗曾公书[5]论其事。〇公没[6]后，沈文肃常自称受公知遇[7]，盖以此[8]。

[1] 贼目，贼首。

[2] 明，天明。

[3] 缆，用绳索拴住。

[4] 遏，阻止。

[5] 遗，送。曾公，曾国藩。书，信。

[6] 没，通“殁”，死。

[7] 知遇，赏识。

[8] 以此，因此。

十一月乙卯朔[1]，杨公岳斌率水军十一营攻汉阳，大捷，其城外贼悉走入城。戊辰，公命诸军尽烧武昌城外残垒，城中以夜缒出乞降者愈众。公策[2]贼将逃，戒[3]诸将休养士气。乙亥夜，大纵炮攻城，贼药丸已绝，无可还击。丙子，大风，贼自纵火，洞开八门走。诸军扼要[4]搏击，午正[5]，武昌省城复。将士献俘伪官检点古又新、赖集升，指挥周宏元，将军陈得高、邓世骏、黄开发，总制、军帅、旅帅、典官、先锋等八百九十有四，皆斩之。生降七百，以付府县官。胡公始入城治事。汉阳贼望见火起，亦弃城遁。

[1] 朔，农历每月初一。

[2] 策，预计。

[3] 戒，告诫。

[4] 扼要，把守要害之处。

[5] 午正，正午十二时。

公以两城同日克，急发家书以告父母。胡公设饮谢公，酌[1]以巨碗三，曰："知公量洪[2]，特受酒戒不得过三爵[3]。今日之事，谢者三，不得不一晬[4]也。为天子谢，为武汉生灵谢，林翼及守土文武谢。"〇周君训才曰："道光丙午，公族人有寿筵，光禄公命克宣公及公往。其夕，主人出所藏旨酒[5]敬客，二公量素洪，诸客更为酒战，所饮独多。次日，公尚为主人酬酢[6]，竟无醉容。及归，而克宣公微有不适，太夫人问焉，皆以实对。太夫人戒曰：'自后不得过三爵。'二公遂终身守母戒。然太夫人慈爱，以公与勇毅公在军中，岁暮[7]寄以甜酒，公告受后，则分三四巨釜，加水煮之，自饮三钟[8]，赐将士人一钟。吾侍公十余年，惟丙辰十一月二十二日武汉克复，胡文忠公设席为谢，用高粱酒之醲厚[9]者奉[10]公三大碗，碗可斤余，此次为独多。然三碗之后，公不更[11]饮，胡公亦不更进矣。公自奉甚菲[12]，初在军中，日用肉四两，夜用酒三杯，自四年十月奉光禄公手书，命增加肉食助精神，于是月有鸡豚之资。公常至胡公及曾文正公营，多有海馐[13]，而二公来公营，则惟常馔[14]，或用一鸡豚而已。六年五月十六日，胡公至公营，二更始去，言十八日为公生日，当亲来贺。公命吾市鱼翅三片，鱼肚一片矣。十七日，胡公豫以书辞盛馔[15]，公从之，仍具鸡豚，而以海馐寄家。公命市海馐，惟此而已。"中燕[16]，公曰："速！贼饥困而走，追之当可败。"胡公曰："公太劳矣，请少息[17]。"公曰："迟则贼苏[18]，而劳且甚。"

[1] 酌，斟酒，倒酒。

[2] 量洪，量大。

[3] 爵，酒器。

[4] 晬，尝，小饮。

[5] 旨酒，美酒。

[6] 酬酢，主客相互敬酒，主敬客称酬，客还敬称酢。

[7] 岁暮，岁末，一年将终时。

［8］钟，杯。

［9］醶厚，浓厚，指酒纯度高。

［10］奉，进献。

［11］更，再。

［12］菲，微，薄。

［13］海馐，海味。

［14］常馔，日常的膳食。

［15］盛馔，丰盛的膳食。

［16］中燕，酒宴期间。燕，通“宴”，宴会。

［17］少息，稍作休息。

［18］苏，恢复。

胡公陈奏请以公总统湖北陆师，上从之。是夜丑正，公命何绍彩、朱希广、黄胜日、何庆先自窑弯出东兴洲，张寅恭、秦冠镳、萧廷黼、龚继勋出胡家墩，公自率中营、右营及富新马队，朱品隆、周宽世、赵克彰、胡裕发、李续焘、蒋凝学自鲁家巷出葛店，以勇毅公将三千人屯洪山防逸贼，杨公岳斌统水军，相辅并发东下。贼在逃，不及喘息。丁丑，公军已出其前，贼将横窜而不得，道死[1]相继。其先至樊口者，方为[1]浮桥，军士毁其桥，杀贼四百，溺死尤众。贼先渡者趋黄州，未渡者皆聚武昌县及城西山冈，踞其旧垒。公命知县林之华、把总方寅山率民兵夜造浮桥，水军已泊黄州城下。

［1］道死，在路上死亡。

［2］方，刚刚。为，建造。

戊寅，公攻武昌，克之。武、黄仅阻一江，其夜鸡初鸣，公命右营及裕发、宽世等潜渡而北。己卯响晨，公率中营及绍彩、寅恭等济自上游，贼方出一字、清沅两门以抗水军，裕发等伏兵皆起，贼失措，而公已至城下，水军反自下游趋城，城贼尽走黄州，复虏大炮百，马四十匹。公仍还武昌县屯。庚辰，合[1]都公兴阿马军进规[2]大冶，杨公[3]以水军取蕲州，公分军以辅之。勇毅公自洪山径趋[4]兴国，以向蕲水、大冶。无城贼，散屯民屋。辛巳，贼走，公收大冶，命知县岳屏环募向导，搜杀匿贼。壬午，前锋进屯兴国。贼踞城不战，士卒买民舍刍薪。有民妇故通贼者，以强奸诉，比暮[5]，公至，察其情伪，阳言[6]曰："吾军劳苦甚，且休息，明日当治[7]之。"使卒阴[8]赂民妇，纵之去，而戒诸将夜严[9]，使分军潜伏。三更，城贼大出攻我屯，诸将守公戒，坚壁不战，伏兵袭城，克之。癸未，水军合公分军克蕲州，勇毅公合民兵克蕲水。

[1] 合，聚合。

[2] 进规，进军并有所图谋。

[3] 杨公，杨载福。

[4] 径趋，直奔。

[5] 比暮，到黄昏时。

[6] 阳言，假装说。

[7] 治，处理。

[8] 阴，偷偷，暗中。

[9] 夜严，夜间戒严。

十二月甲申朔，杨公岳斌水军进九江，夺贼舟二十。乙酉，公大破曹家河贼，遂克广济。丙戌，休士[1]一日。丁亥，军行。戊子，勇毅公自蕲水至于军。己丑，公克瑞昌。庚寅，克德安。壬辰，公陈师九江，立营孙家垅，躬率[2]四十骑，绕城审地形，以察贼势。癸巳，以复省、府、州、县九城功大，飨[3]将士，命休息三日。甲午，诏加公记名按察使，并开安庆府本缺[4]，专办军务。都公兴阿以其马步军屯北岸黄梅。公自克武汉，军行二十日，不遑暇食[5]，至是[6]始详书战事，以告于振庭先生。遗书[7]曾公国藩，期会九江。丙申，合水军攻城六昼夜，不拔。癸卯，曾公至自吴城，居六日乃去。湖北知县蒋予检写墨兰百幅，题诗以献颂克武昌功。公喜其艺精，受之。

［1］休士，让士兵休息。

［2］躬率，亲率。

［3］飨，用酒食招待客人。

［4］本缺，本身所任的官职。

［5］不遑暇食，没有时间吃饭，形容工作紧张、辛勤。

［6］至是，到此时。

［7］遗书，送信。

九江贼酋林启荣坚悍甲于诸贼[1]，能以小惠恩[2]其众。咸丰三年，陷城及湖口，踞之。知为江湖要塞，故屯精兵万五千，蓄积甚富。别以五千人屯梅家洲，五千人屯小池口，建伪城以为犄角。九江北临大江，西为龙开河，贼于其间筑长垣[3]，护以深沟，间以炮垒，南为甘棠湖，中隔新坝，则环立炮卡、土垒十余以夹坝。小东门外，白水湖为梅家洲、湖口通道，所经大东门则通南昌、临、瑞之路也。又以贼舟数百游弋江湖，济城粮以通援贼。四年以来，塔、罗与公始用兵，塔公竟困死城下。逮周凤山樟树溃退[4]，贼益恣睢，公复武汉，启荣自知当受兵，乃号救于江、皖诸贼，俾横轶旁出[5]，以牵绊[6]我军。

［1］酋，首领。坚悍，强悍。甲，居于首位。

［2］恩，施恩。

［3］垣，墙。

［4］逮，等到。樟树，樟树镇，属今江西。

［5］横轶，纵横奔放。旁出，四出，遍出。

［6］牵绊，牵制。

乙巳，临江贼自瑞昌窜兴国。戊申，命周宽世、萧积仰以千五百人及骑兵百夜趋[1]瑞昌，击却[2]之。壬子，公警众曰："贼度我度岁[3]，必起而乘我，尔多士[4]其戒备！”夜，东流、宿松援贼七千已屯八里坡，公曰：“平旦，城贼必应。”要[5]癸丑晦黎明，城贼自龙开河、甘棠湖航渡而来，公命何绍彩、朱希广、黄胜日、何庆先及其半济而击之[6]，水军将李朝斌据新坝，以遏其冲。贼自小东门出者合援贼列阵八里坡，公命胡裕发、赵克彰、彭友胜、万绥之以千二百人击其前，蒋凝学、杨得武、周宽世、李续焘以千五百人击其后，自将朱品隆、张复泰、刘连升绕上八里坡以击其中，斩首二百，擒伪将军刘松绸、旅帅徐添方等六名、老贼张群才等九十余名，讯而诛之。虏大旗四百、马八匹，裕发、绍彩等皆大有斩俘，贼溺死江湖者六七百。公收军，赐士黍肉卒岁[7]。

[1] 夜趋，夜奔。

[2] 击却，击退。

[3] 贼度我度岁，匪贼考虑到我们要过年。前“度”，考虑。后“度”，度过。

[4] 多士，多准备士兵。

[5] 要，将要。

[6] 及，等到。半济，渡河渡了一半。

[7] 赐给士兵米和肉过完年。

是年，诗有《古意》二首，见遗文。

咸丰七年丁巳，公四十岁。

公以小池口贼恒与城贼响应，当惩之。正月戊午，自将三千人与杨公岳斌平其大垒一，小垒二。德化民多弃田避贼，公以暇日命士卒分垦之，以足[1]军食。卒有伐民墓树以爨[2]者，命斩之以徇[3]。〇胡君中玉曰：“忠武公待人甚宽，而军法最严，兵勇有小小过失，常召而教戒之，不改者，亲加扑责[4]，虽分统及营官，亦不贷[5]也，然众前常为之掩盖。惟干犯[6]军律者，则杖责处斩，决不待[7]。时伙夫刘玉二伐人墓树为薪，公命斩以徇，众请贷其死，公不许。”公度地形当浚[8]长壕三十五里，自官牌夹达白水湖尾而阙[9]东门。我水、陆运胥[10]由陆家嘴，贼得越琵琶亭阻截，自东门通梅家洲、湖口、姑塘，皆丛山回溪，当设险，乃为图[11]授诸将。

[1] 足，使……充足，充实。

[2] 爨，烧火做饭。

[3] 徇，对众宣示。

[4] 抶，用鞭、杖或竹板之类的东西打。责，责罚。

[5] 贷，宽恕，饶恕。

[6] 干犯，冒犯，触犯。

[7] 待，当为“贷”。

[8] 浚，疏通。

[9] 阙，空缺。

[10] 胥，全，都。

[11] 为图，画图。

二月甲申，率之行地而躬示[1]之，壕皆广三丈五尺，深二丈，逾四岭皆屯军要隘。辛卯，城贼四千出阻我工，城外贼二千列新坝以助之。公急收工者避垒中，戒诸将守垒，弗与战。令之曰：“八里坡炮鸣，则半出奋击。”策[2]贼必设伏茶庵，公植纛[3]垒中，而自将千三百人、马军百，绕八里坡后冈设伏马宿岭，更绕谭家畈、杨树嘴，先败贼伏，胁使东走，而伏精兵八百人其处。贼望公纛在营，方[4]围攻，诸将垒颇迫，而八里坡炮鸣，军皆半出。贼阳败[5]，以致我师逐之过马宿岭，伏起贼惊，犹恃其茶庵伏[6]反戈死拒，战且退，而茶庵伏者出，贼不意为我伏，遂大败。其西路之贼以伏败无继[7]，为绍彩等所乘，遂并入龙开河之垒。千总毛丁山、把总卢九盛、陈德林倡先陷垒，皆死，来者相踵入，贼弃垒遁。

［1］行地，行于地上，比喻实践。躬示，亲自示范。

［2］策，猜测。

［3］植纛，竖旗。

［4］方，刚。

［5］阳败，假装败下阵来。阳，通“佯”。

［6］伏，伏兵。

［7］以，因为。无继，没有后援。

壬辰，命朱品隆、彭友胜屯官牌夹。丙申，赁[1]民舟五十，载能水战兵六百，护陆家嘴及江岸运道。丁酉，谍告安庆贼八千上援。戊戌，贼至。己亥，城贼五千自东南诸门出，列阵数里，至于新坝，贼旗若林。公命步军四千人击贼首尾，而使富新等以马军突其中。西路贼败，则沿湖东趋，我东南水陆军合而邀[2]之，贼自促迫，自挤相践及溺死无数。俘斩[3]二千余，生降[4]三百，获马二十一匹、大旗五十。援贼走而城贼反奔[5]，守备陈德华、陈文胜等逐贼薄[6]城，中炮死，乃收军。城贼累月[7]不敢出。

［1］赁，租借。

［2］邀，拦击。

［3］俘斩，俘获，斩杀。

［4］生降，投降。

［5］反奔，返奔，往回跑。

［6］薄，逼近。

［7］累月，多月。

曾公国藩父丧归葬。骆公秉章寄书论将，公命周达武[1]持书往见，遂领一军防黔、桂。胡公奏公军于剿贼关系最重，而欠饷至十万余两，请敕[2]鲁、晋、陕、蜀速解应济[3]，以清目前[4]。上从之。而协饷卒不以时至[5]，公倾所存给将士，人仅月得银七八钱或钱千文，而众心自固。○胡文忠《抚鄂书牍·批新堤申复厘金章程禀》曰：“李方伯、杨军门[6]军法最严。其营中向无敢以饷乏为词者。”又祭公文曰：“人皆欲食，谁不如我？公往拊[7]之，如腹自果[8]。人之欲衣，无衣则寒。公往煦[9]之，如纩[10]自温。匪法所制，惟德之纯[11]。”以九江围未合而贼且日增，恒袭北岸军，亦覵隙[12]侵鄂疆，我军兼顾三面，时虞不及[13]，将益募[14]二三千人，因此暂止。

[1] 周达武（1813—1895），字梦熊，号渭臣，宁乡人。1854年投湘军李续宾部，与太平军作战于鄂、赣、皖各地。1859年石达开部西征围宝庆，和王永章各领500人往援，解宝庆围，升副将，加总兵衔。后在永明镇压了两支起义军，升总兵。继又镇压湖南境内几支起义军，获二品封典。后在汉中与太平军陈得才部激战，授建昌镇总兵，加提督衔。不久授贵州提督。后调任甘肃提督。1893年加尚书衔。卒于任。

[2] 敕，命令。

[3] 速解，迅速押送。应济，接应，救济。

[4] 还清目前（的军饷）。

[5] 但是协饷不能按时送达。

[6] 李方伯，指李续宾。杨军门，指杨载福。

[7] 拊，同“抚”，安抚，抚慰。

[8] 果，饱足。

[9] 煦，温暖。

[10] 纩，新丝绵絮。

[11] 不是用军法制约他们，只是因为他品德美好。匪，不，不是。纯，美好。

[12] 覵隙，看准机会。

[13] 时虞不及，时时担心军力不够。

[14] 益募，增募。

三月，有诏擢勇毅公为知府，加道衔[1]，赴江西统瑞州围军。九江长壕成。萧启江、刘腾鸿报破贼于阴沟岭，公上其功。

［1］道衔，道一级的官衔。

四月，江南、皖北军溃，贼势上趋，遂犯蕲州、黄冈。胡公咨公调度湖北战守事，公命何绍彩为统领，将千五百人援湖北，使李运络领后仁营三百二十人隶之。协饷渐至，立贞中营，命萧庆衍将之，元右营沈俊德将之，皆屯北岸陆家嘴。巡舟五十，则命黄德将之，以汪心才为之副。命王载驷、刘长槐各别募五百人，曰元中营、元左营；杨富有募五百人，曰亨中营；李长林募五百人，曰利右营；于高胜募五百人，曰贞左营，皆屯防湖北。立利中营，命李存汉将之；亨右营，李登梗将之；贞右营，成大吉将之。召募湘中，其百什长[1]皆选用右营锐卒，以增[2]围师。公以赛旗岭高据形便[3]，自以亲军千六百人屯之。王载驷、成大吉先成营，因命屯岭左右，获贼马已二百余匹，使萧积仰选士之能骑者教之，副以刘人和，命曰亲兵马队。

［1］百什长，百长和什长。百长，百人之长。什长，十人之长。

［2］增，增加。

［3］形便，有利的地理形势。

有江西妖妇自称女将军，悬旗姑塘十里铺，召募无赖，强虏居民财物。民苦之，泣诉于公。命孙守信捕姑塘募者，斩以徇。因寄书责[1]巡抚耆龄，拘妇戮之，乱乃止。初，李孟群军中亦有妖女，号仙姑，公恶其惑众，以书戒之，不听。未几[2]，为贼所杀。江、皖贼已至蕲州张家弯，胡公以李景湖领福、武、宝三营御之。公急就近与书[3]邢高魁，谓景湖非独将才，三营亦非劲旅，属[4]高魁自助之。○以上三书稿已佚，妖妇及景湖事见于公家书，妖女事则李君续陛所述。己亥，高魁得公书，乃属张寅恭率恭营、凤营渡江。比[5]至，景湖已败死，再战，而江军将段清平又亡，寅恭收其溃卒。胡公以叶永泰、张荣贵率二千人援之，距贼数里，方[6]为垒，忽相惊以贼至，遂弃所有，夜退入蕲州城自保，贼竟未觉。

[1] 责，要求。

[2] 未几，不久。

[3] 与书，送信。

[4] 属，通"嘱"，嘱咐。

[5] 比，等到。

[6] 方，正在，正当。

都公兴阿以宿、太贼势已迫，己当进兵黄梅，请公分兵守孔垅。皖抚福济请援，诏公分兵数千助之。公与书官文，属之奏辞[1]，曰："浔阳为三省咽喉，不克将无所用武。贼方眈眈于鄂，部下不足万人，援旁近者犹以时四出，且瑞州垂克[2]，兵无可分。"上从公言。武昌所种麦熟，公以赐民之复业[3]者，使自刈[4]之。

[1] 属之奏辞，叮嘱他写奏章的措辞。

[2] 垂克，将要攻克。

[3] 复业，恢复常业，这里指恢复农业。

[4] 刈，割。

是时，公威略勋望著重[1]天下，文宗[2]召见两湖人，往往询及。○徐公树铭[3]曰："咸丰七年四月，余以奏事蒙召见，上询政事毕，复问曰：'汝与李续宾相识否?'余对曰：'不相识。'上曰：'朕闻其身长九尺，战功甚伟，俟军事稍松[4]，当令来见。'"

[1] 威略，声威谋略。勋望，功勋与名望。著重，著名，被看重。

[2] 文宗，咸丰皇帝。

［3］徐树铭，字寿衡，号伯征，长沙人。1847 年进士，选庶吉士，授编修。后督学福建。继任浙江督学，以荐罢黜官吏俞樾受累被贬。1884 年受命修治永定河。又奏请修治南运河，将漕粮改河运，免受中法战争影响。1886 年清廷拟废除当十钱，他向户部建言，开仓廪用当十钱粜粮，民心始定。生平不事积蓄，唯嗜钟鼎书画，藏书数十万卷，至老勤学不倦。1899 年升工部尚书，不久病卒。

［4］俟，等。松，缓和。

五月壬子，水军攻贼湖口，不利，易景照战死。朱品隆援之，李成谋得收军。庚申，林启荣率城内外贼万余犯我军，公戒诸将俟其逾壕乃纵击。启荣金冠黄衣，骋而指挥[1]，贼蚁附[2]前营，士皆凭垒力拒。公率千人自赛旗岭出，贼众望大纛前来，遽披靡[3]大奔。启荣手斩十数贼，不能止，亦遁还[4]。余贼争入城，公命新习马队蹂[5]之，贼死益多。安庆贼进屯望天畈，多隆阿御之，战不利。贼益增盛，屯张家塝、青石岭，公命何绍彩进屯胡家凉亭。辛未，绍彩、黄胜日等败贼于梓桐河，毁其巢垒，胜日胁受炮伤。是时，广西土贼扰湖南边，左公宗棠斟[6]以蒋益澧将千三百八十人屯防兴安。

［1］指挥，指挥。

［2］蚁附，像蚂蚁一样（密密麻麻）依附。

［3］披靡，草木随风倒伏，比喻军队溃败。

［4］遁还，逃回。

［5］蹂，践踏。

［6］斟，斟酌，考虑。

闰月壬午，绍彩合舒保马军大破胡家凉亭贼，尽烧其屯。贼退走，益纠饥民及江南皖北溃兵，号十万，将自黄、广趋蕲，武汉戒严。胡公檄调王公鑫自助[1]，咨[2]公及杨公岳斌分水陆军上援，公乃分军屯官牌夹，而命绍彩及唐训方屯回龙山，以遏贼势。

[1] 檄调，用公文调动。自助，助自，援助自己。

[2] 咨，发文通知。

胡公出屯于蕲。公虑吴、越、江、皖糜烂，金陵贼方自残杀，而石达开自成一队，于是与书胡公曰："东南大势所关，在公与涤公两人之身。有涤公在军，前路乃可无虑；有公在鄂，后路乃可无虞[1]。若中枢不畀涤公以柄[2]，则涤公决不可出；而公以一人独力强支，自某而外，能深知公用心之苦者鲜[3]矣。宜急函商秀、籲[4]两帅奏起之，而畀以疆寄[5]，庶不至如四五年间动遭侮辱。在公得此同志，庶少掣肘[6]；在涤公亦不能以诏许守制[7]，而安处山林。否则前路有兵而无人敢将，有将而无人敢统。某已寄书涤公，恺切[8]详说。北岸欲裁兵六千而易[9]以湘军，所见未尝不是，然独将之才，则甚难其选。发纵[10]指示，更难其人。故某以为立将不如立帅。某自愧非才，谬荷重任，时虞陨越[11]。部下蒙公爱养之厚，经历百战，伤亡虽众，不论有饷无饷，尚无异志。所虑者浔郡复，鄂疆清，移师东下，而公分身无术，念之悚然。"

[1] 无虞，无忧。

[2] 中枢，朝内，中央政府。畀，给。涤公，指曾国藩。柄，权力。

[3] 鲜，少。

[4] 秀，指官文。籲，指骆秉章。

[5] 疆寄，疆臣寄政的简称，赋予全权的地方高级官吏。

[6] 掣肘，牵制。

[7] 守制，旧时父母或祖父母死后，儿子或长孙在家守孝二十七个月，在此期间不任官、不应考、不嫁娶等。

[8] 恺切，言辞诚恳、真切。

[9] 易，换成。

[10] 发纵，指挥调度。

[11] 虞，担心。陨越，失职。

胡公得书，乃频说官文合奏。胡公前以[1]奏《复汤一德官疏》不列官文衔名，上手诏诘[2]之，胡公惶恐。又以朝廷方[3]疑曾公，故许终丧[4]，骆、左[5]亦惮于发言，迟之章乃上，以起复水师统将为辞。诏报[6]曰："杨载福统带水师，已著成效，不必待曾国藩到方能定议也。"载福，杨公岳斌原名也。

［1］以，因为。

［2］诘，责问。

［3］方，正在。

［4］终丧，服满父母去世后三年之丧。

［5］骆，骆秉章。左，左宗棠。

［6］报，回答，答复。

贼深畏公，则恒扰北岸，公虑将才难，乃命蒋凝学为统领，使屯北岸孔垅，以辅都公兴阿。初意[1]以朱宗程领中营，亦畀[2]以统领，三书致之。宗程迫于亲命，不可出，复书以军旅非夙习[3]为辞。公以部军赴援四出，乃立凯右营，命梁作楫将之；立强中营，命唐义训将之。安庆贼进攻黄梅，及于广济，多隆阿等不堪守御，都公日走书[4]请援。蕲水屯军皆已败溃，刘腾鸿报瑞州贼粮已尽，公以湖北军非勇毅公调度不可，寄书速[5]之。

［1］初意，当初的意愿。

［2］畀，给予。

［3］夙习，熟习，惯习。

［4］走书，写信。

［5］速，邀请，招致。

振庭先生作室，北冈先生以为金家台吉，寄书询公。公以为就旧宅扩之，用可得节[1]。遂从公言。○兄子光辰为公《年谱》初稿曰："因家用不裕，为之[2]七年而后成。"

[1] 得节，能够节约。

[2] 为之，扩建房屋。

六月庚戌朔，公自将破湖口援贼。壬戌，勇毅公自瑞州率副中营赴黄冈督战，公命朱希广率前仁营北渡，屯陆家嘴，以辅水师，使受杨公岳斌节制。都公以鲍超率千人益蒋凝学屯，公命何绍彩、余际昌、唐训方等皆受勇毅公节度[1]。甲子，邢高魁以四千人攻贼望天畈，不克。公分己军五百八十人益勇毅公军。乙丑，公破新坝贼垒三，都公命蒋凝学军六百人屯陆家嘴。癸酉，王国才移营，火药暴[2]发，国才烧死，都公军惶惑自惧。

[1] 节度，调度指挥。

[2] 暴，突然。

甲戌，蒋凝学等攻贼亭前驿，败之。乙亥，公为书[1]与王公鑫，言兵事动以辅静、静以制动之理，寄其稿勇毅公，并四言诗一首。亭前驿败贼合[2]黄、广诸贼屯童司牌，据险筑垒，势颇猖獗。丁丑，公自将右营，率朱品隆、周宽世、彭友胜、赵克彰北渡，驻罗昌驿。蒋凝学及沈俊德、萧庆衍迎谒[3]，公问贼势，因率之审视地形，命庆衍守陆家嘴，凝学、俊德从战[4]。

[1] 为书，写信。

[2] 合，集合，会合。

[3] 迎谒，迎接谒见。

[4] 从战，跟从参战。

都公迎公，命所部尽受公节制。其军劣，公以其忠诚勤恳，不可寻常推诿，夜召其诸将，而授之略，使依品隆、凝学等步伐。皆服公德威，奉令唯谨。戊寅黎明，公命沿童司牌溪流布阵，示以进退。溪水方大涨，东通北湖，西绕武穴入江。贼坚垒十九，夹溪林立，为[1]浮桥三以相通。公命军士填溪岸，亦为浮桥于其西。品隆、宽世、凝学自中进；友胜绕品隆旁以进；俊德攻其东垒，都军将石清吉、刘元勋出俊德东；克彰攻其西垒，都军开化勇附之。九垒贼出，公鼓以进，鏖战逾时，左营哨官高连陞先陷阵，诸将乘之，斩刈四五百。贼溃，破其六垒，贼死又数百，遂自浮桥济，烧溪北七垒，毁其三桥。

[1] 为，建造。

公收军归食[1]，升高丘以望，则山后贼垒六，其旗犹张，贼三骑自右来侦。亲兵噪而逐之，反走[2]，六垒贼尽走，追杀四五百，俘其检点[3]诸贼目四十余名，讯而诛之。获铜炮九、洋炮二、枪矛千数百、马百九十二匹、骡十七匹。己卯，公南渡，诸军皆还屯。禾熟，命士卒获之。是日，刘腾鸿攻瑞州，中炮卒[4]。

[1] 归食，回营吃饭。

[2] 反走，往回跑。

[3] 检点，太平天国前期第七等官阶，为朝内官。后期封赏转滥，降为卑官。

[4] 卒，死亡。

七月癸巳，瑞州复。王公揆一自长沙至军中襄事。乙未，勇毅公败贼于黄蜡山。丙申，又败之于巴河。壬寅，大捷于月山，贼六十三垒尽破之。〇胡文忠祭公文曰："惟公兄弟，角前犄后，蕲、黄之役，功乃不朽。百道并攻，万雷齐发，公麾先登，一鼓殄灭。"即指戊寅以来诸大战也。

公恸刘腾鸿之死，军事方迫[1]，不得一吊[2]，乃命孙守信往唁其弟腾鹤，且抚慰其士卒，命腾鹤代领其军。胡公欲以其军增防九江，而江西巡抚留弗遣，至于索饷不得，腾鹤及其军士咸归心公，走书求赴浔，故倍惜之。

［1］迫，紧迫，紧急。

［2］吊，吊唁。

童司牌败贼窜太湖，小池口伪城贼守益固，与湖口、九江贼首尾响应。胡公至九江视公，公曰："欲复九江，必先破湖口，援内湖水军通江。欲破湖口，必先拔小池口伪城。五年论湘、鄂形势当援义宁，今江、皖形势当攻湖口。援贼败而城贼困，当及其敝[1]起而图之。时哉，勿可失！"胡公还湖北，彭公玉麟屯吴城，其军饥困，公分己军饷银六千两，使吴炳昆间道致[2]之，与以书，使刻期[3]会师。

［1］敝，疲惫，困乏。

［2］致，送达。

［3］刻期，克期，在严格规定的期限内。

八月壬子，王公鑫病卒于乐安。丙辰，公自将三千四百人攻小池口伪石城。囊沙土为台[1]，陈大炮十九，对之以轰，凡[2]八日，贼死伤众，其药丸[3]已穷，炊器半毁。癸亥，大雨以风，公躬受风雨，督将士以进。赵友材率先登陴[4]，呼曰："克矣！"贼大乱，遂破之，歼俘几尽[5]。是夕中秋节，赐有功将士酒食，命友材上座。甲子，公还屯，命梁作楫领五百人屯小池口。杨公岳斌造[6]公营，共议攻湖口，水陆大举，两军仍互为节度[7]。勇毅公率副中营及何绍彩等自蕲水至，吴炳昆反命[8]曰："内湖水军已严备。"庚午，勇毅公率三千人屯梅家洲，逼贼垒而军[9]。

［1］囊沙土，用袋子装沙土。为台，筑成高台。

［2］凡，总共。

［3］药丸，火药弹丸。

［4］登陴，登上城墙。

［5］歼俘几尽，差不多全部被杀、被俘。

［6］造，到。

[7] 节度，调度，指挥。

[8] 反命，复命，完成使命后回报情况。

[9] 逼，逼近，靠近。军，包围。

九月己卯朔，公榜示[1]曰大军进剿宿松。杨公[2]率六十舟浮江下。癸未，公使人北岸舣舟[3]。甲申，命孙守信总军事，自将右营精锐八百人，率胡裕发、成大吉、杨得武、李登梗、彭友胜、李续焘三千五百人渡江。乙酉，毕渡[4]，循岸下三十里屯宿。夜半，北风起，将士皆登舟，合杨公舟张帆溯江上。丙戌未明，公军泊湖口下十里，杨公命李朝斌、孙昌凯、杨明万、李成谋负风[5]进，以攻湖口前，而自攻石钟山贼舟，掷火烧之。公命右营六百人及裕发、大吉绕趋城后，伏山北；续焘、友胜、登梗埠山麓伏，使疾走无声，令之曰："俟吾及杨公舟至城下乃出！"自率杨得武等六百人乘舟助杨公攻石钟山。彭公玉麟前已得公书，有"九秋风劲"语。〇书稿佚，曾君广星述书中有此语。

[1] 榜示，出榜公示。

[2] 杨公，杨载福。

[3] 舣舟，把船只停靠岸边。

[4] 毕渡，全部渡河。

[5] 负风，顺风。

夜半渡湖，鼓楫[1]指湖口，晨而战，午而不息。两岸相距不远，贼据岸发炮，辄破舟，舟沉者以十数，罗胜发等百二十人溺死。邓翼升等惧，欲退，彭公誓之曰："此千载一时也[2]，当死中求活。敢言退者斩！"益麾[3]之进，死愈众。公与杨公已烧贼舟，遂并舟向城下。贼负险纵炮，殊不为意，我军战舟皆负风进，日中[4]风益厉，舟驶如发箭。斗岸下急湍涌激，贼悬铁锁，遍贯巨锚，以拒来舟。舟中炮丸可匊[5]，遇锚舟碎，炮鸣若骤雨。公舟傍岸，鹢首及锚[6]，贼麕集，将不得泊，前后舟首尾相撞击，势甚危。刘神山等跃登岸，缆舟而维絷[7]，贼丛刺之，弗顾。诸舟衔尾相倚，水陆将士多未登，贼来如蜂，忽山颠[8]人声喧沸，旌旗炮丸蔽空而下，贼不知我豫伏[9]，则大骇愕，以此军为天外飞来，色沮胆丧，因却走[10]。友胜等伏军亦合椎[11]铁锁，诸舟尽泊，贼败，保城自固。而内湖水军出，成大吉、李登梗烧城外贼垒，贼舟傍岸，风猛不得遁，掷火尽焚之。士始食息[12]。夜半，公命射火城中，中贼火药，砖石腾空而下，贼死甚多，遂哗溃，开城遁走。诸军邀之，斩首二千有奇，擒伪总制陈中理等二百余名，虏炮三百，米谷四千斛[13]。丁亥，湖口复。论功，首裕发，次登梗、大吉。勇毅公大破梅家洲贼，贼遁者命何绍彩等间道邀[14]而戮之。

[1] 鼓楫，划桨，划船。

[2] 千载一时，一千年才有这么一个时机，形容机会极其难得。

[3] 麾，指挥。

[4] 日中，正午。

[5] 匊，通“掬”，捧取。

[6] 船头碰上了巨锚。鹢首，船头，古代画鹢鸟于船头，故称。

[7] 缆舟，用绳子拴住船。维絷，系缚。

[8] 山颠，山顶。

[9] 豫伏，预先埋伏。

[10] 却走，退避，退走。

[11] 合椎，合力捶打。

[12] 食息，吃饭休息。

[13] 斛，容量单位，一斛本为十斗，后来改为五斗。

[14] 间道，小路。邀，拦截。

捷书上闻，上大悦，谕曰：“李续宾等督率诸军，出奇制胜，洵[1]属可嘉。布政使衔记名按察使李续宾着遇有布政使缺出，由军机处提奏[2]。候选知府李续宜着免选知府，以道员选用。”

[1] 洵，确实，实在。

[2] 提奏，提出上奏。

公以五百人守湖口，命何绍彩屯梅家洲，以勇毅公领副中营还九江，总围城军事；自将三千人攻彭泽。乙未，风利，自流澌夹乘杨明万长龙[1]以往。丙申，登岸度地形。小姑山矗立中流，贼因险设守，列炮山颠，左右击。山下泊舟二十，皆置炮。两岸筑坚垒夹江，环以海沟[2]，四树[3]之榆柳、鹿角[4]、蒺黎[5]密护之。垒止一门一路，路曲纡[6]，垒门皆置炮当之，北岸垒尤巨。贼酋蓝承宣守之三日，前纵[7]其众尽掠居民新谷及牛豕钱布积其中。民闻公至，皆馨香拜道左[8]，求解倒悬[9]，公恻然慰之。夜，移泊金刚山斗。

[1] 长龙，清代水师战船名。

[2] 海沟，深沟。

[3] 四，四周。树，种植，布置。

[4] 鹿角，军营的防御物。用带枝的树木削尖埋在营地周围，以阻止敌人，因形似鹿角，故名。

[5] 蒺黎，当作“蒺藜”，古代用木或金属制成的带刺的障碍物，布在地面，以阻碍敌军前进。因与蒺藜果实形状相似，故名。

[6] 曲纡，弯曲。

[7] 纵，纵容。

[8] 馨香，散布很远的香气，借指用作祭品的黍稷。道左，道路旁边。

[9] 解倒悬，解除头朝下悬挂着的痛苦，比喻解除百姓的困苦。

戊戌，将士皆至，屯宋家洲，杨公亦率水军至。日晡，登岸联镳[1]，绕贼垒以察之。去舟已远，而风雨大至，夜同止于无人茆屋[2]，偕亲兵藉稿[3]坐达旦。都公兴阿以巴克坦布率骑兵百二十隶于公。己亥，命将士作垒北岸，距贼垒可四里，杨得武、杨明万皆攻南岸垒，舁大炮对之迭击[4]，公率亲兵巡护作者[5]。贼百余出垒而来，亲兵击走之，获其五骑。杨公分水军泊吉水沟，庚子，攻北岸垒，破之。巴克坦布、成大吉等逐贼三十里，野水沮洳[6]，贼陷泥淖[7]，死甚众。南岸贼亦弃垒遁。贼至吉水沟，水军扼之，遂破散，蓝承宣走死。小姑山守贼穷蹙[8]，降诛其首二人，余并宥[9]之。彭泽倚山俯江，地险等湖口，而城坚过之。贼环城为重沟，深广三丈，城外筑两垒，以为犄角。闻湖口破，畏公威，坚守不敢敌。公既收军，将以明日攻城。夜半，贼弃城尽走。

[1] 联镳，同进。

[2] 止，止歇。茆屋，茅屋。

[3] 藉稿，垫着稻草。

[4] 迭击，多次轰击。

[5] 作者，建造营垒的人。

[6] 沮洳，低湿之地。

[7] 泥淖，泥泞的低洼地。

[8] 穷蹙，窘迫，困厄。

[9] 余，其余。并宥，一并赦免。

辛丑，收彭泽。命民认领贼所掠人口食货[1]。贼建两衙皆闳丽逾于督府[2]，公命毁其指挥府，以材木还民，而留其赖国舅府以为县官署。因城无官，出示安民，招商选高年匹人[3]，使暂任赈抚[4]事，以千金市[5]其谷千三百六十石，以济军粮。遗书[6]布政使龙公启瑞，使慎择贤令治之。〇公书佚，此依翰臣方伯复书[7]记之。丁未，公携军还屯，彭公玉麟屯湖口。

[1] 食货，食和货。粮食等食物和钱财、货物。

[2] 闳丽，宏伟壮丽。逾，超过。督府，总督府。

[3] 招商，招揽，商量。高年，年纪大。匹人，独特的人。

[4] 赈抚，救济，安抚。

[5] 市，买。

[6] 遗书，送信，寄信。

[7] 翰臣，龙启瑞。方伯，殷周时代一方诸侯之长。后泛称地方长官，汉以来之刺史，唐之采访使、观察使，明清之布政使均称“方伯”。复书，回信。

十月戊申朔，赏从一品封典。公请貤封[1]长兄及嫂，报允[2]。贼恒乘夜运新谷入城，公命将士更于江岸及山脊作新壕四，益浚旧壕而深之[3]，防守加严。初，胡公奏起复水师统将，上命胡公赴九江会商军务，及是谕曰：“九江贼势已穷，李续宾、杨载福办理已有把握，所有攻剿事宜，李续宾等水陆并进，当可迅速奏功。该抚无庸[4]前往。”东流贼窜都昌、湖口，士民号泣请救。庚申，安庆贼酋韦志俊等纠党上趋，公命周宽世、王揆一、金国琛、赵克彰、何绍彩、黄泽远、李运络从勇毅公北渡击之，并命朱希广助战，李运络、何庆先营皆为五百人。丙寅，勇毅公大捷于蝘蜓山，破贼垒二十六，遂搜捕彭湖逸贼。

[1] 貤封，旧时官员以自身所受的封爵名号呈请朝廷移授给亲族尊长。

[2] 报允，批复照准。

[3] 浚，疏通。深，加深。

[4] 无庸，不用。

己巳，诏授公浙江布政使，公奏谢。〇李公鸿章《与张朗斋[1]中丞书》曰：“昔年江忠烈[2]仅蓑衣渡一战有名，不二年遂为巡抚；李忠武身经百战，两克武昌，六年始为布政司。名器之用，岂可谓平？”克宣先生至军中视公，公事兄至敬，军士皆为感动。乙亥，勇毅公大败贼于泰坪关，俘贼百余，散胁从二千余人。丙子，彭友胜御援贼，斩俘四五百，贼夜遁。

[1] 张朗斋，张曜（1832—1891），字朗斋，号亮臣，祖籍浙江上虞（今绍兴），咸丰初，原为河南固始县丞，因守御有功，受命督办练勇，同太平军作战。后又抵御张洛行、李秀成的攻击，守城七十余日，因功累升知府、布政使。同治三年（1864）加授提督衔，随僧格林沁同捻军作战。十年（1871），随左宗棠镇压西北回民军，纵兵残杀。光绪三年（1877），随左宗棠进兵新疆，帮办军务，收复乌鲁木齐，阻遏了俄美对新疆的侵略。回京后调任广西、山东巡抚，督办河工。又帮办海军。后病卒，赠太子太保。

[2] 江忠烈，江忠源。

克宣先生归，公欲宁亲[1]而不得，辄南望泣[2]沾襟，因命勇毅公奉[3]兄同归，以慰父母。以王公鑫当已归葬，公怆念两世交义[4]，属[5]勇毅公奠其灵，而为书唁[6]其父兄。

[1] 宁亲，省亲。

[2] 泣，眼泪。

[3] 奉，送。

[4] 交义，交谊，交情，友谊。

[5] 属，嘱咐。

[6] 为书，写信。唁，对遭遇丧事表示慰问。

城贼日以穷蹙，纵妇孺出城，省食减粮，饿者多夜半缒城出降。公讯之，诛其悍恶而宥其弱者，使剃发为佣以自食[1]。左公宗棠议益萧启江军，启江求将，公以萧庆高予之。

[1] 自食，养活自己。

十一月，建昌、德安民皆诉贼扰，巡抚不理。十二月，公命周宽世、孙守信统后营及前仁、后仁、利右、新后五营捕击之，佐以萧积仰马队二百，所诛千余。丁卯，贼遁走，李元度屯贵溪，其众以乏饷[1]大哗，将溃，公使人赍[2]饷银五千两济之，且与之书曰："戋戋[3]者未足道[4]，聊分灼艾之痛[5]耳。"○谨案：书稿已佚，今据李君元度所为公《别传》录入。兄子光辰为公《年谱》初稿注曰："光辰闻诸先正[6]，李君次青初谒[7]叔父，欲执弟子礼，叔父谦让弗受，然称其才可爱。丁巳年，叔父济其军饷五千两，见于《曾文正奏稿》及次青所作《别传》。其来见也，曾文正以书引之[8]。次青将兵不能战，徒以文字见重[9]于文正，季父[10]恶其无实。徽州之败，系不遵节制，季父欲按治之，故次青于季父每加毁语。"

[1] 乏饷，缺军饷。

[2] 赍，送。

[3] 戋戋，形容少。

[4] 未足道，不值得称道。

[5] 分灼艾之痛，宋太祖赵匡胤的弟弟赵匡义得病，十分痛苦。太祖去探望他并亲自为他灼艾治病，赵匡义疼痛得叫了出来。太祖于是将热艾往自己身上灼烧，而强忍痛苦，这样分担了弟弟的痛苦，赵匡义十分感动。后用来比喻兄弟友爱。

[6] 诸，之于。先正，前代的贤人。

[7] 次青，李元度。谒，拜见。

[8] 曾文正，曾国藩。以书，写信。引，引荐，推荐。

[9] 见重，受到重视。

[10] 季父，叔父。

洋寇陷广东省城，虏总督叶名琛[1]以去。公闻之，拊膺[2]长叹，顾[3]语将佐曰："寇将轻中国为无人，祸乱其有届[4]乎！吾所忧不在金陵，而在梁七。○会匪投降洋寇，导之攻广东者。无如鄙者不足与谋，辱国至是[5]"。是时军中积粟无可支[6]食半岁，鲁、晋、豫、蜀协饷亦多不至者。丁丑晦，公以家中所寄盐干诸物分赐将士，颁[7]以酒肉。

是岁，有四言诗一首，见家书。○诗今已佚。

[1] 叶名琛（1807—1859），字昆臣，湖北汉阳（今汉阳区）人。1848年，任广东巡抚。1852年，又任两广总督，受到英、法、美侵略者的军火接济，残暴镇压广东天地会起义。1857年，英国以所谓“亚罗号”事件，进行挑衅，他置之不理。旋即，英法联军进犯广州，他昏聩自矜，不务战守，致使广州不战而陷。广州失陷后，他被俘，囚于印度加尔各答，后死于印度。

[2] 拊膺，捶胸，表示哀痛或悲愤。

[3] 顾，回头。

[4] 届，极限，尽头。

[5] 连我都比不上的人，是不值得和他们一起谋事的，（他）使我们的国家受侮辱到了这个程度。鄙者，鄙人。

[6] 支，支撑。

[7] 颁，赏赐。

卷三

咸丰八年戊午，公四十一岁。

正月戊寅朔，生员[1]谢景乾献诗二首，公次韵和[2]之。夜以事少更次原韵[3]二首，寄勇毅公属和[4]，副[5]以书曰："弟气体[6]渐和，诗兴当渐高矣。"○诗四首，其一稿已佚，今集中存三首。族子光燎，杏春兄也，从事军中，乙酉，告归省亲，公始取廉俸银千两因之[7]寄父母，以供甘旨[8]。振庭先生复书以度支方窘[9]，戒公不得更有所寄。景德镇窑户感公德威，为瓷器题之铭辞献于公，公却[10]之。

[1] 生员，国学及州、县学在学学生，后指经本省各级考试取入府、州、县学学习者，通称秀才。

[2] 次韵，古人"和韵"的一种格式，又叫"步韵"，就是依次用原韵、原字按原次序相和，世传次韵始于白居易、元稹，称"元和体"。和，依照别人诗词的题材和体裁作诗词。

[3] 原韵，和他人诗词时，称所和诗词的韵为原韵。

[4] 属和，叮嘱他和诗。

[5] 副，附上。

[6] 气体，精气和神体。

[7] 因之，由他，通过他。

[8] 甘旨，美味的食物，借指养亲的食物。旨，甜美。

[9] 复书，回信。度支，经费开支。方，刚刚。窘，窘迫。

[10] 却，推却，推辞。

皖贼侵鄂，李孟群败走商城，孙守信等还。都公兴阿告警，以赵克彰将三千人援之，使进兵麻城。宜兴何公裕挈[1]其子保三谒[2]公，万公斛泉命其弟斛源省[3]公，皆留襄[4]军事。〇李君续禋为公《行略》曰："公以儒生治军，威名日著。又虚己延访[5]，一时英杰景附[6]，皆思出其门。王君槐轩[7]，相识最先；方君子白[8]，从公最久；李君眉生[9]，叶君介唐[10]，公一见而许为隽才[11]。叶君以师礼事公[12]，何君伯凝、万君海舟皆以[13]八年春间留居幕府。"胡公林翼命州、县治民团御贼，以公知人，故咨求其才。公谓此乃民事，当由官选诸绅。〇胡文忠《抚鄂批牍·批副训营添招勇丁禀》曰："湖南亦有怯士，湖北亦有勇士。因在民上者不知求将，致使湖北忽成弱国，湖北亦冤矣哉！推原[14]其故，由湖北读书人不能如江、如罗、如李，而带勇者皆嗜利、浮薄、诈伪之士，未能如岷樵、罗山、迪庵三先生之贞固[15]干事，力开风气。此其过在本省士大夫，而其不能选拔访求、造就成全，则又我之大过矣。"谨案：公遗文《复胡宫保书》曰："至团练总理[16]，请嘱罗澹村[17]举之也。"是时，罗壮节方为湖北布政使，胡文忠访团练总理于公，公雅[18]不欲以兵事挠[19]地方官之权，故复书仍以托罗公也。

[1] 挈，带领。

[2] 谒，拜见。

[3] 省，看望。

[4] 襄，帮助，辅佐。

[5] 虚己延访，自己虚心地广为访求（人才）。

[6] 景附，犹景从，如影附身，比喻依附密切。

[7] 王君槐轩，王揆一。

[8] 方君子白，方翊元。

[9] 李君眉生，李鸿裔，字眉生，四川中江人，举人。曾入湖北巡抚胡林翼幕，又入两江总督曾国藩幕，充营务处总理。同治五年(1866)，补淮扬徐海兵备道，擢江苏按察使，升布政使。罢官后，居苏州，住址靠近宋苏舜钦的沧浪亭，又号苏邻。工诗，精书法，晚

年研究佛典，著有《苏邻诗集》。

[10] 叶君介唐，叶兆兰（1813—1876），原名元桐，字介塘，湖南东安人，举人，1858年任潜山知县，1859年在潜山知县任上组织团练与太平军作战，1860年署安庆府知府，办理团练。1862年任徽宁池太广兵备道，1867—1872年随席宝田入贵州镇压苗民起义，因功官至正二品，布政使衔。

[11] 隽才，亦作“隽材”，才智出众的人。隽，通“俊”。

[12] 以师礼事公，用对待老师的礼仪侍奉李公。

[13] 何君伯凝，何保三，江苏宜兴人，随父何裕在三河之战中阵亡。万君海舟，万斛源，字海舟，诸生，以军功保训导，咸丰八年死三河之难，赠知府衔。以，在。

[14] 推原，从本源上推究。

[15] 岷樵，江忠源。罗山，罗泽南。迪庵，李续宾。贞固，守持正道，坚定不移。

[16] 总理，总管事务之人。

[17] 罗澹村，罗遵殿。

[18] 雅，向来，平素。

[19] 挠，扰乱。

生员李蔚森以其父遗书[1]乞言于公，公为叙之[2]。○谨案：叙稿载公遗文。朝颁荣禄大夫诰命[3]四轴，公命千总胡中玉奉以归。抚州贼趋都昌，将犯湖口，析[4]其众，阳言[5]窥鄂，冀[6]牵我围军，已而[7]留，不进。

[1] 遗书，指前人的遗著、遗作，指李蔚森之父李致和的《读〈易〉管窥离句串义》一书。

[2] 叙之，为之作序。

[3] 诰命，明清时特指皇帝赐爵或授官的诏令。

[4] 析，分开，散开。

[5] 阳言，假装说。

[6] 冀，希望。

[7] 已而，不久。

二月壬戌，公合水陆军攻城三日。城中缒出降者益众，称贼亦于城内隙地种麦，将熟，贼酋以草合米为饼，以食[1]其众。公以攻坚多伤士卒，且惜林启荣能守，命李存汉射书城中，召之降。启荣登陴语存汉曰："自知不赦，将无所容[2]。"存汉誓之，启荣犹豫弗决。乙丑，命城贼缚启荣，降者宥[3]其死。

[1] 食，让……吃。

[2] 将无所容，将会没有容身之地，谓会被处死。

[3] 宥，赦免。

公常度黎明而兴[1]，不自暇逸[2]，近少战事，仍治[3]《郑氏注》及写字自课[4]。一日，临颜平原[5]帖，至"国家"二字，意未惬。至数十过[6]，因得句曰："一生只为国家苦，两字兼全忠孝难。"是时临江已复，余贼趋抚州，萧启江御之。吉安军收乐安、宜黄，启江收崇仁。

[1] 度，过了。兴，起来，起床。

[2] 暇逸，闲散安逸。

[3] 治，攻读，研究。

[4] 自课，自己完成规定的工作或学业。

[5] 临，临摹。颜平原，即颜真卿。

[6] 过，次，遍。

三月乙巳，公命黄泽远筑垒磨盘洲中冈，因地培其垣，使与城等[1]，陈炮击城，而伏军其内穴地，命李续焘以副右营更自左冈后穴[2]之。泽远军露迹，贼亦对其隧穴之，而灌之污水。癸巳，赵克彰败贼于商城。辛丑，续焘穴成，实[3]火药万斤燃之，城面爆崩十余丈，而城里仍屹立，贼冒死燃大桶火药，因风[4]伤登城者十余人，砖石下，死者愈多。贼犹燃药不止，风反，贼自烧死百余，急以木板瓦石塞缺口。余云龙犹率壮士贾勇[5]进攻，风雨大至，攻者多伤。公止之，命中右营更自冈右为穴。勇毅公自湘乡至武昌，公命副中营往会，仍统赵克彰、何绍彩、蒋凝学军。壬寅，命诸将迭以昼夜攻九江。城贼备御，不得休息。数日，贼益疲，且刁[6]焉，遂不备[7]。

[1] 凭借地形建筑土墙，使它和城墙一样高。等，等同，等高。

[2] 穴，挖地洞。

[3] 实，填充。

[4] 因风，凭借风。

[5] 贾勇，鼓足勇气。

[6] 刁，刁惯。

[7] 备，防备。

四月丙午朔，平城外贼卡垒五。丁未，勇毅公败贼于麻城，斩贼将陈添发、李大廾、石元亨，擒贼七百二十三。辛亥，中右营地道成，穴愈远，中亦愈阔，实火药万五千斤，缚布以为药线，使壮士入城者皆于近城土坡掘如龛豫藏之[1]，以避砖石。日入，公戒水陆军皆严备。

[1] 让要进城的壮士在靠近城市的土坡上挖窟，预先藏在里面。龛，小窟，小洞。豫，预先。

壬子寅正，黄泽远举火，地雷发，城大崩坏，砖石飞空。都司朱春堂、刘正南，守备谢之晖，千总叶定海、尹得荣，把总萧楚胜、谭占秋、陈仕炳、李续佳、毛汀泗、李林盛，外委邓荣堂、李光耿、王功义、舒才锦、黄泽和先入，砖石下并[1]，缺口贼数百皆死。黄泽远继进，石伤手，李续焘、余云龙、胡镇南、李运络、朱希广相继皆入，贼御者失据[2]，多挤堕城下死。沈俊德、刘连升梯登南城，王载驷、萧庆衔、李存汉、杨富有梯登小东门，李登梗、李长林、唐义训列阵城南，成大吉、张复泰列阵城西。水军将李朝斌、李济清、孙昌国、丁义方、萧翰庆、孙昌凯、李升元率舢板百十六，沿小北门至大北门飞棹[3]往来。城贼大乱，不知所窜，奔缺口者，雷风云、刘神山等截而杀之，遂洞开[4]城门图遁走，而路已为俊德等所扼，死无数。林启荣被军士斫死，伪元戎李兴隆亦死乱贼中。有突西门围而逃者，萧积仰等以马军六百追而尽戮之。战士愤城久围，见贼则杀，贼多由北门图凫水[5]自脱。济清等纵炮不止，所杀数百，赴水溺死者六七千。

[1] 下并，一起落下。

[2] 失据，丧失依靠或力量，失去凭依。

[3] 飞棹，飞快地划桨。

[4] 洞开，敞开。

[5] 凫水，泅水，游水。

公令良惸[1]自投，拔[2]民五千余人，降者识启荣、兴隆尸，军士斩其首以献，城克。公自东门入，榜示城乡，召居者使复业。以德化累年被兵[3]，且闻遗民[4]言纳赋吏胥舞弊状，是夜为书与巡抚耆龄，使请免逋租薄敛[5]，以苏[6]民困，且择守宰[7]临莅，因举王必达为之。式书言必达治行[8]当为江西第一，非特扬之不可以训廉节[9]。公尝与胡公论天下大要[10]曰："贼所以盛，由于从贼者众，饥民土棍无论[11]矣。而其源起于士习[12]之不端，实本于牧令[13]之不善。今欲使天下贼少，非慎选牧令、扶植善类何由[14]哉？"必达以举人选知县，值贼氛遍地，试治瘠区，所在有声[15]。曾公国藩及文俊、陈启迈、耆龄专事江西，未之异也[16]。公闻舆论而默识[17]之，此特以荐，竟未识其人。耆龄以公言入奏，诏超迁[18]必达知建昌府。由是入仕途者始知砥砺[19]，不专事趋走[20]矣。〇公与耆龄书稿佚，王君必达寄勇毅公书、寄公子健斋节帅书言之。从弟续禋为公《行略》曰："六年夏间，胡文忠常至公营。一日，论天下大要，公曰：‘贼所以盛，由于从贼者众。莠民、土棍，虽平时亦皆贼也，诛之不可不严。饥民难与守法，易以从贼，须先以有安之。然贼之所以起，由于士习之不端；士习之不端，由于府、州、县不得其人。欲天下大治，当以府、州、县官得人为本。’”又曰：“公克九江，免民间所欠粮饷，并除历年钱漕之弊端，荐沈君幼丹[21]，王君霞轩[22]于当道，究未识沈、王一面也。”公手书与胡公，请毋以己名入捷书，愿归田养亲。甲寅，大犒[23]将士。

[1] 良懦，善良而懦弱的人。

[2] 拔，选取，选拔。

[3] 被兵，遭受战祸。

[4] 遗民，指劫后余留的人。

[5] 逋租，欠租。薄敛，减轻赋税。

[6] 苏，缓解。

[7] 守宰，指地方长官。

[8] 治行，为政的成绩。

[9] 廉节，清廉有节操。

[10] 大要，要旨，概要。

[11] 土棍，地方上的无赖、恶棍。无论，更不用说。

[12] 士习，士大夫的风气。

[13] 牧令，原指州牧和县令，清用为对知州、知县的习称。

[14] 何由，从何处，从什么途径。

[15] 有声，有声望。

[16] 未之异，没有觉得他特别。

[17] 默识，默默地记住。识，志，记住。

[18] 超迁，破格提拔。

[19] 砥砺，磨炼。

[20] 趋走，奔走服役。

[21] 沈君幼丹，沈葆桢。

[22] 王君霞轩，王必达。

[23] 飨，用酒食招待客人，泛指请人受用。

乙卯，胡公奏曰："自粤匪犯顺[1]以来，每恃其坚守不战，缀[2]我兵力，以为得计[3]。即偶得一城，或首要[4]潜逃，死灰复燃，因以蛊惑愚顽，并力坚守。经此大创，足以寒贼胆而伐贼谋，灰其死守之心，此皆仰赖圣主威福，知人善任，李续宾得借手[5]以告成功。应如何水陆分道东征，臣等即当妥速商办。李续宾忠荩勤劳，厥功[6]甚伟，应如何加恩之处，伏候圣裁。"

[1] 犯顺，叛乱。

[2] 缀，牵制。

[3] 得计，计谋获得成功。

[4] 首要，为首的主要人物。

[5] 借手，借人之手以为己助，借助。

[6] 厥功，其功，他的功劳。

公以塔公齐布死事城下，立祠城中祀之，以攻城战死将士附食[1]，使罗嘉衡总其事。是时，贼合捻匪蜂舞[2]皖北，横轶傍出，鲁、豫、吴、越骚然[3]。胜保者，旗下嫖姚[4]，其出身世莫得[5]而言也。以少年佩钦差大臣关防[6]，拥兵淮、徐，视官文蔑如也[7]，更无论[8]曾、胡。袁端敏公甲三动[9]为所制。尝用令箭召都军将多隆阿，亦以之召孙守信。终岁縻饷[10]，不与贼相见。贼轻[11]之，亦舍而不攻。而日以捷闻，时人以此[12]谓之败保。〇《胡文忠文集》卷六十五《致曾涤生书》曰："山东人向呼此公为败保，盖其治军如郑公子突，轻而不整，贪而无亲[13]。"又《致钱苹矼书》曰："胜帅满腔忌刻，其志欲统天下之人，其才实不能统一人。故每战必败，每败必以捷闻。故中朝[14]尚催其进兵，而不知其溃败之实。即再迟三五年，亦必无成功也。"又卷五十五《致严渭春[15]书》曰："翁在寿春，胜在蒋坝，此人不去，皖难未已。"李云麟[16]求用于湘军，不得，乃投之，日短[17]湘军。王闿运游食[18]武昌，干谒[19]将帅，曾识云麟，以故云麟为之地[20]湘军名显者，不理。闿运辄求显者书，挟以要索。曾、胡颇喜文辞，则皆与之，左公宗棠独弗与也。侍郎肃顺日用事[21]，胜保以云麟故荐闿运。肃顺工京戏而不识文，闿运小言[22]，詹詹[23]以求。合胜保有爱姬子为苗沛霖[24]所虏，则日以媚贼为事。贼将李兆受[25]受袁公甲三笼络，当降，胜保攘[26]为己功，欲因降[27]沛霖，奏擢川东道，加布政使衔以歆动[28]之。沛霖本倚捻匪，且贰[29]于粤贼，强夺民圩[30]三千四五百所，役其人而赋其入，岁纳其租，富敌大省布政使，将自王[31]，实不欲降。胜保谒沛霖，软语乞怜。沛霖已得其布政衔札[32]，仍不冠带[33]，相称以先生，益奴视[34]胜保。兆受擅[35]盐场利，颇轻财物，闿运过，例佽助[36]之。沛霖、兆受争利，而逆贼四眼狗[37]方专皖乱，颍、泗、徐、淮，日益糜烂，朝廷专倚公军。〇《胡文忠遗集》卷六十二己未三月《与袁午桥[38]书》曰："谗人[39]之爱公，亦可谓私德矣。"又曰："熊文灿一意招降，此非贼降，乃降于贼耳，而又美其名曰贼降。"谗人、文灿，皆指胜保。王闿运《湘军志·湖北篇》曰：朝廷忧皇[40]，专恃某某君[41]。闿运于公及勇毅公多谤语，见公兄子光辰所为公《年谱》初稿，而此语颇为得实[42]。

[1] 附食，附祀，配享，从祀。指古代宗庙祭祀中，常设的、次于主要祭祀对象但与其密切关联的祭祀对象。

[2] 蜂舞，像群蜂飞舞，比喻纷然并起。

[3] 骚然，扰乱，动荡不安。

[4] 旗下嫖姚，八旗将军。胜保为满洲镶白旗人，故称。嫖姚，勇健轻捷貌，汉代为将军的称号。

[5] 莫得，没人能。

[6] 关防，印章的一种名称，始于明代，朱元璋为防止官吏作

弊，用半印，以便拼合验对，后来发展成长方形、阔边朱文的关防。到了清代，正规职官用正方形官印称“印”，而临时派遣的官员用长方形的官印称“关防”。

［7］蔑如，微细，没有什么了不起。

［8］无论，不用说。

［9］动，经常。

［10］终岁，整年。糜饷，浪费军饷。

［11］轻，轻视，看不起。

［12］以此，因此。

［13］轻率而不整肃，贪婪而不团结。

［14］中朝，朝廷，朝中。

［15］严渭春，严树森。

［16］李云麟（1834—1878），清汉军正白旗人，字雨苍。善古文及经世之学，师事曾国藩，官至四品京堂。镇压过太平天国运动，也担任过伊犁将军，与入侵的沙俄侵略者浴血奋战，夺回被沙俄侵占的中国领土。著《旷游偶笔》与诗集《西陲纪行》。

［17］短，诋毁，说坏话。

［18］王闿运（1833—1916），晚清经学家、文学家。字壬秋，又字壬父，号湘绮，世称湘绮先生。咸丰二年举人，曾任肃顺家庭教师，后入曾国藩幕府。1880 年入川，主持成都尊经书院。后主讲于长沙思贤讲舍、衡州船山书院、南昌高等学堂。授翰林院检讨，加侍读衔。辛亥革命后任清史馆馆长。著有《湘绮楼诗文集》等。游食，游手好闲，不劳而食。

［19］干谒，有所企图而求见（显达的人）。

［20］为之，对他（王闿运）。地，诋毁，贬低。

［21］肃顺（1816—1861），满洲镶蓝旗人，晚清宗室、权臣，字雨亭，自道光中期历任御前大臣、总管内务府大臣、户部尚书、协办大学士等职，深为咸丰帝信用，咸丰十一年（1861）七月，咸丰帝驾崩前受命为赞襄政务王大臣，十月二日夜，在护咸丰帝梓宫回京

途中，行至密云被捕，随后被斩于菜市口，年四十五。用事，当权执政。

［22］小言，不合大道的言论。

［23］詹詹，言辞烦琐、喋喋不休的样子。

［24］苗沛霖（1798—1863），安徽凤台人，曾在乡举办团练，与捻军作战，后投靠胜保。1860年趁第二次鸦片战争之机，将翁同书、傅振邦、袁甲三等部清军驱逐安徽。1861年举兵抗清，被太平天国封为奏王。1862年暗中降清，诱捕英王陈玉成献给胜保。旋又举兵反清，1863年在安徽蒙城被清军击败后，为部下所杀。

［25］李兆受，太平军叛将，原名昭寿，降清后改名世忠，河南固始人。咸丰四年（1854），聚众数千人起事，活动于六安、霍山、英山、固始之间。后降清。不久，又投太平军，授为七十二检点，隶属李秀成。两年后叛变降清，累官至松江提督。然自恃功高，骄悍贪残，被革职。

［26］攘，侵夺，偷窃。

［27］降，劝降。

［28］歆动，欣喜动心。

［29］贰，不专一，怀有二心。

［30］民圩，村寨。

［31］王，称王。

［32］札，公文。

［33］冠带，戴冠佩带（指布政使之官服）。

［34］奴视，像奴隶一样看待。

［35］擅，独揽。

［36］佽助，资助。

［37］四眼狗，指陈玉成。

［38］袁午桥，袁甲三。

［39］谗人，进谗言之人。

［40］忧皇，忧愁惶恐。

[41] 专恃某某君，《湘军志·湖北篇》原文“朝廷忧皇，专恃续宾军”，用“某某”代称李续宾，是为避讳。

[42] 得实，得其实情。

公再与书骆、胡二公，俾奏起[1]曾公国藩，及是疏凡三上[2]。时安庆诸贼上犯，踞麻城，陷黄安，湘、鄂震动，何忠骏以赴援迟降褫[3]。贼众日增，筑垒至五六十。公命余云龙、黄胜日、朱希广屯德安，遏贼窜。萧庆衍、张运馥等三千人守九江，赵友材屯小池口，彭友胜屯小姑山。丙辰，自将三千八百人援湖北。

[1] 俾，使，令。奏，上奏。起，起用。

[2] 凡，总计。上，上奏。

[3] 褫，革除官职。

壬戌，诏曰：“粤逆占踞九江，负嵎[1]久拒，自湖口攻克以后，贼援遂绝。本年二三月间，李续宾等督勇开挖地道，昼夜轰击。本月初六日，用火轰坍[2]城垣一百余丈，伏勇城中，内外冲杀，并将伪贞天侯林启荣、伪元戎李兴隆寸磔枭示[3]，共毙贼一万六七千，九江府城即于初七日克复。剿办实属奋勇，深堪嘉尚[4]。允宜渥沛恩施[5]，以示优奖。浙江布政使李续宾此次战功为尤著，着赏加巡抚衔，并赏穿黄马褂，准其专折奏事。”公奏谢。

[1] 负嵎，负隅，依靠险要的地势（抵抗）。

[2] 坍，倒塌。

[3] 寸磔，碎解肢体，古代的一种酷刑。枭示，枭首示众，斩头而悬挂在杆上示众。

[4] 嘉尚，赞美，赞许。

[5] 允宜渥沛恩施，合宜多多施恩。允宜，合宜。恩施，施恩。

萧启江报收抚州，建昌贼亦走江西，败贼悉趋浙江、安徽、河南，捻患日迫。闽、浙群盗起，沈文忠公兆霖[1]、朱文端公凤标[2]、许文恪公乃普[3]及浙人官京朝者，皆疏请公东兵[4]以救浙；安徽巡抚福济等请公征皖；河南巡抚瑛棨请公规豫而固鄂[5]；袁公甲三、胜保奏乞进兵庐、六[6]。廷臣喧争[7]，百余章不决[8]，上特命公酌量定。

[1] 沈兆霖（1801—1862），浙江钱塘（今杭州）人，字尺生，又字朗亭，号雨亭，道光进士，历任编修、侍讲、内阁学士、署户部尚书、军机大臣，1862年署陕甘总督，在率军镇压回民起义回署途中，被山洪淹死。

[2] 朱凤标（1799—1873），浙江萧山人，字建霞，号桐轩，道光进士，授编修，先后担任过刑、户、兵、吏部尚书，体仁阁大学士，武英殿总裁等职。

[3] 许乃普（1787—1866），浙江钱塘（今杭州）人，字季鸿，号滇生，嘉庆进士，担任过侍讲学士、刑部侍郎，兵部、工部、刑部、吏部尚书，有《堪喜斋集》。

[4] 东兵，往东进兵。

[5] 规，规划并占有。豫，河南。固，巩固。

[6] 庐，庐州。六，指安徽的六安县。

[7] 喧争，吵闹争议。

[8] 决，做出决定。

张运馥所将曰发中营。立发右营，命欧阳正墉将之。强右营李续远将之，刚中营赵友材将之，刚右营彭炳武将之，毅中营彭祥瑞将之，毅右营郭鹏程将之。刚中、毅中、强右皆选用余勇，余皆召募湘中。以虏贼马之良者六百六十匹立为三营，命李续艺训练而总其事，萧积仰、刘人和为之副。安庆贼方分道上窜，是夜，公驻蕲召问官民，察贼势，以黄陂、孝感皆贼踪所及，命王载驯、李长林等守之，皆统于李存汉。德安无贼，命余云龙等倍道[1]从勇毅公进黄安。公舟行百二十里，驻黄州，檄鲍超军趋黄安，而公自进黄陂，取建瓴之势。贼夜攻朱品隆、黄胜日屯，力战却[2]之，二人皆伤。何绍彩过蕲遇贼，战而败，其副萧上元走贼中，唐训方骑卒以马畀之[3]，公赏卒金百。〇国初定制：副都统以上接战时伤马，人有以马与骑者，赏银百两，参领以下六十两，平人[4]二十两。公以绍彩已为统领，而上元为之副，故遵定制赏之。周君受祜曰："当时议者颇谓过重，公曰：'危难之际，予人为善。'立命李君肇用取银百两致唐君训方以给之。亦公平日言'军赏不逾时'之义也。"又见公家书。赵克彰攻黄安，城贼伏不出，麻城贼夜趋黄安，勇毅公伏兵击败之。

[1] 倍道，兼程，以加倍速度赶路。

[2] 却，打退，击退。

[3] 骑卒，骑兵。畀，给。

[4] 平人，普通人，一般人。

癸亥，诏曰："九江克复，已谕令杨载福、李续宾统领得胜之师，分道东征。应先征何处，即行妥速筹办。本日据胜保奏，现在攻取六安，屡次克捷，功在垂成。惟官兵仅有二千余名，不敷[1]攻剿，附近贼船尚有数百，窜伏堪虞[2]。所调豫省官兵，又因归陈防堵，不能即时前往，须厚集兵力，方可迅复州城。福济亦以庐州兵力不敷，奏请添兵。着李续宾即带九江得胜之师，先行驰赴六安，会同胜保奋力围攻。俟六安克复，再赴庐州一带，相度[3]情形，先其所急，次第[4]攻剿。该藩司奋勇过人，乘此声威，谅[5]必能所向成功。其宿、太一路贼匪，着[6]都兴阿迅速扫除，毋令蔓延。"

[1] 不敷，不够。

[2] 堪虞，堪忧，令人担忧。

[3] 相度，观察估量。

[4] 次第，依次，按照顺序。

[5] 谅，料想。

［6］着，令。

上又命胡公设九江粮台，以资公军，命福济设公行营支应局。公以鄂祸方迫[1]，未遑[2]谋皖，而军在楚境，不可专奏，乃与书胡公具疏以复，上从[3]之。癸酉，赵克彰、何绍彩破黄安贼垒四。副将张文焕将信中营捍[4]麻城贼，中炮死，○谨案：《皇朝谥法考》文焕得谥刚愍。公命欧阳爵第代之。

［1］迫，紧急。

［2］未遑，没有时间顾及，来不及。

［3］从，听从，允许。

［4］捍，抵御。

五月乙亥朔，公至于黄安，命李续艺、萧积仰率骑兵五百屯殷家河。贼出城求战，公命克彰、绍彩自城北渡水，烧隔岸贼屯十数。李续焘、何忠骏、胡裕发、谢永祜邀击[1]城贼，刘神山、李集贤率七百人散伏麦田，交锋七进。千总陈定发，把总黄东海、贺福堂、龙长银、廖鹏程、刘芳林、周有亮、唐云华、李正和、萧意扬、殷洪发，骑校富明阿，先后陷阵死。贼死六七百，败走，而伏起狙击，杀三百余人，擒贼丞相以下数十，皆戮于阵前。贼失气[2]，夜半开北门遁。城外贼弃垒随之走，过殷家河。续艺等甲马[3]往复骋而躏[4]之，贼死甚众。丙子，黄安复。

［1］邀击，拦击。

［2］失气，丧失胆气。

［3］甲马，披甲骑马的人。

［4］躏，蹂踏。

丁丑，诸将逐败贼至于麻城，于道杀贼数百。戊寅，公至，贼闭城守垒，不敢拒战。夜半，尽弃城垒狂走，遂收麻城。己卯，勇毅公率大军追贼，日中[1]及之于黄土冈，贼饥且殆[2]，多颠仆[3]于途，斩其迅走者千余。庚辰，败之于玉屏港。辛巳，败之于草鞋店，贼破散[4]至于商城，乃旋师[5]。

[1] 日中，正午。

[2] 殆，困乏，疲惫。

[3] 颠仆，跌倒。

[4] 破散，被击败而散乱。

[5] 旋师，回师，调回军队。

廷旨促公进兵，公谓安庆实贼所倚，为三窟[1]，视皖北为急。而皖抚福济以庐州濒危，○谨案：自咸丰三年安庆陷贼，廷议建庐州为省会。匿居民间。李孟群军累溃[2]，福济遂与英桂[3]、瑛棨[4]、胜保日以危言上腾[5]，淆惑圣心，谓贼且北趋[6]，朝廷忧惶，诏书日二三降。公不得已，乃议先清皖北，再图皖南。胡公以公言入告。自公克九江，而抚州、建昌因势收复，江西贼遂寒，援军诸将得专规[7]吉安。○《胡文忠文集》卷七十四《与司道粮台诸公书》曰："昔年李忠武得九江、湖口，则下游之贼须从抚州绕南昌之后，故武昌可二三年安枕。"[8]

[1] 三窟，指兔子有三个洞穴，喻多种图安避祸的地方。

[2] 累溃，多次溃败。

[3] 英桂，字香岩，姓赫舍哩，隶满洲正蓝旗，道光举人，历任军机章京、署布政使等职，咸丰年间任河南巡抚，任内领兵镇压捻军有功，光绪元年（1875），任协办大学士，三年，授体仁阁大学士。谥文勤。

[4] 瑛棨（？—1878），号兰坡居士，原姓郑，名瑛桂，汉军正白旗人，荫生，道光、咸丰年间由内务府笔帖式累擢长芦盐运使、河南布政使，历任河南巡抚、陕西按察使、陕西巡抚。同治二年被革职，光绪二年（1876）起任山西按察使。

[5] 日以危言上腾，每天把局势危险的话往上报。腾，传递（文书）。

[6] 北趋，北往。

[7] 规，规划并占有。

[8] 安枕，安眠，用以比喻无忧无虑。

贼进趋浙江，福兴率三万人退走，贼遂进衢州，陷处州。和春握钦差大臣关防，专浙事，畏葸[1]托病，浙人号公自救[2]，日呼吁于朝。上谕曰：“李续宾本任浙江藩司，新克九江，声威颇壮，即简[3]带所部精兵，迅速赴浙。其应否由南昌饶信直抵常山，抑或由苏入浙，路尚可通，并着李续宾酌量遵行。”两湖督、抚，皆以公倘赴浙，则三省空虚，江、鄂士民以残喘始苏[4]，群请留公，至千余牍，交章[5]连上。文宗竟[6]从公议。○曾文正《致胡润芝中丞书》曰：“迪公留鄂极是，为天下计，为湖北计，均须先清皖、豫。”

[1] 畏葸，畏惧，胆怯。

[2] 浙人，指上文的“浙人官京朝者”，在朝廷的浙江籍大臣。号，呼唤。自救，救自，救自己家乡。

[3] 简，简单，这里是轻装的意思。

[4] 苏，缓解，恢复。

[5] 交章，官员交互向皇帝上书奏事。

[6] 竟，最终。

公乞养未得[1]，胡公乃葺治[2]抚署松桂园，修书迎振庭先生二老就公省觐[3]。先生手书[4]示公曰：“予老，乐山居，不喜城市，其婉谢宫保，勿以萦怀[5]。”曾公国荃攻吉安不下，军士饥困，公分己军储银万两畀[6]之。壬午，奉到军机处传交上颁夹纱龙文黄马褂，公拜受，衣[7]之。将士毕贺，即敬藏之。○李君续禋为公《行略》曰：“公在军中，包巾草履[8]，与将士同其劳苦，未尝置办衣服。已加盐运使衔，而冠尚系金顶，犹出山时所带也。克复九江，上颁赐八团夹纱黄马褂。胡咏帅为公制一蓝绘袍，市肆大裁料，皆不能称公身，乃用两小裁料合为之，并备缨冠红顶及花翎，寄公行营。公以黄马褂出自上赐，故衣冠皆服之，以拜受而后加于身。诸将士皆拜以贺，欢声雷动，不啻[9]身受其荣。黄褂颇短，将士有言当作一稍长者，公正色曰：'此岂可自为乎[10]？'即解而珍藏之。"宿、太、英、霍贼窥蕲、黄边，己亥，命余际昌、丁锐义御诸界牌[11]，贼败退。

[1] 乞养，请求辞职回家奉养父母。未得，不能。

[2] 葺治，修整。

[3] 省觐，探望父母或其他尊长。

[4] 手书，亲自写信。

[5] 萦怀，事情牵挂在心上。

[6] 畀，给予。

[7] 衣，穿。

[8] 包巾，古代用纱布等制成的一种便帽。草履，草鞋。

[9] 不啻，无异于。

[10] 这哪里是可以自己做的呢？

[11] 御诸界牌，御之于界牌，在界牌这个地方抵御。

公闻长子光大不禄[1]，恸之，故为书自广[2]，以慰父母。书曰："自我祖父母及我两大人，积德累世，此子苟是克家肖子[3]，何至于斯[4]？盖世之丧尽天良、玷辱祖宗者，半系聪明太过之人，安知此子之死，非我家之福耶？男[5]自三年以来奉命带勇，每战克捷，主上器重，懋赏迭膺[6]，又安知此子之殇[7]，非即所以消我之灾耶？且男倾心报国，又安知此子之殇，非天所以试我之诚伪耶？总之，男既奉两大人命，受朝廷恩，惟尽职所当为与夫力所能为[8]，以副[9]两大人重望而酬主上知遇之德而已，何敢以亡儿之故稍介胸次[10]？万望大人顺时珍摄[11]，弗以累心，斯[12]男等得以释怀于外。岁甚丰登，而各路兵勇又极得手[13]，主上圣明，以此卜贼匪之不难靖，而承平之不难复睹也[14]。"振庭先生乃阐发剥复[15]消长之义，手书示公，〇李君续䄡为公《行略》曰："辉斋不禄，公闻之深用[16]伤悼，故寄家书以慰老亲。后得伯父手书，讲明剥、复消长之义，勖以尽心王事[17]，勿顾其私。"曾君广星曰："辉斋聪颖绝人，十五岁已尽读三代、秦汉之书。从余游凡一年[18]，大父[19]光禄公以其学业有成，为之纳粟入国学[20]，将使就棘闱试[21]。是时，其所作制义[22]，诸老先莫能赞一辞[23]，而竟夭折，光禄公深悼之。"公始释然。

[1] 不禄，死亡。

[2] 为书，写信。自广，犹自宽，自我安慰。

[3] 这个孩子如果是能承担家事、继承家业的有出息的子孙。克家，承担家事，继承家业。

[4] 何至于斯，怎么会出现这种情况（死）呢?

[5] 男，儿子对父母的自称。

[6] 懋赏迭膺，多次接受丰厚的奖赏。

[7] 安知，哪里知道。殇，夭折。

[8] 只有尽职责做应当做和那些力所能及的事情。夫，那。

[9] 副，符合，相称。

[10] 哪敢因为死去儿子的原因而介怀呢？胸次，胸怀；介胸次，介怀，把不快或令人忧虑的事存于心中。

[11] 顺时珍摄，顺应时令保重身体。

[12] 斯，这样。

[13] 得手，顺利达到目的，取得成功。

[14] 因此预料贼匪不难平定，而天下太平不难再看到。卜，预料。靖，平定。承平，太平。

[15] 剥复，《易》二卦名。坤下艮上为剥，表示阴盛阳衰。震下坤上为复，表示阴极而阳复。后因谓盛衰、消长为剥复。

[16] 用，因此。

[17] 勖，勉励。王事，王命差遣的公事，特指朝聘、会盟、征伐等王朝大事。

[18] 跟着我学习总共一年。游，求学。

[19] 大父，祖父。

[20] 纳粟，明清两代富家子弟捐纳财货进国子监为监生，可直接参加省城、京都的考试，称纳粟。国学，古代指国家设立的学校，此指国子监。

[21] 棘闱，指科举时代的考场。唐、五代试士，以棘围试院防弊端，故称。

[22] 制义，八股文。

[23] 老先，老先生，对年高望重者的敬称。莫能，没有谁能。赞一辞，说出一句（批评的）话。赞，告诉。

壬辰，公五旬开一之辰，武汉、黄德士民皆制锦[1]以称颂功德，公不受。辛丑，公至于武昌，官文、胡公以下皆除道郊迎[2]。胡公以巡抚署馆公[3]，士民谒[4]者日以百数，公皆温言劳谢[5]。小憩兼旬[6]，深与胡公有所讲习[7]。公以积劳貌少瘁[8]，胡公致药及古本东雅堂韩文、明万历刻《史记》[9]，公受之。官文馈貂纱衣六袭[10]，公欲不受，胡公以为不可，乃受而寄之归，以奉父母。胡公欲为婚姻[11]，而公子女至于兄弟之子皆已定聘，乃使其嗣子子勋以事父师礼事公[12]。〇李君续禋为公《行略》曰："官秀帅闻公严毅[13]，初尚介意，及与胡咏帅迎公一见之后，款洽[14]欢然，遂相约为昆弟。入城后，间一日至抚署，与公周旋[15]。制貂衣纱衣送公，公三次璧还[16]，咏帅言官公猜忌，公乃受之。"又曰："咏帅欲与公联姻，与余言之，余答以公子侄皆已聘定，咏帅默然。又数日，乃命其子子勋以父子礼见[17]于公，公重[18]其意，受之。"

[1] 制锦，制造锦旗。

[2] 除道，清道，指帝王或大官外出，在前引路，驱散行人。郊迎，出郊迎宾，以示隆重、尊敬。

[3] 胡（林翼）公把巡抚官署给李（续宾）公当住所。馆，给

……当住所。

[4] 谒，拜见。

[5] 劳谢，慰劳感谢。

[6] 兼旬，二旬，二十天。

[7] 讲习，研讨学习。

[8] 少瘁，稍微憔悴。少，稍微。

[9] 致，送。东雅堂韩文，即东雅堂《韩昌黎集注》。万历，明神宗朱翊钧的年号（1573—1619）。

[10] 六袭，六套。

[11] 为婚姻，结为亲家。

[12] 嗣子，过继的儿子。以事父师礼事公，以侍奉父亲和老师的礼仪侍奉李公。

[13] 严毅，严厉刚毅。

[14] 款洽，亲密，亲切。

[15] 周旋，交往。

[16] 璧还，敬词，表示退还赠礼或归还借物。

[17] 见，拜见。

[18] 重，看重，重视。

癸卯，上命公专征[1]。诏曰："湖北官兵克复九江、黄安、麻城，军威已壮，自应水陆乘胜进剿皖、豫，先清江北，为直捣金陵之计。官文所筹[2]各条，尚属周妥。九江地势扼要[3]，官文等已拨兵五千驻守。江西兵勇，多赴浙境追剿窜匪，能否抽兵五千同守九江之处，着官文等知照[4]耆龄筹办。杨载福师船下驶，会合芜湖红单船[5]后，亦即知照和春、德兴阿[6]饬令带兵之员与杨载福和衷[7]商办。江北一带，全、滁、和州之贼急欲应援金陵，德兴阿已饬[8]各营剿办矣。捻匪回窜怀远，临淮、凤阳先后失守。胜保现驻怀远，袁甲三亦折赴临淮，亟应迅图[9]克复，节节南逼。李续宾由中路进攻，都兴阿由宿、太进兵，杨载福直攻安庆，皖北之贼当可次第肃清。所有楚军马、步、水师应需粮饷，仍由官文等预筹拨解。至运送粮饷军火等项，着何桂清、福济、英桂、瑛棨先期派员携带经费，探明大军进止[10]，分段设站，随时转运，以利遄行[11]。至所拨楚军饷项收支各数，在皖者咨送[12]皖省，在豫者咨送豫省，入苏境则咨送苏省。各该督、抚即饬承办之员，仍照湖北章程销算[13]，以便稽查而免辐辏[14]。楚军进剿皖、豫，水陆各军即责成都兴阿、李续宾、杨载福统制，他省带兵大员，不得调归统辖，以一事权而期得力[15]。现在皖、豫两省贼势蔓延，官文等分饬诸军水陆并进，实为全局关键。胜保、袁甲三务与都兴阿、李续宾同心戮力，迅殄[16]逆氛，以收师克在和之效[17]。将此由六百里各谕令知之。”

[1] 专征，受命自主征伐。

[2] 筹，谋划。

[3] 扼要，占据或控制要冲。

[4] 知照，通知。

[5] 红单船，清军的一种战船，体大坚实，行驶快速，可安炮二三十门，因为造船需禀报海关，给予红单以备稽查，故名“红单船”。

[6] 德兴阿，满洲正黄旗人，乔佳氏，曾任头等侍卫。1853 年随琦善所率清军江北大营与太平军作战，次年授副都统。1856 年授钦差大臣，加都统衔，遣师复占扬州，攻取浦口、江浦，再建江北大营，围困天京。1858 年，江北大营被陈玉成、李秀成所部太平军击溃，逃离浦口，丢弃扬州。次年被革职。后曾赴山西、陕西办理军务。1866 年任塔尔巴哈台（今新疆塔城）参赞大臣。次年在军营病死。

[7] 和衷，和睦同心。

[8] 饬，命令。

[9] 图，图谋。

[10] 进止，进退。

[11] 遄行，迅速行动。

[12] 咨送，移文保送，发公文送去。

[13] 销算，结算，决算。

[14] 轇轕，错乱。

[15] 一，统一。事权，权力，职权。期，期望。得力，有效力。

[16] 殄，灭。

[17] 收到团结一致取得胜利的效果。师克在和，军队克敌制胜在于团结一致。

胡公欲立防军统领，公举唐训方任之。命萧庆衍将千人统沈俊德、张运馥、王载驷守九江。檄李存汉将利中营，率李长林进英山，赵克彰、周宽世、何绍彩、胡裕发、黄胜日、谢永祜、朱希广、李运络分道继进。余际昌等千五百人屯防蕲州，欧阳爵第屯蕲水，丁锐义统张嵩龄、张养吾屯南阳河，以俟大军。以勇毅公统蒋凝学、成大吉、唐义训、欧阳正墉、梁作楫、李登梗、李续远、彭炳武、于高胜、郭鹏程、杨富有及马军[1]富新、舟师[2]黄德、汪心才镇守武汉。至于九江萧庆衍等，皆隶麾下[3]。成得升、何庆先、张寅恭、唐飞舞、万绥之、刘连升、张复泰、刘长槐八营，则与宝后刘芳贵、信右李曙堂、信后巢日升及新立马军李赞勋皆屯防省城。李续艺率李续焘、彭祥瑞、余云龙、杨得武、刘人和、萧积仰自麻城出蕲而进太湖，僚佐何忠骏、何裕、杨德訚、董容方、刘运会、李肇用、李宗烈、李锦均、尹耀莘监护以行，传檄示民讨贼。

[1] 马军，骑兵部队。

[2] 舟师，水师。

[3] 麾下，部下。

六月壬戌，公乘舟发武昌，命朱品隆、胡紫云等及中、右营以自从。官文及诸文武士绅送者千余人，民舟数千，皆停桡雁列[1]以致敬。孙守信、王揆一、吴立蓉、金国琛从公以行，萧廷玉、俞金波、万斛源、朱瞻云、雷初申、何向瀛、张溥万、钟国彦、朱镜明、毛有铭、李光甲运输军实，朱恢三将五百人卫之。是夜，胡公话别舟中，深谭达旦[2]。癸亥，放棹[3]。甲子，胡公乃反[4]，公谓之曰："吾求归省[5]不得，当还得见父母否?"因大恸。胡公勉以吉语相慰，亦涕泪不可仰[6]。武昌举人张欲钊昔曾上书于公，公以其勤学，手书答之。癸酉，来见于舟中。曾公国藩以胡、骆三奏，得旨起复[7]治浙江军事，当由江西入浙，维舟[8]巴河以待公。是夏大蝗。

[1] 停桡，停船。雁列，像大雁一样排列。

[2] 深入交谈到早上。深谭，深谈，深入交谈。

[3] 放棹，开船，行船。

[4] 反，通"返"，返回。

[5] 归省，回家探望父母。

[6] 仰，当为"抑"，抑制。

[7] 起复，封建时代官员遭父母丧，守制尚未满期而应召任职。

[8] 维舟，系船停泊。

七月丁丑，泊舟南溪，曾公纵谈六日。公论将，曾公以为"才难[1]"。公曰："昔举芗泉[2]，而公见谓粗犷。荐子白[3]，而公见谓儒缓[4]。公昔称春甫[5]，吾不敢谓春甫为能军。公今欲篠石[6]，公昔年未称篠石为至美。往与咏帅论公出处[7]，吾谓不患无将，但患无帅。公出则湘人有所瞻依[8]，将才自见，特[9]求之未可过苛耳。"又谓曾公未可拘廷旨以入浙自囿[10]，当自屯建昌，兼权[11]江、皖，借得展布[12]。江西六军，当以五千人出广信援浙，以六千人屯抚、建，兼以防闽。璞山、峙衡殁，遂少能者，然其昆季[13]人树、梅村、玉田[14]，皆当世之英，诚以求之，或能相应。○李君续裡为公《行略》所述如此，且曰："余时同客舟中，遂别公而归。”曾公索将，公以朱品隆军畀之，〇曾文正撰公神道碑铭曰：“遣将分兵，助我东征。择良而予，出以至诚。”朱君品隆《祭曾文正文》曰：“隆初从军，事李忠武。旌麾从公[15]，始于戊午。”并檄唐义训听其节制[16]。〇曾文正《与左季高书》曰：“朱、唐两镇[17]受迪庵之诫，只在弟侧，不归他人节制，亦曾以此托弟。自迪公没后[18]，朱、唐持此念愈坚。”

[1] 才难，人才难得。

[2] 芗泉，即蒋益澧。

[3] 子白，即方翊元，湖南长沙人，咸丰时期举人。

[4] 儒缓，宽柔，柔弱。

[5] 春甫，即程春甫，初名潭，字春甫，负责湘军水师漕运（后勤）。

[6] 篠石，即孙守信。

[7] 出处，出仕和隐退。

[8] 瞻依，瞻仰依恃。

[9] 特，只不过。

[10] 自囿，自己束缚自己。

[11] 兼权，全面衡量。

[12] 展布，施展才能、抱负。

[13] 昆季，兄弟。

[14] 人树，王勋，字人树，湖南湘乡人，王鑫胞兄，李续宾把兄，早年入湘军，防堵湘南，咸丰八年九月入曾国藩幕，办理营务，十二月因病回乡，道员记名，加布政使衔。梅村，王开化（1838—1861），字梅村，湖南湘乡人。王鑫从弟，先在湘南围剿太平军，后1860年随左宗棠赴援江西、浙江，总理营务，官至道员加布政使衔，谥贞愍。玉田，刘岳曙。

[15] 跟从李公征战。旌麾，旗帜，借指征战。

[16] 节制，指挥管辖。

[17] 朱，朱品隆。唐，唐义训。镇，镇军，清代总兵的俗称。

[18] 没后，死后。

曾公别，而其弟国华夙与公道义相切劘[1]，愿留襄军事。公调取西丹马军三百骑从征，以保庆、巴图隆阿将之。甲申，胡公以母丧归葬，诏许居庐[2]百日，公与书曾公，深以胡公去位为可忧。〇此书稿已佚，曾文正复书今存集中。戊寅，奏调李公瀚章来营襄办[3]军务，李公以报销事未可骤至，公与书曾公论之，遂连章[4]共上。〇公疏稿已佚，今据《曾文正日记》手载录入之。丁亥，公发[5]蕲水，勇毅公还武昌。庐州陷，李孟群护皖抚印退走寿州。〇公遗文是年七月《与曾侍郎书》曰："鹤人[6]以万余之兵见贼即溃，一溃于舒城，再溃于庐州，三溃于店埠，可谓别有肺肠[7]。现闻已趋寿州矣。"

[1] 夙，一向，向来。切劘，切磋相正。

[2] 居庐，住在守丧的房子中，指守孝。

[3] 李瀚章，合肥人，李鸿章之兄，字筱泉，一作小泉，晚年自号钝叟，谥勤恪，咸丰年间历任湖南永定、益阳、善化知县，为曾国藩主持湘军粮台。襄办，帮助办理。

[4] 连章，连名上章。

[5] 发，出发。

[6] 鹤人，李孟群。

[7] 肺肠，比喻内心，心思。

丁酉，前锋李存汉、赵克彰等进太湖，克彰屯小湖河。己亥，公入其军。庚子，刘神山、李续艺等皆至，李续焘、周宽世薄城，游击邹祥杰、〇家书作邹品六，今依奏稿。守备李发益、〇一作发一。黄星辉、李德威中炮死。皆公所拔勇士，故深惜之而责[1]其将。都公屯八里冈，其将石清吉、多隆阿、雷正绾、杨朝林等皆屯城南。辛丑，公命克彰、何绍彩渡水屯城东，续焘、宽世等七营辅之。迤东[2]黄泥港贼垒三，独大且坚。公自以中右营屯塞其间，以萧积仰从存汉等四营屯城西北，皆与贼垒相错。垒贼知被牵，力阻我屯，奋击，败之，俘五十六人，斩刈千数百，贼遂盛集于西。公使克彰等分其众，以益西北军，命诸将昕夕瞭巡[3]，以断贼馈[4]。

[1] 责，责备。

[2] 迤东，向东。

[3] 昕夕，日夜。瞭巡，查看巡逻。

[4] 馈，运送。

八月丙午，公奉廷寄七月二十三日上谕："本日据李孟群奏庐郡危急情形、请饬楚军改道援剿，并据翁同书奏行抵定远、据报庐州失守各一折。现在楚军马步数万，悉由太湖、安庆进攻，贼必北窜，着[1]官文即行知照李续宾、都兴阿等，先其所急[2]，改道赴援庐州，俾[3]李孟群得以收集溃兵，会图克复，兼扼[4]贼匪北趋。如或不得全数赴援，亦当酌拨劲旅，前往助攻，毋稍延误。至沿江一带，亦关紧要。杨载福帅船尚在黄石矶驻扎，亟盼[5]李续宾等陆路马步到后，会捣芜湖，并着官文知照李续宾酌留兵勇，会同廓清江面，毋致顾此失彼。将此由六百里加紧谕令知之。"○考家书八月初五日《寄勇毅公书》曰："昨得秀帅咨[6]，恭录廷旨，以庐郡失守，由兄拨兵往援。兄所部不满八千，现在太湖未克，此事不特[7]难于分拨，即奏复[8]亦难于措辞也。"

[1] 着，令。

[2] 先其所急，以其所急为先，把当前最紧急的事情摆在第一位。

[3] 俾，使。

[4] 扼，堵住。

[5] 亟盼，急盼。

[6] 咨，公文。

[7] 不特，不只是。

[8] 奏复，上奏回复。

公奏曰："臣伏查大江以北、淮河以南，其间东南一带尽为贼薮[1]，其西面楚、皖交界之处，犬牙相错，门径纷歧。该逆以湖北势居上游，日思侵犯。忆自咸丰三年以迄于今，无岁不扰。刻下[2]太湖、潜山不复，则蕲、黄各属，处处皆危；舒城、桐城不复，则皖之六安、英、霍难保；楚之罗田、麻城一带，均属可虞[3]。臣所将马步各军仅八千余人，都兴阿兵力亦不甚厚，但可扼剿沿江一带。臣前探闻舒城兵溃，庐州失守，即虞桐城之贼乘虚上犯，兵勇不敷分布，曾调九江防兵来皖，犹恐缓不济急。现在攻剿太湖县城，正当吃紧，若遽行分兵庐州，该逆或分股窜越，不特顾此失彼，两无裨益，且恐因此偾事[4]，贻祸将来。查滁州、全椒、巢县等处，皆有兵勇驻扎，可先行就近调取，以防庐郡北路。臣会商都兴阿迅图克复太湖，分击潜山、石牌，赶紧酌量分兵，一以联络水师，以图安庆；一以横出舒、桐，以规[5]庐州，庶楚圉[6]日固而皖疆亦可渐次规复。臣与都兴阿往返函商，意见相同，除咨明翁同书、李孟群并复知督臣官文详细奏复外，合将筹议进剿大概情形先行陈明。"

[1] 贼薮，匪贼聚居的地方。

[2] 刻下，现在，目前。

[3] 可虞，可忧。

[4] 偾事，坏事。

[5] 规，规划并占有。

[6] 圉，防御。

上以庐营将骄兵惰，辄行哗溃[1]，虑公入皖境攻剿愈急，贼愈北趋，仍命公酌分劲旅遏贼北窜。〇见文宗圣训授机宜八月丙申。褫[2]李孟群，以翁同书代之。谕之曰："仍遵前旨，咨[3]李续宾迅派兵勇赴援，并咨德兴阿协剿。”已而，庐州贼分趋六合，德兴阿闻风溃走。诏书催公分剿至于十下，官文遗公书曰：“京中不知地理，庐州、安庆相隔甚远，中间尚有舒、桐，贼匪甚多，我兵甚少，安能再分？局势如此，章法甚乱，阁下节节进逼，有过，文自当之。”未几，胜保谮[4]公援迟，官文竟喑[5]无语。

[1] 哗溃，哗变溃散。

[2] 褫，褫职，剥夺官职。

[3] 咨，发文通知。

[4] 谮，诬陷，中伤。

[5] 喑，缄默，不说话。

以湖口水军昭忠祠成、九江塔公齐布祠亦将毕工[1]，与曾公国藩、杨公岳斌具疏入告，诏许列入祀典[2]。○疏稿佚，今依曾文正戊午日记录入。杨公总统水军克东流[3]、建德，曾公粮台设湖口，以彭公玉麟守之。已固，公乃召彭友胜、赵友材从征。○曾文正与公书曰：“国藩赴浙，粮台仍设于湖口水次[4]，以便两湖筹济。麾下有军驻守浔、湖，彼此以为关键，信息自可常通。国藩于陆营毫无体验工夫，虽有劲旅，用之未必得当。”

[1] 毕工，完工。

[2] 祀典，祭祀的仪礼。

[3] 东流，地名，东流镇，安徽省东至县辖镇。

[4] 水次，码头。

戊申，破枫香铺贼垒三。辛亥，攻小池驿三垒，下之，俘斩八百。贼以夜筑两垒东山下，视[1]其原垒三而巨倍之，多隆阿、石清吉攻之，不拔[2]。戊午，李续焘、多隆阿、雷正绾、王可陞攻东山迤南[3]贼垒，贼拒战。鲍超、谢永祜抄[4]之，贼死甚众。一垒平，而其沿河数垒自溃。赵克彰、张万禄进攻东山头一垒，杨朝林攻一垒，周宽世、李运络、胡紫云攻一垒，舍二垒弗攻。

贼壕潴水[5]颇深广，纵炮坚拒，军士负湿草障炮丸，填土以进。都公率石清吉、李存汉、谢永祜、姜玉顺扼四门，以遏城贼。太湖县知县蔡锷以乡兵助之。日暮，三垒破，二垒随之而走，公命巴图隆阿、保庆、西林、布巴彦、都楞以马军七百伏城东南三十里。北风起，朱升开因风射火入城，中贼积药，城西北尽焚。贼大駴[6]，乱，开东南门遁。伏[7]起逐之，贼死五六千。己未，城复。〇王闿运《湘军志·湖北篇》作丁巳，今考公奏稿及家书，系八月十六日。使蔡锷入城治事，抚养残黎[8]。

[1] 视，比照。

[2] 拔，攻下。

[3] 迤南，往南。

[4] 抄，抄击，绕道击敌。

[5] 潴水，积水。

[6] 大駴，大骇。

[7] 伏，伏兵。

[8] 残黎，残留的民众。

公疏陈诸将战状，首[1]都公部下多隆阿、鲍超，请恤[2]战死都司胡镇南、伯都纳、花翎五品马甲德贵等四十一人。诏报曰："安徽太湖县城，溪山险阻，逆贼踞为要害。将军都兴阿、布政使李续宾分督兵勇平毁卡垒，当将太湖县城克复，仍着该将军等督率诸军，将窜屯石牌及潜山县贼节节扫荡，并分兵下趋舒、桐，赴援庐州。"以城克集僚佐补宴中秋，赋诗。黄泥港贼皆弃垒逃，合于石牌屯贼。是日，曾公国荃等收吉安。

[1] 首，列为首位。

[2] 请恤，请求抚恤。

庚申，命赵克彰等扼守小池驿，都公移屯茶铺岭，鲍超屯李家店，多隆阿进蠖树柯，贼阻，屯三日而后成垒。壬戌，潜山县知县胡履坦率民兵迓[1]师，公见之，命何绍彩、李续焘、保庆、刘人和等率之以进。克彰及黄胜日、谢永祜进据彰法山，距潜山北门三里。绍彩等未至，贼七千骤攻之，胜日、永祜阻壕[2]自守，斩悍贼数十，贼少却，犹衺山作围势。绍彩及李长林、彭祥瑞疾趋山左，李存汉望见，因与朱希广、胡裕发自右抄之，保庆等以骑兵绕击贼后，民兵千余人喧呼从之，贼大败。存汉等乘势破贼大垒七，擒斩二千有奇。夜半，贼遁走，克彰、保庆等追杀三千余，俘三百人，马二十余匹，大炮十三以献。公驻军城外，癸亥，潜山复。命胡履坦招集流亡，以贼所储钱谷尽还诸民[3]。都公攻石牌，贼守殊固，闻潜山克，贼乃走，都军入贼米二千石。公露布[4]六百里以闻，请恤阵亡把总熊士正，外委周兴文、张得金、刘宝贤等。上谕曰："逆匪屯聚潜山县城及怀宁县属之石牌镇地方，都兴阿、李续宾分路进剿，克复县城，并将石牌上下贼垒全行踏平。着都兴阿等即联络水师，进攻安庆，并力捣桐城，迅殄贼氛[5]。死伤者皆赐恤[6]如例。"

[1] 迓，迎接。

[2] 阻壕，以壕沟阻拦。

[3] 还诸民，还之于民，把它们还给老百姓。

[4] 露布，告捷文书。

[5] 殄，消灭，灭绝。贼氛，指敌人的气势、凶焰。

[6] 赐恤，指官吏死后，根据其生前的功劳大小，追赠官爵，褒封谥号，并给其家属抚恤金。

公闻毅庵先生丧及妹适[1]彭氏丧，〇兄子光辰为公《年谱》初稿曰："我两姑皆后[2]公生，长姑适同邑彭公基泱，秀姑适同邑萧公积仰。"哀伤累日，不进食。与书勇毅公曰："仲兄之材过我辈数倍，孝友[3]出于天性。近十年来，父母年老，家用稍裕，皆仲兄一人之力，终身未尝安闲。遽尔[4]长逝，此心终难解释[5]。

前专[6]姚玉六回家迎接，只想叙数年离别之情，谁知得此凶耗[7]！四妹亦病故，伤哉，痛哉！不知父母何以为怀[8]也。”欲归不得，军中不可持私服[9]，梦寐之间，常若在家晤谈[10]，心中日夜凄惨，因为书[11]详陈战事及身心安适，以慰父母。○李君续禋为公《行略》曰：“公闻二兄凶耗，两日不进膳馔。于礼军中不可持服，故就关帝庙为位，奠酒而哭之。”

[1] 适，出嫁。

[2] 后，在……后面。

[3] 孝友，事父母孝顺、对兄弟友爱。

[4] 遽尔，骤然，突然。

[5] 解释，劝解疏通。

[6] 专，这里是专门派遣的意思。

[7] 凶耗，死亡的消息。

[8] 为怀，释怀，（爱憎、悲喜、思念等感情）在心中消除。

[9] 私服，为死去的亲人所穿的丧服。

[10] 晤谈，会面交谈。

[11] 为书，写信。

自咸丰三年贼陷安庆，执政不解形势，苟且[1]指庐州为省会，重北而轻南，贼以安庆为重镇[2]，而廷臣忽[3]之。公初意欲合杨公岳斌复皖南而后专力[4]皖北，以圣意有定，乃上援庐一疏。克太、潜奏捷，诏书赐答犹因[5]公疏为言。德兴阿、李孟群皆以数万兵相继退走，翁同书新败于定远，粤捻交讧[6]，苗匪更羼[7]其间。都公当遵前旨同援庐州，而所部芜杂，多隆阿尤畏贼悍，不欲往，辄自滞留，故分军趋安庆。○王闿运《湘军志·湖北篇》曰：“进攻潜山，癸酉克之，乃分军。”殊不知是年八月无癸酉也。

[1] 苟且，随便，马虎。

[2] 重镇，军事上占重要地位的城镇。

[3] 忽，忽视。

[4] 专力，集中力量（做某件事）。

[5] 因，依据。

[6] 交讧，交相骚扰作乱。

[7] 羼，掺杂。

公以军兴师友及邑人死事甚盛[1]，议建祠祀之，于是与曾公合疏以请曰："数载以来，湘勇援江、援鄂、援粤，几无虚日。今臣国藩奉命援剿闽、浙，臣续宾奉命援剿皖、豫，出境征伐者不下六七万人，员弁勇丁阵亡者亦不下五千余人。以前死事最著[2]者，罗泽南殉节[3]于武昌，王鑫尽瘁[4]于乐安，刘腾鸿效命[5]于瑞州。罗泽南奉旨于三省建立专祠，王鑫于两省建立专祠，亦应推广皇仁，建祠本县。此外殉难各员如李杏春宣勤最久，而勋名未彰[6]，钟近衡死绥[7]最先，而恤典实薄；及其他营官、哨弁，或慷慨赴敌，或力穷就义，均汇入总祠，分别正祀、附祀。臣国藩于役[8]浙省，行次[9]黄州，晤臣续宾商议，即倡捐银两，择交邑绅购地修葺[10]，吁恳天恩，饬下部议。"诏答曰："湘勇剿贼，忠节昭著，现建忠义总祠，准由地方官春秋致祭。罗泽南、王鑫、刘腾鸿着于本县各建一祠，以昭忠荩[11]。"〇李君续禋为公《行略》曰："公与涤帅议改修忠义祠，在南溪议定，公捐助银两千两，并议建立书院，即今东皋书院。公又以罗忠节本县祠已兴工，王壮武、刘武烈应各建一祠，以重乡人观感[12]起敬之心，皆须请旨。及奏上，皆蒙允许。忠义祠后更名昭忠祠。"立前左营，命雷风云将之。彗星见[13]，其长竟天[14]，字翼轸[15]，指上将[16]。〇湘阴左公宗植《慎庵文钞》与人书曰："戊午，星孛翼轸，指上将，迪庵亡。"曾文正挽公联有"八月妖星"语，后又录悬[17]公九江祠中，而识[18]以跋曰："咸丰戊午八月，彗出天市垣[19]，指太微垣[20]之上将。其年十月，李忠武公薨于三河。"《避寇纪闻》曰："八月，彗星见，其长竟天，仰视之如火，有声，怵心骇目。

未几，义师败于三河。”《嵩华旅程记》曰：“彗星名曰扫帚星，隐而不见[21]，见则有大故。是年八月，见于楚分[22]，逾月不敛[23]。十月，李忠武公殉节。”

［1］军兴，战争开始。邑人，同乡的人。盛，众多。

［2］著，显著，著名。

［3］殉节，为保全志节而牺牲生命。

［4］尽瘁，竭尽心力，不辞劳苦，这里是死亡的婉称。

［5］效命，舍命报效，此指死亡。

［6］彰，显扬，表彰。

［7］死绥，战死沙场。

［8］于役，行役，谓因兵役、劳役或公务奔走在外。

［9］行次，行旅到达。

［10］修葺，修建。

［11］忠荩，忠诚。

［12］观感，观看而引起感动。

［13］见，通“现”，出现。

［14］竟天，满天。

［15］孛，星孛，我国古代对彗星的称呼。翼轸，二十八宿中的翼宿和轸宿，古人习惯以天上星宿与地上区域对应，称为“某地在某星之分野”，翼轸则为楚之分野。彗星又名扫帚星，古人认为彗星一出现，就会有大变故发生，彗星出现在翼轸区域，楚地就会出现大变故。

［16］上将，星名，《史记·天官书》：“斗魁戴匡六星曰文昌宫：一曰上将，二曰次将。”这两句话的意思是，彗星出现在楚地的分野，指向上将星，是楚地将有上将阵亡的预兆。

［17］录，记录。悬，悬挂。

［18］识，记载。

［19］天市垣，星官名，三垣（紫微垣、太微垣、天市垣）之一。在房宿和心宿东北，有星22颗，以帝座为中心，呈屏藩状。

[20] 太微垣，星官名。一称“太微”。在北斗之南，轸宿和翼宿之北，有星10颗，以五帝座为中枢，成屏藩状。

[21] 见，通“现”，出现。

[22] 楚分，楚地之分野。

[23] 逾月，超过一个月。敛，隐藏。

九月癸酉朔，丁锐义携所部张嵩龄、张养吾至自太湖，公命之进桐城，以为右路。赵克彰、李存汉率杨得武、谢永祐、彭友胜、胡紫云出中路，何绍彩率朱希广、黄胜日、李运络出左路。甲戌，公率李续焘、周宽世、胡裕发、余云龙、李续艺、刘人和等发潜山。乙亥，攻桐城，戊寅，克之。〇王闿运《湘军志·湖北篇》作己卯，其实非也，考谕旨及公奏疏自见。

公奏曰：“臣查皖北一带，以桐城为枢纽，贼以悍酋[1]守之，颇以邪术笼络愚人，是以胁从[2]甚众。城外多筑坚垒，与城贼为犄角，根深蒂固，负嵎[3]有年，若不赶速攻拔，则援庐要道既不能通，而楚、皖交界之区尤为可虑。臣审察形势，命诸军二路进发，臣自率孙守信、金国琛、胡裕发、周宽世、李续焘、保庆、巴图隆阿等继进。

[1] 酋，首领。

[2] 胁从，被迫相从者。

[3] 负嵎，负隅。

“初三日，贼探我军将至，驱大股出城五里，布阵以拒。赵克彰、杨得武、李存汉、谢永祐、彭友胜、胡紫云列阵接战。何绍彩、丁锐义等左右绕击，三路会剿，鏖战半日，贼始败退。追至西门城外，该逆筑有坚垒四座，李存汉、杨得武攻破第一垒，赵克彰、谢永祐攻破第二垒，李长林、彭祥瑞攻破第三垒，丁锐义、张嵩龄、张养吾攻破第四垒，杀贼二千余，我军受伤者数百人。日暮，始收队安营。

“初四日，贼以大股来扑，诸军奋力抵御，鏖战逾时，贼势垂败[1]。忽东北城中垒中之贼由山后绕出，抄赴我军之后，欲图夹攻，适臣已到，即饬孙守信、刘人和、李续焘击抄后之贼，而命周宽世、胡裕发、余云龙截其归路，臣自率保庆等马队冲赴贼前，以相策应。未几，抄后之贼即已败奔，经周宽世、胡裕发、余云龙截杀殆尽。该逆见抄后一路为臣军所歼，相顾惊愕，不知何来，又不测[2]众寡，已丧胆亡魂。而我军进战益厉[3]，锐气百倍，逆乃大溃。臣督率各营追至城边，毙贼无算，生擒百余名，比即正法[4]。城贼及各垒之贼施放枪炮，并倾大桶火药，难以急攻。臣遂收队，命诸将逼城为营，与贼垒交错。贼因连败，遂不出战，但守城垒，以防我军攻击。

[1] 垂败，快要失败。

[2] 测，猜测，预料。

[3] 厉，猛烈。

[4] 比即，立即。正法，处死。

“臣于是日遍阅地势，察该逆西门四大垒虽破，尚余小垒数座，极为坚固，而北门外山上连筑二大垒，及城东北大垒三座、小垒四座，坚与城等，贼之精锐，尽萃[1]其中，必先破之，则城贼失恃，然后攻城较易。初六日，臣命丁锐义、张嵩龄、张养吾及李运络、谢永祜、余云龙列阵城西，李长林、黄胜日、彭友胜、胡紫云列阵城南，阳作[2]攻城之状。臣亲督诸军，由南门绕赴东北，令何绍彩、杨得武攻北门山上第一垒，李存汉、朱希广攻第二垒，李续焘、胡裕发攻东北面第一垒，周宽世、赵克彰攻第二垒，臣自督中右营及马队保庆等攻第三垒，令刘人和、彭祥瑞防小垒之贼冲出，臣自策应各路。垒中之贼，踞守不动，施放枪炮，燃烧火药，急切难近。我军锐气愈增，前者伤亡，后者继进。周宽世、赵克彰首先攻破一垒，保庆、李续焘等所攻两垒皆破，李存汉、何绍彩亦攻破两垒，其数小垒及西门各垒之贼均弃垒而逃，经刘人和、彭祥瑞及各营围而歼之。

[1] 萃，集中，聚集。

[2] 阳作，装作。阳，通“佯”，假装。

“臣思贼胆已落，孤城决不能守，然急于攻城，则困兽犹斗，恐不免多所伤亡。随定计纵之使逸[1]，而以奇兵邀击[2]之，因派三千人于黄昏时赴城东南四五里择要[3]埋伏，而命各营整备云梯、火器，声言五更攻城。比及三更，该逆开东南两门逃窜，臣即饬孙守信、金国琛、丁锐义督队入城，而命诸营三路追剿，贼遇我伏，不能抵敌，即时回窜。大军追至，前后夹攻，杀贼近万，其逃脱者不及十分之一。臣整旅[4]入城，天已微明。总记是役杀贼万四五千，生擒者除已正法外，尚六百余名，即督员讯明[5]被虏未久者，从宽释放，其伪都统、丞相、指挥、进士、老贼，均正典刑[6]。获大炮百余座，马三百余匹，驴百余头，米粮千七百余石，银千余两，钱二千余串，伪印三十余颗，械器旗帜无数。

[1] 逸，逃跑。

[2] 奇兵，出其不意突然袭击的军队。邀击，拦击。

[3] 择要，选择险要之地。

[4] 整旅，整治军旅。

[5] 讯明，审讯明白。

[6] 正典刑，正法，处死。

“臣忝[1]握兵符，愧无韬略，仰赖皇上威福，将士用命[2]，乃得复此坚城。惟此地遭贼蹂躏过久，庐舍毁坏，田地荒芜，凄凉之况，令人恻然。日来会同官绅商议，招集百姓设法抚恤，妥筹善后。臣俟部署粗定，酌派大支兵勇驻守，以防逆贼回窜，即当率师进剿舒城，以纾宸廑[3]。此次阵亡、伤亡员弁人数较多，谨开清单，请旨议恤，以慰忠魂。李存汉、何绍彩、周宽世、赵克彰、彭友胜、李续焘、胡紫云等有功二十人，皆请奖有差[4]。”

[1] 忝，辱，有愧于，常用作谦辞。

[2] 用命，效命，奋不顾身地工作或战斗。

[3] 纾，缓和，解除。宸廑，指帝王的殷切关注，这里指帝王的担忧。

[4] 有差，不一，有区别。

上览奏大悦，授续焘宜昌镇总兵，官加提督衔，克彰、宽世等皆右擢[1]。○寻[2]宽世擢永州镇总兵。阵亡员弁尽予祭葬世职[3]。寄谕公曰："李续宾督兵进攻桐城，派令副将赵克彰等先后继进，攻破城外贼垒，乘夜进攻各门，前后夹击，收复县城。安徽桐城地方险要，被贼盘踞数年，此次进攻克复，迅速办理得手，仍着李续宾督率各军，以次进克舒城等处，扫荡逆氛[4]。"

[1] 右擢，升官。

[2] 寻，不久。

[3] 世职，世代承袭的职位。

[4] 逆氛，不祥的云气，多喻凶灾、祸乱。

公克太、潜，皆已留兵防守，携军苦战，伤亡精锐甚多。檄萧庆衍、沈俊德、王载驷、张运馥会师舒城，咨耆龄以普承尧、刘腾鹤移守九江，咨官文遣军北行。曾公国藩论唐训方非将才，而勇毅公所部惟成大吉能战，都公兴阿将进安庆，其将多隆阿造言怨讟[1]，心实畏葸[2]。安庆贼方张，湖北防军戒严，官文遂以周转不灵为复，公命庆衍得代而后动。耆龄负[3]普、刘饷至二三万，曾公亦以普、刘不能独当一路，卒不成行。公军征皖，犹饷[4]于湖北，胡公去位[5]，饷遂不时[6]至。桐城克，入贼粮千七百石及银钱，奏充军实[7]。贼所掠妇孺七百余口，命官绅召其亲属认领，尽毁贼印，择贼衣可服者以赐难民，余悉毁之。寄书胡公，深以后路饷事为忧，胡公遗官文书言之，官文不省[8]。谢公嗣湘自湘乡道[9]武昌，携其部卒三百八十人至于军。公问之，知父母安，则大慰。辛巳重九节，以克两城功赐诸将酒食。壬午，舒城士民百二十六人来军前稽首乞援。

[1] 造言，制造谣言。怨讟（dú），怨恨诽谤。

[2] 畏葸，畏惧，害怕。

[3] 负，拖欠。

[4] 饷，来饷。

[5] 去位，离开官位，卸职。此时胡林翼因为丁母忧回老家。

[6] 时，按时。

[7] 军实，军用器械和粮饷。

[8] 不省，不理会。

[9] 道，取道。

乙酉，命赵克彰、胡裕发、雷风云、赵友材、余云龙、何绍彩、朱希广、李长林、巴图隆阿、保庆二千九百八十人守桐城，召克彰前[1]，戒之曰："汝从予七年，尚无过。麻城之援，商城之战，潜山之克，甚慰予怀[2]。汝与绍彩所部近以攻坚力取损伤过多，故命汝等屯息[3]，以绍彩副[4]汝。俟[5]俊德、庆衍至，当使续焘、存汉更代屯休[6]，汝二人以次[7]来前。此坚城实扼冲要[8]，皖北千里，沦为贼窟，方日夜眈眈于是[9]。汝昔师晓秋[10]，故使主汝军，汝其敬之。"晓秋，谢嗣湘字也。

[1] 前，上前。

[2] 甚慰予怀，很让我欣慰。

[3] 屯息，驻守，歇息。

[4] 副，辅佐，辅助。

[5] 俟，等。

[6] 更代，更替，替换。屯休，即屯息。

[7] 以次，依次。

[8] 扼，把守，控制。冲要，军事上或交通上重要的地方。

[9] 于是，对此，对它（桐城）。

[10] 师晓秋，以晓秋为师。

谍告舒城贼号救[1]于江南北，庐州贼陈玉成等分趋舒城。公谋进止[2]于僚佐，丁锐义、何裕谓当俟浔防军，资其蓄气[3]；何忠骏谓军锋不可顿[4]，且先后诏书具在，今出奇壁庐州，如曾公言俟水军合[5]以东下，方为全策[6]。○曾文正与公书曰："国藩往年经过桐城，犹记大关一山恍判南北，自大关以北，俨若[7]淮北风景，大关以南，俨若江南风景，不知湘勇尚服水土无疾疫否？此间[8]入闽之师病者甚多，极焦灼也。前与阁下面商雄师环绕巢湖周围攻剿，不知果有当否。如果刍言[9]可采，则庐州克后，必须击剿庐江、巢县等处，不宜分兵北行。必须安庆克复，与杨、彭水军会合，乃可徐图东下。"又九月初五复公书曰："大军若去舒城，桐城必须留兵驻守。"孙守信、王揆一、谢嗣湘、吴立蓉所见皆同，公是其议[10]。

[1] 号救，呼救。

[2] 进止，进退。

[3] 丁锐义、何裕说应当等待浔阳守军的到来，借助他们蓄养士气。

[4] 军锋，先锋。顿，停顿，停留。

[5] 合，集合。

[6] 全策，完善的计策方略。

[7] 俨若，宛若，好像。

[8] 此间，这里，此地。

[9] 刍言，浅陋的言论，多用为自谦之词。

[10] 是其议，认同他们的建议。是，认为……对，认同。

丙戌，守信、李续艺统李续焘、杨得武、李存汉、彭祥瑞、周宽世、黄胜日、谢永祜、李运络先发，丁锐义、刘人和、张嵩龄、张养吾继之。丁亥，公率中右营启行，桐城难民数千人拜送于途，莫不垂泪，公亦恻然，行为之迟[1]。胡紫云伤发，归，命李存汉并领其众。庐州贼上援，过舒城三十里，跨山筑垒，缭以重垣[2]，千余人屯守[3]，以阻我师。守信等攻破之，入其米六百余石。戊子，公陈师舒城城下，存汉、续焘等方为垒，援贼五千骤至，城外贼起而迎之。得武、祥瑞等皆罢工起战[4]，宽世、胜日、永祐等绕贼后抄之，阵斩[5]二千，追杀三千余。城西北两贼垒颇据形势[6]高广，视城壕中水深四五尺。庚寅，命周宽世、杨得武、李续焘、黄胜日、谢永祐攻之，李存汉、丁锐义、彭友胜以二千一百人遏[7]城贼，刘人和率马军突其中。日午，士饥而垒未破，公命少休[8]。日晡，更代攻其一垒，掷火烧之，贼死甚众。悍贼七八百犹困斗，因尽斩之。城贼出西门以为援，丁锐义几[9]败，周宽世合刘人和截击，使不得前[10]，所杀三百。得武等更破其二垒，残贼皆遁入城。时李孟群遣知府袁怀忠迎公，公见之而语何忠骏曰："鹤人所任若此，终不可救[11]。"〇胡文忠《与勇毅公书》曰："大抵天若救安徽，必革福帅与李鹤人。"李存汉力攻南门，贼尽去城沟桥以自固。公曰："贼怯矣，可纵之走也[12]。"命彭祥瑞、刘人和等各以五百人距城二十里伏，舒城乡民恨贼暴虐，愿从伏杀贼者三千余人。是夜伏定，而贼开大小东门走，伏[13]起邀击，而追兵亦至，贼死无算[14]。擒二百余名，讯出伪指挥石其祥及师帅、旅帅三十余名，即行正法。诸军献所虏米九千余石，大炮四十，马八十余匹，驴二百头，旗械千。公命尽以米赐民，将士欲留充兵食，公曰："兵有常胥[15]，是诚在我民苦贼久矣，食为民天，岂可夺其膏血[16]！"降者千余人，悉宥[17]之。

[1] 行为之迟，行动因此迟缓。

[2] 缭以重垣，用多重墙围绕。

[3] 屯守，驻扎防守。

[4] 罢工起战，停止建营垒的工作，起来迎战。

[5] 阵斩，在战场上斩杀。

[6] 形势，地形地势。

[7] 遏，阻止。

[8] 少休，稍作休息。

[9] 几，差不多，几乎。

[10] 不得前，不能上前。

[11] 鹤人（李孟群）所任命的人是这个样子，最终不可救药。

[12] 可纵之走，可以放纵他们逃跑。

[13] 伏，伏兵。

[14] 无算，无法计算。

[15] 常胥，固定的粮食。胥，通“糈”，粮食。

[16] 膏血，脂血，比喻用血汗换来的财富，这里指粮食。

[17] 悉宥，全部赦免。

拜疏告捷曰：“舒城县城当经十八夜克复。地方残破已久，人烟寥落，田在草间，殊可矜悯[1]。现尚无官，臣即多出告示，遍谕城乡，招集流亡，加以抚恤。此次最为出力之参将黄胜日、谢永祜，游击眭金城、王永章，请加超擢[2]，以示鼓励。战死之外委邓益胜、杨熊均，文童蒋益深及兵勇八十七人，伤者五百余人，均分别请恤。查舒城距庐州百二十里，庐江九十里，庐州之贼恃庐江、舒城为犄角，舒城已复，而庐江之贼犹负嵎麇聚[3]，其距舒城五十里之三河地方，贼筑有伪城一座，坚垒九座，逆众累年盘踞。臣拟即进兵攻剿，直捣庐州，稍舒圣廑。

[1] 矜悯，哀怜，怜悯。

[2] 超擢，越级提升。

[3] 麇聚，聚集，群集。

“惟舒城系皖北要道，必须留兵防守，亦须乘势急剿庐江，以遏上窜之路。而臣所部八千人，因克潜、太、桐城及此间留防分去三千余人，数月以来时常苦战，未尝一日休止，伤损精锐，疮夷满目，现已不满五千人，皆系疲乏之卒。三河一带，悍贼虽多，自揣[1]犹足以制之，若遇大股援贼，则兵力亦恐难支。要当[2]尽其所能，以报皇上之恩遇而已。成败利钝，非所计也。”

[1] 揣，估量，忖度。

[2] 要当，自当，应当。

并为书以战状闻[1]于父母，与书勇毅公及胡公。甲午，萧庆衍等禀报启行[2]进桐城，公虑安庆贼犯鄂，命余际昌进屯霍山，唐训方移屯黄梅。江西贼势衰，都公兴阿未进安庆，公虑九江空虚，咨耆龄催普承尧往守，咨翁同书择能吏[3]治舒城。公休军[4]九日，部署已定，命谢永祜率信前营守城。○《胡文忠遗集·书牍》己未正月《与各帅论兵事书》曰：“迪公非不知兵分力单，势必不支，然一分于彭、湖，再分于蕲、黄，三分于桐城，四分于舒城。所带之勇，又皆攻坚之余，创残[5]之遗。其忠心义气可感，其分防分守之苦心亦可怜。”庚子，公发[6]舒城。辛丑，至于三河，日晡，率诸将度地[7]立营。壬寅，壕垒成。三河地势平衍[8]，无冈陵陂泽[9]，圩堤[10]交错，枯田隐草，小河萦带[11]其间，秋水半涸。贼于河南岸立砖垒五，又二垒相距稍远，北岸大城一、砖垒二，皆密设大炮。公甫至[12]，而南岸贼匆遽自走[13]，四垒皆空。○王闿运《湘军志·临淮篇》言公进兵舒、桐、庐州，群寇震惧。军士毁平之，入其粮、械、药丸[14]。

[1] 为书，写信。战状，战争情况。闻，使……听到，告诉。

[2] 启行，动身。

[3] 能吏，能干的官吏。

[4] 休军，让军队休息。

[5] 创残，伤残。

[6] 发，出发。

[7] 度地，考虑有利地形。

[8] 平衍，平坦宽广。

[9] 冈陵，山冈和丘陵。陂泽，湖泽。

[10] 圩堤，在沿江、滨湖以及滨海的低洼地区，圈围田地房舍，防御外水侵入，以便进行垦殖的围堤。

[11] 萦带，环绕。

[12] 甫至，刚到。

[13] 匆遽，匆忙急促。走，逃跑。

[14] 入，接收。药丸，火药弹丸。

十月癸卯朔，获贼谍，得其书[1]。张洛刑[2]及无为[3]、含山诸贼悉趋庐江，庐州贼倾巢而来，以夜因[4]南岸空垒筑而踞之。甲辰，丁锐义、李存汉、彭友胜、彭祥瑞破河南大街老鼠夹一带之垒，黄胜日、杨得武、周宽世破迎水庵、水晶庵一带之垒，李续焘、李运络破储家越之垒。公亲督金国琛、刘运会、毛有铭率中右营三面策应，贼溃走者，命刘人和以马队追而戮之。贼忘死突走[5]，伪城贼出援，亦败退。力战竟日[6]，俘斩七千有奇。副将萧意文、都司胡在位战死。〇谨案：《皇朝谥法考》意文得谥刚勇。军士死伤八九百，其中百二十人素号勇敢，公深用[7]恸惜。城贼大恐，将遁。公移屯于北，命李续焘屯于南，依河据堤为守。乙巳，江浦、六合诸贼六七千至，贼遂自固。谍告江宁、溧水诸贼李秀成等掠舟北渡，九日夜未毕[8]。孙守信、李续艺率诸军攻伪城，两日不拔，公叹曰："贼亦能守，惜其为贼耳！"

[1] 书，信。

[2] 张洛刑，捻军首领张乐行。

[3] 无为，地名，无为县，隶属于安徽省芜湖市，地处安徽省中南部。

[4] 以夜，在晚上。因，凭借。

[5] 突走，突围逃走。

[6] 竟日，整天。

[7] 用，因此。

[8] 未毕，没有渡完。

初，公在桐城以[1]军士战疲，又虑贼绕窜潜、太，发书湖北调防军。官文持公书遍示司道[2]曰："李公用兵如神，今军威大振，何攻不克？岂少我哉！"其下[3]无敢异[4]者。公檄召成大吉军，勇毅公与官文书，请自率之进[5]。胡公居丧[6]，得公潜山手书，急走书[7]官文，言公力战太苦，兵太单，后路太薄，曾公国藩亦自建昌以书论之。○曾文正《与勇毅公书》曰："令兄既办全军营务，又管浔、湖、彭泽诸军，又管奏折，又管书信，又兼顾安庆、庐州各路，又日日亲出打仗，虽有金石之躯，犹将不堪其劳，况人之心血有限，岂不愈用愈枯？"又《与罗壮节公[8]书》曰："迪庵一军，分驻九江、湖、彭，又分朱副将等至敝处，又分希庵留防湖北，又分赵克彰防守桐城。兵分则力单，将分则谋寡。迪庵以一身而兼管筹兵、筹饷及应酬各处书启[9]奏牍等件，又每战必亲自督阵。揆帅至诚待人，阁下与诸君子于迪庵尤极挚厚[10]，日内所以保护而慰安之者，想极周渥[11]。四眼狗陈逆虽称狡悍，然实非迪庵敌。"又《复胡宫保书》曰："前接迪庵信，嘱国藩请益[12]于鄂，顷[13]以书牍请益，而复缄未应[14]，何也？当再浼[15]之。"官文坚持初意。

[1] 以，因为。

[2] 司道，清朝时期隶属于巡抚的专设机构，归巡抚管辖。

[3] 下，部下。

[4] 异，提出异议。

[5] 勇毅公（李续宜）给官文写信，请求自己率领军队前往。

[6] 居丧，处在直系尊亲的丧期守制中，即守孝。

[7] 走书，去信。

［8］罗壮节公，即罗遵殿（1798—1860），字有光，号澹村，安徽宿松人，清末大臣。时任湖北布政使，后任浙江巡抚。杭州失陷，喝药自杀，妻女同殉。谥壮节。

［9］书启，古代专指下级给上级的信件，后来用为信札的通称。

［10］挚厚，诚挚深厚。

［11］周渥，丰厚。

［12］请益，请求增援，求援。

［13］顷，不久。

［14］复缄，回信。应，回应。

［15］浼，恳托，央求。

贼乞援于捻匪，合三十万众连日夜以进，袁怀忠领二千人屯舒城东，闻而先走。贼侦我后路军少，分其众间道绕出舒城。戊申，援贼渐集，幕客献议曰："三河圩堤交错，不可战，当退舒、桐。"公曰："贼能战，我亦能战。退，必为所蹑[1]。"飞檄[2]召赵克彰以六营赴援，克彰不进。庚戌夕，贼已大至，自白石山、金牛镇围大军三十重，连营四五十里。公以军少不敷[3]调遣，乃析[4]中右营千二百人命金国琛、毛有铭分领之，别立两垒，以资[5]攻守。辛亥，李存汉攻樊渡贼，杀数百人，士死三十。贼乌合，多不知战法，不暇为屯者[6]，半露处，昼日从堤上望之，数十里间，但有[7]人头攒动。然相距十里，贼亦莫敢前。夜半，命杨得武、彭友胜、丁锐义、刘人和攻金牛镇贼，国琛、有铭助之。五更至王祠，遇贼遂战，以口号列阵，破贼大垒一，小垒二。贼走，友胜等追之过金牛，他贼蹑其后，败贼得反以扼其前[8]。国琛、有铭左右合，共斩贼二千余，贼已败。

［1］蹑，追踪，跟随。

［2］飞檄，速递檄文。

［3］不敷，不够。

［4］析，分出。

[5] 资，帮助。

[6] 不暇为屯者，没时间建立军营（住进去）的人。

[7] 但有，只有。

[8] 匪贼逃跑，彭友胜等人追过金牛镇，其他贼匪跟在（彭友胜军队）后面，（逃跑的）败贼得以回头控制了前路。反，通“返”，回头。

壬子黎明，大雾，咫尺莫辨。李运络营先溃，战士归就食[1]，失路[2]，误入贼垒，贼不知何来，骤相搏，遂大乱，其垒随破。杨得武、张嵩龄、张养吾从丁锐义战，相失，皆杂[3]贼中以走。副将彭友胜以所部护右营苦战雾中，死之。○谨案：《皇朝谥法考》友胜得谥果毅。贼亦误入我营，口号不合，尽杀之。比及日中[4]而雾不开，惟闻人马行及炮声。游击胡廷槐、饶万福各率六十人，手杀数十贼而死。军士归路率[5]被贼阻，比罔罔以归[6]，复失数百人。公以国琛等未归，自将六百人援而逆[7]之，以李存汉、周宽世、黄胜口、彭祥瑞从，命识途者前导，冒雾以行。比出[8]，而国琛等已自他道还。公往来数大遇贼，以行列维谨，斩刈甚多。是时，城贼亦出，游击邹玉堂、杜廷光，守备赵国幹等二百余人误入之，贼惊自扰，玉堂等因以纵杀，贼死甚众，玉堂等及百余人死之。贼倾城走出，及暮而雾益重，公振旅[9]还营。李续焘本守大军后路，全队在营。

[1] 就食，往食，前往用餐。

[2] 失路，迷路。

[3] 杂，混杂，夹杂。

[4] 比及，等到。日中，中午。

[5] 率，全，都。

[6] 比罔罔以归，等他们心神不定回来的时候。罔罔，犹惘惘，心神不定貌。

[7] 逆，迎接。

[8] 比出，等他出来的时候。

[9] 振旅，整队班师。

贼方掘断圩堤，碍我行动。公集僚佐谋战守，万斛源、吴立蓉、李肇用皆议乘雾夜退，佥[1]曰："天下可无我等，不可一日无公。"公曰："军兴九年，皆以退走损国威、长贼志，予当血战，多杀一贼，即为民多除一害。"有顷[2]，贼势已迫，军士御之，死相继。刘神山、李光甲等犹率伤者喋血登陴，炮丸洞帷幄[3]，食器多毁。雾簌簌如细雨，贼掷火垒中，帐以雾湿得不燃。营中火药尚足，而炮丸已罄[4]，则碎碗釜代之。贼犹慑公声威，不敢附垒，惟喧挤壕外，殆[5]十万，死尸坌积[6]，坚不退。李续焘闻警，尽弃其粮械，全营走桐城。刘人和、李长林败走，为贼所杀，贼破义中营垒。丁锐义伤，李存汉率所部忍饥苦斗，死者三百余人，二人皆携残卒冲入公营依主帅。副将彭志德御贼战死，○谨案：《皇朝谥法考》志德谥武烈。诸营皆破。

[1] 佥，全，都。

[2] 有顷，过了一会儿。

[3] 洞，打穿，穿透。帷幄，军营的帐幕。

[4] 罄，完。

[5] 殆，大概，几乎。

[6] 坌积，聚积。

公以事不可为，立遗疏[1]稿，写家书数行，授周宽世曰："持此达湖北，以授吾弟。"○周君宽世曰："吾中途堕水，疏稿及书皆失。今集中所载，实金君国琛目见而口述之者也。"因取朱批[2]奏疏，顿首[3]焚之，曰："勿使辱于贼手！"顾[4]谓将佐曰："予义当死，诸君可自图生。"皆对曰："公不负国，我等何敢负公！"公曰："其努力杀贼，毋徒死[5]！"遂仗剑怒马出，僚佐以下从者六百余人，赴贼深处。公出，而壕外贼辄自挫退，董容方、吴立蓉方拊摹[6]伤者，闻公已出，起曰："李公若死，吾何生为[7]！"叠横槊[8]跃马向人声喧处，厉声詈贼[9]。李光甲于公出，遂尽焚军书及公手书，裹创[10]荷戈，与赍奏[11]瞿斯谟等寻声赴急。是时垒已破，贼侦公所在，群聚围攻。公率僚佐及军士负创奋战，纵横往复，杀贼无算，军士存者仅百余人。

[1] 遗疏，遗表，古代大臣临终前所写的章表。此疏全文见《李忠武公遗书》中《李忠武公奏疏》第9篇。

[2] 朱批，朱笔批示。清制，内外奏章或特降之旨，由皇帝用朱笔批示，以示出于亲笔。

[3] 顿首，指磕头。古代的一种交际礼仪，跪拜礼之一，为正拜，以头叩地即举而不停留。

[4] 顾，回头。

[5] 毋徒死，不要白白地死去。

[6] 拊摹，安抚。

[7] 吾何生为，我们哪里会活下去呢？

[8] 叠，接连。横槊，横持长矛，形容气概豪迈。

[9] 厉声，高声。詈，骂。

[10] 裹创，包扎伤口。

[11] 赍奏，官名。

亥正，贼炮矛犯[1]，公坠马薨[2]于阵。副将刘神山、千总李光甲以他人尸蔽公，而后从死。○谨案：《皇朝谥法考》神山得谥忠壮。武生刘步瀛、舒城难民章一等密识[3]其处，参将朱恢三、知府何忠骏，同知曾国华、○《曾文正书札》卷六《致官中堂》曰："以迪庵器量之闳[4]，行军之慎，而犹有此挫。所谓天者，诚难测耶！舍弟夙怀大志而落落寡合[5]，独与迪庵相得[6]甚欢，决不肯舍迪庵以图生。"何裕、即用[7]知县前湖南道州知州王揆一、直隶州知州董容方、知县杨德訚、府经历李续艺、刘运会，训导吴立蓉、万斛源、许恒，主簿李镜源，从九李宗烈、俞金波、萧克修、李复敦，监生张溥万、何保三，廪生雷初申，生员何向瀛、周文宣、章兆鹗、朱镜明，参将周福高，游击王继龙、曾澍霖、刘和益、彭洪胜，都司夏全胜、叶九畴、龙应自、谢光秀、李昇三、马超文、黄朝贤、刘泗清、顾必成、杨显贵、朱神彩、姚祖益、王启兴、罗泽镜，守备李前规、左国光、邓廷简、胡学端、黄顺发、刘坎二、朱荣贵、刘祥胜、谢荣堂、颜得禄、彭祥泗、杨桂芳、朱乐美、龙应松、刘仁光、彭祥胜、凌步云、赵国幹、陈得全、袁清华、欧宝堂、周光曙、李长升、彭胜椿、李昆仑、萧长青、彭辅魁、覃楚柏，千总周有堂等三十四人，把总王瑞堂等四十八人，文童钟国彦、许恬源、张庚、张家元、易郅隆、陈良臣、桂邦炽、郑德汇，外委左茂宾等六十四人，武生瞿斯谟、萧国华、章文标、胡瑞南、韦德进、胡凤仪、黄泽厚等皆从死。○谨案：《皇朝谥法考》曾公国华得谥愍烈，周福高得谥敏烈。

［1］炮矛犯，火炮和长矛一起进攻。犯，进攻。

［2］薨，死亡。

［3］密识，偷偷做记号。识，做标记，做记号。

［4］器量，才识度量。闳，宏大。

［5］落落寡合，形容人品性孤高，难以与人投合。

［6］相得，彼此投合。

［7］即用，清代铨选官员的制度，谓遇缺即可补用。

公殁后，湖北候补道孙守信、运同[1]丁锐义、守备[2]萧廷玉、从九李肇用、尹耀莘等与总兵李存汉坚守残垒，以待援师，为公复仇。两日，粮尽垒破，守信等皆死之。存汉负重伤，浴血挈[3]败卒数十人夜走桐城。李续焘先三日至，众闻公薨，咸[4]号泣切齿，欲食续焘、克彰肉。贼已踵至[5]，又六日，城陷，存汉及知县谢嗣湘，副将雷风云、李集贤、赵友材，府经历李景均，训导朱瞻云等死之。〇谨案：《皇朝谥法考》[6]李存汉得谥果敏，雷风云得谥威毅，李集贤得谥壮愍，赵友材得谥果勇。军士死者前后五千余人，〇曾文正《与郭雨山[7]书》曰："迪庵三河之挫，敝邑阵亡者近六千人，士气大伤。"勇毅公《复王霞轩[8]太守书》曰："同殉者逾五千，仅得四忠骸还里[9]，惨痛已难名状[10]。"曾文正撰公神道碑曰："死者六千人，无苟活者。"舒、桐、英、霍难民识公薨所，俟[11]贼退，与刘步瀛等以夜潜[12]负公出，五夕而达霍山县治[13]，乃敛[14]。〇勇毅公《寄克宣、北冈两先生书》曰："四兄灵柩于十五日抵黄州，弟于十七夜启[15]视之，形状如生前。在麻城加留须髯，现长寸余，其身上常穿之蓝汗衣犹存，手袖最长，弟因认的无讹[16]。而霍山县知县王自籂代装[17]之，衣服靴帽均甚妥帖，所以湖北所办之衣服、朝帽即加于其身，比即[18]封敛矣。初想不封梓口[19]，以便归家见面，继恐为时太久，或于形体有碍。因于见的[20]之后，棺衾妥协[21]，即以漆涂梓口，而加钉以封也。"李君续远曰："是时，余领强右营屯黄州。是夜，勇毅公因公柩未封梓口，与余启而视之，凡军中人等一见，同时哭，皆失声。勇毅公与余等解衣遍视其身，面上及手均有刀矛伤，胸有炮子伤，目眦一赤痣荧然[22]，面容如常，但色稍黑。余等叩拜已毕，即加封[23]。"

[1] 运同，清代官名，掌督察各盐场，辅助盐运使或盐法道管理盐务。

[2] 守备，明清两朝的官职名，清朝守备管理军队总务、军饷，正五品，受提督、巡抚或总兵管辖。

[3] 挈，率领，带领。

[4] 咸，全，都。

[5] 踵至，随后赶到。

[6]《皇朝谥法考》，清鲍康编，五卷，附续编、补编一卷，辑录顺治朝至同治八年（1869）所谥王公大臣、外国藩王等姓名、官阶、谥法而成，总计一千六百二十八人。有同治刊本。

[7] 郭雨山，郭沛霖（1809—1859），字雨山，号仲霁，湖北蕲水人，进士，官至翰林院编修、左赞善、顺天府乡试同考官、两淮盐运使和江苏淮扬道。曾募勇办团，助官军与太平军战于淮、扬一带。曾因战败被革职。咸丰八年，调充安徽定远大营总文案。次年战死。著有《日知堂集》。

[8] 王霞轩，王必达。

[9] 还里，返回家乡。

[10] 名状，形容，描述。

[11] 俟，等待。

[12] 以夜，在晚上。潜，偷偷。

[13] 县治，县政府所在地。

[14] 敛，入殓，把死者装进棺材。

[15] 启，打开（棺材）。

[16] 认，辨认。的，真实，确实。无讹，无误。

[17] 装，装殓。

[18] 比即，当即。

[19] 梓口，棺材口。

[20] 见的，看清，确认。

[21] 棺衾，棺材和衾被。泛指殓尸之具。妥协，恰当协调，合适。

[22] 目眦，眼眶。荧然，晶亮貌。

[23] 加封，加以封棺材口。

朝廷未知公已薨，尚有督办[1]军务之命。贼亦不知公薨，时[2]相惊，以为公至。〇《胡文忠集》卷六十三己未四月《与左季高[3]书》曰："有言石逆胆怯者，据称在衢州攻城，忽贼探报称九江李大人从间道山僻处绕来，石逆疑为迪庵，不知其为李定太[4]也，即夜自徙改图[5]犯闽。"都公兴阿以公军失利入告，上犹命勇毅公视公所在，率师速援。胡公林翼葬礼甫[6]成，起复[7]

治军。○《胡文忠遗集·书牍》戊午十一月《与严渭春[8]书》曰："闻难不赴非友也[9]！若借守孝以遂其推诿巧避之私，鬼神鉴其微矣。[10]"《唁勇毅公书》曰："抔土[11]未封，肝肠寸裂，已五日不能安枕。荒鸡[12]未鸣，我已起坐，筑坟者以为林翼之勤也。林翼之才，未必有济[13]，然与迪公何等交谊，若以守制为词[14]，非林翼所忍出、所敢出也。"乃具疏陈公及部属殉死事。

[1] 督办，督促办理。

[2] 时，不时，经常。

[3] 左季高，左宗棠。

[4] 李定太，清军将领，曾任衢州与九江总兵，不善战，左宗棠曾评价"李定太、李元度两军均未足恃""李定太与次青拥多兵而不能战，无可如何"。

[5] 改图，改变计划。

[6] 甫，才。

[7] 起复，封建时代官员遭父母丧，守制尚未满期而应召任职。

[8] 严渭春，严树森。

[9] 听说有危难而不去救，不能算是朋友。难，危难。

[10] 如果是借守孝的名义实现我推诿和弄巧避开危难的私愿，鬼神是会鉴察我的一言一行的。鉴，鉴察。

[11] 抔土，一捧之土，借指坟墓。

[12] 荒鸡，指三更前啼叫的鸡。旧以其鸣为恶声，主不祥。

[13] 济，帮助，救助。

[14] 词，托词，借口。

十二月乙巳，丧发，霍山士民率数百里哭送。乙丑，上手诏[1]曰："详览奏牍，不觉陨涕[2]。惜我良将，不克令终[3]。尚冀其忠灵不昧，他年生申甫[4]以佐予也。"是日[5]，谕曰："官文等奏查明统兵藩司阵亡实迹恳请优恤一折，览奏不觉陨涕。巡抚衔浙江布政使李续宾，当贼匪围扑长沙之时，首倡团练，屡建奇功。嗣后[6]赴援江西，调回湖南，旋[7]随曾国藩东下，克复武汉。凡江西、湖北、湖南等省，攻克巨垒、坚城，该藩司无不亲历行间[8]，身先将士。通计七年之间，先后克复四十余城，大小六百余战，以少胜众，所向无前。一时诸将之中，无与伦比。本年七月，赴援安徽，甫逾匝月[9]，连克潜、太、舒、桐。朕以其谋勇素优，威望众著，特命帮办安徽军务。方冀其肃清皖北，净扫狂氛，特膺懋赏，乃因进图庐郡，先剿三河，苦战旬余，杀贼逾万。江浦、六合、庐江逆党大股来援，以五千兵勇当十余万之贼。将士伤亡，从容赴义。其忠勇义烈之气，虽死犹生，实深悼惜。李续宾着加恩追赠总督，即照总督阵亡例赐恤，入祀昭忠祠。任内一切处分，悉予开复[10]。应得恤典，该衙门察例具奏。伊父李登胜，着赏给光禄大夫封典，并赏银五百两，由湖南藩库发给。伊子李光久、李光令均着赏给举人，一体会试，仍于服阕[11]后交吏部带领引见。并着于湖北、江西、安徽及湖南湘乡本籍各建专祠，以示朕褒恤荩臣至意[12]。”寻[13]赐谥忠武，予一品祭葬世职。

[1] 手诏，帝王亲手写的诏书。

[2] 陨涕，落泪。

[3] 不克令终，不能够尽天年而寿终。克，能够。令终，尽天年而寿终。

[4] 申甫，申伯与仲山甫并称。

[5] 是日，这天。

[6] 嗣后，随后。

[7] 旋，不久。

[8] 藩司，明清时布政使的别称。行间，行伍之间，军中。

[9] 甫，才，刚。逾，超过。匝月，满一个月。

[10] 开复，是指对那些已受到罚俸、降级或革职等处分的官僚，在符合特定条件下，根据相应程序，取消原来处分，一定程度上恢复其俸禄级别或者官职的制度。

[11] 服阕，指守丧期满除服。

[12] 褒恤，褒奖，抚恤。荩臣，忠臣。至意，极诚挚的情意。

[13] 寻，不久。

谕曰："宜昌镇总兵李续焘等失律丧师[1]，深堪[2]痛恨，均着[3]革职拿问，交官文等审明确情，严行分别惩办，以肃[4]军律。"振庭先生《复官文书》曰："续宾阵亡，猥蒙下唁[5]，奖借[6]有加。自敝邑团练攻伐四出，某遣子从戎[7]，本不望其生还，今竟[8]死于疆场，得附忠义之林。败将八人来示，论李、赵实为罪魁。咏之中丞执法如山，某更何敢干以私[9]？但其家皆有老亲，风烛残年，闻其子伏斧锧[10]，势必悚惶[11]而死。前来某家，其战栗[12]情形，殊可矜闵[13]。该弁辈荷戈有年[14]，不无微劳足录[15]，特恳阁下入告于朝，宥其既往，策其将来[16]。倘在不知愧奋，则是某所保非人，甘坐厥咎[17]。"并寄书胡公言之。○寄胡公书稿已失，书中言大略相同。胡公以奏[18]，得旨："已革总兵李续焘、赵克彰减死[19]。"

[1] 失律，行军无纪律。丧师，战败而损失军队。

[2] 堪，可以，足以。

[3] 着，令。

[4] 肃，整肃，整顿。

[5] 唁，吊唁。

[6] 奖借，勉励推许。

[7] 某，我，谦称。从戎，从军。

[8] 竟，最终。

[9] 我哪里敢以私情干预（办案）呢？

[10] 斧锧，亦作"斧质"，斧子与铁锧，古代刑具，行刑时置人于锧上，以斧砍之。伏斧锧，即被处死。

[11] 悚惶，亦作"悚皇"，犹惶恐。

[12] 战栗，因恐惧、寒冷或激动而颤抖。

[13] 矜闵，同"矜悯"，哀怜，怜悯。

[14] 荷戈，背着戈，指参战。有年，多年。

[15] 足录，值得记录。

[16] 宽恕他以往（的罪过），鞭策他将来（立功）。宥，宽恕。策，鞭策。

[17] 甘坐厥咎，甘愿因为他犯错而被治罪。坐，坐罪。

[18] 以奏，以之奏，把这封求情信的内容上奏。

[19] 减死，减免死刑。

勇毅公迎公丧至于黄州，启视之。湘、鄂、江、皖之民闻公薨，皆巷哭[1]**，如失所依。**○曾文正撰公神道碑曰："他军之将士、逃难之流民，皆归之若父兄，闻其死，哭之皆恸，至不忍闻。"官文、胡文忠奏公死事疏曰："三河失利之始，武昌父老均至臣舆前[2]，询问李续宾存亡，皆痛哭而去。"左文襄撰公墓志铭曰："闻公之薨，识与不识皆为流涕。"又《与易芝生书》曰："人谁不死？如迪庵者诚不死矣。"又《与勇毅公书》曰："三河之役，大星倏陨[3]，念之出涕。此天下大局攸关，非一人一乡之私恫[4]也。"**丧过武昌，胡公自为文以祭。**○《胡文忠遗集》卷五十九《致郭筠仙书》曰："昨祭迪公文有'公来生我，生我楚人[5]，倚公为命，以至于今'，又有'与公同命，觍颜[6]尚存'之语，文词甚悲切。"卷六十一《复曾侍郎》曰："前奏迪公之死事，蒙以激昂二字见赏[7]，祭文则特荷嘉誉[8]。"《复李次青》曰："迪公之祭文，以夜半起坐，悲愤而成。"**士民数百千里吊祭者，十余万人。**○勇毅公家书曰："四兄溘逝[9]，百姓如丧考妣。自十五日以至今日，祭者日有数千人。"武昌绅士王芝异、王家璧、张裕钊等祭文，自刊石[10]立怀忠祠，祠亦家璧等为公立。其时，未奉赐谥，故名怀忠祠。周君受祜曰："公灵过武昌县及武汉，吊祭者无数，多以牲醴麦饭，稽首沙岸，哭声振野[11]，见之者亦不知涕之何从也。彭公玉麟《唁勇毅公书》曰："湖口县岑公藕舫闻迪兄凶耗[12]，哭泣甚哀，诚血性人也。托寄奠金[13]二百，祭幛[14]一轴。”勇毅公反[15]其金而谢之。沈公葆桢《唁勇毅公书》曰：“天不厌乱[16]，丧此元老[17]。大江南北，同时震动。呜呼，何其酷也！弟未识迪公颜色[18]，而知遇之感与景慕[19]之诚，未尝一日去诸怀[20]，不料竟不能一见韩太尉[21]也。江西刘养吾方伯[22]、浙江励太守某、河南张逊之文学、江宁何子清学博皆哭公有诗，究皆与岑藕舫大令[23]未识公一面者也。王观察必达、许大令庆丰虽未识公，皆执心丧[24]。**庚午，丧发，武昌水陆军护之。**

[1] 巷哭，在里巷中聚哭，形容极度悲哀，旧时常用作称颂官吏生前有善政者。

[2] 舆前，车前。

[3] 倏陨，突然陨落。

[4] 恫，哀痛，痛苦。

[5] 生我，使我生，让我活下来。生我楚人，使我楚人生，让我们楚人活下来。

[6] 靦颜，厚颜。

[7] 见赏，被赏识。

[8] 嘉誉，美好的声誉。

[9] 溘逝，突然去世。

[10] 刊石，刻石。

[11] 振野，震野。

[12] 凶耗，死讯。

[13] 奠金，吊唁的礼金。

[14] 祭幛，祭奠用的幛子。

[15] 反，退还。

[16] 厌乱，厌恶战乱。

[17] 元老，资深望重有品德的官员。

[18] 颜色，面容，面色。

[19] 景慕，景仰，仰慕。

[20] 去诸怀，去之于怀。去，离开。诸，之于。怀，心怀。

[21] 韩太尉，韩琦（1008—1075），字稚圭，自号赣叟，今河南安阳人，北宋政治家、词人。历经北宋仁宗、英宗和神宗三朝，亲身经历和参加了许多重大历史事件，如抵御西夏、庆历新政等。宋仁宗时，他与范仲淹率军防御西夏，在军中享有很高的威望，人称“韩范”，当时，边疆传颂一首歌谣称赞他“军中有一韩，西贼闻之心骨寒”。在朝中，他运筹帷幄，使“朝廷清明，天下乐业”。在地方，他忠于职守，勤政爱民。死后，宋神宗为他御撰墓碑“两朝顾命，定策元勋”，追赠尚书令，谥号忠献，配享宋英宗庙庭。苏辙19岁时仰慕韩琦，写了一封信《上枢密韩太尉书》，希望得到韩琦的接见和任用。沈葆桢与李续宾从未谋面，受李续宾推荐而为官，故此喻李续宾为韩太尉。

[22] 方伯，殷周时代一方诸侯之长，后泛称地方长官。汉以来之刺史，唐之采访使、观察使，明清之布政使均称“方伯”。

[23] 大令，古时县官多称令，后以大令为对县官的敬称。

[24] 心丧，古时谓老师去世，弟子守丧，身无丧服而心存哀悼，泛指无服或释服后的深切悼念，有如守丧。

九年正月丁亥，克宣[1]先生携公世子光久迎丧于长沙。〇左文襄《与勇毅公书》曰：“迪公忠榇[2]十六日泊王爷殿河下，中丞以下均往迎奠。惟致赙[3]千两，克翁坚不肯受。迪公大郎于十六夜随克翁赶到，见其气清而厚，异时必为令器[4]，稍为心慰。”成静斋舍人《与北冈[5]先生书》曰：“迪帅忠榇到岸，中丞率官绅皆出城迎接。十七日官祭，十八日绅祭，中丞及李仲翁诸公意本欲迎以入城，克公不可[6]，遂以十八下午上湘潭。”乙未，丧归里第[7]。曾公亦以公死事最烈奏。〇《曾文正书札》卷七《与勇毅公书》曰：“收集溃军，重加整理，使李家军仍称劲旅，以雪迪公九泉之愤，以安鄂省军民之心。事势稍定，阁下须回家一次，戏彩堂前[8]，抚循[9]孤侄。迪公殉节，鄙人须缕晰具奏，求将近状及润公此次之奏抄示。迪公近凡[10]奏事几次，尊处有稿否？亦祈见示。迪公用兵并无错处，今日之变，设[11]有议前此之失者，只可付之不论[12]。阁下仍照旧章办理，不必更改也。”丙申，诏曰：“巡抚衔浙江布政使李续宾前在三河镇剿贼阵亡，业经降旨，优加褒恤，兹据曾国藩胪陈[13]该员功绩具奏，览之益深悼惜。李续宾从军数载，所向成功。及其见危授命，麾下[14]将士无一偷生，实为[15]古名将之风，允宜垂诸信史[16]，百世流芳。着将曾国藩此奏交国史馆采入列传，以示褒嘉。”

［1］克宣，指李续宾大哥李续宜，字克宣。

［2］椋，棺材。

［3］致赙，送赙金。赙金，为助办丧事而赠送给丧主的钱财。

［4］异时，他时，以后。令器，优秀的人才。

［5］北冈，李续宾三哥李续宽，字北冈。

［6］不可，不答应。

［7］里第，里中宅第。

［8］戏彩堂前，《艺文类聚》卷二十引汉刘向《列女传》：“老莱子孝养二亲，行年七十，婴儿自娱，着五色采衣。尝取浆上堂，跌仆，因卧地为小儿啼。”后用为孝养长辈之典。

［9］抚循，安抚存恤。

［10］凡，总共。

［11］设，假设。

［12］付之不论，犹置之不论，搁在一旁，不予理论。

［13］胪陈，逐一陈述。

［14］麾下，部下。

［15］为，《清实录》为“有”字。

［16］允宜，合宜。垂诸信史，在可信的史书里流传下去。垂，流传。诸，之于。信史，可信的史书。

三月戊寅，葬星子山。

十二月辛酉，上允骆公秉章奏，为公再建祠长沙省城，部下员弁兵勇，曾经赐恤者许一体附祀[1]。

[1] 赐恤，官吏死后，根据其生前的功劳大小，追赠官爵，褒封谥号，并给其家属抚恤金。一体，一同。附祀，从祀，指古代宗庙祭祀中，常设的、次于主要祭祀对象但与其密切关联的祭祀对象。

十年四月，史臣呈进列传[1]。大学士倭文端公仁[2]面奉谕旨，加廪贡生[3]。

[1] 列传，纪传体史书中一般人物的传记。

[2] 倭文端公仁，倭仁（1804—1871），蒙古正红旗人，乌齐格里氏，字艮峰，道光进士。师从理学家唐鉴，曾任编修、大理寺卿，与曾国藩等标榜“宋儒之学”。1862 年升工部尚书，旋迁文渊阁大学士。1867 年上奏反对选拔正途出身士子入同文馆学习天文、算学，鼓吹“立国之道，尚礼义不尚权谋；根本之图，在人心不在技艺”，成为顽固派首领。1871 年晋文华殿大学士。有《倭文端公遗书》行世。

[3] 加封为廪贡生。廪贡生，以廪生的资格被选拔为贡生者。

同治元年，穆宗御极[1]，赐祭[2]一坛，命大员就家祠读文致祭。捻首张洛刑伏诛[3]，陈玉成败，投苗沛霖。

[1] 穆宗，指同治皇帝。御极，登极、即位。

[2] 赐祭，大臣身故，皇帝敕使往祭。

[3] 张洛刑，张乐行，捻军首领。伏诛，被处死。

四月己卯，谕曰：“袁甲三奏逆首陈玉成经苗练[1]生擒，声言解赴胜保军营，余众亦投顺苗练一折。狗逆[2]屡抗官军，从前李续宾等被该逆戕害，实属罪大恶极，既经苗练擒获，人心当为大快，而苗沛霖前罪亦可宽宥。如将该逆解到后，即着胜保将其凌迟处死，务即传首[3]李续宜等楚、皖各营，以泄众愤而申天讨[4]。倘苗沛霖意存观望，不肯将狗逆即时献出，或纵令窜逸[5]，又如任听张洛刑回窜雉河集故智[6]，则是甘心叛逆，罪无可辞，即着曾国藩、李续宜等督饬[7]将领将苗练一并剿洗，毋留余孽。”遂斩陈玉成于颍州。

[1] 苗练，苗族团练。

[2] 狗逆，指陈玉成，陈玉成被清兵蔑称为“四眼狗”，故有此称呼。

[3] 传首，传送首级。

[4] 申天讨，伸张上天的惩治。天讨，上天的惩治。

[5] 窜逸，亦作窜轶，逃奔，逃散。

[6] 故智，曾经用过的计谋，老办法。

[7] 督饬，督促命令。

三年六月，江宁复，李秀成正典刑[1]。朝廷念公勋绩，赏二等轻车都尉。

[1] 正典刑，正法，处死。

七年，九江士民请以公祠列入祀典，祈祷尤众，风飘火及堂槅[1]，祠毁，乃更立新祠而加宏[2]。十二月，祠成。

[1] 槅，门窗上用木条做成的格子。

[2] 加宏，加以扩大。

八年，加封三等男爵。是年四月，改葬公于鹤爪山。

光绪十二年，德宗诏画像于紫光阁[4]。

[1] 德宗，指光绪皇帝。诏，下诏书。

二十三年，湖南巡抚陈宝箴[1]、安徽巡抚邓华熙[2]请以两省专祠[3]列入祀典[4]，上从之。〇谨案：专祠列入祀典者，始由布政司发给祭品银两。

[1] 陈宝箴（1831—1900），江西义宁（今修水）人，字右铭，举人出身。早年随席宝田部湘军镇压太平军。曾任河北道、浙江按察使。1895年秋由直隶布政使调任湖南巡抚。以“变法开新”为己任，与按察使黄遵宪、学政江标等推行新政，支持江标、谭嗣同等办《湘学报》《湘报》，并曾奏荐杨锐、刘光第、谭嗣同、林旭佐理新政，系戊戌变法时期地方督抚中推行新政最得力者，使湖南维新风气大开，成为全国最有朝气的省份。戊戌政变后被革职，永不叙用。

[2] 邓华熙（1826—1916），广东顺德人，字小赤，又作小石，光绪年间曾任云南池常道、云南按察使、湖北布政使、安徽巡抚、山西巡抚、贵州巡抚等职。1902年因病回籍。1911年广州将军凤山被炸死后，主持广东军务。不久，与梁鼎芬共同主持宣布广东咨议会独立。

[3] 专祠，为特定的人或神设立的祠宇。旧以有大功德于民者，得敕封神号专立祠庙。以身殉职或亲民之官，亦得在立功或原任地方建立专祠。

[4] 祀典，祭祀的仪礼。

三十四年，御笔开列为功勋最著[1]，录用后裔。公薨之后，三河遗民[2]私立庙祀公，后更鸠工[3]别立新庙，与九江及武昌祠皆有恒产[4]。庐州士绅既立庙祀公，又立碑公归神所[5]曰“李忠武公战殁处”，〇谨案：碑高七尺。于公屯军处曰“李忠武公故垒”。舒、桐民多于山间立小庙，以祀如村社[6]。舒城亦别立一庙。往年军士误以公字为昆弟之次，咸称公九大人，故民因之号公庙为九大人庙云[7]。

[1] 著，显著。

[2] 遗民，劫后余留的人。

[3] 鸠工，聚集工匠。

[4] 恒产，比较固定的产业、土地、田园、房屋等。

[5] 归神所，归神之所，死亡的地方。

[6] 村社，旧时农村祭祀社神的日子或盛会。

[7] 从前军士误以为李公的字（如九）是表示兄弟的次序，都称他为九大人，老百姓因此把李公的庙称为九大人庙。

子三人：光大，国学生，前公卒[1]。光久，以举人授工部员外郎，袭三等男爵，官至浙江按察使，钦差督办浙江军务，卒于军，赠内阁学士，赐祭葬，荫[2]子孙一人，并命以生平政绩附公国史传，暨[3]附祀公专祠。民怀其德，敌怵[4]其威，天下荣之[5]。光令，特赏举人，交吏部带领引见。孙三人：前普，恩荫[6]生，朝考[7]一等，加恩以大理寺评事[8]用，保升郎中[9]，分发户部，署贵州司正[10]，主稿上行走[11]，记名仓监督[12]，加三品顶戴，袭三等男爵，特赏记名各简放[13]道。前晋，国学生，保升府同知[14]，分发江苏补用[15]，历任镇江府太平洲抚民同知、苏州府太湖厅抚民同知，加盐运使运同[16]衔。前音，县学优增生，候选训导，议叙[17]道员，加三品衔。曾孙四人：正绂，恩荫生，得旨入国子监率性堂读书，以知州交吏部选用。正绋，县学优附生[18]，候补县丞，加五品衔。正绳，特赏主事，分部补用。正绶。玄孙诒祐，国学生。贻发，国学生。贻鋆、贻𨛍，恩荫生。贻銮、贻鎏、贻确、贻鄂、贻囿、贻辔、贻福、贻睦、贻悌。

[1] 前公卒，死在李公之前。

[2] 荫，封建时代子孙因先代有功劳而得到封赏或免罪。

[3] 暨，和，及。

[4] 怵，害怕。

[5] 荣之，以之为荣。

[6] 恩荫，清制，文职京官四品以上，外官三品以上，武职二品以上，俱准送一子入国子监读书，遇庆典给予的，称为恩荫。

[7] 朝考，清代科举制度。凡新科进士引见前，由皇帝再考试一次，称朝考。朝考后授官，前列者为庶吉士，次者分别为主事、中

书、知县等。

[8] 评事，职官名。汉置廷尉平，与廷尉正、廷尉监同掌决断疑狱，魏晋改称评，隋改为评事，属大理寺，清末废。

[9] 郎中，官名，秦、汉时掌宫廷侍卫，隋代以后，为六部内各司之主管。

[10] 署，代理。司正，古代行乡饮酒礼或宾主宴会时的监礼者。乡饮酒礼，周代乡学三年业成大比，考其德行道艺优异者，荐于诸侯，将行之时，由乡大夫设酒宴以宾礼相待，谓之“乡饮酒礼”。

[11] 行走，犹言入值办事，清制，凡不属于专设官职，调充某项职务即称在某处或某官上行走。

[12] 仓监督，官名，清代户部总督仓场侍郎所属仓官。

[13] 简放，清代谓经铨叙派任道府以上外官。

[14] 府同知，知府的佐官。同知，官名，称副职。

[15] 补用，候补任用。

[16] 盐运使，“都转盐运使司盐运使”的简称，为主要产盐区主管盐务之官，始设于元代。运同，古代盐政官名，位仅次于运使。

[17] 议叙，清制对考绩优异的官员，交部核议，奏请给予加级、记录等奖励。

[18] 附生，清代凡童生入学者皆称附生，即秀才。

李忠武公年谱书后

耀琳弱岁[1]，闻长者称述李忠武公道德勋业，心窃慕之。逮[2]同治初年，家昆弟濬川、金坡与公嗣爵健斋节帅[3]以同学为友，偕上公车[4]，益深闻公为学、行己诸大端[5]，居恒相与发明[6]，以资则效[7]。光绪戊子，余馆[8]公家，谒公兄北冈丈[9]，饫聆微言[10]。凡先世积累之厚，垂教[11]之美，及公昆弟体认之笃[12]，躬行[13]之力，遂备详[14]焉。

[1] 耀琳，傅耀琳。弱岁，男子弱冠之年，女子及笄之年，亦泛指幼年、青少年。

[2] 逮，到。

[3] 嗣爵，承袭爵位。健斋节帅，指李光久。

[4] 公车，汉代以公家车马递送应征的人，后因以“公车”为举人应试的代称。

[5] 为学，治学，做学问。行己，谓立身行事。大端，事情的主要方面。

[6] 恒，经常。相与，共同，一道。发明，传扬，彰明。

[7] 则效，效法。

[8] 馆，寓居，寄居。

[9] 谒，拜见。北冈丈，李续宽。

[10] 饫聆，饱闻，多闻。微言，精深微妙的言辞。

[11] 垂教，犹垂训，垂示教训。

[12] 体认，体察认识。笃，深厚。

[13] 躬行，亲身实行。

[14] 备详，周备详尽。

越辛卯，访节帅于浙瓯节署[1]，不鄙[2]余为无知，使辑公《年谱》。时刊公《奏稿》《书牍》已成，余受而读之。因[3]出公家书传抄本见示，以及诸先达[4]与公言军事书，皆系手笔[5]，今刻集多失载[6]，殆诸家嗣人[7]征求未及欤?

[1] 节帅，指李光久。节署，官署，官衙。

[2] 鄙，鄙视。

[3] 因，于是。

[4] 先达，有德行学问的前辈。

[5] 手笔，亲手所写的东西。

[6] 失载，记载漏缺。

[7] 嗣人，子孙。

至公没后[1]，名人所为传、状、碑、志，余已观其大半，独胡文忠、曾文正二公能见其大[2]。黄子寿方伯[3]在史馆，读公《列传》，意未惬，乃述所闻，更立[4]公及勇毅公《家传》，亦不能于胡、曾外别有表暴[5]。公从弟察庵直刺[6]撰公《行略》，率条记[7]见闻，殊[8]未贯串。节帅乃条所见闻及公旧部所记述附益[9]之，备极详审[10]。北冈丈家嗣[11]巩滋大令[12]所撰《年谱》初稿，虽仅五十纸，然以夙禀庭言[13]，故特详家修庸德[14]。

[1] 没后，死后。

[2] 大，伟大。

[3] 黄子寿，黄彭年（1824—1890），清代官吏、学者，字子寿，号陶楼，晚号更生，贵州贵筑县（今贵阳市）人，道光二十七年进士，授编修，同治元年入骆秉章四川幕府，镇压石达开军，官至湖北布政使，尝掌教关中书院、保定莲池书院。又应李鸿章聘修《畿辅通志》，官至江苏布政使。黄彭年著有《三省边防考略》《金沙江考略》《陶楼文钞》等。方伯，汉以来之刺史，唐之采访使、观察使，明清布政使之称呼。

[4] 更立，另立。

[5] 表暴，显露。

[6] 察庵，李续禋。刺，采录，书写。

[7] 率，都。条记，逐条记载。

[8] 殊，尚，还。

[9] 附益，附加，增加。

[10] 备极，犹言十二分，形容程度极深。详审，周详审慎。

[11] 冢嗣，嫡长子。

[12] 巩滋，李续宽的大儿子李光辰，字拱斋，又字小北，号巩滋。大令，县官的敬称。

[13] 夙，一向。禀，秉承。庭言，庭训。

[14] 详，详细述说。庸德，常德，一般的道德规范。

余仲秋从事[1]，讫壬辰岁暮[2]，十有五月，未克成编[3]，遂以事旋[4]湘。节帅属[5]携其稿，成之山中，目眵[6]病缠，常迫贱事，因循[7]自愧。又七年，节帅督全浙诸军捍强寇，以劳瘁没[8]于国事，余嗒然[9]神伤，渐力疾[10]理故纸，冀不负所托。无如心泉枯涸，往往对案茫然。又四年，公文孙[11]伯疆爵部访余荒斋[12]，因索是稿。余惭汗[13]实甚，爰竭力毕之[14]。学识浅陋，岂足以窥公万一！然非确有据依，则不敢犯于毫端[15]。当时曾、胡诸公所陈奏月、日、人名及其事实与公遗文有出入者，以公文[16]为准。其他间有[17]异同，则本[18]节帅直刺条记及大令初稿立言[19]，惟措辞用字疵累[20]甚多，则无所逃其咎。

[1] 从事，指开始整理年谱。

[2] 岁暮，岁末。

[3] 未克成编，未能编成。

[4] 以事，因事。旋，回到。

[5] 属，通“嘱”，嘱咐。

[6] 眵，眼眶有病。

[7] 因循，拖延。

［8］没，死亡。

［9］嗒然，形容沮丧怅惘的神情。

［10］力疾，勉强支撑病体。

［11］文孙，对他人孙子的美称。

［12］伯疆，李续宾长孙李前普，字伯疆，承袭三等男爵，度支部郎中，以道员记名简放。荒斋，对自己书房的谦称。

［13］惭汗，羞愧得出汗，极言羞愧之甚。

［14］爰，于是。毕，完成。

［15］据依，依据。犯，违反。毫端，笔底，笔下。

［16］公文，李（续宾）公之文。

［17］间有，偶尔有。

［18］本，依据。

［19］立言，这里指展开编注工作。

［20］疵累，指文字繁复、不简洁之病。

世之君子欲知公不朽大业，或以此为管蠡[1]之具，则余亦赖有辉映。然此特[2]公之显著者也，若夫精且深者，非余所能言，亦非余所能知，以俟[3]好学深思之士，稽古述作[4]。亚圣[5]有言曰："奋乎百世之上，百世之下，闻者莫不兴起也[6]。"固可操券以相待，削简已竟束[7]。书归爵部[8]，而别纸记之如右。傅耀琳、笙陔并识[9]。

［1］管蠡，管窥蠡测的省略语。

［2］特，只是。

［3］俟，等待。

［4］稽古，考察古事。述作，撰写著作。

［5］亚圣，指孟子。

［6］百世以前奋发进取，百世以后，听说这些的人无不感动振作。

［7］操券，比喻事成有把握。削简，书写，撰述。竟束，结束，

完成。

［8］爵部，此指李前普。

［9］并识，并记，一并记述。

致李忠武公书牍

曾国藩

01 致李续宾

迪庵[1]仁弟大人左右：

初三日得廿六日惠书，初七日复得初二夜书，尽悉种切[2]。仆[3]于初四日自瑞回省，初五抵章门，次日与福将军[4]会商大局，初八、九拟仍回瑞州。丰城、樟树镇目下尚属安静，唯廿七日弋阳失守，廿九日河口复破，日内铅山、广信深为可虞。贼多兵少，防不胜防，曷胜[5]焦灼！

［1］迪庵，李续宾，字迪庵。

［2］种切，犹种种。

［3］仆，对自己的谦称。

［4］福将军，福兴（？—1878），穆尔察氏，满洲正白旗人，清朝将领，赐号刚安巴图鲁。历任广东高州镇总兵、广西提督、江宁将军。

［5］曷胜，不胜。

承示[1]官牌夹一路尚须千人驻扎，目下实无另枝[2]劲旅可以调拨，唯冀瑞郡得手[3]，则仆当亲率千余人赴浔会剿。瑞州掘濠之法专防城贼，未及援贼，将来拟学洪山办法，请足下派一明白哨长来瑞指点。守濠虽有弊端，然设立卡棚，稍可栖止[4]，似亦足示体恤。卡稀而人少，有警则迅速传队，亦与无棚而严巡者无异也。是否为当，仍求示复。诸唯心鉴。不宣[5]。

愚兄曾国藩顿首　初八辰刻

[1] 承示，承蒙示知。

[2] 枝，支。

[3] 冀，希望。得手，指事情办得顺利或达到目的。

[4] 栖止，寄居，停留。

[5] 不宣，不一一细说。

02 致李续宾

迪庵仁弟大人足下：

顷奉手书，知前布寸缄已邀仁览[1]，借稔戎祉绥佳[2]，兴居鬯适[3]，至以为慰。

[1] 布，布闻，向上传报。寸缄，谦称己信。仁览，对别人阅读的敬称。

[2] 获悉你平安幸福。借稔，借此获悉。

[3] 兴居，起居。鬯适，即畅适，舒适。

皖逆上窜蕲、黄，得阁下分兵于张家塝、陆家嘴等处助剿，声威丕振[1]，布置周详。易景照阵亡，厚庵[2]昨函知仆处。今得转败为胜，陆师复获大捷，深为欣慰。

[1] 丕振，大振。

[2] 厚庵，杨载福。

国藩抵家，急寻葬地，昨于近宅六七里觅得一区。初三日发引[1]，十六七可以负土成阡[2]。

[1] 发引，出殡。

[2] 负土成阡，即负土成坟，背土筑坟，古代认为是一种孝义的行为。阡，通往坟墓的道路，这里代坟墓。

江西军事，刻不去怀[1]，目下瑞、浔、临、吉均驻劲旅，所难者不在筹兵而在筹饷。国藩自审[2]裕饷之才素非所长，而如钱漕、劝捐、抽厘[3]等事大抵有土而后有财，既无地方之责，动生越俎之嫌。谓口食不继，徒以鄙人相处较久之故，欲以甘言安抚士卒，抑亦可暂而不可久。反复思维，即使迅速赴军，亦实无足裨补[4]于万一。

［1］刻不去怀，时刻惦记。

［2］审，察知，知道。

［3］钱漕，即钱粮，因税米多漕运至京，故称。抽厘，抽取厘金。

［4］裨补，增加补益。

前以两次夺情获罪名教[1]。博询众议，近得各处复书，如冯展云[2]、吴南屏[3]诸兄皆谓宜疏请守礼。五月廿二日已具折陈请终制[4]，本月下浣[5]可奉批旨。

［1］夺情，古时官员遭父母丧，须去职在家守制，但朝廷对大臣要员，可命其不必去职，以素服办公，不参加吉礼；或守制尚未满期而应朝廷之诏出而任职，叫“夺情”。名教，指以正名定分为主的封建礼教。

［2］冯展云，即冯誉骥（？—1883），字仲良，号展云、崧湖，晚年号卓如、钝叟，进士，曾任陕西巡抚，晚清著名的书画家之一，著有《绿伽楠馆诗存》。

［3］吴南屏，即吴敏树（1805—1873），字本深，文学家、学者，今岳阳县友爱乡人，因有书斋建于故里南屏山，自号南屏。1844年，任浏阳教谕。中国柈湖文派的创始人，诗文有《柈湖文录》《柈湖诗录》《柈湖诗话》《鹤茗词钞》。学术著作有《周易注义补象》《诗国风原指》《大学考异别钞》《孝经章句》《论语考义发》等。撰修同治《巴陵县志》。郭嵩焘曾称“湖南两百年文章之盛，首推曾吴”，吴与曾国藩齐名。

［4］终制，父母去世服满三年之丧。

[5] 下浣，下旬。

联姻一节，足下与罗山[1]之约在前，先严与罗太翁[2]之约在后，来示[3]委婉详明，曲尽情理。唯国藩现居礼庐[4]，问名之礼自不遽办，俟与足下会晤后再行定议可也。温甫[5]舍弟荷蒙不弃，得托莩末[6]，仰附乔松[7]，至为欣愿，谨已心许。唯订庚[8]之礼，现在制中，亦难遽行，俟稍缓再函商耳。肃此[9]。复请捷安。诸希原鉴。

愚兄制[10]曾国藩顿首　十六日

[1] 罗山，罗泽南。

[2] 先严，指曾国藩父亲曾麟书。罗太翁，指罗泽南父亲罗嘉旦。

[3] 来示，来信。

[4] 礼庐，守礼之室。

[5] 温甫，曾国华。

[6] 莩末，谦词，言居于亲戚之末，关系疏远淡薄的亲戚。莩，芦苇秆里的薄膜。

[7] 乔松，高大的松树。

[8] 订庚，订婚。

[9] 肃此，谓书此拜祝。

[10] 制，指守制期间。此时，曾国藩父亲曾麟书去世，曾国藩在家守制。

03　致李续宾

迪庵仁弟大人阁下：

初一日接惠书[1]，借悉勋履绥吉，即事多欣[2]，至以为慰。

[1] 惠书，对来信的敬称。

[2] 借悉，借此获悉。勋，功业。履，起居，指日常生活。绥

吉，安吉，平安大吉。即事多欣，犹万事胜意。

皖贼大犯北路，欲效乙卯春间故智[1]上袭汉阳，经雄师渡江，大挫凶锋，又有鲍将及咏芝中丞迭次大捷[2]，遂令蕲、黄肃清，鄂省安如泰山，此实近岁军事一大关键。贼之未尝一日忘情[3]于武汉，其情亦可见矣。

[1] 故智，曾经用过的计谋，老办法。

[2] 鲍将，鲍超。咏芝，胡林翼。迭次，多次。

[3] 忘情，不牵挂。

瑞州克复，江省局势为之一振，唯峙衡殉节[1]，殒一良将，实堪悼惜。顿兵[2]城下已及年余，终日坐视，怒眥[3]欲裂，未及城破者数时，而不及睹此城之破，亲啖逆贼之肉，冥冥之恨有穷期耶！闻其灵榇[4]初一日抵县城，国藩拟于中秋后往刘家吊唁，抚棺一哭，以写[5]予哀。

[1] 峙衡，刘腾鸿。殉节，为保全志节而牺牲生命。

[2] 顿兵，驻屯军队。

[3] 眥，眼眶。

[4] 灵榇，灵柩。

[5] 写，倾吐，倾诉。

去年春夏，江西与两湖文报不通，前后送信者多被杀害。荷蒙阁下与咏翁[1]分峙衡一军来援，千里遄征[2]，孤军深入，西路顿有生机，有功于江西甚大。长城[3]遽失，贤愚同叹。国藩前约至罗家一展罗山[4]之墓，此次可同往也。

[1] 咏翁，指胡林翼。

[2] 遄征，迅速出征。

[3] 长城，喻指可资倚重的人或坚不可摧的力量。

[4] 罗山，罗泽南。

六月六日续请终制[1]一折，七月一日奉到批旨，暂准守制[2]。谕旨钞[3]呈台览。其折稿前付咏翁中丞处，不知曾否入览？

[1] 终制，父母去世服满三年之丧。

[2] 守制，守孝，遵行居丧的制度。守制期内谢绝应酬，不得应考、婚嫁，现任官则须离职。

[3] 钞，抄。

鄙人数年在外，武不能补千把、外委之缺，文不能辖府厅州县之官，木印[1]屡换，又不见信于人，实觉处处窒碍[2]。若如阁下与厚庵[3]所处之位，专治兵而不筹饷，犹可勉力为之。而国藩所处，势不能不以筹饷为先务。无土无财，无位无民，凡有筹饷之方，动多掣肘之虑，而两次夺情[4]，又实为从古所无，内无以报父母三年之慈爱，外无以逃当世之弹劾、后世之讥刺。圣恩高厚，不使臣得罪于名教[5]，合室铭戴[6]，感激涕零。现在恪守礼庐，酬应稀简。唯阁下与杨、彭、次青[7]诸君积岁勤劳，国藩不克[8]始终共事，中心[9]负疚，未尝一夕稍安耳。肃复[10]。即请勋安。诸唯心鉴。

愚兄曾国藩顿首　八月初三

（目疾未愈，不克自写，乞恕。）

[1] 木印，木质的印章，此指官印。

[2] 窒碍，阻碍。

[3] 厚庵，杨载福。

[4] 夺情，谓丧期未满，官员应诏除去丧服，出任官职。

[5] 名教，以正名定分为主的封建礼教。

[6] 合室，全家。铭戴，铭记在心，感戴不忘。

[7] 杨，杨载福。彭，彭玉麟。次青，李元度。

[8] 不克，不能。

[9] 中心，心中。

[10] 肃复，恭敬答复。

04 致李续宾

迪庵仁弟亲家大人阁下：

前借来勇奉复一函，计呈荃鉴[1]。旋闻晋秩中丞[2]，黄衣酬庸[3]，殊勋茂赏，允惬[4]人心，欣慰何似！

[1] 荃鉴，敬称对方阅读。

[2] 旋，不久。晋秩，晋升官职。

[3] 黄衣，指咸丰皇帝赏赐给李续宾的黄马褂。酬庸，酬功。

[4] 允，诚然。惬，畅快。

请假之说，近想已不复行。浙中奏请雄师往援，闻鄂中奏留，比[1]应已奉谕旨。浙中饶镇亦健者，三衢应可保全，即杭城必可完固。皖、豫之交，师老[2]民困，恐非台旆[3]不能了办耳。

[1] 比，近来。

[2] 师老，军队疲倦。

[3] 台旆，犹台驾。

舍弟温甫[1]尚在贵营否？叨在葭末[2]，凡舍弟过失，尚望随时随事锡以箴规[3]，无存形迹，是所感祷。

[1] 温甫，曾国华。

[2] 葭末，关系疏远淡薄的亲戚。

[3] 锡，通“赐”。箴规，劝诫规谏。

国藩恪守礼庐，托庇平顺。报销事件，前奉商抽厘以充部费，顷润芝中丞[1]许代为设法，或尚易了[2]。闻有议以阁下援浙，留希庵[3]清皖、豫之匪者，鄙意贤昆仲总不宜分。久劳于外，兄弟一方，可以稍资休息；若各领一路，则百密一疏，亦所宜防。卓见[4]以为何如？肃泐。敬贺大喜，顺问台安。

希庵仁弟处，均此敬候。

[1] 润芝中丞，胡林翼。

[2] 了，了结。

[3] 希庵，李续宜。

[4] 卓见，尊称对方的见解。

05　致李续宾

迪庵仁弟亲家大人阁下：

五月二十五日奉寄一缄，计邀察入。闻胡中丞奏留之件已奉旨允准，计台旆当已督师出境，皖、豫之贼，谅[1]不足平矣。

[1] 谅，料想。

国藩于本月初三日奉到寄谕，令率萧、张各营，由江西驰赴浙江办理军务。先是骆中丞[1]亦以此奏请，甫经拜发而廷寄适至[2]，乃恰与圣意相符。见已定期初七日起程，拟取道鄂城，历九江湖口而上；又拟从平江出义宁以趋河口，暂均未能定局。俟到省时，再与季高[3]细酌之。国藩此行，一切营务，俱立意以阁下为法。惟从前专驻扎水营，于陆军规模未甚谙练[4]，兼苦无熟手帮办。因思孙篠石兄在贵营多年，明白深稳，堪为臂助，务恳推情垂爱，饬[5]赴敝处管理营务，俾[6]国藩有所质问，实深感祷。如贵营必不可少此人，亦望令其帮办二三月，略定规模，仍即放还。素叨[7]知好，想当俯允所请也。

[1] 骆中丞，骆秉章。

[2] 甫，才。拜发，誊好奏疏，供在案上，焚香叩拜后发出。廷寄，清代制度，朝廷给地方高级官员的谕旨不由内阁明寄，而由军机处密封交兵部捷报处寄往各省，叫“廷寄”。适，刚。

[3] 季高，左宗棠。

［4］谙练，熟练。

［5］饬，令。

［6］俾，使。

［7］叨，忝，谦辞，表示非分的承受。

再，贵营有晓事敢战、诚实可靠之将，并祈派拨二三人前来，以资倚任。手此奉恳，即请勋安。诸希英照，不具。

06　致李续宾

迪庵仁弟大人左右：

初五日奉寄一缄，计邀省览。国藩于十二日抵省，与左季翁[1]商榷诸事，略陈左右：

［1］左季翁，左宗棠。

一、萧浚川[1]久劳于外，亲柩未葬，屡次请假，情词痛切，若不给假归里，无以慰其心，必无以得其力，不若准假一二月，令其稍遂私情，脱换旧气，更生新力。现已与骆中丞会衔[2]奏明，准其回里。惟给假虽仅两月，而往返亦须五旬。兄至河口后，断不能等候许久，欲仅带张运兰、王开化三千七百人入浙，又嫌过于单薄；若既出而迟迟不进，亦甚不合。浚川之假期，关系鄙人军行迟速，此最要关键也。

［1］萧浚川，萧启江。

［2］会衔，两个或两个以上机构或机构的主管人，共同在一件公文上签署名衔。

一、浚川给假后，带张、王入浙，拟在尊处分步队一千，马队一百，随兄俱东。浚川未回营之前，得此足助张、王之势；浚川回营之后，步队仍拨回皖北，马队则留浙矣。或步队亦留浙，使皖、湘军与浙军互相拨换，常常通气，亦是一法。

一、鄙意欲抬舢板数十号过常、玉山，巡防钱塘江以保杭、嘉，季翁之意，并欲抬舢板数十号过东坝，巡防太湖，以固苏、常。大抵鄙人与尊处两军，一西一东，皆以厚、雪[1]水军为中路之枢机，其转运粮台，皆当安设九江，其后路皆在湖北，其根本皆在湖南，必使皖军、浙军与水师息息相通，庶于全局有益。

[1] 厚，指杨载福。雪，指彭玉麟。

一、国藩定于十九日由长沙起程，自鄂入湖口，以至河口。夏日南风，计到九江亦在七月中旬。届时阁下若尚在宿、太、桐城等处，则当于中途一谋相见。若在舒城、英、霍等处，则太远不能谋面，求饬希庵亲家来浔与仆相见，畅叙一切。其尊处拨来之千人，或派朱、周、赵，或杨得武、黄泽远等人中，须取一略有识者统带而来，俾足自立，至感至感！望于七月初十以前至浔等候为要。

一、仆在长沙，仅带吴翔冈（名国佐）一营随身护卫。吴亦将才，璞山[1]营中之帮办，其所部皆湘勇也。得尊处一千，合吴之一千二百，张、王之三千七百，已近六千人，纵萧军不遽[2]来，亦可以入浙矣。王人瑞允来敝军当营务处，渠由袁州陆路赴河口，不由九江水路也。是否有当，诸求详示。顺候台安。

[1] 璞山，王鑫。

[2] 遽，疾速。

07　致李续宾、李续宜

迪庵、希庵仁弟亲家大人阁下：

十五日接十一夜惠书，先于十三夜已得胡伯母[1]仙逝之信，不独仆与贤昆仲、厚、雪数人者失所依倚，实关系东南数省大局安危。闻鄂省众议，欲官帅奏请润帅于百日后强起视事[2]，不知润帅肯为苍生行此权宜否？此事殊难协宜，古来似此关系绝大之人亦不多也。

[1] 胡伯母，胡林翼之母。

[2] 官帅，指官文。润帅，胡林翼。视事，办公。

润公聪明，本可移入霸术一路。近来一味讲求平实朴质，从日行俗事中看出至理来。开口便是正大的话，举笔便是正大之文，不意朋辈中进德[1]之猛有如此者。其于友朋，纯用奖借[2]，而箴规即寓乎其中。一旦以忧去位，不特公事棘手，而吾辈亦少切磋警惕之益。

[1] 进德，增进道德。

[2] 奖借，犹言奖挹，勉励提拔。

国藩十一日至九江，十二日至湖口，暑后伤风。病中闻胡伯母噩耗，怆然不复能为怀。想贤昆仲必有同情也。

迪帅前约来九江面商一切，不知果已成行否？调朱品隆回文已发否？篠石[1]不速来，亦须有一回文。拨朱品隆二营饷文已发否？均祈速办。江西委员接国藩晋[2]省一行，如迪公不来浔，则仆当一赴章门。此复，即请台安。湖口石钟山发。

[1] 篠石，孙守信。

[2] 晋，进。

08 与李续宾

迪庵仁弟亲家大人阁下：

十八日朱营专丁至尊处，便呈一缄。兹因九舍弟有书奉达，复命朱营专人驰送。

安庆之事，当易得手。若能先破安庆，则杨、彭[1]水师可由枞阳河以达桐城，并可由运漕河以达巢湖而抵庐州。贵军能与水师处处相依，米粮、子药庶几易于运解。若全由潜、舒等处陆运，军行终不免于濡滞[2]。敝处因闽中无米，又无河运，日内亦大费周章。今年勇夫病者极多，九舍弟带千二百人来建昌，途中又病二百人告假归矣。贵军病者尚不多否？念念。

[1] 杨，杨载福。彭，彭玉麟。

[2] 濡滞，迟延，迟滞。

宝勇在建昌者四营共千七百人，官帅调赴九江换防，须令全数拔营赴浔。宝勇近日声名平常，建昌绅民怨之。既患骚扰地方，而骄惰气习亦似不可复振。且今秋在建昌病死者至四五百人之多，又可悯也。顺请勋安，诸惟心照。建昌营次。

09　致李续宾

迪庵仁弟亲家大人阁下：

九月二十一日寄呈一缄，时九舍弟[1]有书奉讯起居，漏未封上。九弟旋于二十四六日来建昌，带所部千二百人，余在吉安撤遣矣。张凯章于二十四日拔营，自杉关入闽。萧浚川二十七八拔营自南丰、广昌入闽。现留建昌者，惟朱、唐[2]千人，平江千人。九弟及王人树[3]千五百人，俟转运事件办妥，亦即进发也。此间病者极多，刘印渠[4]楚勇病者较湘军为尤多。旬日以来，死者至四五百人之多，道殣[5]相望。现调楚勇由新城回建昌，以资将息[6]。贵军在江北，尚服水土否？少疾疫否？至以为念。

[1] 九舍弟，指曾国华。

[2] 朱，朱品隆。唐，唐义训。

[3] 王人树，王勋。

[4] 刘印渠，刘长佑。

[5] 殣，饿死。

[6] 将息，休息和调养。

闻桐城已克，进规舒城，久无来信，殊深悬盼。以后雄师每克一处，望专差送一捷音。至要至要。李筱泉[1]已至江西，日内当至营也。附报以慰廑系[2]。即贺大喜，诸惟心照。

[1] 李筱泉，李瀚章，李鸿章之兄。

[2] 廑系，挂念。

10 加李续宾片

再，国藩往年经过桐城，犹记大关一山恍判南北。自大关以北，俨若[1]淮北风景；自大关以南，俨若江南风景。不知湘勇至舒[2]以北，尚服水土否？无疾疫否？此间入闽之师，病者甚多，极焦灼也。

[1] 俨若，宛若，好像。

[2] 舒，舒城。

前与阁下面商雄师环绕巢湖周围攻剿，不知果有当否？如果刍言可采，则庐州克复，必须击剿庐江、巢县、无为等属，不宜北向定远，亦不宜分兵北行。必须安庆克复，与杨、彭水军会合，乃可徐图下游耳。

湘乡忠义祠原奏及奉到谕旨，请抄寄希庵一阅。再颂勋安。不一一。

胡林翼

01 致李续宾、李续宜

迪圣、希圣阁下：

训营老唐[1]今年已颓唐（昨日又不肯出，因鲁家之挂也[2]），甘告奋勇乃其饰词[3]耳。新唐[4]近日患病，只三百六十人耳。如新唐果痊，尚可设法。前面已拨凤营（以安营守其炮台），则义营竟不可拨，此外仅一坐营[5]（即南营，不可恃也）与宝营，昨夜已全拨宝营渡湖矣（其勇尚好，其将亦平稳）。弟处力实止此，恐不能再有抽调。

[1] 老唐，指唐训方。

[2] 鲁家，鲁家巷。挂，军事上易进难退的境地。

[3] 饰词，掩饰真相的话，托词。

[4] 新唐，唐义训。

[5] 坐营，不参战的军营，与行营相对。

此次贼多，且有翼贼[1]在后督令（武昌县等处），似应敬以持之，慎以图之。

[1] 翼贼，指石达开。

自派队以来，日日以稳打莫穷追为嘱，无如人之不我信[1]，何也？即如昨日之事，恭营即该斩矣。芗泉[2]随进亦随退，殊欠斟酌。昨夜迪公[3]到鲁家一行，甚妙。

[1] 无奈没人信我。无如，无奈。

[2] 芗泉，蒋益澧。

[3] 迪公，指李续宾。

马队亦尚未到，阻水（二道）又阻贼，七八只破烂舢板，或再渡马，恐必不堪，已派人另觅船只矣，未知何如。手此[1]。奉请勋安。仍乞赐示其详。

[1] 手此，亲笔写此信。

今日若非圣人亲征，则张荣贵[1]之勇又大笑话矣。一切详悉情形，孰优孰劣，孰稳孰否，难逃圣人之明。唯天下只一圣人，是以苦耳。所夺炮却好，是否洋炮？抑系铜炮土炮？乞示之。此请勋安。

[1] 张荣贵，曾任署建宁镇总兵。据《李续宾年谱》记载，张荣贵在长虹桥与太平军作战，大败。

弟林翼顿首　初三

闻杀贼不多，实有若干[1]？小贤代为速复。

[1] 若干，多少。

02　致李续宾

（上阙）洪山战功是圣功[1]也。马队之伤，祈速函示，以便送银。今日鲁家巷本当乘其疲懈而力战，因马队未到而怯不敢战。闻只虎勇二十人及宝臣段十人试追耳。尤可笑者，义渠料弟必有间言[2]，乃于夜间寄星槎[3]信，言今日必当迎剿云云。细察之，该营竟无一人出队者，又何必作此巧文乎？弟所谓鲁无君子者，然耶，否耶？左营今日尚出力，是相观而善、各从其类之意[4]。又此后马队乞老兄与舒六兄[5]面商，以二百应鲁，以二百应洪山。

［1］圣功，圣人之功。圣人，指李续宾。

［2］义渠，唐训方。间言，非议，异议。

［3］星槎，邢高魁。

［4］相观而善，互相参观学习，吸取对方的长处。各从其类，指人或事物按其优劣、种类聚集在一起。

［5］舒六兄，舒保，字辅廷，舒穆鲁氏，满洲正黄旗人，由护军累升至护军参领。1854 年随僧格林沁在河北、山东同太平天国北伐军作战，因功加副都统衔。1856 年率骑进入湖北，协助胡林翼反扑武昌，后又在襄阳、光化一带作战。1858 年授镶黄旗汉军副都统，驻防商城，并参加了罗田、麻城、黄安、德安、孝感多次战役。1862 年授护军统领，继续在湖北同太平军、捻军作战。1864 年在寿山被捻军击毙。

再过二三日，贼必以大股扑石嘴。弟处兵力只可自守，如须抽兵外剿，除严守炮台外，丁可三百人，周可二百五十人（已代守凤营），南可三百人（须守炮台），似未可应援石嘴。即调宝[1]回守，亦只可五百人出队，亲兵可百人出队，如此而已，亦乞预为筹画。弟处自守有余，所患者花园、石嘴耳。

［1］宝，宝营。

今早姚教忠[1]亦在汤孙湖焚贼划子不少。大势是顺手，只在细心稳固，永不骄亦永不怯，先事筹画，随机示及。

［1］姚教忠，湖南益阳人，曾任参将。

至开化之事，以尊意为之，必有可以感动之人，如秦弁、余弁今日亦成出力之人，可见圣泽被[1]于江汉矣。弟祇候示饬办各件，决无他意也。此请勋安。

［1］圣泽，圣人的恩泽，圣人指李续宾。被，覆盖。

林翼顿首　廿八三更

03 致李续宾

此时急症以去贼船为上策。贼船去后，以急将马队二百扎洪山助威以寒城贼之胆为第二义。以张宝臣一营移扎鲁[1]后半里许，先安一坚垒，次夜（或一夜移之均可）又安一营为第三义。以蒋[2]之千人，并朱[3]五百，以划渡过白羊桥为第四义（是古隆贤[4]办之有余矣，且有水师可依）。以后半里据险以待，副训、正训齐力堵御，夜则浚濠[5]修垒为第五义。均须三日办到。

[1] 鲁，鲁家巷。

[2] 蒋，蒋益澧。

[3] 朱，朱品隆。

[4] 古隆贤（1826—1875），广东惠州惠东县安墩镇人，太平天国将领，封奉王。

[5] 浚濠，疏通壕沟。

张宝臣营定，只须匀[1]中营四哨住之，有马队则贼颇怯，有宝臣之新濠，则贼亦难越也。宝臣之大胆，其勇之大胆，胜于左多多矣。

[1] 匀，分出。

仁、副仁、凤、虎，唯凤尚待酌。虎已归何总带矣[1]，何亦不愿离虎。恐尊处另有调度，然此时仁、凤、宝、虎均暂扎鲁后半里，俟濠深垒定，然后与兄另谋。

[1] 虎，虎营。何，何绍彩。

办此贼非一月不可，然总以易将[1]为宜。要以断白羊桥、守定鲁巷为先务。不易将必不行，以心先怯而人不服也。不先筹白羊桥则贼之接济不断，不守定鲁巷则亦不能战也。守定之后，再以仁、虎、奇、正、右、义设法分征，出奇制胜，或分或合，均有计可行。所以如此费力者，因安营于他人眉宇之下，又是葫芦口之出口处，又是对岸高山欺压我军之地，即非石贼[2]，亦终不稳。不料芗泉[3]四年于外，其粗心若此，总是狃[4]于古隆贤之胜耳。总之，日内唯谋水贼之船耳。除此则唯有速移濠垒，先安垒而后移营，先安张，张寅恭[5]应撤回洪山，扎卓刀泉等处后路。乞函致芗泉斟酌。

[1] 易将，换将。

[2] 石贼，指石达开。

[3] 芗泉，蒋益澧。

[4] 狃，习惯。

[5] 张寅恭，湖北抚标，恭营营官。一度隶于李续宾。

今夜渡宝勇，明日尚须渡其帐房。张即要撤，须在洪山扎住[1]，无此间[2]舟可渡也。且不能战者应革之裁之。

[1] 扎住，驻扎。

[2] 此间，此地。

迪庵仁兄大人安。

林翼顿首　十一三更

04　致李续宾

（上阙）弟知芗泉已怯，力必不胜，且凤营、恭营尤不堪也。尊处所拨一半甚好，姑试之（如不可战，且忍一日二日）。马队已来花园，因畏热，过午乃来也。应扎洪山，抑扎鲁[1]？乞思之，示之。

[1] 抑，或者。扎，驻扎。鲁，鲁家巷。

弟候日晚定来面商。贼不破鲁，必改而他图，刻下[1]兵力将材恐未必剿净援贼也。以理而论，若作巨鹿、昆阳之战，以全力赴之，未必不可大杀一番，一劳永逸。惟洪山万分紧要，老兄断不可离。弟之五里墩兵将更无可恃，星槎迂疏脱略[2]，只正直耐劳，差[3]可任耳，到要紧时弟乃自见其力之不足矣。

[1] 刻下，目前。

[2] 星槎，邢高魁。迂疏，犹迂阔，不切合实际。脱略，轻慢不拘。

[3] 差，勉强。

贼之端倪未露，必以诈谋，必不力战，姑忍之。兵法：先动者易败，躁者亦易败，不可不慎也。

杨厚庵[1]因青山港太窄，已改于汉阳下驶矣，明日即行，彼到下面固好。手此。奉请勋安。

[1] 杨厚庵，杨载福。

林翼顿首　十三

05　致李续宾

（上阙）贼未受创，必无去志，其退十五里之说尚未实也；即如果属实，亦必另有奸计，大约非佯[1]退（以懈我军）而猛进，即分道而夹击也。分道之计，必青山港与石嘴耳。石嘴已成四垒，计新募一千人。我军俟鲁[2]后濠垒速成，如工程可恃，仍以大队撤往稳处，立于不败之地。休养二三日，以仁、副仁、虎、奇准备大战，或青、或鲁、或石嘴。义亦备战，凤或亦备战。战于青，须带二千次等者备守，由第二起进兵，此外均战毕即回也。其青山一面，非蒋则荣耳。易将之说，张明愚而为人所惑耳。不易亦固无妨。

[1] 佯，假装。

[2] 鲁，鲁家巷。

将官均有私心，义渠[1]亦然，无私者惟圣人乎？昨夜调义渠过鲁，即说许多假关切话，其意不过欲留二哨于五里墩作我照应，以文[2]其不到鲁之非耳。五里墩无自弃之理，而鲁处之重于五里[3]，不待智者而知之矣。似此居心，终非大器。

[1] 义渠，唐训方。

[2] 文，掩饰。

[3] 五里，五里墩。

异日专守鲁者，其训与宝或芗或宝臣（二者居一于此）耳[1]。计已二千七百人。风营如可激厉[2]，乞访之试之。可激成则留于尊处，是在尊意裁成[3]也。

[1] 训，训营。宝，宝营。芗，蒋益澧。宝臣，张宝臣。

[2] 激厉，勉励，刺激使奋发。

[3] 裁成，犹栽培，谓教育而成就之。

败仗之后，恐百姓轻[1]我，而官捐与筹饷者亦有他心，司兵者不得不哝哝咕咕，唧唧啊啊，其拙见亦仍望各营之有成耳。至张明之满纸胡说，长盗贼威风，倒自己志气，令人生嫌，此人不足与谋也。弟之生气在此不在彼。书生果不足以言兵，其张明之谓乎[2]！

[1] 轻，轻视。

[2] 说的就是张明啊！

夜间仍不寐。手此。奉颂勋安。伏祈酌夺。

希圣均此。

林翼顿首　廿三三更

06 致李续宾

（上阙）马队已允调，但北岸之事太迟耳，至快须三五日乃可到洪山。

弟意仍是将先怯耳。蒋与朱[1]在黄州已失手，遂不如前此之勇。凤则不必说。今日之事，似乎前与凤先误[2]，过在凤也。至仁与虎与右[3]，若久与此军相持，亦将怯矣。退兵如堕胎然，一次、二次则惯矣。

[1] 蒋，蒋益澧。朱，朱品隆。

[2] 前，前营。凤，凤营。

[3] 仁，仁字营。虎，虎字营。右，右营。

恭已调回，若再调凤回，弟即拨义前去[1]。前营已不可用，亦求易[2]之，所未能更易者总领耳。如调左回（顶好非圣人不可，而洪山太要紧）[3]，则以张去何如?

[1] 恭，恭字营。义，义字营。

[2] 易，换。

[3] 左，左营。圣人，尊称李续宾。

看来须三百马队到乃可成功，而青山港已通气[1]矣，殊为恼人。一切望兄细酌。此请勋安。

[1] 通气，互通声气。

林翼顿首　十八

本是一气可成之功，忽而自退自怯。前营、凤营之过不小。天乎，人乎？风乎，雨乎？

07　致李续宾

迪公密览：

昨日逃人之言，如果其人非诈，其计似亦可采。有一至妥之策：派定三营挑选奋勇[1]，衔枚[2]疾驱，事成（用绳不用梯）则合城皆惊，必窜走无疑。只要有百人登城，将城上炮位一得，继而登者亦须派定。又屡月以来，凡逃贼所供，均言初更、二更是小孩子巡守，四更、五更乃认真，是此计必应于廿一、廿二为妙，愈打愈明也。又此计始不过五六十人，即使不得手，所误不大。尊处大营仍不可动。

[1] 奋勇，勇士。

[2] 衔枚，闭口不言。

愚见如此，尚乞密酌。手此。奉请勋安。

名心[1]叩　十八

[1] 名心，谓姓名对方心里知道。

（又从前有一贼谋内应事泄而归营者，尚在营中否？可互查上城之议。）

（凡城，非饿死即是全靠内应。此城无内应，奈何！）

08　致李续宾、李续宜

迪圣、希圣仁兄大人阁下：

昨日坐轿回，几乎急不得到，到家后更重（日夜尚三十次[1]），萧九先生尚望留营也。

[1] 三十次，指胡林翼腹泻次数。

得读迪公信，知武昌县已得，派兵守之。如得黄州，更请派兵（邢守[1]之兵）守之。

[1] 邢守，邢高魁。

弟处日夜愁钱，舟中银钱久空，连日八百里三催，催到亦不过先作赏犒，弟必速以舟运来也。弟意约二万串，何如？水陆不止二万人，尽力为之，如歉少[1]，请兄酌示。

[1] 歉少，缺少。

各营明日可拔[1]，弟派宝、义救安陆已无及[2]矣（是土匪）。弟所急欲商者是东下之策。是弟东下则恐饷少，更恐劫饷耳。然必须东下，乃是一气呵成之局。手此。奉请勋安。

[1] 拔，出发。

[2] 无及，来不及。

弟林翼顿首　廿六

09　致李续宾

迪公仁兄大人阁下：

恩旨奉上，弟有罪无功，滥叨头品[1]，对之实为惭惧。抄呈一切，均求鉴察[2]。

[1] 头品，指胡林翼以攻克武昌功，诏加头品顶戴，实授巡抚。

[2] 鉴察，鉴别，察看。

至开缺[1]一层，是不要紧之事（可从缓片奏，此非乞恩也）。弟于武昌、黄州折内仍是请旨施恩。盖官到尚书，非弟所能请也，大约赏以珍物及御用服物而已。

[1] 开缺，旧时官吏因故不能留任，免除其职务，准备另外选人充任。

弟处候饷到，筹饷为第一要事。今年不过敷衍，明年乃可充足。峙衡[1]另筹万金，同督一万交去。此请勋安。

[1] 峙衡，刘腾鸿。

弟林翼顿首　初五夜

至何子文[1]、杨得武[2]，随兄调遣。

[1] 何子文，何绍彩（1829—1892），字星庭、子文，清道州（今湖南道县）人。行伍出身。湖北抚标，领仁字营。后隶于李续宾，升为统领。官至湖北宜昌总兵，赐号利勇巴图鲁。

[2] 杨得武，凯左营营官，副将。

10　致李续宾

迪安仁兄大人阁下：

涤帅[1]原信奉还。只在饷不被人夺，有饷可筹，则大功必成。涤帅昔年入内湖，弟曾言其不可，彼时幕中进言及智亭[2]之意均以退为非计。

[1] 涤帅，指曾国藩。

[2] 智亭，指塔齐布。

昨阅报，派福兴[1]到江西，是必有谗言入耳矣。福兴者，从广东到湘潭，住两月，不下长沙之提督也，今将军矣！

[1] 福兴，此时授西安将军，帮办向荣军务。

九江之上不及百里即湖北地，其对岸尚是湖北地。此次追贼须五日五夜不停趾[1]，窜败之贼利在远追，弟亦进次[2]于武昌县矣。下控兴、冶[3]，旁控蕲、黄[4]，不使南岸再有贼踞守，可一气呵成也。手此。奉颂勋安。

[1] 停趾，停步。

[2] 进次，进驻。

[3] 兴，兴国州。冶，大冶县。

[4] 蕲，蕲州。黄，黄州。

腹疾总未愈。

弟林翼顿首　十六

11　致李续宾

迪庵仁兄大人阁下：

得书敬悉（各书均到，无一遗者）。挚爱拳拳，关念倍切[1]。然为大局计，以不撤动为稳；为弟私计，亦以不撤动为是。弟军新失[2]，断无不望兄来援之理之势。然自揣有可振之机，有可守之法，十日内外必更有起色。不敢妄言，亦必默察士心士气，有可战之实，乃敢言战也。所患在统将尚难其选，不得不以义渠为之，而弟仍自行在营，乃可相安。

[1] 拳拳，诚挚貌。关念，关心挂念。

[2] 新失，新败，指咸丰七年闰五月被陈玉成击败于蕲水。

筹饷之事，六月、七月或尚可支撑（已报解[1]者有十余万，不患贫也），然必不能如闰月之旺矣。九月以后，必有钱漕[2]可征，若弟为之整理，必可一清积欠，即弟在外亦不过少一小半耳。此时大计，且保疆土，有土斯有财。瑞州一月必复，全局都活，仍然稳如泰山。

[1] 解，押送。

[2] 钱漕，即钱粮。因税米多漕运至京，故称。

察庵墨卷固是，然与昔年情形不同：昔年水师退，江面为贼有；昔年弟只黔勇六百、九江游勇（新招）九百耳，与今日不同，大局似稳。手此。奉颂勋安。

弟林翼顿首　十三

小石、察庵[1]仁兄安。

[1] 小石，指孙守信。察庵，指李续䄸。

12　致李续宾

迪庵仁兄大人阁下：

得瑞州各信，均悉。希圣[1]一营、峙公[2]二营约十一、十二拔营。弟只恐前此毛草[3]，未能说明克复后再援也，彼时亦不知败到何地位[4]为止。希与峙情同骨肉，令人感激。累我良友日夜着急，为弟担忧，如何如何。如希圣先来，而峙之二营未动，则克复后再来，更是美境。至九江再添一营，似乎可缓。如希圣将到，弟必以三四营换之，此时各营器械已齐也。

[1] 希圣，指李续宜。

[2] 峙公，指刘腾鸿。

[3] 毛草，马虎，粗糙。

[4] 地位，程度，地步。

仁字[1]（仍可战）改为六营（凤、虎亦改□□）。靖字有二营改为信字，谢永祐亦改为信字，又有二训武（改为智）恭（改为礼）义二营，其平超福均早已裁去，老宝、新宝亦应汰去（而尚未行）也。总之，兵将均非不可战，特非自带不可用命。除圣人[2]外不能交付军事，此圣人所以难得也。

[1] 仁字，与后文凤（字）、虎（字）、靖字、信字、训（字）、宝（字）皆为军营之名。

[2] 圣人，尊称李续宾。

此次牵动瑞州大队，弟日夜不安。若瑞州克复而峙公早来，则南北岸均有可靠之人矣。此时转望缓行一步，以成九仞之功（可止则仍□止之，克复后再来），但十一、十二之期恐已无及矣。

此间守御坚矣（黄州是天下第一好守之城，从巴河绕至罗家嘴，四面皆通，皆水绕之，非弟力能守，只有舢板八只，即人人能守也），小股亦可战，石大开[1]之类则尚有待耳。

[1] 石大开，当为石达开。

如十二、三已拔营，尚乞飞示，以便调拨。更替九江一营且暂缓，弟昨日派星槎[1]到兴国，派金殿安到沙口矣。手此。奉请勋安。

[1] 星槎，邢高魁。

林翼顿首　十五夜

察庵、小石兄均此[1]。

[1] 均此，都在这里（问候）。

13　致李续宾、李续宜

迪庵、希庵仁兄大人阁下：

昨夜专差已复一函，廿八日午刻得都直夫[1]将军来信，知黄梅之王、孔、石[2]各营已拔去江岸，是亦不得不然之势，因此三营牵混马步救援半年，因此一城牵率大队总不得手。查北岸既已撤去，江岸贼亦莫可如何，大势必更上窜，此一说也；或专意于蕲州、蕲水江岸，此又一说也。

[1] 都直夫，都兴阿。

[2] 王，王国才。孔，孔广顺。石，石清吉。

弟处六千余人（除分防黄州三营并张和甫、金殿安外），拟于初一、初三进山剿贼。山径丛杂，谨慎行之，或可得手。若仅此万余之贼，尚可言战，若大队上犯，则仍请希庵前来。

至兴国重地，原拟派和甫[1]、张明前来。和甫已派到龙坪，张明尚在黄州，以丁聋子[2]丁忧急欲归去也。黄州亦是江岸要地，未可太空，急切竟无可派之营，奈何！

[1] 和甫，张和甫。

[2] 丁聋子，指丁锐义。

九江调拨已多，皆困北岸及弟处太不得手。然奇、右亦派过江，未免大营太单矣。手此。奉请勋安。

弟林翼顿首　廿八夜宋家墙发

小石、察庵均此。

14　致李续宾

迪庵仁兄大人阁下：

十八日赖希庵之功，击退巨股贼匪。十九日得书，商议添募湘军之事，应候督办。弟恐北岸之王、孔终不肯撤耳。

弟同希庵廿二日进蕲水。希庵之战事方略与圣人同，盖亚圣也。弟意欲分作两岸总统[1]，而恐难强。弟与兄情谊至切，亦仍应由老兄斟酌。

[1] 总统，总管。

至廿一日突接瑞州之凶耗[1]，知峙衡[2]兄阵亡。此人忠良，万人中难选一人，与弟情至厚，方冀为国家栋梁，挽救东南大难。此人之死，国之不幸，非弟之不幸，非峙衡之不幸，何天之不佑善人至此？弟痛哭终日不能自止。昨日犹手书戒其勿攻城，专差甫[3]去，而不料如此，痛不可言（峙衡之才能治兵，亦近年仅见之人，其忠心尤非时人所及）。其父何名字？弟拟于恤典[4]之外另奏一折，以慰其孝慈则忠[5]之心。待查实即出奏也。

[1] 凶耗，死讯。

[2] 峙衡，刘腾鸿。

[3] 专差，专使。甫，才。

[4] 恤典，帝王对臣属规定的丧葬善后礼式。

[5] 则忠，效忠。

其军中有好勇，少将才。闻周姓不可靠，其余请老兄酌量调归浔阳。涤公可来浔为是。手此。奉请勋安。

弟林翼顿首　廿一夜

15　致李续宾

迪庵仁兄大人阁下：

廿三日进兵蕲水，又得圣人之弟之力[1]。此公竟是孟夫子，圣人外应推首座[2]矣。

[1] 圣人之弟，指李续宜。圣人，尊称李续宾。

[2] 孟夫子，尊称李续宜。首座，居第一位。

余云龙[1]伤尚易养，其营中已伤亡二哨官、大旗手数名、勇丁六七十人，则必须一二月乃可复用。令其在三台河养息整理，非嫌之也，乃爱之至也。无论如何，营头伤近百人，必须养息整饬[2]，若急用之，是弃之也。

[1] 余云龙，湖北人。湖北抚标营官。咸丰六年三月隶于李续宾，参与攻打武昌、九江等重要战斗。咸丰八年秋，随李续宾征皖，攻克桐城后率部留守，未参加三河之役。

[2] 养息，保养休息。整饬，整顿。

张静南从十一日起一切均交希圣指挥，无战不胜，即心齐之明效大验[1]也。

［1］明效大验，很显著的效验。

此三次之战，仁营尚能补过，惟老唐老而幼唐奸[1]（即当汰去），本学太愚（亦当汰去，哨官实好可怜）。丁[2]丁忧未来，恐须另筹。

［1］老唐，唐训方。幼唐，唐义训。

［2］丁，丁锐义。

峙衡之死，弟最伤心，痛哭三日，悲不能止。此人忠良，百身莫赎。其军无统亦并无多营官（请圣人择营官），弟已咨札调归麾下，盖念峙衡之苦心，又痛惜此军之无所依归也。

弟处裁汰怯懦，仍可养兵，九月以后，当渐渐充足。唯是孱躯本弱，老母年高，只望涤帅[1]早到浔阳，则同志有人，楚军必张。

［1］涤帅，曾国藩。

至李黼堂[1]以银购火药，弟必不受，已嘱将银万两交雪芹[2]矣。其雪芹军火，弟必筹给三万斤，此后如能按月筹给三万斤，则内湖水师尚可不孤。但须雇夫运送，又烦清神[3]耳（不应说钱，如能厚待峙衡之军，如能不大亏雪芹之饷，则弟感情多多矣。小孩儿不懂世事，开口便说钱。弟若有药[4]，何必要钱；弟若要钱，何必卖药？瑞州一军，除去年启程，后解[5]过十万两有零矣。此岂可以银钱动心之人哉！且雪芹之为人，李迪庵、杨厚庵之类也。此种至宝，不知宝贵，可谓肉眼不识圣人）。

［1］李黼堂，李桓。

［2］雪芹，当为雪琴，彭玉麟。

［3］清神，对人神思的敬称。

[4] 药，火药。

[5] 解，押送。

李黼堂复信乞阅后封发。又致雪芹一函，乞致之。

弟同希圣到蕲水，此是总路，尚须养息三五日可到西河驿、曹家河等处，大约北岸可以无虑矣。

此次若无希庵之审势审机，即再添五千精兵，亦是败仗。此天下知兵之言，惟林翼能言之，自命亦圣门中之高弟子也，一笑（贼本易打，官兵本强于贼，无如[1]不会打，何也?）。

[1] 无如，无奈。

雪芹处当另筹银两以济之。手此。奉请勋安。

弟林翼顿首　廿四日

16　致李续宾

迪庵仁兄大人阁下：

连旬得希圣之力，则未尝不喜，每思峙衡又大悲。峙衡一军之事请详言之，凡兵事以营官得人为主，尤以统将得人为主（无统将即十余好营官亦必败）。峙衡一军营官以黄泽远为最，其次李姓，其劣者周姓也。其弟（名腾鹤者）必归里[1]，其再来或可带一营，其余各营或有营官，或无营官。此时峙衡殉国，尚须老兄代谋营官乃可用也。否则，终是有兵而无将，其贻害非小。至峙衡之忠正廉明能得士心士力，实可为统。弟之欲峙衡来鄂，是求峙衡为将，非求峙衡之兵。此时峙去兵存，比峙衡在日已弱五分矣。若归老兄统辖，整理三月乃可用也，否则虽强易弱。

[1] 腾鹤，指刘腾鸿的弟弟刘腾鹤。归里，回家乡。

湖北之官实心[1]谋饷者实无多人，即有良心好者，或事权不属，或才力不及。弟查闰五月及五月厘金[2]月可七八万串，盐课[3]月可十余万串，合计一月可二十万串。六月以来，即停十分之三四矣（盐不过六万串，厘亦然；七月则四万串、五万串耳）。八月之饷必稍亏，九月以后仍可旺。以旺者补欠，须竭力以谋，或可支撑（凡人皆想吞此钱，譬如唐僧之肉，人人想吃也）。然每月军饷火药及一切制造共需二十三四万两，即月得二十万串，尚亏十三四万两。如秦、晋、蜀月赠三万，尚亏五万。近月秦、晋、蜀又不应矣（天下之人皆求之，四川已不应矣）。本省地丁[4]粮饷本是一钉一眼，非军饷所能支用。以弟之霸气，日日与督帅、藩台[5]争钱（如漕事[6]严催严办，下半年可得十余万两），月可争得二万两，稍不小心即失之矣。是湖北之饷较江西、安徽则足，然总不足用也。

［1］实心，真心实意。

［2］厘金，即厘税，晚清实行的一种商业税。分坐厘、行厘两种，前者征货物交易税，后者征货物通过税。因税率按货值抽若干厘，故名“厘税”，又叫“厘捐”“厘金”。咸丰三年（1853）起征，至1931年裁撤。

［3］盐课，旧时以食盐为对象所征的税课。

［4］地丁，土地税和劳役税的合称。

［5］藩台，明清时布政使的俗称。

［6］漕事，指清代有关征收漕米的事情。

骆与左言[1]，昔年供应东征直至田家镇，以为德色[2]，每有夸词。殊不知彼时水陆不过万人，自四年正二月起至九十月止，不过一年。此时水陆已四万人，并须年年月月如此，较湖南为难矣。

［1］骆，骆秉章。左，左宗棠。

［2］德色，自以为对人有恩德而表现出来的神色。

至北岸之兵尚有六千人，都欲裁而易[1]湘军，然至今又中止，此事系督为政[2]。况巴玉农招游勇溃卒降贼约二千人，藏于无贼之处、百里以外，日日索饷。省城调满洲驻防兵及添募新兵又数千人。此则弟兵不争气之所致，五月惊惶时之所为也。然使外省尚肯应饷，则弟尚能支撑，否则，强兵弱兵，同一欠饷，久而久之，同是饥溃耳。此湖北必然之势也。

[1] 易，换成。

[2] 为政，做主。

峙衡一军前已咨札调归老兄统带。弟意若曰峙衡在日，弟调峙衡；峙衡故[1]后，不顾其军是不义也，弟断[2]不为。谅江西亦必以归兄为然，其军士亦愿归兄乃安也。至峙衡之弟来言欠饷五月，又恤伤约千人，是在江西攻城已有十万两之欠，若弟应之而不能践言，是不信也，只好于公牍中言明，此项应由江西筹给，其到浔以后口粮，弟当任之。又雪芹[3]一军久饥，弟未致[4]饷，江西又不管，负此良友，奈何！

[1] 故，死亡。

[2] 断，一定，绝对。

[3] 雪芹，彭玉麟。

[4] 致，送。

弟之金殿安及安营等陆续已撤（小唐亦可撤，而尚因无饷未行），弟若能再撤去二千人则心乃安然。然募兵易而撤兵难，募兵不必有饷而人自至，撤兵必须有饷，而人或虽撤犹不去也。

至湘后来浔以后，仍须老兄再谋统帅，则南北两岸乃可得力。希庵之应在一处，弟亦何敢再言，且实不情也。

江西抚一函乞转交雪芹，火药弟当任之。弟同希圣初一二日即进漕家河等处，弟若在军中，则各营尚肯听希庵之话，希庵乃得展布[1]，且转运亦灵便应手，军中比署中为安。

[1] 展布，施展。

此后谋饷之事，弟且不管，精力实只能顾一路，不能事事兼顾，无可如何也。

小石与竹庄最密[1]。竹庄是奸臣，今日乃觉之。昔年左公[2]言其奸，弟尚疑左之偏[3]，而又疑峙公之褊[4]也，今日乃知其真奸险矣。带去彪营亦是滋事之营，可以不管，且万万不准其入鄂。

[1] 小石，孙守信。竹庄，吴坤修。

[2] 左公，左宗棠。

[3] 偏，偏见。

[4] 峙公，刘腾鸿。褊，心胸狭隘。

至九江、小池口、浔、皖一带大政，总须老兄渡江，而以他军换过九江，乃有济[1]，明日再详思之。

[1] 有济，有帮助。

此请勋安。察圣[1]即安。

[1] 察圣，指李续祖。

弟林翼顿首　廿八夜

17　致李续宾

迪庵仁兄大人阁下：

初六夜书，初九夜到。雪芹之照即留尊营。一切军情均可面商，惟万万不准攻城耳（有战法，无攻法）。弟立志如此，立誓如此，自古至今之兵法无不如此。自二年至今，兄之所克城约三十矣，亦无不如此。盖贼若不出，粮不竭，援不穷，内不思遁，即猛将千人、精兵十万人亦无攻法也。瑞州之失固在目前矣，即蒲圻之得（五年），弟至今尚深惜壮士之不再得矣。除攻城攻垒外，弟一一遵命而行，决不致稍有掣肘之处，惟一言攻坚，则期期不奉诏[1]耳。

[1] 期期不奉诏，不接受命令。

初十日可到龙坪，良晤[1]非遥，快睹为幸。手此。奉请勋安。

[1] 良晤，犹欢聚。

察庵均此。

弟林翼顿首　初九夜

18　致李续宾

迪庵仁兄大人阁下：

昨夜得一书，是迪圣[1]之诚意，是察圣[2]之文章，拳拳[3]以鄙人为念，以豫章、皖之作难[4]，不恤将士为虑，圣人之情见乎词矣。大抵军兴八年，凡我辈作官者皆欲借军事以为利[5]，嗟嗟！岂有能以军事为事、军心为心者哉！湖北亦然，即有一二心地稍好者，言及兵与饷皆茫然不知，非不知也，心不属耳。天下本无生知[6]之人，亦无深思苦学而终限于不知之人，未之思耳。

[1] 迪圣，李续宾。

[2] 察圣，李续福。

[3] 拳拳，诚挚貌。

[4] 作难，作乱，起事。

[5] 为利，获利。

[6] 生知，生而知之。

弟同希庵到童司牌，欲观兄战状，弟意亦欲请兄到孙家嘴观希庵战状。弟明日可到龙坪，当约兄畅谈也。手此。奉请勋安。

察庵均此。

弟林翼顿首　初九童司牌

19　致李续宾、李续宜

迪庵、希庵仁兄大人阁下：

奉书知有进规[1]湖口县之议。侦探为先，视贼之虚实为要。弟已饬粮台加运钱万三千、银二万余，共成银三万之数，以弥前欠而利遄[2]征。至一切机宜唯兄密为审察。

[1] 进规，进军并有所图谋。

[2] 遄，迅速。

王槐轩已札委到九江听候老兄差委[1]，或粮台[2]，或营政[3]，此人无不可者。槐轩却以在仁营太无事、不便素餐为言[4]，到尊处则不妨多派差事，彼心乃安也。

[1] 王槐轩，王揆一，湖南道州知州。札委，用公文委派人员。差委，派遣，委任。

[2] 粮台，清代行军时沿途所设经理军粮的机构。

[3] 营政，军营事务。

[4] 素餐，无功受禄，不劳而食。为言，埋怨。

行营之制已到，容再商定刊刻。何子文[1]之意总想以陈开用为营官耳，故违札[2]将各营裁成四百而不知其误。实则勇丁实有好胜之心，而营官并无节制之略。此起二千余人，惜弟不能久在营中，无由访察，故人才不出。若得二圣日日访察，必有可观。弟处昨已批驳，仍听尊裁，并行尊处矣。

[1] 何子文，何绍彩。

[2] 违札，违反公文，即违规。

至张荣贵以千总升实授副将，其前在水师本勇。且当湖口、九江焚船之后，不肯弃船入湖；到金口以后，独力与雪芹[1]苦撑。是其保守[2]湖北，弟故优待之。不料其器小易盈[3]，尚不如子文也。

[1] 雪芹，彭玉麟。

[2] 保守，保卫守护。

[3] 器小易盈，容量小易盈满，比喻识见气度狭窄，容易自满。

应缴清前欠之九百余两，应请篠石[1]兄查询捐价并诰轴费银，如尚须找清，弟亦不吝。弟所虑者弓马[2]之费已及数千，月粮月及一千。然弟默察其中颇有莠民[3]，张荣贵眼睛不认得人（所以然之故，好谄、好浮华之故），恐此枝[4]马兵尚烦斟酌，弟不敢信也（如不可用，仍以留拨尊处为是）。

[1] 篠石，孙守信。

[2] 弓马，骑射，泛指武事。

[3] 莠民，坏人，不良分子。

[4] 此枝，此支。

厉伯符[1]言：湘营截至八月杪[2]，所欠不过六万，与弟前在九江所查之数截至七月杪尚欠八万余之数不符。伯符仍言：八月初六到万八千，八月十二日解一万八千五百，二十四解一万八千五百，二十七解一万，实欠不过五六万而已。所说是否有凭，尚乞明示。

[1] 厉伯符，厉云官（1808—1876），字伯符，江苏仪征人，举人，湘军幕僚。先后委办审案局、湘军后路粮台、总理湘军水陆各军粮台，经管湖北运转局。官至湖北布政使。

[2] 月杪，月末。

此次约银钱加解[1]三万，果能清缴七八月口粮否？弟心在筹饷，责在欠帐，多还一分，则心安一分耳。原帐一本，乞查明交还，弟回省细核。弟出省后，地丁尚未走样，厘金牙帖亦有加无已（此不过一次耳），唯盐课权不我属，终是日见其减耳。

[1] 加解，加送。

童子牌[1]、小池口并作一案保举。其随同希庵打仗者，信营已开单来。此外仅有仁营尚频频接仗，应否开保，乞密酌之。李曙堂[2]已来。

[1] 童子牌，当为童司簰，地名。

[2] 李曙堂，时为游击将军。

江西军情、贼情均乞便示。弟恐江西危在旦夕矣。雪芹处便付九月分军饷三千两（已起解矣），乞告之。战马弟再另筹，必有以应命。

方子伯[1]可来鄂遍地访察人才否？楚北竟不出将，则弟心不甘。刻下湖南亦强弩之末，继起无人。弟意总觉军事难于四、五、六年之时。手此。奉请勋安。

[1] 方子伯，方翊元。

弟林翼顿首　九月初八日

是信已到数日，未暇即复。

篠石、察庵、星舫、子伯均此。

20　致李续宾

再者，十余万之贼注[1]于不能军旅[2]之苏、杭、嘉、湖，则大命将倾，殆不可起。以理以势而论，天下大局，患不在皖北，而在江浙东南。应请涤帅率一万人，并助以霆营六千速援浙江，则天下之病尚有瘳[3]乎？其皖北之事，公与礼堂[4]尚能制之。如以为然，速商涤帅、揆帅[5]驿奏施行。

[1] 注，集中。

[2] 军旅，作战。

[3] 瘳，病愈。

[4] 礼堂，多隆阿。

[5] 揆帅，官文。

又及

21 致李续宾、李续宜

迪庵、希庵仁兄大人阁下：

得初八日书，知贼窜关王庙，是商城、光山[1]均无恐，则弟等前（二次）奏以河南为虑，必应追剿，差[2]可告慰圣心。

[1] 商城、光山，皆河南地名。

[2] 差，大致还可以，勉强。

浙江之不能即去，无论皖、鄂之事势不可了[1]，即舍皖、鄂不顾而三千里赴援，兵权又不甚大，恐亦未必大有补于浙江也。弟等志意已决，唯候十四日批回何如。至日后进兵，应以一枝[2]赴六安，一枝由宿、太进，再以一小枝傍江岸护水师。六安一枝转运不易，殊为可念，然亦弟等之责也。请两兄先取安徽地图形势通观而审察之，随时示我。昨奏请以萧、张（瑾部）、王、刘（普部）入浙，然实无所统，亦大难事。此请勋安。

[1] 了，完结，结束。

[2] 一枝，一支。

子白处并问候。

弟林翼顿首　十一日

22　致李续宾、李续宜

迪庵、希庵仁兄大人阁下：

商城一军似不必撤。以前奏不能援浙，以河南紧要也。且异日东下之策应分兵两路：一由宿、太，一由六安，乃为合宜。其六安一路，湖北转运须设于麻城、商城，乃可就近支应。至米粮似非就近采办，势难接济，均烦心力，其患只在无人耳。

朱希广[1]等已嘱从蕲州、蕲水下行至陈德园或朱阳河会剿。此请勋安。

[1] 朱希广（？—1863），字子明，道州（今湖南道县）人。咸丰五年（1855）应募入湘军，在湖北、江西等地与太平军作战，累升至都司。七年，参加会攻蕲州，晋游击，加参将衔。八年，获胜蚘山，晋参将，加副将衔。从复九江，抢先登城，晋副将。又移师克太湖，李续宾三河之败，坐先溃，免官。九年，从攻太平军陈玉成部，克潜山，复都司衔。继攻桐城，屡败安徽捻军于挂车河等地，加参将衔。十一年，获胜新安塘，加副将衔。同治元年（1862），同复庐州，擢总兵。从荆州将军多隆阿入陕攻打西北回民军，解商南之围，又败回民军于捉马沟、三角池，加提督衔；继攻同州。二年，在王角村附近被回民军击毙。

弟林翼顿首　十二

小石、铸臣、察庵、子白、槐轩、小山、龙臣仁兄均此。

外二件

23　致李续宾、李续宜

迪庵、希庵仁兄大人阁下：

涤帅十六日（亥刻）从长沙拜折[1]，至今尚无来音，或走九江，或由义宁，尚未定也。云章已可启程（廿五日可来到鹅公泾），此人三年相从，笔下颇好，一切紧要信件能随所欲言，其本领似在龙臣诸公之上。

[1] 拜折，亦称“拜折子”。清制，督抚以上有要事专折上奏，把折匣供在大堂香案上，对之行三跪九叩礼，然后取交折差，高捧头上，开中门送出。拜折时，属员站班，步兵排队，放炮奏乐，仪节隆重。

都将军[1]来信奉上，只留石清吉[2]三营在后，余均带去，则兵力已厚矣。彭泽留防，何人为统，何人支应（李帅实已派九江支应，似可札归李帅，实为妥），乞示之。弟意欲分尊处作五小统领。各将均朴勇，然庇荫之下，事事禀承，故乐得不用心、不见长。愚见不如早为调派，分为小统领，庶几操心危、虑患深，各将乃有长进，而老兄亦稍稍节劳。譬如子弟不当家，则乐得游闲自在，一旦畀以重任，乃觉其劳苦。似不如先为试用，以觇[3]其才识也。

[1] 都将军，都兴阿。

[2] 石清吉（？—1864），字祥瑞，直隶沙河人，清朝将领，武进士。咸丰初，出为湖北郧阳镇守备，从剿黄陂、崇阳、应城，累擢参将。克安陆、京山皆有功，以勇称，所统曰飞虎军。后隶将军都兴阿军，常从多隆阿转战。累以战功赐号干勇巴图鲁，擢总兵，加提督衔。同治三年九月，被太平天国围困药山，殒于阵，予骑都尉世职，谥威毅。

[3] 觇，偷偷地察看。

近日颇倾轧刘霞仙[1]，言其过高好异[2]，又稍偏[3]；又言霞仙必不出山，即不出山亦得此实。涤帅与季公之书也，霞仙必见之矣。

[1] 刘霞仙，刘蓉。

［2］好异，好标新立异。

［3］偏，偏激。

温公之心求节操，卓然可法，然私心亦颇有所虑，恐其高，恐其异，恐其偏。未知愚兄尚有道着处否，如有一二道着处，则望迪庵先生随事匡益[1]，则温公异日必感之矣。

［1］匡益，匡正补益。

希庵兄所言，不离则已，离则合之久暂难定；不留则已，留则去之迟速难期。此亦至言也。然弟之中心[1]决不致久留而终离也。

［1］中心，心中。

皖边贼势，七月杪必将渐退，黄州似尚无事，异变之来必在豫边。豫省兵事吏事万分难言，其危亡可以理决[1]，不必决之于数[2]；其波及楚省可以理揣[3]，亦不必决之于数也。总须及时另想将才为要（豫边之事，不可再劳希公）。唯东征及协济彭雪芹、刘、普[4]浙江月饷三十万两以外，再添兵则万万不支，即不添兵亦岌岌难支也。心拟以三千人助袁午桥[5]，则北窜无虞，迪公更易得手。唯此事甚难，不仅患饷难，实苦无统将耳。

［1］理决，决定于情理。

［2］数，起数，占卜推断吉凶。

［3］理揣，按情理推测。

［4］彭雪芹，彭玉麟。刘，刘腾鸿。普，普承尧。

［5］袁午桥，袁甲三（1806—1863），字午桥，进士，为袁世凯叔祖，先后在京担任礼部主事、充军机章京，累迁礼部郎中，道光三十年（1850），担任御史、给事中，后任漕运总督兼江南河道总督，提督八省军门，赐号“伊勒图巴图鲁”，谥号“端敏”。时任钦差大臣，督办安徽军务。

广西间三五日即来函乞饷，江西亦然，实嫌其太不情[1]，广西则颇可怜耳。陈小山似愿来营，期以七月。铸臣兄可否同希庵回鄂？似不必先回，何如？手此。奉颂勋安。

温公未另。

[1] 不情，不近人情。

弟林翼顿首　廿二日

涤帅则有元公、温公[1]，迪庵先生则有希公、克公、北公[2]，唯不肖之林翼则如郧阳白木耳[3]，亦实自恨命也。

又及

[1] 元公，曾国荃。温公，曾国华。

[2] 希公，李续宜。克公，李续宧。北公，李续宽。

[3] 白木耳，银耳，菌类。

彭玉麟

01 致李续宾

迪庵仁兄大人麾下：

初四辰刻收到赐银二千两，铭谢无既[1]。昨承示外江水师挫失，怅惘奚如[2]。内湖紧守，当可无患。拟节外移泊南康扼守，以防贼窥视此城，贼得计则乘之，不可不防也，况久有上窜之心乎。

[1] 无既，无穷，不尽。

[2] 奚如，如何，怎样。

兹询来弁林步云，云解饷来勇十二人，已于途次[1]交替于营，实深劳累，五中[2]不安。付薄资捌两，乞分给聊以表意。林弁弟已给银二两、钱四百。唯老兄老营人数较单，恒耿耿也。厚庵兄去武穴，田镇巡查后路未回，今得知初二之信，又当愤急矣。北岸得以扫清始佳，不然又多番挂牵[3]，若再有变，更难收拾，奈何！如张小山处必须林弁来，再行函达饬来，兹遣其销差[4]。敬复。即请勋安。不尽神依[5]。

[1] 途次，中途。

[2] 五中，内心，心中。

[3] 挂牵，挂念，牵记。

[4] 销差，旧指向上级回报已完成差遣任务。

[5] 不尽神依，写不完依依思念你的话。

愚弟彭玉麟顿首　初四日

02　致李续宾

迪庵仁兄大人麾下：

初六申刻旋[1]潴矶，因案牍山积，选紧要者批阅暨作答信函，至初八始得专陈得来赴浔奉达一函，谅已早入青览[2]矣。

[1] 旋，回。

[2] 青览，旧时书信客套语，敬称对方阅览。

顷读赐翰[1]诸议，以莱公不动以固江、楚门户，是为稳着[2]，承示种切[3]。以弟愚见，当以察庵、篠石[4]两兄所参之议为是。只要巴河坚忍[5]，深沟高垒，扼住上窜要隘。多办子药[6]，力攻小池口，必乘水势可得也。此处得，不但浔城在握，而梅洲亦并力一鼓可下，亦以水势故也。

[1] 赐翰，对来信的敬称。

[2] 稳着，稳妥的办法。

[3] 种切，种种。

[4] 察庵，李续禋。篠石，孙守信。

[5] 坚忍，坚固。

[6] 子药，弹药。

撤瑞之湘中营驻兴国，亦是要着。计此时南岸所最虑者，该州伏莽窃动[1]耳。有副湘中驻之，则南岸后路亦固。瑞州连日弟饬前营水师刘游击，以战船廿四只日夜轮攻，死贼颇多。一昨贼以死力出队，全用火器，冀扑水师，又为前营毙贼数百人，退不敢出矣。

[1] 伏莽，指潜藏的寇盗。窃动，偷偷发动。

唯省门大府[1]如尸，不济[2]子药，实所为难万分。前营以水势可直逼瑞城下，炮子悉入城中，夜静唯闻瓦解墙倾之声。子药足，放手力攻，可期有济也。弟昨初八痛切一函，达总局请子药，尚不知如发否。弟带五千火药下湖口，初一、初二夜之战暨归途搜湖，所余药无几。若局中不发药，即弟处亦成死船矣，安能活动耶？口粮无有，可以羁延，而火药亦如此其难，西江[3]大局真堪痛哭。

［1］大府，上级官府，指江西省府官员。

［2］济，接济。

［3］西江，江西。

北岸尚祈如天之福，不致上窜为佳。倘不尔[1]，东南半壁前功固弃，而后患莫测，可奈何！匆匆草复，即请勋安。诸唯心照。不尽。

［1］尔，这样。

愚弟彭玉麟顿首　十一日

篠石仁兄大人均安。

03　致李续宾

迪庵仁兄大人麾下：

十三午刻接专示，借悉前托水营转寄尺素[1]已达签记。以弟处诸凡恶劣，重劳锦注[2]，良言金石[3]，敢不谨遵。铭佩[4]之余，曷胜感泣！但时势艰难，又值我楚材朽木，肩兹巨任，思之大局，能不浩叹乎！

［1］尺素，书信。

［2］锦注，敬称他人对自己的挂念关注。

［3］金石，常用以比喻诗文音调铿锵，文辞优美。

［4］铭佩，谓感念钦佩，牢记不忘。

石逆之援，近探复，无动作，唯严以防之。虽敝军口粮积欠七月有余，幸均安静无哗，尚堪告慰。兼金[1]可不需，然云谊高迈[2]，心领愧谢之至。江省龙翰臣方伯[3]颇有才，亦血性，奈以儒官初理烦务，无米为炊，均多掣肘。弟下潴矶近九十日未返吴城，因不放心下游之故。日对万顷洪涛，愁闷欲绝，性既褊急[4]，复多杞忧[5]，学问不深，以致意气不平。伤时感事，郁郁无聊而已。

［1］兼金，多量的金银钱帛。

［2］云谊，高厚的情谊。高迈，高超，超逸。

［3］龙翰臣，即龙启瑞（1814—1858），清广西临桂（今桂林）人，字辑五，号翰臣，道光状元，授翰林院修撰；道光二十七年（1847）以侍讲升用，旋简湖北学政；咸丰元年（1851）广西巡抚邹鸣鹤奏办广西团练，命他总其事；六年简江西学政，七年迁江西布政使；精于经义，尤讲求音韵之学，著《古韵通说》二十卷，另著有《经德堂诗文集》《小学高注补正》等。方伯，明清之布政使别称。

［4］褊急，气量狭隘，性情急躁。

［5］杞忧，“杞人忧天”的略语，谓不必要的忧虑。

近日传谕南康星子、都昌两县绅耆[1]，不惮苦口开导愚忱，晓谕团练，以民力之有余，补兵力之不足。半月以来，舌枯唇焦，手腕欲断，尚无规模，稍有眉目。为事在人，成则有天主之。事若成，弟即泊南康下游，如人力尽而不能成事，亦只好听江西浩劫去了。

［1］绅耆，旧称地方上的绅士和年老有声望的人。

自去年同诸上台[1]吵到如今，皆置[2]不办，任凭空城出卖，可笑可叹。今弟不谅驽骀[3]，极力代谋之，亦可谓无聊之极。思反客为主，闻之者当必喷饭[4]也。

［1］上台，上司。

[2] 置，搁置。

[3] 驽骀，喻低劣的才能。

[4] 喷饭，谓吃饭时因忍不住笑而喷出饭粒，后用以谓惹人发笑。

德化附生[1]刘士煜，弟并不识其人，吴局去年无是生，只有滁槎一卡用一德化万本仪（乃浙江藕舲学使之堂侄），或系此君私用未可知。然万本仪天良无有，不半月因弄大弊，查出撤委。刘生若是其友，则不端不卜可知。江西九江老较湖北更甚，居心不可测者多多，而见面皆满口仁义道德，士气曷[2]可言哉。

[1] 附生，明清时附学生的简称。清代凡童生入学者皆称附生，即秀才。

[2] 曷，何，怎么。

一月以来，骨蒸心烧，疼痛不已，事多恍惚，亦好听其自便，虽药不离口，亦不过尔尔，何论之，幸力疾[1]勉支得住。草草肃复，虔[2]请勋安。不尽欲言，诸乞心照。

[1] 力疾，勉强支撑病体。

[2] 虔，恭敬而有诚意。

篠石兄均安。

愚弟彭玉麟顿首　十三日

04　致李续宾

迪庵仁兄大人麾下：

弹指流光[1]，年又闰五。大局日非，有心人曷堪[2]处此闷狱愁城？谅大英雄有然也[3]。

[1] 弹指，捻弹手指作声，佛家多用以喻时间短暂。流光，如

流水般逝去的时光。

［2］曷堪，怎么忍受。

［3］谅，估计。然，这样。

昨读厚兄[1]来函，知麾下又复拨往北岸，为之怅怅。虽令公[2]自有福分，家将均以一当百，但局外人不无过虑，心恒念结也。

［1］厚兄，杨载福。

［2］令公，对中书令的尊称。中唐以后，武人多用中书令称呼，使用渐滥。

弟水师合算新旧共欠八个足月口粮，总局事权衡者梦梦置[1]之。近赖咏兄[2]分尊营四竿接济，得以分多润寡。八营能以度日，士卒不致偾事而决裂者，赖恪守营规、安分命也。唯其如是，弟更无颜以对，寝馈[3]岂能安乎！

［1］梦梦，形容昏聩。置，搁置。

［2］咏兄，指胡林翼。

［3］寝馈，寝食，睡觉吃饭。

近日江西局面一变，向之司事[1]多退避去，大权悉归李黼堂[2]，粮储以刻薄为能，少年得志，军务不知，军火粮饷厘务[3]悉归揽在握，以私废公，为己损人，强不知以为知。恃与耆中丞契爱[4]，司楚军事，专与楚人为仇，以卖弄其肩挡[5]才情讨好，置桑梓谊[6]不顾，是儿反性[7]，能不糟乎！然彼不仁，忘本已甚，我楚之人不能不义而与若[8]较量也。盖以其乳臭初干，笑让之而已。粮饷久欠，弟并不催，火药要需[9]不能不要，炮位[10]损裂不能换，一味推无来原[11]，不得硝磺造药，不得铁造炮，而已毫不筹备，司军务大权者如是，能不令天下士卒笑死行间[12]乎！西江如是，安望转机[13]？恐祸犹难测也。

[1] 司事，犹有司，主管官吏。

[2] 李黼堂，李桓，字黻堂，湘阴（今属汨罗市）人。1855 年以道员拣发江西，署广饶九南兵备道。后历任按察使、督粮道、布政使。1862 年任江西布政使兼署巡抚，大力办理省城防务，并为镇压太平军筹措粮饷。后因忤曾国藩受排斥。1863 年调任陕西布政使。晚年专心著述，编辑《国朝耆献类征》《国朝贤媛类征》，并著《宝韦斋类稿》《三山归擢小景》等。

[3] 厘务，厘捐，厘税，清实行的一种行商税，在水陆要隘设立关卡，征收过往商品百分之一的捐税，百分之一为厘，故名。

[4] 耆中丞，耆龄。契爱，友好，亲爱。

[5] 肩挡，疑为“奸党”二字之误。

[6] 桑梓谊，家乡情谊。

[7] 反性，性情反常。

[8] 若，他。

[9] 要需，需要，急需。

[10] 炮位，火炮。

[11] 来原，来源。

[12] 行间，军中。

[13] 西江，江西。安望，哪能希望。

湖口近来徽贼数千，伪翼王[1]自金陵带所部声称数万，究亦不过数千；然翼贼究不知真假是其否？弟专探二次，皆言欲水陆上犯我军，弟严谨以待，不敢稍忽。然贼诡计多端，声东走西，不可料定。吾兄颇单薄，恐其乘之，亦须防也。吉、瑞、临如故。并闻瑞郡军心不齐，未知果[2]否。

[1] 伪翼王，指石达开。

[2] 果，确实，真实。

节帅朔六日安封君窀穸[1]，出山恐秋以为期[2]也。宜来浔，不宜入内湖受执缚耳。弟一月以来，骨蒸筋疼，由渐而深。总之，拚此一身，罔计[3]安危，离药则不可问矣。鸿便[4]。敬请勋安。不尽欲言。

[1] 按《曾文正公年谱》，曾国藩葬其父于湘乡二十四都为闰五月初三日。节帅，节度使，此指曾国藩。封君，封建时代因子孙显贵而受封典者，此指曾国藩父亲曾麟书，卒后诰封中宪大夫、荣禄大夫、光禄大夫。窀穸，墓穴。

[2] 秋以为期，以秋为期。

[3] 罔计，不计。罔，无，不。

[4] 鸿便，书信是顺便捎带的。

篠石尊兄均安。

愚弟彭玉麟顿首　初五四更

05　致李续宾

迪庵仁兄大人麾下：

弟自前月十二申刻卧床，延至十九日旋[1]吴城，医药投效，不食者八日夜，直至晦日[2]始能出船门理事。近已痊可，唯子午潮热[3]不退，心空痛，筋骨时作酸疼，饮食虽未复元[4]，精神勉强能支持，一切敢慰绮注[5]。初四早，由厚兄处专弁曾绥复一函[6]，乞并达尊览，以道大捷之喜。因病起手软，头尚昏不能多写字之故，不知已入青睐[7]否？今初八未刻奉赐翰[8]，荷蒙关垂[9]贱恙，感谢良深。

[1] 旋，回。

[2] 晦日，农历每月最后的一天。

[3] 潮热，中医学谓发热起伏如潮水涨退有时的病症。多见于傍晚时，又称日晡潮热。有虚实之分，实者为阳盛所致；虚者为阴虚所致。如肺结核等慢性病患者多有此病状。

[4] 复元，复原。

[5] 绮注，犹锦注，称别人对己关注之敬辞。

[6] 厚兄，杨载福。专弁，专使。缕复，逐一回复。

[7] 青睐，对别人阅览的敬称。

[8] 赐翰，对来信的尊称。翰，书信。

[9] 关垂，关怀垂爱。

瑞郡诸将不齐心，早料有事，昨十九所窜贼二千余，漫延[1]为害，江、楚之路几成破卵。幸瑞营派勇千余（闻系宝、衡两勇），跟踪追剿，沿途截杀，由上高过新喻，廿三日至水北街地方，合团勇四围与贼战，洗逆一千余众，生捡[2]三首逆，内赖检点[3]一名（即三年破九江、犯江西、破鄂省诸处之悍贼），碎磔之，大快人心，余者多散去。廿九攻瑞城，水陆获捷，并夺贼战船。刻下城中是一新放伪总制主之[4]，老贼皆于十九逃出，多死于途次。据衡勇樊、段两从九来禀，情形亦符所闻也。

[1] 漫延，蔓延。

[2] 捡，同“擒”。

[3] 赖，获取。检点，太平天国前期第七等官阶，为朝内官。

[4] 总制，总督。主，做主，主管。

至于吉安郡外各县属，自周梧冈克龙泉，则四面肃清，外无援贼，已成孤注，料易克此郡垣[1]。不意周以得胜之师旋吉，转与长和两营失利，扑去营盘，兵勇尽溃，实不可解。刻下各军退扎九十里，吉郡复烂，尚不知能收集残溃振作之否。据省垣来信云，吉之败因口粮欠久，将士不用命所致。然弟未得吉安信，究不知是谁之咎也。江西事大都皆龟玉毁于椟中耳[2]，是可怕可叹。统率不得人之故，将士则多私心，私则废公，忘顾大局，此乃军中之大危症也，奈何，奈何！

[1] 垣，城。

[2] 龟玉毁于椟中，语出《论语》“虎兕出于柙，龟玉毁于椟中，是谁之过与?”意思是说，老虎和犀牛从笼子里跑出，占卜用的龟甲和祭祀用的玉器在匣子里被毁坏，是监管人的失误，此在说明江西的战事失误责任在于江西上层官吏。

咏公处一昨有详函，所恳者三也，第[1]未知能援手否，谅不隔膜视之。一恳，弟处得骆中丞赐部监照五十张、从九一百五十张[2]，江西大府[3]限我以地，不能销以应急，托转销去。二恳，火药炮位[4]，西江大府骗我不办，视省外各军为路人，只知守定省城三条门，此外不顾军中人死活，托为代办，以顾大局。三恳，转达都将军，严饬锦堂兄各哨务觅其遗<脱>〔蜕〕[5]，不妨悬赏以觅之，其费弟当任之，以有兰谊[6]之故，岂可人在情在乎？此三恳或不有失也。唯咏公函亦初四早发交厚兄来弁，转求老兄速觅便寄去，谅已达典签久矣。

[1] 第，只是。

[2] 骆中丞，骆秉章。监照，监生的凭证。从九，指从九品的凭证。

[3] 江西大府，上级官府，指江西省府。

[4] 炮位，火炮。

[5] 遗蜕，尸体。

[6] 兰谊，美好情谊。

都昌现办团练，绅民富户多从贼。刻下尹令来作筏子，弟为主之。前月廿六派战船十八只，偕尹令六百新集勇往该县驻扎，严示该县士民团练，不从者威以制之，阻挠者杀。昨初五竟有该县绅素充军帅者，在饶州景镇统贼八百余人来该县扑墙[1]。初六五鼓水陆开仗，陆勇扎西门者三百余人败走，水师向导营各哨恐城有失，以半勇守船开炮，以半勇登岸抄贼尾，而东门陆勇三百余人亦冲出接仗，贼见我水师登岸包尾，陆军迎头，遂大败退去。

水师杀贼廿余，夺黄旂[2]十三面；陆勇亦伤贼数十人，惜山路未敢远追，贼退去不三十里。初六夜复闻炮声半夜，谅贼亦是乘夜扑我军也。昨今两日夜大风猛浪，船翻覆，不能动，不能专探去，尚不知该县何如耳（该县隔彭蠡湖四十里宽）。弟拟风平即日往都昌一行，代为整饬陆勇，部署一切。草草敬复，虔请勋安。诸唯心鉴，不尽神依。

［1］扑墙，攻城墙。

［2］黄旂，黄旗。

篠石尊兄均安。

来勇辛劳，已给钱一千文。

愚弟彭玉麟顿首

06　致李续宾、杨岳斌

迪庵、厚庵老兄大人麾下：

瑞州于十四日克复，水师前营尚杀贼六七百人，而陆军之痛快淋漓，所杀更可想矣。唯刘峙衡阵亡，奋勇万分，扑去数炮台，大家赖以成功而自家惨死，三军尽皆痛哭，闻者能不大放悲声乎？弟不禁回肠寸断矣！苍苍者何不佑好人耶？如吴竹庄辈，天则[1]佑之，是不可解，福淫人而祸忠良[2]，实欲呼而问之也！

［1］则，却。

［2］邪恶之人得福，忠良之人得祸。淫人，邪恶的人，不正派的人。

弟督办都昌团练，该邑绅尽甘心从贼，暗中请贼来数千，日夜与我军接仗扑城，向、左、右三营水师更替登岸，水陆夹击，连接四仗，斩获老长发颇多，刻下已败退远飏入饶郡去矣[1]。尹令立得脚住，或以威制该绅而团可成亦未定也。如关倚注[2]，并以奉闻。但峙衡一军无主，未知迪兄可归并否？不能，将士必散，诚可惜耳。不知尊裁若何？忙中草草，敬请捷安。统唯勋照。不尽。

[1] 远飏，逃窜远地。饶郡，饶州。

[2] 倚注，当为绮注，称别人对己关注之敬辞。

愚弟彭玉麟顿首　十六辰刻

07　致李续宾

再者，吾兄昨函询及贞兄旋浔日期[1]，欲派勇相迓[2]一层，今已由弟处派左、右、后三营勇十二名护送，则吾兄处不必另派勇矣。

先此专陈得来。敬请台安。不备[3]。

[1] 贞兄，吴炳昆。旋，回。

[2] 迓，迎。

[3] 不备，不细说，书信结尾套语。

弟玉麟又及

08　致李续宾

迪庵老兄大人麾下：

一昨敬复一函，谅入台览[1]。时事一切，贞阶[2]兄自当面叙，兹不赘[3]，但有不情之恳，求恕而行之。部监照一包（计二百件），公文并信，实以敝营无可靠之勇可差，兼恐咏公早晚行营改移无定，谨寄来银四两，拜恳探确咏公扎营处，专勇或夫赍呈前去，庶不致误，不然即暂存吾兄处，缓寄去亦可。诸务有费清神[4]，复以琐屑渎听[5]，实愧甚也。弟已下潴矶，引领捷音[6]，余不尽述，虔请勋安。统祈心鉴，不尽神依。

[1] 一昨，前些日子。台览，请对方阅读的敬辞。

[2] 贞阶，吴炳昆。

[3] 不赘，不赘述，不多说。

[4] 清神，对人神思的敬称。

[5] 渎，轻慢，对人不恭敬，谦辞。

[6] 引领，伸颈远望，多以形容期望殷切。捷音，胜利的消息。

外咏公公文并信及部照一包。

愚弟彭玉麟顿首　初五日都昌县泐

09　致李续宾

迪庵老兄大人阁下：

陈得来昨初十戌刻回潴矶，奉还云[1]，示知一切。急攻小池口，以待黄梅得胜之师合剿，是为要着，钦佩无既[2]。部照[3]承尊处收到，易于寄去为感。但专勇返往必须路费，乃将原资见外掷回，殊抱不安为怅。咏公所赐火药并银，承示十一二即由七里湖派夫解来，曷胜欣慰之至！因昨夜有差便出外江，匆忙中于厚兄函内草草数语，托为致意，未及另启[4]，已发去矣。

[1] 还云，回信。

[2] 无既，无穷，不尽。

[3] 部照，旧时中央各部发给的凭证。

[4] 另启，另外陈述，谓另外专门写信。

四更后大雨连绵，至今未歇，天气不佳，恐火药在途淋漓，殊为焦灼，但期未动身为宜。如未行，发夫[1]上路，即乞俟天晴再动身。饬往乌石门下船甚近半日程，弟已派战舸往该地迎候矣。并求赐知夫价若干，以便照发为祷。此非同小可，不如付部照之易，万不能累尊处，况相烦日后甚长耶。

［1］发夫，打发长夫。

希庵五兄恐咏公不放之来；若能放来，小池口之下，尊布置最为水不能泻，即不能立破其城，亦足以困矣。

弟船分散，合攻湖口，万难调齐。仅不满百之船，若尽行直扎姑塘，再四思维，又恐上游太空，有后路之虞。弟拟俟外江药[1]到，分布之。先移南康，飞达老兄定夺。即星夜扎青山，离姑塘亦止十里余，出队亦易。唯求天假[2]之缘，风平浪静为佳，否则，虽泊灰山下亦可望而不能动。厚兄来函云，俟其定夺，飞示[3]入内。相约湖口之举，大约在节后，而节前已来不及矣。小池口得事，更好办多多。天心厌乱，谅必如愿。鸿便。特请捷安。诸唯心鉴。不尽。

［1］药，火药。

［2］假，借。

［3］飞示，快信。

愚弟彭玉麟顿首　十一卯刻

10　致李续宾

迪庵老兄大人麾下：

月前由沈克垣[1]大兄处一函，次又由涤师亲兵便函一笺，不知均入英览[2]否？

［1］沈克垣，沈俊德。

［2］英览，对别人阅读的敬称。

刻下雄师攻三河，谅贼系游魂，不难卵覆。唯舒、桐一带节节留防，有分兵力。而湖、彭诸军又须普钦堂来始能换防调去大营[1]，究不知前途足资调遣亦单薄否，鄙衷恒念念也[2]。浔江、淝水以路远难通音敬，怅结良深[3]。涤师来函，饬弟还前次吾兄代交李筱泉[4]太守银三百两。本应专差送呈尊处，因途遥不便之故，留以待梁湘帆[5]开差时托为奉上不误耳。

［1］湖，湖口。彭，彭泽。普钦堂，普承尧。

［2］鄙衷，我心中。恒，经常。

［3］音敬，音信。良深，很深。

［4］李筱泉，李瀚章（1821—1899），字筱泉，一作小泉，晚年自号钝叟，谥勤恪，李鸿章兄。咸丰年间历任湖南永定、益阳、善化知县，为曾国藩主持湘军粮台，后任江西吉南赣宁道。1862 年调广东督粮道，旋擢广东按察使、布政使。1867 年授江苏巡抚，次年任浙江巡抚。1869 年署湖广总督，1875 年调任四川总督，次年回任湖广。1888 年授漕运总督，次年调任两广总督，又兼署广东巡抚。1895 年以疾告归，著有《合肥李勤恪公政书》10 卷。

［5］梁湘帆，即梁作楫，湖南邵阳人。时任凯右营营官。后官至道员。

安庆经厚兄调度已合围，弟湖口各营亦皆驻皖江下游并安庆后湖一带（由枞阳进口）。刻下虑有援贼，已由枞阳之上罗塘洲开壕，外通江，内通湖，壕上筑墙以御之。探四眼狗带大股有上犯之意，未审大营在前后路无顾虑否耶，心甚系之。

去冬今春，承代捐监生、从九各照[1]，兹奉江西文，查只有从九八十名有花名、三代、籍贯、年貌可稽，云称其余监生、从九均未有三代、年貌、籍贯、花名可查，且无照根[2]，未便咨部等情。弟思此捐生以前监生五十张及从九等花名、三代、年貌、籍贯、照根等清册，或由尊处具文，概交湖北，而湖北未行咨江西之故，乞吾兄催湖北速行咨送江西，以了[3]之为感。

［1］从九，从九品官衔。照，凭证。

［2］照根，凭证依据。

[3] 了，完结，结束。

昨奉江西总局来咨[1]，据浙、闽制府[2]来文，言上海夷务已经议和妥协，现在英吉、米利坚、佛蓝机[3]王国派有船只上驶，拟看汉口马头[4]形势，一往即回，要我沿江水师各营不得惊疑，任其前往，只须防护等因，读之令人发指！夷鬼如是可恶，竟欲深入内江，藐视无人之境，而堂堂当事议和，一再而三，似此不全国体[5]，曷可胜叹？天下事岂可为乎？今引鬼入宅皆由于姑息养奸，思之泣下。此时或竟上游行过，我军应如何防护方不失威？倘我优容[6]，而夷性狼豕[7]，稍生事端，听之耶？抑与之用武耶？用武又恐违背圣衷[8]议和之意，不用武又恐难耐，实处两难，愤恨奚似！因闷极开戒痛饮，敢以告之，请老兄记责为祷。昨已飞告秀峰[9]中堂，请飞咨浙江，以婉言阻鬼此行，庶足全大体多多也。未知能阻鬼不来否？

[1] 来咨，来函。

[2] 制府，明清两代总督的尊称。

[3] 英吉，英国。米利坚，美利坚，美国。佛蓝机，法兰西，法国。

[4] 马头，码头。

[5] 全，保全。国体，国家或朝廷的体统、体面。

[6] 优容，宽待，宽容。

[7] 狼豕，狼和野猪，形容贪婪凶残。

[8] 圣衷，天子的心意。

[9] 秀峰，官文。

景镇初间[1]又败挫，可叹！且失船炮，江西仍之可笑也。龙翰臣[2]一病作古，尊夫人旋以身殉自经[3]，可悲可惨。特请捷安。诸唯心鉴，示悉近状。

[1] 景镇，景德镇。初间，初旬。

［2］龙翰臣，龙启瑞。

［3］旋，不久。自经，上吊自杀。

愚弟彭玉麟顿首　十月十三日

11　致李续宾

迪庵老兄大人麾下：

前函正拟勇来尊处，顷闻普钦堂之部下已到湖口扎营。梁湘帆兄来朝开差，兹将涤师奉还银三百两托为寄来，乞查收。一切均载前函。兹不赘述。率请捷安。不尽神依。

愚弟彭玉麟顿首　十月十四日

罗嘉旦

致李续宾

迪翁仁世兄[1]大人阁下：

久钦骏烈，未致鱼书[2]；遥企芝晖，时萦葛想[3]。比维鼎勋锃懋[4]，履祉绥和[5]，以忻[6]以颂。

[1] 世兄，对世交晚辈的称呼。

[2] 钦，钦佩。骏烈，盛业，盛大的功业。鱼书，书信。

[3] 遥企，遥望。芝晖，芝光，称赞他人的容貌风度，亦作对人的敬称。时萦葛想，时时牵挂想念。

[4] 比，近来。鼎勋，大功业。锃懋，昌茂，兴旺。

[5] 履，敬辞，犹言起居。祉，福。绥和，安和。

[6] 忻，同“欣”，欣喜。

前者长儿泽南[1]之丧，辱蒙关垂照料壹是[2]，德深铭于寸衷[3]，情难宣夫尺楮[4]。唯是上祝苍穹，下安黎庶，俾[5]阁下肃清江汉，尽扫妖氛，铭伟绩于云台[6]，膺荣封于枫陛[7]，表阁下南征之烈[8]，即以雪吾东败之耻也。

[1] 泽南，罗泽南。

[2] 壹是，一切。

[3] 铭于寸衷，铭刻于心。寸衷，心。

[4] 宣，说出，表达。尺楮，信函。

[5] 俾，使。

[6] 云台，汉宫中高台名，汉明帝时因追念前世功臣，图画邓

禹等二十八将于南宫云台，后用以泛指纪念功臣名将之所。

［7］膺，接受。枫陛，皇上。

［8］烈，功业。

尚祈禔躬[1]珍重，摄卫咸宜[2]，甚幸，甚幸。不尽布达[3]，顺请勋安。诸唯朗照[4]。不宣。

［1］禔躬，犹福躬，有福的身体，尊称对方。

［2］摄卫，保养身体。咸，都。

［3］布达，书信用语，谓陈述表达。

［4］朗照，犹明察。

芗泉兄处未另[1]，祈叱致[2]。令弟希庵兄均此[3]。

［1］芗泉，蒋益澧。未另，不另外写信。

［2］叱致，转达姓名致意。叱，叱名，请人转达自己姓名，谦辞。

［3］均此，都在这里（问候）。

待生罗嘉旦[1]顿首　七月廿日

［1］罗嘉旦，罗泽南父亲。

李桓　龙启瑞　恽光宸　联福

致李续宾

迪庵仁兄大人阁下：

尺书[1]往复，葭溯弥殷[2]，敬唯勋福骈绥[3]，履祺繁鬯[4]，引詹吉采[5]，曷罄颂忱[6]！

[1] 尺书，书信。

[2] 葭，蒹葭。溯，溯流而上。两词来自《诗经·蒹葭》，《蒹葭》为思念人之作，故葭溯用作对人怀念的套语。弥，更加。殷，深厚。

[3] 勋，功勋。福，幸福。骈，一并。绥，安好。

[4] 履祺繁鬯，生活如意。履，犹起居，指日常生活。祺，福。繁鬯，繁畅。

[5] 引詹，伸颈远望，敬辞。詹，通"瞻"。吉采，美好的风采。

[6] 曷罄颂忱，怎能说尽我颂扬的诚意呢。

江右分投攻剿，幸赖援师之力，昨于望[1]前一日收复瑞城。从此逆贼胆寒，我军势旺，庶列郡可期渐次肃清也[2]。

[1] 望，每月农历十五。

[2] 庶，但愿，或许。期，期望。渐次，依次。

所有原驻瑞郡各军，现议调拨赴贼聚之区，协力助剿。因思日前奉中丞行准湖北抚宪咨[1]，俟瑞郡攻克后，即将原自楚北来江赴援之湘后、副后两营饬令回鄂等因。查湘后、副后两营原系刘峙衡刺史管带，甚为得力。讵[2]刘刺史于克城之日，因亲身督政炮台，中炮殒命。奉中丞酌派刘刺史胞弟刘腾鹤管带，刘腾鹄帮办，一切营制悉循[3]旧章。唯闻浔郡白水湖地方，阁下本欲扎营堵截，因兵单不敷分派，致未果行，逆众即由该处得资近湖地方接济。弟等公同商酌，拟请将湘后、副后两营之勇，由麾下调扎白水湖统带调度，断贼接济，当可收指臂[4]之助。如果可行，除由省措给[5]口粮俾令拔营外，所有以后口粮即于德邑就近捐征，随时应付。尚望示复，以便速为遵办。专此奉达，敬请勋安。唯希蔼照[6]。不宣。

[1] 中丞，指官文。行准，行文批准。抚宪，下属对巡抚的尊称。咨，公文。

[2] 讵，怎料。

[3] 悉，全部。循，依照。

[4] 指臂，手指与臂膀，比喻得力的助手。

[5] 措给，筹措，送给。俾令，命令。

[6] 蔼照，犹明察，敬辞。

愚弟李桓　龙启瑞　恽光宸　联福同顿首[1]

[1] 李桓，字黻堂，湘阴（今属汨罗市）人，1855年以道员拣发江西，署广饶九南兵备道，后历任按察使、督粮道、布政使，1862年任江西布政使兼署巡抚，大力办理省城防务，并为镇压太平军筹措粮饷，后因忤曾国藩受排斥，1863年调任陕西布政使。龙启瑞（1814—1858），字辑五，号翰臣，广西桂林人，道光二十一年（1841）状元，时任江西布政使。恽光宸，清江苏阳湖（今常州）人，寄籍顺天大兴（今属北京市），原名尔谦，字濬生，号薇叔，道光进士，曾任湖南岳州知府、长沙知府、广东督粮道、江西按察使、江西巡抚，卒于任。联福，身份不详。

刘长佑

致李续宾

李九[1]老师：

愚弟刘长佑[2]顿首。顷据探报，闻以[3]地方有余匪数十，须借官兵声势，协同本地义勇前往剿捕。现拟派楚勇、湘勇各一百名，明早出队。此布[4]，即颂晚安。

[1] 李九，指李续宾，字如九，故称。

[2] 刘长佑（1818—1887），字子默，号荫渠（一作印渠），湖南新宁人。初在湖南办团练，1852 年随江忠源赴广西镇压太平军。1856 年入江西，陷袁州（今宜春）、临江（今清江）等太平军据点。1859 年追击石达开部，占柳州。次年升广西巡抚。1862 年任两广总督，旋调直隶总督。1867 年以镇压沧州盐民起义不力被革职。1871 年后历任广东、广西巡抚，云贵总督。后在原籍病死。有《刘武慎公遗书》。

[3] 以，因为。

[4] 此布，特此陈述。

廿一日戌刻

罗遵殿

致李续宾

安襄郧荆道罗遵殿[1]谨禀大人麾下：

敬禀者[2]：迭奉钧翰[3]，敬聆壹是[4]。襄阳匪徒滋事，变起仓卒[5]，职道等先事[6]既失于觉察，事后又未能及时扑灭，以致逆匪猖獗，上劳宪廑抚躬[7]，惶愧无地自容。

[1] 罗遵殿（1798—1860），字有光，号澹村，安徽宿松人，清末大臣。进士，历任知县、知府、道员、盐运使，咸丰六年任湖北按察使，八年，迁布政使。时任安襄郧荆道一职。

[2] 敬禀者，恭敬陈述，此为对尊亲或上级陈述之敬辞。

[3] 迭，多次。钧翰，对来信的尊称。

[4] 壹是，一切。

[5] 仓卒，仓促。

[6] 职道，道台的谦称，罗遵殿时任安襄郧荆道一职，故称。先事，事前。

[7] 劳，烦劳。宪廑，总督担忧。抚躬，巡抚亲自对付。

查壬子年粤寇犯武汉，本地土匪郭大安等乘机聚众抢夺，职道先为设法解散，一面请兵捕拿，从严惩办，漏网者少。数年来地方咸知儆畏[1]，间有强抢不法之徒，经乡团捆送，即就地正法。

[1] 咸，都。儆畏，敬畏。

甲寅之春，粤匪上窜，职道召募乡团，齐心堵御，莫不踊跃争先。嗣后[1]贼近则招之使来，贼远则遣之使去，两载以来，颇能用命。盖此强悍不逞[2]之徒多以贩盐为业，有事则充当乡勇，无事则自为谋生，向不与外匪勾结也。上年毛勇[3]往来，漫无纪律，幸防范甚严，未生他变。撤散以后，或有逗遛[4]樊镇亦以小贩为生者。今春盐务更章[5]，加提重课[6]，因此群怨顿生。外匪如朱中立等乘隙暗中勾结，起意谋为不轨。兼以夏秋亢旱[7]，贫民愈多。

[1] 嗣后，随后。

[2] 不逞，为非作歹。

[3] 毛勇，长毛和团勇。

[4] 逗遛，逗留。

[5] 更章，更改章程。

[6] 重课，重税。

[7] 亢旱，大旱。

八月二十六日，竹篆铺地方见有制造黄旗者，乡团首士[1]送信，当即驰往查拿。该匪即于二十八日起手[2]，肆行焚掠。维时兵勇全无，只有号召团练，并调提标兵[3]数百名抵御。讵[4]出力之团首绅富房屋多被焚毁，家业荡然无存。西北各乡团人心畏祸，遂多涣散。仓猝间致有九月初三樊城之变，不得已禀请督帅宪台[5]拨兵救援。十八日，温游击甫[6]抵樊城，队伍未齐，群匪蜂至，以致我军失利，樊镇为贼所踞，连扑郡城数次。当因援兵未至，只有收集溃散川勇，权为守御，幸得保全。

[1] 首士，首管其事者。

[2] 起手，动手。

[3] 提标兵，提督管辖的绿营兵。

[4] 讵，岂料。

[5] 督帅，将帅。宪台，御史台的别称，后世用作地方官吏对知府以上长官的尊称。

［6］甫，才。

刻下大兵齐集，贼分股窜散于新、邓、光、谷之间，而附近北乡尚有数股游扰。十月二十一二等日，唐守[1]带勇为头敌，常道与马队跟踪接应，在北乡红绫铺、清河一带直捣贼巢，毙贼千余，夺获骡马、刀矛、枪炮、黄旗无数。德署镇之川兵本已中止，而将军必责令其前进，昨已抵襄，调往谷城一带防御。乘此胜机，并力剿洗，得南勇马队之精锐，不日可冀[2]歼除。唯贼股尚多，且道路分歧，必须堵剿兼施。兵勇骤难裁汰，而饷糈[3]无出，焦急万状。昨据庄道、禄守等凑解银八千余两，分润[4]各军，早已告罄，间有所属州县挪借零星钱米入城，杯水车薪，于事无济。孤城悬罄[5]，撑拄维艰。

［1］唐守，指唐训方。

［2］可冀，可望。

［3］饷糈，军粮给养。

［4］分润，分发。

［5］悬罄，亦作“悬磬”，悬挂着的磬，形容空无所有，极贫。

职道莅襄九载，连年督办团防，襄士民如手足之捍头目。今为时势所迫，内乱潜萌[1]，亿万生灵竟蹂躏于数十匪徒之手，既无颜以对百姓；责司粮台，大营需饷孔急[2]，从前丝毫皆留为大营之计，今以肘腋[3]之变，不能为宪台筹画万一，而转请宪台为襄郡分忧，又何颜[4]以对上司？言念及此，如坐针毡。然地方为重，又不能不勉强食息[5]支持，得一日即竭一日之职守。自维[6]力小任重，负疚滋深，求宪台立予参核[7]，不致因前此大公之心，为日后盛德之累，则知己之恩，成全之赐，衔环难罄感报矣[8]。肃此敬禀，恭请勋安。伏唯垂鉴。

［1］潜萌，不知不觉地发生。

［2］孔急，很紧急，很急迫。

[3] 肘腋，胳膊肘与胳肢窝，比喻切近之地。

[4] 颜，脸面。

[5] 食息，吃饭休息。

[6] 自维，自念，自想。

[7] 予，给予。参核，当作“参劾”，弹劾。

[8] 衔环，谓衔环报恩。难罄，难尽。感报，感激报恩。

职道遵殿谨禀

刘腾鸿

01 致李续宾

湘勇后营刘腾鸿谨禀大人阁下：

十四日午刻奉到钧谕，得悉近日武汉水陆诸战大为得手，迥异春间。遡听[1]之余，实为快极！而口粮一节，顾[2]令有功者须延时日，先济我军，稍有人心，自当每饭不忘、力图报效也。

[1] 遡听，远听。

[2] 顾，只有。

初二日肃奉一禀，计日想邀洞鉴[1]。是日下午曾、吴、普[2]到，即合队一处。我军自北南来，各营勇夫及随勇殊骚扰不堪。初三日与诸同事约，能如所议力除此害，方同前进，否则仍须分道援江也。幸各营依议，初四日始由浏拔营。初八日抵万载，扎城东门外之涂泉，到时四路侦探。

[1] 奉，送。一禀，一信。计日，计算时间。邀，求取，取得。洞鉴，对对方阅读的敬称。

[2] 曾，曾国华。吴，吴坤修。普，普承尧。

万载一县唯倚我省一面尚为清静。零星股匪四围密布，因与萧浚翁[1]会商，须将近处之贼分路痛剿，方不窘步[2]。议定十一日鄂来援军打斗门及田心，萧率部打江南。是早派队，至时贼已遁，而该地居民之蓄发者鼓吹、炮竹[3]前迎我军，是民之狡，而土匪之甘心从贼者亦遂混入其中，无从分辨。只得谕令剃发，毋得惊扰，从田心收队而回。江南贼，萧军至时亦先走。又探闻卢家洲（去[4]万城四十五里）大股贼毕集，将由大硚来抄万载后路，鸿等因先发制之。十三日拔营扎大坑岭（去万四十里），到时贼又分路遁，鸿意此股贼数多皆系乌合，其悍者大约分踞袁、瑞二城，若不从大股打之，徒然分剿，剿后仍集，我军将为所牵制，终于大局无补。不若直捣新昌，新昌若下，即由上高痛剿瑞郡（复瑞为援江要着，曾星使、左季翁、刘印渠[5]等似皆云然，贼之辎重亦毕集在此）、袁州一路。刘印翁屡次乞援于萧，亦商定近日内晋扎[6]三阳硚，分袁贼之势，俟我军到新昌或上高，即直抵袁郡，拼力攻击。袁、瑞复，零星匪类固可不击自解也。

[1] 萧浚翁，萧启江。

[2] 窘步，步履艰难。

[3] 鼓吹，谓敲锣打鼓，吹奏乐器。炮竹，指燃放鞭炮。

[4] 去，距离。

[5] 曾星使，曾国藩。星使，古时认为天节八星主使臣事，因称帝王的使者为星使。左季翁，左宗棠。刘印渠，刘长佑。

[6] 晋扎，进驻。

此间情形，知关垂注，并以奉闻，恭请福安。余唯荃照。

腾鸿谨禀　六月十四夜三更

02　致李续宾

迪翁老兄大人阁下：

近以军行鲜暇[1]之故，久不奉书，疏懒殊甚。每于温公书中备悉尊处诸战情形，迥异春间，殊为快极！今又月余，必更有一番树建可纪[2]旂常者。便鸿可遇[3]，尚祈惠我好音[4]，以慰悬系[5]也。

[1] 鲜暇，少有空闲。

[2] 树建，树立，建立，此指建立功业。纪，记载。

[3] 便鸿可遇，如方便带信。便鸿，托人顺便带的书信。鸿，借指书信。

[4] 惠我好音，回我好音信。惠，敬辞，谓对方的行为施惠于己。

[5] 悬系，挂念。

此间事自到万[1]后即与萧浚翁会商，分道进剿。萧已进驻袁郡，两获胜仗，消息甚好。我军由万拔营，于方塘地方破贼卡一处、贼垒一所，追杀十余里，贼颇胆落，到新昌时即闻风走窜，仅杀毙断后数名。后又拔抵上高[2]，到时贼负嵎自固，连放枪炮，我军分股绕城过河，截其去路，分股逼城打入。贼败弃城走，过浮硚[3]。我军之绕城去者见贼分路走，亦分半追之，分半过河横截。奈水深，徒涉[4]维艰，未及痛剿。我军追杀数里，贼忽回头开炮，我军且避且进，将护炮贼杀毙，夺获铜洋炮、铁洋炮共四座。贼又大溃，追及数里始收队。两城之复诸战中约毙贼三百零，生擒二十余，火药可得五千余斤。米粮一项，上、新[5]贼储均富，目前亦不待自为筹画。唯长官乏人，终恐民心不定耳。新昌请我军粮台沈委员代之，上高现在无人，办理较难。

[1] 万，万载，地名，在今江西省。

[2] 拔抵，拔营抵达。上高，地名，今江西宜春市下辖的县。

[3] 浮硚，浮桥。

[4] 徒涉，徒步过河。

[5] 上，上高县。新，新昌县，1914 年改为宜丰县。

江省各路除郡县外，真贼本少，所设伪官概系土匪为之。官军胜利处皆民，偶一失事即遍地皆贼矣。现今瑞城、上、新、临江之贼尽数并入，而达瑞之道又层层障蔽。二十五之战，宝营先锋二名因深入遇害。二十六派队寻之，去二十里许，众贼悉聚，后加队前去，追及十里许，破贼卡一处。防守如此，未审[1]能得手否。曾节帅由江来瑞，大约秋初可到。若借[2]其调度，两路击之，为力或易也。

[1] 未审，未知。

[2] 借，借助。

肃泐芜函，缕呈壹是，伏乞荃照[1]。恭请勋祺。

弟刘腾鸿顿

[1] 泐，书写。芜函，对自己信件的谦称。壹是，一切。荃照，犹明察，敬辞。

再禀者：敝营保举一单，已蒙恩允发存尊处，遇便乞发来为荷。

鸿又及　六月二十八日

令弟希兄大人暨芗泉仁兄大人、篠翁先生[1]均此，未另。

[1] 芗泉，蒋益澧。篠翁，孙守信。

03　致李续宾

迪翁老兄大人阁下：

近以军务旁午[1]，音问久疏，心殊歉仄[2]。昨接北抚[3]书，知尊处功已垂成，城池之复不出阳至前后。筹画周详，实为钦佩。但功成后伫候督部来江[4]，指示一切。

[1] 旁午，纷繁。

[2] 歉仄，遗憾，抱歉。

[3] 北抚，湖北巡抚。

[4] 伫候，肃立敬候。督部，督率部队。江，江西。

此间贼经我军屡挫凶锋，后以城池不下，拟调曾沅浦[1]、周梧冈新募四千，合成长围。旋以[2]口粮拮据，不能强其必来，今闻已直捣吉安矣，合围之计又成画饼。十月中旬，因拆南城砖石夹江筑两坚城，分股守之，分股断其接济，贼势少穷[3]。唯北顾奉新，南顾临江，不无罅隙之间全绝其勾引耳。月前十五、二十九两日派队去时，贼出截尾，两获胜仗，擒斩颇多，尚为快意。

[1] 曾沅浦，曾国荃。

[2] 旋，不久。以，因为。

[3] 少，稍微，略微。穷，困窘。

前议围时，弟以兵勇不敷[1]，禀请节帅[2]陆续加募二千，以便独当一面。每月需口粮二万一千有奇，爰[3]就地设立捐局，几费苦心，捐钱近十万，合江省所发万六千两及北省所解万金，仅敷中秋以前口粮。今三阅月[4]，不唯分文未给，而江省又札饬粮台：省兵五营由捐局一律供给。左支右绌，实难措手[5]。抚州之挫，各上宪啧[6]有烦言，遂置兵事于不问。节帅办理更形[7]掣肘。前北抚筹拨之四万及代解陕饷三万均恳鼎力催解，以济涸辙[8]，俾军无庚癸之呼[9]，则感荷靡涯矣[10]。恭请勋安。统唯丙鉴[11]。不备。

[1] 不敷，不够。

[2] 节帅，指曾国藩。

[3] 爰，于是。

[4] 三阅月，经三个月。

[5] 措手，着手处理。

[6] 上宪，上司。啧，大呼。

[7] 形，显露。

[8] 济，接济。涸辙，比喻穷困的境地。

[9] 俾，使，让。庚癸，古代军中隐语，谓告贷粮食。典出

《左传·哀公十三年》：“吴申叔仪乞粮于公孙有山氏……对曰：‘粱则无矣，粗则有之。若登首山以呼，曰“庚癸乎”，则诺。’”杜预注：“军中不得出粮，故为私隐。庚，西方，主谷；癸，北方，主水。”后称向人告贷为“庚癸之呼”，又称同意告贷为“庚癸诺”。

［10］感荷，感激。靡涯，不尽。

［11］丙鉴，明察。丙，通“炳”。

愚弟刘腾鸿顿首

篠翁先生暨令弟希翁五兄大人均此问候。

家兄玉田、舍弟遐浦、之阶嘱笔致意[1]。

［1］玉田，刘岳曙。遐浦，刘岳晴。

再启者，我军现拟连夜轮派各营惊[1]城，似实非实，似虚非虚，以十晚为定，亦多方以误之之意。如仍不能下，弟营勇三千六百名，留一千六百名守老营，亲率二千往奉新会合吴竹庄打之，该处如得手，则瑞城亦易下耳。

弟又及

［1］惊，惊扰。

刘腾鸿　刘腾鹤

致李续宾

迪翁老兄大人阁下：

月前肃禀[1]未审已登钧览否？家八兄于昨念[2]七日回，始知荣旋业已命驾[3]，道述眷注[4]之意，感铭无既[5]！

［1］肃禀，恭敬的信，谦称己信。

［2］念，“廿”的大写。

［3］荣旋，光荣归来。命驾，命人驾车马，谓立即动身。

［4］眷注，垂爱关注。

［5］感铭，感激而铭记于心。无既，不尽。

东路之贼以浔城为炯鉴[1]，遂各瓦解。昨二十日克复抚州，念四日又复建昌，势成破竹，自无复着手处矣。唯弟等庸碌，攻围吉郡久不奏功，实深渐恧[2]。现据降贼供称：贼粮尚敷数月，硝磺虽缺，而每日熬煎，犹能敷用。曾、赵诸君计图速攻，弟以贼既不能冲窜，抗拒益坚，虽拼命仰攻，未必得手，既经久围，不如坐困聚歼之为愈也。

［1］炯鉴，明显的鉴戒。

［2］渐恧，犹惭愧。

弟军口粮，凑各路解款，去年分尚是不敷，各营借凑垫给，始行发足。

大驾东指启行何日？敝军日后作何定夺？一切均恳示悉为祷。专肃奉布[1]。敬请勋安。

[1] 特恭敬告知。

老伯老大人、伯母太夫人尊前恕未另片请安。

愚弟刘腾鹄　刘腾鹤顿首

萧启江

致李续宾

迪庵方伯[1]大人麾下：

接诵手书，借悉大军攻剿不遗余力，大局转机实倚赖之。唯是该逆死守以老縻我[2]，分扰以牵制我，殊费手脚耳。石逆[3]动静，前养翁抄寄李次翁[4]信，得悉渠[5]军亦屡战屡捷，终有“石逆由雨花亭看蝗不知去向”之语。不愿打江山，故无动作，或者然也。可怪亦可快[6]。

［1］方伯，明清之布政使别称。

［2］老縻我，使我们疲倦，使我们浪费军饷。

［3］石逆，石达开。

［4］李次翁，李元度。

［5］渠，他。

［6］快，快意。

此间贼负固不出，无法可施。现在开凿地洞数处，约皆及四十余丈，计到城根尚差二百余丈，城攻殊不易易。比[1]又采办铜斤，拟铸万斤大炮攻击。据造炮者称可以立破，果尔[2]，是速于地洞[3]也，岂不快哉，岂不快哉！

［1］比，近来。

［2］果尔，果真如此。

［3］速于地洞，比挖地洞要迅速。

新淦攻剿未下，由督率者非人。敝部驻扎此地，防御较宽，未便分拨，前荫翁[1]又派四营去矣。王璞翁[2]近日未有音信，昨发探去，不知何日可得回报。顷又专勇为驰送公文，已饬守候回文[3]，归日即当驰递瑞郡，由令弟转递大鉴[4]也。

[1] 荫翁，指刘长佑。

[2] 王璞翁，指王鑫。

[3] 回文，回信。

[4] 大鉴，请对方阅读的敬称。

来人急促，书不什一。复候勋安。诸希心照。

姻[1]愚弟萧启江顿首　初四辰刻

[1] 姻，姻亲，由婚姻关系而结成的亲戚。据《李续宾年谱》记载“萧公为公母萧太夫人从弟”，萧启江为李续宾堂舅，故称。

左宗棠

与李迪庵

石逆窜鄂，其锋其锐，非老兄及润之之镇定严固，指挥如神，不能击走之也[1]。此贼被创[2]而去，必流毒江西。瑞州有刘、普[3]之军，当可合力御之。弟于十二夜已飞致两君矣。温甫一军，涤帅已撤归峙衡[4]，峙又增募五百。普在长沙过时，已增召五百。此两军者，共四千余，尚可战也。涤又撤建昌之三千余勇会攻瑞州。其实兵力尚不为薄，无如管带非才[5]，而勇亦不尽楚产也。现在周梧冈自闽、粤间道归楚，正募集旧时部曲[6]，曾沅浦亦募湘勇千名。本拟先赴吉安，如瑞州紧急，则先赴瑞也。璞山一军足以制贼，如本省事势稍缓，亦可援江。且俟贼踪稍定，再徐图之耳。

[1] 石逆，指石达开。润之，胡林翼。严固，严密牢固，严密巩固。击走，打跑。

[2] 被创，受创，受伤。

[3] 刘，刘腾鸿。普，普承尧。

[4] 温甫，曾国华。涤帅，曾国藩。峙衡，刘腾鸿。

[5] 无如，无奈。管带，清末新军制，统辖一营的长官称为管带。

[6] 部曲，部下。

王家璧

01　致李迪庵都转续宾书

迪庵先生都转[1]大人麾下：

二月初旬趋谒和门[2]，获睹军容之盛，虽君家临淮壁垒[3]不得专美于前矣。昨闻罗山方伯尽忠致身，搢绅士庶皆相顾失色。前失塔帅，今失罗公[4]，岂天心尚未厌乱耶？何夺二公之速也！而楚人犹有恃以无恐者，麾下一军素为贼所畏惮，又能与中丞和衷共济，遗大投艰[5]，知非此莫属矣。顷知连日鏖战皆获大捷，不愧罗公，即不负天子万众之心，已觉小定，曷胜庆幸。惟闻梧冈[6]失利于江西，麾下欲释此往助涤帅，窃以涤帅为社稷重臣，一身所系匪[7]轻，麾下之欲往援，知从大局起见，非徒知己之感也。

[1] 都转，清代简称都转盐运使司盐运使为盐运使，因以都转为盐运使的称呼。

[2] 和门，军营之门，借指武将、军人。

[3] 临淮壁垒，指李光弼。与郭子仪齐名的唐代名将李光弼曾因功被封为临淮郡王，故称。

[4] 塔帅，塔齐布。罗公，罗泽南。

[5] 遗大投艰，赋予重大艰难之任。

[6] 梧冈，周梧冈。

[7] 匪，非。

然以大局言之，有不得不为麾下沥陈[1]者。鄂垣[2]为天下枢纽，非但滇蜀门户、湘岳咽喉也，在杨逆窃据江南已历年所，鄂垣久攻未下，设更有不虞[3]，则西流荆襄，南窜湘衡，皆势所不免，而豫章两粤将隔在天堑之外，真有不堪设想者。罗公在时，分驻窑湾，尚恐网大漏鱼，今更何时，况可舍之而去？始贵军来援，圣意尚恐兵单，命调松藩等军为后路策应。今罗公既逝，岂转兵众于前？若麾下义旗回向，窃恐云蜺之望[4]转而为水火之怨，而功弃垂成，则金瓯[5]之缺不能不责备贤者。不惟麾下前功可惜，而我重熙累洽[6]、幅员万里之圣朝，忽令腹地渐摩[7]之民，弃之天地生成之外，此忠臣所为寒心，而义士所为裂眦[8]也。麾下能不熟计[9]之乎？且涤帅忠纯武毅，用兵如神，每能转败为功，帐下多才，亦不乏继起之杰，现闻刘太守[10]自湖南往援，已克吉安，即可会剿。纵或风信[11]未真，而石逆久震涤帅威名，谅不敢直犯节钺[12]，即所连陷各城亦皆入而不能有也。涤帅似可保护省会，遵养[13]待时，俟麾下与中丞暨水陆各师克复武汉后，公师东下，共成大功，实此时之上策。如麾下必欲弃此援彼，所虑强丑在前，狡寇在后，万一狼跋疐藩[14]，关系非小。窃愿麾下审[15]处此也。而视万众所隐忧者，犹不止此乎。

[1] 沥陈，竭诚陈述。

[2] 鄂垣，湖北省会。

[3] 不虞，意外情况。

[4] 云蜺之望，谓老百姓之极度渴望，典出《孟子》“民望之，若大旱之望云霓也”。云蜺，云霓。

[5] 金瓯，喻疆土之完固。

[6] 重熙累洽，谓前后功绩相继，累世升平。

[7] 渐摩，亦作“渐磨”，浸润，教育感化。

[8] 裂眦，谓因发怒而眼睛睁得极大，眼眶似乎要裂开。

[9] 熟计，周密谋划。

[10] 刘太守，指刘腾鸿。

[11] 风信，信息，消息。

[12] 节钺，符节和斧钺。古代授予将帅，作为加重权力的标志。

[13] 遵养，谓顺应时势或环境而积蓄力量。

[14] 狼跋，《诗·豳风》篇名，喻艰难窘迫。羝藩，羝羊触藩，公羊角钩在篱笆上，比喻进退两难。

[15] 审，慎重。

家璧[1]受国家二百年教养之恩，不能持寸铁揕[2]逆首之胸，愧恨欲死，而犹靦颜掉舌[3]于大君子之前者，诚代仁人之能受尽言也。中丞昨有书云包胥[4]兴楚，酂侯[5]留关，当各尽所能为之。家璧虽不才，筹饷之事，当仍从庄胡诸君子之后，设法接济，以俟高勋之成。家璧于涤帅又兼师友，非不欲麾下迅度匡庐[6]，助其早成大功；亦非不知荩怀之去住两难，而所言如此者，审知石逆非涤帅敌，而天下安危之枢纽在鄂垣也。

[1] 家璧，王家璧（1814—1883），字孝凤，湖北武昌人。道光进士，授兵部主事。佐曾国藩幕、左宗棠营务，后历任大理寺少卿、顺天府丞、光禄寺少卿等职。有《狄云行馆奏稿》《王氏家集》《武昌县志》及诗文、杂著多种。

[2] 揕，用刀剑等刺。

[3] 靦颜，厚颜。掉舌，吐舌。

[4] 包胥，申包胥，春秋时楚国大夫，与伍子胥为知交。公元前506年，吴王阖闾用伍子胥之计破楚，其奔秦求救，在秦宫廷门前痛哭七天七夜，终于感动秦哀公，发兵解救楚难。

[5] 酂侯，指周勃。

[6] 匡庐，指江西的庐山，相传殷周之际有匡俗兄弟七人结庐于此，故称。

国赖名贤，苍生待命，不揣梼昧[1]，妄用渎陈，谨此敬请勋安，翘企大捷，统希亮察，不次[2]。

[1] 梼昧，愚昧，多作谦辞。

[2] 不次，书信结尾用语，意谓不详说。

02 致李迪庵浙藩[1]

迪庵先生方伯大人麾下：

月之初七日，九江克复，露布[2]飞传，即拟驰书[3]贺功。旋闻余汉溪都阃云[4]，蜺旌[5]不日晋省，拟即迎候江干[6]。不意楼船于昨晚径泊黄州，今晨想早发矣。不获快浮大白[7]，一洗征尘，情深歉然。麾下忠勤武毅，百战树勋，服劳社稷，拯患生民，上不负天子，下不愧知己，洵[8]吾楚之人望也。行见麾下与诸君子书名天府[9]，绘像紫光[10]，直令千载下，论我朝近日武功之盛，楚师不在诸军后矣。吴越之平，当在指顾[11]，建瓴破竹，不足为喻。安麻[12]小丑，计已胆寒。久知麾下功高不矜[13]，敌小不忽，谨慎之学，希踪南阳[14]，必能办贼，早在意中，吾楚幸甚，天下幸甚！

道此奉达，敬请勋安，即贺大喜，统惟崇照，不戬。

[1] 藩，藩台，明清布政使的俗称。

[2] 露布，捷报。

[3] 驰书，急速送信。

[4] 都阃，统兵在外的将帅。

[5] 蜺旌，彩饰之旗，借指将帅。

[6] 江干，江边，江岸。

[7] 不获，不能。快浮大白，痛快饮酒。大白，大酒杯。

[8] 洵，实在。

[9] 天府，指朝廷。

[10] 紫光，指紫光阁。

[11] 指顾，一指一瞥之间，形容时间的短暂、迅速。

[12] 安麻，黄安、麻城。

[13] 矜，骄傲。

[14] 希踪，能达到或比并。南阳，借指诸葛亮，诸葛亮《出师表》有“臣本布衣，躬耕于南阳”之句，故称。

附录　书牍

曾国藩

01　致李续宜

希庵仁弟大人阁下：

顷接六月三日书，借悉一切。蕲师失利，江汉又为之一震，咏公[1]征调援兵。峙、璞[2]两军最为精锐，江省倚赖。璞军远隔东安，鞭长莫及；峙军围攻瑞郡，功隳垂成。均如来示[3]所云，不宜顾彼失此。贼股既经上窜，则黄梅之师前后受敌，征兵邻省，不如近调黄师之为速也。

[1] 咏公，胡林翼。

[2] 峙，刘峙衡，刘腾鸿。璞，王鑫。

[3] 来示，来信。

令兄调度最为合宜，近日谅[1]有确信。鄙意蕲州一股当仍是陈玉成及新附之李兆受[2]等贼，若咏公能坚守黄州，彼当旁扰麻城、罗田等县，仍回皖境，未必直上武汉。特咏公麾下[3]不知尚有能御风浪之将否耳。

[1] 谅，料想。

[2] 李兆受，原名李兆寿，捻军将领，后降清，改名李世忠。

[3] 特，只是。麾下，部下。

阁下所带湘中营，兄握别之时，意不过一两月瑞郡可下，台从[1]可回九江辅助令兄，以襄丕绩而分劳勚[2]。不图[3]瑞城至今不破，阁下羁身[4]于此，不得回浔以佐令兄积劳之躯，此国藩正歉仄[5]深以为负者也。今瑞郡之破既无把握，而鄙人又势难遽行，阁下所提湘中营五百人者，自以长依令兄为妥。令兄在东，阁下亦东，令兄援西，阁下亦西，切不可舍令兄而别开一路，非特湘中营单薄无用，即令兄帮手太少亦殊非宜。

[1] 台从，犹台驾，敬辞，尊称对方。

[2] 襄，完成。丕绩，大功业。劳勚，劳苦。

[3] 图，料想。

[4] 羁身，受困。

[5] 歉仄，遗憾，抱歉。

国藩自奉前次温旨[1]，昕夕[2]悚惶。初六日缮[3]折谢恩，略陈办事艰难情状，仍请在籍终制。折稿已寄交峙衡处，嘱其转送足下及竹庄[4]一阅，兹不赘呈。其第一条言补千把、外委[5]之缺，不特[6]鄙人宜有此权，即令兄营中亦宜有此，所关实非浅鲜[7]。专此布复[8]，顺请

捷绥[9]。唯希心鉴。

愚兄制曾国藩顿首　六月十七酉刻

[1] 温旨，温和恳切的诏谕。对帝王诏谕的敬称。

[2] 昕夕，早晚，整天。

[3] 缮，抄写。

[4] 竹庄，吴坤修。

[5] 千把、外委，均为清代武官名。

[6] 不特，不只是。

［7］关，关系。浅鲜，细小，轻微。

［8］布复，回信用的套语，意谓陈述并回复如上。

［9］捷绥，胜利，平安。

02　致李续宜

希庵仁弟大人左右：

专丁[1]至，接惠书，具审勋履康娱，即事多绥[2]，至以为慰。

［1］专丁，专使。

［2］具审，全知。勋，功业。履，起居，指日常生活。康娱，逸乐，安乐。即事，任事，作事。绥，安好。

鄂中杨委员至舍，得知招勇之局[1]。捻匪素不能战，闻川勇之无归者今亦入捻匪队中。湘勇固可决胜，即都、鲍、义渠[2]力亦足以当之，胜帅[3]虽欲调拨它往，我军未必受其指麾[4]。

［1］招勇，募勇。局，情况。

［2］都，都兴阿。鲍，鲍超。义渠，唐训方。

［3］胜帅，胜保。

［4］指麾，指挥。

浔城克复，令兄意欲归省[1]一次，此亦人之至情，想秀、润[2]两帅必有以玉成[3]之。

［1］归省，回家探望父母。

［2］秀，官文。润，胡林翼。

［3］玉成，成全。

国藩读礼山居[1]，无善可陈。静中默思愆咎[2]，时用惕厉[3]。贱躯粗适[4]，唯目光日损，蒲柳先零[5]。

［1］读礼，古人守丧在家，读有关丧祭的礼书，因称居丧为

"读礼"。山居，山中的住所。

[2] 愆咎，罪过。

[3] 时，时时。用，因此。惕厉，警惕，戒惧。

[4] 粗适，大体上舒适。粗，大体上，基本上。

[5] 蒲柳，即水杨，一种入秋就凋零的树木。先零，早凋。

舍弟温甫[1]于本日起行北上，想可会晤。沅[2]舍弟欲其赴吉一行，令兄嘱其赴浔一行。此时鄂省之所虑者不在江南，而在江北。尊处劲旅自以规[3]皖为正想，阁下早有胜算在胸也。长途间关[4]，军旅辛勤，伏唯保重玉躬[5]，千万自卫。肃复。即请台安。诸维心鉴。

姻愚兄制曾国藩再拜[6]　二十一日巳刻

[1] 温甫，曾国华。

[2] 沅，指曾国荃。

[3] 规，规划并占有。

[4] 间关，形容道路艰险。

[5] 伏，敬辞。唯，表示希望。玉躬，尊称对方身体。

[6] 姻，姻亲。曾国华与李续宾为亲家。制，守制。

03　加李续宜片

再，十五日接周寿珊[1]信，得读谕旨及官帅、绵将军前日奏章，以朝野官绅军民倚望之殷[2]，润帅实以不遽去位，所全较大。然润帅近日扶持善类，力挽颓风，于人之邪正、事之是非剖判入微，不少假借[3]；有权术而不屑用，有才智而不自用，皆大过人之处，两奏皆未能道着一二。润公之识，不肯轻言夺情。吾辈爱之深者，亦何能轻以相强也。

[1] 周寿珊，指周开锡。

[2] 倚望，依赖敬仰。殷，深厚。

[3] 少，稍微。假借，宽容。

吾乡数人均有薄名，尚在中年，正可圣可狂之际。惟当兢兢业业，互相箴规，不特不宜自是，并不宜过于奖许，长友朋自是之心。彼此恒以过相砭，以善相养，千里同心，庶不终为小人之归。足下用心甚深，进德甚猛，亮以鄙言为不谬也。

贱躯癣疾大发，目光如故。余托平安，无劳悬系[1]。手此，再问近安。

[1] 悬系，挂念。

04 致李续宜

希庵仁弟亲家阁下：

久不通书问，时于迪庵书信中借悉近状。即唯履候清胜，勋祜并隆[1]，至以为颂。

[1] 清胜，清雅优美，用为对人问候的敬辞。勋，功业。祜，福。

咏公[1]行后，闻一切尚俱仍旧。秀帅[2]长者，澹村[3]正人，知其必不肯有所更□〔易〕，吾弟在彼，想复相得[4]。

[1] 咏公，胡林翼。

[2] 秀帅，官文。

[3] 澹村，罗遵殿。

[4] 相得，彼此投合。

皖北贼势甚盛，迪庵弟一军以剿尚不甚单，剿而兼防则恐不敷分布。昨其来信云，已请以吾弟之师驻潜山，不识秀帅果肯令吾弟往否，深念念也。

兄入江境后，奉援闽之旨，八月八日抵河口镇，本拟由铅山进捣崇安，因安仁有警，回军截击后，拟由弋阳入云际关，又因新城有警，改道建昌。现在江省边界当俱肃清，已派凯章[1]先趋杉关。闻闽贼时有回窜之意，尚思派浚川[2]绕出广昌、石城之交，兼剿兼堵。闽中米粮缺乏，师行必裹粮[3]前进，兄暂驻建昌筹办转运事宜，俟布置周妥，九舍弟[4]到此，再行相机进止。九舍弟已至樟镇，三两日内□□到也。

[1] 凯章，即张运兰（？—1864），字凯章，湖南湘乡人，清朝将领。咸丰初，从王鑫转战衡、永、郴、桂，积功擢同知。六年，克通城，赐花翎。七年，从王鑫援江西，擢知府。八年，克复南丰，攻下建昌，加按察使衔。克安仁，赐号克图格尔依巴图鲁。九年，援饶州，克浮梁，加布政使衔。十一年，克休宁，擢福建按察使。同治三年，赴福建按察使任。同年与太平军作战被俘后被杀，赠巡抚，予骑都尉世职，谥忠毅。

[2] 浚川，即萧启江（1807—1860），字浚川，湖南省涟源市金石镇人，监生出身，湘军统领。咸丰二年（1852）参加团练，咸丰三年入湘军右营，随李续宾攻打岳州、武昌等地，咸丰五年，自募兵勇组建果字营，征江西，援浙江，官至四川按察使，加布政使衔，咸丰十年在四川成都军营病故。诏赠巡抚，从优赐恤，谥壮果。

[3] 裹粮，携带粮食。

[4] 九舍弟，指曾国荃。

迪庵弟来缄[1]言，咏公陈情[2]之折一字一泪，此间尚未得见，尊处如有底稿，乞录示。旨意如何，亦望见告为祷。

[1] 来缄，来信。

[2] 陈情，陈诉衷情。

前有书达秀帅，乞每月加给协饷万金，不知肯见允否，祈吾弟从中玉成之，感泐无似[1]。手此布肊[2]，即请勋安。不尽欲言。

姻愚兄曾国藩顿首

［1］感泐，感恩之情铭刻心中。无似，无比。泐，通“勒”。

［2］手此，亲笔写是信。布肊，布臆，抒发自己的情绪，谓陈述心中的话。肊，同“臆”。

05　加李续宜片

再，迪公处兵力虽强，而断不可分。分则力单，且无统领之才，一败则大势为所掣动。仆已飞缄告迪庵与温甫[1]，望阁下更详言之。

［1］温甫，曾国华。

贱躯粗适，惟目力日眵，癣疾大发，难以调养遽痊。盖老态渐增也。再问刻安。

国藩又叩

06　致李续宜

希庵仁弟亲家大人阁下：

前奉惠缄[1]，并承录示□寄咏公[2]书，具征[3]吾弟识量之高远，性情之深厚，至用[4]钦佩。

［1］惠缄，对来信的敬称。

［2］咏公，胡林翼。

［3］具，全部。征，证明，证验。

［4］至，极，深深。用，因此。

咏公夺情[1]之议，尊论甚正。爱人以德，君子之用心，亦友朋之义也。唯默审时势，以大局之支拄有必不能不倚赖于咏公者，其关系乃在无形之转移。昨得季高[2]来书，意欲咏公专主兵饷，不居署[3]，不受印[4]。兄窃以为不然。天下办饷之人，非身任地方官鲜有[5]能指挥如意者。而筹饷必处处与地方相交涉，咏公既不受印，则必另易[6]一巡抚来。其另易之巡抚一能如秀帅之言听计从则得矣，万一稍有意见，好事之属吏或又从而构[7]之，将徒使咏公居夺情之名，而无办事之实，又不若竟不夺情之为愈也。陈情之折已奉温旨[8]慰留，未审咏公之意如何，计必有函致尊处。苍生之望，知好[9]之情，权轻重之安，亦殊难代计万全耳。

[1] 夺情，谓丧期未满，官员应诏除去丧服，出任官职。

[2] 季高，左宗棠。

[3] 居署，住在官署。

[4] 印，官印。

[5] 鲜有，少有。

[6] 易，换。

[7] 构，挑拨离间。

[8] 温旨，对帝王诏谕的敬称。

[9] 知好，知交好友。

迪庵弟连克潜、太、舒、桐，进规三河，军威甚壮，可为快慰。三河阻水为固，贼必以全力拒守，此处早下，则破竹之势可成，皖北、淮南早晚当报肃清矣。

兄入江境后，屡次定议度关，辄因闽贼回窜，移师援剿，见在驻营建昌，派凯章[1]向杉关、浚川[2]向广昌分道并进。月来建昌一带疾疫流行，各营勇夫患病者十之三四，军行数日便须暂住休息，以此节节迟延，令人焦灼万状。闽中贼势并趋汀州，分扰宁化、连城及江西之瑞金等县，揣其意向，非南窥东粤以归老巢，即西窜江[3]境以图出路。虽主张不定，伎俩非大而散漫无专注之处，察虚即窜，势恐成流。法宜严防要隘，以一军飘忽雕剿[4]，庶足以制其命。而苦于地势袤延[5]，不敷分布，又以病故，不能迅速进兵，遂且逐渐为之。兄率朱、唐两营及九舍弟之吉字中营千二百人，次青[6]之亲兵老中营共千人，人树[7]之亲兵三百人，暂留建郡。一切办理情形具详此次奏报中，录呈台览，可以得其大概。居营讼案颇难处断，此时斟酌于二者之间。居营而不临阵，若[8]可一言解纷？

[1] 凯章，张运兰。

[2] 浚川，萧启江。

[3] 江，江西。

[4] 雕剿，以应变出奇之计进行讨伐。

[5] 衺延，犹延衺，伸展延续。

[6] 次青，李元度。

[7] 人树，王勋（1823—1882），湘乡人，早年入湘军，参与防堵太平军在湘南各地进攻，后转战赣、粤、桂、浙等地，官至补用道，加布政使衔。随曾国藩支援浙江，办理营务，后以病假归，数年后卒。

[8] 若，而。

江右各城无非残破之余，剩瓦颓垣，荒烟野蔓，实亦不可居住。其稍完善者，便应招徕商民复业[1]。兄若入城，各勇必随之而入，商民惊避，买卖不行，诸多挂碍[2]，是以立意[3]不作居城之计，非护前[4]也。

[1] 复业，恢复常业。

[2] 挂碍，牵制，障碍。

[3] 立意，打定主意，决心。

[4] 护前，回护以前的错误。

来教[1]因居营一事而推论及驭将得人之道，以发明[2]贤才之当惜，银钱之不当惜，语长心郑重，甚感且愧。往岁兄初奉督师之命，窃见库藏之支绌如此，军中之靡费[3]如彼，不自揆度[4]，颇思力矫其弊，凡有用费，务求实际，毅然行之而不暇顾其安[5]。

操之太过，则未免时近于刻[6]，亦以此多所牴牾[7]。此次出山，鉴前此之失，忱然欲有以反之[8]。然如来教所云，则尚有不能无疑者：智深勇沉、神闲气专之士，其抱负必大，位置必高，积诚以求，推心以待，或有至有不至。彼方负命世之才[9]，视万钱千驷[10]如草芥，而我挟银钱以求之，虑其以为□而莫之顾也。蒙窃以为费十万金求人，未必即可得人，而十万金已□可惜；唯费十万金用人，则驱策群力[11]，鼓舞人才，虽得失相半而裨益亦多。来教"轻视银钱，广为物色，试可乃已"数语，谨当从事矣。迂拙之见，尚祈高明有以进之[12]。

[1] 来教，对来信的尊称。

[2] 发明，发现。

[3] 靡费，浪费。

[4] 揆度，揣度，估量。

[5] 不暇，无暇，来不及，没有空闲时间。顾，顾及。安，安妥，妥当。

[6] 刻，苛刻。

[7] 牴牾，抵触，矛盾。

[8] 忱然，诚恳的样子。反，通"返"，返回。

[9] 负，具有。命世之才，原指顺应天命而降世的人才，后多指名望才能为世所重的杰出人才，亦作"命世之英""命世之雄"。

[10] 千驷，千乘。

[11] 驱策，驱使，役使。群力，大家一起出力。

[12] 高明，尊称对方。进，采纳。

朱副将诚朴安详，其才非止可将五百人，兄甚器[1]之，数日必一见面；唐副将大病几殆[2]，日来始稍愈。二人者，均已为咨部请选。凯章、浚川俱极相得，凯章沉毅[3]，浚川英鸷[4]，皆将才也。人树恳至勤能[5]，此来极资[6]其力。九舍弟顷已归去，明春再当来营。各省当事都契洽[7]无隔阂。知关远念，用以附及。

[1] 器，器重。

[2] 殆，病危。

[3] 沉毅，沉着坚毅。

[4] 英鸷，勇猛强悍。

[5] 恳至，恳切。勤能，勤勉有才能。

[6] 资，凭借，依靠。

[7] 契洽，融洽。

羊楼岗[1]之役为日已久，又多陆续归入各案阵亡大员内开报[2]，其未报者不过三数人，以未便专案再奏，致与各案相妨，尊意以谓何如？

[1] 羊楼岗，当为羊楼峒，属今湖北赤壁市。

[2] 开报，开列呈报。

修建昭忠词[1]必得铁桥[2]经理，便中当以书往托之。

[1] 昭忠词，当为昭忠祠。

[2] 铁桥，朱宗程。

前迪庵弟来缄名上书“期”字[1]，阁下致咏公信复有家中变故之言，兄处未悉其详，乞示知以慰悬悬。手此布复，即请勋安。区区不尽欲白[2]。

[1] 迪庵，李续宾。来缄，来信。期，古代丧失亲人必穿丧服，即期服，借指近亲之丧，故李续宾信中写“期”字，表明丧失亲人。据《李续宾年谱》记载，此前李续宾的二哥李续家以及四妹去世。

[2] 不尽欲白，不能一一细说。

姻愚兄曾国藩顿首　十七日

再：敝营月饷不敷尚多，闽省米贵银贱，各勇所得之饷已难多所赢余，长夫则尤仅能够用，其势不可稍欠，支绌情况甚费筹画。前曾函达秀帅，商请每月加给万金。昨得复书，辞以一时难于周转。顷泐函[1]再申前请，务恳吾弟从中赞成[2]之，感荷[3]无量。载此布达[4]，统希鉴照。不宣。

兄制国藩再拜

[1] 泐函，作函，写信。

[2] 赞成，助其成功。

[3] 感荷，感谢。

[4] 布达，书信正文结束处用语，表示陈述如上的意思。

07　加李续宜片

再：令兄迪庵军事，仆前嘱其环绕巢湖击剿傍湖[1]各属，不必兼及淮北；顷又嘱其不必北及定远[2]。又于舍弟书中言“不宜远离水师，以固根本；不宜徇人情面而分兵”二语。是迪军要诀，不知阁下以为何如？

[1] 傍湖，靠近巢湖。

[2] 定远，安徽定远县。

迪公近日声望鼎隆，阁下名誉亦日增赫奕[1]，舍九弟比[2]亦薄有名望。鄙人在外，毁誉互见，然究系毁者少而誉者多。清夜自思，尚觉名浮于实十倍百倍也。

[1] 赫奕，显赫。

[2] 舍九弟，指曾国荃。比，近来。

吾辈互相砥砺[1]，要当以声闻过情为切戒[2]。意城[3]此次在敝幕，深资其力，公牍私函一一代办，识见论议多与相合，故虽精力耗竭，而目下尚无废阁[4]之事，足慰廑注[5]。再颂近佳。

国藩再拜

[1] 砥砺，激励，勉励。

[2] 要当，自当，应当。声闻过情，声望超过实际情况。切戒，

务须避免。

[3] 意城，郭崑焘（1823—1882），原名先梓，字仲毅，自号意城，晚号樗叟，湖南湘阴人，郭嵩焘之弟，举人，咸丰间参湘抚张亮基、骆秉章等幕府，咸丰二年，参讨洪、杨之役，叙功赏国子监助教衔。又以协赞军事，官内阁中书。著有《云卧山庄诗集》八卷，《云卧山庄文集》四卷，及《说文经字正谊》四卷。

[4] 废阁，搁置而不实施。

[5] 廑注，殷切关注。

08 加李续宜片

再，三河之败，敝处接雪琴[1]信，仅有“闻迪庵已往六安，温甫、篠石[2]均至桐城”二语，究不知其确否。令兄既办全军营务，又管浔湖、彭泽诸军，又管奏折，又管书信，又兼顾安庆、庐州各路，又日日亲出打仗，虽有金石之躯，亦将不堪其劳。况人心血有限，岂不愈用愈枯？吾前欲阁下去助令兄，正恐百密中之一疏耳。此后重整军威，无论令兄行抵何处，阁下切不可离开一步。

[1] 雪琴，彭玉麟。

[2] 温甫，曾国华。篠石，孙守信。

阁下抵桐城后，乞将初十日所以致挫之由，详细书示，俾仆亦得增长阅历。令兄回营，须大为将息，再图整理[1]。再候台安。

[1] 整理，整顿治理。

09 加李续宜片

希庵仁弟亲家阁下：

二十八日奉致一函，不知何日可到。其时但闻令兄迪庵已突围至六安州，舍弟温甫已至桐城，以为全局无甚损也。旋于二十八夜接赵克彰十六日发信，二十九夜接官宫保[1]二十三日发信，始知前信之不可。兹又阅[2]三日矣，令兄及舍弟殆无生理[3]，忧皇[4]之至！特专人至尊处条询：

[1] 官宫保，官文。

[2] 阅，经历。

[3] 生理，生存的希望。

[4] 忧皇，亦作忧惶，忧愁惶恐。

一、问迪公与温甫下落，并篠石、槐轩、龙臣诸人得脱免者若干？

一、问三河十二营营官存者几人？兵勇存者若干人？桐城九营溃败之信确否？营哨兵勇存亡若何？

一、问都、鲍[1]退扎石牌，信否？太湖、小池口是否保守得住？水师在枞阳河者是否如旧？

[1] 都，都兴阿。鲍，鲍超。

一、问阁下现驻蕲水，收集得败兵若干？九舍弟由外江回湘，曾否至尊处奉访？阁下向来体气[1]非强，经此番忧愤之余，尚能勉强支持否？寿珊兄尚在尊处帮办否？

[1] 体气，体质。

一、问胡宫保能否即日来鄂？湖北商民尚无迁徙者否？官帅欲国藩拨兵赴鄂，或亲自援楚。仆以少拨则无济于事，多拨则须亲率以行，而闽事未了，江西又虞[1]回窜，颇难妥叶[2]。究竟湖北现存兵勇尚敷堵剿否？

[1] 虞，忧虑。

[2] 妥叶，妥协，恰当协调。叶，同“协”。

一、问此次三河出队之营，何人先败？守全之营，何人先走？可执法惩治否？

一、问三河之案，亮[1]已入奏，有稿否？六舍弟[2]初十日情形，阁下尽知之否？

[1] 亮，料想。

[2] 六舍弟，曾国荃。

诸祈一一缕示。顺候近安。　建昌

10　复沈葆桢

幼丹尊兄大人阁下：

十八日接奉十三日环书[1]，敬承一切。

[1] 环书，回信。

国藩近日忧灼，益不可状[1]。金陵虽幸解围，而贼匪尚于秣陵关、六郎山等处多筑坚垒，层层布置，后路仍未肃清，与金柱关犹隔绝不通。舍季弟贞幹[2]抱病甚重，弁勇病者至今未息。春霆[3]粮路水运久梗，弟派人赶办陆运，挑米于百五十里外，本不足以赡[4]大军，近日淫雨连绵，尤多不便，弁勇纷纷逃散，均非佳征[5]。朱云岩[6]守旌德，十五日出城一战，损折近三百人，米粮亦不足。二十日金陵之贼又分股北窜，九洑洲、浦口十分吃重。李世忠[7]本不足恃，于敝处又多违言。江北如和、含、巢、无，上至舒、桐、潜、太，空虚数百里，一经阑入[8]，不堪设想。此数者从集一时，鄙人实已智尽能索[9]，莫知所届。幸饷项来数较王[10]，为今年所未有，差强人意。若能如此月之入款，即全停江西漕折[11]犹可支持，特恐不可为常。且待万过不去之时，再行缄[12]商尊处通融办理。

[1] 益，更加。状，形容。

[2] 贞幹，曾贞幹（1828—1862），原名国葆，曾国藩之五弟，诸生。咸丰中，先后从曾国藩、胡林翼、曾国荃镇压太平军，围攻安庆、江宁。赐号"迅勇巴图鲁"，历官训导至知府。同治元年死于雨花台，赠内阁学士，封骑都尉世职，谥靖毅。

[3] 春霆，鲍超。

[4] 赡，供养。

[5] 佳征，好迹象。

[6] 朱云岩，朱品隆。

[7] 李世忠，太平军叛将。原名昭寿，一名兆受，降清后改名世忠，河南固始人。

[8] 阑入，擅自闯入。

[9] 智尽能索，智慧和能力都已用尽。索，竭尽。

[10] 王，大，

[11] 漕折，指漕粮改折银钞收纳。明正统元年规定，田赋自起运兑军外，其余可折收钱钞，粮四石折银一两。

[12] 缄，书信。

韩进春[1]业已成军到省否？其营官十人必须逐一经阁下亲自审定，不宜全凭渠[2]为取舍。李迪庵兄弟之选营官，专取简默[3]朴实，临阵不慌。弟不能于临阵观人，而取简默朴实，略[4]仿李氏之意。阁下素精藻鉴[5]，或可酌用之。

[1] 韩进春，号万生，江西省兴国县清德乡样方（今新墟村）人，武进士。选任甘肃西宁（今会宁县）都司，后升任江西抚标中军参将，代理南昌城守副将，隶属沈葆桢。赐敢勇巴图鲁勇号，记名提督。

[2] 渠，他。

[3] 简默，简静沉默。

[4] 略，大致。

[5] 藻鉴，品藻和鉴别（人才）。

春霆所御之黄、胡、李等股，云岩所御之赖、古、刘等股，窜入江西，均属意中之事。然韩军未经练成之时，不宜遽令出御大敌，至要！至要！

黼堂[1]于前敌之事，太不关心，今年下游各军疾疫，实属非常灾变，始终无一字慰问。江西厘金，苟经理得宜，亦实不止此数。

[1] 黼堂，李桓。

诸希心鉴。

左宗棠

致李续宜

希庵五兄大人麾下：

三河之役，大星倏陨[1]，念之涕[2]出。此东南大局攸关，非一人一乡私恫[3]也。

[1] 大星，喻李续宾。陨，陨落，喻死亡。

[2] 涕，眼泪。

[3] 恫，哀痛，痛苦。

奉到来书，知迪公忠榇西旋有日[1]，已为布置料理，所有一切均彷[2]罗忠节公典例行之，官如王若农太守，绅如成静斋、李仲云均同往襄事[3]，必能妥善，可无远念。唯前接咏公信时，已缄致霞仙、沅浦[4]，属[5]携迪公两郎来此迎丧，未审十七日能赶到否也。

[1] 忠榇，指灵柩。旋，回去。

[2] 彷，同“仿”，仿照。

[3] 王若农，字加敏，浙江人，为左宗棠办理粮台局务，后任江苏淮扬道，护漕运总督。成静斋，即成果道，字静斋，湖南娄底市娄星区人，同治庚午举人。以军功官江苏知县，加运同衔。李仲云，即李概，字仲云，李星沅之子，李桓之兄，因父殉难广西，特赏举人，后加盐运使衔、候选道，时事湖南船炮局。襄事，帮助办事。

[4] 缄，写信。霞仙，刘蓉。沅浦，曾国荃。

[5] 属，通“嘱”，嘱咐。

去年冬初，于江、塔、罗三祠侧建王壮武祠[1]，拟以其左建昭忠祠，祀吾乡死事官绅，工未竟而三河之耗至[2]，则姑[3]以此奉吾迪公，别于左近辟地以为昭忠之祠也。

[1] 江，江忠源。塔，塔齐布。罗，罗泽南。王壮武，王鑫。

[2] 竟，完成。耗，消息。

[3] 姑，暂且。

於乎[1]！天下多故而吾乡独当其厄[2]，亦独际[3]其盛，搘天柱而张地维[4]，所赖者此耳。以世俗之见悲数公，窃虑非数公所许[5]。唯冀[6]各自努力支撑，以终数公未竟之绪而雪其恨焉[7]，则数公之灵亦当忻然[8]地下矣。

[1] 於乎，呜呼。

[2] 厄，困苦，灾难。

[3] 际，当，适逢其时。

[4] 搘，古同“支”，支撑。天柱，古代神话中的支天之柱，比喻负重任者。地维，维系大地的绳子，古人以为天圆地方，天有九柱支持，地有四维系缀，故亦指地的四角，喻纲纪。

[5] 许，许可，应允。

[6] 冀，希望。

[7] 未竟之绪，未完成的事业。绪，事业。雪，洗去，除去。

[8] 忻然，喜悦貌，愉快貌。

老兄忧劳之余，壮怀弥厉[1]，析义甚审[2]，治军能严，足觇学道[3]之深，殊为佩慰。天下事变方殷而人才罕觏[4]，念之悚然。唯宽以求之，明以察之，严以督之，用其长而舍其短，庶有济乎苍苍[5]。敬复。即请大安。不尽。

[1] 壮怀，豪壮的胸怀。弥，更加。厉，激烈，猛烈。

[2] 析义，谓分析说明文章意义。甚审，很清楚。

［3］足觇，足见。学道，学习道艺，即学习儒家学说，如仁义礼乐之类。

［4］罕觏，罕见。

［5］有济，有帮助。乎，于。苍苍，指天。

弟宗棠顿首　九年新正十三

前缄[1]写后，迪公忠榇已到，十六日泊王爷殿河下，十七八日中丞以下各现任文武均往迎奠，一切典例均彷罗山前事行之。唯此间致赙[2]千两，克轩[3]坚不肯受，仍以奉还，文武心俱不安也。迪公大郎[4]于十六夜随克翁赶到，见其气清而厚。决其异时必为令器[5]，稍为心慰。十九日灵舟[6]可抵湘潭，水浅，当即从此由陆回里，不到姜畲也。委员吴公觐臣[7]照料甚妥。并闻[8]。

［1］缄，书信。

［2］致，送。赙，赙钱，为助办丧事而赠送给丧主的钱财。

［3］克轩，当为克宣，指李续宾大哥李续宜，字克宣。

［4］大郎，指李光久。

［5］异时，以后。令器，优秀的人才。

［6］灵舟，运装灵柩之船。

［7］觐臣，吴葆仪，字觐臣，清代廪生，吴灏之子。多次乡试不中，遂投胡林翼，任职于粮台。因军功保任天门县通判。在任组织乡勇防御太平军。以调解教案提升知府，摄郧阳府篆。

［8］并闻，一起告知。

官文

01　致李续宜

顷奉还云[1]，领悉种种。唯前者棨戟荣行[2]，正值禔躬违豫[3]，军务劳心之余，尚祈时加珍卫[4]，以慰悬系。

［1］顷奉，刚才收到。还云，回信。

［2］棨戟，有缯衣或油漆的木戟，古代官吏所用的仪仗，出行时作为前导，后亦列于门庭。荣行，敬称别人出行。

［3］禔躬，犹福躬，有福的身体，尊称对方。违豫，有病的讳称。

［4］珍卫，犹珍重，保重。

麻城贼众而悍，狡焉思逞[1]，分窜黄安，我军既防且剿，策应本觉为难。昨已会商中丞，飞致令兄迪庵方伯[2]，派九江得胜之师星夜上援。今接复函，知于十三、十五等日派队驰往，并亲至筹剿，屈指程期[3]，头起应已赶到。贤昆玉[4]运筹决胜，威望久播，先声所至，贼胆已寒，当不难迅就歼除。令兄来函已虑及贼窜黄陂、德安诸道，此乃目前最要关键，务祈会商机宜，熟筹审度，相机布置。刻下援兵厚集，防备易周[5]，总期[6]先固上游门户，一面痛加剿洗，使其无窜逸之路，以免滋蔓难图[7]，是为主要。

［1］逞，逞乱。

［2］中丞，指胡林翼。方伯，明清布政使的称呼。

[3] 程期，期限。

[4] 昆玉，对别人兄弟的美称。

[5] 周，周全。

[6] 期，期望。

[7] 难图，难以对付。

以后如有应行入奏之件，则用印文申赍[1]。其余寄示军情一切信息，当此军务倥偬，何能作楷[2]？请用行书，勿具丹柬，不必拘泥成例为要。泐此[3]奉复，顺请勋安。附完芳版，唯希察照。不一。

愚弟官文顿首　四月十九午刻

[1] 印文，盖有公章的文件。申赍，申送，上报。

[2] 倥偬，（事情）急迫匆忙。作楷，写楷书。

[3] 泐此，书信的结尾敬语。告诉收信人，信写到这里为止。

02　致李续宜

希庵仁棣[1]大人阁下：

前奉赐函，因近日办理闱差[2]考廉等事，公务匆匆，未暇候复。所谓添勇千名，前函已述，祈即添募，兄补行公文，日内可到。

[1] 仁棣，仁弟。

[2] 闱差，旧指办理有关科举考试事务的差事。

迪庵令兄克复潜、太，攻破上下石牌，军威大振。来函云：先攻舒、桐、安庆，楚边无虞[1]，后路疏通，再夹击庐郡。与兄鄙见相合，想棣台[2]亦必为然也。

[1] 无虞，无忧。

[2] 棣台，弟台，对朋辈年纪比自己小的人的敬称。

现值场期[1]，省垣[2]增人三四万，兄已分派营将文委员、马步队官兵，庄臬司[3]，舒、巴、安三位大人协同昼夜巡察。棣台候三场完毕，兄监临出闱[4]后，祈移玉趾旋[5]省小住三五日，畅谈一切，再定赴黄之行。而时下驻军青山，可以助省垣之威严，先声夺人，宵小[6]自必敛迹矣。

[1] 场期，科举考试的日期。

[2] 省垣，省会，省城。

[3] 臬司，元代肃政廉访使司、明清提刑按察使司的别称，主管一省司法。也借称廉访使或按察使。

[4] 出闱，旧时指科举考试结束后考生离开试院。

[5] 玉趾，对人脚步的敬称。旋，回。

[6] 宵小，小人，坏人。

适又奉到廷寄[1]，系皖省又奏贼众由庐郡下窜六合，欲援金陵，兼有欲扑东坝、高资等语。德钦差兵又回返，命李[2]部分兵夹攻庐州、安庆等处，并令会水师杨[3]急攻芜湖而下，此皖省所情形。京中不知地理，庐郡、安庆相隔甚远，中间尚有舒、桐未靖[4]，况我兵力即分攻庐郡尚且未能，安能再分兵东下？皖省局势若此，而章法甚乱，兄已致函迪庵相机进剿，不能如皖之所请而行。只节节进逼，得尺守尺，得寸守寸，固住楚边，疏通后路，然后再进。有过兄自当[5]之。

[1] 廷寄，清代制度，朝廷给地方高级官员的谕旨不由内阁明寄，而由军机处密封交兵部捷报处寄往各省，叫“廷寄”。

[2] 李，李续宾。

[3] 杨，杨载福。

[4] 靖，平定。

[5] 当，承担。

又有浦城一路窜下之贼，云亦欲援金陵。闻景德镇、东流之逆亦皆下去，其援金陵之说似切[1]。唯贼既多下去，而皖省必可稍松，松则易于得手，或畏我楚军威所致耳。

[1] 切，确切。

勋安。不另。

巢营官由弟责之即可，不必来城。

愚兄官文顿首　九月初五日

03　致李续宜

希庵仁棣大人阁下：

适接都将军[1]来文函云，据赵副将克彰[2]禀称：迪庵大营被贼所围，丁丞[3]营失利，请援。前闻已调余参将[4]营前往，都将军已经探援。吉人天相，必然无事。在初十已前[5]至今无信，亦未据另处探报。唯兄处接到来文，由初十日发，想必无大紧要，奈兄实不放心。其后路太空，已饬唐义渠并阿参将以[6]援淮北之师改道由潜、太进发，如无事即行北上，倘迪庵力有不支，即先助我兵之势。

[1] 都将军，都兴阿。

[2] 赵克彰，字国香，湖南湘乡人，李续宾三河遇险时，驻守桐城的赵克彰违抗指令，不予救援。后撤职，免死。

[3] 丁丞，指丁锐义。

[4] 余参将，余际昌。

[5] 已前，以前。

[6] 阿参将，多隆阿。以，率领。

义渠现已有勇二千五百之数，阿参将带郧兵千名，准于十六日由省赴陈德园。义渠虽报头起勇往霍山，大约无多。义渠尚在陈德园未动，阿参将一到，即可会合拔营，已致札函矣。再湖南兵二千五百名到省赴胜帅[1]大营时，道路不通，兄令义渠移营前进后，即令湖南兵暂住几日。如前敌情紧，即可调派；若无紧要，再令其探明路径前去。伏祈棣台大人会同舒都统[2]，刻即[3]前往黄州，调齐马步各营，派人速探迪庵前路。倘须相助，即行接应；若无事，仍不必动。出境即出境，完事仍要回来守我境域，是为至要。至青山大营可否酌留勇丁数百名之处，统候尊裁。

[1] 胜帅，胜保。

[2] 舒都统，舒保。

[3] 刻即，立即。

勋安。不另。

愚兄官文顿首　十五日

04　致李续宜

希庵老棣如面[1]：

适粮台又接到吴丞葆仪来函云[2]：顷接金丞[3]（十二日来函）由桐城来函，我军剿三河，已破贼垒，四眼狗[4]率大股由庐江来援，包绕后路，横截舒城之路。初十日五更，我兵出队获胜，复出大股贼抄来，寡不敌众。迨[5]回营，敌已围扑，义字三营出队者不能回营，先为所破。琛等叠次冲击[6]，竟不能入。右毅中二营三更冲出重围，中丞与同事诸公能冲出与否，尚无的音[7]。唯军装全失，一面收集溃勇，严堵桐城等情。前来飞知棣台，务须于十六、十七拔营赴黄州，探往桐城助势。而前敌已挫，胜即收回，非生力军不可也。火速飞速为要。

[1] 老棣，老弟。如面，如见面，旧时书信用语。

[2] 粮台，清代行军时沿途所设经理军粮的机构。吴葆仪，字

觐臣。清代廪生，吴灏之子。多次乡试不中，遂投胡林翼，任职于粮台。因军功保任天门县通判。在任组织乡勇防御太平军。以调解教案提升知府，摄郧阳府篆。

［3］金丞，指金国琛。

［4］四眼狗，指陈玉成。

［5］迨，等到。

［6］琛，金国琛。叠次，多次。

［7］的音，确切消息。

一切应领物件开单派人来领，后路运送。棣台亦不必进城，有应说的话写信前来。而迪庵受困，兄焦急万状，恨不能即时飞到也。

唐道[1]亦发令去，令其赴桐，不必由霍先往淮北。郧兵一千，十六日赴黄州矣。湖南兵亦令十七日下黄州，住陈德园，已告刘、滕游击，用着可调。若功成，千万不可往下打，要回来守楚境要隘。令余守备持令通知，再补催札，神速为要。青山营中酌留数百人声势可也。

时佳。不另[2]。

愚兄官文顿首　十五日夜冲[3]

［1］唐道，指唐训方。

［2］时佳，四时俱佳。不另，不另写信。

［3］夜冲，深夜。

05　致李续宜

希庵五弟[1]大人麾下：

适得手书[2]，欣知令兄已扼桐城，深为喜慰。兄一闻下游警信，即飞令唐义渠、舒辅廷[3]连夜趱程[4]下援。本日午刻奉到函示，所议更换青山防勇，极为周妥，请速饬令下行，以厚[5]兵力。至锅帐军械业已早饬粮台一面赶造，一面尽现存者陆续解下[6]，务望通知各军专意防御前敌，饷项军械，兄当力任[7]也。

［1］五弟，李续宜在李家兄弟里面排名第五，故称。

［2］手书，亲笔信。

［3］舒辅廷，舒保。

［4］趱程，赶路。

［5］厚，增强。

［6］解下，送来。

［7］力任，尽力担当。

我师新挫之余，幸勿急于报复，当养息锐气，审定机宜，待其骄惰，再图振旅前进。至嘱至祷。即请勋安。

愚兄官文顿首　十八日子刻

06　致李续宜

希庵五弟大人阁下：

前日专人往探令兄消息，随得手书，知已在谢青云营中。连日又不得前敌确信，殊深焦急。

湘营溃出各勇闻已在桐聚集，一时乏人统率，兄已另檄请烦老弟暂为接管。现在赶办公牍，另刊关防[1]，不日即到。务望相机调度一切，徐图报复，幸勿轻易进攻。俟令兄旋营，我师锐气复元，再思制胜之策。

其唐义渠及阿、余两参将之军[2]，已一面饬令进援。刻下桐城我军业已站定，暂令唐、余各营相机扼驻太湖、英、霍等处，以为雄旅及都[3]营后路声援。今日之事，不宜急战，急战恐生他变，唯严守以待其惰而乘之，胜可必矣。统唯心照。即请刻安。

不一[4]。

愚兄官文顿首　廿日四鼓泐

[1] 关防，印信的一种，始于明初。清代，正规职官用正方形官印称“印”，临时派遣的官员用长方形的官印称“关防”。

[2] 阿，多隆阿。余，余际昌。

[3] 都，都兴阿。

[4] 不一，书信末尾用语，表示不详细说。

07　致李续宜

希庵仁棣大人阁下：

念四日奉到手翰[1]，示知一切。是三河大挫之后，十九日贼犯桐城，马队已击数里，奈勇无斗志，纷纷溃散，往石牌、潜山两路而来，器械多失。普镇[2]之军已到彭泽换防，我军亦十九日渡江，唯桐城又挫，此军不知往何处去，或归都将军大营。

[1] 手翰，亲笔信。

[2] 普镇，普承尧。镇，镇军，清代总兵的俗称。

一切前敌失事皆悉，据都将军、余参将[1]来函并咨文，其往桐之赵副将克彰无有只字到省。都将军处已出奏两次，其安庆大营诚为可虞[2]，兄咨函前去，劝其商与厚庵[3]，相机撤回楚境，或至宿、太，先守楚域，未知肯允从否，更不知可撤否也。余参将已到潜山，唐道台[4]亦可续至。来信云：桐城不保，潜山亦不能稳住，亦欲退张家塝固守。时下之势只得先固根本，守住楚境，藏锋养锐，重整军威，再议进攻。然非有数月工夫，不能复振也。而守边兵力尚单，祈棣台函商唐、余二兄，乘贼未至而先退，两军联络为上策，以免孤掌[5]。再能得都将军撤回，则声势始壮。

[1] 余参将，余际昌。

[2] 可虞，可忧。

[3] 厚庵，杨载福。

[4] 唐道台，指唐训方。道台，清朝时道员的别称。

[5] 孤掌，谓孤掌难鸣。

棣台扎蕲水，探明再进，实操老谋胜算之权。即此时前进亦无大益，后路更觉空虚，如贼绕越，患不堪言。所有前敌溃勇，祈派员下去，各路收拾[1]，全令到棣台大营听点。则其精壮老勇可留者，即整起营头，发给器械口粮，不可用者，放路费遣回。如此尚可得勇丁数千，否则太力单也。

[1] 收拾，招纳，收容。

诸务大概如此，临时即祈尊裁，兄若皆遥试[1]，恐误机宜[2]。总以稳守，贼不得入境为要，唐、余二公之起亦是如此。唯可虑者，都将军一营孤悬耳，幸有水师相依，不至吃大亏。

[1] 遥试，遥制，遥控。

[2] 机宜，机会。

军装桐城所存者难保，潜山存者或可即令撤回。于十七八日又由省运去锅帐、枪炮、军装，时下可到转运粮台迅行调取。现省下陆续已往下解[1]。溃勇到省者只二三十人，尚未上来，赶急收集[2]尚易。

[1] 下解，下送。

[2] 收集，招收聚集。

已派巡捕驾船去迎接胡宫保去矣。再奏调曾涤翁之军，舒都护[1]来信云尚未见面，宜急知会[2]。黄州等处已传办团，又求杨厚庵、彭雪琴各驶上几营炮船，泊于武穴、黄州。省城人心尚定，无不急欲得迪庵确耗[3]，传闻总未确实。

[1] 舒都护，指舒保。

[2] 知会，通知，告诉。

[3] 确耗，确切消息。

现楚北大事全赖棣台大力，人心无不仰望，前敌溃勇、溃将亦咸[1]悦服。私仇故切[2]，而国家大局关系尤重，伏祈棣台妥为布置，相机调度，自加珍摄[3]。统带南军，已经出奏，不必拘泥，诸凡自主。

[1] 咸，都。

[2] 切，急切。

[3] 珍摄，保重。

勋安。不戬[1]。

愚兄官文顿首　十月廿四日灯下冲

[1] 不戬，不尽，不能写完。

08　致李续宜

希庵五弟大人足下：

适得手书，所论防楚各情与鄙见暗相吻合。赵副将[1]之溃势所必然，为今之计，我军唯严守以待其弊，勿轻言战。脚跟立定，再思制胜之策。

[1] 赵副将，赵克彰。

咏芝[1]中丞大事已毕，前日闻警后即专人往迎矣。水师扼防江路，底是要着[2]，早已信达杨、彭[3]两公，速拨炮船，固我边界。下游溃卒即请老弟派员赶紧收集，扎[4]于后路，勿令见贼气馁，摇涣前敌军心也[5]。其抚标仁、义、信、智、凯、护各营以及迪军全部悉归老弟总统[6]，妥为布置。此刻诸路援师已齐，乘贼尚未上犯，先行堵截要隘，早作未雨绸缪之计，幸勿视为常泛[7]，临事周章[8]为祷。

［1］咏芝，胡林翼。

［2］底，此，这。要着，首要之事。

［3］杨，杨载福。彭，彭玉麟。

［4］扎，驻扎。

［5］摇涣，动摇，涣散。前敌，前线。

［6］总统，总管。

［7］常泛，平常。

［8］周章，办事周全。

昨坐探之伍令来禀[1]，道及令兄十三日率千余人冲出重围，由小路而赴六安，未知确否，深为悬念[2]。此复。即请日安[3]。

［1］坐探，专在某处探听消息、收集情报的人。来禀，来信。

［2］悬念，挂念。

［3］日安，天天平安。

愚兄官文顿首　廿五日戌刻

再，自廿一、二、三、四等日俱有文札函件，并饬粮台专送总统关防。连日接老弟来函，并未提及，是否前途延误，祈为查明示复，以便严究。

兄又启

09　致李续宜

密启者[1]：顷唐义渠来禀[2]，本月十六日拿获太湖县伪翰林郝学英并其随人郝小妍，又潜山县伪监军冯廷献，当即审明正法。查郝学英前勾引各县伪职，在于官兵各营投效[3]，访查我军虚实，暗通消息，迪军[4]之失实受其害。经潜、太各绅及潜山叶令查明指禀，审据所带之郝小妍，供认不讳；质[5]之冯廷献，但称为郝学英所累。盖郝逆曾授以黄金，令其投入各军营，并密约潜山之伪师帅[6]储雁才、伪协理程维屏、伪翰林陈绍平、伪军帅程福堂、伪举人程胜元等，分投何、赵[7]各营。此次自行败露，是乃天夺其魄。务祈密查，各营如有该逆党羽及与前开[8]之姓名相符者，即望速拿审办，毋任兔脱[9]。其所收报效诸人尤宜详加慎选，幸勿大意，致误事机，至嘱至嘱！驰此[10]。布请日安。不一。

愚兄官文顿首　廿六日

[1] 密启者，偷偷陈述。

[2] 顷，不久以前。来禀，来信。

[3] 投效，自请效力。清代有投效军营、投效河工等例。

[4] 迪军，指李续宾军队。

[5] 质，质问。

[6] 师帅，和后文的军帅，均属太平天国官名。太平天国按《周礼》“五人为伍，五伍为两，四两为卒，五卒为旅，五旅为师，五师为军”的制度编组军队，师与军的主将称师帅、军帅。

[7] 何，何绍彩。赵，赵克彰。

[8] 开，列举。

[9] 兔脱，如兔一般逃走，喻迅速逃去。

[10] 驰此，写到此。

10　致李续宜

希庵仁棣[1]大人阁下：

前所发关防，即请于初一日开用。如迪兄回营，关防必失，亦可先用。

[1] 仁棣，仁弟。

南勇[1]万余，多血战之士，伤亡甚为可惨，令人落泪。而他处军溃即纷纷来省，此次我军虽溃，而到省者仅数十名，可见心尚未溃，宜妥抚之，择其去留。现有杨德武到省，带数十人而已，令在巢营收集溃上者，并招呼由南来者。

[1] 南勇，湖南兵勇。

都将军[1]已抵石牌，将攻太湖贼打退。有此马步劲旅在前，楚境又觉稍松一步。唯离黄郡[2]太远，中间空虚，贼惯偷越包尾，尚不放心。唯查有九江换下防兵，闻十九日渡江，未卜现在何处。祈即委员持令，查明此起官兵行抵何处，即令扎营于都将军后路一二十里，以为应援后路之用，并准都将军调遣（传知），方为上策。即舒六爷[3]亦可扎于黄州下要冲三二十里外，则自都将军营到黄州一路联络为要，而黄州自固，省城护安矣。倘七断八截，不能兼雇[4]，则溃一处即难再掖[5]，再溃一处大局全失。其三河、桐城不能接气[6]，前车之鉴。而时下能保全都将军一军，大局尤可挽回，故都将军之后路宜庇护也，或不以兄言为谬耳。即行收拾溃勇，虽不能当前军，尚可助威；如能随生力军得三二次胜仗，尤可复振。

[1] 都将军，都兴阿。

[2] 黄郡，黄州。

[3] 舒六爷，舒保。

[4] 兼雇，兼顾。雇，同“顾”。

[5] 掖，聚集。

[6] 接气，连贯，连成一体。

所云招南勇一千人，为数太少。此番挫折，我万余人至多能收其半，即再顶名如数，亦须四五千名。祈即派人往南省先招勇三四千，迅即来楚。已咨行南抚[1]，不至阻住，火速飞速，即在省先发给一万或八千金皆可，好办。

[1] 南抚，湖南巡抚。

唐、余[1]二兄兵扎陈德园，即可照应北面，其黄梅一路尤空。普承忠[2]带兵至浔，彭雪琴来信，并未过湖口、彭泽去扎营，据普承忠禀报，已分扎小池口、湖口矣。刘腾雀[3]一军仅千人，不久亦可抵浔，兄札其另扎九江[4]。普军分扎小池口、湖口去矣，未见禀复。时下总要筹计，接应都将军后路是一大事，祈棣台相机布置，无外于此，然兄亦不能遥制也。

[1] 唐，唐训方。余，余际昌。

[2] 普承忠，普承尧之弟。

[3] 刘腾雀，当为刘腾鹤。

[4] 札，写信命令。扎，驻扎。

军装、粮饷于十八日解下去[1]，可至华阳镇，速次[2]示知折回黄州，上水或迟几日。都将军处亦缺乏，亦当知会。附近先领，后拨即又解下。且知会水师上驶几营，祈代函催[3]。

[1] 军装，军事方面的装饰和装备。解，押送。

[2] 次，依次。

[3] 函催，用公函催促。

胡宫保必然出山，唯尚需时日。棣台先行了理，总在谨慎小心联络为要。大张声势，则贼不敢轻进。我筹画妥协[1]，他不来，我去寻他。此非其时，联环[2]守境，早在洞鉴中矣。

勋安。不另。

[1] 妥协，停当，完毕。

[2] 联环，连环，连续不断。

愚兄官文顿首　十月廿七日灯下冲

附呈抄都将军信。

11　致李续宜

（上阙）折回黄州，固守楚疆，诚为上计。闻唐、余[1]二兄已回陈德园，都将军已退过石牌，唯黄州离二路尚远，未能后应。计商知于都将军，退扎[2]宿、太前路；其间可调九江、湖口防兵，是为生力[3]，扎于都将军后路，方可联络，如李、何[4]二兄皆可管带。唯不知九、湖之军是又折回，是到太湖。祈持令派员去招呼溃勇，过江者亦可持令调到贵营，择其去留，以厚兵力。

［1］唐，唐训方。余，余际昌。

［2］退扎，退回驻扎。

［3］生力，精锐的力量，有生力量。

［4］何，何绍彩。

军装时[1]送至华阳镇矣，九、湖[2]之兵可领。前曾往追，未卜折回否。省城现再拨送黄州，棣台既然总统[3]，自可相机调度而后禀。刘先雇[4]根本之说，妙极，足见胜算不谬也。唯与都将军要商议，时下专赖此马步劲耳。

［1］时，按时。

［2］九，九江。湖，湖口。

［3］总统，总管。

［4］雇，当为“固”，巩固。

溃勇到省者无多，赶即收拾，四路派人下去，传知归营为要。（下阙）

12　致李续宜

希庵仁棣大人阁下：

于望日奉到来示，得悉迪兄凶耗[1]。多日未得确音[2]，并无下落，早料其未能免难，不禁连朝洒泪恸悼也。

[1] 望日，农历每月十五日。来示，来信。迪兄，指李续宾。凶耗，死讯。

[2] 确音，确切音信。

前到随营镇将[1]竟置主帅于不顾，深为愤恨，令人切齿！此不忠不义之徒仍颜立[2]于人世，必当严办以肃军令，始克复整军威。惟现时人心未定，似宜稍缓，或先参[3]革职拿问。

[1] 随营镇将，指李续焘。

[2] 颜立，有脸面活着。

[3] 参，弹劾。

迪兄临阵捐躯，现当并无确字[1]，尚未奏恤[2]，祈棣台察询其确情；并以前未到武汉各功无案可稽[3]，求阁下详叙一切，速明禀前来，以凭奏请优恤，九江、两楚设立专祠，以慰忠魂，垂诸史策，百世遗芳[4]。火速飞速为要！

[1] 确字，确切的文字材料。

[2] 奏恤，奏请优恤。

[3] 可稽，可查。

[4] 垂，流传。诸，之于。史策，史册，史书。遗芳，留下盛德美名。

再，蒋观察[1]之军，都将军停调，或扎于圻水适中之地，为四路援应。兄未到黄、圻[2]，不识地利，祈棣台主裁分拨。

［1］蒋观察，指蒋凝学。观察，清代对道员的尊称。

［2］黄，黄州。圻，蒲圻。

再九江、湖口、彭泽，普、刘二军已到，兄札其专责[1]，有彭雪琴从中调度。唯小池口并下小姑洑二处为由石牌上来沿江要隘。小姑洑有水师无陆队，现已水涸，水师照料难周[2]。小池口，雪琴亲往，已毁其伪城，虽有九江分兵，尚不可靠。普镇[3]近日习气悍狡，本蠢夫也。兄已严札，或稍敛迹。仍祈棣台于各营或收集全队内各处拨去三二营防守，并皆有水师佐之，可保无虞，则我楚境布置已皆周密，为万全之计矣，至恳至恳！

［1］专责，独负责任。

［2］难周，难以周全。

［3］普镇，指普承尧。镇，镇军，清代总兵的俗称。

唯迪兄有功于楚，虽合省[1]朋友皆深悲切，并铺户百姓人人无不叹息，亦可谓铮铮者矣。生时在地为河岳，殁之日在天为列星[2]。现当多事之秋，棣台能续兄志，即为上品。节哀自玉[3]，是幸。

勋安。不另。

［1］合省，全省。

［2］列星，罗布天空定时出现的恒星。

［3］自玉，自行珍重。

愚兄官文顿首　十五日

再，令尊老伯大人是否在堂[1]，暨令侄[2]年岁，祈于迪庵履历上详细声明。

又及

［1］在堂，健在。

［2］令侄，尊称对方侄子。

13　致李续宜

希庵仁棣大人阁下：

胡咏翁宫保已于上月晦日旋鄂[1]，即日接篆视事[2]，在省小住几日，共计东征之策。择于初八日亲赴黄郡，同吾棣[3]会议，重整军威，招军养锐，裁汰疲弱，再议进剿。

［1］胡咏翁宫保，指胡林翼。晦日，农历每月最后的一天。旋鄂，回到湖北。

［2］接篆，到任。视事，就职治事。

［3］吾棣，吾弟。

日前奉到公牍，备悉迪兄三河之变以身殉国，忠孝昭然，令人读之不禁泪下。及从亡诸公，必当九江、鄂垣、本籍设立专祠[1]，千秋受享，非仅于优恤也。已求咏翁代拟自出身起克四十城池、六百余次战功，候拟妥即日可以会衔拜进。其应劾办[2]人员，续经严参，稍不容情，以肃军令。其有续报阵亡将弁，不妨察清再奏，宜详细确核，毋负忠魂义魄也。

［1］当，在。鄂垣，湖北省城。

［2］劾办，弹劾严办。

咏翁来鄂，实合省之福，天下之幸甚。果勇刚毅明白忠正，居兄之左，素所钦服，而下游军务得有专主。兄德薄才浅，虽非下愚，亦非上智，得咏翁一肩之助，可免陨越之虞[1]，良云[2]有幸。

［1］陨越，失职。虞，忧虑。

［2］良云，确实可以说得上。

兄唯待人以宽厚和平，不争不矜[1]，日夜兢兢公事不辍，即一字一言不敢稍忽，以勤补拙，别无他技。幸贱躯精神尚可支持，日以为常，不觉其劳苦耳。祈毋悬切[2]。

勋安。不另。

[1] 矜，夸耀。

[2] 悬切，挂念。

愚兄官文顿首　十二月初五日

胡林翼

01 复庄受祺

得书披读再四，适与营官言军事，座中传观，有泣下者，知公之所忧者大而所虑者深矣。林翼与阁下均是好心，未必能担当艰巨，而值此艰巨，即欲辞避而亦有所不能，知我者惟公与澹村、仲远[1]及同事数人耳。初八日罗山[2]其颓，弟先二日即驻其军中，与迪庵商定，仍由窑湾驻军洪山，代领其众。是日寅刻，此军回洪山，而罗公已刻即逝，弟与握手而诀[3]。此老道义刚大，言不及私，即危困而坚毅不挠，喃喃呓语，皆军国民生之事，可入祀庙廷之儒，不仅名将也。贼因林翼久在洪山，日夜攻我营，炮子直堕帐中，幸将士尚能相守。初十日约会迪庵助我四营，林翼自派六营，以全力破其新垒三，填其新沟五，杀贼逾千数百人，而我之鏖战，则自湘潭、岳洲以来，未有如此之苦者也。林翼一军，以仁、凤为强。凤之将为周得魁都司，大子[4]中脑，不可救药。该员每战必先，是塔公[5]旧部，随林翼二年，大小百余仗，痛憾何如！此等事任是如何思议，不能避死。十四日贼垒又成一座，其大倍前，其高逾丈，及此不破，又难为力，时会所逼，难于回虑。却顾江水，已长五尺，非丈许，则河渚[6]不能淹没，非丈五尺，不可用计也。

[1] 澹村，罗遵殿。仲远，张曜孙。

[2] 罗山，罗泽南。

[3] 诀，永别，与死者告别。

[4] 大子，大炮丸。

[5] 塔公，指塔齐布。

[6] 渚，水中小块陆地。

水师营中人才颇盛，有鲍超者，目不识字，而严明晓畅，勇敢尤其余事。弟已言诸杨军门[1]，乞渠往楚另招三千人为陆路。如武汉可得，林翼誓以此身心坚守二城，即饥馑师旅，期以三年苦守。如竟不可即得，迪庵岂能久留？鲍公亦后起之杰也。

[1] 诸，之于。杨军门，杨载福。

又有刘峙衡者，与迪庵埒[1]，迪欲之，弟亦欲之。迪公天姿近道，木讷厚重少文，盖绛侯[2]也。其思念涤公欲援江西，是血性中人。林翼不遣去则已，遣去则须以六七千人畀[3]之。盖十万悍贼，不易剿办。若分枝，则两无益而徒失良臣，不可不慎也。

[1] 埒，等同。

[2] 绛侯，指汉代大臣周勃。

[3] 畀，给予。

湖南允代林翼办军械，招新勇，而属[1]我自谋其饷。林翼之窘于正饷外，另有恤赏三万余耳。

[1] 属，通“嘱”。

总之，虚实诚伪，公道在人。阁下之心，岂私[1]我哉？尽力以谋事，此志断不可懈。

[1] 私，偏爱。

02 致严正基

仙舫[1]老伯大人阁下：

[1] 仙舫，严正基（1785—1863），原名芝，字仙舫，湖南溆浦人。副贡生。道光中，官河南知县，有声。后历任郑州知州、江宁知府、署理淮扬河道、河南布政使、湖北布政使（留广西办理粮台）、通政使司副使、通政使等职。

楚北刻下肃清，然将才无人，吏治日废，患未已[1]也。峙衡以攻坚殉国，璞山以积劳八月初四日殒于乐安。此二人在，方冀[2]以备异日讨贼之选，不二月，而均亡于江西，是岂仅江西之不幸哉？本年楚北之贼以十万计，江西抚、吉之贼以二十万计，贼日多而将日少，时事艰难大概可知。窃谓军兴以来，良将如江，如塔，如罗[3]，如璞山、峙衡，均有讨贼之略[4]，可见人事之大有可为矣。然事未成而夺之必速，则天意茫茫，未可理测，大抵人心所积，天怒未止，祸患之来，毫无恐惧悔艾[5]之心，方且因缘以为奸也，愿求治而其道无由。侄才短气弱，自上年以来，精力日颓。李迪庵，伟人也，至诚血性，厚重木讷，盖绛侯[6]一流人物，御一二万人而不见运用之迹，其处事当理，故也。其诰轴□□□□系李公所寄，另函详陈。务乞冬月用宝，以慰其心。

[1] 已，停止。

[2] 冀，希望。

[3] 江，江忠源。塔，塔齐布。罗，罗泽南。

[4] 略，谋略，智略。

[5] 悔艾，悔改自新。

[6] 绛侯，周勃。

侄现返武汉，以筹饷察吏为要，昨到浔阳与厚庵、迪庵及内湖彭雪芹一叙，殊难为别。迪庵精力亦微逊于去年，九江既无攻法，而粮支二年，江西、安徽之抚太不知兵，讨贼之事，茫无头绪。若以石卿[1]先生为楚抚，以涤生为江州抚，以午桥[2]为皖抚，实力办理，期以三年，乃可有济。若犹前事，江南终不可平，而国力民力日瘁矣。九江、安庆苟其幸复，则尚须以勋戚[3]重臣统师，则事权乃一，否则此推彼诿，即再办十年，亦终无补。手此！奉请勋安。

［1］石卿，张亮基。

［2］午桥，袁甲三。

［3］勋戚，有功勋的皇亲国戚。

愚侄胡林翼谨启　八月廿六日

03 致李续宜

希庵仁兄大人阁下：

别来何日抵里[1]？老伯、伯母大人安康，定如颂私[2]。

［1］抵里，抵达家乡。

［2］一定像我个人所祝愿一样（安康）。

九江寂然，其束手待毙之志亦殊过人。临江之贼来，初六夜逸出[1]，已窜瑞州一路，又闻窜过建昌，是江西之南昌、湖北之武昌均其逋逃薮[2]矣。北岸多、鲍[3]按兵未动，而太湖之贼日增，此心亦以为危也。

［1］逸出，逃出。

［2］逋逃，逃亡，流亡。薮，人或物聚集的地方。

［3］多，多隆阿。鲍，鲍超。

正月节前后，尚乞大驾来鄂，迪公一人太劳也。公在鹦鹉洲失去衣表[1]，近日城乡窃风大起，实官吏之耻也。此致。

[1] 衣表，衣物。

即颂勋安。

弟林翼顿首　十九

老伯、伯母大人福安

大、三先生均安[1]

[1] 大先生，指李续宜。三先生，指李续宽。

04　致李续宜

（上阙）又阖庐[1]在姑苏，此积弱之国也。其欲强国也，见怒哇而式之[2]，以哇有怒气，故致敬礼，所以教国人战也。军中取材，专尚[3]朴勇，尚须从有气概中讲求。特恐讲求不真，则浮气客气夹杂其中，非真气耳。

[1] 阖庐，阖闾，春秋末吴国君主，又称公子光，吴王夫差的父亲。在位期间（前514—前496）重用楚亡臣伍子胥及孙武等人整顿军政，国势为之一振。攻伐楚国，一度占领其国都郢，但因秦兵救楚及内部叛乱而受挫。后东征卑庐，西伐巴蜀，战果辉煌，威震中原。周敬王二十四年（前496）趁越国大丧之际，攻伐越国，为越王勾践所败，受伤而死。

[2] 哇，通“蛙”，青蛙。式，通“轼”，行轼礼。《韩非子·内储说上》记载，越王勾践与吴王夫差打仗，将士斗志不足，恰好勾践的车前有一只青蛙蹲在雨中怒目而视，威风凛凛，于是勾践命令停车，行“轼礼”，表示对这只怒蛙的敬意，以励勇士。

[3] 尚，崇尚。

又，行军之道，智略居首，勇力次之；保国之道，全军[1]为上，审时审势审机为上，得土地次之。吴王夫差[2]庸安[3]，失国人也。然其复父仇也，则使人呼曰："夫差，尔忘句践[4]之杀尔父乎?"如此经年，而仇竟复。特[5]信用宰嚭[6]，宠纵西施，不能善其终耳。拟近年以此呼三军之士，有愿为复仇报恩之人者，敬之礼之，愈蓄愈盛，愈养愈深，特不可轻试耳。

[1] 全军，保全军队的实力。

[2] 夫差（前495—前473年在位），春秋时期吴王。为遵从败于越王勾践的父王阖闾的遗言，力图报仇。于前494年在夫椒大破越军，勾践退守会稽山请和。夫差不听从大臣伍子胥的劝谏，允勾践投降。之后竭力向北发展，进攻齐、鲁等国。前482年，在黄池和诸侯会盟与晋争霸。但在此期间，已恢复国力的越王勾践，兴兵乘虚攻入吴都。其后两国相争不下，前473年，夫差被围于姑苏山，向勾践请和，但遭拒绝，自杀而死。

[3] 庸妄，浅陋妄为。

[4] 句践，勾践（前497—前465年在位），春秋末年越国国君。越王允常之子，又称菼执。曾大败于吴，屈服求和。他卧薪尝胆，刻苦图强，任用范蠡、文种等人整顿国政，终于转弱为强，灭吴国。继在徐州大会诸侯，成为霸主。

[5] 特，只是。

[6] 宰嚭，即太宰嚭，春秋时吴国大臣。也叫帛喜、白喜，字子馀。楚大夫伯州犁孙。出亡奔吴，以功任为太宰。因善逢迎，深得吴王夫差宠信。吴破越后，他受越贿赂，许越媾和，并屡进谗言，谮杀伍子胥。吴亡后，降越为臣。一说他被越王勾践所杀。

05 致李续宜

希庵仁兄大人阁下：

前专夫[1]去，又驿递奉上三函，计[2]均入览。昨接迪庵信，知九江已募四营，每营三百八十人。王载驷[3]则一营官也，唐义训[4]尚须再酌，此迪庵先生之意也。

[1] 专夫，专使。

[2] 计，估计。

[3] 王载驷，湘潭县人，咸丰五年，投李续宾部，从征鄂赣。六年武昌复，东下九江。七年五月，立元中营，为营官，叙都司。九江攻坚，梯登小东门，城破，升游击，命率李长林驻防黄陂、孝感。李续宾北征，调从肖庆衍留防九江，升总兵。同治元年七月，调归曾国藩兼辖，驻守六安州。四年，遣撤回湘病卒。

[4] 唐义训（？—1876），湘乡人，咸丰四年，投李续宾部，征战鄂赣。六年武昌复，东下九江。七年五月，立强中营，为营官，叙游击。九江攻坚列阵城南，李续宾征皖，命从李续宜镇守武汉。后李续宾命李续宜调唐训方率军从曾国藩援浙。九年十月入皖，十年十一月克建德县，升参将。十一年，署皖南镇总兵。同治三年，受降革处分。四年五月，唐部在徽州索军饷鼓噪，被革职回籍，光绪初年卒于家。

唯韦[1]、杨各逆现已偷过北岸，而去年四眼狗[2]各贼屡欲上犯，为都、多、鲍[3]所阻。亦间为唐、丁[4]等所阻。近又避实蹈虚，拟由英山入楚，其势颇炽，又一枝万余人（号十万）已围固始[5]五六十日，弟请迪庵兄派三千人前往麻城防剿。十一日贼逼商城，赵国香[6]等已从麻城拔营进驻商域。而十二日唐义渠[7]来禀，十一日蕲州大捷，是夜贼又大股逼近，必由英山窜入蕲水。义渠仅防蕲州一面，恐贼必由蕲水或罗田入境。查湖北北岸地势如圆瓯[8]，然与皖交界者五县，五县之中又歧途百出，若言防守，万万不可恃也。又四眼狗等纠江西抚州、新淦之贼又数万人，仍窥楚畺[9]，大约二月、三月、四月警报迭至，弟实苦一人难以分顾。迪庵先生以一人劳心于九江，而九江之复必在三月之内。务祈老兄速来援应为感。手此。奉请勋安。即乞速赐旌驾[10]为荷。

[1] 韦，韦俊辉。

[2] 四眼狗，指陈玉成。

[3] 都，都兴阿。多，多隆阿。鲍，鲍超。

[4] 唐，唐训方。丁，丁锐义。

[5] 固始，县名。位于河南省东南端，豫皖两省交界处。

[6] 赵国香，赵克彰。

[7] 唐义渠，唐训方。

[8] 瓯，盆一类的瓦器。

[9] 畺，通“疆”。

[10] 旌驾，敬称对方到来，此指胡林翼盼望李续宜增援。旌，旌旗，借指将帅。

北岸情形尚未告知迪庵，恐迪庵焦劳[1]也。

弟林翼顿首　十六日申刻

[1] 焦劳，焦虑烦劳。

06　致李续宜

希庵仁兄大人阁下：

念四[1]夜书敬悉。此时大计应以速分兵扼黄安窜路为要，其余则悉听大将军调度。

[1] 念四，廿四。

今日发一折，言迪庵先生自二月十六日力攻情形，义愤出于真诚。然九江之贼不过苟延残喘，终必聚歼。下游贼势当盛，良将精兵必当爱惜，已函嘱李□□相机持重，毋许过于忿激[1]等语。并发折稿专寄九江矣。此折有益。

[1] 忿激，愤怒激动。

又得九江信，米尚有二仓（每人七两，尚有各馆私米协济），麦熟可支二月，即多亦不过再延三四月，终是强撑耳。（九年兵事不能急，而急于一月二月，即半年亦不能待耶?)

湘后、凯左先行得权变之宜，廿一日国香[1]诸公之战亦得以守为战之法。设[2]遇怯者，拘弟守而不战之言而不知事机，又误矣。似此情形，我军若得人详悉教导，异日或有将才，是在大匠之陶铸耳[3]。

[1] 国香，赵克彰。

[2] 设，假如。

[3] 大匠，称学艺上有大成就而为众人所崇敬的人。陶铸，造就、培育。

精神渐好，然细审总是弱症[1]，俟觅得人参，再当奉上。

[1] 弱症，虚痨，不足之症。

湖南近又得吴翔冈[1]，其志气狂简[2]，兵法严整。弟处尚无长进，虚抱求贤若渴之心，其病[3]在不知人，而囿[4]于一节，不知人者远者也。尝谓人才之进退根乎[5]其求才之本领，是真虎必生风，是真龙必有云。此论见朱子《易义》[6]，弟于六年腊月病中在廖铸臣草庐中见此残编，谨志[7]不忘，铸臣尚未领会耳。

[1] 吴翔冈，即吴国佐，湖南湘潭人。湘军义字营管带。咸丰八年六月，曾国藩再次出山，骆秉章、左宗棠派吴国佐率部随曾入浙。十二月，吴国佐败于景德镇，曾国藩称其“生手而自居于熟手，无学而自诩为有学，志亢而行不能践，气浮而几不能审”，下令解散义字营，吴国佐撤职回籍。

[2] 狂简，谓急于进取而流于疏阔，致行事不切实际。

[3] 病，缺点。

[4] 囿，局限。

[5] 根，根本。乎，于，在于。

[6] 朱子，朱熹。《易义》，《周易本义》。

[7] 谨志，谨记。

舒六爷战状似颇力[1]，闻有马被枪[2]，马倒，舒亦蹶[3]而再起，团勇救之之事，确否？湖北每多谣言，尚乞访示。此请勋安。

[1] 舒六爷，舒保。力，尽力。

[2] 被枪，中枪。

[3] 蹶，跌倒。

弟林翼顿首　廿五夜

铸臣仁兄均安。

07　致李续宜

希庵仁兄大人阁下：

得廿七日未刻书，（廿九日巳刻到，）敬悉一切。小石来书[1]亦到。此次三千之人当数万之贼，并未惊骇退溃，足见将官之忠。小石以文案手作假统带[2]，设廿四五日以前有错，核实循名[3]，当先责及道员矣。廿七日真统领到营，他人固快活，而小石之快活更不可思议，吾固知小石近两日必酣睡兼可大啖[4]矣。

[1] 小石，孙守信。来书，来信。

[2] 统带，清末统辖一标的军官。

[3] 核实循名，按其名而求其实，要求名实相符。

[4] 啖，吃。

任事[1]不易，任军事尤不易，此非个中人不知也。黄安一路乞商行龙臣[2]（弟不亲历其境，不敢存成见）。又有从阎家河入黄界岭走但店一路尚虚空，若仅拨巢日升[3]一营，亦嫌未足。或以团练助之，或竟不必分兵，祈酌之。

[1] 任事，任职理事。

[2] 龙臣，何忠骏。

[3] 巢日升，湖北抚标，信后营营官。

胡世英记是宋埠[1]人，弟曾保举，若如小石所言，应赏以百串（除六十串已赏外）加以百金。此等费用不足计较，即请铸臣[2]兄禀之，五大人[3]行之。

[1] 宋埠，湖北麻城下辖之镇名。

[2] 铸臣，廖铸臣。

[3] 五大人，指李续宜。

春亭之转运已责成许守，然缓急所需亦可通融，但必取收字汇报粮台耳。弟之营务处无事不实，然疏于文案，亦恐贻异日之累。凡军事用钱，非手笔阔大能担当者不可与言军旅，然随到随详，随案即了，则异日宵小[1]不能害我，而人亦不能疑我，此亦周绛侯牍背之类也[2]，不可不知。

[1] 宵小，小人，坏人。

[2] 周绛侯，指周勃。牍背，书版背面。汉代的太尉周勃曾经被人诬告谋反被抓，不知如何辩解而被凌辱，出千金买通狱吏，狱吏于书版背面，书写文句，示勃以申辩之方，后用其事为遭受冤狱之典。

弟近旬颇烦苦，五大人到营，弟亦高枕而卧矣。唯贼窜必求速追一着，须先期审明地势，并于团练中酌选数人向导。

近日颇购书，凡有关于身心性命，有益于天下家国者，拟多购几十部，为二圣[1]之用，其纸板[2]不佳者亦必不取。行营不能多携书卷，兹将陈文恭五种[3]奉上，或亦希圣之所喜也，其余则候汇齐，以船送交浔城。又陶文毅[4]奏疏于公事体例最熟，文笔亦佳，亦存候船中送来。手此。奉颂勋安。

小石、铸臣、龙臣仁兄大人安。

国香及列列营将均问升安[5]。

[1] 二圣，指李续宾和李续宜。

［2］纸板，印刷用的纸型。

［3］陈文恭，指陈康伯（1097—1165），字长卿，一字安侯，谥号文恭，今江西省弋阳县南港口乡南山人，南宋名臣、诗人，为昭勋阁二十四功臣之一。有《陈文正公文集》三十卷，曾编《从政遗规》《训俗遗规》《在官法戒录》《养正遗规》《教女遗规》，简称《五种遗规》。

［4］陶文毅，陶澍，字子霖，号雲汀，安化县人，进士。先后任监察御史，户部、吏部给事中，川东道，山西、福建按察使，安徽布政使。道光年间，官至两江总督，兼江苏巡抚、两淮盐政。任内，督办海运，剔除盐政积弊，设义仓以救荒年，疏浚吴淞江、浏河以宣泄太湖诸水。以劳成疾，病逝于两江节署，赠太子太保衔，谥文毅。著有《印心石屋诗文集、奏议》《蜀辅日记》等。并主修道光《安徽通志》和《洞庭湖志》。

［5］升，升官。安，安好。

弟林翼顿首　廿九日酉刻

小石仍一日一报，恐希圣或不暇也。

又及

08　致李续宜

希庵仁兄大人阁下：

昨日收一函后得鲍春霆[1]信，知廿七日以五营官各率十余人前往麻城察看地形，突遇大股[2]，力战受重伤。禀言[3]十分沉重，且伤营官。此事宜且战且诱，诱至大营，则可大胜。鲍公屹立不动，一面调队，一面强撑，亦至勇而至愚者矣，实昧于机[4]。此路终可虑，贼不得逞，必以分窜为计，贼势悍而且多，圣人之勇、圣人之慎也，一切总求审察。手此。奉请勋安。

［1］鲍春霆，鲍超。

［2］大股，指大股太平军。

[3] 禀言，信中的话。

[4] 昧，愚昧。机，时机。

弟林翼顿首　四月朔卯刻

小石、国香、铸臣、龙臣兄大人安。

连日风雨不时[1]，寒燥不时，诸祈保重。

[1] 不时，不适时，不合时。

09　致李续宜

希庵仁兄大人阁下：

得书敬悉。得天下之形势莫大如楚，有功德于楚者莫大于迪庵，自秀帅以及士民均推尊我迪公[1]。弟近日颇病，强起作奏，即力言其不能援浙，文不炼而意颇详也。

[1] 秀帅，指官文。推尊，推举尊崇。

闻六安余匪亦尽数上窜，楚之战事尚有几时，且迪公若径放浙抚[1]，刻下亦难启节[2]。若方伯[3]加衔，权不能比福将军[4]大，仍以先清皖北为是。铸臣与公相得极善，正人君子志趣必合。公之事皆弟之事，弟之友即公之友，弟闻星槎病愈，已恳其助我矣。

[1] 径，直接。放，任命。浙抚，浙江巡抚。

[2] 启节，侍从引驾或高级官吏起程。

[3] 方伯，明清布政使之别称。

[4] 福将军，福兴。

秀帅与弟言，欲迎老伯、伯母及迪公嫂夫人来鄂住弟多桂园堂中，乞老兄鼎力成此盛典[1]。其堂五楹[2]，另是一院，厨厕均可另设，另起火食。弟之为人，侍我老伯、伯母大人乃侄辈应为之事，乞老兄成此盛举。手此。奉请勋安。

［1］盛典，隆重的恩典。敬辞，谓李续宾家人的到来是施恩于己。

［2］楹，房屋计量单位，屋一间或一列为一楹。

铸臣兄均此。

弟林翼顿首　初一初更

10　致李续宜

希庵仁兄大人麾下：

前索颜帖[1]，江夏各郡兵燹[2]之余，竟无佳本。因寓书庄蕙生[3]，索得《家庙碑》[4]一部，《争坐位》[5]一部，即以奉上。外付弟所刊九宫格[6]若干纸，宜用以习楷，军暇乞以所临[7]见示一二为荷。九宫格弟已嘱曾少固另行刷印，随后续寄。统兵大帅留意翰墨，视古人雅歌投壶，尤为整暇[8]。

［1］颜帖，颜真卿字帖。

［2］兵燹，因战乱而造成的焚烧破坏等灾害。

［3］庄蕙生，庄受祺（1810—1866），江苏武进人，字蕙生，进士，翰林院庶吉士，授编修，历充起居注协修、国史馆协修、纂修、武英殿协修、功臣馆纂修，历任福建漳州、福州及湖北宜昌府知府，安襄郧荆道，盐法武昌道，湖北粮台，福建按察使，浙江布政使。以词林起家，工古文，善书法，精兵法，尤善识别将才。著作有《湖北兵事述略》《随时录》《维摩室随笔》《维摩室遗训》四卷、《枫南山馆遗集》八卷。

［4］《家庙碑》，是颜真卿为其父亲颜惟贞镌立、撰文并书之碑，额篆书“颜氏家庙之碑”六字，为李阳冰书，内容为记载家族世系情况，是颜真卿七十二岁时作，是“颜体”的典型之作，也是颜真卿传世碑刻中最后巨作。

［5］《争坐位》，即《争座位帖》，又名《论座帖》《争座位稿》

《与郭仆射书》，为颜真卿致尚书右仆射、定襄郡王郭英义的信函。颜真卿信中直指郭英义于安福寺兴道会上藐视礼仪，谄媚宦官鱼朝恩，致其礼遇高于六部尚书之事。刻石今存西安碑林。

[6] 九宫格，用以临写碑帖的一种界格纸。在方格中画“井”字形，使成等分的九格，因九格的形位有类古代的明堂九宫，故名。相传此法创自唐代著名书法家欧阳询。

[7] 临，临摹。

[8] 视，亲临其事。雅歌投壶，吟雅诗及做投壶游戏，后常用指武将之儒雅行为。投壶，古代宴会礼制，亦为娱乐活动，宾主依次用矢投向盛酒的壶口，以投中多少决胜负，负者饮酒。整暇，形容既严谨而又从容不迫。

黄安贼亦不出，未知浔阳守兵尚可再调否？两处长围，殊不易集。德安三营拟再俟静定数日，即札调会剿，何如？

勋安。不一。

弟林翼顿首　初二

11　致李续宜

希庵仁兄大人阁下：

早间连奉二函并颜鲁公法帖[1]一包，计二日可到。廿九日之书初二日奉到。

[1] 颜鲁公，颜真卿，唐代宗时官至吏部尚书、太子太师，封鲁郡公，人称“颜鲁公”。法帖，名家书法的范本。

铸臣言战以郑庄公为师[1]，查郑庄公之战绩，以公子突[2]为最知兵，其所言“轻而不整，贪而无亲，胜不相让，败不相救”[3]是今日之状，即廿八日霆营[4]之状。又一曹刿最知兵，其言“肉食者鄙，未能远谋”二语，破千古脑满肠肥[5]庸碌人之痼疾[6]。是此识力，安得[7]不胜？千古兵书，以《左传》为第一，此外则《资治通鉴》胡身之[8]所注，亦大有所得，余人皆呓语梦话耳。

[1] 郑庄公（前757—前701），姬姓，郑氏，名寤生，郑武公之子，春秋初期著名的政治家，被称为“春秋三小霸之首”，是郑国第三任国君，在位期间，分别击败过周、虢、卫、蔡、陈联军及宋、陈、蔡、卫、鲁等国联军，御燕、侵陈、伐许、克息、御北戎，战无不胜。

[2] 公子突，郑庄公之子，即后来的郑厉公。

[3] 轻率而不整肃，贪婪而不团结，打赢了各不相让，打败了各不相救。

[4] 霆营，鲍超统率之营。

[5] 脑满肠肥，形容不劳而食，养尊处优，无所用心。

[6] 痼疾，积久难治的病，喻长期存在难以摆脱的弊病。

[7] 安得，哪里会，怎么能。

[8] 胡身之，胡三省（1230—1302），字身之，今浙江宁海人，宋元之际史学家，进士，历任县令、府学教授等职。自宝祐四年（1256）开始专心著述《资治通鉴广注》，元世祖至元二十二年（1285）完成《资治通鉴音注》294卷及《释文辨误》12卷，对《通鉴》作校勘、考证、解释，对《释文》作辨误，并对史事有所评论。注文中多处联系蒙古灭宋事实，发表感慨，寄托民族感情。

迪、希二庵最知兵，所谓天授也。厚庵[1]知兵，雪芹、次青[2]人极好，然尚难言兵。左公[3]知兵而不能为将，亦不能临敌。此外如璞、峙[4]旧部尚有人才可取，而均非迪庵先生之出类拔萃者也。

[1] 厚庵，杨载福。

[2] 雪芹，彭玉麟。次青，李元度。

[3] 左公，左宗棠。

[4] 璞，王鑫。峙，刘腾鸿。

浙江人之官[1]尚书侍郎者必极力怂恿以救浙江，不知浙江未能急救，而楚必先危也（湖北官场求一知兵之人而不可得，庄与严聪明过人，然亦难言将选）。其余湖北官吏皆外行也。此皆林翼之罪，方且忝窃上赏[2]，滥膺异数[3]，岂不惧哉！

[1] 官，担任官职。

[2] 忝，辱。窃，取得。上赏，重赏。

[3] 滥，不合实际。膺，接受。异数，特殊的礼遇。

黄安亦甚不易了[1]，以负固不出也，拟调慎安三营以益[2]黄安，尚待三五日乃可行也。

手此。奉请勋安。

[1] 了，结束。

[2] 益，增援。

弟林翼顿首

弟病今日已小愈，盖阴虚火燥也。

铸臣兄均此并复。

秀帅始终留迪庵讨皖，而留希庵与舒六兄驻楚以为后路声援，其计已定，亦卓见也。追剿之不能多杀，不得头目，自是定评，然此等事自有天意。

安徽之祸尚未转机，大抵天若救安徽，必须革福帅与李鹤人[1]，乃是转机也。

初二日夜初更

[1] 福帅，福济，时任安徽巡抚。李鹤人，李孟群。

12 致李续宜

廿八日戌刻信，初二日午刻到。若近处能遏黄安之窜[1]，弟又何求军中之事。思虑所及，不敢不言，然拘执一人之见而遥度军情[2]，亦所不敢出也，应请公商酌定。

[1] 遏，阻止。窜，逃窜。

[2] 拘执，拘泥，固执。遥度，在远处规划或推测。

宋国永[1]尚离白杲之南十里，应请檄饬[2]进剿，仍乞专函告之应扎[3]何处，弟与秀帅均札归希庵兄统领调遣也。大约麻城之事必不能忙，从容布置，谋定再战，方为胜算。鲍春霆自恃其勇，以踏看营盘而失机；张靖南初到，亦急于出队而失机，均好战之过。巢日升一营另树一帜，仍恐无益，不如即留用。军机千变，弟不遥制，龙臣[4]黄安之行，弟亦不为遥制也。

[1] 宋国永（？—1878），字长庆，四川人，一作湖南衡阳人。由军功补千总。初隶鲍超水师，与太平军战金口，擢守备，累升参将。霆军初立，任营官。咸丰十年（1860）从鲍超镇压皖南太平军，以总兵记名。十一年，补副将，战江西樟树镇，加提督衔。攻铅山，解抚州、广信围，以提督记名。同治元年（1862）克青阳、宁国，授宣化镇总兵。三年，鲍超回籍，与娄云庆代领霆军。四年，所部哗变于金口，被革职留营。从克嘉应州，复原官。北上攻捻军。九年，授云南鹤丽镇总兵，驻防镇江。光绪初，调福建。光绪四年（1878）死。

[2] 檄饬，用公文命令。

[3] 扎，驻扎。

[4] 龙臣，何忠骏（1810—1858），字龙臣，湖南平江人。举人。咸丰四年助林源恩守平江北界，进克通城。咸丰六年入胡林翼幕，擢同知。咸丰八年随李续宾进攻庐州，掌管书记事务，卒于三河。赠太仆寺卿。

此请希庵仁兄大人勋安。

弟林翼顿首　初二申刻

小石、铸臣、国香以及诸营官均此。

13　致李续宜

希庵仁兄大人阁下：

得初三日书，贼无去志，而或分人外去，该逆之处心积虑已一年矣。攻垒之事可一不可再。围城三面、四面（且不宜太逼近），必有一二处难于驻营，贼所必争。且我军即加以霆营三千三百人，尚不逾万，布置亦不易易。一切情形均唯老兄相机而行。

龙、巢[1]分调可缓酌，三台河水涸，固不易守也。此贼除四眼狗外，尚有韦逆、赖逆，皆系上年武汉余党。小石、铸臣[2]各位均到矣。此请勋安。

[1] 龙，何忠骏，字龙臣。巢，巢日升。

[2] 铸臣，廖铸臣。

弟林翼顿首　初六辰刻

小石、铸臣、龙臣、国香列营官仁兄大人均问候。

14 致李续宜

希庵仁兄大人阁下：

初四日手书初六奉到，敬悉一切。扑垒[1]原是难事，老兄此举，因贼势盛而用意甚狡，久则生变，不得不强挫其锋，非不爱惜士卒也，此中苦情不可告人。

[1] 扑垒，攻垒。

陈日元之胆气可取，早有所闻，其才识心地则不敢知。如不甚妥，则乞老兄选将以易[1]之。此营新造，迭次出力，必乞老兄同迪庵先生训练半年，乃可如法[2]。不宜调往他人之手，恐归于弱也。龙臣、巢公均如尊旨暂留。一、二、三营分拨最非兵略，盖不能守，不能战；不得此，又失彼耳。霆营到后，试办合围，贼如不能战，则必于合围之前遁走。

[1] 易，换。

[2] 如法，得法，适宜。

九江未复，上谕或不命迪庵前往，万一事急，则此举固在人人意料之中，以名实相辅[1]，非此公不能了[2]东南之事也。然使如弟昔年金口之状（恐其到浙而全局已坏也），则迪庵先生之左右无人，亦恐其太苦。弟金口之事本无生理、本无转机，其转机生理在罗山[3]、迪庵两先生之来援。其筹饷引正人，则赖有星槎、铸臣汲引正士与弟助力[4]。此亦与湘相近，故来往甚便，即勇丁添募亦甚便也。若以孤军深入，则兵以日战而日少，而人地生疏，贤奸莫辨，则为迪庵先生者将亦苦不可言。槐轩、子春[5]之外，尚须另有七八人乃可供应一切，指挥如意。子春尚不知可来否，念念。如竟不命及迪庵，弟亦不先言及也。

[1] 相辅，相符。

[2] 了，了结。

[3] 生理，生存的希望。罗山，罗泽南。

[4] 星槎，邢高魁。铸臣，廖铸臣。汲引，吸引。正士，正直之士。助力，帮助，援助。

[5] 槐轩，王揆一。子春，黄淳熙。

好板书籍，一力担承，期以半年，必可一一应命。供给属员之法与昔年供给上司不同。手此。奉颂勋安。

弟林翼顿首　初六日未刻

15　致李续宜

希庵仁兄大人阁下：

初二日战状，其详悉已到，候幕中叙明再酌发。初六日来函并小石各函，知龙臣初六日已住黄安。

此举似不可少，然贼果分窜，仍是麻城大营之累，特有兵先防，则得信较确较速耳。雪芹肝胆血性弟所以敬，然断不可与谋军事。其性能动不能静，“智深勇沉”四字太不足，而一“躁”字足以尽其气量矣。迪圣固激烈，而此次之忿皆雪芹之躁误之也、激之也，以为忧念（昔年涤帅之误，误于雪芹之躁、霞仙[1]之狂，霞仙并有过高之失，然究是美材）。李云麟[2]之言主于围城，殊不知此意。希圣在署已预有此言，弟亦何尝不见及此，所以不能行之故，希庵先生必有定见。昨以李云麟之书寄上，不过备采访之意，弟并不谓其当用也。

[1] 霞仙，刘蓉。

[2] 李云麟，字雨苍，汉军正白旗人。以诸生从曾国藩镇压太平军，累功至副都统。同治五年（1866），署伊犁将军。次年，调塔尔巴哈台参赞大臣。六年，任布伦托海办事大臣仍兼理塔尔巴哈台事务。著有《西陲纪行》。

小石言尊处拟以二营派往黄冈守城，此举尚祈审酌[1]。贼不走，必有另谋，且流波碹另有一股续来之贼，如不主围，则分一二营未尝不可。然江岸究不得势，贼颇知审势，未必定于江岸争胜也。此事随公斟酌，如有余力，则分兵守黄冈城亦无不可。

[1] 审酌，仔细斟酌。

至湖北官民无知兵之人（第一意敬谨，不肯放言骂人，此中亦有苦心，实则满省官民皆知谈兵，而均不谓然也。弟若狂肆而吐弃[1]一切，却又不是)，黄州许守、黎令[2]及一切等等之言皆不尽可采。今日许守一禀并图说，若如所言，即十万兵亦不足分布之用。处处照应必致处处不能照应，此理也势也。图说奉上，不过采择形势，备异日分兵之路径耳。总之，分枝窜扰势必难免，我辈尽心，力全大局，期于破贼而已，不能徇[3]人言而稍自摇惑，即是忠爱之至计[4]。

[1] 狂肆，狂暴恣肆，肆意。吐弃，唾弃。

[2] 许守，许太守。黎令，黎县令。

[3] 徇，顺从，曲从。

[4] 至计，最好的计策、办法。

昔年普、刘[1]蒲圻打贼，贼入湖南不过千人，又徒手无兵刃，然纵横岳州、长沙一千余里，此岂意料力量之所能及乎！

[1] 普，普承尧。刘，刘腾鹤。

德安正在考试，弟处恐其警动，已派人前往守城。

浙江事仍不妙，次青畏葸福将军[1]，断不肯去。其心以为贼窜浙江，若全股尽去，异日告病，必可引退。殊不思军事不沾染则已，一沾染则终身无了期。弟劾福兴仅微词弹之[2]，闻旨意颇严，弟未见也。左公拟请籲门先生再弹之[3]。缕缕奉复。即颂勋安。

[1] 次青，李元度。畏葸，畏惧。福将军，福兴。

[2] 弹，弹劾。

[3] 左公，左宗棠。籲门先生，骆秉章。

小石、铸臣兄乞公阅。

弟林翼顿首　初九日辰刻

16　致李续宜

希庵先生仁兄大人阁下：

龙臣移营在宋埠不远之熊家湾暂驻。盖黄安官民以为团练杀贼不须官兵，与春初之麻城同情[1]，与王省三（震）正月来省力嘱林翼不必调九江兵勇同情，与去年彭应鲤三月止兴国援兵同情，皆湖北官民惯相也。龙臣以熊家湾可援黄安、可援黄冈、可护宋埠为得计[2]，是否如此，愚见尚无把握。如黄安实不须兵，不如取其切实之状，龙臣又可调他处防堵也。

[1] 同情，同样的情形。

[2] 得计，计策得当。

许守、黎令之禀三件，祈查收。其所言不可尽信，其地势则胸中必须了然也。手此。奉请勋安。

弟林翼顿首　初九夜

17　致李续宜

希庵仁兄大人阁下：

九江捷奏并夹片[1]抄录奉上。初九日夜得捷音[2]，初十日午后迪庵先生信到，因弟悬念[3]之切，知弟另有苦心，迪公并于百忙中另寄手笔[4]二幅，其心心关照处可见。迪公虽面目疲削，而神气尚完健，弟心稍安矣。草草作疏稿并夹片，尚未尽我心意，而大致已佳。

[1] 清代官吏向皇帝上疏或向上司禀事，遇有不便写于一起的情节，或另有所陈，则用另帖书写，夹在奏折或手本的第一幅内，叫"夹片"。

[2] 捷音，胜利的消息。

[3] 悬念，挂念。

[4] 手笔，亲手所写或所画的东西。

麻城迟迟不妨，弟已函请调九江兵来围。如近日贼得信遁走，必窜河南，窜河南而楚之责愈重，盖楚兵与此贼相持尚觉吃力，而河南必不能敌此，恐亦必须穷追也（转运最苦，然亦不过多费银钱耳）。铸臣要银子已饬解矣。此请勋安。

小石、铸臣兄及各将军均此。

阅后寄九江为荷。

属员要书已准备，以此致敬也。

弟林翼顿首　四月十三辰刻

18　致李续宜

希庵仁兄大人阁下：

得铸臣廿二夜来信，敬知李中丞[1]廿三自麻城启行，弟心所企[2]，实国人之所瞻敬也。景星卿云[3]，争先快睹。弟专员水陆分迓[4]，届期当自劳[5]于郊外。

[1] 李中丞，李续宾。

[2] 企，盼望。

[3] 景星，瑞星，古谓现于有道之国。卿云，即庆云，一种彩云，古人视为祥瑞。

[4] 迓，迎接。

[5] 劳，慰劳。

付上九宫格千纸，乞希庵学书。弟廿二感微寒，颇倦于书，今日已愈矣。手此。奉请希庵、铸臣仁兄安。

弟林翼顿首　廿四日

陈小山先生致意，未另。

19　致李续宜

希庵仁兄大人阁下：

迪公闻系廿三起程，明后日可到省，可畅叙矣。陈德园警报迭至，曾抄函专差由文案函告麻城。兹接廿二日篁村[1]之书，又忽波平浪静，何贼之退去如此速耶？殊不可解。

[1] 篁村，丁锐义。

正仁、左仁廿三日已到西河驿，霆营则无论事之缓急总须下去，特抄原函布知。即请勋安。

弟林翼顿首　五月廿四日亥刻

20　致李续宜

希庵仁兄大人阁下：

迪庵廿七日到省，士民欢甚。唯比去年瘦，弟当制好药以补之。阴足而阳虚，茸[1]最见功，此间尽易得也。俟迪庵回营，再请老兄回省暂服药饵[2]，均以多桂园为行馆[3]也。

[1] 茸，鹿茸。

[2] 药饵，药物。

[3] 行馆，旧时官员出行在外的临时居所。

张文焕营中事，尊处了[1]之，弟不较[2]也。去年今年，战功颇美，未可以其身后而忘之。其营应即散，而后聚营官亦乞尊处拣派。

[1] 了，了结，完结。

[2] 较，计较。

弟状平平，颇欲写字而苦于无暇，亦恐因好此而误公也。

弟意欲稍去浮弱[1]以缩月饷，近月月饷支及三十万两，本省之力万不能久，弟意二十五万一月乃可久也。手此。奉请勋安。

温公、铸臣、小山均安。

[1] 浮弱，谓浮躁孱弱之人。

（前此督帅未待尊处函到，急缮麻黄汤[1]入告，其时弟亦患病，未能详阅，以致措词均不得体，歉然。）

弟林翼顿首　廿九

[1] 缮，抄写。麻黄汤，此指麻黄汤处方。

21　致李续宜

希庵仁兄大人阁下：

得廿八日书，是悉一切。今日仲远[1]为迪庵诊脉，须大补。弟今日已购鹿茸二架矣（较去年为佳，价只百五十余两，甚可用）。或可稍有裨益。九宫格可再寄来，已嘱小固办之，高衡、璞阶[2]均应由尊处分送。弟病已愈，唯酷热不可耐。

[1] 仲远，张曜孙，字仲远，又字昇甫，晚号复生，江苏阳湖人，精医理，举人。

[2] 高衡，萧积仰（1830—1879），字高衡，湖南涟源市金石镇人，湘军马队营官，李续宾妹夫，官至知府。璞阶，李续焘。

古雅堂韩文[1]已配成礼物送之迪公（赐福[2]拜作干儿，弟无佳物送迪公，只好同此件一并作礼物也）。此板本佳，必应归于君家。《史记》必应奉送，秋冬之际弟处另觅一部，必即以旧板奉上，缘手边太无书，偶一检阅，尚不可废。秋间购得一部，即将此部奉上。

[1] 古雅堂，当作古东雅堂。韩文，指《韩昌黎集注》。

[2] 赐福，指胡林翼养子胡子勋。

桂支、细辛[1]万不可吃，慎之又慎。迪庵先生近日身体亦为药误，乃致于此。奉上阿胶二斤、法夏[2]一斤，此因迪庵说及，乃始专人送来。此后应需之物乞老兄随时写明，弟必奉寄，不可拘泥不言。弟处办此等事甚易，不致费力费心。兄若不直言，恐弟一时疏忽或记忆不起，转非知我爱我之意，乞兄谅之。即颂勋安。

[1] 桂支，细辛，皆中药名。

[2] 法夏，中药名。

温公、高衡均此。

弟林翼顿首　卅日

22　致李续宜

希庵仁兄大人阁下：

铸臣又归，尊处无人，未知贵体近日何如？每念细辛、桂支，辄中心[2]怦怦也。迪庵先生服仲远补药四帖，大效。弟拟三五日内为之造丸，一料作为四料，即一料可抵四料之法也（弟拟凡丸一料以一兼四，用三料熬膏，用一料为末，以膏和末，一可当四）。

[1] 中心，心中。

前已札饬九营前往英山，谅[1]可早为起程。暂以国香为统，以免胜保等呵论[2]（此人处处发颠，狂妄特甚）。

［1］谅，推想。

［2］呵论，呵斥质论。

弟思筹饷之法莫善于删弱留强，而审察兵之强弱莫先于将。平江三营可撤去，已拟札行，而迪庵先生之意欲以二营回省，拟以巢日升并湘勇一营先回省城，以示藜藿不采[1]之意。其巢日升一营本佳湘勇，随老兄酌定。大约迪庵先生欲以二三湘营留交老兄，副中、利营之类是也。其北岸尚有弱兵可以裁撤，尚须缓图之。此时且先去弟营之弱者，便是自修之道。巢日升可先回省。至行营坐营章程，各营愿行不愿坐，此亦人情，尚烦斟酌。

［1］《汉书·盖宽饶传》载，盖宽饶为人刚直，他上书奏事，触怒了汉宣帝。郑昌上书为宽饶辩解说："臣闻山有猛兽，藜藿为之不采；国有忠臣，奸邪为之不起。"后用"藜藿不采"比喻国家有忠臣，奸邪就不敢兴风作浪，此用来表示显示威严之意。藜藿，藜与藿。

骆公于五月廿五日奏请涤公督带王开化、凯章等军（凡江西之军，唯其挑选）前援浙江，并拟以湖南月济二万，湖北月济二万，此计必行，弟亦无不实力筹画之理。湖南月济二万，尽可有余；湖北月济二万，亦不致流为骗局（近年他省尽成骗局，即奏请亦属罔然）。俟谕旨到时再为详悉奉闻。

近日托人觅参，俟到手即奉上。东雅堂韩文及《名臣言行录》[1]已交迪庵先生矣。手此。奉请勋安。

［1］《名臣言行录》，即朱熹所编之《八朝名臣言行录》，记录了宋太祖、太宗、真宗、仁宗、英宗、神宗、哲宗和徽宗八朝名臣的言行。

弟林翼顿首　初五日

涤丈此次必不能辞。温公近状何如？乞致意。所交粮台寄各营藿香正气丸已到否？军中所需，随时示我，必不误也。

23 致李续宜

希公仁兄大人阁下：

辞统领而愿帮办，当以都将军之帮办军务奉公矣。此事总以更迭休养为主，弟意迪军当以万人分为四军（或作为五军，共一万二千五百人），每军派一小统领（如赵如周如胡均可统，璞亦可统[1]），以三小统领随迪公，以一人留蕲春，三月一换。至老兄有事则入皖，无事则留鄂（吃药、写字、读书），不必专主一军。弟意不欲舍兄，亦不愿兄与迪离也，此至情之言，非同寻常友谊也。

九宫纸二千张交去，可分高、璞[2]学书。余再另及。即颂勋安。

[1] 赵，赵克彰。周，周宽世。胡，胡裕发。璞，璞阶，李续焘。

[2] 高，萧积仰。璞，李续焘。

弟林翼顿首　初十

24　致李续宜

希庵仁兄大人阁下：

十三日书奉到，敬悉一切。闻清恙[1]未全愈，大约肺病已深，必须切实调治二三月乃可奏效，否则拖延日久，身体必弱。弟立志必求老兄回省静养（屏谢应酬，除写字外，只许看好板史书。除张仲远看脉外，不见一客，弟亦每日只许见一次。小固管药饵，只许日见一次。饮食炉灶另行起造，不吃厨房公饭），二三月后必可大愈也。

［1］清恙，称人疾病的敬语。

朝廷少将帅督抚之才，即吾楚近年将才边才[1]亦日见其少。弟之愚诚如此，求老兄切莫轻视也。近日各省情形均无佳状，唯朝廷于五月廿一日特旨起涤帅督办浙江军务，此大佳事。湖南于五月廿五日奏请之折甫[2]发，而朝命已先至。涤帅来信，六月初七日已启程，拟到长沙再由鄂垣[3]（未定）经过。其粮台设于湖口，一气转输，实为便利。此次以王开化、张凯章、萧浚川先行，而次青以一营随之先行，次青仍主幕府不主战阵，一二月后杰人、元圃[4]又可续进，兵力精强，更胜于往年。至湖南每月二万，湖北每月二万，非空言诳骗者，每月所差饷项已无多矣，更胜于三四年之凭空筹饷。唯总统兵事仍不能不烦涤公一人。涤公之意何尝不想五大人，即弟与季高心中目中亦除却五大人，无足当此大任者（均未开口），然而势不可行也。

［1］边才，治理边疆的人才。

［2］甫，才。

［3］鄂垣，湖北省会。

［4］杰人，刘腾鹤。元圃，唐仁廉（？—1895），字元圃，湖南东安人，清朝将领，初隶水师杨岳斌，领仁字营，咸丰十年隶陆师鲍超，后改投淮军，官至广东陆路提督，赐号壮勇巴图鲁。

至老兄留防之议，凡鄂中文武大小均是一心，秀帅奏之，乃公议所同。兄辞统领而愿帮办，在兄自有深情。弟念迪公近二年来盖劳太过，亦不忍使兄相离。且军中每遇大事，有不便与他人密商者，有其人之才识不可密商、即商之而亦无益者，始终筹画，必以迪公为重。况此后权位日尊，事务日烦，一人之精力实有万难兼顾之理。据弟愚见，老兄与迪公分两次进兵，仍合力以谋皖事。楚地初定，边警[1]可虞，七年蕲、黄，八年麻、黄之事，若无老兄之力，则不知楚境失陷多少，尚复有今日耶？官民之欲留兄，弟之不能舍兄，此实情也。自以暂留二三千人作湖北金汤之固、长城之倚，以顺楚人之心，兼与前路大军有益。俟宿、太、英山一律肃清，老兄即率后起继进（以弟料之，不过三月），仍与迪公左右相依，则楚、皖兵事实为万分稳妥。尊意以为何如？

[1] 边警，边境的警报。

安徽幅员，一省之大不过武、汉、黄三府之地面耳，抽兵回防，行走甚便。弟所患者，防兵久则气懈，志灰而力亦弱，误事不少。然一意重战轻防，又非良策，只有分三五月一换之法较为妥当，尊意酌之。

迪公十八日启节[1]，老兄可先到黄州及鹅公泾舟次[2]会谈。麻城两路口马步[3]可调到蕲水，至弟处军务未有责成，实为痼疾。弟入夏以来，痼疾更多，五月、六月只有二三夜安眠，精神不到，事体多疏。迪公已好几分，则仲远[4]补药之功也，胜于九江时，尚不如洪山时。弟等将别，颇觉难舍。

[1] 启节，高级官员启程。

[2] 舟次，船上。

[3] 马步，骑兵与步兵。

[4] 仲远，张曜孙。

涤公要小石，必应付之，然尚非其至者。手此奉复，缕缕不尽。

即颂勋安。

铸臣兄未另。

弟林翼顿首　十六

外[1]公文折奏谕旨均奉上。五月廿四日之书初五日奉到，手书真挚，禀帖[2]则只好不批矣。

[1] 外，此外。

[2] 禀帖，旧时民众或下级呈官府的文书。

（迪军渐多，应分为五大营，暗派五小统领，则异日指挥乃能如意。如赵、如周、如璞阶之类，或分左右翼长，或分营务处，暗含小统〔领〕之意，则临时调派必能应手。譬如人手有五指，分之则灵，不分则不能灵，然终必统于手掌。故曰：治天下可运诸掌也。足力之不如手力，则以足指太短不能分故也。）

25 致李续宜

希庵仁兄大人阁下：

前队已至英山，则路口之营应撤入蕲水（行走不必太急，以[1]开打必须七月以后也），以英山尚在罗田、商城之外，麻城可无兵也。至分兵换防之说，乃不得已之极思[2]。又，老兄行止，弟实有难言之处。弟之敬爱二庵[3]，实不愿其相离之意，此至情也，只好分二起前进。迪公十八日启行，弟当于舟中再谈一夜。弟六月只睡过两夜，五月亦不过三四夜安寝，心神之耗，岂堪办事哉！

[1] 以，因为。

[2] 极思，谓竭尽心思，缜密思考。

[3] 二庵，指李续宾、李续宜兄弟。

痧[1]药实无佳者，以灵宝如意丹二瓶先行奉上，可嗅之使嚏，可吞服十丸、十余丸，亦可救急也。

[1] 痧，中医指霍乱、中暑、肠炎等急性病。

涤公闻可由鄂入浙，尚未定局，初七日已启程矣。异日终必须二庵分一人入浙，乃可告成功，此时弟与涤丈与季公均日悬此意于胸中，而势不可行也。此请勋安。

弟林翼顿首　十七

温公均此。

十六日一函已到否?

26　李续宜复胡林翼函稿

十七、十八连奉十六、十七两次钧谕[1]，语挚情真，令人读之下泪。初不知清恙缠绵，迄今未愈。铸臣兄到营，为述大略，两奉尊函，始得其详。尝以去留之事猥渎大听，未得深体先生苦衷，使劳心费力，负罪实甚，抱歉良深。

[1] 钧谕，对来信的敬称。

然当暮春抵麻[1]，其时恐以贱躯而劳廑念[2]，谓其病已全愈，究实亦愈什[3]之七八。叠[4]蒙颁赐人参，服之本不无裨益。嗣[5]得黄安警报，神劳于事，愧生于心，焦灼不能释，疾病日益加，思念即自此而更多妄矣。前月望[6]后，昼夜思卧而不欲起，继冒风寒，昕夕咳嗽，又不能眠。后服黄岚生药方，外感已除，老咳嗽似亦稍去，然疲倦依然，不寐过之。素性本极冷淡，全无热肠，加以数月患病，愁绪万端，遂令天下之愆尤而一身萃之矣[7]。

[1] 抵麻，抵达麻城。

[2] 廑念，殷切关注。

[3] 什，十。

[4] 叠，多次。

[5] 嗣，随后。

[6] 望，每月农历十五。

[7] 愆尤，过失，罪咎。萃，集中。

切兄弟离合之念何尝不重于去留？而鄂省去留之道又何尝不愈[1]于离合？先生深知其念，而折衷诸道，既不准其即去，而又不愿久留，厚意苦情，无非为天下人之大公起见，是岂一人之私事哉！虽愚铭感无似[2]，大命谨遵矣。然兄弟不离则已，离则合之久暂难以预言。鄂省不留则已，留则去之迟速亦难逆睹[3]。以前志趣，即区区小将实亦惧弗敢为，何况统领？今为情义所系，时势所迫，虽必知才识精力无当于用，而先生属望甚殷[4]，自当猛着祖鞭[5]，勉竭驽钝，图副雅意[6]于万一耳。

[1] 愈，胜过。

[2] 铭感，铭记在心，感戴不忘。无似，无比。

[3] 逆睹，事先知道。

[4] 属望，期望。殷，深厚。

[5] 祖鞭，祖生鞭，语出《世说新语·赏誉下》“刘琨称祖车骑为朗诣”，刘孝标注引晋虞预《晋书》：“刘琨与亲旧书曰：‘吾枕戈待旦，志枭逆虏，常恐祖生（指祖逖）先吾着鞭耳。’”后因以“祖生鞭”比喻努力进取，比人领先一步。

[6] 副，符合。雅意，敬辞，称对方的情意或意见。

所有防剿两事拟与家四兄[1]再谈数天，是以鹅公泾之赐未赴。已函请家兄来麻，今明两天度必可到。如数日后精神稍振，当送家兄于蕲水，乃转省垣；否则拟请家兄带各营赴蕲，即由此间晋[2]省，但祈借重大力，屏谢一切应酬也。

[1] 家四兄，指李续宾。

[2] 晋，进。

涤帅知必假道于鄂，但不知何日可到，恳为示知。临楮神依[1]，不罄万一。晤教匪遥，诸容面禀[2]。奉请勋安。

[1] 临楮，临纸，面对纸张书写之时。神依，心神依依。

[2] 不久就要见面聆听您的教诲，诸多事情容当面禀报。

谨禀　侍安[1]

[1] 侍，侍奉父母。安，安好。

27　致李续宜、舒保

希庵、辅廷仁兄大人阁下：

迪庵先生力战太苦，后路太单，壮士受伤太多，本窃然忧之。顷闻吴葆仪、金逸亭[1]来信（鄂中传来），心为忧念。揆帅[2]札二公前往黄州，应即星夜前往桐、舒驰援，早一时好一时，不必拘泥札意也。天下事唯是理之所是、心之所安最为要紧，余皆不足介意。粮台钱米以函以咨行之，不可缄默不言，致误大局，弟已详嘱之矣。此请即安。

[1] 吴葆仪，字觐臣。清代廪生，吴灏之子。多次乡试不中，遂投胡林翼，任职于粮台。因军功保任天门县通判。在任组织乡勇防御太平军。以调解教案提升知府，摄郧阳府篆。金逸亭，金国琛。

[2] 揆帅，官文。

近日大病，火症犯喉，滴水不入口者已四日，近乃强起作此。廿五日安葬之礼可以不误。

林翼顿首　廿三

28　致李续宜、舒保

希庵、辅廷仁兄大人阁下（寿山[1]侄均此）：

林翼大病甫起坐，昨日闻三河之失，彻日彻夜旁皇[2]惊惧，忧思慨叹。

[1] 寿山，指周开锡（1825—1874），清朝将领，字受山，一作

寿珊、受三、寿山，益阳人。先后入曾国藩、胡林翼、李续宾、左宗棠幕。咸丰四年，入湖北巡抚胡林翼幕，筹济粮饷。同治三年，从左宗棠援闽，署福建布政使。四年，护理福建巡抚。五年，改任福建船政局提调。卒于军，赠内阁学士衔。著有《汾湖草堂诗草》。

［2］旁皇，彷徨。

今日卯刻发引[1]，而寅刻奉到十八日希庵、辅廷[2]兄、寿山侄来函，此时千言万语，只求我迪庵先生不为无益之死，则天下之人、吾楚之人尚有生机。迪庵到桐城，仍须希、辅速援，乃可破贼；破贼之后，希、辅再徇[3]楚人之情回防亦无不可，此时则必不可不援也（即违令亦须往援），总之，迪庵在则不过二三月元气可复。

［1］发引，谓执绋，参加出殡礼仪。

［2］辅廷，舒保。

［3］徇，顺从。

至六安一路，应思患预防，似以余、唐合守英、霍为是[1]。九江各营不能不硬调，林翼已函致官相[2]矣。贼骄必可大胜，只要“不攻坚”三字悬之戒律之中，便是上策，知此意者惟希公耳（子山经手太多，即允到营，亦非二月不能了毕[3]，似可不必，似可暂缓。希公怪林翼给薪水太少，所责是也）。手此率复，不尽欲言，书毕即奉主启行矣。

［1］余，余际昌。英，英山。霍，霍山。

［2］官相，指官文。

［3］了毕，完毕，了结。

林翼顿首　廿四寅刻

29 致李续宜

希庵仁兄大人亲家阁下：

廿五日安葬，今已三日。一抔[1]之土尚未封棺，而肝肠寸裂，已五日不能安枕。荒鸡[2]未鸣，我已起坐，筑坟者以为林翼之勤也。

［1］一抔，一捧。

［2］荒鸡，指三更前啼叫的鸡。旧以其鸣为恶声，主不祥。

迪公凶多吉少，岂有大将被难[1]八九日尚无的信之理，伤哉！天乎！桐城各营溃在意中，以其气先夺也。九江各营乞老兄速调归尊营。此等营官均非独当一面之才，与其分而必败，不如合而可成；与其速而无补，不如迟而有济。失土地不足虑，得土地不足喜，只以全[2]此军为要耳。

［1］被难，遭逢灾难。

［2］全，保全。

老兄十八、十九日来信，读之悲不能胜。林翼之才未必有济，然平日与迪公何等交谊，与兄又何等交谊，此时若以守制为名、守制为词[1]，是博孝名以遂其畏死偷生之私，非林翼之所忍出、所敢出也。惟新葬未成坟茔[2]，即日集百人，尚非半月不能了事。意欲召一二千人来会，与老兄同命。已致书左公，请以黄子春[3]之一千人同行，未知能不吝否。

［1］词，借口，理由。

［2］坟茔，坟墓。

［3］黄子春，黄淳熙。

官帅、涤帅必有一篇文字奏陈。林翼此时义不可不出，势不能不出。然望涤帅一奏，则以夺情关系千古名教，出处[1]之际，古人所重，非欲以此要君[2]也。

[1] 出处，出仕和隐退。

[2] 要君，要挟国君。

应陈事宜，开列于后：

一、迪庵果死，则复仇在我二人之一生，不在一时，兵宜缓进，以固后路。

一、贼惯包后，我军驻营须三面二面应敌，一面通水路，则粮饷军火不竭，且水师可当一面，则后路可稳也。

一、驻营须通水师之气，又须驻于高处，则耳目乃能周到。

一、营中生意人等恐有奸细。

一、溃败之余，与人不可不宽，权一时之缓急，而使人心稍安也。

一、应需之银钱米只管禀督咨粮台宽为预备，我辈作事只能问心，不能避嫌。

一、林翼必望官帅、涤帅奏闻，所以重名教之大闲也。然决不借孝名以遂其偷安畏避之计。到鄂之后，受篆[1]而不居衙门，不用冠带，即日驰入兄营，与兄与舒六兄同处耳。手此。奉请即安。

林翼顿首　廿七日申刻葬所

[1] 受篆，接篆，旧称新官到任接印。因印信用篆字，故以"篆"为印的代称。

一、迪庵先生之事须极力表扬，并同时遇害之人亦可汇案专报。此事须严询逃勇，乃能得其实在也。

又及

30　致李续宜

希庵仁兄亲家大人阁下（寿山侄均此）：

前书均复。军情一日千变，况当大变之时。林翼所言只据鄂信言及之，而鄂信之所不能及者亦未敢遑揣也。

得廿一日黄州来信，已悉。连日痛哭悲伤，与七月中旬微微相似，然亦无益也。林翼若当此时而不出，是借守制之名以遂其畏怯巧避之计，神明其将殛[1]我矣！

[1] 殛，杀死。

此时大计总以全[1]军为上，并力[2]为上。九江各营速取以自益，而军机则以阻水为上计，通水师为上计（此秘计，亦奇计也）。盖万分险阻之时，兵气已颓，兵心已涣，若以数千人当三面之贼，势必不支；以数千人当四面之贼，势必大败。如阻水而阵，依高山而阵，又与水师遥遥通气，我军只顾二面，至多顾三面，尚可保全也。

[1] 全，保全。

[2] 并力，合力，协力。

至贼之狡猾，势必由山内以侵德安、襄阳。边邑有警，只可弃之不顾。盖全此军尚有恢复之日，失此军则武汉亦不可保矣。

廿五日安葬，廿九日为掩棺，三五日即可蒇事[1]。拟于十月初旬约黄子春来助，而另募以待续进。兄此时只可慎守勿进，养晦不战，待弟初旬启行，驰入军中，再行审察。半年不战不算怯，一月三捷不算勇（必须扎营之地，可以由我作主。不战而贼亦无可如何，乃妙）。大变如此，令人难堪。兄如不欲复仇则已，如复仇有志，尚乞慎之。手此。奉请勋安。

［1］蒇事，事情办理完成。

林翼顿首　廿九

千言万语，亲家此时唯不可战，唯不可死耳。

涤军[1]勇士大病疫也，此危机也，此败兆也。已切嘱其敛兵[2]不战，以待天时人事之转移[3]。

［1］涤军，曾国藩军队。

［2］敛兵，收缩兵力。

［3］转移，改变。

又寿山侄妇已死，桂坞夫妇送葬后，廿六日已回梓木矣。

31　致李续宜

廿五日以前之信，均于嘉鱼舟次奉到。希庵先生之志气则高坚沉毅，寿珊侄之书则条理明白，子白兄之书则亦正大之情也。

廿七四更从鹿角趱行[1]，廿七夜到新堤，廿八可到金口，廿九入城，驻贡院[2]，受篆后即至黄州，折子拟以二三日赶办[3]。

［1］趱行，赶路，快行。

［2］贡院，科举时代考试士子的场所。

［3］折子，奏折。以，在。

此次系专为异变[1]而义不忍不出，胸次[2]并无杂念。涤公来，江西必乱；涤公来，我仇之复必速，迟亦不过明年春夏之交。涤公不能来，亦应驻江西，不应入闽，入闽则涤公亦不得势也；涤公不能来，林翼与希庵亲家亦必以复仇为己任，但必不可学刘先主[3]忿于一时耳。嗟夫！长城顿失，大树其坏[4]，此岂我楚我湘、我与希庵二人之不幸哉！皇上家那得更有如此忠良之人哉！

[1] 异变，灾异变故。此指三河之役。

[2] 胸次，胸间，胸怀。

[3] 刘先主，刘备。

[4] 长城，喻指可资倚重的人或坚不可摧的力量。大树，喻国家栋梁。

星槎[1]任吾吏治（兵事亦颇妥当），更精于兵事。林翼欲使之成名，以为鄂中开风气也。吏治不修，天下之人皆贼也，兵勇亦贼也。唯察吏安民，乃可已乱[2]。杀敌致果[3]，仅能戡定[4]于一时，而究不能维持于不败。涤公与子白兄言及，若得一武昌府为之，亦甚甘心。此言沉痛，可念也已！可伤也已！

[1] 星槎，邢高魁。

[2] 已乱，止乱。

[3] 致果，极其勇敢地杀敌立功。

[4] 戡定，平定。

长沙之勇旬日可到。

手此先致，即待面罄[1]。敬请希庵仁兄亲家大人安。

[1] 面罄，当面详谈。

子白兄、寿珊侄均此。

制林翼顿首　廿八嘉鱼道上

32　致李续宜

希庵仁兄亲家大人阁下：

昨日公牍已交子山拟是[1]粗稿，林翼今夜与明日当闭户焚香，细意斟酌。大约分为三折：一、迪公夹叙一片；一、温甫诸公附恤附祠；一、系申严军律，必当遵凛德念，断无姑息也。脱稿之后，均交中堂缮发[2]。到鄂已五日，自开眼至于安寝，无片刻安静之时，急欲了此案，即速来耳。

［1］拟，起草。是，此。

［2］指《查明巡抚衔浙江布政司李续宾三河镇阵亡实迹恳恩加等优恤疏》，咸丰八年十二月十一日官文发。

粮台所办附身之件，今日五更闻已启程。中堂[1]与林翼必欲办花板，然太短小，林翼创议改用杉木十合，较为妥当矣。手此。奉请即安。

［1］中堂，指官文。

制[1]弟林翼顿首　十二月初五早起

［1］制，指守制，当时胡林翼丧母。

33　致李续宜

希庵仁兄大人阁下：

前奉一函，计日可到，又专亲兵寄呈野参一两，白燕三连，亦当次第收到。野参分布无多（涤帅身体不佳，已分送一两），冬月当有续购者。此物有明效大验矣，惜不能多得，殊不快意。

弟与兄拟分两路进步而会于舒、桐，仍是一路（二处仍未定，大约先桐城耳。或多、鲍到桐城，则弟与兄速到舒城亦妙）。其驻兵之处亦不过如洪山之于五里墩耳，弟离兄一步，必不能成军，兄亦决不忍离弟者也。

老伯母病体近日何似？想天不欲平祸乱则已，如欲平祸乱则必然佑老伯母速报康强[1]矣。

［1］康强，安乐强健，康健。

涤丈、季丈[1]均望公早来，金陵、安庆亦实有可乘之机，大抵不过半年可得。弟曾言了却桐、舒一带，稍报迪庵先生之德，便当归去。弟非迪庵先生不能留至今日，不忍负之，故欲了毕此事乃可退也，兄其鉴之。

［1］涤丈，曾国藩。季丈，左宗棠。

前寄去祭文，缮写至精，可以刻石。长沙有佳手，刻成嵌入祠堂壁中，乃可垂久[1]。

［1］垂久，流传久远。

涤丈廿四日拔营到石牌、太湖，弟之各营，除拨余际昌至天堂防守外（天堂为大湖、潜山、桐城、舒城之中权[1]，外险中夷，贼踞之则官兵防不胜防，乃四县之要地也。十九日发兵前往，若官军据此亦胜着也），吴幹臣各营廿四日亦拔营往霍山。弟于廿八日俟逸亭[2]到此面商一切，并须找清一切口粮，弟即先行移主蕲水、英山之交，地名旗扬河，以待老兄驾到乃敢前行也。或竟同一路进舒城、桐城，或派马队从商、固平路进兵，会于霍山、舒城，均候兄到乃可商定也。

［1］中权，中枢。

［2］逸亭，金国琛。

弟等均非世间作官之人，老兄于富贵功名视同腐鼠[1]（世人哪知兄之志趣哉）。近事颇有可忧，弟与兄宜助涤公了却长江之局，便当知几矣。手此。奉请侍安。

［1］腐鼠，腐烂的老鼠，比喻庸俗人所珍视的贱物，多指官职、名位，语出《庄子》“于是鸱得腐鼠”。

弟制林翼顿首　十月廿二日

老伯、伯母大人福安。

克轩、北冈[1]兄大人福安。

[1] 克轩，当作克宣，李续宜。北冈，李续宽。

九嫂亲母大人福安。侄儿侄女均好。

34　致李续宜

希庵仁兄亲家大人阁下：

得十一月初八日书，敬知老伯母大人福体渐和[1]，此天佑吉人，亦以助国也。

[1] 和，好转。

援贼大至，发信时公尚未知此间情形。绝裾[1]之请，人情所难；反兵[2]之义，亦古训之所重也。狗贼固国家之公愤，亦兄弟之私仇，此中权衡，尚乞酌之。十日内此间战事方始矣。弟与兄本无分理，如叨运筹之力、挞伐之威，使弟不为千古罪人，则感企何能言状[3]。手此。奉请勋安。

[1] 绝裾，扯断衣襟，谓去意坚决。

[2] 反兵，返回军队。

[3] 感企，感激，企望。言状，用语言来形容或描绘。

弟制林翼顿首　十九日二更

杨载福

01　致李续宜

希庵谊兄[1]大人阁下：

前月杪奉复一函，谅达台览[2]。近闻移扎黄州，收集各营兵勇，未识已经就绪否？念念。

[1] 谊兄，义兄。

[2] 台览，请对方阅读的敬辞。

迪兄久无下落，大约业经尽节[1]，实深伤惨。其逃出亲兵当有投尊处者，不识[2]所说究竟何如？弟已觅本地长发百姓往三河侦探，如果身首犹存，当为掩埋封识[3]。尚望迪兄有灵，使有寻觅之处，斯为幸耳。

[1] 尽节，尽心竭力，保全节操，多指赴义捐生。

[2] 不识，不知。

[3] 封识，封土并加标记。

贵营现在如何整顿，便中[1]尚望示知。弟所派来鄂之船，其正后营现扎黄州，如有紧要事件相示，请交该营营官专差送来，庶免驿递[2]迟误。

[1] 便中，方便的时候。

[2] 驿递，用驿马传递。

水师现在安静如常，足纾廑注耳。泐此布达，顺请勋安。诸唯心照。不一。

弟杨载福顿首

是信系十四日专勇赍呈[1]，十八日行至吊桶山被风覆舟，将信飘失。弟于十六日到湖口昭忠祠致祭，二十七日始回黄石矶，接读初七日来信，辱承垂注，实深心感[2]。东流现在无恙，上游安传失守耳。因复录原函奉达，并书此告慰。

[1] 赍呈，送呈。

[2] 心感，心里感动，感激。

廿八日又及

02 致李续宜

希庵谊兄大人阁下：

前令兄迪公灵柩至齐安，本拟驾扁舟而来，躬亲奠辍[1]，奈值贱躯抱病，竟不果行，想蒙原恕。兹具有祭幛一轴、挽联一副、奠金二百，伏乞查收。

[1] 躬亲，亲自。奠辍，祭奠。

前接寄抄上谕，令兄诚一息千秋[1]，可以无憾，令人感奋[2]。足下必能奏肤功[3]，扬伟烈，上以酬圣眷[4]，下以慰忠灵。

[1] 一息千秋，死后千古留名。

[2] 感奋，感动振奋。

[3] 肤功，大功。

[4] 圣眷，帝王的宠眷。

贵营整顿诸军，迄今想已就绪。譬之剑戟，锋芒既顿，加一番磨厉[1]，当可复用也。

[1] 磨厉，磨砺。

弟此间仍托庇顺平[1]。唯近来气体[2]加亏，感冒甚易，稍有不检，病即随之。现值春日融和，风寒略杀[3]，宜可望就痊可。知念并闻。

[1] 顺平，顺利，太平。

[2] 气体，精气和身体。

[3] 杀，收束。

外附来孙篠石奠仪[1]五十金，贞陔[2]挽令兄联一付，恳并收寄。

[1] 奠仪，用于祭奠的金钱和礼品，这里指礼金。

[2] 贞陔，吴炳昆，字贞陔，湖南湘阴人。县学生。咸丰三年从杨岳斌入湘军水师。后杨岳斌回家养病，吴炳昆代领其军，积功保道员。咸丰七年秋，李续宾欲联合内外水师攻打湖口，委吴炳昆与彭玉麟联络。同治四年，杨岳斌总督陕甘，奏调吴炳昆赴甘，会督标兵以阙饷变，吴炳昆及翰林侍讲钟启峋死之，照按察使例赐恤，赠太常寺卿。

弟去岁在令兄营通米三千石，望示价若干[1]，以便奉上。

手此。敬请勋安。不庄[2]。

[1] 若干，多少。

[2] 不庄，旧时书信结尾处的谦辞，犹言不恭。

弟载福顿首

03 致李续宜

希庵谊兄大人麾下：

月前区区刍敬[1]，未获[2]亲奠令兄之灵，深以为歉。乃奉手书，谆谆言谢，益厚吾颜[3]。

[1] 刍敬，薄礼。

[2] 未获，未能。

[3] 更让我难为情。

去岁米数，来示系令兄犒军之费，回环[1]敬诵，倍思遗惠无疆，唯率饮和食德之俦[2]，载之口碑，铭之心版而已[3]。

[1] 回环，反复。

[2] 饮和，谓使人感觉到自在，享受和乐。食德，谓享受先人的德泽。俦，伴侣。

[3] 铭，刻。心版，心。

迩维德旌[1]与胡宫保会扎一处，左萦右拂，定当横扫前来，水陆会剿之期当不在远也。刻下皖城逆匪负固依然，唯昨接南来警信，当派总兵陈金鳌[2]、副将李济清[3]两营南旋，听候调遣。旋接骆中丞公牍私函，业留敝军，假归总兵王明山[4]在南防堵，并咨调该营炮船，弟于廿八日已饬赴上。但建德失守，股匪延蔓渐近河干，故调陈、李两营仍回黄石矶，以防皖境。下游未靖，桑梓多艰[5]，世局如斯，实深焦灼，彼此应有同情也。贱躯多病，远虑苳衷，朝夕与药为缘，未见痊可[6]，未审何日是勿药[7]有喜候耳。泐此。复请勋安。统希垂鉴。不一。

[1] 迩，近来。德旌，犹大驾，对将帅的敬称。德，有德；旌，军旗，借指将帅。

[2] 陈金鳌，湖南长沙人，武生出身，水师营官，隶于杨岳斌，官至贵州威宁镇总兵，加提督衔。

[3] 李济清，湖南湘乡人，水师副中营营官，隶杨岳斌，以防堵岳州，援剿湖北、江西、安徽等处，攻克各城，积功以提督补湖南绥靖镇总兵，赏换花翎，赏绩勇巴图鲁。曾配合李续宾攻打武昌、九江。

[4] 王明山（？—1890），字柱堂，湖南湘潭人。湘军水师营

官，隶杨岳斌，官至提督。攻克金陵后辞官回籍。1890 年病死。

[5] 靖，平定。桑梓，家乡。

[6] 痊可，痊愈。

[7] 勿药，不用吃药。

谊愚弟杨载福顿复　二月廿八日午刻

彭玉麟

01 致李续宜

希庵五兄大人麾下：

日昨有函由马递，未知获入台览否？盖以得悉晋秩柏垣[1]，特申寸贺也[2]。

[1] 晋秩，晋升官职或等级。柏垣，官名，即按察使，为正三品官，名义上虽以刑名及驿传为其主要职掌，事实上全省政务与布政使共同负责，按察使简称臬司，通称臬司为廉访，代称臬司为柏垣。

[2] 特表达我小小的祝贺。寸贺，祝贺别人的谦辞。

迪兄进剿三河，弟日以其兵单为念，而屡催西江普镇[1]来湖、彭换防，不至，以致湖、彭之旧防不能撤往，焦灼实深。昨十五普勇才到湖口，湘帆兄即于今早拔营，弟渡其过八里江，拟星夜往庐。乃于申刻接探报，三河于初十寡众不敌挫败，金逸亭、李璞阶、杨凯臣[2]等均冲围出，退至桐城，而迪兄已出围否尚未得信，闻之喉痒难搔，焦急悲痛而已。

[1] 普，普承尧。镇，镇军，清代总兵的俗称。

[2] 金逸亭，金国琛。李璞阶，李续焘。杨凯臣，杨得武。

弟前次交沈克垣[1]兄去一函，曾详言前途贼众，不宜急进，须后路严防为要者，盖虑迪兄之单耳。唯求天相吉人，将星无恙，庶东南半壁得倚长城，否则奈何？若非吾兄亲往维持不可也。不知尊处得信否？特此飞启，敬请勋安。祈即英照，不尽欲言。

[1] 沈克垣，沈俊德。

愚弟彭玉麟顿首　十月十六夜

02　致李续宜

希庵五兄大人麾下：

三河初十败后，弟于十六由六百里飞达，谅入青睐。顷据确探，贼离桐仅六十里，赵国香等誓报仇，必大战于桐城，彭泽成武臣等、湖口梁湘帆，弟均已催令星夜前往桐城助防，都将军已派马队往助剿。计桐城十有余营，谅深沟高垒，当可堵御耳。

据逃出火坑之勇称：迪兄由六安州一路去，因贼隔断，不能归桐城。如果尔[1]，则如天之福也。血战六七年之苦，天心亦必暗护无恙，祈吾兄宜善保养，以顾大局，是为至祷，至祷！

[1] 尔，这样。

厚庵兄已于十七去桐城安抚军心矣。查璞阶、凯臣、彭祥瑞、仁后李运络、义右张养吾、金逸亭均次第到桐城，其余各营想皆护迪兄去也。

近日湖、浔换防，游勇混入普军，相率[1]大至，日夜掳掠，江面不靖，弟日与为仇，擒杀而已。烦闷万分，心悬[2]迪兄，更多惨切，俟探有确音再飞报。草请勋安。不足[3]。

[1] 相率，相继，一个接一个。

[2] 悬，牵挂。

[3] 不足，犹不尽，不能写完。

愚弟彭玉麟顿首　十八夜

03 致李续宜

希庵五兄大人麾下：

月前接奉手教[1]，欣悉迪兄遗骸已得，比即[2]修复一函，谅入台览。

［1］手教，即手书（亲笔信），对来信的敬称。

［2］比即，立即。

咏公此时想已到鄂，当不久即赴尊营也。景镇之贼，涤师已派张凯章兄往剿，日内即可动身。若能收复该镇，灭此一股，则南岸无忧矣。刻下朔风凛裂，诸务贤劳[1]，务乞保重为佳。

［1］贤劳，（为公事）勤劳、劳累。贤，劳。

兹有涤师致函，特以便呈。即请勋安。诸唯心鉴。

迪兄营中殉难诸公如温翁、槐轩辈能一并得之，即幸甚也。

愚弟彭玉麟顿首　初六日

04 致李续宜

希庵尊兄大人扐下[1]：

十三日王吉回营，接奉手示，是悉迪公、篠石忠骸初四日已自霍山动身，曷胜欣慰。唯温公遗体，师门沅公[2]望信甚殷，未识得有下落否？兹有致沅公信件，兄处如有回湘之便，务望饬交速寄，是为感祷。泐此。祇请[3]勋安。不一。

［1］扐下，麾下，对将帅的尊称。

［2］沅公，曾国荃。

［3］祇请，恭请。

愚弟彭玉麟顿首

05 致李续宜

希庵五兄大人麾下：

昨得手示，敬悉迪兄忠骸已抵黄州开祭，阁下亲送赴鄂。奈弟窎远[1]，未能赴黄郡迎灵一奠而痛哭之，实深怅怅也。兹备挽帐、挽联各一幅，奠仪一封，特此寄呈，乞转寄归里，代为办猪羊于迪兄灵座一祭，以略表微忱于万一[2]。

[1] 窎远，遥远。

[2] 微忱，微薄的心意。万一，万分之一。

外敝营各营官公呈奠仪一封，因湖口荒洲无从办祭幛故也。又湖口县岑公藕舫闻迪兄凶耗[1]，哭泣甚哀，诚血性人也。兹付上奠金二百，祭幛一轴。弟偕藕舫均应专弁丁前来在灵前叩头，因来示忠灵[2]已起程，恐专弁丁来转劳赐赏，故因弟左营请年饷战船之便带呈，鉴之宥之为幸[3]。

[1] 凶耗，死讯。

[2] 来示，来信说。忠灵，此指灵柩。

[3] 鉴，鉴察。宥，原谅。

草草。敬请勋安。诸唯心照。不尽。

愚弟彭玉麟顿首

再者，祭联顷间[1]写时，以心粗错落[2]，奈已除夕，且荒洲无从办换，不得已剪补之，颇不敬，愧甚，愧甚！恕之。

[1] 顷间，顷刻间，一会儿。

[2] 错落，错乱。

十二月三十日酉刻

曾国荃

01　致李续宜

希庵仁兄亲家大人麾下：

十四日肃复一函，计登英鉴[1]。弟于十六早抵江省，十九日买舟旋[2]楚，廿二日抵湖口，晤彭雪琴[3]兄，始悉令兄迪庵亲家初十日在三河口失利，已退至六安州一路，家六兄[4]与孙小石已至桐城。然传闻异词，究不知其确耗[5]，为之惊疑莫定。洎廿九日舟次武昌[6]，晋谒制军、方伯[7]，知大纛[8]得三河之信，已赴黄州，而迪翁与家六兄究竟如何情形，此间亦不甚悉。唯晤令亲萧君积仰云，顷有迪翁长夫来称，言营盘被围二日之久，各营俱陷，独迪翁中军与家六兄等竭力扼守，得保无恙，于十二夜四更冲出向六安州一路云云。渠[9]于十三早乃离队伍，未知此语确否。弟思迪翁一军为东南半壁所倚赖，前闻扫荡皖、豫数千里之间，方虑孤军悬寄，有腹背受敌之势；继闻潜、太、舒、桐均已克复，窃私心计议，以为风利不泊[10]，断不致别有波折，此次之挫实为意外之虞[11]。然但祝如天之福[12]，迪翁与家六兄等均庆无恙，则添调完善之师，重集新散之卒，犹不难复振军威，再图进取。

［1］计，估计。英鉴，对别人阅读的敬称。

［2］旋，回。

［3］彭雪琴，彭玉麟。

［4］家六兄，指曾国华。

［5］确耗，确切消息。

［6］洎，自从。次，驻留，止歇。

［7］晋谒，进见。制军，明清时总督的别称，又称“制台”。方伯，明清之布政使别称。

［8］大纛，大旗，借指将帅，此尊称李续宜。

［9］渠，他，指李续宾手下逃出来的长夫。

［10］风利不泊，风势迅疾，船只顺利航行，比喻事情进行得很顺利。

［11］虞，忧。

［12］但，只。如天之福，形容福气特别大。

贵部现驻黄州，以固根本之地，全楚畺圉[1]实利赖焉。刻下尊处必已得大营确实情形，其如何收集堵剿之处，谅麾下已部署周妥矣。

［1］畺圉，即疆圉，边境，边界。

弟行尘匆促，自闻三河、桐城之役，焦灼万分，不安寝馈[1]，私则有昆弟姻娅[2]之情，公则念将士百战艰难之苦，所以刻[3]勿能忘耳。兹特遣李臣典、郭松林、曹仁美、刘璧友、王恒风、谭添祥等六弁（已各给往来川资银十余两矣）驰赴军门及下游一带，查访家六兄消息，务望麾下详示一切，倘有不忍言之虞，务祈老兄示以访问之法，令六弁前去细询，并祈将详晰[4]情况先为惠示，以慰悬系[5]，是所切祷。专泐。即请大安。不尽。

［1］不安寝馈，寝食不安。

［2］昆弟，兄弟。姻娅，有婚姻关系的亲戚。

［3］刻，时刻。

［4］详晰，详细明晰。

［5］悬系，牵挂，挂念。

姻愚弟曾国荃顿首　廿九夜

02　致李续宜

希庵仁兄亲家大人扔下：

廿三日接奉初八日黄州所发惠函，惊悉六安州三河逃出各弁勇各陈其说，而迪庵中丞与六家兄确实消息尊处亦尚不闻其详，寸心如割，无限隐忧[1]。夜间得雪琴兄函开[2]，中有数语云，自皖北逃来者询悉，令迪庵兄与六家兄、孙小石、王槐轩诸君子同殉难于三河等因，捧读未竟，肝肠划裂，涕泗交颐[3]。窃思为国捐躯，本忠臣义士之常，而归骨无期，亦太苦矣。伤何如哉！痛何如哉！

[1] 隐忧，深忧。

[2] 雪琴，彭玉麟。函开，谓以书信指示。

[3] 交颐，犹满腮。

弟自闻三河、桐城两役后，日夕计虑：迪公、温兄恐万无生理[1]。私念昆弟骨肉之情，公念良将血战艰危之苦，一朝堕弃[2]，虽在诸君子足树凛烈万古之节[3]，其如兹世何[4]？忧心如焚，不觉万念俱灰矣。然还楚之日时盼好音，盖犹冀幸二公或得脱免沙场之厄耳[5]。今若如此，尚何言哉！

[1] 生理，生存的希望。

[2] 堕弃，指死亡。

[3] 虽，即使。树，树立。凛烈，严肃忠烈，令人敬畏。节，操守。

[4] 其，语气词。如……何，（对）……怎么样。兹世，这个世界。

[5] 冀，希望。或得，说不定能够。脱免，逃脱。厄，灾难。

唯雪兄[1]来函未蒙注明日期、地方，北望招魂，难指所向。

舍间将为位而哭[2]，设灵供奉。将六家兄殉难情节呈报本邑，具详大府，而未得确实，殊难据报，益增哀悼。未知果系初十日乎，抑十一二三乎？其在三河营垒附近之处乎，抑[3]督队冲出数十里外力竭而自殉乎？其问诸水滨[4]乎，抑骂贼被刃[5]乎？皆不知其详也。六家兄仆从夫役[6]十数人至今无一逃归者，即询迪公亲兵亦尚无一回故里[7]者，不解彼苍[8]何其惨酷若是也。尊处日来想必探明确，当知其端委[9]，求考核详示为感。鄂中大府陈奏何如？想必照尊处禀报也。

[1] 雪兄，指彭玉麟。

[2] 舍间，谦称自己的家。为位，设置灵位。

[3] 抑，或是，还是。

[4] 问诸水滨，到水边去问，此指投水自杀。

[5] 骂贼被刃，此指被俘而被杀死。

[6] 夫役，被调发服劳役或受雇而供役使的人。

[7] 故里，家乡，故乡。

[8] 苍，苍天，上天。

[9] 端委，始末，底细。

至于往何处收骨一层，言之尤为痛心。前者专差六弁[1]由尊处驰赴皖壤，嘱其间道[2]改装，寻至该处，意实为收骨计[3]。此时遍地贼踪，出没靡常[4]，办此尤非易事。然用本地细作[5]向导，冀或可得一是，虽费重金不悔也。盖不得归骨，无以安忠义之灵，亦不足以慰家叔父母、六家嫂之哀悼耳。尊处添派之人与张参戎处所得干健与贼侣相习者[6]，如能收得，实是如天之福。否则，多觅皖中可恃友朋付托，指示该弁等迷途，赶紧寻觅，亦是一法。第讯得微有端倪[7]，如须数千金乃可得全受全归之体[8]，亦义不容不措办，届时尚乞飞速函告弟处为感。或由尊处暂贷，或由雪琴兄处暂贷，亦必毅然行之，弟当如数解缴，断不至荒唐[9]片刻，错误分毫也。雪公处弟亦有函托之矣。

[1] 专差，专门派遣。六弁，指李臣典、郭松林、曹仁美、刘璧友、王恒风、谭添祥六人。

[2] 间道，小路。

[3] 收骨，收尸。计，打算。

[4] 靡常，无常。

[5] 细作，暗探，间谍。

[6] 干健，干练的士兵。相习，互相熟悉。

[7] 第，只要。端倪，头绪，迹象。

[8] 全受全归之体，语出《礼记·祭义》：“父母全而生之，子全而归之，可谓孝矣。不亏其体，不辱其身，可谓全矣。”封建礼教认为人的形体来自父母，应当以完全无亏的身体，还之父母。

[9] 荒唐，这里是拖延、迟缓的意思。

景镇贼又披猖[1]，仰素已不能支。两湖陈奏请家兄[2]移师浔、皖之间，未知能来否；即能来，自必先从景镇一股下手，庶江右[3]乃可无虞耳。咏公起复[4]来鄂，楚北有人主持至计[5]，自能体量阃以外者[6]。南中论者谓假令咏公不以忧去[7]，迪公得一助于后路，或不至有三河之役。推原其理，亦尚不诬[8]，然此乃天下安危所系，朝廷气运所关，岂非天哉！

[1] 披猖，猖獗，猖狂。

[2] 家兄，指曾国藩。

[3] 庶，或许。江右，江西。

[4] 起复，封建时代官员遭父母丧，守制尚未满期而应召任职。

[5] 至计，根本大计。

[6] 体量，体谅。阃以外者，即阃外，统兵在外的将军。

[7] 南中，南方。假令，假如。不以忧去，不因为丁忧离开。

[8] 诬，说话虚妄不实。

时事日益艰难，伏愿为国保重，以慰具瞻[1]。心绪哀伤，语无伦次，临颖无任[2]思恋之至。尊处如得有确实，尚祈时惠我音[3]为感。手此。敬叩勋安。

[1] 具瞻，谓为众人所瞻望。

[2] 临颖，临笔。无任，不胜。

[3] 时惠我音，及时给我音信。惠，敬辞。

姻愚弟制曾国荃顿首　廿四夜

03　致李续宜

希庵仁兄亲家大人执下：

十一日专勇至，接奉赐函，借悉尊候动止[1]万福，至以为慰。

[1] 借悉，借此获悉。尊候，书信中问候对方起居等情况的敬辞。动止，起居作息，谓日常生活，多用作书信中的问候语。

令兄中丞公忠骸已经霍山令王明府[1]觅获，而小石观察遗蜕[2]亦幸得归故里，可见忠魂在天之灵自有神明呵护，以存其骸体而俾[3]得千秋不朽也。慰甚，慰甚！温甫家兄遗骨沙场，荷蒙添派弁勇，逐加细寻，此时未能觅获，转瞬春气益暖，暴露之苦愈不堪设想矣，伤痛何如！刻下家叔因忧成疾，难期速痊，冀得归骨以慰之，而实鲜[4]良法，唯有磕恳麾下设法觅获，俾温兄得首丘[5]之正，则存殁沾感允无既极矣[6]。

[1] 明府，县令的称呼。

[2] 遗蜕，尸体。

[3] 俾，使。

[4] 鲜，少。

[5] 首丘，相传狐狸将死时，头会朝向它出生的土丘。典出《礼记·檀弓上》“古之人有言曰：‘狐死正丘首’，仁也”，比喻人死后归葬故乡。

[6] 存殁，生者和死者。沾感，感激。允，诚然。无既极，

不尽。

中丞公灵榇已至鄂垣[1]，新节外当可抵湘。咏之宫保驻黄州，旋驰赴宿、松，商定堵剿之策。一切军务均有主持，水陆万众有所依倚，国之福也，中原之庆也。景镇一股，凯章兄往剿，此时不知已交锋否，殊为念念。家兄一军有移驻湖口之议，大约新节后可以成行耳。

[1] 灵榇，灵柩。鄂垣，湖北省城武昌。

弟还里月余，尚未觅得吉域[1]。先君窀穸尚难遽妥[2]，温兄后事猝难安顿，一俟转奉谕旨之日，方设位成服[3]也。辱蒙肫注[4]，谨以附陈[5]。手此敬复。虔叩勋安。伏维惠鉴。不宣。

[1] 吉域，好坟地。

[2] 窀穸，墓穴。遽，仓促。

[3] 设位，设灵位。成服，旧时丧礼大殓之后，亲属按照与死者关系的亲疏穿上不同的丧服。

[4] 肫注，诚恳关注。

[5] 附陈，附带告知。

姻愚弟制曾国荃顿首　正月十三日

正封函间，接到左季老函称：迪公忠榇灯节[1]后可到长沙，嘱霞老、芝师与令侄晋省[2]，令侄迎丧，霞、芝则照料一切也。省中大府谕两县在城外治丧，仿照昔年罗师忠榇道过省河办法，大约只延阁[3]三四天足矣。霞、芝两处弟已加函催其速行，想两君即日可前去耳。弟理宜趋长沙瞻拜忠榇，只以六家兄之戚[4]，家叔病患颇沉重，难以远离左右，遂不果于行也。

[1] 忠榇，指灵柩。灯节，农历正月十三日至十七日，民间张灯游乐，谓之灯节；亦特指元宵节。

[2] 霞老，指刘蓉。晋省，进省城。

［3］延阁，延搁，拖延耽搁。

［4］以，因为。戚，忧愁，悲哀。

郭云老入直南斋[1]，召对时，天语[2]垂询季高甚详，并谕云以函劝其速出，大约旬日间必简放[3]季老办军务耳。知关肫念[4]，并以附闻[5]。

［1］郭云老，郭嵩焘。入直，亦作“入值”，谓官员入宫值班供职。南斋，指清代南书房，在北京故宫乾清宫西南隅，本清康熙帝早年读书处，后选调翰林或翰林出身之官员到里面当值，除应制撰写文字外，并遵照皇帝旨意起草诏令，一度成为发布政令的地方，雍正间军机处成立后，即专司文词书画之事。

［2］天语，皇上问话。

［3］简放，清代谓经铨叙派任道府以上外官。

［4］知道（您）诚恳、真挚地关心、挂念（我）。肫，诚恳、真挚。

［5］附闻，附带告知。

国荃又启　十四早

复厚安军门一信，彭雪公一信，致贵幕曾竹斋一信，贵粮台曾朴山一信，恳饬勇递去为感，琐渎[1]荩忱，谢谢不宣。

［1］琐渎，书信套语，谓琐琐絮聒而渎犯对方。

荃又启

都兴阿

01 复李续宜

希庵兄台大人阁下：

顷诵惠函，备悉种切[1]。蒋观察湘左等营，弟前因初七之捷，暂令毋来；继因查知蒋君有节制各营之责，则此间各营非蒋君前来必无主张，是以复行咨商阁下（因接奉来文，比即申请钦宪示下[2]，并一面移知蒋观察，就其现到之地暂驻。昨奉钦宪批札，以麻、黄一带□□，饬令驻扎蕲、黄一带），移令蒋君仍然前进。兹接蒋君来禀，有停扎听候之语，弟当即飞咨揆帅，仍催蒋君前进，以资会合进剿，并恳吾兄移知蒋君，照后札办理。

[1] 种切，种种，一切。

[2] 钦宪，皇帝指令。

三河溃卒既回尊营，必可细询一切。令兄忠心义胆，为国捐躯，深为伤悼，当会同揆帅据情入告请恤，以慰忠魂。一切情形望查明具报揆帅处，以便办理。复此。即候日安。希照[1]。不一。

[1] 希照，希望您明察。

弟都兴阿顿首　十六日申刻

02 复李续宜

希庵五兄大人阁下：

顷接来函，知前布[1]一切已邀览悉。令四兄迪庵中丞忠骨由霍抵黄，兄台痛切鸰原[2]，自深伤悼。第[3]念迪翁中丞为国捐躯，英风毅魄自足千秋，现商胪情入告[4]，定蒙恤荫[5]优加，哀荣备至[6]。尚祈抑情珍摄[7]，共济时艰。兹谨具轴幛一悬，专弁驰诣叩奠，祈为代荐为荷。即颂勋安。不具[8]。

[1] 布，陈述。

[2] 痛切，悲痛哀切。鸰原，来自于《诗·小雅·常棣》“脊令在原，兄弟急难”，意为脊令（鹡鸰，水鸟）今在高原，不在它常居住的水中，则飞鸣求类，不能相舍，而兄弟亦如脊令一样，有急难须互相援助，后因以“鸰原”指兄弟友爱或为兄弟的代称。

[3] 第，但。

[4] 入告，以事上闻。

[5] 恤荫，因祖先有功德，受到皇帝的抚恤和封赏。

[6] 哀荣，悲哀与光荣。备至，齐至。

[7] 抑情，克制感情。珍摄，保重。

[8] 不具，不详说。

弟都兴阿顿首　十二月廿二日

舒保

复李续宜

希翁仁兄大人阁下：

前于十一日在曹家河途次接奉手书，备知一切。唯悉于迪庵先生迄今日久传说尽属凶闻[1]，凡听之者无不隐忧增感，矧[2]与弟同事多年，素承不弃也。设有他故，则迪庵先生勋隆盖世，诸足媲美千古。弟正相对怀惭[3]，但愿仁兄先继其志，后励其兵，雪国耻而振军威，在此时矣。固请勿以有用之心机，作此无益之惨痛，乞为国惜身是祷。

[1] 凶闻，死讯。

[2] 矧，况且。

[3] 怀惭，心中惭愧。

弟于十三日抵黄梅城，即接将军都[1]来文，以为军情稍松，已将该逆打退于莲花塘、石牌一带而去，仍即驻扎黄州一带，探访各路等语。弟秉性愚懦，进退委[2]难自主，已备文呈请揆帅训示，俟奉到明文，再定行止。所虑者张家塝、麻、罗等处，如遇紧急，实有鞭长莫及之势，尚祈随时示知。用特布闻[3]。敬请勋安。诸维心照。不庄。

[1] 将军都，即都将军，都兴阿。

[2] 委，确实。

[3] 用，因此。布闻，指向上传报。

愚弟舒保顿首　十四日泐于黄梅县城

李孟群

致李续宜

属在同袍[1]，未遑捧襼[2]，临风驰跂[3]，积日殷忱[4]。敬唯希庵仁兄大人奋积好仇，整军经武[5]，仰霓旗之威振[6]，迅扫搀抢[7]；纾螭陛之宸怀[8]，倚资麾戟[9]。引詹帐下，依颂奚如[10]！

［1］同袍，战友。

［2］未遑，没有时间顾及。捧襼，相见。襼，衣袖。

［3］驰跂，即驰企，向往，仰慕，书信表敬语。

［4］积日，连日。殷忱，深厚的情意。

［5］整军经武，整顿军备，致力武事。

［6］仰，仰仗。霓旟，军旗，此指帅旗。威振，威震。

［7］搀抢，当作欃枪，彗星的别名，喻邪恶势力。

［8］纾，解除。螭陛，雕有螭形的宫殿台阶，借指皇帝。宸怀，皇帝的眷怀，此指皇帝的忧患。

［9］倚资，倚仗。麾戟，挥戟，挥动武器，这里指率领军队作战。

［10］引詹，伸颈远望，敬辞。詹，通“瞻”。帐下，犹麾下，对将帅的敬称。依颂，赞颂。奚如，如何。

弟眚戾冀宽[1]，简书是畏[2]，自维无状[3]。乃荷圣慈[4]仍令从戎，勉效于征，众志用期坚固。现扎肥境之长城地方，相机进取。十月二十九日庐贼西来窥犯，当经督率所部袁守奋力击退，捡馘[5]甚多，益练豫防[6]，以图剿殄[7]。唯是饷糈[8]空虚，极深焦灼，矛炊刀淅[9]，无米难成。硕画宏裁[10]，何以策我[11]？

[1] 眚戾，犯错。冀宽，希望得到宽恕。

[2] 简书是畏，即畏简书，公务在身。

[3] 无状，没有功绩。

[4] 荷，承受。圣慈，圣明慈祥，旧时对皇帝或皇太后的谀称，此指圣恩。

[5] 捦馘，擒斩。捦，同“擒”。

[6] 豫防，预防。

[7] 剿殄，剿灭。

[8] 饷糈，军粮给养。

[9] 矛炊刀淅，用矛做饭，把刀当成淘的米，谓无米可煮。

[10] 硕画，远大的谋划。宏裁，请尊者裁断的敬辞。

[11] 策，激励。

迪帅雄师制胜，连拔负嵎，猝未及防，暂焉小挫。近自舒城失守，露布梗途[1]，传闻辞异，祇希犄角[[2]，殊切廑悬[3]。

[1] 露布，军旅文书。梗途，阻塞于途。

[2] 祇希，恭敬地希望。

[3] 廑悬，殷切挂念。

兹有贵营勇丁转回，特泐寸函[1]，附之赍达[2]，务乞将迪帅情事并唐观察、余协戎[3]暨都、鲍[4]各军现在如何分途堵剿情形详赐示知，并释疑悰[5]，是所祷盼。敬请勋安。立候德复，诸唯荃察[6]。不既[7]。

宗愚弟孟群[8]顿首

[1] 泐，书写。寸函，简短的书信，自谦之词。

[2] 赍达，送达。

[3] 唐观察，唐训方。余协戎，余际昌。

[4] 都，都兴阿。鲍，鲍超。

[5] 疑悰，疑虑，疑心。

[6] 立候，立等。德复，对别人回信的尊称。荃察，旧时书信中常用为希望对方鉴谅的敬辞。

[7] 不既，不尽，不能写完。

[8] 孟群，李孟群（1830—1859），字少樵，号鹤人，今河南省固始县人，进士，官知县、知府至湖北按察使、安徽布政使、摄理巡抚。咸丰年间，先后在广西、湖广、江西、安徽诸地与太平军作战，曾参加湘军水师，两次在武昌、汉阳作战。赐号“珠尔杭阿巴图鲁”。咸丰八年（1858）战败革职，次年被太平军杀死于庐州。追封骑都尉兼云骑尉世职，谥武愍。

普承尧

01　致李续宜

希庵仁兄大人阁下：

顷奉尊函，备悉一切。弟前闻皖省大军挫退，迪庵令兄为国捐躯，遐听[1]之下，不独弟痛悼殊深，并令大江南北苍生失望，功亏一篑，丧此伟人，奈何，奈何！尚望阁下整饬雄师，殄[2]此丑类为幸。

[1] 遐听，远听。

[2] 殄，灭。

弟于廿六日抵浔，探闻皖省贼情较前更为紧急。其宿松、太湖、潜山一带均无重兵，江北之小池口地当水陆要冲，必须严密堵御。无如[1]敝军仅四千余人，南北两岸势难兼顾。彭雪翁水师又奉楚北调去二哨，现存炮船又须防守彭、湖[2]，势难再拨。弟昨已将兵单地要各情形禀明揆帅，并咨请耆中丞[3]，请其抽拨江省炮船来浔助守矣。皖省溃勇现经何协戎[4]在浔收集，谅不日即可齐队前来。知关锦念[5]，泐此布闻。所有贵营近日情形，尚乞随时示知，以扩见闻为荷。肃泐奉复。并请勋安。唯冀心照。不宣。

[1] 无如，无奈。

[2] 彭，彭泽。湖，湖口。

[3] 耆中丞，耆龄，时任江西巡抚。

[4] 何协戎，何绍彩。

[5] 锦念，敬称他人对自己的挂念、关注。

愚弟普承尧顿首

舍弟纯一[1]附笔候安。

[1] 纯一，普承忠。

02 致李续宜

希庵尊兄大人阁下：

念七日接奉手示，知前肃芜函[1]已登签阁，并悉雄师现驻齐安，养精蓄锐，指日虎贲[2]东下，直捣黄龙，谅不难快泄前忿。

[1] 芜函，对自己信件的谦称。

[2] 虎贲，勇士。

弟拟开春新召成军，携一旅之师追随鞭镫[1]，聊效同仇[2]之意，未识麾下携挈[3]否？

[1] 鞭镫，麾下，左右。

[2] 效，表达，显示。同仇，共同赴敌。

[3] 麾下，对将帅的敬称。携挈，提挈，带领。

胡宫保出山督剿，诚为苍生之幸。如有赴黄州确音，敬恳阁下先期示知，弟当驰叩宫保行辕[1]，面聆方略[2]，并与吾兄一叙渴慕之怀。

[1] 行辕，旧时高级官吏的行馆，亦指在暂驻之地所设的办事处所。

[2] 面聆，当面聆听。方略，计划，策略。

卅日奉到何子文[1]十兄来信，借知迪帅忠躯现有寻获之信，闻之实深心慰。弟拟俟各大宪将迪帅殉难情形奏奉恩旨[2]，赐有恤典谥号，即设主崇祀于塔忠武公[3]祠内，以昭国家隆重忠烈功臣之盛典也。肃此奉布。并请勋安。伏维垂照。不一。

[1] 何子文，何绍彩。

[2] 拟，打算。俟，等。大宪，清代地方官员对总督或巡抚的称谓。

[3] 塔忠武公，塔齐布。

愚弟普承尧顿首　冬月卅日

03　致李续宜

希庵五兄大人麾下：

久违鸿范[1]，时达鱼书[2]，虽未面谈，诸蒙心照。就谂近祉吉羊[3]，大猷聿骏[4]，为颂为慰。

[1] 鸿范，对人容止仪表的尊称，敬辞。

[2] 鱼书，书信。

[3] 得知近来幸福吉祥。吉羊，吉祥。羊，通“祥”。

[4] 大猷，治国大道。聿，无义。骏，通“俊”，出色，卓越不凡。

弟浔阳株守，无善可陈。早拟亲携一旅随旆遄征[1]，少资指臂[2]。乃前则以兵单分守湖、彭等地，力不从心。今虽添勇成军，可以抽拨二三营听候调派，而官节相、胡宫保会奏敝军不便外调，责以专防九江一带。未奉明文，若擅自出师，恐干物议[3]，是以此心耿耿，徒自萦结[4]。

[1] 旆，旌旗。遄，迅速。

[2] 少，稍微。资，助。指臂，手指和臂膀，此谓帮助。

[3] 干，冒犯。物议，众人的议论。

[4] 萦结，回旋缠绕，此谓心里纠结。

窃维迪帅功绩宏伟，忠烈凛然，垂之青史，千秋不朽。加以老兄谋勇冠群，即看雄师所到，剿洗丑类，伸公愤以雪大仇，必可慰迪帅在天之灵。第弟忝列同袍[1]，未获执鞭弭[2]于迪帅之生前；当此道路衔悲[3]、妇孺感泣之际，又未亲致生刍[4]，揆[5]之情义，抱歉实多。在迪帅生荣死哀，固不借[6]弟之致奠以为轻重，而私心佩服，与哀俱深。谨备楮仪百金并帐联各菲仪[7]，专宝庆协蓝翎千总敝弁吴成诰送呈，务乞转致。明知俚语薄物，不足云礼，亦聊以志景仰之意焉尔，伏望赐收为荷。

[1] 第，但是。忝，辱，谦辞。同袍，战友。

[2] 未获，未能。执鞭，为人驾驭车马，谓给他人服役。弭，消除，此谓消除兵祸。

[3] 衔悲，含悲。

[4] 生刍，《后汉书·徐稚传》："郭林宗有母忧，稚往吊之，置生刍一束于庐前而去。"后因以称吊祭的礼物。

[5] 揆，揣测。

[6] 借，因，凭借。

[7] 楮仪，祭奠时焚化的纸钱。菲仪，谦辞，菲薄的礼物。

贵军现定进剿否，目下作何筹画[1]？并希惠我，无任企祷[2]。肃此。祗请捷安。诸唯勋照。

[1] 筹画，谋划。

[2] 惠我，惠复我，回复我。惠，敬辞。无任，敬词，犹不胜。企祷，极其盼望。

愚弟普承尧顿首　正月初十日

唐训方

01　致李续宜

敬启者[1]：弟奉调赴桐援剿，于本月二十一日行抵太湖。途次即闻桐邑复失，众军溃散。弟以蕲州为全楚门户，未便孤军强持，不顾后路，转致该逆乘虚窜楚，故已于二十三由太湖回驻陈德园地方，兼顾牛头冲诸要隘，令阿参戎扎小隘岭，面商余参戎扎槐树坳，并飞饬蕲州、太湖赶紧齐团协防，以资堵截。业将布置情形先后驰禀大宪[2]在案。

[1] 敬启者，恭敬陈述。

[2] 大宪，清代地方官员对总督或巡抚的称谓。

兹闻大纛莅止，想硕画鸿谋早已在握，不胜引领[1]。唯迪翁令兄武功懋著，为国家所倚赖，乃将星遽殒，凡属僚庶，莫不饮泣[2]；矧[3]吾兄以骨肉之亲，其惨痛自难言喻。但时势艰难，大局所关，尚祈吾兄节哀顺变，善保柱石[4]之身，以副[5]国家之望，与弟等各营妥为商筹，力振军威，先作固守之策，徐图进剿之机，报仇雪恨，以申天讨。

[1] 大纛，大旗，借指将帅。莅止，来临。硕画，远大的谋划。引领，伸颈远望，形容期望殷切。

[2] 饮泣，泪流满面，进入口中，形容极度悲痛。

[3] 矧，况且。

[4] 柱石，顶梁的柱子和垫柱的基石，比喻担当重任的人。

［5］副，符合。

至桐城溃勇由太湖一路而来，弟已酌发钱米，促至蕲州等处归队，免致沿途觅食，惊扰民间。并望吾兄如何设法收集此辈，以冀再振，是为至祷。续后军情容随时确报布闻[1]。敬请戎安[2]。诸唯亮察[3]。不宣。

［1］布闻，指向上传报。

［2］戎，军旅。安，安好。

［3］亮察，明察。

愚弟唐训方顿首

敬再启者：正封函间，适奉惠书，聆悉一切。并接前途太湖县函，知逆匪现已过潜，都将军退扎黄泥港、新仓一带，渐次移营，欲仍守原处。又据探报，昨多都护在石牌接仗，已获大胜，杀贼数百人等语。似此逆锋稍挫，军威自可渐振耳。知念附陈[1]。载请勋安。

［1］知念，知道您关心挂念。附陈，附带告知。

弟训方再启　十月廿六日

02　致李续宜

希庵仁兄观察[1]大人麾下：

屡诵手书，述及令先兄殉难不平之鸣，动于天籁，可见麾下友于之性笃[2]，益使忠愤之气充也[3]。第念迪公之名垂宇宙[4]，万姓讴歌，勋著旂常[5]，千秩享祀[6]，虽死亦犹生耳。所可惜者，转战数年，东南甫[7]定，大局方有转机，入皖遽伤名将，军心惊涣[8]，感泣同仇。弟学步行间，与令先兄志洽知深，尤为惨痛。公余勉凑联语，以志伤感；并呈白镪[9]五十金，稍伸刍敬[10]，即乞鉴存[11]为荷。

[1] 观察，清代对道员的尊称。

[2] 性笃，感情深厚。

[3] 益，更加。充，满。

[4] 第，但是。念，念及。垂，流传。

[5] 旂常，王侯。

[6] 千秩，犹万年；秩，十年。享祀，祭祀。

[7] 甫，才。

[8] 惊涣，惊慌，涣散。

[9] 白镪，白银的别称。

[10] 伸，表达。刍敬，小小的敬意。

[11] 鉴存，查看，收存。

麾下既领湘营，兵法家传，兼符众望，唯冀珍摄荩躬[1]，是所心祝。手此。敬请勋安。并希荃照[2]。不备。

[1] 冀，希望。珍摄，保重。荩躬，犹忠体，对别人身体的尊称。

[2] 荃照，犹明察，敬辞。

愚弟唐训方顿首　腊月初七日

罗遵殿

致李续宜

希庵仁兄大人麾下：

顷得赵副将来缄[1]云：丁篁村[2]驻三河之师力战获胜数次，因援贼麇聚[3]，众寡不敌，遂致失利。该逆径分股绕出令兄迪庵先生后路，势颇猖狂。都将军已派马队数百名前往策应，请揆帅速为区画[4]。在迪公老谋深算，必无疏虞[5]，而兵力太嫌单薄，贼踪绵亘数百里，究属可虑。现禀商揆帅饬余副将际昌由霍山出师潜、桐，唐义渠[6]援豫之军亦可就近从陈德园取道皖境，力援迪公，兼顾楚疆，似属妥速[7]，业分别飞札饬行矣[8]。

[1] 顷，不久以前。赵副将，赵克彰。来缄，来信。

[2] 丁篁村，丁锐义。

[3] 麇聚，聚集。

[4] 区画，筹划，安排。

[5] 疏虞，疏忽，失误。

[6] 唐义渠，唐训方。

[7] 妥速，妥善，迅速。

[8] 业，已经。飞札，急送信件。饬，命令。

吾兄视师[1]蕲、黄，布置略毕[2]，乞早日返驾省门[3]，面商一切。临颖曷胜企祷之至[4]。手此。敬颂勋祺。诸唯澄察。不宣[5]。

[1] 视师，谓督率军旅。

[2] 略毕，大致完成。

[3] 省门，省城。

[4] 临颖，临笔。曷胜，不胜。企祷，极其盼望。

[5] 手此，亲笔写是信。澄察，犹明察。不宣，不一一细说。

愚弟罗遵殿顿首　十五日

寿山兄前均此致意。

小儿忠祐侍笔叩安。

何忠骏

01 致李续宜

希庵老兄大人阁下：

别后殊深渴想[1]。麻城之贼日来动静如何？想大才[2]布置已定，四眼[3]一瞎无能漏网矣。九江克复，令兄迪庵方伯勋勤懋著[4]，战功赫焉，莫与比隆[5]，此番东南事体乃有头绪。闻迪圣休养数日，亦来麻会剿，尤为得机得势之作[6]，可喜之至。

[1] 渴想，非常想念。

[2] 大才，堪当重任之才，学识很高的人，此敬称对方。

[3] 四眼，陈玉成。

[4] 勋勤，勋绩。懋著，显著。

[5] 莫与比隆，没有谁功劳比得上他。

[6] 作，作为。

弟尚扎[1]熊家湾，日来黄安绅民均来营请见。查麻、安相通之路，东北各小路以叶法河为总，彼中路小而险，不能驻兵（现有二坐探[2]在彼），现有团勇驻守，似可无虞。西南各路则熊家湾可以照管。

[1] 扎，驻扎。

[2] 坐探，专在某处探听消息、收集情报的人。

黄安团上甚蛮野，日来颇不以弟为蛮，相见亦殊亲热也。知关雅廑[1]，特以附闻。手此。祗候[2]勋安。不备。

[1] 雅廑，对别人关注的敬称。

[2] 祗候，恭候。

弟骏顿首　十三夜

篠公、铸老二兄大人均致意，未另启。

再，三舍弟营勇前初二日打仗，有上等[1]伤曾姓勇，枪子伤手，打断筋骨，当请国公营中左先生取出枪子，而血流不止，昨已毙命。此等与登时阵亡无异。兹营中已具禀前来，应请照阵亡例发给恤银。至各项伤亡等银，前在麻城已与铸老商定，刻下未知铸老处有银发否，请示知为要。

[1] 上等，这里是严重的意思。

铸老处统此[1]，未另。

附右营禀[2]一件。

[1] 统此，均此，都在这里（问候）。

[2] 禀，公文。

02　致李续宜

希庵老兄大人阁下：

顷[1]接转运局王君来函，云城贼五六千人出窜北黄土冈，现又窜陈家冈，恐抄宋埠后路。已奉大营函示，嘱敝营严密防范云云。又接黄安县来片[2]云，贼有由光山分援黄安之北乡等语。如果两信属实，是贼意分窜亦未可知。但敝营只一千人，欲作两路防范，力有不及。中丞昨函亦云，如果贼窜黄安，二营不能力敌，即欲前往截击亦非上策云云。中丞老于用兵，故有此语。弟窃恐贻误公事，老兄爱我，必有至计，特专勇奉商，即乞教言，企候玉复[3]。肃此[4]。恭候勋安。

[1] 顷，不久以前。

[2] 来片，来信。

[3] 企候，恭候。玉复，对别人回信的敬称。

[4] 肃此，敬此，对尊长书札用语，表示恭敬地修此书信，放在颂祝语的前面。

弟骏顿首

篠、铸翁二兄统致意。

如果贼来宋埠，则望大营日发回探[1]，闻警即分兵回击为祷。

[1] 探，探子，军中从事侦察工作的人。

03 致李续宜

希庵先生阁下：

二十一日接到十二夜手书，重荷注存[1]，就稔荩祉增绥[2]，勤勋懋著[3]，至以为颂。

[1] 荷，承蒙。注存，关注问候。

[2] 就稔，就此知道。荩，忠。祉，福。绥，安好。

[3] 勤勋，勋勤，勋绩。懋著，显著。

迪翁一月四捷，太、潜返正[1]后，于前初六日克复桐城，十八日又克复舒城。旌旗所至，如疾风刮地，不留纤尘；如跨騄駬上虚空[2]，莫之夭阏[3]，飞将军诚[4]可怖哉！骏谫陋[5]（按：原信此处阙七、八字）迪翁主持，乃承奖藉过情[6]，殊增悚歉[7]。

[1] 返正，返归己方。

[2] 騄駬，良马名。虚空，天空。

[3] 莫之夭阏，没有谁可以阻挡。夭阏，遏止，阻挡。

[4] 飞将军，汉时匈奴对汉将李广的称呼，此尊称李续宾。诚，果真。

[5] 骏，何忠骏。谫陋，浅陋。

[6] 奖藉，勉励推许。过情，超过实际情形。

[7] 悚歉，害怕，抱歉。

润芝中丞以时事焦灼，致成热疾[1]。尊处致书[2]力劝，即为良药。天下倚重之人正宜留其身以有待，不必汲汲[3]也。手此奉复，并候勋安。不既。

[1] 热疾，古指热性过盛所致的病症。

[2] 致书，寄信。

[3] 汲汲，忧惶不安貌。

忠骏顿首　二十二夜

金国琛

致李续宜

希翁先生大人阁下：

十二日酉刻接奉钧缄并竹报[1]，均已收存。初十日三河大挫情形，十二日由驲[2]递寄一函，谅邀尊览。

[1] 钧缄，对来信的尊称。竹报，竹报平安的简称，指平安家信。

[2] 驲，古代驿站专用的车，后亦指驿马。

连日中右营有勇夫冲出者，云称大人已冲出营。十三日下午，亲兵邓楚材、陈宇福、钟文选来桐，伊[1]初十夜与大人及周厚斋、李倬堂、丁篁村、曾温公[2]暨同事诸公同冲出营；钟文选冲不出，仍回营中，至五更冲出；邓楚材等挤入河中，凫水得脱等语。十四日傍晚，戈什哈[3]方全胜来桐，伊同大人于十一夜冲出营门散伴等语，现尚未知下落。言念及此，五内[4]俱裂。

[1] 伊，他们。

[2] 周厚斋，周宽世。丁篁村，丁锐义。曾温公，曾国华。

[3] 戈什哈，满语，清代高级官员的侍从护卫。

[4] 五内，五脏。

窃思天下大局虽系湘军，仅此驻桐数营，危若累卵，虽军心尚能稳固，而主帅吉凶莫卜，三军如失慈母之婴儿，其景象可想而知已[1]。我先生一闻此耗[2]，必倍难为怀[3]，而天下安危唯先生是赖[4]，尚求宽怀自玉[5]，早日率师入皖，是所企祷。

[1] 已，语气词。

[2] 此耗，这个消息。

[3] 为怀，释怀。

[4] 唯先生是赖，唯赖先生，只能依赖先生。

[5] 宽怀，宽心。自玉，自行珍重。

琛四载从征，仰蒙优爱[1]，败挫之后，未能冲入重围，相同患难，此罪真百身莫赎[2]耳。肃此。敬请勋安。

[1] 优爱，厚爱。

[2] 百身莫赎，谓一身虽百死亦不能补偿。

国琛谨启[1]　十月十四日桐城营

[1] 谨启，犹敬白，恭敬陈述。

晓秋、三星、云台诸兄均此。

营中同事未到一人，奈何！

此间收集情形已详璞阶函中矣。

稷臣先生有书索取之件，前已检出，此刻想为乌有矣。

中右营先出四哨，临阵败转，当天只见十余人，哨长只见李百衮一人。后出四哨，败转归营不及廿人，哨官仅杨起益在营生病。

日来收集[1]，连勇夫一起不过三百余人。毅中收集百余人，营官彭祥瑞无恙。护右彭友胜阵亡（有人目击），收集仅数十人，拟归入毅中。左仁黄胜日闻亦阵亡，何子文为之收集得一百余人，尚救两哨官，或归后仁，由子文酌量。后仁营官无恙，在离桐六十里青草塥收集勇夫约有三百人。义字三营连勇夫有六七百人，仅有义右营官张养吾在此，左营张嵩龄不知下落，丁篁村在中右营，吉凶难卜。凯左杨凯臣[2]无恙，在潜山收集，闻得二百余人。湘后、利中二营收集各得数十人，拟归中右营。周宽世、李存汉闻与大人一路。副右不过少百余人，今日可以扎营。亲兵马队人马不过少廿人，已扎营矣。

[1] 收集，招收聚集。

[2] 杨凯臣，杨得武。

庄受祺

01 致李续宜

希庵先生仁兄大人麾下：

奉十九日复书[1]，敬知前旌[2]已抵黄州，拟会合诸军进驻蕲水，探明再进。并蒙垂念鄂会[3]，期保危疆，似此忠义诚明出于至性，非十年养气、十年读书，必不能当忧危交迫之时部署分明若是[4]。伏念迪帅以百折不回之心，支万不可为之局，此时诸军离析[5]，是否统队北趋，瞬及经旬[6]，未有佳音渐至。鄂中自揆帅以下，食不甘味，寝不知眠，摇如悬旌[7]，不知所届[8]。

[1] 复书，回信。

[2] 前旌，帝王官吏仪仗中前行的旗帜，借指前军。

[3] 垂念，俯念，关怀。鄂会，湖北省会。

[4] 若是，像这样。

[5] 离析，离散，分离。

[6] 经旬，过了十天。

[7] 悬旌，挂在空中随风飘荡的旌旗。

[8] 所届，所至。

弟于迪帅知爱尤切，其为煎急，何啻如老兄致澹翁所云耶[1]？古人当事变猝乘，必有坚定之守、深远之虑，其先生之谓矣。

[1] 何啻，何止，岂止。澹翁，罗遵殿。

楚地延袤[1]数百里，何地不可阑入[2]豺狼，唯使侦候精详[3]，确谛[4]贼之举动，我军即其来路多方误之，伏险伺之，不遽[5]以堂堂正正之师与之斗力。顾[6]以一师策应四方，出境不宜过远，不则惧有前次麻城之失。刻下余参将已至潜山，唐观察已出蕲境，鄙意谓余则必须直至桐域，唐则不宜远出。且闻浔江防兵之半已于十六日渡江，都帅又拨去马队三百，加以收集残溃，防桐之兵尚不过单。所患董率[7]无人，众心不定，先生新奉都帅奏请摄理全部，揆帅尤甚以为然。闻麾下步勒[8]有方，神思不迫，又与属寮相率额手[9]。窃谓此时统领之责，自以全局为重，不必亟诣[10]前军，似应在蕲先发军符[11]，派定营将，指授战守机宜，一面就楚边扼险扎定，深诫前敌诸将，深稳坚持，不必轻于求胜，徐俟贼之瑕衅[12]，突起乘之，必当有济[13]。刍言[14]迂远，自忘其愚。

[1] 延袤，绵亘，绵延伸展。

[2] 阑入，掺杂进去。

[3] 侦候，侦察，侦探。精详，精细周详。

[4] 确谛，确知。谛，同“审”，熟悉，详知。

[5] 遽，仓促。

[6] 顾，只。

[7] 董率，统率。

[8] 步勒，当作部勒，部署，约束。

[9] 属寮，下属的官吏。相率，相继；一个接一个。额手，谓以双手合掌加额，表示敬意或庆幸。

[10] 亟，急切。诣，进（军）。

[11] 军符，兵符。

[12] 俟，等。瑕衅，可乘之隙。

[13] 有济，有帮助。

[14] 刍言，浅陋的言论，自谦之词。

又闻先生已手书敦请[1]润师出山，此举尤为海内仰望。润师重以先生之言，必当毅然就道。且廿五日葬事已毕，于百日之期已满，如能投袂而兴[2]，非真不避艰险之大豪杰哉！弟虽不敏，亦当肃书相劝也。肃此，谨复，祇请勋安。百唯福照[3]。不宣。

[1] 敦请，敦促，恳请。

[2] 投袂而兴，挥动袖子站起来，形容激动奋发。

[3] 百唯福照，诸多事情请您明察。福，敬辞，谓对方的行为是赐福于己。照，犹明察。

愚弟庄受祺[1]顿首　十月廿一

[1] 庄受祺（1810—1866），江苏武进人，字蕙生，一字卫生，进士，历任福建漳州、福州、湖北宜昌府知府，安襄郧荆道，盐法武昌道，福建按察使，浙江布政使。以词林起家，工古文，善书法，精兵法，尤善识别将才。

02　致李续宜

希庵统帅仁兄大人麾下：

奉十五日复书，因俗冗稍稽作答[1]。比日屡晤[2]湘营人士，益知三河被害之详，泪落心酸，无以为意[3]。盖弟与澹翁闻耗[4]，一月内寝不成寐，食不能甘，不自知其何从也，益[5]念老兄大人当此何以为情。唯求公念国家倚赖之重，内念庭闱[6]系慰之深，强进饮食，善自保练[7]而已。

[1] 俗冗，指世俗间繁杂的事务。稽，延误。作答，回复。

[2] 比日，近日。屡，多次。晤，会见。

[3] 无以为意，没有什么心思，犹怅然若失。

[4] 澹翁，罗遵殿。闻耗，闻信。

[5] 益，更加。

[6] 庭闱，内舍，多指父母居住处，此指父母。

[7] 保练，保重。

伏念我湘军奋起以来，转战以数百计，斩将搴[1]旗，平城夺寨，不能指屈[2]，忠魂义魄无地无之[3]，其骁勇异伦者类皆纡组彩缨[4]，或镇方面[5]；然其艰阻备尝，未尝稍憩一日，此二三万士卒之所同也。独我迪帅之苦绝乎寻常，今夏小住节辕[6]，若有刻不自安之隐[7]。此时忠胆浩气必与天地同流，人世悲愉不足增损毫末。事既如此，弗复言矣。独此爪牙罴虎[8]之士，其获功之得赏只此头衔，一旦变起不虞[9]，衡以岳军[10]纪律之严，殆[11]将不可复问。又此次三河之役，不出则并及于难，出则严谴从之，是一挫之后，进退无可冀幸[12]，何所遭之不辰[13]如此！在昔汾阳之部先溃，相州、崤阪之亡，不闻显戮[14]，盖势处万难，情即可谅，非为挠法[15]，实惜良材。鄙见谓今日之事，止宜严劾[16]，以夺迁阶[17]，更责戴罪而图晚盖[18]，其余哨官以下概予自新，并申明畴昔[19]之功，俾各知屈法之故[20]。否则，进退维谷，志士寒心，万胜而不许一败，百死而难获一生，谅仁人必不肯出此。书生迂弱[21]之见，极知浅陋，顾蒙知爱之切，不敢不一贡其愚。伏求曲谅[22]而赐教之，不胜惶悚[23]之至。

[1] 搴，拔取。

[2] 指屈，犹言屈指可数。

[3] 无地无之，没有哪个地方没有。

[4] 异伦，贤能出众。纡组，系佩官印，谓身居官位。彩缨，红缨，借指缨帽，清朝官吏所戴之帽，帽顶有红缨，谓身居官位。

[5] 镇，镇守。方面，古指一个地方的军政要职或其长官。

[6] 节辕，官署。

[7] 若有刻不自安之隐，好像有时刻都不能安适的伤痛。隐，伤痛。

[8] 独，只是。爪牙，动物的尖爪和利牙，喻勇士。罴虎，熊和虎，喻勇士。

[9] 不虞，意料不到。

[10] 衡，衡量。岳军，岳飞的军队，比喻军纪严明的军队。

[11] 殆，必定。

[12] 冀幸，犹侥幸，希冀。

[13] 何，何况。不辰，不得其时。

[14] 显戮，明正典刑，陈尸示众，泛指处死，加罪而死。

[15] 挠法，枉法，歪曲和破坏法律。

[16] 严劾，严厉弹劾。

[17] 迁阶，升任的官职。

[18] 晚盖，谓以后善掩前恶，泛指改过自新。

[19] 畴昔，往日，从前。

[20] 俾，使。屈法，犹枉法。

[21] 迂弱，迂腐纤弱。

[22] 曲谅，垂谅，特加原谅。

[23] 惶悚，惶恐。

贼势相持太湖、石牌，都帅急欲进攻，想天雨泥滑，必当暂止。连日北风，中丞之行恐不能速回，深盼切矣！肃此。祗请勋安。不一。

如弟[1]受祺顿首　廿一日辰刻

[1] 如弟，旧时称结拜的弟弟。年长者称“如兄”。

03　致李续宜

希庵统帅仁兄大人麾下：

奉廿五日手书，乐善虚怀，无与伦比，乃至采及刍言，感幸非可言喻。

皖军收集精壮，仅得四千，且一时未可即用，诚哉言也！士气既疲且困，安得不养而复之。适又于澹翁处见尊书[1]，知迪帅忠魄已经土人觅得，已飞骑往迎。悬盼[2]之下，涕绠[3]如线。揣霍邑大令禀词[4]，似尚须预备赏资再往，方可动手。此数日中又不知彼处情事如何，心焦欲碎，并拟派人偕往寻觅何伯凝[5]遗体，未知能否如愿耳。

[1] 澹翁，罗遵殿。尊书，对对方书信的尊称。

[2] 悬盼，挂念，盼望。

[3] 涕绠，眼泪如绳一样连绵不断，形容眼泪之多。

[4] 大令，对县令的敬称。禀词，旧时称向上书面或口头陈述的言辞，此指信中之言。

[5] 何伯凝，何保三。

此时驭军之法，意唯晓以复仇大义，激发其往日豪情，恤其无衣而养其病弱。此外，唯束伍[1]整队之法，当精益求精。至起伏照应、分合整散诸形势，必使之如臂使指，操之愈熟，发之愈灵。而营哨各官勤惰能否，必当于未战之前洞悉[2]其情。先生能行之，弟则言之且不足也。手此。敬请勋安。

[1] 束伍，治军。

[2] 洞悉，透彻地知道。

如弟受祺顿首　廿八日亥刻

中丞今日甫[1]到新堤。

[1] 中丞，胡林翼。胡林翼《致李续宜》信中有言“廿七四更从鹿角趱行，廿七夜到新堤”。甫，才。

再切启[1]者：吾军拔营，往返一月之中，殊觉劳顿，而蒋观察[2]之行更劳。中丞尝谓兵不可分，今则不得不分；又谓无事时不宜过劳，今又不得不劳，事既然矣。

[1] 切启，急切陈述。

[2] 蒋观察，蒋凝学。

此外，如再有奉檄分兵等事，但属事机之不甚紧者，老兄尽可从容禀其情势，但期有裨[1]大局，不必规规[2]以奉令为敬恪[3]也，总之，无事时不宜举棋不定。而部下止二千余人，万不可再分。大宪[4]开诚布公，容人尽言无隐，老兄必能体此意也。专速飞恳，并求勿宣。

[1] 有裨，有益。

[2] 规规，浅陋拘泥貌。

[3] 敬恪，恭敬谨慎。

[4] 大宪，清代地方官员对总督或巡抚的称谓。

弟再顿首

04 致李续宜

希庵统帅仁兄大人麾下：

久不奉书，谅当弗责[1]。

[1] 奉书，犹言致书，给人写信。谅，料想。弗责，不会责备我。

迪帅忠魂初一日已抵霍邑，近日必可抵黄[1]。何日觅舟来鄂？此邦官吏伫候酾酒[2]一恸。昨众奉揆帅面谕[3]，迪帅灵榇[4]到鄂，不便请移上岸，当于公所设位陈奠，庶可将敬而不烦动，想先生必以为然也。

[1] 忠魂，此指尸体。霍邑，霍山。抵黄，抵达黄州。

[2] 伫候，肃立敬候。酾酒，斟酒。

[3] 面谕，当面训示。

[4] 灵榇，灵柩。

下游军事如何？蒋观察驻枫香驿，可有马队协护否？咏帅到营，益整临淮壁垒，公余燕坐[1]，必增感伤，尚求先生彼此劝慰也。

[1] 公余，公务之余暇。燕坐，闲坐。

请恤各折已于前晚细校，节帅[1]昨晨拜发。昨见军机封牍，节相已得正拜[2]，系柏相之缺也。

[1] 节帅，指曾国藩。

[2] 正拜，指正式拜官。

唐义翁并余参将似皆离边外扎，陈德园一带未知尚有防兵否？似此路但须守边，不必远出，祈与咏帅言之。肃此，敬请勋安。不一。

如弟庄受祺顿首　腊月十二

军事至繁，如辱答函，不必手书，付之记室[1]为安。

[1] 记室，官名，东汉置，掌章表书记文檄，后世因之，或称记室督、记室参军等，也用作秘书的代称。

沈葆桢

致李续宜

希庵仁兄大人麾下：

敬启者：前闻令兄迪庵中丞星陨[1]三河，窃冀[2]为谣传之误，嗣从涤帅处探系的信[3]，痛悼莫可名言[4]。迪公以天上招摇[5]作人间砥柱。自扫荡江、汉，驰骤浔、皖，天下咸拭目以俟太平[6]。讵意[7]天不厌乱，丧此元老[8]，大江南北同时震动。呜呼！何其酷也！

[1] 星陨，天星坠落，喻名人死亡。

[2] 窃，私自。冀，希望。

[3] 嗣，随后。涤帅，曾国藩。的信，确切音信。

[4] 名言，称说，描述。

[5] 招摇，星名，即北斗第七星摇光，亦借指北斗。

[6] 咸，都。拭目以俟，拭目以待。

[7] 讵意，岂料。

[8] 元老，资深望重有品德的官员。

幸阁下奋旆[1]东指，收合散亡[2]，楚疆转危为安，闻之稍慰。比[3]奉赐札，详示一切情形，读之泣下。弟未识迪公颜色[4]，而知遇之感与景慕[5]之诚未尝一日去诸怀，不料其竟不能一见韩太尉[6]也。阁下负四海重望，家仇国恤[7]萃于一身，伏望勉释悲怀，以夷[8]大难，是所至祷。

[1] 旆，旗帜。

[2] 收合，聚集。散亡，离散逃亡之众。

[3] 比，近来。

[4] 颜色，面容。

[5] 景慕，景仰，仰慕。

[6] 韩太尉，韩琦。苏辙19岁时仰慕韩琦，写了一封信《上枢密韩太尉书》，希望得到韩琦的接见和任用，沈葆桢与李续宾从未谋面，受李续宾推荐而为官，故此比喻李续宾为韩太尉。

[7] 国恤，国家的忧患、危难。

[8] 夷，平定。

张凯翁[1]已到景镇，必能歼此群丑，九江可无后顾之忧。曾帅春和亦当移节[2]，南安虽暂为贼踞，不能久也。鄙意欲图皖北，似宜先请皖南，则进退较有把握，卓见[3]以为何如？广信幸托平顺，足慰注垂[4]，恭请勋安。诸唯需察[5]。不备。

[1] 张凯翁，张运兰。

[2] 春和，谓春日和暖之时。移节，旧称大吏转任或改变驻地。

[3] 卓见，敬称对方的意见。

[4] 注垂，垂注，注意，关怀。

[5] 上述诸多事情需要您明察。

弟沈葆桢[1]顿首　廿三

[1] 沈葆桢（1820—1879），原名沈振宗，字幼丹，又字翰宇，今福建福州人，林则徐之婿，进士。曾任知府，并随曾国藩管军务。咸丰十一年底，由曾国藩举荐出任江西巡抚，倚用湘军镇压太平军。1866年（同治五年）受左宗棠推荐，继任福建船政大臣，主持福州船政局。1874年日本侵略台湾时，受命以钦差大臣办理台湾海防，兼办各国通商事务，率船舰至台湾部署防务。奏请敷设闽台电线，主持开采基隆煤矿。次年升两江总督兼南洋通商大臣，督办海防，扩建南洋海军。1879年12月卒于任。有《沈文肃公政书》《夜识斋剩稿》《船司空雅集录》行世。

王勋

致李续宜

希庵亲家仁弟大人阁下：

前接一函，久未作复[1]，非故迟[2]也，以其中有未能决[3]者，以致挨搁[4]至今，然尊书究日列在案头，未敢忘也。后实闻迪兄同年三河之变，比即顾[5]专人详询下落，而朱云岩[6]兄等已各专数勇前去，冀有好音，自即可共闻也。旋[7]又阅彭雪翁致涤帅书，云迪兄与温兄均已得出。伤心之余，且喜且疑。由是日夜盼望，时而喜，时而疑，时而痛哭，唯望老弟一纸之达，以决吉凶。及阅致涤帅书，始知吾迪兄同年之竟死于战，呜呼痛哉！阅信之下，悲伤之怀几不可支。兄自月之四日感受风寒，至此一二日乃能搦管[8]，自阅来书，随读随哭，而病亦剧增。后服香附等药，心背之痛始愈，现尚未开荤、未剃头、未出营棚，唯各病将痊而气体[9]未复耳。嗟乎！以吾迪兄数载伟烈[10]，数省长城[11]，每一议及，无不以为大功可成，而乃竟止如是，止如是而竟如是之死，而竟如此之奇死，天乎，天乎！何既[12]生斯人以持维大局，何遽[13]夺斯人以决裂大局也？

[1] 作复，回复。

[2] 故迟，故意延迟。

[3] 决，做决定。

[4] 挨搁，延迟。

[5] 顾，特意。

[6] 朱云岩，朱品隆。

[7] 旋，不久。

[8] 搦管，握笔，指执笔为文。

[9] 气体，精气和身体。

[10] 伟烈，伟大的功业。

[11] 长城，喻指可资倚重的人或坚不可摧的力量。

[12] 既，既然。

[13] 遽，仓促。

贱兄弟与贵昆仲莫逆交也，因也而两家老人更以古道之敦契若同胞[1]。在老伯、母其伤心真有不忍言（毅兄之故，自阅弟书始知。呜呼！老人当此真难以堪矣），而家严[2]之代为伤心，家严之伤心吾迪兄同年又不知何似[3]。去家千里，音问[4]难通，言念及此，五内俱痛。呜呼！罗师与璞山、峙衡之死，或以[5]受伤，或以病故，而皆得归骸骨，然心之伤至今未已。乃吾迪兄竟以招魂无地，归骨有待，惨哉！苟有人心者能不顾一为痛苦哉？

[1] 古道，古代淳朴厚道的风俗习惯。敦，厚道，笃厚。契，相合，相投。同胞，同父母所生的兄弟姐妹。

[2] 家严，家父。

[3] 何似，如何，怎样。

[4] 音问，音信。

[5] 以，因为。

虽然，迪兄已[1]矣，老弟之责重矣。去年璞山病故之时，兄坚忍不大哭。那时贼匪前后纷来，动称数万，而营中同事多以璞山之死实关天意，以为事无可办。兄乃日励病卒，袭[2]其余威，力思保全大局，由乐安而永丰而泰和而安福而分宜，所至贼遁。维时新喻、罗坊之贼十万，兄除分防及病勇外仅千数百人，一战破之，而临江之援断，然后交凯章、梅村[3]接带。而老弟则有难于兄者，一则营中帮办既无威望素著如兄营者，二则官阶尤大。上游已经奏明，有进无退，唯祈强自宽解[4]，无时戚戚[5]，庶局面可望转移，而迪兄之仇可望其报也。

[1] 已，停止，这里指死亡。

[2] 袭，沿袭，继承。

[3] 凯章，张运兰。梅村，王开化。

[4] 宽解，把情绪缓和下来。

[5] 不要时刻忧伤。无，不要。

然老弟素称善病[1]，今忽遭此大变，心神实未识奚似[2]，每餐饭量如何，殊深念切之至，祈均有以告我为慰。现在撑持世界者实不几人，而顾可不深自保重乎？兄窃以为当大事之投，要有担当；当大忧之至，要能宽缓[3]。兄实已经阅历，非虚语也，前年岳州败回，去岁璞山之变是也。老弟高明远过于兄，且观来书所言均有条有理，然宽缓一节尚祈时念不忘，于事终有益，且于多病之身尤胜多服补养之剂也。

[1] 善病，易病。善，易。

[2] 奚似，何似，怎样。

[3] 宽缓，缓和。

尊处十三复涤帅书，兄亦已详阅。现仅二千余人，甚为单薄，唯于收集溃勇之中精选四千，加以整顿，自应可用。尤幸咏公早出，则诸事均可望有起色。至七罪魁之办，本军令之必不可宽者。兄前亦以为彼中必有应办之员，而久未见有动作，今阅来书，始知其详，特恐官帅未能照准，然择其尤者杀一二员以殉，余或带罪以观后效，似亦足以伸[1]军法也。

[1] 伸，阐明，表明。

此处情形涤帅谅已缕告[1]，然刻下虽未能助一臂，只要事务稍松，断无有能或忘者。兄为涤帅强出，腊初必归，明春或又须来营。虽来去自由早即言过，涤帅亦不忍强。然老年父母不能在家侍养，于心实刻不自安，加以心故多病，兄亦深怜其苦。相契[2]如阁下，其必有以教我也。

[1] 缕告，详告。

[2] 相契，互相投合。

贵处军情日前已于致涤帅信得悉其详，刻下是何光景，希即于来勇付一的音[1]。万事纷更[2]，不必亲书，致妨军务。兄除家报外，并未握笔，此书实出于情之难自禁，义之不容辞。随笔写来，语无伦次，字亦潦草不堪，祈勿与外人见之为要。然书至此已觉胸背俱痛，精神甚疲矣。专此[3]。即请慰安。千万唯国为民自保卫[4]，不胜祷切之至。

[1] 的音，明确消息。

[2] 纷更，变乱更易。

[3] 专此，书信末尾常用语，谓特为此事致书。

[4] 唯国，当为“为国”。保卫，保重。

姻愚兄王勋[1]顿首　十一月廿五日建昌营次沕[2]

[1] 王勋，字人树。湖南湘乡人。王鑫胞兄，李续宾把兄。早年入湘军，防堵湘南。咸丰八年九月入曾国藩幕，办理营务，十二月因病回乡。道员记名，加布政使衔。

[2] 营次，军队驻扎地。

蒋泽沄

致李续宜

希翁先生大人麾下：

拜违矩范[1]，时切葵倾[2]。沄自抵家后，本拟即还行营，奈家慈以九月抱恙[3]，未敢远离。延至冬仲初间[4]，惊闻迪庵先生三河之耗，上念君国，下顾民生，内维私谊，无任[5]恸哭，何天不欲平治天下竟至斯耶！正孕泪束装[6]，而贱躯忽得气痛病，行坐难支，故负罪迟迟至今日，而区区愚衷时萦左右。伏维先生以殄虏仇[7]、成大事，为悌为国自玉[8]，无过哀伤，幸甚！

[1] 矩范，法式，典范。这里敬称对方的教诲，犹言钧教。

[2] 时刻深深地向往渴慕。葵倾，葵花向日而倾，用以比喻极其向往渴慕。

[3] 家慈，家母。以，在。抱恙，抱病，生病。

[4] 冬仲初间，农历十一月初旬。

[5] 无任，犹不胜。

[6] 孕泪，含泪。束装，整理行装。

[7] 殄，灭。虏仇，仇敌。

[8] 悌，敬爱哥哥。自玉，自行珍重。

至今日事之所当先者，无过于振士气、作廉耻、广敷[1]、求慎、简任[2]数事。新挫之后，士气馁甚，愿毋以丧败为念，振奋精神，激厉[3]将士，谕[4]以可胜之理，必胜之策，不可不胜之势，真力弥满[5]，众自踊跃。贼果上犯，观衅[6]而动，或乘其疲乏，或及其未定，以有律之师击骄敌之寇，胜算可操。若一以固守为休养，或反无以砺其锋芒。

[1] 广敷，广泛施予（恩惠）。

[2] 简任，经过选择而任用官员。

[3] 激厉，激励。

[4] 谕，告诉。

[5] 真力，谓本源之力，根本的力量。弥满，充满。

[6] 观衅，窥伺敌人的可乘之机。

军政之修，端恃[1]刑赏。迪公之变，或有抵死护持、临大节不可夺者，望着实察明，生予褒荣，死从厚恤焉。当惩创者酌予惩创，庶有以感发其善心，震动其天性。而全军士卒尤须剀切[2]开导，申以恩义，示以虏仇，俾[3]人人以报仇雪耻为己任，庶军威可振，义愤可伸矣。立军先期得士，先生求贤若渴之思固为人所共谅，愿益加推广，虚其心以访之，平其心以察之，毋牵于时好，毋杂以喜怒。鉴衡[4]既精，任用必专，诱之使言而无有拒拂[5]，尽其所长而无有阻抑[6]，斯士皆乐行其志。而拔茅茹以汇征[7]，至马或奔踶而致千里[8]，士或有负俗之累而立功名，则又无求备之说也。此时需人甚急，而进用一人要须慎之又慎，虽其才力未必人人可当大任，而或为干城[9]，或为腹心[10]，或为爪牙[11]，要必决其异日，可矢[12]临难无苟免之节，庶诸事可办，谅先生断不以匆遽而或有疏略耳[13]。先生智深勇沉，经纶夙裕[14]，固早知其处变若常，沄愚昧粗浅，何足以仰赞高深。特以过蒙雅爱，敢竭愚诚。狂夫之言，唯智者择之。

[1] 端，应当，必须。恃，依靠，凭借。

[2] 剀切，切实，恳切。

[3] 俾，使。

[4] 鉴衡，鉴别，评定。

[5] 拒拂，拒绝，违背（自己心意）。

[6] 阻抑，阻止抑制。

[7] 拔茅茹，语出《易·泰》："初九：拔茅茹，以其汇，征吉。"茅茹，茅根相牵连貌，喻同类事物之相互牵引或互相引荐。汇征，谓连类而进，引申指进用贤者。

[8] 至马，良马。或，有时。奔踶，奔驰。

[9] 干城，干（盾牌）和城都用以防御，比喻捍卫者。

[10] 腹心，比喻贤智策谋之臣或亲信。

[11] 爪牙，喻勇士或卫士。

[12] 矢，当作"使"。

[13] 匆遽，匆忙急促。疏略，疏忽，忽略。

[14] 经纶，指治理国家的抱负和才能。夙，一向。裕，多。

现在家慈病已渐痊，俟贱躯稍愈，即当趋候钧教，断不敢怀安家食[1]，致辜厚望。力疾[2]匆匆，潦草乞宥，敬请钧安。诸维珍重。即祈丙鉴[3]。

[1] 怀安，谓留恋妻室，贪图安逸。家食，赋闲，不食公家俸禄。

[2] 力疾，勉强支撑病体。

[3] 丙鉴，明察。丙，通"炳"。

愚晚蒋泽沄[1]顿首　十一月廿八日鸡再鸣

[1] 蒋泽沄（1834—1893），字溶川，湖南湘乡壶天镇人，湘军将领。布政使蒋凝学之子，罗泽南弟子，县生员。咸丰二年（1852），以书生典兵，参与罗泽南团练。擢广西候补道，江西、浙江知府，盐运史衔，赏戴花翎，卒于陕西布政使任，授通议大夫。著《溶川诗钞》。

黄春翁[1]现带勇防堵省城，渠称有现任祁阳令刘祇凝者，经济[2]学问为一时之冠，但须得银二千两安其家，乃可奏调以去耳。

[1] 黄春翁，黄淳熙。

[2] 经济，治国的才干。

沄又及

陈光亨

01　致李续宜

希庵五兄大人阁下：

前在省垣重亲芝采[1]，别经两月，时切驰依[2]。顷闻柳营[3]移驻蕲水，敬稔勋祉双清为颂[4]。

[1] 省垣，省城。重亲，重新亲睹。芝采，称美别人的风采，对人的敬称。

[2] 时，时刻。切，急切。驰依，向往，依恋。

[3] 顷，不久以前。柳营，严整的军营，此为敬称。

[4] 敬稔，犹敬悉，恭敬地知道。勋，勋业。祉，福。清，这里是安好的意思。

唯日来有勇丁到州，形景仓皇[1]，云庐州大营失利等情。因思如有此事，尊处必有确音，特派炮船勇丁前来探问，望即示悉[2]为要。即请日安。不庄[3]。

[1] 形景，情形，情状。仓皇，匆忙急迫。

[2] 示悉，示知，告知。

[3] 不庄，旧时书信结尾处的谦辞，犹言不恭。

愚弟陈光亨[1]顿首　十月廿七日自兴国州申

[1] 陈光亨（1797—1877），字衡书，号秋门，湖北阳新人。1826年进士。历任武英殿协修道纂修官、编修、山东道监察御史、户科掌印给事中等职。人称“铁御史”。1846年4月告老还乡。1853

年奉命帮办兴国州团练，1855 年入曾国藩幕，1857 年应湖北巡抚胡林翼之请总办团捐事务，并为过境清军筹饷。

02 致李续宜

希庵大公祖大人节下[1]：

前月函问军情，当承示复一切，唯令兄未得确信。满望可获生还，旋闻仗节捐躯[2]，曷胜凄恻！节下手足情深，哀恸岂庸[3]言慰。唯是令兄大人功在社稷，名著旂常，伫[4]恤典之优颁，复忠骸之获返，此亦可少纾节下原隰之悲矣[5]。伏祈顺时自卫[6]，迅奏肤功[7]，盼切跂[8]切！

[1] 公祖，旧时士绅对知府以上地方官的尊称，流行于明清。节下，对将领的敬称，古代授节予将帅以加重职权，故敬称将领为节下。

[2] 旋，不久。仗节，坚守节操。

[3] 岂，哪里。庸，用。

[4] 伫，久立，等待。

[5] 纾，缓和，解除。原隰，广平与低湿之地，泛指原野。

[6] 顺时自卫，顺应时令，保重自己。

[7] 肤功，大功。

[8] 跂，踮起脚跟，谓盼望。

弟本拟亲赴柳营一申奠爵[1]，唯岁聿云暮[2]，阴雨连朝，恐致往返需时，上廑老母倚闾之望[3]。谨具素幛香楮[4]，专价赍叩[5]，借表寸忱而已。肃此布啃[6]。顺候勋安。统希荃照。不备。

[1] 柳营，严整的军营，此为敬称。奠爵，犹奠酒，祭祀后以酒洒地的仪式。

[2] 岁聿云暮，犹岁聿其莫，谓一年将尽。聿，语气助词。莫，“暮”的古字。

[3] 廑，劳神。倚闾，靠着门，谓父母望子归来之心殷切。

[4] 香楮，祭神鬼用的香和纸钱。

[5] 专价，专人，专使。价，旧时称派遣传递东西或传达事情的人。赍，送。叩，叩头。

[6] 布唁，表达吊唁，对丧家表示慰问。

治愚弟陈光亨顿首　嘉平廿二日

外有孙小石观察祭幛一轴，香烛一分，未知伊家有人来黄否，祈转致为感。

王嘉麟

致李续宜

希翁廉访[1]大人阁下：

前肃寸丹[2]，恭候起居，并陈谢忱[3]，谅邀鉴及。

[1] 廉访，宋廉访使者、元肃政廉访使以及后世按察使的通称。

[2] 肃，谓肃具，恭敬具办。寸丹，简短的书信，谦辞。丹，丹简，朱笔写的信，此泛指信。

[3] 陈，陈述。谢忱，感谢的心意。

顷接友人来函，得知迪翁中丞灵舆不日可抵黄州[1]。天佑荩臣[2]，神灵默护，俾忠魂义魄得返故土，逖听之下，为大人悲喜交集，因不禁泣[3]数行下也。唯望善自珍摄，歼群丑以雪深仇，是所至祷。肃此。再请勋安。诸维垂鉴。不宣。

[1] 灵舆，灵车。不日，不久。

[2] 荩臣，忠臣。

[3] 泣，眼泪。

王嘉麟[1]谨启　十二月十五日

附呈祭帐一幅。

[1] 王嘉麟（1798—1890），字孚吉，号金泽，山东费县人，进士。咸丰二年（1852），赴龙泉防堵太平军，署瑞州府知府。咸丰五年（1855），因瑞州城被攻陷，被朝廷革职。咸丰六年（1856），因跟胡林翼、曾国藩督办军务和参与抗击太平军有功，开复原官。咸丰

九年（1859），督办团练抗击幅军，赏道员衔。光绪五年（1879）年，恩赏按察使衔。著有《留余堂剩稿》。

邢高魁

致李续宜

希翁观察仁兄大人麾下：

勇来布复壹是[1]，计邀英盼[2]。昨得省信，迪帅全节三河，真令人号天痛哭。想吾兄闻之，恸裂五中，不知作何光景。但有可为吾兄解者：马伏波[3]有言，大丈夫得死沙场，以马革裹尸还，幸也。迪帅数年来屡立奇功，烈烈轰轰，真惊天动地事业，韩魏公、范文正[4]之威名，西贼闻而寒胆，不是过[5]也。他日身画麒麟阁[6]上，彪炳千秋，使史册中多一伟人，夫复何恨[7]！现闻中堂[8]寄吾兄以督军重任。大局安危，关系匪轻，伏乞珍重自玉[9]，毋悲伤过度，致乱方寸。上敌王忾[10]，下复私仇，在此一举耳。至于和将士，明赏罚，精纪律，奇正[11]相生，起伏相应，见可而进，知难而退，不犯军家之忌，想吾兄均有成竹，罔不[12]调度尽善，固无俟高魁之渎陈[13]也。

[1] 布复，回信用的套语，意谓陈述并回复如上。壹是，一切。

[2] 英盼，敬称对方阅览。

[3] 马伏波，马援，被光武帝封为伏波将军。

[4] 韩魏公，韩琦。范文正，范仲淹。

[5] 不是过，不过是，不会超过他。

[6] 麒麟阁，汉代阁名，在未央宫中，汉宣帝时曾画霍光等十一功臣像于阁上，以表彰其功绩。

[7] 恨，遗憾。

[8] 中堂，指官文。

[9] 自玉，自行珍重。

[10] 敌王忾，抵抗国君所愤恨的敌人。

[11] 奇正，古时兵法术语，以对阵交锋为正，设伏掩袭等为奇。

[12] 罔不，无不。

[13] 俟，等待。渎陈，冒昧陈述。渎，轻慢，对人不恭敬。

现在高魁一切如常。咏帅处已两次禀劝[1]，昨闻中堂派员敦请，想时事如此，断不忍袖手坐观。所愿迅速出山，裁决机宜，使吾兄进退方略不虞掣肘，大事何忧不济？

[1] 禀劝，写信劝告。

续接省函，迪帅尽节有疑信参半之说。如天之福，郭汾阳[1]尚在军中，吐蕃[2]闻而远窜，则尤幸甚！肃此布肊[3]。敬请大安。统希垂鉴。不尽。

[1] 郭汾阳，郭子仪，此喻李续宾。

[2] 吐蕃，公元七至九世纪，我国古代藏族所建政权，此喻太平天国军队。郭子仪曾镇压吐蕃之乱。

[3] 布肊，布臆，抒发自己的情绪。肊，同“臆”。

愚弟邢高魁[1]顿首　十一月初四

[1] 邢高魁（1798—1862），字星槎。慈利人，道光举人。咸丰五年（1855）入湖北巡抚胡林翼幕，曾任营官，一度隶属于李续宾。先后任江夏知县、安陆知府。在安陆府任内，厉行镇压境内的反清斗争，也严惩官衙中的腐败作风，又督筑堤治理郧水，颇著成效。胡林翼称其“可为吏治之准绳，国人之矜式”。保荐为安襄荆郧道。同治元年（1862）病卒。

顾文彬

致李续宜

希庵仁兄大人阁下：

三河之挫，令兄迪庵中丞至今无确耗，其为慷慨捐躯已无疑义，痛何可言！阁下天性孝友[1]，遭此惨变，悲愤迫切，更何待言。唯全军倚畀[2]，大局攸关，尚祈为国爱身，稍节悲痛，是所切祷。

[1] 孝友，事父母孝顺、对兄弟友爱，此指对兄弟友爱。

[2] 倚畀，谓倚靠信任。

逆匪盘踞潜、太，注力[1]宿松，兼窥陈德园一带，经都将军屡挫其锋，凶焰少戢[2]。唐、余、阿[3]各军分扼要隘，布置周密，当可堵御。阁下所部本属无多，又经调赴宿松者大半，此由都将军屡催不已，揆帅不得已而应之者也。现闻贵营收集溃勇已得二三千人，体养抚绥[4]，当多可用。

[1] 注力，用力，使力。

[2] 戢，收敛，收藏。

[3] 唐，唐训方。余，余际昌。阿，多隆阿。

[4] 抚绥，安抚，安定。

胡中丞约于二十左右到鄂，闻即欲驰赴大营，并带有劲旅数千，与阁下戮力同心，厚集兵力，重振军威，雪愤复仇，固意中事也。长江上下游密布炮船，天堑之险，万无疏虞[1]。唯彭泽、湖口颇形吃重[2]，揆帅已严檄普、刘[3]两军分扎防堵，未知可靠否耳。专此布达，顺颂勋安。伏希亮察[4]。不宣。

[1] 疏虞，疏忽，失误。

[2] 形，显露。吃重，承受重压。

[3] 普，普承尧。刘，刘腾鹤。

[4] 亮察，明察。

愚弟顾文彬[1]顿首　十一月十四日

[1] 顾文彬（1811—1889），字艮庵，号蔚如、子山，别号艮庵居士、过云楼主，今江苏苏州人，进士，授刑部主事。时任武昌盐法道，为官文高级幕僚。

许庆丰

致李续宜

希庵世叔大人阁下：

敬禀者[1]：前闻中丞夫子大人殉节三河，实深骇恸，只以遥传不一，未敢冒昧禀唁[2]。昨得逸亭[3]太守来书，始悉中丞授命[4]确耗，捧诵之余，悲痛无似。

[1] 敬禀者，对尊亲或上级的陈述。

[2] 禀唁，表达吊唁，对丧家表示慰问。

[3] 逸亭，指金国琛。

[4] 授命，献出生命。

伏念世叔大人情殷昆季[1]，谊笃友于[2]，乐奏埙篪[3]，正拟同登辅相[4]；枝催棣萼[5]，岂期遽召修文[6]！伤悼之怀，原难即释。第思夫子大人公忠在抱[7]，体国宣劳[8]，靖庐阜之尘氛[9]，作章江之保障。三河驻节，贼势潜销[10]；箕尾遽骑[11]，江流呜咽。然而我夫子气行宇宙，勋在军民，圣天子轸念荩勤[12]，盛典饰终[13]，哀荣备至。尚祈少为宽解，俯接营弁，以慰末吏瞻依[14]之愿。

[1] 昆季，兄弟。

[2] 谊笃，情深。友于，兄弟友爱。

[3] 埙篪，埙、篪皆古代乐器，二者合奏时声音相应和，因常以比喻兄弟亲密和睦。

[4] 辅相，宰相，泛指大臣。

[5] 棣萼，常棣之花萼，比喻兄弟。

[6] 岂期，哪里料到。遽，仓促。修文，旧以“修文郎”称阴曹掌著作之官，故以“修文”指文人之死。

[7] 第，但。公忠，尽忠为公。在抱，在怀，在心里。

[8] 体国，体念国家。宣劳，尽力，效劳。

[9] 靖，平定。庐阜，庐州。尘氛，犹言灰尘烟雾，此喻太平天国运动。

[10] 驻节，旧指身居要职的官员于外执行使命，在当地住下。潜销，悄悄消散。

[11] 箕尾遽骑，谓骑箕尾。《庄子·大宗师》：“傅说得之以相武丁，奄有天下，乘东维，骑箕尾，而比于列星。”傅说一星，在箕星尾星之间，相传为傅说死后升天所化。后因称大臣死为“骑箕尾”或“骑箕”。

[12] 荩勤，忠勤，忠心勤劳。

[13] 饰终，指人死时给予尊荣。

[14] 末吏，对自己的谦称。瞻依，瞻仰依恃，表示对尊长的敬意。

丰叨[1]附师门，逾恒[2]培植，讵料暌违[3]半载，遽隔音尘[4]，木坏山颓，五中[5]摧裂。只以迹羁[6]江省，不获躬亲[7]敬奠，负疚滋深。谨具幛联二事，借展唁忱[8]，唯祈鉴入[9]。附寄肃具寸禀，恭慰钧怀，虔请崇安[10]。

[1] 丰，许庆丰。叨，谦辞，犹忝，表示非分的承受。

[2] 逾恒，超过寻常。

[3] 讵料，岂料，哪里会想到。暌违，离别。

[4] 音尘，音信，消息。

[5] 五中，五脏。

[6] 羁，羁留。

[7] 不获，不能。躬亲，亲自。

[8] 借此表达我吊唁的诚意。

[9] 鉴入，查看。

[10] 寸禀，书简的谦称。虔请，恭请。崇，崇高。安，安好。

世愚侄许庆丰[1]谨禀

[1] 许庆丰，江苏武进人，监生，五品蓝翎，曾任江西余干县县丞。

王必达

致李续宜

敬禀者：前肃寸笺，恭读回谕，盎然如侍左右[1]。敬稔世叔大人道履安胜[2]，贤劳懋著[3]，至以为慰。

［1］寸笺，简短的书信，谦辞。回谕，对回信的敬称。盎然，充溢貌。

［2］敬稔，敬悉。道履安胜，有道者幸福平安。履，福。安胜，平安，安好。

［3］贤劳，劳苦，辛劳。懋著，显著。

舒城之变，侄初闻时骇愕不知所措，若泛海遭飓风，汹涌颠播[1]，不辨南北；若霹雳起于座隅，耳目眩惑，不复能省视也；若冬藏岁尽[2]，万物凋脱[3]，此身如槁枝委空山[4]，不复有生气也。事之奇变未有过此，此真梦想所不到者也。

［1］颠播，犹颠簸，上下左右地震荡摇动。

［2］冬藏，冬季农家把收获之物贮藏起来。岁尽，年终，指冬天。

［3］凋脱，凋零，掉下。

［4］槁枝，枯枝。委，委弃，抛弃。

伏念逆匪造乱，狼奔豕突。曾大帅慷慨誓师于湖湘间，忠义激发，豪杰之士景从会和[1]，各出其才力智能以勤[2]王室，挫凶焰于方张[3]之际，天下始知逆匪之可击。事机未顺，军门塔公、方伯罗公相继陨谢，人怀疑畏，海内震动，所赖斡旋乾坤[4]、支撑宇宙者，唯夫子大人[5]及世叔大人焉尔。今夫子又赍志以终[6]，此天下知与不知所共太息[7]痛悼者，况受恩如侄者乎！侄以书生猝膺民社[8]，于夫子非有一面之雅、尺书之通[9]，徒以稍知谨惕，百里幸全，乃蒙拔擢于风尘[10]之中，宠以异数[11]，此盖不独感恩而可潜[12]引为知己者。侄之铭镂[13]岂能有补于高厚，唯日祝夫子大人既有令名[14]，复得寿考[15]，以食报之厚为忠孝勤王者劝[16]，而不谓苍苍者之竟相厄也[17]！侄复何言，唯有痛哭，泪尽继之以血而已。抑又思之：夫子以布衣起行间，值兵单饷绌之际，为有进无退之谋，转战数千里，芟夷[18]丑类十余万，位居连帅[19]，天子倚为重臣，无知愚贤不肖，莫不想望丰采。今复成仁取义，所以彪炳史册而作忠义之气者，方诸临淮之靴刀[20]、宗留守之呼渡河[21]，并足千古。此则就我夫子一身而论，殆亦可以无恨[22]欤?

[1] 景从，如影随形，比喻追随之紧或趋从之盛。会和，会合。

[2] 勤，辅佐，帮助。

[3] 方张，正嚣张。

[4] 斡旋，周旋。乾坤，天下，国家。

[5] 夫子大人，指李续宾。

[6] 赍志以终，赍志而没，怀着未遂的志愿死去。

[7] 太息，大声长叹，深深地叹息。

[8] 猝，突然。膺，接受，承当。民社，指州、县等地方，借指地方长官。

[9]《李续宾年谱》:“公克九江，免民间所欠粮饷，并除历年钱漕之弊端，荐沈君幼丹，王君霞轩于当道，究未识沈、王一面也。”

[10] 拔擢，选拔提升。风尘，被风扬起的尘土，比喻战乱、戎事。

[11] 异数，特殊的礼遇。

[12] 潜，偷偷地。

[13] 铭镂，在器物上镌刻文字或图案，比喻感受极深，永志不忘。

[14] 令名，美名。

[15] 寿考，长寿。

[16] 劝，勉励。

[17] 苍苍者，上天。相厄，困辱，妨碍。

[18] 芟夷，铲除；削平。

[19] 连帅，泛称地方高级长官。

[20] 临淮，指唐代名臣李光弼。靴刀，就是靴里藏刀。李光弼曾说，作为主帅不能死于贼手，万一失败，我会用靴刀自裁。

[21] 宗留守，宗泽（1060—1128），字汝霖，今浙江义乌人，南宋大臣，进士，宗泽曾20多次上书宋高宗赵构，力主还都东京，并制定了收复中原的方略，均未被采纳。他因壮志难酬，忧愤成疾，临终三呼“过河”而卒。死后追赠观文殿学士、通议大夫，谥号忠简，著有《宗忠简公集》。

[22] 恨，遗憾。

伏唯世叔大人孔怀义笃[1]，自必哀痛过节[2]，尚望自为节制，珍惜精神，所以曲慰[3]堂上两大人之心者，即所以安夫子在天之灵。凡夫子未成之志，方赖世叔大人成之，殄灭群凶，一洒家国之憾，此固侄祷祀[4]而求者，亦不唯侄一人祷祀而求者也。

[1] 孔怀，原谓甚相思念，来自于《诗·小雅·常棣》“兄弟孔怀”，后世因以“孔怀”为兄弟的代称。义笃，情义深厚。

[2] 过节，超过限度，没有节制。

[3] 曲慰，委婉安慰。

[4] 祷祀，有事祷求鬼神而致祭。

侄僻处边隅，所闻独后[1]。顷悉夫子灵舆已返珂里[2]，相望愈远，感悼益增。又以羁于职守[3]，不获躬亲奠祭，扪心惭恧[4]，徒呼负负[5]。今特专丁赍呈[6]奠金五百两、挽幛祭筵各一具，此不足伸悲悃于万一者[7]。云天引领[8]，雪涕生刍[9]，何图竟生不晤我夫子[10]，而乃以戋戋束帛致敬于身后也[11]？呜呼，痛哉！

［1］后，落后。

［2］珂里，对他人故里的美称。

［3］羁于职守，受职位约束。

［4］惭恧，羞愧。

［5］徒呼负负，只能连喊“对不起！对不起！”

［6］专丁，专使。赍呈，送呈。

［7］悲悃，悲痛的诚意。

［8］云天，云和天，形容遥远。引领，伸颈远望。

［9］雪涕，晶莹泪珠，此指落泪。生刍，来自《诗·小雅·白驹》“生刍一束，其人如玉”，借指贤人，此指思贤。

［10］何图，哪里想到。晤，见面。

［11］戋戋，浅少。束帛，捆为一束的五匹帛，古代用为聘问、馈赠的礼物，此指所赠奠金和吊唁的礼物。

建、武久经蹂躏，民气未苏，逆氛未远，拊循[1]捍卫，事事棘手。仗曾大帅驻节[2]数月，人心尚称奠定[3]。侄刻刻以陨越为忧[4]，尚祈训诲时锡[5]，俾有循据[6]，毋累我夫子大人知人之哲，是为至幸。肃此。敬请勋安。伏祈慈鉴。不宣。

［1］拊循，安抚，抚慰。

［2］驻节，旧指身居要职的官员于外执行使命，在当地住下。

［3］奠定，安定，稳定。

［4］陨越，失职。

［5］锡，通“赐”，赐予。

［6］循据，依循，依据。

世愚侄王必达[1]百叩谨禀

[1] 王必达（1824—1881），字质夫，号霞轩，今广西桂林人，举人。咸丰五年，任江西建昌知县。经李续宾推荐，出任建昌府知府。后官至道员，多次提到“受知忠武”，并在一首诗中注明“予受知忠武而顾未一见，生平最异数云”，编有《李忠武公事实》一卷。

敬再禀者：侄正在专丁前赴珂里，顷闻世叔大人仍驻黄州，特遣仆人敬赍前项纹银五百两至营，伏乞鉴存是幸[1]。

[1] 敬赍，敬送。鉴存，鉴察，收存。

夫子昨奉纶[1]语，惋惜震悼，迥异寻常，两世兄亦蒙异数[2]，侄敬聆之余，悲感交集。天下有关、张[3]无命之悲，九重存申、甫[4]再生之望，我夫子毅魄英灵或亦可以稍慰欤？

侄必达再禀

[1] 纶，指圣旨。

[2] 异数，特殊的礼遇，咸丰皇帝圣旨曰“伊子李光久、李光令，均着赏给举人，一体会试，仍于服阕后，交吏部带领引见”。

[3] 关，关云长。张，张飞。

[4] 申，申伯，周宣王之卿士，辅佐宣王有大功，封为申侯。甫，仲山甫，周宣王时大臣，封于樊（今陕西长安南），亦称樊仲、樊穆仲（穆当为谥）、仲山父、中山父、山父等，因佐助中兴之治，尹吉甫尝作烝民之诗以赞美之。

梁作楫

致李续宜

希庵先生大人麾下：

前十五日普[1]军三营到浔换防，楫即于十七日拔营北渡，适悉三河口初十日警报，初以为不过小挫锐气也。十八日兼程前进，二十日黄昏抵太湖县，出城数里扎营。比夜得遇杨凯臣总戎[2]仅率溃勇数十，询及三河口情状，云中丞大人陷阵尽节，同事诸公及各营将士伤败甚众。惊悉之余，抚膺[3]长叹，呜咽再三。

[1] 普，普承尧。

[2] 比夜，当夜。杨凯臣，杨得武。总戎，清时称总兵为总戎。

[3] 抚膺，抚摩或捶拍胸口。

伏念中丞大人身先忠勇，迭奏肤功[1]。只冀扫此残氛，使黎庶重见天日，不意事功未竟，突陨少微[2]，顿使将士无依，寮寀[3]失措，痛也何如！在先生同胞念笃，自必哀毁逾恒[4]。然以中丞大人以身殉难，为国捐躯，忠气贯乎山河，名亦留于竹帛[5]，彰彰青史[6]，死亦千秋[7]。唯求先生节哀顺变，稍释哀忱[8]，俯念天下大事，军需吃紧，为楫辈之表率，整顿军威，无负中丞大人当日忠君爱国之至意，则先生之所以尽弟道者即所以尽忠道也[9]。

[1] 迭，多次。肤功，大功。

[2] 陨，陨落，此喻李续宾之死。少微，星座名，共四星，在

太微垣西南，此喻李续宾。

［3］寮寀，指僚属或同僚。

［4］哀毁，谓居亲丧悲伤异常而毁损其身，后常作居丧尽礼之词。逾恒，超过寻常。

［5］竹帛，竹简和白绢，古代供书写之用，后指书籍、史册。

［6］彰彰，昭著。青史，史书。

［7］千秋，谓名传千秋。

［8］哀忱，悲哀之真情。

［9］尽，竭尽。弟，通“悌”，敬爱兄长。尽忠，竭尽忠诚，指尽瘁国事。

楫于廿二早据探报称：潜山各营悉皆退扎。敝营亦退扎宿松县之龙河对岸。将来进剿何地，驻守何方，尚视先生为进止[1]也。手此布唁。即候悌履。诸唯朗照[2]。不备。

［1］进止，进退。

［2］朗照，明察。

愚弟梁作楫[1]顿首　十月廿二夜宿松行营泐

［1］梁作楫，字湘帆，邵阳人。廪生。咸丰初，应湖北巡抚胡林翼聘，参佐鄂幕。旋与太平军作战，攻陷湖口。咸丰八年（1858）随李续宾攻占九江。次年随李续宜驰解宝庆围。1860 年回师湖北，驻守麻城。同治元年（1862）率师解南阳围，进攻安陆。次年，派守陕西兴安，转湖北郧阳，解郧西围，累荐至道员。以直言忤上官，卒于家。

严澍森

致李续宜

希庵仁兄大人麾下：

前由鄂垣总粮台抄寄三河挫败情形，惨阅之下，不忍终读。况以阁下谊敦[1]友爱，凶耗传来，更宜如何哀痛。

[1] 谊敦，情谊深厚。

窃思令兄迪庵中丞自统师东下，战胜攻取，所向靡前[1]。兹以将星失曜[2]，为国捐躯，在令兄大人舍身成名，骑箕[3]长逝，生前身后，余憾略无。现在闻遗体已经舒、桐士民恭送前来，具征[4]忠义感人，且悲且喜。未知含殓[5]何时，灵柩返湘有无定期，深为悬系，便祈示知。仍望痛节鸰原[6]，徐图御侮[7]，借三楚倚重之身，雪九泉无穷之恨，是为翘祷[8]。

[1] 所向靡前，犹所向披靡，比喻力量所到之处，敌人纷纷溃退。

[2] 失曜，失去光辉，此喻李续宾死亡。

[3] 骑箕，婉称大臣之死。

[4] 具征，全部证明。

[5] 含殓，古代丧礼，纳珠玉米贝等于死者口中，并易衣衾，然后放入棺中。

[6] 鸰原，兄弟友爱。

[7] 御侮，抵御外侮。

[8] 翘祷，犹企祷，极其盼望。

弟远阻偏隅，弗克恭诣穗帷亲申哭奠[1]，怅望尤深，束刍之敬愿以异日[2]。先此奉慰，顺请勋安。诸希珍摄，不尽依依。

[1] 弗克，不能。诣，到。穗帷，设于灵柩前的帷幕。

[2] 束刍，称祭品。以，在。异日，以后。

愚弟严澍森[1]顿首

[1] 严澍森，即严树森，初名澍森，字渭春，四川新繁人，道光二十年（1840）举人。时任湖北按察使。后任湖北布政使、河南巡抚等职。光绪二年（1876）病故。

张曜孙

致李续宜

希庵先生尊兄大人阁下：

久未奉书，因军务正繁，不欲以芜词相溷[2]。昨胡宫保赴黄州，曾带呈参物三种，谅经鉴及。参虽非老山，确是京师所得；酒及糖食均系自制，与尊体相宜耳。

[1] 芜词，芜杂之词，常用作对自己文章、书信的谦称。相溷，打扰，渎犯。

迪庵先生竟返箕尾[1]，闻之痛心累月[2]，此盖天下所同声痛哭者。曜孙追陪尊俎[3]，曾几何时，遂成永诀，俯仰今昔，益复难堪。此岂寻常交谊，尤当痛忆之，况海内所共尊，古今所罕觏[4]者耶！曜孙昔哭江忠烈，今又哭迪庵，屈指生平，自衔恤[5]以来，殆无逾[6]此痛矣。

[1] 返箕尾，婉称大臣之死。

[2] 累月，多月。

[3] 尊俎，古代盛酒肉的器皿，用为宴席的代称。

[4] 罕觏，罕见。

[5] 衔恤，含哀，心怀忧伤。恤，忧虑。

[6] 逾，超过。

阁下联枝谊切[1]，其悲痛自不待言。读宫保奏疏所序述[2]者，虽古名将无以过[3]。勋业如此，大节如此，旂常奕祀[4]，俎豆千秋[5]，立身成仁，毫无遗憾。阁下才略相埒[6]，推其未竟之志，而成不世之功[7]，扫三省之烽烟，雪在天之痛愤，盖亦海内所翘瞻[8]共瞩者也。伏祈勉割悲怀，以卫君民共倚之体，是所至祷。

[1] 联枝，连枝，两树的枝条连生一起，喻同胞兄弟姐妹。谊切，情谊深切。

[2] 序述，叙述。

[3] 过，超过。

[4] 旂常，王侯。奕祀，世代，代代。

[5] 俎豆，俎和豆，古代祭祀、宴飨时盛食物用的两种礼器，借指祭祀，奉祀。千秋，千年。

[6] 才略，才能和谋略。相埒，相等。

[7] 不世之功，希世罕有的功绩。

[8] 翘瞻，仰盼。

曜孙羁于职守，不克诣柳营[1]慰问，歉仄[2]良深。思为一文，又惧笔力绵薄，不足发抰威烈[3]，祗切怆怀[4]，临风雪涕而已。此请勋安。不宣。

[1] 不克，不能。诣，到，前往。柳营，严整的军营，对军营的敬称。

[2] 歉仄，抱歉。

[3] 发抰，即发挥，阐发，宣扬；抰，同“挥”。威烈，功德、勋业。

[4] 祗，恭敬。切，深切。怆怀，悲伤。

愚弟张曜孙[1]顿首　十二月十一日

[1] 张曜孙，字仲远，又字昇甫，晚号复生，江苏阳湖人，精医理，举人。道光二十六年（1846），选授武昌知县。二十七年，赏加知州衔。咸丰元年（1851），调补汉阳知县，旋擢汉阳同知。二

年，曾上书武昌、汉阳守御各《二十四事》，不被采用。太平军克汉阳、武昌，自缢未遂。五年，胡林翼委以督粮道。同治二年(1863)，为曾国藩司营务。时汉口与外国通商，建议取洋人税以佐军饷。奉命赴沪议此，六月卒于沪。

曾耀业

致李续宜

希庵先生大人麾下：

别来已多日，依恋无间时。伏唯军务奋兴[1]，起居安吉[2]，心祝，心祝。

[1] 奋兴，奋起。

[2] 安吉，平安吉祥。

三河之恸，固太伤心，然又须稍自纡怀[1]，为国家珍重此干济[2]之身，幸甚，幸甚。

[1] 纡，当作“纾”，宽解。纾怀，宽解悲怀。

[2] 干济，谓办事干练而有成效。

耀业前于六月内奉迪帅命，以黑貂帽边转托折弁[1]进京装时兴冬帽一顶。后来新帽装到，鄙意欲俟[2]瓒儿起假进营时妥交，早已函告迪帅。何意五丈原头大星遽陨[3]，长使英雄泪满襟耶！然迪帅已属千秋竹帛[4]，而希公实为一代衣冠[5]，则伯氏之埙自应作为仲氏之篪[6]，本非张冠，仍当李顶[7]。耀业今特具备顶翎帽盒一套，呈请麾下推爱收存，吉昌[8]受用。庶耀业敬谨迟留之意，犹得转申[9]于君侯；而先生友恭[10]亲爱之心，亦复孔怀[11]乎迪帅。区区微意，不尽欲言，敬请勋安。诸唯心照。不戬[12]。

[1] 折弁，信使。

[2] 俟，等。

[3] 何意，岂料。五丈原，古地名，在今陕西省岐山县南，斜谷口西侧，渭水南岸，公元234年诸葛亮伐魏，在此相持百余日后，病卒于此。大星，本喻诸葛亮，此喻李续宾。陨，坠落。

[4] 已属千秋竹帛，谓已死。竹帛，此指史册。

[5] 衣冠，衣和冠，代称缙绅、士大夫。

[6] 伯氏，哥哥，此指李续宾。仲氏，弟弟，此指李续宜。埙、篪皆古代乐器，二者合奏时声音相应和，常以之比喻兄弟亲密和睦。

[7] 本非张冠，仍当李顶，谓本为哥哥李续宾之帽，非其他人之帽（张冠），按理可转交给弟弟李续宜（李顶）。

[8] 吉昌，吉祥。

[9] 转申，转告。

[10] 友恭，指兄弟间相处的准则，兄应友爱，弟应恭敬。

[11] 孔怀，甚相思念。

[12] 不戬，不尽，不能写完。

长至[1]日愚弟曾耀业顿首[2]

[1] 长至，冬至。

[2] 曾耀业，字少固，益阳人。同治时增生，由内阁中书加花翎同知衔，升任知县。

李开仍

致李续宜

希庵我兄大人麾下：

曩奉复函[1]，勤勤恳恳，至以为快。

［1］曩，以往。复函，回信。

今月初六，为忠节师祠成安主[1]，来城与祭，忽闻我迪公三河之变，道路传闻犹且不一其说，疑天之所以待迪公者必不遽至是[2]也。不料愈传愈真，长城顿坏，大江重湖[3]滴滴是泪，而况在同胞者乎！

［1］成，建成。安主，安神主。

［2］遽，就。至是，到这个地步。

［3］重湖，相连的湖泊，因湖南的洞庭湖南面与青草湖相通，故后亦为洞庭湖的别称。

前数日，察兄、铁兄[1]来县，为贵弁某某招勇，弟询及一切，为言吾兄现驻黄州，奉制军[2]命招集溃亡，统辖诸将，大有迎头进剿之势，盖不第[3]为雪国耻，而又欲复私仇也。然而雪耻复仇之举甚不易也。方今兵事日殷[4]，军政久坏，法[5]轻气馁，人无固志[6]。苟非[7]极力整顿，惊天动地，使玩将滑卒[8]知所警戒，以为后来之鉴，将何以维系[9]人心，号召忠义，以图奋兴[10]？然则老兄今日徒自悲伤无济也，平日体气[11]又亏，若不自节[12]，且益加忧。故弟窃劝老兄唯以聚会精神，整肃军政，以期有功，斯善哭迪兄者也。老兄以为何如？老兄能自调养，振拔[13]有为，使老伯父母闻之，犹得自宽[14]，此又弟之所望于老兄者也。

[1] 篠兄，李续禋。铁兄，朱宗程。

[2] 制军，明清时总督的别称，又称“制台”，此指官文。

[3] 不第，不只。

[4] 日殷，一天天扩大。

[5] 法，此指军法。

[6] 固志，指稳定的情绪，坚定的主张。

[7] 苟非，如非。

[8] 玩将滑卒，谓不严守军纪、不诚实的将士。

[9] 维系，保持不使涣散。

[10] 奋兴，奋起。

[11] 体气，指体质。

[12] 自节，自我节制。

[13] 振拔，振奋自拔。

[14] 自宽，自我宽慰。

仓猝作此，不尽千一。即请戎安。伏维心鉴。不又。

如弟开仍叩首　十一月晦日

李续宽

致李续宜

五弟大人足下：

今日吴菘生兄送到瑞五所带回密信，鸰情[1]之痛，何能已[2]于怀，然亦不得不勉强抑之，以慰堂上[3]之心。家中行止已于石泉[4]兄信中写明，不必赘述。老弟所嘱之事，兄与大兄[5]自知加意调理，不必挂心。老弟责任愈重，当节其忧思，保养身体，以图大事，至嘱[6]，至嘱！

［1］鸰情，兄弟情谊。

［2］已，停止。

［3］堂上，指父母。

［4］石泉，杨昌濬（1825—1897），字石泉，号镜涵，别号壶天老人，湖南娄底市娄星区人。咸丰三年入湘军，曾任右营幕僚。咸丰五年，李续宾聘为李光久兄弟的家庭教师。同治元年（1862），从左宗棠入浙江，后官浙江巡抚、闽浙总督、陕甘总督。光绪二十三年（1897）病逝，诰赠太子太傅。著有《平浙纪略》《平定关陇纪略》。

［5］大兄，指李续宾大哥李续宜，字克宣，候选从九品，貤封荣禄大夫。

［6］至嘱，谓极恳切的嘱咐。

兄续宽字顿[1]　十一月廿七夜

高衡已回县。

［1］续宽，李续宾三哥李续宽，字北冈，以团练功授主事分部

补用，貤封资政大夫、建威将军。字，指写信，书信具名后收尾用语，亦有用于书信开端处的。顿，顿首。

附录　文

李续宾传(《清史稿》)

李续宾，字迪庵，湖南湘乡人。诸生[1]。膂力[2]过人，善骑射。罗泽南讲学里中，折节受书[3]。咸丰初，泽南募乡勇杀贼，续宾奉父命往佐之，从平桂东土匪。三年，援江西，令将[4]右营。泽南每战，续宾皆从。归湖南，屯衡州，复永兴。

[1] 诸生，明清两代称已入学的生员。

[2] 膂力，体力。

[3] 折节，改变平日的志节行为。受书，接受文化教育。

[4] 将，统率。

四年夏，从泽南规[1]岳州，湘军仅千人，战于大桥，续宾率数骑驻山冈，贼至不动，俟[2]兵渐集，驰斩贼目[3]，夺其旗，追北[4]十余里。次日，塔齐布至战地，服其勇，由是知名。连旬与贼战，续宾曰："贼不得掳掠，今且尽，可乘机薄[5]其垒。"塔齐布从之。会风雨，奋击，连破贼垒，贼乃弃岳州而遁。论功，累擢[6]知县。从泽南克崇阳、咸宁，规武昌，大战于花园，及破鲸鱼套贼营，功皆最。武汉复，擢直隶州知州，赐花翎。进攻田家镇，贼水陆数万，塔齐布阻于富池口，湘军合宝勇仅二千六百人，咸[7]色沮，续宾手刃逃者三人，军心始固。大战于半壁山，杀贼数千，焚其巢，遂平田家镇。擢知府，赐号挚勇巴图鲁。寻授[8]安庆知府。于是从罗泽南、塔齐布连复广济、黄梅，破贼于濯港、孔垅，每战率为军锋[9]。进规九江，九江城坚，贼所聚合，攻不能下。议分兵剿湖口、梅家洲，从泽南屯盔山。十二月，水师失利，入彭蠡湖，为贼所扼。续宾愤甚，请于曾国藩，自率千人渡江攻小池口，塔齐布率二十人偕行。塔齐布与续宾皆恃勇，每合战[10]，逼贼席地坐，枪弹如雨不顾，忽跃起突[11]阵，横厉无前[12]，习以为常。至是众寡悬绝，战竟日[13]不能克，暮收队，而塔齐布失踪，欲再渡江入贼垒觅之，塔齐布旋自返。

[1] 规，规划并占有。

[2] 俟，等。

[3] 贼目，贼首。

[4] 追北，追击败兵。

[5] 薄，逼近。

[6] 累，积功。擢，提升官职。

[7] 咸，都。

[8] 寻，不久。授，授予官职。

[9] 军锋，先锋。

[10] 合战，交战。

[11] 突，猛冲。

[12] 横厉，纵横凌厉，形容气势盛猛。无前，前所未有。

[13] 竟日，整天。

五年春，粤匪由江宁大股上犯，武昌再陷。曾国藩顿兵江西，续宾偕[1]泽南从之。寻分赴赣东攻剿，连复弋阳、广信、德兴、义宁，记名以道员用。是年秋，回援湖北，克通城、崇阳，分兵趋[2]羊楼峒。策[3]贼远道赴援利速战，坚守俟[4]之。明日贼至，相持至暮，瞰[5]其怠，突击之，大溃。蒲圻、咸宁相继复，加盐运使衔。十一月，进攻武昌，破塘角贼垒，又败贼于窑湾，屡战皆捷，蹋平城外贼垒。

[1] 偕，一起，共同。

[2] 趋，驰往。

[3] 策，猜测，预计。

[4] 俟，等待。

[5] 瞰，从高处往下看。

六年二月，罗泽南以炮伤卒于军。军中新失帅，人情[1]汹汹，贼复增垒抗拒。巡抚胡林翼奏以续宾代领其众，军势复振，尽铲平城外新垒，连[2]于赛湖堤、小龟山、双凤山破城中出窜之贼。七月，石达开纠江南、江西各路贼七八万来援，城贼将应之，续宾御之鲁家港，旬日大小二十余战，解散胁从万余，破贼二十余垒，加布政使衔。贼闭城不出，乃开壕引江水灌入，为长围困之。十一月，克武昌，记名以按察使用。

[1] 人情，众人的情绪。

[2] 连，接连。

渡江克黄州，连复大冶、兴国，直薄九江城下。九江贼首林启荣坚守苦战。续宾复用攻武昌法，浚[1]长壕三十里。七年三月，濠成，湖口、安庆贼来援，皆击走之。六月，贼犯蕲州、黄梅，续宾渡江迎击于广济童司牌，大破之。合水师进攻小池口，毁其城。策九江贼恃湖口为犄角，不拔[2]湖口，九江不可得。九月，令弟续宜攻梅家洲，自率师扬言往宿松，潜伏湖口后山。水师并至，分攻。贼方悉锐[3]以拒，续宾率士卒攀萝至山椒[4]，破空下，贼大骇，尽歼其众。立克湖口县城，梅家洲贼亦遁，乘胜克彭泽及小姑洑。捷闻，授浙江布政使。于是贼援遂绝。八年四月，以地雷轰城百余丈，梯[5]而登，殄贼万余，擒林启荣及李兴隆等，磔[6]之。九江平，加巡抚衔，赐黄马褂，许专折奏事。

[1] 浚，疏通，挖深。

[2] 拔，攻下。

[3] 悉锐，全部出动精兵。

[4] 攀萝，握着藤萝攀登。山椒，山顶。

[5] 梯，搭云梯。

[6] 磔，古代一种酷刑，把肢体分裂。

续宾既下九江，请假省亲，抵湖北，陈玉成陷麻城、黄安，移兵击走之。时续宾威望冠诸军，浙人官[1]京师者，合疏请饬[2]援浙江。胡林翼议大举进规安徽，诏将军都兴阿、总兵鲍超由宿松趋安庆，续宾由英山趋太湖。续宾乃留弟续宜屯武昌，自率八千人行，会起曾国藩视师[3]，续宾复分所部千人与之，至太湖而署巡抚李孟群师溃庐州[4]，改道赴援。八月至九月，克枫香铺、小池驿、梅心驿，复太湖、潜山、桐城、舒城，贼望风溃逃。军无留行[5]，进规庐州。

[1] 官，任官，当官。

[2] 合疏，联名上疏。饬，命令。

[3] 起，起复，起用。视师，谓督率军旅。

[4] 署，代理。溃，溃败，失败。

[5] 留行，停止行进。

贼于三河镇筑城，外列九垒，凭河设险。我军非得三河不能进。续宾克桐城、舒城后，各留守兵，所率临敌仅五千人。十月，分三路攻贼，九垒皆下，杀贼七千余，我军伤亡亦逾千人。趣后[1]军未至，而陈玉成、李世贤纠合捻匪来援，众十万，连营十余里。诸将议退守桐城，续宾不可。夜半，部勒[2]各营，旦日迎击。至樊家渡，天大雾，贼分队包抄，我军惊溃，副将刘祐山[3]，参将彭友胜，游击胡廷槐、邹玉堂、杜廷光，皆战死。续宾冲荡苦战，贼集愈多，营垒皆破。或劝突围出，图再振，续宾曰："军兴十年，皆以退走损国威。吾前后数百战，出队即不望生还。今日必死，不愿从者自为计[4]。"诸将士皆曰："愿从公死!"日暮上马，开壁[5]击杀数百人。总兵李续焘、副将彭祥瑞越垒冲出。贼踞其垒，决河堤，断去路。续宾具衣冠望阙[6]叩首，取所奉廷旨及批折焚之，曰："不可使宸翰[7]污贼手。"跃马驰入贼阵，死之。同知曾国华，知府何忠骏，知州王揆一，同知董容方，知县杨德閶，从九品李续艺、张溥万，皆殉焉。道员孙守信、运同[8]丁锐义犹守中右营，越三日营陷，同死之。是役文武官弁死者数百人，士卒数千人。

[1] 趣后，从后赶来，谓后援。

[2] 部勒，部署，约束。

[3] 刘祜山，当为刘神山。

[4] 为计，做打算。

[5] 开壁，打开军营。

[6] 望阙，仰望宫阙，喻怀念天子。

[7] 宸翰，帝王的墨迹，指皇帝亲笔手诏、御札之类。

[8] 运同，古代盐政官名，位仅次于运使。

时方有旨命会办[1]安徽军务，及死事上闻[2]，文宗流涕，手敕[3]曰："惜我良将，不克令终。尚冀忠灵不昧，他年生申甫以佐予也！"赠总督，入祀昭忠祠，立功地建专祠，谥忠武。赐其父一品封典，子光久、光令并赐举人，予骑都尉世职。

[1] 会办，会同办理。

[2] 上闻，向朝廷呈报。

[3] 手敕，帝王亲手写的诏书。

续宾既殁，曾国藩疏上其生平战绩，略曰："续宾随罗泽南征剿，循循[1]不自表异。岳州之战，所将白旗号为'无敌'。田家镇以少胜众。九江之败，士卒多逃，独所部依依不去，众称其能得士心。军中人人以气节相高，独默然深藏，然忠果[2]之色见于眉宇，远近上下皆信其大节不苟。臣所立湘勇营制，行之既久，各营时有变更，独续宾守法，始终不变。历年节省饷项及廉俸不寄家自肥，概留备军中非常之需，量力济人，不忍他军饥而己军独饱。驭下极宽，而弁勇有罪，往往挥泪手刃之。至于临阵，专以救败为务。遇贼则让人御其弱者，自当其悍者；分兵则以强者予人，而携弱者自随，弱者渐强，又易[3]新营。军中每言肯携带弱兵，肯临阵救人者，前惟塔齐布，后惟续宾。三河之败，亦由分兵所致。此军民所由感泣不忘者也。"于是特诏嘉其有古名将风，以国藩疏宜付史馆，用示褒异[4]。洎[5]江南平，轸[6]念前劳，加二等轻车都尉，并为男爵[7]，子光久袭。

[1] 循循，遵循规矩貌。

[2] 忠果，忠诚而果敢。

[3] 易，换。

[4] 褒异，特殊的褒扬嘉奖。

[5] 洎，自从。

[6] 轸，悲伤，悲痛。

[7] 男爵，古代五等爵位的第五等，最低一等的爵位。

…………

论曰：李续宾果毅仁廉[1]，治军一守罗泽南遗法，戡定[2]武昌、九江，战绩为一时之冠。李续宜独以持重称，殆鉴于其兄之锐进不终而然耶[3]？……诸人并湘军之杰，不以名位[4]论高下也。

[1] 果毅，果敢坚毅。仁廉，仁义，廉正。

[2] 戡定，平定。

[3] 殆，大概。鉴于，考虑到。锐进，迅速进军。不终，不得善终，不能终其天年。然，这样。

[4] 名位，官职与品位；名誉与地位。

（《清史稿·列传一百九十五》）

随征安徽阵亡将士清单[1] 胡林翼

候选同知曾国华，湖南湘乡县人。咸丰六年三月，闻罗泽南阵亡，来鄂抚慰湘勇，经臣胡林翼委带[2]湘军，并委统领普承尧、吴坤修、刘腾鸿各军营务赴援江西。时江西连陷六郡，与湖北、湖南音问[3]阻绝，势颇危急。该员起程之时，复值贼匪由江西窜入鄂之上游，冀以阻遏援军也，遂由咸宁、蒲圻、羊楼峒等处沿途迎剿，大胜，取道万载，克复新昌、上高，遂围瑞州。曾国华以书生从戎，而所部又多勇悍难驯之士，勉以忠义，感以[4]诚信，艰难险阻，百折不回，竟能使江西道路与湖南、湖北一律疏通，则曾国华之力也。七年二月，与侍郎臣曾国藩定计，绕城开濠，断贼接济。瑞州克复，因丁忧辞保[5]。八年六月，浙江藩司李续宾调赴湖北，奏明留营帮办。该员孝弟[6]忠信，廉隅自守[7]，专精史学，论议奇特，不为庸俗之词，讲求经世大政，忠荩[8]之性本于天性。征皖以来克复潜、太、桐、舒四县。十月初十日，在三河围中与李续宾督勇奋击，力竭阵亡。该员历年积功应保，因丁忧禀辞，应请追赠道员，照道员例从优议恤。

［1］标题为校注者所拟。此标题原作：安徽三河、桐城、舒城、太湖等处阵亡文武员弁衔名事实及阵亡月日地方清单。

［2］委带，委托统带。

［3］音问，音讯。

［4］感，使……感动。以，用。

［5］丁忧，遭逢父母丧事而守丧。辞保，辞掉保荐的职务。

［6］孝弟，孝顺父母，敬爱兄长。

［7］廉隅，棱角，比喻端方不苟的行为、品性。自守，自坚其操守。

［8］忠荩，忠诚。

运同丁锐义，湖南长沙县人。家世儒宗，一门孝友[1]。咸丰四年，臣胡林翼在岳州延访[2]，带勇收复崇阳、通城、通山，随征九江、湖口。五年，剿贼于武昌省城外白沙洲、八步街、金口、纸坊、咸宁各处，连战均胜。六年，攻剿城贼，焚烧贼巢于葛店，追至华容、樊口，克复武昌县，进攻黄州。回营击援贼大股，随同克复省城。七年，剿贼蕲州屡胜，大破贼于上巴河。八年，剿贼于黄泥畈、青天畈、南阳河、界石牌、弥陀镇各处，前后平垒七十余座，杀贼数千。嗣奉李续宾检同征皖[3]，破石牌贼垒，连克太湖、潜山、桐城、舒城等县，破三河镇贼垒。十月初十日，在三河出队受伤，督勇奋战。李续宾阵亡，与湖北补用道孙守信等激励军士，坚守营垒，身受重伤，犹指挥兵勇，竭力御贼。十三夜，铅药[4]水米俱尽，督勇力战，往来冲击，复受伤堕地。贼问之，大呼曰：“我义营统领丁锐义也。逆贼要杀即杀，多语何为?”被群贼攒[5]刺而亡。该员积功待保，应请追赠盐运使衔，照盐运使例从优议恤。再，丁锐义从征五年，所部皆其乡里[6]，阵亡甚多。其父兄已为设立忠义祠宇，应请以丁锐义在长沙县本籍入祠，而以历年及本年阵亡弁勇附祀。

[1] 儒宗，儒者所宗仰之师。孝友，事父母孝顺，对兄弟友爱。

[2] 延访，延请求教。

[3] 嗣，随后。检，信函。同，一同。

[4] 铅药，铅弹和火药。

[5] 攒，集中。

[6] 乡里，家乡，此谓家乡人。

湖北补用道孙守信，湖南长沙县人。由供事以从九品分发湖北[1]。于剿办湖南逆匪李沅发、湖南省城解围出力，署[2]湖北蒲圻县。督办团练打仗各案历保同知。五年，于洪山入湘营，总理[3]文案，参酌[4]机宜，联络将士，具有胆略。六年，剿贼于武昌之葛店、樊口，围攻黄州府，克复省城，甚为出力。嗣随浙江藩司李续宾追贼，克复武昌、大冶、兴国等州县，以至九江合围攻城。七年，复随李续宾渡江，战于广济童司牌，杀贼数千。十二月，临江贼逸[5]至兴国州，偕副将周宽世督勇剿洗。八年，随副将赵克彰剿贼于麻城县边界。随大军征皖，连克潜、太、桐、舒等县。十月初十日，李续宾阵亡，偕周宽世、丁锐义在三河竭力守垒，激兵勇以忠义，四日夜无退志。子[6]尽，碎鼎釜[7]以代。贼使人持书招降，怒斩之。至十三夜，率众奋勇出营冲战，众寡不支。谕勇夫[8]云："我以一死报国，汝等得归，可记我死所。"遂挥刃冲战，力尽而亡。应请追赠按察使衔，照按察使例从优议恤。

[1] 供事，清代中央机关书吏的一种，大体上指内阁、翰林院等官署的雇员，任职一定年限可转为低级官员。分发，清制，道府以下非实缺人员分省发往补用者，谓之"分发"。

[2] 署，代理。

[3] 总理，全面管理。

[4] 参酌，参考，酌定。

[5] 逸，逃跑。

[6] 子，铅子，铅丸。

[7] 鼎釜，这里指行军随带的金属炊具。

[8] 谕，告诉。勇夫，勇士。

知府衔湖北即补同知直隶州何忠骏，湖南平江县举人。咸丰三年，在籍办理团练，屡次督勇击逆。随臣胡林翼克复通城县，随前提督塔齐布攻崇阳沙坪。贼复犯平江，六战均胜。随江忠淑克通城。方[1]贼之再陷义宁、通城、崇阳、巴陵、临湘，四路侵轶[2]，惟平江一县力战却之，始终四年，贼不入境，则何忠骏团练之功也。随臣胡林翼克崇阳县，前后三十余战，兼筹饷三万余缗[3]。五年，贼复陷通城，连战获胜，随罗泽南克复通城。经臣胡林翼调赴大营，办理军务。随同李续宾克复黄安、太湖、潜山、桐城、舒城五城。该员身履戎行[4]，不避难险，兼理文案，才识过人。十月初十日，在三河被贼围逼，与李续宾督勇力战，同时阵亡。请照知府例从优议恤。

[1] 方，刚好，刚刚。

[2] 侵轶，侵犯袭击。

[3] 缗，古代计量单位，一千文为一缗。

[4] 身，亲身，亲自。履，体验，经历。戎行，军队。

前署湖南道州事即用[1]知县王揆一，河南新乡县进士。署道州时，廉仁[2]爱民。自以失守婴罪[3]，日怀愧愤，筹办军糈[4]，不辞劳瘁。四年，随同臣胡林翼收复常德、澧州，驻防岳州，收复崇阳、通城。五年，随臣胡林翼防剿沌口、金口。七年，经臣官文奏请随营效力赎罪，派往黄州一带防剿，备尝艰险。调赴九江襄理[5]军务，随剿湖口、彭泽，策马行间[6]，亲冒矢石，连战大胜。八年四月，轰陷九江府城，参谋尽力。克复黄安、潜、太、桐、舒等县。十月初十日，出垒冲击，力竭阵亡。应请追赠同知[7]，照同知例从优议恤。

[1] 署湖南道州事，代理湖南道州职事。即用，清代铨选官员之制，谓遇缺即可补用。

[2] 廉仁，廉洁仁爱。

[3] 婴罪，获罪。

[4] 军糈，军粮。

[5] 襄理，协助办理。

[6] 行间，指军中。

[7] 同知，明清时期的官名，为知府的副职，正五品，因事而设，每府设一二人，无定员。

候选同知何裕，江苏宜兴县监生。绩学敦品[1]，居家孝友。

咸丰六年，在江苏省城带勇协拿湖匪出力。七年，克复江苏瓜洲、镇江，团练出力。八年，臣胡林翼调赴湖北湘营差遣。十月初十日，在三河力战阵亡。应请照知府例从优议恤。

［1］绩学，谓研究学问。敦品，砥砺品德。

监生何保三，江苏宜兴县人。十月初十日，随父同知何裕在三河阵亡。应请照从九衔从优议恤。

——以上七员名均于十月初十、十三等日在三河阵亡。

候选同知直隶州董容方，知县杨德誾，府经历县丞刘运会、李二白，从九李肇用、李宗烈、俞金波、尹耀莘八员，均随营多年，总理文案，支应军火粮饷，不辞劳苦。刘运会、李续艺并督队攻战，摧坚陷阵。十月初十日，在三河同时战殁。董容方、杨德誾因营官周宽世、杨得武出战未归，鼓励军士坚守营垒，力竭阵亡。董容方拟请照知府从优议恤，杨德誾拟请照同知从优议恤，刘运会、李续艺拟请照知县从优议恤，李肇用、李宗烈、俞金波、尹耀莘拟请照县丞从优议恤。再，董容方、刘运会、李续艺、李肇用、李宗烈俱湘乡县人，杨德誾长沙县人，俞金波安徽铜陵县人，尹耀莘湖北江夏县人，合并陈明。

候选训导万斛源，湖北兴国州人。训导[1]吴立蓉，文童[2]钟国彦，湖南湘乡县人。绩学励行[3]，乡里所重。在营办事守正不阿[4]，忠勤奋发。十月初十日，在三河捐躯尽节。万斛源、吴立蓉请照知县从优议恤，钟国彦请照县丞例议恤。

［1］训导，学官名，明清府、州、县儒学的辅助教职。

［2］文童，科举时代童生的别称，即应秀才考试的士子，也称儒童。

［3］励行，砥砺德行。励，通“砺”。

［4］守正不阿，坚守正道，不曲从迎合。

候选知县谢嗣湘，湖南湘乡县人。训导许恒，湖南益阳县人。均入营多年，操守清廉，办事勤慎，不避艰危。当十九日桐城各营战败后，犹固守营垒，指挥勇夫御贼，力竭阵亡。谢嗣湘请照同知从优议恤，许恒请照知县从优议恤。

候选主簿李镜源，湖北江夏县人。

候选从九萧克修，湖南湘乡县人。

——以上二员均于十月十四日在三河阵亡，均拟请从优照县丞例议恤。

廪生雷初申，湖南长沙县人。

文生何向瀛，湖南道州人。

监生张溥万，湖南长沙人。

文童周文宣、章兆鹗，湖南湘乡县人。

文童许恬源，湖南道州人。

文童张庚，湖南湘潭县人。

文童张家元、易郅隆，湖南长沙县人。

文童陈良臣，湖北汉阳县人。

文童桂邦炽、郑德汇，湖北江夏县人。

——以上十二名均于十月初十、十三等日在三河阵亡，均拟请从优照从九例议恤。

副将衔参将彭志德，湖南湘乡县人。于十月十三日在三河阵亡，请照副将例从优议恤。

参将彭友胜，湖南长沙县人。

参将萧意文、周福高，湖南湘乡县人。

——以上三员均于十月初二、初十等日在三河阵亡，均拟请从优照副将例议恤。

参将衔游击朱恢三，湖南长沙县人。于十月初十日在三河阵亡，拟请照参将例从优议恤。

游击杜廷光、邹玉堂、胡廷槐、王槐兴、刘聚胜、刘一发，俱湖南湘乡县人。

游击饶万福，湖南湘阴县人。

——以上七员均于十月初十、十三等日在三河阵亡，均拟请从优照参将议恤。

游击衔都司王继龙，湖南湘乡县人。

游击衔都司曾澍霖，湖南长沙县人。

——以上二员均拟请照游击例从优议恤。

游击刘和益，湖南湘乡县人。

游击衔都司彭洪胜，湖南善化县[1]人。

——以上二员拟请照游击例议恤。

[1] 善化县，今属长沙市。

都司夏全胜，湖南宁乡县人。

都司叶九畴、龙应自、谢光秀、李升三、马超文，俱湖南湘乡县人。

都司黄朝贤，湖南浏阳县人。

都司刘泗清，湖南湘潭县人。

都司胡在位，湖北蒲圻县人。

都司顾必成，湖南平江县人。

——以上十员均于十月初二、初十、十三等日在三河阵亡，均请从优照游击例议恤。

都司杨显贵，湖南湘乡县人。

都司朱神彩，湖南湘乡县人。

都司姚祖益，湖南湘乡县人。

——以上三员均请照都司例议恤。

都司衔守备王启兴，湖南镇筸[1]人。

[1] 镇筸，地名，在湖南凤凰县南。

都司衔守备罗泽镜，湖南湘乡县人。

——以上二员均请照都司例从优议恤。

湖南抚标守备萧廷玉[1]，湖南长沙县人。

[1] 抚标，明清时巡抚直辖的军队。守备，清朝武官名，是指管理军队总务、军饷、军粮职务之正五品官。

守备李前规、左国光、邓廷简、胡学端、黄顺发、刘坎二、朱云贵、刘祥胜、谢荣堂、颜得禄、彭祥泗、朱乐美、龙应松、刘仁光、彭祥胜、凌步云，俱湖南湘乡县人。

守备赵国幹，湖南湘潭县人。

守备陈得全，湖南湘阴县人。

守备袁清华，湖南长沙县人。

守备欧宝堂、周光曙，俱湖南宁乡县人。

守备李长升，湖南浏阳县人。

守备彭胜椿，湖南保靖县人。

守备李昆仑，湖南长沙县人。

——以上二十五员均于十月初十、十三等日在三河阵亡，均请从优照都司例议恤。

守备衔千总萧长青、彭辅魁，均湖南湘乡县人。

守备衔千总覃楚柏，湖南长沙县人。

——以上三员均于十月初十日在三河阵亡，均请照守备例从优议恤。

千总[1]周有堂等三十四名，系湖南湘乡等县人。于十月初二、初十、十三等日在三河阵亡，请照千总例议恤。

[1] 千总，六品武官，位次于守备。

把总[1]王瑞堂等四十八名，系湖南湘乡等县、江西鄱阳、湖北汉阳等县人。均于十月初二、初十、十三等日在三河阵亡，请从优照千总例议恤。把总李发，湖南湘乡县人，于十月初十日在三河阵亡，拟请照把总例议恤。

[1] 把总，七品低级武官。

外委[1]左茂宾等六十四名，系湖南湘乡等县、湖北江夏等县人。均于十月初二、初十、十三等日在三河阵亡，均请从优照把总例议恤。

[1] 外委，清代武官名。初为额外委派，后成定制。外委千总，正八品；外委把总，正九品；额外外委，从九品。

六品蓝翎瞿斯谟等十三名，系湖南湘阴等县、湖北江夏等县、江西德化等县人。均于十月初十日在三河阵亡，请照外委例议恤。

副将李存汉，湖南湘乡县人。于十月十九日在桐城县阵亡，拟请从优照总兵例议恤。

副将雷风云，湖南湘阴县人。

副将李集贤，湖南湘乡县人。

——以上二员均于十月十九日在桐城县阵亡，拟请照副将例议恤。

参将赵友材，湖南湘乡县人。于十月十九日在桐城县阵亡，拟请从优照副将例议恤。

游击赖由海，湖南湘乡县人。于十月十九日在桐城县阵亡，拟请从优照参将例议恤。

游击萧倬云，湖南湘乡县人。

游击彭协和，湖南湘阴县人。

游击周魁亮，湖南善化县人。

——以上三员均于十月十九日在桐城县阵亡，均拟请照游击例议恤。

游击衔都司娄国见，湖南武陵县人。于十月十九日在桐城县阵亡，拟请照都司例从优议恤。

都司杨正春，湖南宁乡县人。于十月十九日在桐城县阵亡，拟请从优照游击例议恤。

都司宾世兴，湖南湘潭县人。于十月十九日在桐城县阵亡，拟请照都司例议恤。

都司衔守备沈荣发、李为胜，湖南湘潭县人。

——以上二员均于十月十九日在桐城县阵亡，均拟请照守备例从优议恤。

守备彭称陶，湖南邵阳县人。

守备董怡习，湖南湘潭县人。

守备萧复胜、曾正魁、何华益、胡来孚，均湖南湘乡县人。

守备刘区山，湖南衡山县人。

守备邱光明，江西萍乡县人。

——以上八员均于十月十九日在桐城县阵亡，均拟请照守备例议恤。

守备衔千总孔江海、阳世维，均湖南湘乡县人。

——以上二员均于十月十九日在桐城县阵亡，均拟请照千总例从优议恤。

千总王清和等十五名，系湖南长沙等县、江西萍乡等县人。均于十月十九日在桐城县阵亡，请照千总例议恤。

把总毛庆元等十八名，系湖南湘乡等县人。均于十月十九日在桐城县阵亡，请照把总例议恤。

外委余其龙等二十一名，系湖南长沙等县人。均于十月十九日在桐城县阵亡，请照外委例议恤。

候选训导朱瞻云，湖南湘乡县人。

候选府经历县丞李锦均，湖南湘乡县人。

湖北候补县丞毛济美，湖南湘乡县人。

——以上三员均于十月十九日在桐城县阵亡，均拟请从优照知县例议恤。

候选从九周郁文，湖北武昌县人。

候选从九赵璜，湖南湘乡县人。

候选从九李复敦，湖南湘乡县人。

——以上三员均于十月十九日在桐城县阵亡，均拟请从优照县丞例议恤。

从九品衔沈寰清，湖南湘乡县人。

文生朱镜明，湖南道州人。

文童周锡堂，湖南善化县人。

文童李安澍，湖南浏阳县人。

文童谢才英、毛际复、毛有银、许功炳、胡光华、熊明亮、李荣春，均湖南湘乡县人。

——以上十一名均于十月十九日在桐城县阵亡，均拟请照从九例议恤。

都司衔守备陈文周，湖南湘阴县人。于九月十八日在舒城县阵亡，拟请照都司例从优议恤。

都司刘绍玉，湖南宁远县人。于八月十六日在太湖县受伤，九月初六日因伤身亡，拟请从优照游击例议恤。

守备衔千总喻融亭，湖南宁乡县人。于十月十九日在桐城县阵亡，请照千总例议恤。

五品顶戴沈东晓，湖南湘乡县人。于十月十九日在桐城县阵亡，请照例议恤（谨按：此案子十二月二十五日接奉旨准）。

再，臣等深思军旅之要，赏罚为先。有赏无罚，人有偷心[1]，即吴、孙[2]不能自治其军，安望其杀敌致果哉[3]！即使从前勇敢可称，战功昭著，一眚[4]固不可以掩人，大纲[5]终不可以不立。军政不明，勇者亦怯，恒情大抵然矣[6]。查此次三河、桐城偾事[7]各员，花翎宜昌镇总兵图萨泰巴图鲁李□□、副将彭□□[8]，驻营之地系全军去路，一见势危，先弃营垒。花翎记名总兵挚勇巴图鲁赵□□[9]，督勇四千驻守桐城，不能督兵以援三河，又不能固守桐城。花翎副将振勇巴图鲁谢□□[10]，防守舒城，不战自退。花翎游击李□□[11]，花翎副将劲勇巴图鲁朱□□[12]，不能力战，先行失垒。花翎都司张□□[13]，花翎参将张□□[14]，首先败挫。总兵衔协勇巴图鲁杨□□[15]，败后径走潜山，久不归伍。均应请旨革职拿问，并将李□□、赵□□、朱□□、杨□□、谢□□勇号一并销去，由臣委员提省审明失事确情，严行分别惩办。除彭□□业已毙命，应请毋庸给恤外；其余罪状稍轻人员暂准立功自赎，以核军政而饬戎行[16]。理合附片陈奏（谨按：此片于十二月二十五日接奉旨准）。

（《胡文忠公全集·奏疏二》）

[1] 偷心，偷生之心，苟且求活之心。

[2] 吴，吴起。孙，孙武。

[3] 安，哪里，怎么。致果，极其勇敢地杀敌立功。

[4] 一眚，一时的或一小点过失。眚本指目病生翳，引申为过错。

[5] 大纲，主要的法纪。

[6] 恒情，常情。太抵，大都。然，这样。

[7] 偾事，败事。

[8] 花翎宜昌镇总兵图萨泰巴图鲁李□□，指李续焘。副将彭□□，指彭祥瑞。

[9] 赵□□，指赵克彰。

[10] 谢□□，指谢永祜。

[11] 花翎游击李□□，指李运络。

[12] 朱□□，指朱希广。

[13] 花翎都司张□□，张养吾。

[14] 花翎参将张□□，张嵩龄。

[15] 杨□□，指杨得武。傅耀琳《李忠武公年谱》载：“杨得

武、张嵩龄、张养吾从丁锐义战，相失，皆杂贼中以走。”此“败后径走潜山，久不归伍”之杨□□，当为杨得武。

[16] 饬，整顿。戎行，军队。汪士铎《胡文忠公抚鄂记》卷三：“（十二月）十一奏，查明赠总督巡抚衔浙江布政司李忠武公阵亡状，并参见危先遁之李续焘、彭祥瑞，不战自退之谢永祐，不援不守之赵克彰，临阵先败之张养吾、张嵩龄，不力战而失营之李运络、朱希广（祥端已为贼追杀）。”

祭李续宾文胡林翼

乌乎[1]我公，一代纯忠！仁者之勇，儒将之雄。公生之始，惟岳降灵。正气为骨，厚德为形。曰忠曰孝，积之百年。积久而光[2]，笃生名贤。生有奇骨，敦厚如勃[3]。肝胆沈雄[4]，口舌木讷。朴如新息[5]，晚成大器。诚如涑水[6]，脚踏实地。公处于乡，幽潜不彰[7]。

[1] 乌乎，呜呼。

[2] 光，发出光彩。

[3] 勃，周勃。

[4] 沈雄，亦作“沉雄”，沉毅雄健。

[5] 新息，指东汉伏波将军马援。援以战功被封为新息侯。

[6] 涑水，指宋司马光。司马光为山西省夏县涑水乡人，故称。

[7] 幽潜，隐伏；隐居。彰，显扬。

曾公倡义，乃起戎行。惟罗惟谢，与公颉颃[1]。率其子弟，赴难豫章。初战不利，谢公先亡。临淮代将，西平视师。吉水庐陵，延望公麾[2]。公麾既至，所向披靡。遂由衡桂，至于巴陵。既定湖湘，进克鄂城。纵横扫荡，三千余里。半壁山颠，十万贼垒。公所步兵，五百人耳。前锋始交，胜负莫测。公师跃入，十荡十决。岸渚[3]江红，飞毛洒血。采石顺昌，讵[4]足拟此！湘军之雄，自公伊始。公乃不矜[5]，粥粥[6]无能。言简意重，渊默雷声。山不言高，海不言深。

[1] 罗，罗泽南。谢，谢邦翰。颉颃，鸟飞上下貌，引申为不相上下或相抗衡的意思。

[2] 麾，军旗。

[3] 渚，水中小块陆地。

[4] 讵，岂，怎。

[5] 矜，自大。

[6] 粥粥，柔弱无能貌。

浔阳渡江，马首遂东[1]。弋阳大战，信州奏功。义宁转斗[2]，来援于鄂。余时困厄，气羸[3]力薄。鼓声不鸣，贼氛甚恶。公来生我，生[4]我楚人。倚公为命，以至于今。百战奇勋，芒刃不顿。万贼婴[5]城，冻蝇自困。乃建长围，以断贼粮。妖祲[6]夜落，将星无光。丙辰三月，罗公[7]云亡。哀疏入告，天子改容。谁堪大任？授公元戎[8]。以我卒伍，隶公麾幢[9]。军谋巨细，一秉[10]于公。

[1] 东，东往。

[2] 转斗，转战。

[3] 羸，弱。

[4] 生，使……活下来。

[5] 婴，绕。

[6] 妖祲，犹妖氛，喻寇乱。

[7] 罗公，罗泽南。

[8] 元戎，主将，统帅。

[9] 麾幢，官员出行时仪仗中的旗帜，这里是部下的意思。

[10] 秉，执掌，操持。

公贱[1]权谋，接士以诚。公审赏罚，制事[2]惟明。万幕无哗，六辔[3]不惊。军律暇整，莫与之京[4]。困兽犹斗，群枭来援。公所经纶，动中机先。既决长渠，遂取城闉[5]。以定江汉，以复蕲春。时方饥馑，野无青草。五月无粮，一饭不饱。公军[6]于浔，强寇在门。人或嚣争[7]，公军无言。人之欲食，谁不如我？公往抚之，如腹自果[8]。人之欲衣，无衣则寒。公往煦之，如纩自温[9]。匪[10]法所制，惟德之纯。贱货尚义，君子之军。军劳不恤[11]，我心独悲。疆吏无状[12]，使我士饥。嗟我有位，无即于荒。毋营私橐[13]，以裹行粮。黾勉同心，贫也何伤[14]！

［1］贱，轻视。

［2］制事，谓处理政治、军事等重大事件。

［3］古一车四马，马各二辔，其两边骖马之内辔系于轼前，谓之軜，御者只执六辔，后用六辔指称车马或驾驭车马。辔，缰绳。

［4］莫与之京，大得没有什么可与之相比，形容首屈一指，无与伦比。莫，没有什么，没有谁。京，大，高。

［5］城闉，城内重门，亦泛指城郭。

［6］军，驻军。

［7］嚣争，喧闹争吵。

［8］果，饱。

［9］煦，温暖。纩，丝绵絮。

［10］匪，非，不是。

［11］恤，救济，周济。

［12］无状，谓所行丑恶无善状。

［13］毋，不可以。私橐，私人的钱袋。

［14］黾勉，勉励，尽力。何伤，何妨。

狐啸于城，兔藏于窟。湓口之氛，六年莫遏。荩抱独劳，奇谋自靖[1]。渠堑十重，湖连千顷。铁骑云屯，戈船夜警。天陆[2]四张，槛兽莫骋。贼在彭湖，狼狈相需。一夫当关，如虎负嵎。公有奇计，潜师夜趋。声言宿松，返旆[3]石钟。将军天人，莫测其踪。贼在蕲黄，蚁附鸱张[4]。批亢捣虚[5]，以救浔阳。公兵渡江，肆应不遑[6]。

[1] 荩抱，犹荩怀，忠心。靖，平定。

[2] 阹，依山谷作栏圈。

[3] 返旆，回师。

[4] 蚁附，像蚂蚁一样趋集缘附，形容归附或趋附之人多。鸱张，像鸱鸟张翼一样，比喻嚣张，凶暴。

[5] 批亢捣虚，比喻抓住敌人的要害乘虚而入。批，用手击。亢，咽喉，比喻要害。捣，攻击。虚，空虚。

[6] 肆应，指善于应付各种事情。不遑，无暇，没有闲暇。

军兴九年，额兵[1]虚设。无正无奇[2]，不缺则折。臂之解纷，势禁形格。孰拊其背，孰扼其吭[3]？彭湖之战，惟公知方。贼阵如蛇，萦左拂右。贼性如犬，利进钝走。惟公兄弟，角前掎后。蕲黄之役，功乃不朽。百道并攻，万雷齐发。江流沸腾，山城迸裂。公麾先登，一鼓殄灭。执讯获丑[4]，焚巢扫穴。九江之功，于今为烈[5]。惟帝念功，车服以庸[6]。毋掣其肘，专奏九重[7]。毋挠其权，大官是崇。哀此皖民，汝往孳之。兵怯贼狂，汝往治之。公拜稽首，受命不辞。

[1] 额兵，清八旗绿营兵。

[2] 古代兵法术语称用兵常法（如对阵交锋）为正，称用兵变法（如设计邀截、袭击）为奇。

[3] 吭，喉咙。

[4] 获丑，俘获敌众。

[5] 烈，辉煌。

[6] 车服以庸，根据功劳赏赐车和礼服。庸，功劳，功绩。

[7] 九重，指帝王。

公性至孝，望云思亲。书飞雁帛，泪堕纶巾。公读家书，诲言肫如[1]。义先君国，恩后庭闱[2]。王事多难，无念尔私。公闻有命，感泣歔欷[3]。

[1] 肫如，诚恳的样子。

[2] 庭闱，内舍，多指父母居住处，因用以称父母。

[3] 歔欷，叹息声；抽咽声。

公之专征，一军四分。眷念江楚，公心独仁。周知兵少，不忍惜身。固知贼多，不敢违君。四城既下，道无留者。急援庐州，何其速也！狂贼十万，乘我于危。血战千里，力尽而疲。我闻其时，星殒如雷。愁云四合，毒雾为霾。胡天不吊[1]，罹此闵凶[2]。帝曰吁嗟，王臣匪躬[3]。亿万斯民，巷哭相从。

[1] 胡，何。吊，善。

[2] 罹，遭受。闵凶，忧患凶丧之事。

[3] 王臣，志匡王室之臣。匪躬，谓忠心耿耿，不顾自身。

嗟我棘人[1]，母丧返里。负土未成，大变突起。出山非礼，在山非义。涓埃无补，金革无辟[2]。始闻公死，将信将疑。中夜旁皇[3]，若忘若遗。公岂死耶，无人何依？斯人不出，吾谁与归？

[1] 棘人，遭父母丧者，自称“棘人”。

[2] 涓埃，细小的水流和尘埃，比喻微小。金革，谓军械和军装，借指战争。辟，通“避”。

[3] 中夜，半夜。旁皇，因内心不安而徘徊不定貌。

畴昔之夜，大风披帷[1]。天容惨淡，沙石乱飞。我公至止，冠带巍巍[2]。笑言既洽，颜色若怡[3]。握手劳苦，欢若平生。忽忽自惊，疑公已薨[4]。欲言未言，悲不自胜。公曰否否，我岂其死？讨贼之事，在吾与子。余音在耳，荒鸡初鸣。蹶然[5]坐起，忧心怦怦。虽死犹生，公之忠魂。

[1] 畴昔，往昔。披帷，拨开帷幕。

［2］冠带，帽子与腰带。巍巍，高大貌。

［3］洽，谐和。颜色，脸色。怡，和悦，愉快。

［4］忽忽，失意貌。薨，死。

［5］蹶然，疾起貌。

魂兮归来，活[1]此黎民。与公共命，腆颜[2]尚存。酾酒[3]为奠，洒泪为词。英灵如在，尚其鉴兹。

［1］活，使……活。

［2］腆颜，厚颜。

［3］酾酒，斟酒。

李忠武公神道碑铭 曾国藩

公讳续宾，字迪庵，湘乡李氏。湘军之兴，威震海内，创之者罗忠节公泽南，大[1]之者公也。

［1］大，发扬光大。

咸丰三年，贼围江西省城。国藩募湘勇三千往援，公随忠节公[1]以行。初至失利，右营主者战没[2]，公代领其众。自是忠节公将中营，公将右营，所向有功。在江西克复太和、安福，归至湖南，克复永兴。明年，粤贼犯岳州，忠武公塔齐布率师御之。余檄忠节公与公助之，所部仅千人耳，贼众数十倍。塔公控其东，湘军扼其西，盛暑鏖兵[3]，出奇制胜，凡两旬而岳州平。转战而北，连下三城。八月，进攻武昌、汉阳，克之。十月，大战于田家镇，破之。田家镇者，江流盘折逼隘[4]之处。其南岸为半壁山，峭壁斗绝[5]。贼以铁锁横江，万舟翔集，气锐甚。公手刃怯卒三人，士皆殊死战，连破贼垒。而水师亦乘机断铁锁，焚贼舟。好事者至摩崖以纪绩[6]。公前以累功保至直隶州知州，至是记名以知府用，赏给挚勇巴图鲁名号，旋有安庆府之命矣。

[1] 忠节公，指罗泽南。

[2] 没，通“殁”，死。

[3] 鏖兵，激战。

[4] 逼隘，狭窄。

[5] 斗绝，陡峭峻险。斗，通“陡”。

[6] 摩崖，山崖，亦指在山崖石壁上镌刻文字。纪绩，记载功绩。纪，通“记”。

先是，湖南水师中江而下，陆师趋江之南岸，湖北陆师趋江之北岸。南军屡捷，群寇蜂屯[1]北岸。于是公辈引兵北渡，扫荡广济、黄梅之贼。既又南渡，会攻九江郡城之贼。城坚不可遽下，又议分兵先剿湖口、梅家洲之贼。无何[2]，累攻不克，水师失利，北军挠败[3]，金陵逆渠[4]益纵群凶西上，武昌、汉阳再陷，南军孤立浔阳。国藩以为大戚[5]，公亦深忧之，痛世乱之靡有届也[6]。

[1] 蜂屯，犹蜂聚，像蜂群似的聚在一起。

[2] 无何，不久。

[3] 挠败，战败。

[4] 逆渠，旧称反叛者的首领。

[5] 戚，忧。

[6] 靡，无，没有。届，极限。

五年二月，信州告警，公与忠节公自浔驰援，迭克广信府城及弋阳等四县。东路甫定，遂建西援武昌之议[1]。大捷于义宁，小挫于通山，下崇阳，略[2]通城，踣[3]羊楼峒，捣蒲圻，掇[4]咸宁，次第戡定[5]，乃以十一月杪师次[6]武昌。巡抚胡文忠公林翼大喜，事无巨细，唯忠节公与公言是听。忠节挈持大纲，其战守机宜，胥公主之[7]。公含宏渊默[8]，大让无形，稠人广坐，终日不发一言。遇贼则以人当其脆[9]，而己当其坚；粮仗则予人以善者，而己取其窳者[10]。士卒归心，远近慕悦。

[1] 甫，才。建，提出。

[2] 略，夺取。

[3] 踏，践踏。

[4] 掇，夺取。

[5] 次第，依次。戡定，平定。

[6] 次，驻扎。

[7] 挈持，把持。胥，都。主，做主。

[8] 含宏，同“含弘”，包容博厚。渊默，深沉静默。

[9] 脆，弱。

[10] 粮仗，军粮和兵器。善，好。窳，粗劣。

咸丰六年三月，忠节公中枪不起，公接统全军，众志愈厉，铲平城外悍贼之垒，却[1]剧寇石达开来援之众。周城掘堑[2]，引江水入湖，困以长围。十一月，再克武昌、汉阳。天子伟[3]其功，赏加布政使衔，记名以按察使用。未几，提兵而东，再薄[4]九江。九江贼酋林启荣者，坚忍得众，内与小池口、湖口、梅家洲诸城首尾相救，外与皖庐之贼互为声援。公既掘长堑以围浔，又分军援剿江北，舟载奇兵，夜袭湖口之背。迟明，水师至而陆军伏发，立克两城。事闻，拜浙江布政使。明年四月，卒克九江，殄灭无遗，天下快之[5]。赏穿黄马褂，加巡抚衔。

[1] 却，击退。

[2] 周，围绕。堑，壕沟。

[3] 伟，以……为伟，认为……伟大。

[4] 薄，逼近。

[5] 快之，以之为快。快，快意之事。

公每建一功，晋一秩[1]，数省官民欢抃称道[2]，若宠荣之在躬[3]。或歌诵战状以为乐，传播中外。浙人仕京朝者，疏请敕[4]公东兵以救浙难。而胡文忠公以皖中糜烂，请留公军图皖而固鄂，天子许之。公乃整旅入皖，逾月，连下潜山、太湖、桐城、舒城四县。师次三河，毁贼九垒。而逆酋陈玉成等四面来援，截我粮路。我军锐气日渫[5]，师少而半溃。公力战终日，自度事不可为。夜半，怒马陷阵，死之，咸丰八年十月初十日也。诸将坚守营垒，又三日而俱败，又六日而桐城守兵亦败，前后死者殆六千人，无苟活者。

［1］晋，晋升。一秩，官阶的一级。

［2］欢抃，喜极而鼓掌，指欢欣鼓舞。称道，称赞。

［3］躬，自己。

［4］敕，令。

［5］渫，同“泄”。

疏入，文宗震悼。手诏曰：“惜我良将，不克令终！尚冀其忠灵不昧，他年生申甫以佐予也。”追赠总督。湖北、江西、安徽、湖南立祠，予谥忠武，赏骑都尉兼一云骑尉世职。

公之先人，世有令德[1]。曾祖本桂，祖诗白皆以公贵，赠荣禄大夫。父登胜，公没后特恩加封光禄大夫。曾祖妣张氏、贺氏、王氏，祖妣戴氏，母萧氏，皆封一品夫人。

［1］令德，美德。

公端凝敦笃[1]，爱人不尚[2]美言，而意溢于色[3]，色余于辞。虽他军之将士，逃难之流民，皆归之若父兄。闻其死，哭之皆恸，至不忍闻。同治二年，朝廷遣官赐祭。三年，克复金陵，推恩有功之臣，赏二等轻车都尉世职。配谢夫人。子三，其二殇亡。光久，钦赐举人，引见，赏六部员外郎，又以兼袭二世职，并为男爵。孙二人，某某。咸丰九年，葬公于湘乡四十三都黄牯冲星子山之阳[4]。同治八年某月某日，改葬某乡某山，丐余文[5]其墓道之碑。余既粗叙其战绩，乃兼述其懿德而系以铭[6]。

[1] 端凝，庄重。敦笃，敦厚笃实。

[2] 尚，崇尚。

[3] 色，脸色。

[4] 阳，山南。

[5] 丐，求。文，作文。

[6] 懿德，美德。铭，铭文。

铭曰：器有洪纤，因材而就。次者学成[1]，大者天授。岳岳李公，表里完好[2]。匪琢匪追，动合大道[3]。罗公讲学，远绍洛闽[4]；公分其绪，抠衣恂恂[5]。出而御寇，戎马艰辛；入而问道，克己求仁。谁侮谁尤[6]？责躬独厚[7]。胸劈众流，曾不出口[8]。负重含污，浩如山薮[9]。险趋人先，利居众后。岂无赢财？不阜我私[10]。不忍己饱，而人独饥。分饷诸军，苏槁嘘骴[11]。返自浔阳，少憩武昌。将请于朝，觐亲[12]还湘。王事有严，离局匪遑[13]。斯愿不遂，茹涕[14]暗伤。遣将分兵，助我东征。择良而予，出以至诚。四分五剖，精锐星散；自携部曲[15]，疲羸居半。损己济物，近古无伦。终焉师熸[16]，以仁陨身。行类大愚，乃动鬼神。公功久著，烂若三辰[17]。德或不显，考此铭文。

[1] 学成，学然后才有所成。

[2] 岳岳，挺立貌，比喻人显露头角。完好，完美。

[3] 没有经过雕琢，但一举一动都符合大道。追，通“雕”。

[4] 罗公，罗泽南。绍，继承。洛闽，洛学和闽学的合称，即程朱理学，北宋程颢、程颐为洛阳人，南宋朱熹曾侨居、讲学于福建，因有此称。

[5] 抠衣，古礼，见尊长时提起衣服的前襟，以示恭敬。恂恂，恭谨温顺的样子。

[6] 尤，怨恨，责怪。

[7] 责躬，反躬自责。厚，多。

[8] 胸，心中。劈，剖析，分辨。众流，学术上的各个流派。

曾，竟然。

[9] 山薮，山林与湖泽。

[10] 赢财，余财。阜，谓使之丰厚、富有。

[11] 苏槁，使枯木复苏。槁，枯木。嘘胔，使死而复生，犹嘘枯。胔，肉未烂尽的尸骨。苏槁、嘘胔皆比喻拯绝扶危。

[12] 觐亲，省亲，探望双亲。

[13] 严，紧急，急迫。离局，远离自己的部属；离开职守。匪遑，没有闲暇，来不及。

[14] 茹涕，饮泣，泪流满面而入口中，形容极悲哀。

[15] 部曲，军队。

[16] 师，军队。熸，溃败。

[17] 烂，灿烂。三辰，指日、月、星。

李忠武公墓志铭 左宗棠

公讳续宾，字克惠，一字迪庵，湖南湘乡李氏。曾祖本桂，祖白诗，皆以公贵，赠荣禄大夫。父登胜公殁，特恩加光禄大夫。曾祖妣氏张、贺、王，祖妣氏戴，母氏萧，皆封一品夫人。

公性端凝[1]，不苟言笑，而膂力过人，能挽强弓命中于百步外。尝就武科试，不第[2]。咸丰二年，粤逆犯长沙，罗忠节公泽南率生徒练乡兵[3]，听征调讨贼，公从之，平桂东、衡山诸土匪。明年，贼围江西省城，公随忠节赴援，佐谢君邦翰治军事。谢君战殁，公代领其众，解南昌之围，克复泰和、安福。还湖南，平永兴士匪，复其城。四年七月，贼上犯岳州，曾文正公督水陆诸军剿之，以忠武塔齐布公率陆队，与忠节及公所部千人会师，转战而前，阅[4]两旬而岳州平，乘胜克复沿江临湘、蒲圻县城，直抵武昌，连踏贼垒百数十，克复湖北省城，追败贼于盐埠，尽歼之，复兴国州。时贼踞田家镇，北倚半壁山之险，南跨冈原，筑垒数十，中有铁锁横江，势甚张[5]。忠节与公及塔公奋威冲荡，毙贼万余，江水为赤。方事之殷也[6]，士卒骇慑，多离伍[7]潜逃者，公飞马追擒三人，挥泪斩于军前，士气乃定。整队迎击，遂获大捷。曾公[8]据以入告，谓有古名将风者也。自此长江，上游险隘已得，而江、皖之贼不知所为计矣。公已洊保[9]至直隶州知州，田家镇捷报奏入，文宗大慰，诏以知府用，记名候简[10]，并赏挚勇巴图鲁名号。旋[11]授安徽安庆府知府。进攻广济及黄梅县，克之。嗣[12]攻九江郡城，协剿湖口、梅家洲诸贼，大小十余战皆捷。而水师失利，贼复上犯，北军走德安，武昌复陷。时曾公驻江西，饶、广[13]告急，檄湘军往援，先后克复弋阳、广信、义宁州各城，诏记名以道员用。旋奉檄回援武汉，巡抚胡文忠公林翼谓公忠勇沉毅，必能为国戡乱[14]，悉以军事委之，以克复通城、崇阳、蒲圻、咸宁功加盐运使衔。率师趋武昌，驻洪山，屡战皆捷。

[1] 端凝，庄重。

[2] 不第，犹落第，谓科举考试不中。

[3] 生徒，学生，门徒。乡兵，古代地方武装。

[4] 阅，经历。

[5] 张，强，盛。

[6] 方，刚。殷，激烈。

[7] 离伍，逃离队伍。

[8] 曾公，曾国藩。

[9] 洊保，保举。

[10] 候简，等候简任。

[11] 旋，不久。

[12] 嗣，随后。

[13] 饶，饶州。广，广信。

[14] 戡乱，平定叛乱。

咸丰六年三月，罗忠节中炮阵亡，公统其众，击却石逆，平城外贼垒数十，开长濠锁围困之。十一月，再克武昌省城，加布政使记名以按察使用。乘胜复黄州、兴国、大冶、蕲州、瑞昌各城，遂直捣九江。悍贼林启荣久据地险，江路中梗[1]，群议不拔湖口，九江不可得，公力战克之。旋复梅家洲，与水军会，复彭泽，夷小姑洑伪城。事闻，擢浙江布政使。明年四月，克九江，歼贼数万，磔[2]林启荣尸。九江平，赏穿黄马褂，加巡抚衔。

[1] 梗，阻塞。

[2] 磔，古代酷刑，把肢体分裂。

时皖中糜烂，胡文忠公请留公图皖以固鄂，许之。公至皖，连克太湖、桐城、舒城、潜山，遂进三河集，平贼垒九，军威大振。而逆酋陈玉成、李世贤等率大队来援，连营数十里。我军众寡不敌，相继溃。公知事不可为，跃马入贼阵，死之。与难者约七千人。事闻，上震悼[1]，手诏曰："惜我良将不克令终，尚冀其忠灵不昧，他年生申甫以佐予也。"追赠总督，湖北、江西、安徽、湖南立祠，予谥忠武，赏骑都尉兼云骑尉世职。同治二年，特旨遣官赐祭。三年克复金陵，朝廷推恩[2]有功之臣，赏二等轻车都尉世职。

[1] 震悼，惊愕悲悼。

[2] 推恩，帝王对臣属推广封赠，以示恩典。

公击贼，每以身独当其坚，军仗亦以其精利者让人[1]。所余薪资不入私囊，闻各营饷绌则分而济之，余悉以犒将士，以故[2]人乐为之用。闻公之殁，识与不识皆为之陨涕[3]。

[1] 军仗，军用器械。精利，精良锐利。

[2] 以故，因此。

[3] 陨涕，落泪。

公生于嘉庆十八年五月十八日卯时，其卒于军则咸丰八年十月初十日也，年四十有一。原葬星子山，同治八年改葬四十四都鹤爪山之阳，丁首癸趾[1]。配谢夫人。子二：长光久，二品顶带、浙江补用道，袭三等男[2]；次光令，特赏举人，早世[3]。女二：长适[4]翰林院待诏朱式晖，次适中书科中书、骑都尉兼一等云骑尉曾纪寿[5]。孙三人：前普，荫生[6]，候选同知；前晋，候选通判；前音，县学附生。女孙二。

[1] 阳，山之南。丁首，头朝南。癸趾，脚朝北。古代风水学用地支对应方位，丁所指方向大致为南面，癸大致为北面。

[2] 男，指男爵，爵位的一种。

[3] 早世，过早死去。

[4] 适，嫁。

[5] 曾纪寿（1855—1930），字岳松，湖南双峰人，曾国华次子。

[6] 荫生，因先世荫庇而入国子监读书。

光久从余江南总统营务，丐余文藏诸幽[1]。余老矣，不能文，兹略为叙之，并系以铭。铭曰：衡岳钟灵，笃生伟器[2]。率季从戎，联镳并辔[3]。冒险冲坚，攻心斗智。和众分财，就难让易[4]。规复列城，洊膺阃寄[5]。上契主知，方隆倚畀[6]。陷阵捐躯，成仁以义。我瞻三河，潸焉[7]垂泪。铁券酬庸，燕贻后嗣[8]。陵谷不迁，贞珉永志[9]。

[1] 丐，求。余，我。藏诸幽，藏之于幽，指埋藏在坟墓里面。

[2] 钟灵，谓灵秀之气汇聚。笃生，谓生而得天独厚。伟器，大器，谓堪任大事的人才。

[3] 季，最小的弟弟，此指李续宜。从戎，从军。联镳，犹联鞭，喻相等或同进。并辔，犹言并驾齐驱。

[4] 和众，使大众和顺。就难让易，自己承担难做之事，让别人做容易之事。

[5] 规复，图谋恢复。洊膺，多次受到。阃寄，寄以阃外之事，谓委以军事重任。

[6] 契，投合。倚畀，倚靠信任。

[7] 潸焉，流泪的样子。

[8] 铁券，铁契，古代皇帝颁赐功臣授以世代享受某种特权的凭证。酬庸，酬功。燕贻，燕诒，谓使子孙后代安吉。后嗣，后代。

[9] 贞珉，石刻碑铭的美称。志，记。

祭李忠武公文 刘蓉

咸丰九年岁在己未十二月五日，同里刘蓉以酒脯之奠致祭于故友诰赠荣禄大夫李君迪庵尊兄之灵[1]。呜呼！我初识君，世尚隆平[2]。伟君仪度，岳峙渊渟[3]。曾不三年，粤氛遽抵[4]。君卧田间，投袂而起。吾乡宗伯[5]，首建义旗。湘中豪俊，虎啸龙飞。唯罗与王，厥声最伟[6]。君参其间，鼎足而峙。西剿豫章，南搜郴桂[7]。转战岳鄂，铭功半壁[8]。渡师黄广[9]，乃赴浔阳。摧信捣宁，如扫秕糠[10]。武昌再陷，乞师以济[11]。崇通蒲咸，纵横白旆[12]。洪山之坡，帅旂[13]夜摧。星光暗惨，有殒如雷。君承其艰，誓师奋跃。卒掀鄂城，蹴踏黄鹤[14]。浔攻方急，迅趋湖口。长围朝突，奇兵夜吼。麻城告警，转旆北趋。黄安大捷，电掣风驰。受诏天子，进规皖北[15]。潜太舒桐，一月四捷。声威所振，驰骤雷霆。誓歼凶丑，扫穴犁庭[16]。一柱忽倾，英风遽迈[17]。颓云[18]昼迷，长城宵坏。龙亡虎逝，狐鼠[19]纵横。伏尸流血，千里为腥。朔风怒号，凶问[20]忽至。江汉遗氓[21]，家哭巷祭。君之拊[22]士，欢若一家。一诚所格[23]，万幕无哗。选士为僚，拔将于伍[24]。缓带轻裘，从容樽俎[25]。以战则克，以守则坚。一蹶不振，孰云非天。功纪旂常，名标山斗[26]。草茅崛兴[27]，君则何负？淮南皖北，遂窟狐狸。孰张义旅，苏我残黎[28]？唯予与君，曾联婚媾[29]。及将右军，又为君副。蒲首之捷，予季殉焉[30]。还君旧部，息影寒檐。曾帅再出，会师蕲水。

我往送行，兰溪之涘[31]。椎牛炙酒[32]，大宴朋僚。欢声腾溢，鸣湍涌涛。款语绸缪[33]，尚如昨日。忽接讣音，有泪沾臆[34]。江殉塔逝，踵及罗王[35]。君又从之，裂我肝肠。黄壤之嗟，岂唯夙好[36]。国丧栋梁，予怀所悼。重湖千里，忠榇南旋[37]。伟躯修干[38]，再见何缘？炙鸡絮酒[39]，以酬义魄。抚棺一恸，鉴予肫切[40]。哀哉尚飨。

[1] 同里，同乡。酒脯，酒和干肉，后亦泛指酒肴。

[2] 隆平，昌盛太平。

[3] 仪度，仪容风度。岳峙渊渟，喻人品德如高山耸立，如渊水深沉。

[4] 曾，竟然。遽，疾速。抵，到达。

[5] 宗伯，受人尊敬、推崇的大师。

[6] 罗，罗泽南。王，王鑫。厥，其。声，声誉。

[7] 搜，清扫。郴桂，郴州、桂阳。

[8] 铭功，在金石上刻写文辞，记述功绩。半壁，即半壁山，在湖北阳新。

[9] 黄，黄梅，地名。广，广济，地名。

[10] 信，广信，地名。宁，义宁州，地名。秕糠，秕子和糠。

[11] 济，救助，拯救。

[12] 崇通蒲咸，崇阳、通城、蒲圻、咸宁，皆地名。白旆，白旗，指李续宾之军旗。

[13] 旆，旗帜。

[14] 蹴踏，踩踏。黄鹤，湖北武昌蛇山之黄鹤矶，借指武昌。

[15] 进规，谓进军并有所图谋。

[16] 扫穴犁庭，彻底摧毁敌对势力。扫穴，清除巢穴。犁庭，把庭院犁平为田。

[17] 倾，倒。迈，消逝。

[18] 颓云，下坠的云。

[19] 狐鼠，城狐社鼠，喻小人，坏人。

[20] 凶问，死讯，噩耗。

[21] 遗氓，指劫后残余的人。

[22] 拊，古同“抚”，安抚，抚慰。

[23] 格，至，到。

[24] 伍，军队。

[25] 缓带轻裘，宽松的衣带，轻暖的皮衣，形容从容儒雅的风度。樽俎，古代盛酒食的器皿，樽以盛酒，俎以盛肉，借指宴席。

[26] 纪，记载。旂常，王侯。山斗，泰山北斗，犹言泰斗，比喻为世人所钦仰的人。

[27] 草茅，草野，民间。崛兴，崛起，兴起。

[28] 苏，使……复苏。残黎，残留的民众。

[29] 婚媾，有婚姻关系的亲戚。刘蓉曾把女儿许配给李续宾的长子李光大。

[30] 予季，我弟弟，指刘蓉的弟弟刘蕃。殉，死。

[31] 涘，水边。

[32] 椎牛，杀牛。炙酒，温酒。

[33] 款语，亲切交谈，恳谈。绸缪，情意殷切。

[34] 有泪沾臆，泪水浸湿胸前。

[35] 江，江忠源。塔，塔齐布。罗，罗泽南。王，王鑫。

[36] 夙好，旧交，老友。

[37] 椋，棺材。旋，回。

[38] 修干，修长的躯干。

[39] 炙鸡絮酒，以棉絮浸酒，晒干后裹烧鸡，携以吊丧。

[40] 肫切，真诚恳切。

图书在版编目(CIP)数据

李续宾史料三种/彭再新,梅国华校注.—长沙:岳麓书社,2018.10

ISBN 978-7-5538-1025-6

Ⅰ.①李... Ⅱ.①彭...②梅... Ⅲ.①李续宾(1818—1858)—人物研究 Ⅳ.①K825.2

中国版本图书馆 CIP 数据核字(2018)第 227190 号

LIXUBIN SHILIAO SAN ZHONG

李续宾史料三种

校　　注:彭再新　梅国华

责任编辑:杨云辉

责任校对:舒　舍

封面设计:风格八号·李文婷

岳麓书社出版发行

地址:湖南省长沙市爱民路 47 号

直销电话:0731-88804152　0731-88885616

邮编:410006

岳麓书社网址:www.yueluhistory.com

2018 年 10 月第 1 版第 1 次印刷

开本:640mm×960mm　1/16

印张:44.5

字数:535 千字

ISBN 978-7-5538-1025-6

定价:128.00 元

承印:长沙超峰印刷有限公司